教育部人文社科重点研究基地——西北大学中国西部经济发展研究中心
"十三五"重点支持项目

陕西省哲学社会科学重点研究基地、陕西高校新型智库——陕西宏观经济与经济增长质量协同创新研究中心
支持项目

西北大学"双一流"建设项目资助

西部大开发

20年

20 YEARS' DEVELOPMENT OF

THE WESTERN REGION

中国西部地区
繁荣发展道路

任保平　岳利萍　郭　晗　等　著

社会科学文献出版社

SOCIAL SCIENCES ACADEMIC PRESS (CHINA)

任保平　教育部人文社科重点研究基地——西北大学中国西部经济发展研究中心主任，西北大学研究生院院长。教育部"长江学者"特聘教授，国家"万人计划"哲学社会科学领军人才，"百千万人才工程"国家级人选，文化名家暨"四个一批"人才，国家有突出贡献中青年专家，享受国务院政府特殊津贴专家，教育部新世纪优秀人才。近年来主要研究中国经济增长质量问题和中国特色社会主义政治经济学，在《经济研究》《管理世界》《经济学家》等杂志发表论文 200 余篇，主持国家社科基金重大项目、教育部重大课题攻关项目、国家社会科学成果文库项目等国家和省部级项目 20 余项，获得教育部人文社科优秀成果二等奖等省部级奖项 10 余项。

岳利萍　西北大学经济管理学院教授、院长助理，经济学博士。教育部人文社科重点研究基地——西北大学中国西部经济发展研究中心副主任。近年来在《光明日报》《中国人口·资源与环境》《改革》《科研管理》等报刊发表论文 20 余篇。主持国家社科基金青年项目、国家发改委就业司研究项目、陕西省社会科学基金项目、陕西省软科学研究项目等省部级项目 7 项，作为核心成员参与国家社会科学基金重大项目、国家自然科学基金项目等 5 项，合作出版专著 4 部，参编教材 2 部。获得西安市科技进步一等奖、陕西省高等学校科学技术一等奖、陕西省高校人文社会科学研究优秀成果二等奖 3 项。

郭　晗　西北大学经济管理学院副教授，经济学博士。教育部人文社科重点研究基地——西北大学中国西部经济发展研究中心副主任，西北大学教务处副处长。近年来在《数量经济技术经济研究》《中国经济问题》《当代财经》等期刊发表论文 20 余篇，其中被《新华文摘》和人大复印报刊资料全文转载 5 篇。主持国家社科基金青年项目、教育部哲学社会科学后期资助项目等国家和省部级项目 8 项。独立出版专著 1 部，合作出版专著 9 部。获得第四届"刘诗白经济学奖"专著奖、西安市社会科学研究优秀成果一等奖等奖项 10 余项。

前　言

2019 年是全面完成"十三五"规划的收官之年，是新时代贯彻落实新发展理念、推动中国经济持续健康高质量发展的关键之年，也是西部大开发实施 20 周年。

1999 年为扭转东西部地区差距不断扩大的趋势，改变西部地区落后现状，促进区域经济协调发展，党中央做出实施西部大开发的战略决策。1999 年 3 月 22 日，《国务院关于进一步推进西部大开发的若干意见》提出了推进西部大开发的 10 条意见。1999 年 9 月十五届四中全会通过《中共中央关于国有企业改革和发展若干重大问题的决定》，明确提出"国家要实施西部大开发战略"。2000 年 10 月国务院将内蒙古和广西列入实施西部大开发战略的区域。西部大开发战略涉及内蒙古、广西、重庆、四川、贵州、云南、西藏、陕西、甘肃、青海、宁夏、新疆 12 个省（区、市）。西部大开发的 20 年，是西部 12 省（区、市）发展步伐不断加快、综合实力显著提高的 20 年，西部地区经济保持平稳较快发展，经济实力大幅提升。

2019 年 3 月 19 日中央深改委第七次会议审议通过了《关于新时代推进西部大开发形成新格局的指导意见》，指出"推进西部大开发形成新格局，要围绕抓重点、补短板、强弱项，更加注重抓好大保护，从中华民族长远利益考虑，把生态环境保护放到重要位置，坚持走生态优先、绿色发展的新路子。要更加注重抓好大开放，发挥共建'一带一路'的引领带动作用，加快建设内外通道和区域性枢纽，完善基础设施网络，提高对外开放和外向型经济发展水平。要更加注重推动高质量发展，贯彻落实新发展理念，深化供给侧结构性改革，促进西部地区经济社会发展与人口、资源、环境相协调"。

为了纪念西部大开发 20 周年，广泛吸收西部问题研究专家和学者的研究成果，进一步发挥作为国家级社科研究平台的作用，教育部人文社会科学重点研究基地——中国西部经济发展研究中心决定面向全国征集科研团队，编辑撰写《西部大开发 20 年——中国西部地区繁荣发展道路》一书。本书采取招标形式设立了 24 个项目，立项之后课题组召开了研讨会，对各个部分的写作思路进行了认真研讨。各部分思路形成之后，中心又在2019年元月2日组织课题组全体成员集体研讨了半天，细化了研究的思路，校正了研究方法。课题初稿收集起来以后，岳利萍、郭晗和李文斌进行了初步的统稿。在此基础上，我通读了整体书稿，对整体书稿的篇目分类进行了综合整理，对部分书稿的格式、标题进行修改，最后交给郭晗对全书的格式进行了加工、调整。

本书的出版，首先感谢24位课题组负责人，他们的辛勤劳动使得本书稿能够如期完成。同时感谢岳利萍、李文斌、郭晗等中心的领导成员，他们在课题招标、研究推进、最终书稿的整理中发挥积极作用。同时感谢学校学科办、社科处等职能部门和经济管理学院的大力支持。感谢郭立宏校长、常江副校长以及学校社科处对西部中心工作的大力支持。

教育部人文社会科学重点研究基地——中国西部经济发展

研究中心主任：任保平

2019 年 4 月 16 日

第一部分

西部大开发20年历史经验研究

西部地区经济发展质量的历史、现实与未来[*]

师　博　张冰瑶[**]

摘　要：本文以新时代高质量发展为基本遵循构建了经济发展质量的评价指数，在全国经济发展的总体背景之下，对西部地区经济发展质量进行了测度分析。研究发现，西部地区经济发展质量呈现出波动上升的态势，且经济高质量发展水平与中东部地区有趋同的收敛态；西部省会城市的经济发展质量水平较高，中小城市经济发展质量、发展水平有待进一步提升。在新时代的发展背景下，西部地区不仅面临发展不充分不平衡的问题，也面临着社会发展和生态发展的短板约束，必须以新发展理念和高质量发展为指导，以创新驱动为发展的基本动力，处理好发展数量和质量的关系，推动经济发展质量和经济增长数量的协同并进。

关键词：西部地区　经济发展质量　高质量发展

一　引言

经过改革开放 40 年的稳健高速增长，中国不仅经济总量跃居世界第二，而且迈入中高收入经济体行列。区域经济增长在这一举世瞩目的过程中扮演着重要角色。"地方分权"极大地调动了区域发展经济的积极性，形成了区域竞争格局。西部地区抓住西部大开发的重要机遇迎难而上，逐渐缩小了与东中部地区的经济差距。然而，单纯追求经济增长数量的目标虽然推动了西部地区经济高速增长，但也助长了"掠夺性"开发行为，导

---

  * 本文为教育部人文社会科学研究一般项目"新常态下中国经济增长数量和质量多维互动机制研究"（17XJA790004）阶段性成果。

** 师博，经济学博士，西北大学经济管理学院副院长、教授，教育部中国西部经济发展研究中心研究员，陕西省哲学社会科学重点研究基地——宏观经济与经济增长质量协同创新研究中心研究员，研究方向为宏观经济；张冰瑶，西北大学经济管理学院硕士研究生，研究方向为宏观经济。

致社会生态问题频现。在越来越多元化的区域竞争面前，西部地区必须把经济发展的重心转移到高质量发展方面。"五大发展理念是我们在深刻总结国内外发展经验教训的基础上形成的，也是在深刻分析国内外发展大势的基础上形成的，集中反映了我们党对经济社会发展规律认识的深化，也是针对我国发展中的突出矛盾和问题提出来的"①，这为西部地区的发展转型指明了方向，即经济高质量发展必须以"创新、协调、绿色、开放、共享"的发展理念为先导。

党的十九大报告做出中国特色社会主义进入新时代的重大判断，在新的历史方位上中国经济表现出由高速增长转向高质量发展的新时代特征。在理论研究层面，与经济高质量发展相关联的增长质量受到了广泛关注②③④⑤。但是增长质量更多地聚焦于宏观经济范畴，而高质量发展的内涵则拓展至经济、社会和生态等维度。新时代具有新的发展条件，现有文献构建的经济增长质量评价体系是基于高速增长阶段的经济社会特征，因此对新时代背景下经济发展质量的水平与特征缺乏针对性的研究。在质量变革、效率变革和动力变革的背景下，传统的评价方式难以准确反映新时代的要求和新发展理念，在一定程度上制约着对高质量发展的量化评估和对未来经济发展质量的研判。中央经济工作会议明确将"促进区域协调发展"作为2019年重点工作任务，在新时代下，经济高质量发展必然是区域协调发展。鉴于此，我们在新时代中国特色社会主义背景下，基于五大发展理念，通过探讨经济高质量发展的理论内涵、指标体系和测度方法来测算我国省级和地级城市经济高质量发展水平，比较分析西部地区与东中部地区所表现出的经济发展质量的特征，以期能够为推动西部地区经济高质量发展建言献策。

二 新时代经济高质量发展的理论内涵

在新时代，经济发展必须以高质量发展为遵循，充分体现和刻画高质

① 中共中央文献研究室编《习近平关于社会主义经济建设论述摘编》，中央文献出版社，2017，第21页。
② Thomas, V. etc. The Quality of Growth, Oxford University Press, 2000.
③ Barro, R. J., *Quantity and Quality of Economic Growth*, working paper, Central Bank of Chile, 2002, 5 (2): 17-36.
④ 钞小静、任保平:《中国经济增长质量的时序变化与地区差异分析》，《经济研究》2011年第4期，第26~40页。
⑤ 郝颖、辛清泉、刘星:《地区差异、企业投资与经济增长质量》，《经济研究》2014年第3期，第101~114页。

量发展的内涵。经济高速增长转向高质量发展，是一种"以物为本"向"实现人的全面发展"的实质性转变。发展质量高低以能否满足人民日益增长的美好生活需要为准则①，而美好生活的内涵绝不局限于单纯的以物质需求为代表的经济领域，其核心更拓展至优美的生态环境与优质的公共服务等方面。习近平总书记在中央政治经济工作会议上指出："发展必须是遵循经济规律的科学发展，必须是遵循自然规律的可持续发展，必须是遵循社会规律的包容性发展。"这为西部地区在新时代下推动高质量发展提供了理论遵循②。

一是高质量发展必须遵循经济规律。从新时代发展的矛盾来看，解决区域经济发展不平衡应是西部区域的首要任务，然而，尽管西部区域处于全国经济发展的洼地，但是，在发展过程中仍需要遵循复杂系统的经济规律，仍必须把重心放在质量效益上。在改革开放之前，我国处于一种产品短缺状态，为满足人民的物质文化需要，可以通过规模效应实现经济数量和规模的快速扩张。经过改革开放40年的高速增长，我国完成了经济起飞，基本解决了"落后"问题。在此期间，中国经济的质态发生了显著变化，从低收入变为中等收入，从生产力落后的贫穷国家变为世界第二大经济体，从以GDP论英雄变为实现平衡和充分发展最重要③。与此同时，我国的主要矛盾业已转变，人民对美好生活的向往同发展的不平衡不充分之间的矛盾暴露出经济发展质量亟须提高。因此，基于发展环境的变化，中央实事求是地指出我国经济已由高速增长阶段转向高质量发展阶段。新时代下西部地区经济发展必须坚持质量第一、效益优先，通过质量变革、效率变革、动力变革促进全要素生产率的提升，不断培育经济发展的新动能。

二是高质量发展必须遵循自然规律。这对生态脆弱的西部经济又提出了新的约束条件，不仅要在经济总量上赶上来，还要处理好人与自然的共生问题。在经济高速增长阶段，虽然物质财富得到了迅速积累，但同时也付出了沉重的生态环境代价。粗放的增长方式不仅引发了资源约束趋紧，还造成环境污染和生态退化，使人与自然的矛盾激化。人民群众的生活质量受到环境污染的严重侵蚀，人民对优质生态环境的需求与日俱增。生态

---

① 金碚：《关于"高质量发展"的经济学研究》，《中国工业经济》2018年第4期，第5~18页。

② 任保平：《新时代中国经济从高速增长转向高质量发展：理论阐释与实践取向》，《学术月刊》2018年第3期，第66~746页。

③ 金碚：《关于"高质量发展"的经济学研究》，《中国工业经济》2018年第4期，第5~18页。

破坏和环境污染的不良现象能否得到缓解和遏制成为新时代下经济发展质量高低的重要判断之一。人与自然相依相存，在高质量发展过程中应尊重并保护自然，树立和践行新的财富观，即"绿水青山就是金山银山"，坚定走绿色发展之路，为人民群众打造优质的生态环境。

三是高质量发展必须遵循社会规律。西部区域长期处于低水平发展状态，民生社会福利发展相对滞后，在高质量的发展中更需要得到关注，打好脱贫攻坚战，补齐民生短板。在低收入阶段社会物质产品和精神文化产品相对匮乏，为了解决贫困问题，人们对经济和社会的不平衡发展具有一定的包容性。但是进入中等收入阶段后居民的物质生活条件得到极大的改善，对公平正义的诉求愈发强烈，要求基本公共服务实现均等化。社会发展的相对滞后令民生问题日益凸显，如果不能妥善解决，有可能会成为经济高质量发展的羁绊。新时代下和谐的社会发展能够为高质量发展营造稳定的社会环境，而尖锐的社会矛盾可能为高质量发展带来诸多不确定性，甚至可能造成一定的风险隐患。新时代下必须多谋民生之利、多解民生之忧，积极主动回应群众关切，增进民生福祉，在高质量发展中补齐民生短板、促进社会公平正义。

对经济高质量发展的评价必须充分体现出其基本内涵与本质特征。笔者认为高质量发展的内涵体现在，具有增速稳定和结构合理的经济增长基础，并能产生社会友好型和生态友好型的发展成果，最终服务于富强民主文明和谐美丽的社会主义现代化强国和人的全面发展①。基于此，以高质量发展为基本遵循的经济发展质量的评价体系应充分把握如下三个准则。

一是以新发展理念为核心。党的十九大报告指出发展必须是科学的发展，必须坚定不移贯彻五大发展理念。中央经济工作会议强调坚持新的发展理念，推动质量变革、效率变革、动力变革，促进经济社会持续健康发展。发展的不平衡不充分难题需要用新发展理念来破解，为了更好地评价这一理念的贯彻情况，我们对经济发展质量构造数量化的指数，详细刻画西部地区在贯彻新发展理念方面所做的努力。具体来讲，通过对创新载体人力资本水平的测度来反映创新发展理念，通过对经济结构合理性的测度来反映协调发展理念，通过对生态成果的测度来反映绿色发展理念，通过对经济外向性的测度来反映开放发展理念，通过对医疗水平的测度来反映分享发展理念。

---

① 师博：《论现代化经济体系的构建对我国经济高质量发展的助推作用》，《陕西师范大学学报(哲学社会科学版)》2018年第3期，第126~132页。

二是以有限但有效的测算为基础。首先，高质量发展内涵丰富，如果过分强调全面可能会因其概念晦涩难懂而不具有可实施性。其次，高质量发展具有多维属性特征，对其各个维度均进行测评会因为缺少相关数据而不具有可操作性。最后，高质量发展本质上是一种价值判断，评价标准难以统一。所以本文力求用最基本、最重要的要素来测度各地区经济发展质量水平，对其进行较客观地评价，希望通过简明且易形成共识的指标，为经济发展质量确定努力的方向，鼓励各地区从自身的经济发展状况和地方优势出发，制定相应的高质量发展战略，提升经济发展的质量和效益。

三是以弱化经济增长为指导。我国经济发展阶段业已转换，这不仅意味着经济工作的关注重点已经由经济增长速度转向经济发展质量，更意味着推动高质量发展成为经济发展的根本要求。在新的发展阶段，经济的"好"与"快"有时是"鱼和熊掌不可兼得"，高质量发展阶段速度肯定是逐步下降的。[1] 作为世界第二大经济体我国已经不需要过度关注经济增长速度，在经济增长保持基本稳定和可持续的条件下应将经济发展的注意力更多地放在提质增效上。[2] 所以本文所构建的经济发展质量指数重在反映经济发展的强度、稳定性、合理化和外向性，更加重视反映社会、生态的发展变化情况。

三　经济发展质量指标体系的构建与测算方法

2018 年中央经济工作会议指出："推动高质量发展是当前和今后一个时期确定发展思路、制定经济政策、实施宏观调控的根本要求，必须加快形成推动高质量发展的指标体系、政策体系、标准体系、统计体系、绩效评价、政绩考核，创建和完善制度环境，推动中国经济在实现高质量发展上不断取得新进展。"尽快建立对经济高质量发展的评价体系，不仅可以找出当下经济发展质量所存在的问题，为经济高质量发展指明方向，还可以对经济高质量发展的成效进行量化评估。这也是我们在制定西部经济发展质量评价指标体系时的基本遵循。

笔者参照 Mlachila 等[3]的方法，从三个维度表征经济发展质量的内涵。

---

① 蔡昉：《转向高质量发展"三谈"》，《经济日报》2018 年 2 月 8 日。
② 胡敏：《高质量发展要有高质量考评》，《中国经济时报》2018 年 1 月 18 日。
③ Mlachila, M., Tapsoba, R., Tapsoba, S. J. A., 2014, A Quality of Growth Index for Developing Countries：A Proposal, IMF working paper, NO. 172.

经济发展质量 = α 发展基本面 + β 发展的社会成果 + γ 发展的生态成果

发展基本面 = Θ1 强度 + Θ2 稳定性 + Θ3 合理化 + Θ4 外向性

发展的社会成果 = φ1 每万人大学生人数 + φ2 每万人医生人数

发展的生态成果 = η1（单位 GDP 气体污染 GDP 排放物）+ η2（单位 GDP 固体污染物排放产出）+ η3（单位 GDP 液体污染物排放）

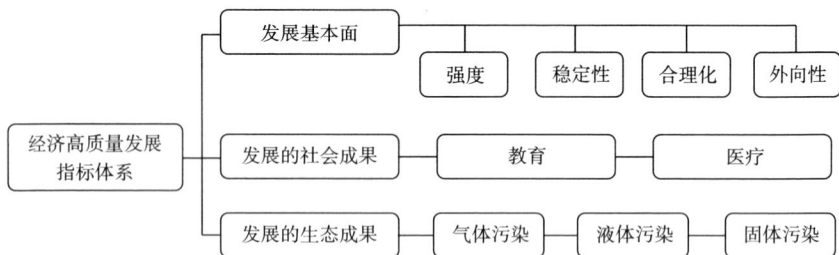

图 1　经济高质量发展的指标体系

经济发展质量的基本面可表述为：（1）经济发展的强度，采用实际人均 GDP 来测度。一个地区的人均 GDP 越高代表其产出能力越强，则人民生活水平相对较高，经济发展越强劲。（2）经济发展的稳定性，用经济增长率变异系数的倒数来度量。变异系数可以衡量经济增长率的变异程度。一个地区如果有较高的经济增长率变异系数，表明该地区经济发展的稳定性越差，极易发生贫困和收入分配不公等问题。为了排除异常值的干扰，省级增长率变异系数采用 5 年期滚动窗口的方法进行测算，市级增长率变异系数采用 3 年期滚动窗口的方法进行测算。（3）经济发展的合理化，用 1 与泰尔指数的差值来表征。借鉴干春晖等①的方法，利用三次产业占比和第三产业从业人员占比来计算泰尔指数，用以衡量产业结构的合理化。干春晖等实证研究表明产业结构越合理，经济波动越小，经济发展的协调性越高。（4）经济发展的外向性，用净出口占 GDP 比重来衡量。外向型经济有助于本地区加强与发达经济体的联系，可以通过进出口贸易、外商直接投资、人员交流等渠道的技术溢出提高本地区的生产率。

经济发展社会成果在一定程度上代表了共享发展理念与创新发展理念的落实情况。全体社会成员均可以通过人力资本投资来拓展自身参与经济活动的机会，进而凭借自身能力公平享有经济发展成果。同时人力资本还是创新活动的重要载体，质量较高的人力资本可以提高创新发生的概率。

---

① 干春晖、郑若谷、余典范：《中国产业结构变迁对经济增长和波动的影响》，《经济研究》2011 年第 5 期，第 4 ~ 16 页。

所以，本文从人力资本视角通过以下两个方面来测度社会发展成果：
（1）教育，是人力资本在知识和创新层面的表征。在省级层面笔者使用人均受教育年限加以衡量，地级市层面则采用平均每万人高校在校学生人数作为代理变量。（2）医疗，作为人力资本在健康层面的表征。笔者用每万人医生人数作为代理变量。新时代中国特色社会主义要实现人的全面发展，人力资本水平越高，意味着个体在经济发展中所获得的发展能力和机会越大，经济发展所创造的社会福利越高。

经济发展的生态成果与绿色发展理念紧密联系，具体包括：（1）单位GDP气体污染排放产出；（2）单位GDP固体污染排放产出；（3）单位液体污染排放产出。这三个指标均表示在既定经济产出量上的污染排放量。在给定的污染排放水平情况下经济产出水平越高，则说明经济发展的生态成果越好。

以上指标具有不同量纲，因而不可以直接合成。本文采用"最小—最大标准化"方法对原始数据进行变换和处理，然后通过设定相应权重将变换后的指标加总计算得到经济增长质量指数。主成分分析法虽然可以依据数据特征来对经济增长质量各维度指标进行客观赋权①，但是该方法也会因为降维而使原始指标丧失经济含义，并且当变量个数过多时也不易使用。值得注意的是，高质量发展需要充分协调经济系统、生态系统和社会系统，把物质生产、生态环境和人民生活有机联系起来，实现经济效益、生态效益和社会效益的统一。因此，本文参照联合国人类发展指数（Human Development Index）和经济脆弱度指数（Economic Vulnerability Index），对各基础指标赋予简单而透明的均等权重。具体而言，对"发展的基本面"、"发展的社会成果"和"发展的生态成果"三个维度各赋予1/3的权重，以凸显经济、社会和生态三者发展的同等重要性。相应地，"发展的基本面"下属指标的权重均为1/4，"发展的社会成果"二级指标的权重均为1/2，"发展的生态成果"下属指标的权重为1/3。虽然采用简单而透明的均等权重法赋值具有一定的随意性，但这里旨在强调经济发展质量需要多方位均衡发展。

为了更好地评价西部地区经济发展质量，本文将其置于全国经济发展的整体中，通过比较分析加以综合考评。我国社会主义市场经济体制的建设始于1992年，所以在省级层面本研究测算了1992～2017年的经济发展

---

① 钞小静、任保平：《中国经济增长质量的时序变化与地区差异分析》，《经济研究》2011年第4期，第26～40页。

质量指数。鉴于数据的可得性，在市级层面本研究计算了 2004～2017 年的经济发展质量指数。其中计算省级经济发展质量指数的数据来源于《新中国六十年统计资料汇编》、《中国统计年鉴》和《中国能源统计年鉴》，计算市级经济发展质量指数的数据来源于《中国城市统计年鉴》以及 CEIC 数据库。考虑到数据的可得性以及可比性，省级数据以 1992 年为基年剔除价格波动的影响，地级市数据以 2004 年为基年剔除价格波动的影响，缺失数据使用插值法进行补充。

四 西部地区经济发展质量的水平测算结果与分析

(一) 西部省级经济发展质量

1. 与中东部发展情况的比较分析

图 2 展示了自 1992 年以来全国以及东中西部省份平均经济发展质量指数。在研究时段内东部省份的平均经济发展质量指数最高，西部省份指数值最低，中部省份指数值居中，表现出与经济增长数量相类似的地理分布情况。1992～2017 年西部地区经济发展质量指数变化趋势与全国保持一致，并且在整个研究时段内西部地区经济发展质量指数和东中部地区虽然存在一定差距，但是 2012 年后西部地区经济发展质量表现出向东中部地区收敛的态势。具体来看，2011 年之前西部地区与东部地区经济发展质量差距虽有小幅波动但二者差距大致保持不变，2012 年之后两地区经济发展质量差距先扩大再缩小，预计未来西部地区和东部地区之间的差距会进一步缩小；2011 年之前西部同中部地区的经济发展质量差距出现缓慢扩大的趋

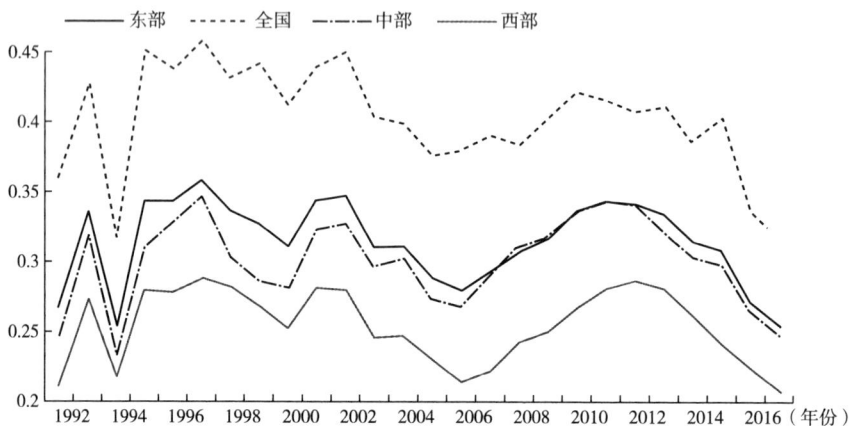

图 2　1992～2017 年全国以及东中西部省份经济发展质量指数平均值

势，但是2012年之后两地区之间的差距在波动中逐渐缩小，预计未来西部地区和中部地区之间的差距也将进一步缩小。

2. 西部地区经济发展质量的综合分析

（1）发展质量指数

1992～2017年西部地区经济发展质量指数的平均值为0.2530。在2011年之前西部地区经济发展质量指数的均值为0.2543，其间大致经历了4个完整的周期：第一个周期为1992～1994年，西部地区经济发展质量有过一个短暂的小幅波动。1992年社会主义市场经济建立伊始具有一定的不确定性，可能给西部经济发展带来小幅冲击。第二个周期为1995～1997年，西部地区经济发展质量表现出上扬态势。1994年我国开始实施分税制财政管理体制，极大地调动了西部地区发展经济的积极性，其发展质量指数持续上升并于亚洲金融危机发生之前的1997年达到历史峰值0.2875。第三个周期为1998～2006年，该时期要素驱动型经济增长造成了区域发展不平衡、收入差距拉大和环境污染等问题，制约了经济发展质量的提高，西部地区经济发展质量在波动中上升乏力；第四个周期为2007～2011年，虽然面临全球经济危机的冲击，西部地区经济发展质量在科学发展观的正确引领下依旧稳步提升。2012年中国经济进入"三期叠加"的新常态，加之传统要素驱动高速增长所累积的环境污染问题以及西部地区生态环境的脆弱性，导致经济发展质量指数出现小幅下滑。民生问题的解决和生态环境的恢复不是一蹴而就的，在高质量发展阶段西部地区应针对民生问题精准施策，大力推进生态文明建设，随着社会生态问题逐步得到解决，预计未来西部地区经济发展质量水平会进一步提高。

（2）发展质量的收敛性分析

从高质量发展的收敛性来看，1992～2017年东部地区经济高质量发展指数的方差最大，为0.0148，中部地区方差最小，为0.0028，西部地区的方差为0.0033，居于二者之间。图3描绘了1992～2017年西部各地区间经济发展质量的差异化程度，1992～1995年西部省际经济发展质量变异系数波动较大，1996～2003年变异系数在波动中上升，2004～2010年变异系数缓慢下降，2011年之后变异系数大致保持在20%的水平，预计未来西部地区省际经济发展质量差异不会进一步扩大。

（3）发展指数分维度分析

西部地区经济发展质量分维度指数测算结果显示，发展基本面的均值最高，为0.5197，社会成果指数均值最低，为0.1232，生态成果均值居中，为0.1416。在整个样本期，发展基本面指数均高于经济发展质量指

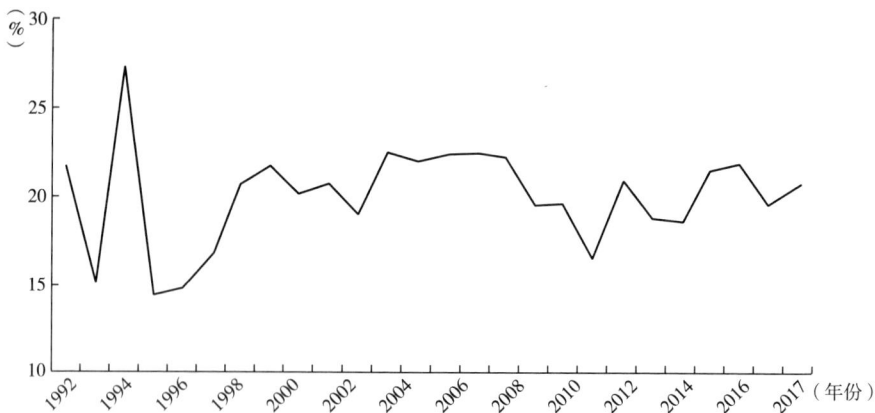

图3　1992～2017年西部省际经济发展质量变异系数

数，说明经济发展是驱动西部省份高质量发展的核心力量，而社会和生态成果方面的绩效不佳，在一定程度上表明西部省份在社会和生态层面的发展空间较大。发展基本面在经济高质量发展的三个维度中表现最好，1992～2011年发展的基本面均值为0.5184，2012～2017年为0.5249，不论过去还是现阶段西部地区发展基本面均保持在较高水平，这在一定程度上表明西部各省份在发展过程中比较重视经济增长，区域经济发展差距也为经济增长提供了发展空间。

西部省份社会成果指数在经济高质量发展的三个维度中表现不佳，1992～2011年西部地区社会成果指数均值为0.1128，2012～2017年的均值为0.1651，大致提高了46.43%。在经济高质量发展阶段，西部地区应再接再厉，找准其社会发展问题的症结所在，周密谋划、用心布局，进一步巩固社会发展成果。

1992～2011年西部省份的生态成果均值为0.1516，2012～2017年生态成果均值为0.1015，出现下滑，可能是因为在经济高速增长阶段污染作为工业化的非期望产出超出了自然环境的承载力，脆弱的生态系统需要较长的时间来恢复。随着各类生态保护和修复工程以及污染防治攻坚战的持续推进，预计未来西部地区的生态发展会有所改善。

（4）省际发展的动态变化

1992年西部地区经济发展质量排名前三的省份是新疆、内蒙古和云南，2011年排名前三位的省份则变为陕西、重庆和四川，2012年重庆又超越陕西成为西部地区经济发展质量的第一名。2017年西部经济发展质量最好的省份仍然是重庆、陕西和四川。在未来经济高质量发展阶段，西部地区应充分发挥重庆、陕西和四川三个省市的引领示范作用，带动西部地区整体发展质量水平的提升。在研究时间段内贵州的经济发展质量进步较明显，由1992年西部省份排名最后到2017年位居西部省份第四名；而青海的经济发展质量则表现不佳，由1992年西部省份排名第五滑落至2017年的最后一名。青海在未来发展过程中要努力提升经济发展质量的水平，积极主动向经济发展质量水平较高的省份看齐。

从发展基本情况来看，1992~2011年内蒙古、四川和陕西在西部地区发展基本面指数均值排名前三；2012~2017年重庆、新疆和云南则成为西部地区发展基本面最好的三个省份，其中云南进步最为明显，由过去的倒数第一追赶为现阶段的第三名，而内蒙古则由过去的排名第一倒退为现阶段的最后一名。在经济高质量发展阶段内蒙古应积极主动转变经济发展方式，减少经济对资源和能源的依赖，以科技创新来促进新旧动能转换，逐步实现产业结构的优化升级。1992~2011年新疆、陕西和内蒙古的社会成果均值排名前三，2012~2017年陕西省则跃升至第一名，内蒙古滑落为第三名，而重庆则晋升为第二名。在过去和现阶段西部地区社会成果排名中，贵州一直排在末位，表明贵州在经济高质量发展阶段应着重补齐社会发展的短板。1992~2011年陕西、四川和重庆为西部地区生态成果均值排名前三的省份，2012~2017年这三个省份生态成果仍然最好，只是四川、重庆排名分别上升为第一、二名。宁夏的生态成果在西部地区排名中不论过去还是现阶段均为最后一名，由于地理环境因素宁夏的生态环境本身就比较脆弱，其在经济高质量发展阶段更应加大对生态环境的治理恢复。

（二）西部城市经济发展质量

1. 与中东部城市发展的比较分析

图4给出了2004~2017年全国及东、中部和西部地区城市经济发展质量指数的平均值。我国城市间经济发展质量水平保持着和省级相一致的地理分布态势，东部城市最高、中部城市次之、西部城市最低。2004~2017年西部城市经济发展质量表现出同东中部城市相同的变化趋势，在整个研究时段内西部城市和东部城市经济发展质量差距较大，但该差距在波动中逐渐缩小。相较之下，西部城市和中部城市在经济发展质量方面的差距较小且正稳步缩小。预计未来西部城市经济发展质量会逐步向东中部城市收敛。

2. 西部城市整体综合评价分析

（1）发展质量指数

2004~2017年西部城市整体经济发展质量指数的平均值为0.2739，最

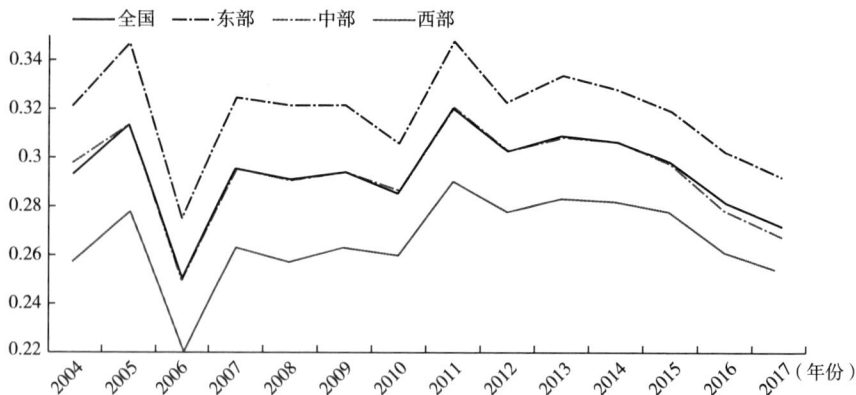

图4　2004～2017年全国及东中西部城市经济发展质量指数平均值

高值出现在2011年，达0.2985，最低值则出现在2006年，为0.2290。

2004～2011年西部城市经济发展质量指数的平均值为0.2692，该时期指数波动较大，大致经历了两个周期：第一个周期为2004～2006年，呈现一个短暂的波动状态；第二个周期为2007～2011年，表现出显著的攀升态势。2012～2017年西部城市经济发展质量的平均指数为0.2800，比2011年之前经济发展质量指数大致提升了40%，说明在创新驱动的引领下和供给侧结构性改革不断深入以及"一带一路"建设背景下，西部城市经济发展质量水平正逐步提升。

（2）发展质量的收敛性分析

从各地区城市经济发展质量的差异性来看，研究时段内东部城市经济发展质量指数的方差最大，为0.0047，中部最小，为0.0041，西部居中，为0.0046，西部城市经济发展质量的差异性略小于东部城市，但经济发展质量水平的波动性仍高于东部城市。从发展的不同阶段来看，西部城市高质量发展具有收敛性，2004～2011年西部城市经济发展质量指数的方差为0.0046，2012～2017年则为0.0045，2011年后西部城市经济高质量发展水平更为趋同，预计在高质量发展阶段西部城市会继续保持这一趋势。

（3）发展指数分维度分析

2004～2017年各分维度指数显示，西部城市发展基本面均值最高，达到0.3728，社会成果均值最低，为0.2000，生态成果均值居中，为0.2519，高质量发展三个维度的均值都处于相对较低的水平。在整个样本期，发展的基本面指数均高于经济发展质量指数，说明经济发展同样也是驱动西部城市高质量发展的核心力量，虽然西部城市在社会和生态层面的发展不足，但其提升空间仍然较大。如果未来西部城市在发展过程中加大对社会和生态方面的重视程度，预计其发展质量会得到极大提升。

具体来看各分维度指标：2004～2017年地级城市经济发展质量的基本面在经济发展质量的三个维度中表现最好，其中2004～2011年指数均值为0.3751，2012～2017年基本面均值为0.3692。西部地级城市发展的基本面一直保持在较稳定的水平，随着供给侧结构性改革的不断深入，未来西部城市会在该维度上"稳中有升"。2004～2017年西部地级城市社会成果指数在经济发展质量的三个维度中表现不佳，2004～2011年社会成果的均值为0.1958，2012～2017年社会成果的均值为0.2068。不论过去还是现在西部城市的社会成果指数值均较低，一方面说明西部地区在发展过程中，对全体人民在经济发展成果的共享上以及实现人的全面发展方面的重视程度仍然有待提高；另一方面，由于教育和医疗的现代化水平在一定程度上可以体现一个地区的软实力，社会成果指数值较低从侧面反映出西部城市在经济发展过程中过于重视GDP等硬实力提升，对软实力的提高有所忽视。因此，西部城市在未来推动经济高质量发展过程中需要权衡好生产性投资和非生产性投资的比例和关系，加大教育和医疗投入，从而带动高质量的人力资本的积累，在社会发展方面有所突破。2004～2017年西部地区城市生态成果指数与经济发展质量指数表现出相似的变化趋势，其中2004～2011年西部城市生态成果指数均值为0.2369，2012～2017年西部城市生态成果指数均值为0.2759，提高了16.5%。在经济高速增长阶段西部城市为了实现经济增长过分依赖自然资源的消耗，经济产出的提高伴随着污染物排放的增加，导致西部地区生态建设成果不佳；而经济进入新常态以来随着绿色发展理念的贯彻，西部城市在生态建设方面不断加大投资力度，预计未来西部城市在生态建设方面会取得更大成绩。

（4）各城市间发展的动态变化

2004年西部地区经济发展质量指数排在前十名的城市依次是南宁、呼和浩特、桂林、兰州、乌鲁木齐、成都、银川、西安、昆明和克拉玛依。除桂林和克拉玛依外其他城市均为西部省会城市，前十位城市的经济发展质量指数均值为0.2690。2011年西部地区经济发展质量指数排在前十的城市依次是桂林、南宁、呼和浩特、鄂尔多斯、兰州、咸阳、成都、西安、昆明和柳州。鄂尔多斯、咸阳和柳州三个非省会城市成功跻身西部城市经济发展质量排名前十的行列，前十位城市的经济发展质量指数均值为0.2985，比2004年提高大约11%。2017年西部地区经济发展质量指数排在前十名的城市依次是乌兰察布、克拉玛依、成都、昆明、西宁、银川、柳州、西安、乌鲁木齐和呼和浩特，除乌兰察布、克拉玛依和柳州外，其余均为西部省会城市，可见西部经济高质量发展排名前十的城市仍然以省会城市为主，前十名城市的经济发展质量指数均值为 0.2603。西部省会城市在整个研究时段内经济发展质量比较高，因此西部地区在经济高质量发展过程中要充分发挥省会城市的辐射引领作用，各城市应以省会城市为榜样探索适合自身高质量发展的路径。

从发展基本面来看，2004～2011 年昆明、克拉玛依、包头、鄂尔多斯、呼和浩特、南宁、乌鲁木齐、成都、西安和兰州在西部城市中发展基本面指数排名前十，以省会城市为主。2012～2017 年昆明、包头、鄂尔多斯、克拉玛依、呼和浩特、六盘水、重庆、乌鲁木齐、玉溪和崇左成为西部地区该维度表现最好的十个城市，与过去相比，越来越多的非省会城市跻身发展基本面指数排名前十行列，预计未来非省会城市和省会城市在发展基本面上的差距会逐步缩小。从社会成果的指数均值来看，2004～2011 年呼和浩特、昆明、桂林、兰州、贵阳、南宁、成都、咸阳、乌鲁木齐和西安是在社会发展方面排名前十的西部城市。2012～2017 年桂林、昆明、兰州、呼和浩特、贵阳、乌兰察布、咸阳、南宁、成都和鄂尔多斯则成为西部地区社会建设成果最好的十个城市，除乌兰察布和鄂尔多斯为新晋城市外，其他八个城市仍停留在前十行列。这在一定程度上表明拥有较好生态建设成果的西部城市在社会发展方面保持稳定，但其并未充分发挥引领示范作用，没有带动更多的城市在社会发展方面取得长足进步。从生态成果的指数均值来看，2004～2011 年庆阳、延安、南充、天水、资阳、遂宁、成都、固原、丽江和防城港为前十名城市，除成都外其余城市均为非省会城市；2012～2017 年巴中、庆阳、达州、资阳、广元、成都、遂宁、铜川、西安和安康是在生态发展方面排名前十的西部城市，在生态方面发展较好的西部城市仍然以非省会城市为主，其中以四川省地级市居多。西部地区在生态保护方面应注重发挥非省会城市的积极作用，特别是四川省的城市，加强各城市之间经验交流，促进生态环境的改善。

五 提升西部经济发展质量的政策建议

立足于新时代中国特色社会主义的发展背景，经济发展质量必须以新发展理念与高质量发展为基本遵循。高质量发展的内涵体现在，具有增速稳定和结构合理的经济增长基础，并能产生社会友好型和生态友好型的发展成果，最终服务于富强民主文明和谐美丽的社会主义现代化强国和人的全面发展①。本文基于发展基本面、发展的社会成果和生态成果3个维度构建了经济发展质量评价指标体系，并在测度中国省级和地级市层面的经济发展质量指数的基础上，置于全国发展的基本背景下，对西部地区的经济发展质量进行了综合评价。笔者分析认为，西部地区经济发展质量呈现出波动中上升的态势，且其经济发展质量水平的变化与中东部地区有趋同的态势；西部省会城市的经济发展质量水平较高，中小城市经济发展质量有待进一步提升。

中国特色社会主义进入新时代，经济已由高速增长阶段转向高质量发展阶段。推动经济高质量发展是实现可持续发展的根本要求，西部地区需要多管齐下，在经济发展质量上不断取得新进展，具体措施如下。

第一，补齐区域经济发展短板是西部地区在新时代高质量发展中的首要任务。尽管从2011年之后，西部区域经济发展水平有向东中部经济收敛的特征，但是从总体情况来看，西部经济仍处于落后和不充分发展的状态。新时代高质量发展的关键就是解决发展不充分不平衡问题，因此，西部地区必须集中精力聚焦区域发展，形成新的区域发展动能。当然，新时代的发展必须遵循高质量发展的标准与要求，必须遵循新发展理念，实现经济增长的质量变革、效率变革和动力变革。

第二，以创新带动高质量发展。一方面西部地区应打"政策组合拳"来营造良好的创新环境。具体而言，通过激励型政策强化科技创新，培育一批具有创新能力的排头兵企业；通过结构性政策明确战略性新兴产业发展方向，推动传统产业优化升级；通过协调型政策有效衔接科技创新和产业创新，解决好从"科学"到"技术"的转化，推动产学研协同创新。另一方面西部地区应围绕自身的发展布局，培养和引进大量与新兴产业和现代服务业等相关的创新人才，通过加强人才队伍建设为高质量发展打下良好的人力资本基础。

第三，补齐社会发展和生态发展的短板，助力高质量发展。一方面要针对人民群众关心的问题精准施策，增加教育和医疗方面的投入力度，提高保障和改善民生的能力，促进社会全面发展，使人民群众在共享多样性发展成果中获得感、幸福感明显增强。另一方面通过建立市场化、多元化生态补偿机制，加快恢复西部地区的绿水青山生态价值；加大绿色技术的研发投入，积极推广节能减排技术，实现可持续发展。

---

① 师博：《论现代化经济体系的构建对我国经济高质量发展的助推作用》，《陕西师范大学学报》（哲学社会科学版）2018年第3期，第126~132页。

第四，完善考核评价体系，加强区域合作。推动西部高质量发展必须进一步完善发展机制，转变以"经济绩效"为主的单一考核机制，实施以"发展质量"为核心的多维评价体系，更好地适应人民群众诉求。经济绩效考核由单一化向多元化的转变，即由仅要求提高生活水平转变为要求经济、社会和生态的协调发展。西部地区在提升经济发展质量过程中，亟须从区域竞争模式转型为区域合作模式，积极搭建省份之间以及城市之间的合作平台，通过发展质量较好的省份帮扶较差省份来缩小与东中部地区的差距，以省会城市带动中小城市经济高质量发展来推动区域整体发展质量的提升。

西部大开发 20 年的发展阶段和推动力转换

——回顾、现状与展望

何爱平　彭硕毅*

摘　要： 党的十九大报告明确指出要实施区域协调发展战略，并强调要"强化举措推进西部大开发形成新格局"。那么，促进西部大开发"新格局"形成的推动力究竟是什么，如何实现西部大开发的推动力转换就成为西部大开发战略继续实施中亟须解决的问题。本文首先对西部大开发的总体成效进行了回顾，随后将西部大开发划分为基础建设、增长极培育、增长极辐射、向西开放全面提高四个阶段，并对不同阶段推动力的转化进行了探讨，最后在此基础上对新时代推进西部大开发动力转化的新路径进行了设计。

关键词： 西部大开发　阶段性　推动力

伴随着改革开放和市场经济体制不断完善的"双轮驱动"，我国经济取得了持续的高速增长，社会福利水平也得到显著提升。然而在社会财富总量爆发式增长的同时，区域经济发展的不平衡成为我国现代化进程和全面建成小康社会的重要瓶颈。有鉴于此，1999 年 9 月党的十五届四中全会正式提出了西部大开发战略，并将其定位为"关系到东西部协调发展和最终实现共同富裕的重大问题"和"党中央总览全局，面向新世纪做出的重大决策"。作为中央区域发展战略由"非平衡"向"平衡"转化的标志，西部大开发战略实施以来，依靠国家政策倾斜，西部地区的经济社会发展取得了长足进步，经济总量加速增长，产业结构持续优化，人民生活水平不断提高，基础设施和公共服务体系日趋完备，生态环境得到有效保护。但与此同时，西部大开发在缩小西部地区与东部地区发展差距和实现东西

---

* 何爱平，教育部中国西部经济发展研究中心副主任，研究员，西北大学经济管理学院教授，博士生导师，研究方向为政治经济学；彭硕毅，西北大学经济管理学院博士研究生，研究方向为政治经济学。

部协调发展方面的目标却在一定程度上未得到充分实现。许多研究显示，西部大开发虽然在绝对量上加速了西部地区的发展，但拉大了西部和东部之间的差距（淦未宇等，2011；陆张维等，2013；刘瑞明、赵仁杰，2015；何春、刘来会，2016）。

中国特色社会主义已经进入新时代，我国经济也已从高速增长阶段转向高质量发展阶段，但区域经济发展不平衡的矛盾依然存在，促进区域协调发展仍然是我国社会主义经济建设的奋斗目标之一。党的十九大报告明确指出要实施区域协调发展战略，并强调要"加大力度支持革命老区、民族地区、边疆地区、贫困地区加快发展，强化举措推进西部大开发形成新格局"。那么，促进西部大开发"新格局"形成的推动力究竟是什么，如何实现西部大开发的推动力转换就成为西部大开发战略继续实施中亟须解决的问题。时至今日，西部大开发战略已经提出近二十年，这二十年间西部大开发究竟取得了怎样的成果，能够划分为哪些阶段，每个阶段西部地区发展的推动力又发生了怎样的转变，对这些问题的回顾和总结能够为新时代推进西部大开发形成"新格局"，实现发展动力转换提供有益的借鉴和启示。

一 西部大开发 20 年来的总体成效

（一）西部地区国民经济总体发展状况

西部大开发战略实施以来，西部地区经济发展总体上进入快车道，反映经济发展水平的总量指标获得显著增长。西部地区的国内生产总值自 2000 年的 17276.41 亿元上升到 2017 年的 168561.57 亿元，国内生产总值增长超过 9.5 倍，年均复合增长率达到 14.34%，人均国内生产总值从 4847.16 元上升到 44717.22 元，年均增长率也达到 13.96%，超过同期全国平均增长率，也高于东部地区 13.17% 和中部地区 13.35% 的增长率。虽然西部地区在增长率上实现了反超，但西部地区和东部地区的相对差距却在持续拉大，2000 年西部地区和东部地区在国内生产总值上的差距是 40136.12 亿元，而到了 2017 年这一差距扩大到 302683.14 亿元，相当于年均扩大 12.62%。即使在人均国内生产总值上，两者之间的差距也以两位数的增速在扩大。2000 年西部地区与东部地区人均 GDP 的差距为 6944.25 元，而 2017 年两者之间的差距扩大为 36907.62 元，年均扩大 10.33%。

除了国内生产总值之外，产业结构也能够在很大程度上反映一个地

图1　西部大开发以来我国三大区域国内生产总值增长率

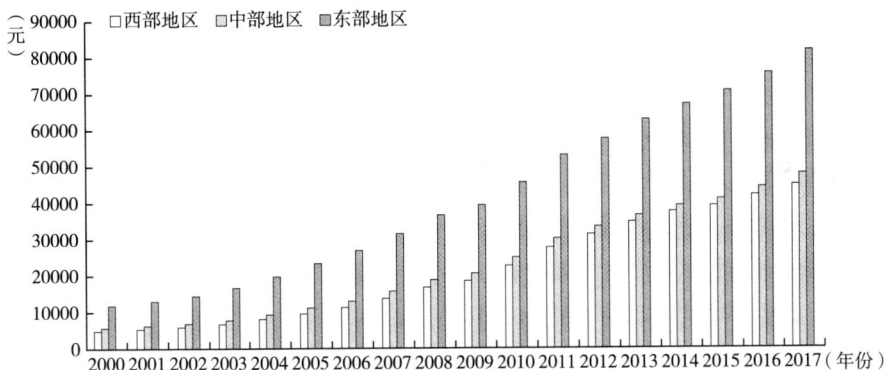

图2　西部大开发以来我国三大区域人均国内生产总值

区的经济发展阶段和发展水平。本文使用第三产业增加值与第二产业增加值的比值来反映产业高级化水平。西部大开发战略实施以来，西部地区的产业结构总体上不断优化，产业结构高级化指数从 2000 年的 1.01 上升到 2017 年的 1.15。经历了先下降后上升两个阶段，第一阶段是 2000～2010 年的快速工业化阶段，西部大开发带来的基础设施建设投入和固定资产投资直接拉动了第二产业的发展，服务业占比显著下降。第二阶段是 2011 年至今的工业主导向服务业主导转化阶段，这一阶段西部区域以自我发展能力为主线，将经济结构优化和自主创新摆在重要位置，经济结构中服务业比重上升，产业结构高级化水平不断提升。目前西部地区在产业结构高级化程度上虽然与东部地区还有差距，但已经超过中部地区，第三产业对经济增长的贡献不断增加，总体上呈现出良好的发展趋势。

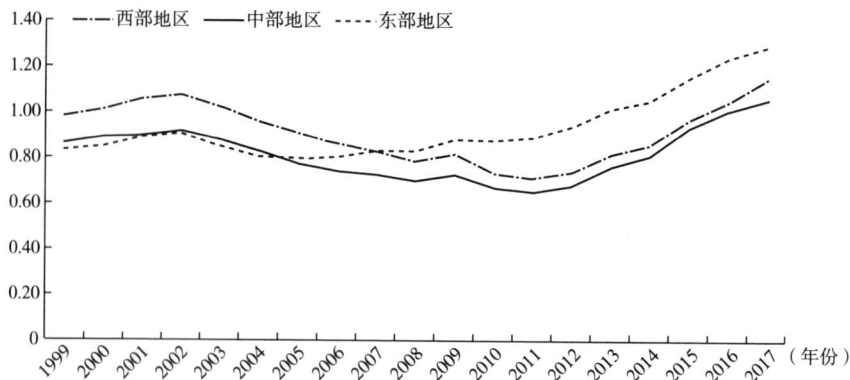

图3　西部大开发以来我国三大区域产业结构高级化程度

（二）西部地区社会民生发展状况

西部大开发战略的推行着眼于区域协调发展，目标是实现共同富裕，最终是为了更好地满足西部人民对美好生活的需要、提升西部地区人民群众的生活水平。因此社会民生发展是西部大开发战略的重要目标之一。为了全面展示西部大开发给西部地区社会民生发展带来的改变，本文从居民消费、就业、教育和医疗四个方面对其进行展示。

居民消费水平状况反映了居民福利水平，从表1可以看出，西部大开发战略实施以来西部各省份居民消费水平不断攀升，其中内蒙古、广西、重庆、贵州、云南等9个省份居民人均消费水平年均增长幅度超过10%，超过西部大开发战略实施之前的增长幅度，这无疑印证了西部大开发在推动西部地区居民消费水平提升方面的重要作用。

表1　西部大开发以来西部地区分省份居民消费水平状况

单位：元/人，%

年份 地区	2000	2005	2010	2015	2017	年均增长
内蒙古自治区	2687	4967	10925	20835	23909	13.72
广西壮族自治区	2437	3899	7920	13857	16064	11.73
重庆市	2705	4702	9723	18860	22927	13.40
四川省	2550	4130	8182	14774	17920	9.02
贵州省	2084	3256	6218	12876	16349	12.88
云南省	2603	3844	6811	13401	15831	11.20
西藏自治区	1823	2990	4469	8756	10990	7.96
陕西省	2210	4182	8474	15363	18485	9.14
甘肃省	1947	3453	6234	11868	14203	12.40

地区 ＼ 年份	2000	2005	2010	2015	2017	年均增长
青海省	2384	3888	7326	15167	18020	12.64
宁夏回族自治区	2469	4469	8992	17210	21058	13.44
新疆维吾尔自治区	2650	3814	7400	13684	16736	11.45

就业是关乎社会民生的重要方面，西部大开发战略实施以来，仅2008~2017年10年间西部地区的城镇单位就业人员数量就从2898.2万人上升到3887.3万人，年均增幅3.32%。通过表2也不难发现，随着西部大开发的不断深入西部越来越多省份的登记失业率低于全国平均水平。2000年西部地区仅有四个省份的登记失业率低于全国平均水平，而到了2017年仅有四川省一个省份的登记失业率高于全国平均水平，这表明西部大开发有效地增加了西部地区的就业机会。

表2　西部大开发以来西部地区分省份失业率

单位:%

地区 ＼ 年份	2000	2005	2010	2015	2017
内蒙古自治区	3.3	4.3	3.9	3.7	3.6
广西壮族自治区	3.2	4.2	3.7	2.9	2.2
重庆市	3.5	4.1	3.9	3.6	3.4
四川省	4.0	4.6	4.1	4.1	4.0
贵州省	3.8	4.2	3.6	3.3	3.2
云南省	2.6	4.2	4.2	4	3.2
西藏自治区	4.1	4.3	4.0	2.5	2.7
陕西省	2.7	4.2	3.9	3.4	3.3
甘肃省	2.7	3.3	3.2	2.1	2.7
青海省	2.4	3.9	3.8	3.2	3.1
宁夏回族自治区	4.6	4.5	4.4	4.0	3.9
新疆维吾尔自治区	3.8	3.9	3.2	2.9	2.6
全国	3.1	4.2	4.1	4.1	3.9

医疗机构床位数在一定程度上反映了区域内医疗资源的丰裕程度，西部大开发以来西部地区医疗卫生机构床位数从82.84万张增加到2017年的231.88万张，总量增长279.91%，年均增长5.89%。卫生技术人员数也由1999年的114.8万人上升到2017年的245.65万人，年均增长4.13%。西部地区与东部地区医疗卫生机构床位数之比由1999年的1：1.58缩小到2017年的1：1.34。截至2017年西部地区城镇基本医疗保险参保人数已经

达到 29803.1 万人，农村新型合作医疗的覆盖面也超过 90%，西部地区已经形成医疗保障体系的全面覆盖。西部大开发有效加快了区域医疗卫生体系的发展速度。

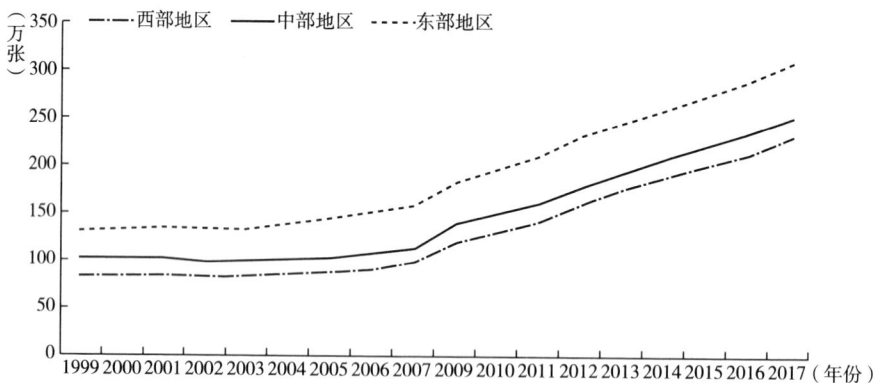

图4　西部大开发以来我国三大区域医疗机构床位数

西部大开发战略实施以来西部地区教育事业获得长足发展，普通高等学校在校生人数从 1999 年的 86.98 万人上升到 2017 年的 700.03 万人，高等学校在校学生人数增长 805%，年均增长率达到 13.05%，高等教育覆盖面显著扩大，为西部地区提供了大量优质人才资源。同时，西部地区财政性教育经费投入也持续增加，从 2000 年的 580.69 亿元增至 2016 年的 8329.36 亿元，年均增长幅度达到 18.11%，超过同期东部地区 15.23% 和中部地区 16.72% 的平均增长率。西部大开发带来的教育经费投入上的财政倾斜，促进了西部地区教育事业的全面发展，为西部地区培育自主发展能力提供了人力资本保障。

表3　西部地区分省份财政性教育经费投入情况

单位：万元,%

地区　　年份	2000	2005	2010	2015	2016	年均增长
内蒙古自治区	446034	997738	3584765	6324669	6648963	18.40
广西壮族自治区	630073	1208967	3990786	8467679	9137061	18.19
重庆市	440470	956460	2893208	6400963	7054576	18.93
四川省	1083406	2055507	6816497	13362232	14423197	17.56
贵州省	411336	1031411	3139157	8039152	8909339	21.19
云南省	827618	1536868	4480463	9039569	10227745	17.02
西藏自治区	77128	288219	641638	1892997	1829919	21.89
陕西省	668226	1276078	3766663	7754202	8086909	16.86
甘肃省	425021	847512	2648616	5518606	6065624	16.54

地区＼年份	2000	2005	2010	2015	2016	年均增长
青海省	110234	246545	985919	1906170	1918513	19.55
宁夏回族自治区	115671	277221	843802	1696500	1795089	18.69
新疆维吾尔自治区	571713	1072552	3256626	6508191	7196691	17.15
中部地区	6217968	12187351	32346922	68308268	73748271	16.72
东部地区	13601159	27628332	62384660	122194221	131568634	15.23
西部地区	5806930	11795078	37048140	76910930	83293626	18.11

（三）西部地区技术进步和基础设施发展状况

以科技进步为支撑实现西部地区自我发展能力提升是西部大开发战略的重要目标，通过税收优惠、财政转移支付等手段的引导和推动，西部地区的创新发展能力已经有了显著提高，从能够直接反映区域创新能力的发明专利授权量来看，整个西部地区从 1999 年的仅有 508 项上升到 2017 年的 39043 项，年均增幅达到 27.28%，虽然相对东部地区的 229432 项和年均 31% 的增幅差距依然在拉大，但是在增速上西部与中部地区 27.84% 的增速基本持平，维持了与中部地区的相对差距。同时，从反映技术创新转化环境的技术市场成交额来看，西部地区技术创新的市场培育也取得明显成效，1999 年西部地区技术市场成交额为 83.94 亿元，到 2017 年这一数值已经达到 1845.81 亿元，年均增幅为 18.73%，技术创新市场得到持续发展。虽然西部地区与东部地区技术市场成交额之比由 1∶3.99 扩大到 1∶4.85，但自 2007 年达到 1∶10.73 的峰值之后，近 10 年西部地区与东部地区技术市场交易额差距持续缩小，西部地区技术创新转化环境呈现出不断向好的趋势。

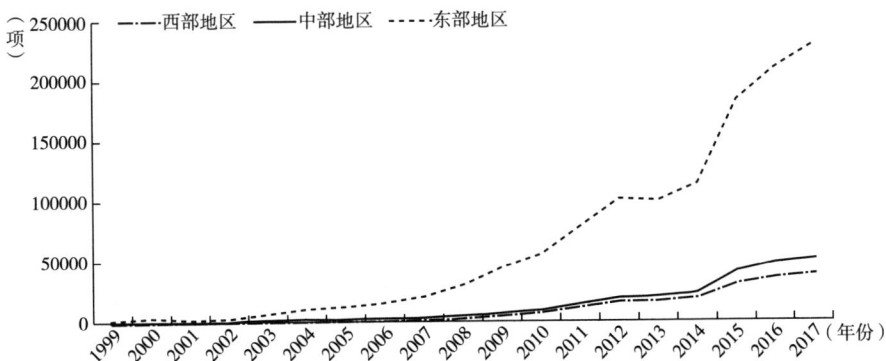

图5　西部大开发以来三大区域发明专利授权量

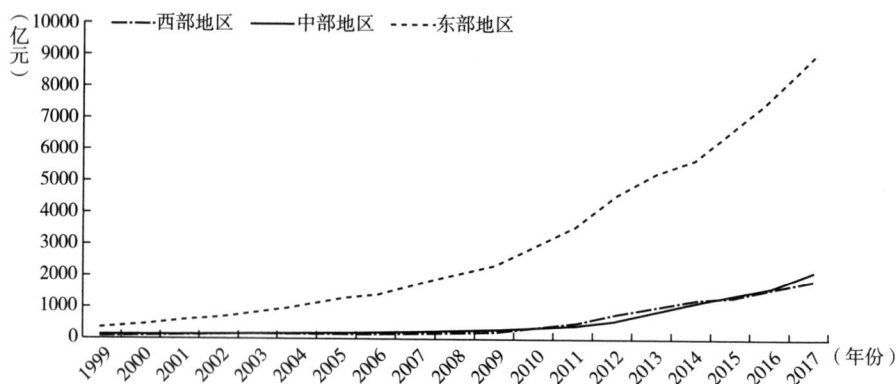

图6 西部大开发以来三大区域技术市场成交额

西部大开发中基础设施建设既是补短板的需要，又是加快西部地区经济发展的重要手段。西部大开发基础设施建设中除了水利、能源、交通等一般基础设施建设外，也开展并完成了青藏铁路、西气东输、西电东送等大型工程建设，通过这些基础设施建设，西部地区已经形成完备的公路、铁路交通网。西部地区铁路营运里程从2000年的2.2万公里增加到2017年的5万公里以上，公路通车里程年均增长率也超过5%。从表4也可以看出，西部地区2000年固定资产投资额为6110.72亿元，至2017年已经达到169715.04亿元，规模扩张了27.77倍，年均实现增长21.59%，高于东部地区同期17.12%的水平，这充分显示了西部大开发在缩小西部地区和东部地区固定资产投资和基础设施建设差距方面的积极作用。

表4 西部大开发以来西部地区分省份固定资产投资

单位：亿元，%

地区 \ 年份	2000	2005	2010	2015	2017	年均增长
内蒙古自治区	423.64	2643.6	8926.46	13702.22	14013.16	22.85
广西壮族自治区	583.34	1661.17	7057.56	16227.78	20499.11	23.29
重庆市	572.59	1933.16	6688.91	14353.24	17537.05	22.30
四川省	1418.04	3585.18	13116.72	25525.9	31902.09	20.10
贵州省	396.98	998.25	3104.92	10945.54	15503.86	24.57
云南省	683.96	1777.63	5528.71	13500.62	18935.99	21.57
西藏自治区	64.05	181.39	462.67	1295.68	1975.6	22.35
陕西省	653.67	1882.18	7963.67	18582.24	23819.38	23.55
甘肃省	395.4	870.36	3158.34	8754.23	5827.75	17.15
青海省	151.14	329.81	1016.87	3210.63	3883.55	21.04
宁夏回族自治区	157.52	443.25	1444.16	3505.45	3728.38	20.46

年 份 地 区	2000	2005	2010	2015	2017	年均增长
新疆维吾尔自治区	610.39	1339.06	3423.24	10813.03	12089.12	19.20
中部地区	7033.54	19623.93	77573.46	166005.82	190715.33	21.42
东部地区	18752.47	49826.74	131897	250025.1	275587.71	17.12
西部地区	6110.72	17645.04	61892.23	140416.56	169715.04	21.59

(四) 西部地区环境保护情况

生态环境建设是西部大开发总体战略目标之一,《"十五"西部开发总体规划》明确提出要"使西部地区的生态环境建设取得突破性进展"。西部大开发以来,为了在发展区域经济的同时实现生态环境保护,西部地区实行了退耕还林还草、天然林保护、防沙治沙工程等重大生态工程,保护基本农田并根据区域环境问题特点有差别地展开生态移民和生态转移支付,加强西部地区环境污染治理投资。统计数据显示,仅 2017 年西部地区造林总面积就达到 4110.73 千公顷,是 2005 年的 2.07 倍。2017 年西部地区自然保护区面积也达到 12019.5 万公顷。同时,环境污染治理投资总量也不断攀升,2004~2017 年西部地区工业污染治理完成投资由 62.30 亿元上升到 128.12 亿元,年均增长率达到 5.7%。西部大开发的生态保护政策使西部地区的环境状况得到明显改善。

从以上几个方面对西部大开发实施成效的总结不难看出,西部大开发战略的实施有效地提升了西部地区的经济增长速度和经济发展质量,区域经济结构得到持续优化,人民生活获得大幅改善,地区生态文明建设水平也大幅提升。但是,从与东部地区的横向比较来看,西部大开发并未有效促进西部地区和东部地区之间的发展差距缩小。虽然在一些指标的增长率上西部地区已经超过东部地区,但是东部地区和西部地区的绝对差距仍然在扩大,西部大开发战略的实施减缓了东西部地区发展差距拉大的速度,但未能从根本上推动西部地区实现追赶超越。

二 西部大开发 20 年来的政策演进及阶段划分

西部大开发作为国家战略,其实施阶段划分与国家对西部地区进行开发的总体规划和政策演进密不可分。已有研究多将 2010 年《中共中央、国务院关于深入实施西部大开发战略的若干意见》的发布作为时间节点，将西部大开发分为 2000～2010 年的第一轮西部大开发和 2010 年之后的新一轮西部大开发两个阶段（白永秀、赵伟伟，2010；张谐韵，2012；杨庆育，2016；彭曦、陈仲常，2016）。这种划分方法较好地契合了政策文件的发布时间，但仍显得比较粗略，没有充分考虑在 10 年周期之中西部地区区域发展政策的变化，因此，本文在这种划分的基础上综合考虑区域发展政策变化及其对西部大开发战略实施的影响，结合西部开发总体规划，将西部大开发在时间上做更为细致的划分。考虑到西部大开发非均衡发展和"以线串点，以点带面"中心辐射周边的总体推进思路，本文将西部大开发分为：基础建设、增长极培育、增长极辐射、向西开放全面提高四个阶段。

（一）2000～2005 年：基础建设阶段

虽然西部大开发战略在 1999 年的十四届五中全会上就已经提出，但其真正上升为国家战略则是在 2000 年 10 月国务院发布《关于实施西部大开发若干政策措施的通知》之后（王佳宁、罗重谱，2017）。该《通知》明确西部大开发的重点任务是"加快基础设施建设；加强生态环境保护和建设；巩固农业基础地位，调整工业结构，发展特色旅游业；发展科技教育和文化卫生事业"[①]。

其中基础设施建设被摆在西部大开发开局阶段的首要位置。这也拉开了西部大开发基础建设阶段的序幕。基础设施建设是推动西部地区经济发展的基础，基础设施薄弱一直是西部经济发展的重要瓶颈，西部地区交通、通信、信息化和城市基础设施都明显落后于相对发达地区，甚至连能源勘探开采基础设施建设都难以满足需求。这使得西部地区无法承接发达地区的产业转移，也难以与周边相对发达地区形成协同发展。因此，西部大开发首先就需要以基础设施为基点对西部地区进行全面开发，并着力突出交通、水利、能源、通信和信息化等方面的基础设施建设，使西部地区具备参与国内生产体系分工的基础能力，能够发挥能源优势，吸引和承接东部产业转移，最终实现自我发展能力的提升。2000～2005 年西部地区新开工重大建设工程 70 个。新增公路通车里程 22 万公里，新增铁路营运里程近5000 公里，青藏铁路、西电东送和西气东输等工程相继完成。基础设施建设取得重大突破，为下一步西部大开发的推进奠定了良好基础。

---

① 《国务院关于实施西部大开发若干政策措施的通知》，2000 年 10 月。

（二）2006~2010 年：增长极培育阶段

基础设施建设初见成效之后，根据总体部署西部大开发进入自我发展能力培育阶段，试图实现西部地区由外延式投资开发向内生性发展的转变，本阶段的第一步是"重点发展一批中心城市，形成新的经济增长极"① 并"调整和优化产业结构，大力发展特色经济，促进资源优势向产业优势、经济优势转化"②。这一阶段的总体思路是变第一阶段的全面开发为重点开发，采取非均衡推进策略，依托中心城市将有限的资源集中投入经济效益明显的优势产业和优势地区中，让部分有条件的中心城市优先增长，形成增长极，将增长极建设成为西部大开发的战略高地，随后利用战略高地对周围地区形成辐射，拉动整个地区增长。在此期间，重庆市和成都市设立了第一个全国统筹城乡综合配套改革试验区，《广西北部湾经济区发展规划》和《关中—天水经济区发展规划》相继出台，西部地区以成渝、北部湾、关中—天水为增长极的西部大开发战略高地逐渐形成，成渝地区打造的高新技术产业、先进制造业和现代服务业基地，关中—天水的先进制造业和现代农业高技术产业基地和北部湾的区域型物流、商贸、加工制造业基地成为周边区域增长的重要产业支撑。通过增长极培育，西部地区的特色优势产业快速发展，自我发展能力显著增强。除了自身增长极培育之外，在基础设施建设逐渐完善的情况下，国家发布《关于加强东西互动深入推进西部大开发的意见》，提出加强东西部地区优势互补共同发展，促进西部承接东部产业转移，试图利用东部增长极的辐射作用进一步推动西部地区产业的加速发展。

（三）2011~2015 年：增长极辐射阶段

西部地区经济发展增长极初步形成之后，西部大开发进入自我发展能力培育的第二阶段，即增长极辐射阶段，在本阶段主要利用已经形成的区域增长极和已经形成的优势产业带动周边地区和相关产业的发展，力求在进一步做优已有增长极的基础上形成新的增长极，带动更多区域的发展。通过成渝、关中—天水、北部湾三大增长极的辐射作用，借助国家主题性综合改革为核心的战略平台搭建，《甘肃省循环经济总体规划》《云南省加快建设面向西南开放重要桥头堡总体规划》《陕甘宁革命老区振兴规划》《天山北坡经济带发展规划》《青海省柴达木循环经济试验区总体规划》等

---

① 《国务院关于进一步推进西部大开发的若干意见》，2004 年 3 月。

陆续发布，新的经济增长极加速培育。同时，重庆两江新区、甘肃兰州新区、陕西西咸新区、贵州贵安新区、成都天府新区等西部地区国家级新区相继成立，有效地对接了"一带一路"等国家重大战略，带动了西部区域的经济发展，成为促进区域协调发展的重要推动力（王佳宁、罗重谱，2017）。通过增长极的带动，西部地区经济发展水平得到稳步提升，2011～2015年多项经济指标年均增长幅度超过东部地区。2015年西部地区国内生产总值占全国的比重已经超过20%。"以线串点，以点带面"中心辐射周边的西部大开发总体推进思路取得阶段性成功，西部大开发战略又迈上一个新的台阶。

（四）2016年至今：向西开放全面提高阶段

按照西部大开发的总体安排，2016年之后西部大开发进入全面提高阶段，在这一阶段大幅提高西部地区的市场化和国际化水平成为推动西部地区经济发展、实现区域协调的重要手段。随着"一带一路"重大战略的深入实施，西部地区如何与其深度衔接并发展更高层次的开放型经济成为提高西部地区市场化和国际化水平的关键所在。"一带一路"沿线共有65个国家，经济总量约21万亿美元，占全球经济总是的比重达到29%（汪慧玲、张耀华，2018），为西部地区的经济发展提供了广阔的空间。同时，西部地区经过西部大开发前期的建设，在技术水平和生产能力等方面也具备了向西开放和融入"一带一路"建设的能力，加之天然的区位优势，在我国经济由高速增长转向高质量发展、经济增速放缓背景下，实现西部地区全面向西开放，积极参与丝绸之路经济带建设，成为缩小东西部差距、促进区域协调发展，实现西部大开发层次全面提高的必由之路。西部地区应当抓住丝绸之路经济带建设的历史性机遇，将西部地区的产业发展规划和丝绸之路经济带的产能合作规划相连接，并优先推动能够实现互联互通的交通基础设施建设以加快向西开放的步伐（全毅，2016）。

三　西部大开发20年不同阶段推动力转化

在西部大开发的不同阶段，推动西部地区经济发展的动力有所不同。本文认为推动西部地区经济发展的动力来源有三个方面：一是以政府力量为代表的制度和政策。制度和政策能够改变经济活动的收益方式，对经济主体的行为有引导作用，并且政府还能够介入区域经济发展过程，直接改变区域原有的发展路径。二是地区经济发展的内在能力，这种能力由资本、劳动力、原材料等生产要素禀赋以及利用这些生产要素禀赋进行生产的能力即技术水平决定。三是市场的拉动，市场拉动主要是包括区域内部和外部的需求，需求决定生产的内容，产品能否最终满足需求决定了区域特色产业发展的成败。就西部地区的开发而言，不同阶段这三个方面的力量在推动区域经济发展中的强度有所差异，使西部大开发不同阶段的推动力呈现出不同的特点。

（一）2000～2005 年：政府力量主导发展

西部大开发实施的第一阶段目标是全面补齐西部地区基础设施建设短板，主要依靠政府投资进行，因此本阶段政府成为推动西部地区经济发展的主导力量。2000～2005 年西部地区 GDP 年均增长 14.56%，而固定资产投资额的年均增幅则达到 23.62%。政府主导的固定资产投资有力地推动了这一时期西部地区的经济增长。政府主导的超常规经济发展道路对西部大开发初期的全面推进具有重要意义（姚慧琴，2000）。首先，西部地区在长期发展过程中已经形成低水平均衡的发展路径锁定，改变原有的发展轨道必须有外力强有力的干预，政府力量直接介入并主导发展方向有利于西部地区摆脱原有的低水平发展陷阱。其次，西部地区经济发展内在能力培育需要一定的前提条件，主要是西部地区交通和能源勘探、采掘基础设施的建设水平，交通基础设施的短板使西部地区无法实现与周边经济发达地区的连通，缺乏有效的能源开采技术手段，西部地区的资源优势只能以资源储量的形式呈现，难以切实转化为经济优势。而依靠市场机制难以形成对前期基础条件的足够投资，只能依靠政府来完成。最后，改革开放以来我国实行非均衡的区域发展战略，西部地区在经济发展基础条件上已经远远落后于东部地区，以其已有的基础设施水平无法承接东部产业转移，无法完成"中心"和"外围"的对接，使东部增长极的辐射效应和涓滴效应难以实现，必须依靠超常规的政府干预手段快速补齐基础条件短板，才能使西部地区在国内产业分工体系中获得相应位置。通过政府力量的强力推动，本阶段西部大开发在实现经济加速增长的同时，大幅提升了基础设施建设水平，为西部地区自我发展能力的培育提供了基础。

（二）2006～2015 年：自我发展能力推动发展

政府投资主导的经济发展能够在短期内加速经济增长并实现特定的建设目标，但无法构成西部地区经济发展的持续动力，同时单纯输血式的投资拉动还可能使西部地区形成等、靠、要的发展思维，产生新的路径依赖。

在基础设施建设取得一定成效之后，西部大开发的总体思路转到西部地区自我发展能力的培养上。西部地区自我发展能力的培养遵循增长极理论，政府优先培育西部中心城市为核心的增长极，然后利用市场机制实现增长极对外围地区的辐射（洪银兴，2002）。在本阶段政府直接投资转到推动经济发展的次要位置，政府减少对经济活动的直接参与，转向对以中心城市为核心的区域经济增长极的培育，并着力对西部地区的市场机制等软环境展开建设。而西部地区自我发展能力成为推动经济发展的主要动力，西部中心城市首先依托自身禀赋引进技术发展资本密集型产业，形成以城市为点、产业为轴的增长极，成为西部大开发的战略高地。随后这些战略高地改变其原有东部地区"外围"的定位，成为西部地区经济发展的"中心"，向外围辐射推动了西部地区次级增长极和增长带的形成，加速了产业集聚，最终形成了具有西部特色的能源产业链和制造业产业链。加之我国经济在这一时期总体上保持高速增长态势，国内对这些产业的需求比较旺盛，西部地区初步形成的自我发展能力很好地带动了区域经济的高速发展。值得注意的是，本阶段西部地区经济增长的动力相对于上一阶段已经产生由外援向内源的转变，但是这种内生发展的能力主要来自生产要素的投入，具有外延式和粗放型的特点，内生发展能力还有待向内涵式和精细化转变。

（三）2016年至今：动力转化新动能推进发展

进入新时代后，我国经济由高速增长转向中高速增长，西部地区的发展条件和环境发生了巨大变化。一方面随着数字化和平台经济的发展，市场需求高级化程度不断加强，西部地区原有的供给体系难以同需求结构匹配，供需结构性矛盾突出；另一方面西部地区的要素投入环境发生较大变化。生产要素的投入成本上升，依靠要素投入的传统产业资本收益递减，同时，资源环境对经济发展的约束也不断收紧。在此背景下，西部地区经济发展的推动力必须由要素推动转向创新驱动。创新不仅能够改变现有资源的组合方式，增加产品的附加值，推动供给结构提升，还能够改善现有资源的使用效率，减轻环境负担并更好地实现环境保护。

在推动发展动力向创新驱动转换中，首先要注重把握内外部市场需求的变化，寻找市场新需求并将其作为科技创新的方向，使创新带来的新供给能够满足新需求，降低科技创新成果市场化的难度。其次要着力构建促进科技创新的体制机制，实行严格的知识产权保护制度，构建良好的市场秩序，推动创新要素流动，提升和保障科技成果在分配中所占的比重，打造区域创新共用共享平台，推动产学研深度融合。最后要加快西部地区创新主体的培育，强化企业在创新中的主体地位，在西部地区的不同行业中优先培育一批创新领军企业，形成创新发展战略高地，以其为支点构建技术创新联盟，整合高校和科研院所的创新资源，进行行业关键技术研发。并在创新领军企业培育的基础上，根据企业空间集聚情况，培育一批创新城市，形成科技创新极，辐射周边区域创新发展。

四 新时代实现西部大开发动力转化的对策建议

（一）新时代推进西部大开发的新目标

中国特色社会主义进入新时代，西部大开发的背景和条件已经发生巨大的变化。首先，西部经济进入高质量发展时代。伴随着西部大开发战略的实施，西部地区的年均经济增长率持续高于东部和中部水平，经济体量获得快速增大。但西部地区的发展质量不高，"经济结构不合理、内生增长动力不足的问题仍然存在"①，随着我国整体进入高质量发展的新时代，西部地区也必然面临着向高质量发展的转型，经济结构优化、发展效益提升、内生增长新动能培育将成为未来西部地区经济发展的重要目标。其次，西部地区人民群众对美好生活的需求更为迫切。西部大开发战略的实施使西部地区物质、文化匮乏的局面发生，社会财富总量获得快速积累，西部地区人民群众的物质文化需求得到充分满足。但进入新时代之后人民群众对美好生活的需求更为广泛，这对西部大开发提出了新的要求。最后，西部地区迎来了前所未有的发展机遇。随着"一带一路"倡议的深入实施和长江经济带的发展，西部地区迎来了发展更高层次开放经济的良好契机，西部地区如何对接这些国家战略"创造新供给、释放新需求、拓展新空间"①成为西部大开发新目标。综上所述，在新的发展阶段西部大开发的目标已经发生变化，除了加快发展进程、缩小区域差距之外，还要实现发展质量提升、满足人民群众美好生活需求等方面的新目标。

（二）新时代推进西部大开发动力转化的新路径

1. 促进西部地区创新发展与绿色发展融合，培育西部大开发的绿色动力

自西部大开发战略实施以来，西部地区的生态环境保护得到持续关注，

---

① 国家发展和改革委员会：《西部大开发"十三五"规划》，2017年1月。

在中央发布的历次西部大开发阶段性规划和重要文件中，生态建设和环境保护一直居于重要位置。"坚持走生态优先，绿色发展的新路子"更是成为新时代推动西部大开发形成新格局的首要重点。[①]

经过二十年的开发，西部地区目前已经具备实现创新发展和绿色发展融合的条件。从客观上看，第四次工业革命中物理、数字和生物技术的深度融合为生态环境改善提供了技术条件，物联网和智能资产的广泛应用将改变传统的线性资源使用模式，大大提升资源的使用效率，使经济发展的同时实现环境修复和重建成为可能（施瓦布，2016）。同时西部地区国土广袤，自然资源丰富且生态环境脆弱，相对于东部发达地区生态环境保护水平较低，为通过科技创新实现绿色发展提供了广阔的空间。从主观上看，经过长时间的创新能力培育，西部地区自主创新能力显著提升，在数字技术、物联网和生物技术等方面都有长足发展，高新技术产业发展也初见成效，这为西部地区对接第四次科技革命的环境修复和重建技术提供了基础条件。同时随着西部地区经济的持续发展，人们对生态环境的需求更加迫切，消费模式正在发生转变，生态产品正在逐步替代传统消费品成为市场需求的主流。

这些条件为西部地区创新发展和绿色发展的融合提供了可能，但真正将可能转化为现实还需要具体措施的推动。一是要将资源节约和环境保护作为西部地区技术创新的方向。实现创新发展和绿色发展融合，关键是要发挥科技创新在推动经济发展和实现环境保护中的双重功效，这就要求树立绿色财富观，深刻探究经济利益与环境利益的结合点，准确把握资源节约和环境保护的创新方向，实现经济环境的双重效益。二是要以技术创新引领西部地区绿色产业发展。实现创新发展和绿色发展融合，最终要落实到产业上。西部地区自然资源丰裕，却始终难以脱离"富饶的贫困"，很大程度上在于产业选择的偏差，产业引进往往以即期经济增长为目标，未能与当地资源禀赋深度结合。西部地区资源丰富且生态环境脆弱的现状决定了其在发展绿色产业方面具有独特的优势，通过技术创新带动绿色产业发展，将西部地区打造成我国绿色发展高地，不仅能够实现创新发展和绿色发展融合的切实落地，而且能够充分发挥西部地区自然资源禀赋优势。三是要通过技术创新优化西部地区绿色发展的空间布局。根据《西部大开发"十三五"规划》，目前西部地区已经形成西北草原荒漠化防治区，天

---

① 中央全面深化改革委员会：《关于新时代推进西部大开发形成新格局的指导意见》，2019年3月。

山南北麓地区、河西走廊地区等13个绿色发展引领区，这些地区主要是重点生态功能区和农产品主产区。在空间布局上还缺乏绿色发展产业引领区、绿色发展技术示范区等构成，未来要通过技术创新推动这些示范区的建设，培育绿色发展增长极，并发挥辐射效应，持续扩展西部地区绿色发展的空间布局。

2. 加快西部地区产业结构优化升级，增强西部大开发的产业动力

新时代我国经济进入高质量发展阶段，高质量发展要求改变我国原有的经济发展方式，要使其由依靠要素投入和规模扩张驱动的粗放型增长模式向依靠科技创新的集约型发展模式转变。高质量发展与西部地区发展动力转化具有内在一致性，特别是在产业体系的培育和发展方面，内在要求实现产业结构优化升级。

高质量发展内在要求产业结构由要素密集向知识密集、由低附加值和低技术向高附加值和高技术、由工业主导向服务业主导转化（任保平，2018）。结合西部地区产业要素密集性强、技术和附加值相对较低的特点，应当在产业结构调整方面做到"一个升级两个优化"。一是要推动传统能源产业和制造业转型升级。深化供给侧改革，严格限制煤炭、钢铁、水泥等行业产能，实现过剩行业的去产能目标。推动传统能源产业的绿色化升级，推广清洁生产技术在传统能源开采中的应用，并鼓励传统能源行业企业在风能、水电、太阳能等新能源领域开展投资。推动传统制造业的智能化升级，用信息技术改造传统制造业，搭建数字化产业协作平台，促进产业集聚和行业融合发展。二是要优化新增产能结构。在新增产能中控制附加值低、资源消耗大的传统行业产能扩张，提升战略性新兴产业在新增产能中所占的比重，"在新一代信息技术、高端装备、新材料、新能源、生物医药产业中形成新的主导产业"①，培育新的产业发展极。三是要优化现代服务业发展。西部地区服务业发展不能简单采取"拿来主义"，要根据西部地区实际形成具有鲜明特色的服务业产业。一方面要抓住"一带一路"建设的契机，以物联网和区块链技术打造西部现代物流产业；另一方面要加快西部地区旅游产业的统筹发展，加强旅游资源的互联互通，形成特色旅游带。

3. 加快西部地区新型城镇化建设，强化西部大开发的城市化动力

在城市为点产业为轴、点轴结合辐射周边的总体思路下，中心城市和城市群建设成为西部大开发中的重要增长引擎，未来应当进一步深化产城

---

① 国家发展和改革委员会：《西部大开发"十三五"规划》，2017年1月。

融合，为西部地区高质量发展提供支撑。一是要做优存量，对已经形成的成渝、关中平原等城市群，一方面要继续推动其发展壮大，增强中心城市增长极的整合和联通，强化产业整合，实现城市联通，将现有的增长极串联起来，形成区域经济增长带，实现区域经济优势互补；另一方面要补齐前期建设中存在的短板，提升城市基础设施、数字化设施、生态修复设施的建设水平，打造新型宜居城市。二是要做精增量，加快小城镇建设，形成县域经济增长点，带动西部地区城乡协同发展。依托县域特色资源和优势资源，打造旅游休闲、健康疗养、文化民俗、商贸物流等类型的特色小城镇，深化城市布局，助力西部地区脱贫攻坚。三是要优化西部地区区域开发结构。西部地区的高质量发展离不开对区域发展空间结构的科学布局。一方面要按照《全国主体功能区规划》的要求，进一步优化西部地区国家层面重点开发区域的工业化和城镇化开发、生态功能区的生态产品供给及农产品主产区的农产品供给，不断提升国家层面主体功能区的发展质量。另一方面对于没有进入国家主体功能区规划的地区，也要按照已经形成的省级主体功能区规划给予分类指导，差异化发展，推动市域经济和县域经济的合理发展。

4. 提高西部地区对外开放水平，提升西部大开发的开放动力

提高相对落后地区的开放水平是许多国家促进相对落后地区发展、缩小区域发展差距的共同经验，不论美国的西部开发还是苏联的西伯利亚开发皆是如此。提升相对落后地区的外向型经济发展水平不仅能够为区域经济发展打开新市场创造新需求，更重要的是能够让区域产业体系与外部先进产业对接，提升生产体系的技术水平和生产能力，并为区域经济寻找合适的全球价值链定位，为落后地区发展动力转化和发展能力提升打开新的空间。新时代西部地区提高外向型经济发展水平，主要是抓住共建"一带一路"的战略契机，推动更高层次的向西开放，形成西部地区对外开放新格局。

共建"一带一路"为西部地区经济发展打开了新的窗口，新时代的西部大开发必须抓住这一历史性机遇，实现西部经济发展与"一带一路"建设的协同，优化西部开发的空间格局。首先，西部各区域应当根据自身优势将已经形成的中心城市增长极打造成面向"一带一路"国家的开放高地。西部地区与"一带一路"西向国家在资源禀赋和产业构成方面具有一定的相似性，这为西部地区与"一带一路"沿线国家的产能合作和产业融通提供了基础。以西部中心城市为代表的区域增长极在基础设施建设、产业发展、技术水平等方面相对于周边国家具备优势，应当将这些优势转换为开放优势，推动中心城市优先建立内陆开放型经济试验区和自由贸易试验区，率先与周边国家实现对接，成为向西开放的枢纽和桥头堡，并最终辐射带动周边地区开放水平的提高。其次，要加快建设对接"一带一路"国家的交通物流基础设施。公路、铁路、航线的相互联结是"一带一路"倡议实施落实的首要步骤，也是西部地区毗邻"一带一路"沿线国家区位优势发挥的关键环节。只有交通物流基础设施实现互联互通，西部地区与沿线国家之间的贸易才能够全面展开。要推进中巴、中乌吉铁路规划建设，增加西部地区面向"一带一路"国家的国际航线，加快中欧班列新疆集结中心建设，为贸易互通提供通衢。再次，要通过"一带一路"建设统筹西部地区产业发展。"一带一路"建设为西部地区产业发展提供了新的外部条件，要将这些条件充分纳入区域产业规划中。一方面要明确西部产业发展的外部需求导向，深入调查挖掘沿线国家需求，以需求带动西部地区供给体系优化，另一方面在与沿线国家产能合作和共建产业集聚区的过程中又要以我方为主，以优化西部地区产能结构和区域发展结构为基础展开合作。最后，要加强文化交流，实现民心相通。民心相通是"一带一路"经济合作深度展开的坚实保障，而民心相通建立在文化交流的基础上。通过文化交流，推动不同文化的互融互通，有助于求同存异，实现更高层次的共建共享。要通过各国政府间的政策沟通，形成良性的文化交流机制，共同开展文化项目，形成一批文化交流品牌活动，推动西部地区特色文化"走出去"，助力西部地区与"一带一路"沿线国家经济交流的深入展开。

参考文献

淦未宇、徐细雄、易娟：《我国西部大开发战略实施效果的阶段性评价与改进对策》，《经济地理》2011 年第 1 期。

陆张维、徐丽华、吴次芳、岳文泽：《西部大开发战略对于中国区域均衡发展的绩效评价》，《自然资源学报》2013 年第 3 期。

何春、刘来会：《区域协调发展视角下西部大开发政策效应的审视》，《经济问题探索》2016 年第 7 期。

刘瑞明、赵仁杰：《西部大开发：增长驱动还是政策陷阱——基于 PSM - DID 方法的研究》，《中国工业经济》2015 年第 6 期。

彭曦、陈仲常：《西部大开发政策效应评价》，《中国人口·资源与环境》2016 年第 3 期。

白永秀、赵伟伟：《新一轮西部大开发的背景、特点及其措施》，《经济体制改革》2010 年第 5 期。

张谐韵：《区域失衡、内生发展与新一轮西部大开发政策研究》，《云南社会科学》2012 年第 1 期。

杨庆育：《我国西部开发政策轨迹及其效应》，《改革》2016 年第 5 期。

王佳宁、罗重谱：《新时代中国区域协调发展战略论纲》，《改革》2017 年第 12 期。

汪慧玲、张耀华：《改革开放 40 年：我国西部地区发展与新时代的向西开放》，《甘肃社会科学》2018 年第 5 期。

全毅：《丝绸之路经济带建设与西部大开发：协同发展》，《青海社会科学》2016 年第 4 期。

姚慧琴：《试论西部大开发中政府的特殊职能》，《管理世界》2000 年第 5 期。

洪银兴：《西部大开发和区域经济协调方式》，《管理世界》2002 年第 3 期。

〔德〕克劳斯·施瓦布：《第四次工业革命：转型的力量》，李菁译，中信出版集团，2016。

任保平：《我国高质量发展的目标要求和重点》，《红旗文稿》2018 年第 24 期。

西部大开发 20 年西部地区发展的
绩效评价及经验总结

任保平　张　倩*

摘　要： 从 1999 年开始，为促进西部地区的经济发展和缩小东西部之间的经济差距，中央政府实施了西部大开发战略。在这一战略实施 20 年之际，本文通过统计分析的方法对东西部经济发展状况进行研究，分析西部大开发是否切实达到其战略目标。本文通过构建由六个指标组成的地区经济发展状况评价指标体系，对西部大开发实行的 20 年内西部自身经济发展及东西部的经济差距变动进行分析与评价。基于研究结果，本文对已进行的西部大开发绩效进行了评价并做了经验总结，对新一轮的西部大开发做出展望。新时代以来，我国经济由数量型增长逐渐向质量型增长转变，而新一轮的西部大开发要与国家"一带一路"政策相配合，以新发展理念为指导，以高质量发展为目标，在加强对外开放、与外商深入合作的同时，实现西部地区以创新为核心的经济发展转型。

关键词： 西部大开发　绩效评价　西部经济发展　东西部差距

在 1999 年，为促进西部地区的经济发展和缩小东西部之间的经济差距，中央政府开始实施西部大开发战略，而在这一战略实施 20 年之际，有必要依据其目标对该战略的绩效进行总结和评价，本文通过统计分析的方法对东西部经济发展状况进行研究，分析西部大开发是否切实达到其战略目标，以便及时调整，使其切实发挥作用。

一　从西部自身经济发展角度对西部大开发 20 年成就的统计分析

本研究所指的西部地区是指实施西部大开发战略的 12 个省区市，包括

---

* 任保平，教育部"长江学者"特聘教授，西北大学研究生院院长，教育部人文社会科学重点研究基地——中国西部经济发展研究中心主任，教授，博士研究生导师；张倩，西北大学经济管理学院硕士研究生。

陕西、四川、重庆、新疆、西藏、云南、广西、宁夏、青海、内蒙古、甘肃、贵州。根据以往研究，笔者认为地区生产总值、地区生产总值增长率、人均地区生产总值、工业化水平、城市化水平及居民生活水平等六个指标能够综合反映一个地区的经济发展成就。因此可以选取这六个相应指标，运用统计分析法对西部大开发战略的成就进行分析。

西部大开发的战略目标可以拆分为两个部分，一是从西部地区自身经济发展角度而言，西部大开发的战略目标为促进西部地区的经济发展；二是从推动东西部均衡发展、缩小我国地区差距的角度而言，西部大开发的战略目标为缩小东西部的经济差距，实现共同富裕。本文针对这两个目标的实现情况分别进行具体分析与评价，对过去20年西部大开发所取得的成就进行经验总结，并对未来进行展望。

本文参考林建华和任保平评价西部大开发战略1999～2008年十年内取得的成效所进行的指标体系构建[1]，加入城市化水平与居民生活水平指标，构建了包含六个指标的地区经济发展状况指标体系，根据西部地区生产总值、人均生产总值、生产总值增速、工业化水平、城市化水平与恩格尔系数这六个指标对西部大开发实行的20年内西部的自身经济发展进行评价，对目标一的成就进行量化分析，由于2018年数据尚未更新，故主要对1999～2017年的西部地区数据进行分析，本文数据来源为中国统计局、中国统计年鉴以及《新中国60年统计资料汇编》等官方数据。

1.20年来西部地区GDP的变动情况

本文选取西部12个省份1999～2017年的地区生产总值，对其进行均值化处理，得到衡量1999～2017年西部经济发展的第一个指标，即西部地区生产总值，通过对该指标的分析对西部地区20年来的经济发展状况进行初步分析与概览。

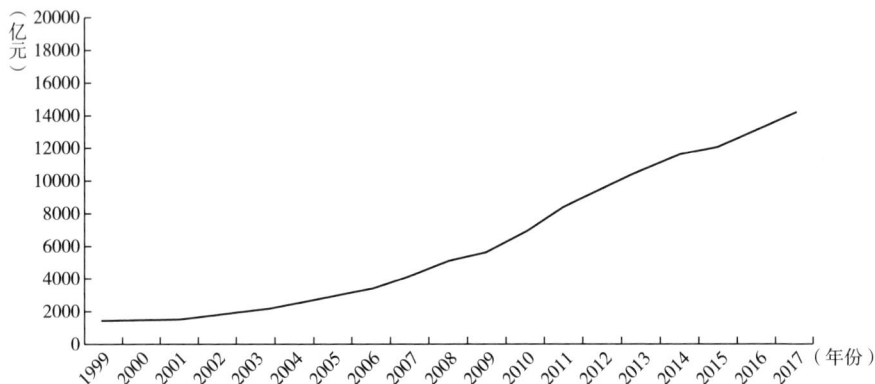

图1　1999～2017年西部地区生产总值变动情况

根据图 1 所示，可以看出在进行西部大开发的 20 年里，西部地区的经济不断发展，持续向上的西部地区生产总值曲线表明西部整体的经济发展良好，且呈现继续上升的发展趋势。

在西部大开发的初始阶段，即西部大开发开始实施的五年内，西部地区生产总值的增长较为缓慢，可能原因为西部当时的发展基础较差，急需大量基础建设；而在西部大开发的中期，在基础建设初步完善，特别是 2006 年青藏铁路——西部大开发的标志性工程开始通车后，以地区生产总值作为代表指标的西部经济，进入高速发展阶段，西部地区的生产总值呈指数级增长；但在近年来，西部经济发展的速度有放缓的趋势。通过图 1 可看到在进行西部大开发的 20 年来，西部的地区生产总值整体上呈指数级增长，经济发展速度较快，但 2014 年以来，西部经济发展趋于平缓，总体而言，西部经济呈扩张趋势。从西部自身经济发展水平来看，西部大开发起到了促进西部发展的正面作用，实际结果与发展预期较为相符。从地区生产总值这一代表指标来看，西部的经济发展状况较好，西部大开发这一战略在西部自身经济发展方面产生了较为显著的正面影响。

为了更进一步了解西部大开发对西部不同省份的具体影响与不同区域经济发展水平的变动情况，笔者以西部平均经济发展水平作为标准，将 12 个省份划分为两个梯度，对 1999 年与 2017 年不同省份的地区生产总值进行排名，如表 1 所示。

表1　1999 年、2017 年西部各省份地区生产总值排名

年份	梯度	划分标准	省　　份
2017	一	大于西部平均 GDP	四川省、陕西省、重庆市、广西壮族自治区、云南省、内蒙古自治区
	二	小于西部平均 GDP	贵州省、新疆维吾尔自治区、甘肃省、宁夏回族自治区、青海省、西藏自治区
1999	一	大于西部平均 GDP	四川省、广西壮族自治区、云南省、重庆市、陕西省、内蒙古自治区
	二	小于西部平均 GDP	新疆维吾尔自治区、甘肃省、贵州省、宁夏回族自治区、青海省、西藏自治区

表 1 以西部省份平均地区生产总值作为衡量标准，将西部各省份划分为两个梯度，且省份排列顺序依据其排名（下同），考虑到不同省份经济体量大小的差异，本文仅讨论省份排名的变动情况而不讨论其具体数值。总体来看，西部地区 12 个省份的调整幅度较小，从排名变动上看，相比于

西部大开发初步实施的 1999 年，经过十几年发展，至 2017 年排名上升幅度最大的是陕西省，排名上升了三位，贵州省和重庆市也略有前进，而云南省、广西壮族自治区、甘肃省和新疆维吾尔自治区的排名则略有下降，而其余省份排名未发生变化。这说明由于不同省份的地理位置、经济状况与基础建设等方面存在天然差异，西部大开发对西部不同省份的影响力度也存在差异，但差异较小。整体而言，从地区生产总值指标来看，西部各省份的经济增长幅度较为一致，20 年来的排名波动较小。

2. 20 年来西部地区人均 GDP 的变动情况

根据本文建立的经济发展评价指标体系，本文选取西部 12 个省份 1999~2017 年的地区生产总值及年末人口数，通过加总与进一步处理得到衡量 1999~2017 年西部经济发展的第二个指标，即西部人均地区生产总值，通过对该指标的分析对西部地区 20 年来的经济发展状况再次进行评价。

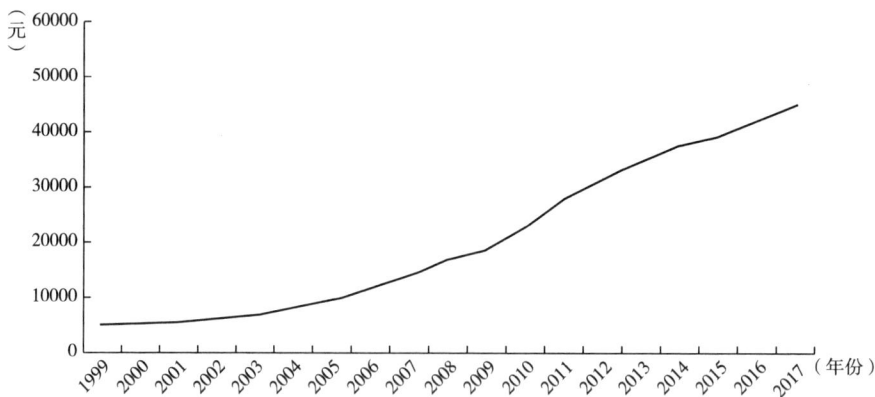

图 2　1999~2017 年西部人均 GDP 变动情况

如图 2 所示，在进行西部大开发的 20 年里，西部地区的经济不断发展，持续向上的西部地区人均生产总值曲线表明西部大开发对西部地区的经济增长起到了正面影响，1999 年以来，西部整体的经济发展状况良好，并呈现持续增长的发展趋势。

与西部地区生产总值较为相似，在进行西部大开发的初始阶段，即西部大开发开始实施的五年内，西部人均地区生产总值的增长较为缓慢；而在西部大开发的中期，随着西部大开发战略的逐步推进，西部的基础设施建设不断完善，西部的经济进入高速发展阶段，西部地区的人均生产总值呈指数型增长；但在近年来，西部经济发展有放缓的趋势。添加指数型趋势线后可以发现，在进行西部大开发的 20 年来，西部地区的人均生产总值整体上呈指数型增长，发展速度较快，但于近五年里，西部地区的经济发展速度趋于平缓。总体而言，在实行西部大开发的 20 年来，西部经济还是呈扩张趋势，而从西部大开发的绩效角度看，西部大开发对西部经济发展起到了正面作用，实际结果与政策预期较为相符，从地区人均生产总值这一代表指标来看，西部的经济发展状况良好，西部大开发这一战略在西部自身经济发展方面产生了较为显著的正面影响。

为更进一步了解西部大开发对西部不同省份的具体影响与不同区域经济发展水平的变动情况，本文以西部人均地区生产总值作为标准，将 12 个省份划分为两个梯度，对 1999 年和 2017 年不同省份的地区人均生产总值排名进行衡量，如表 2 所示。

表 2　1999 年、2017 年西部各省份人均生产总值排名

年份	梯度	划分标准	省　　份
2017	一	大于西部人均 GDP	内蒙古自治区、重庆市、陕西省、宁夏回族自治区
	二	小于西部人均 GDP	四川省、新疆维吾尔自治区、青海省、西藏自治区、广西壮族自治区、贵州省、云南省、甘肃省
1999	一	大于西部人均 GDP	新疆维吾尔自治区、内蒙古自治区、重庆市、宁夏回族自治区、青海省、云南省
	二	小于西部人均 GDP	陕西省、四川省、广西壮族自治区、西藏自治区、甘肃省、贵州省

本文以西部地区人均地区生产总值作为衡量尺度，将西部各省份划分为两个梯度，总体来看，西部地区十二个省份排名的调整幅度较小，从排名变动上看，从 1999 年到 2017 年，排名上升幅度最大的西部省份为陕西省，排名上升了四位，其次是四川省，排名上升三位，贵州省、西藏自治区与内蒙古自治区排名也略有前进，而甘肃省和青海省的排名略有下降，新疆维吾尔自治区与云南省排名下降较严重，其余省份排名未发生变化，这说明西部大开发对西部不同省份的影响存在差距，根据西部不同省份地区生产总值与人均地区生产总值在西部排名的变化，可以看到西部大开发战略对陕西省、四川省等地区的正面效应较为明显，对云南省、新疆维吾尔自治区等地的影响略小于其他省份。

3. 20 年来西部地区国内生产总值的增长速度变化情况

本文将上年末的西部地区生产总值增速作为基期数据，将本年度的西部地区生产总值增速作为报告期数据（见图 3）。

根据图 3 可以得到，1999 年实行西部大开发战略至今，西部地区生产

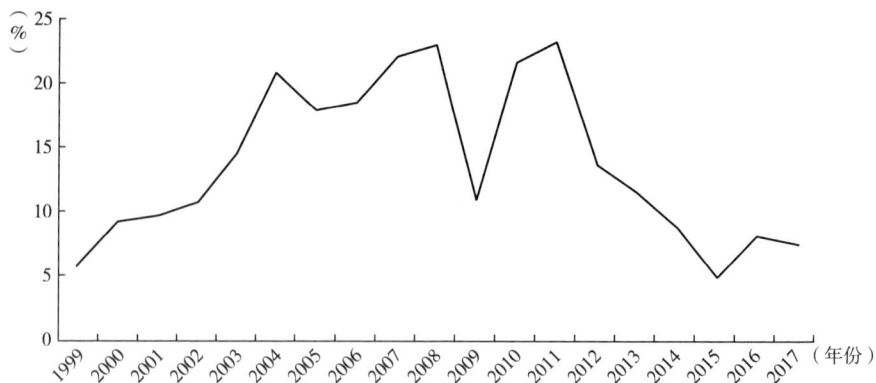

图3 1999～2017年西部地区生产总值增速变动情况

总值增速较快，经济高速发展，这表明西部大开发对西部地区的经济增长起到了正面影响，十几年来西部整体的经济发展状况良好，但近年来存在经济增速下滑的现象。

西部地区生产总值的增速变化与本文前两个指标的分析结果一致，在西部大开发初始阶段，即1999～2003年，西部经济增速相对较慢；在西部大开发战略不断推进的中期，即2004～2012年，西部地区进入经济高速发展的时期，中间存在2009年增速的骤降，其可能原因为2008年美国的次贷危机对中国的经济产生了重大冲击，西部地区的经济发展同样受到负面影响；而2013年至今，西部经济增速有放缓的迹象，但就整体而言，在实行西部大开发战略的20年来，西部经济总体呈扩张趋势。从西部大开发的目标来看，西部大开发对西部经济发展产生了正面影响，实际结果与政策预期较为相符，西部的经济发展状况良好。根据西部地区生产总值增速这一指标分析西部大开发的成就，西部大开发这一战略在西部自身经济发展方面产生了较为显著的正面影响。

由于西部大开发在不同省份的影响力度存在差异，为更进一步了解西部大开发对西部不同省份的具体影响情况，本文以西部地区生产总值增速作为标准，将12个省份划分为两个梯度，对1999年和2017年不同省份的地区生产总值增速排名进行衡量，如表3所示。

表3　1999年、2017年西部各省份地区生产总值增速排名

年份	梯度	划分标准	省　　份
2017	一	大于西部GDP增速	贵州省、西藏自治区、陕西省、新疆维吾尔自治区、四川省、云南省、重庆市、宁夏回族自治区
	二	小于西部GDP增速	甘肃省、青海省、广西壮族自治区、内蒙古自治区
1999	一	大于西部GDP增速	西藏自治区、内蒙古自治区、贵州省、陕西省、青海省、宁夏回族自治区、甘肃省
	二	小于西部GDP增速	新疆维吾尔自治区、四川省、重庆市、云南省、广西壮族自治区

以西部地区生产总值增速作为划分标准，可以看到，在进行西部大开发的20年来，不同省份的地区生产总值增速的排名具有较强波动，云南省、四川省、新疆维吾尔自治区、重庆市的排名均有较大幅度提高，由1999年的低于平均值的较低梯度上升至2017年的较高梯度，而贵州省、广西壮族自治区和陕西省的排名也略有前进，其余省份排名下降，这说明在不同阶段西部大开发战略对不同省份经济发展产生的影响不一，1999年西部省份的中部地区生产总值增速排名较高，2017年西部省份的偏南地区（陕西省以南省份）生产总值增速排名较高，但整体而言，西部大开发对西部经济发展产生的影响为正向。

4. 20年来西部地区工业化水平的变动情况

根据本文建立的经济发展评价指标体系，第四个指标为西部地区的工业化水平，本文以第二产业增加值与地区生产总值之比作为代表指标，本文选取西部12个省份每年的第二产业增加值及地区生产总值，通过加总得到西部地区20年来的第二产业增加总值及地区生产总值，进一步处理得到1999~2017年衡量西部经济发展的第四个指标，即西部工业化水平，通过对该指标的分析对西部大开发20年以来西部地区的经济发展状况进行讨论。

在进行西部大开发的20年来，西部的工业化水平变动主要经过两个阶段，在西部大开发战略实施的第一阶段，即1999~2011年，西部的工业化水平不断提高，在第一阶段的初期，由于基础建设的不完善，工业化水平提高较为缓慢，在第一阶段后期，随着西气东输、西电东送等一系列标志性工程的进行，西部的工业化进入了高速发展期，在2011年，西部的第二产业占比超过了50%，即工业成为经济发展的主要推动力；而在第二阶段，即2012年以来，西部地区的第二产业占比不断下降。由配第一克拉克

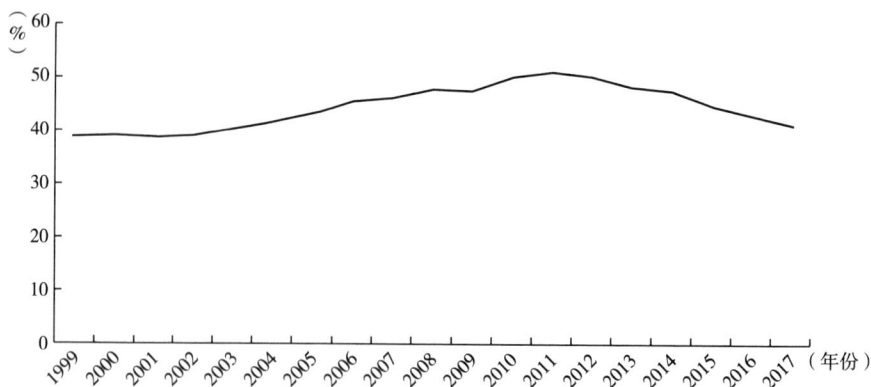

图4 1999～2017年西部地区工业化水平变化趋势

定理可以得到原因,在西部大开发的第一阶段,随着社会生产力的不断提高,劳动力从第一产业向第二产业转移,而在西部大开发的第二阶段,当社会生产力进一步提高后,劳动力便向第三产业转移,可以看到西部的工业化发展与理论预期一致,且已经进入社会生产力发展的第二阶段,即在进行西部大开发的20年里,西部的社会生产力不断提高,西部大开发对西部的社会生产力的提高和三次产业结构的优化起到了正面影响。

为了对西部不同省份的工业化水平进行具体分析,进一步了解西部大开发对西部不同省份的具体影响程度,以便针对不同省份的发展阶段提出不同对策,本文以西部地区工业化水平作为划分标准,将12个省份划分为两个梯度,同时,为了更直观地看到西部第二产业向第三产业转移的整体进程,除了1999年与2017年,考虑到2011年是西部地区整体上从第二产业向第三产业转移的转折点,本文加入2011年的各省份工业化水平排名,即对1999年、2011年和2017年不同省份的工业化水平进行衡量,如表4所示。

表4 1999年、2011与2017年西部各省份工业化水平排名

年份	梯度	划分标准	省　　份
2017	一	高于西部工业化水平	陕西省、宁夏回族自治区、青海省、重庆市
	二	小于西部工业化水平	广西壮族自治区、贵州省、新疆维吾尔自治区、内蒙古自治区、西藏自治区、四川省、云南省、甘肃省
2011	一	高于西部工业化水平	青海省、内蒙古自治区、陕西省、重庆市、四川省
	二	低于西部工业化水平	宁夏回族自治区、新疆维吾尔自治区、广西壮族自治区、甘肃省、云南省、贵州省、西藏自治区

年份	梯度	划分标准	省　份
1999	一	高于西部工业化水平	甘肃省、陕西省、云南省、重庆市、青海省、宁夏回族自治区
	二	低于西部工业化水平	贵州省、内蒙古自治区、四川省、新疆维吾尔自治区、广西壮族自治区、西藏自治区

在进行西部大开发后，西部不同省份的工业化水平的提升速度也有所不同，西藏自治区在产业转移方面的进度较其他省份更慢，目前仍处于第二产业占比持续上升的阶段，未开始向第三产业转移，而贵州省、云南省等部分省份囿于地理环境、自然资源等条件，旅游业与烟草业占主体地位，烟草业产业链较短无法带动第二产业发展，导致二省在进行西部大开发的20年来，第二产业占比变化幅度较小，但整体而言，西部大开发对西部社会生产力的提高起到了正面影响，西部大部分地区在过去的20年里，已经度过经济重心由第一产业向第二产业转移的初始阶段，正处于第二产业向第三产业转移的发展阶段。本文指出在后期的西部大开发中，应考虑到不同省份的工业化水平差异及其所在的发展阶段，对不同省份实施差异化政策以促进西部地区的经济发展。

5.20 年来西部地区城市化水平的变动情况

根据本文建立的经济发展评价指标体系，第五个指标应为西部地区的城市化水平，本文选取西部城镇总人口与西部年末总人口之比来衡量。本文将西部地区各省份的城镇人口数加总得到西部城镇总人口，各省份年末总人口加总得到西部年末总人口，将二者之比定义为西部城市化水平，通过对该指标的分析对西部大开发20年以来西部地区的城市化水平进行讨论。

根据图 5 可以看出，1999 年实行西部大开发战略至今，西部地区城镇居民占比不断提升，城市化水平不断提高，经济高速发展，这表明西部大开发对西部地区的经济增长起到了正面影响，从 1999 年至今，西部地区的经济发展状况良好，城市化水平整体呈线性增长，且呈现持续上升的发展趋势。从西部大开发的目标出发，从西部经济发展水平提升来看，西部大开发对西部经济发展产生了正面影响，具体表现为城镇居民占比不断提升，其实际结果与政策预期较为相符，根据西部城市化水平这一指标分析西部大开发的成就可以看到，西部大开发这一战略在西部经济发展方面产生了较为显著的正面作用。

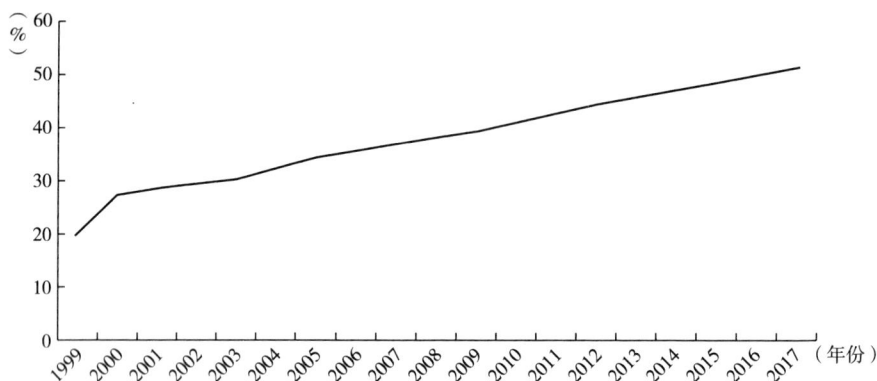

图5　1999~2017 年西部地区城市化水平

为了对西部不同省份的城市化进程进行具体分析，即进一步了解西部大开发对西部不同省份的具体影响程度，本文对不同省份的城市化水平进行排名，并以西部整体城市化水平作为划分标准，将 12 个省份划分为两个梯度，观察西部大开发的初始城市化水平与目前城市化水平排名的变动，如表 5 所示。

表5　1999 年、2017 年西部各省份城市化水平排名

年份	梯度	划分标准	省　份
2017	一	大于西部城市化水平	重庆市、内蒙古自治区、宁夏回族自治区、陕西省、青海省
	二	小于西部城市化水平	四川省、新疆维吾尔自治区、广西壮族自治区、云南省、甘肃省、贵州省、西藏自治区
1999	一	大于西部城市化水平	新疆维吾尔自治区、内蒙古自治区、宁夏回族自治区、青海省、陕西省、甘肃省、重庆市
	二	小于西部城市化水平	四川省、广西壮族自治区、云南省、贵州省、西藏自治区

在进行西部大开发的 20 年来，大部分省份的城市化进度较为一致，除个别省份外各地区城市化水平排名波动较小，新疆维吾尔自治区与甘肃省的城市化水平尽管也有提高，但增速低于平均水平，导致两个省份的排名下降幅度较大，重庆市的排名前进了六个名次，说明其城市化水平的提升较快，高于西部平均水平，这也说明了西部大开发战略对不同省份城市化水平变动产生的影响不一，但整体而言，西部大开发对西部各省份城市化的发展影响较为相近。

6. 20 年来西部地区居民生活水平的改善情况

根据本文构建的经济发展评价指标体系，第六个指标应为西部地区的居民生活水平，本文选取了国际通用的衡量居民生活水平的恩格尔系数作为代表指标，即居民食品支出占居民消费总支出的比重，本文取西部城镇居民恩格尔系数作为西部居民生活水平的代表指标，并通过分析该指标对1999 ~ 2017 年的西部地区居民生活水平变动情况进行展现。

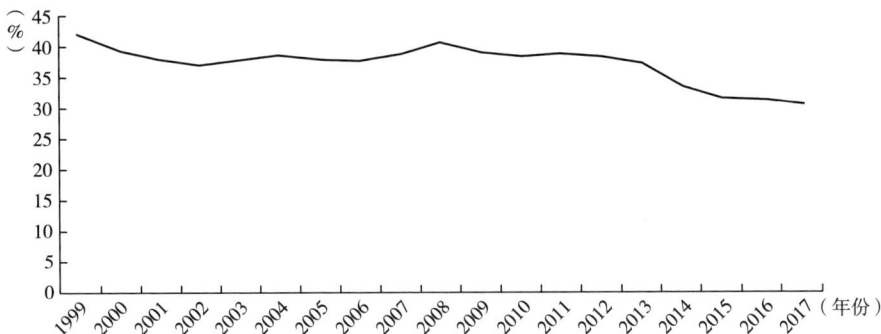

图 6　1999 ~ 2017 年西部地区城镇居民恩格尔系数变动情况

根据 19 世纪德国统计学家恩格尔提出的理论，恩格尔系数越大，居民生活水平越低；恩格尔系数越小，则表明居民生活水平越高。而根据图 6 可知，在进行西部大开发的 20 年来，西部地区城镇居民恩格尔系数整体呈下降趋势，这表明西部地区的居民生活水平呈上升态势，且在 2000 年以后，西部的城镇居民恩格尔系数基本位于 30% ~ 40% 的区间。根据联合国对恩格尔系数的划分标准，2000 年以后的西部城镇居民生活水平已基本跨进小康，进入相对富裕阶段。这表明西部大开发对西部地区的居民生活水平起到了持续的正面影响，且西部居民生活水平呈现持续上升的发展趋势。从西部大开发的目标一，即西部经济发展水平提升来看，西部大开发对西部居民生活水平产生了正面影响，具体表现为城镇居民恩格尔系数不断降低，其实际结果与政策预期较为相符，西部的经济发展状况良好，西部大开发这一战略对西部的居民生活产生了较为显著的正面作用。

为了对西部不同省份的居民生活水平变化情况进行具体分析，即进一步了解西部大开发对西部不同省份居民生活水平的具体影响程度，本文对不同省份的城镇居民恩格尔系数进行排名，并以西部城镇居民平均恩格尔系数作为划分标准，将 12 个省份划分为两个梯队，观察西部大开发进行过程中不同省份排名的变动情况。

另外，由于恩格尔系数在中国的适用性仍存在争议，本文根据 2017 年数据进行分析，西部经济较为发达的四川省城镇居民恩格尔系数为33.3%，而经济发展水平较为落后的宁夏回族自治区城镇居民恩格尔系数为24.5%，因此本文不对其具体排名进行进一步分析，只考虑各省份的变化趋势，即仅对其排名变动情况进行分析。

表6   1999年、2017年西部各省份城镇居民恩格尔系数排名

年份	梯队	划分标准	省　　份
2017	一	大于西部恩格尔系数	西藏自治区、四川省、广西壮族自治区、重庆市、贵州省
	二	小于西部恩格尔系数	甘肃省、云南省、陕西省、青海省、新疆维吾尔自治区、内蒙古自治区、宁夏回族自治区
1999	一	大于西部恩格尔系数	西藏自治区、云南省、广西壮族自治区、四川省、重庆市、贵州省、青海省
	二	小于西部恩格尔系数	甘肃省、宁夏回族自治区、新疆维吾尔自治区、内蒙古自治区、陕西省

根据表6可知，在进行西部大开发的20年来，西部大部分省份的居民生活水平提高的幅度较为一致，个别省份排名波动较大，例如云南省，恩格尔系数排名下降五个名次，这意味着其居民生活水平的提高幅度大于西部省份的平均提升幅度，而宁夏回族自治区的居民生活水平提高幅度也略大于其他省份，而陕西省、四川省、甘肃省、重庆市和贵州省的城镇居民恩格尔系数的下降幅度相对较小，其他省份排名不变，这也说明了西部大开发战略对不同省份居民生活水平变动产生的影响不一，但各省份差异不大，其中也存在地域文化饮食差异等原因。整体而言，西部大开发对西部居民生活水平的提高产生了正向作用，西部各省份的恩格尔系数在20年来均呈下降趋势，居民的生活水平不断提高。

二   从东西部比较角度对西部大开发成就的统计分析

针对西部大开发的第二个目标，即缩小东西部发展的差距，推动我国不同地区均衡发展，本文构建与上文相同的指标体系，即通过对比东西部地区生产总值、人均地区生产总值、地区生产总值增速、工业化指数、城市化指数与恩格尔系数这六个指标的变动情况，对西部大开发实行的20年内东西部的发展趋势与均衡进行评价，反映西部大开发后，东部地区与西部地区六个经济指标的具体变动情况，本文数据来源为中国统计局、中国

统计年鉴以及《新中国 60 年统计资料汇编》等。

1. 20 年来东西部地区 GDP 的变动情况比较

首先，本文选取我国东西部各省份 1999 ~ 2017 年的地区生产总值，对其进行均值化处理后分别得到东、西部地区生产总值，通过图 7 对东西部在西部大开发后的经济发展状况与发展差距进行初步分析与概览。

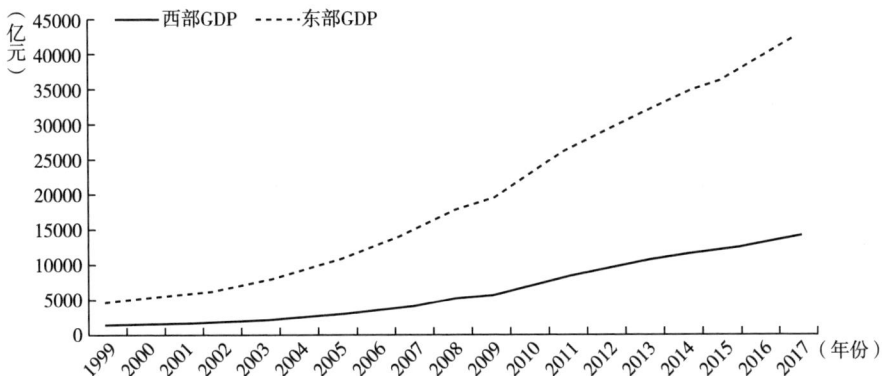

图 7　1999 ~ 2017 年东西部地区生产总值比较

从东西部整体的经济发展角度出发，可以看出在进行西部大开发的 20 年里，东、西部地区的经济均不断发展，持续向上的东部和西部地区生产总值曲线表明，东、西部整体的经济发展良好，且呈现继续缓步上升的发展趋势，但东部地区的经济发展较西部更快，在进行西部大开发的 20 年里，东西部的经济差距被拉大，且存在不断扩大的趋势。从西部大开发缩小东西部经济发展差距的目标来说，西部大开发战略的实施没有达到预期效果，实际结果与发展预期产生了偏差，西部大开发在促进西部经济发展的同时，对缩小东西部经济差距收效甚微。

2. 20 年来东西部地区人均 GDP 的变动情况比较

根据本文所建立的经济发展评价指标体系，第二个用来衡量地区经济发展水平的指标为人均地区生产总值，本文通过构建地区当年生产总值与年末总人口之比对东、西部的经济发展状况进一步分析，以便对西部大开发的绩效进行不同方面的分析与评价，并对进一步的西部大开发战略提出合理的政策建议。

根据图 8 所示，在进行西部大开发的 20 年里，东、西部地区的经济均不断发展，人民的经济生活得到改善，持续向上的东部和西部地区人均地区生产总值曲线表明，东、西部整体的经济发展良好，且呈现续增长的发展趋势，但东部地区的经济发展较西部快，在进行西部大开发的 20 年里，

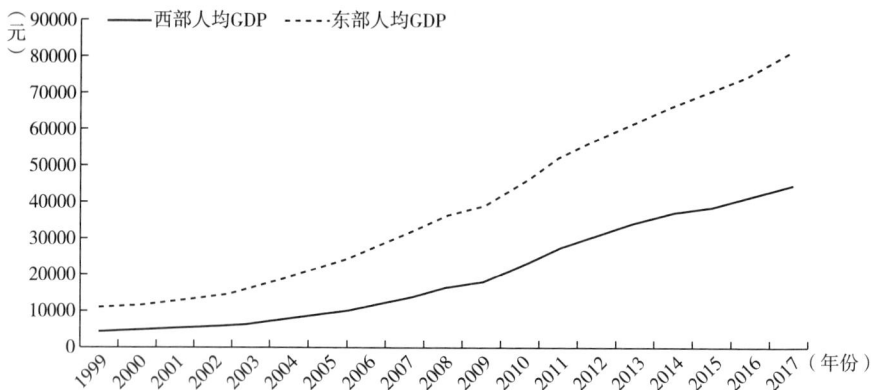

图8　1999～2017年东西部地区人均生产总值比较

东西部的经济差距并没有像预期结果一样被拉近，反而存在不断扩大的趋势。直观来看，其差距小于东西部生产总值的差距。

就人均地区生产总值这一经济指标的变动而言，与地区生产总值变动结果相似，即从西部大开发缩小东西部经济发展差距的目标来说，西部大开发战略的实施并没有达到预期效果，实际结果与发展预期存在偏差，西部大开发在促进西部经济发展方面结果较为乐观，但在缩小东西部经济差距方面的绩效并不乐观。

3. 20 年来东西部地区国内生产总值的增长速度比较

根据本文所建立的经济发展评价指标体系，第三个用来衡量地区经济发展水平的指标为地区生产总值增速，本文令本年度地区 GDP 增速 = （年末地区生产总值 – 上年末地区生产总值）/上年末地区生产总值，并通过对该指标进行分析，讨论西部大开发后，东西部经济发展的差距与发展趋势，并对进一步的西部大开发战略提出合理的政策建议。

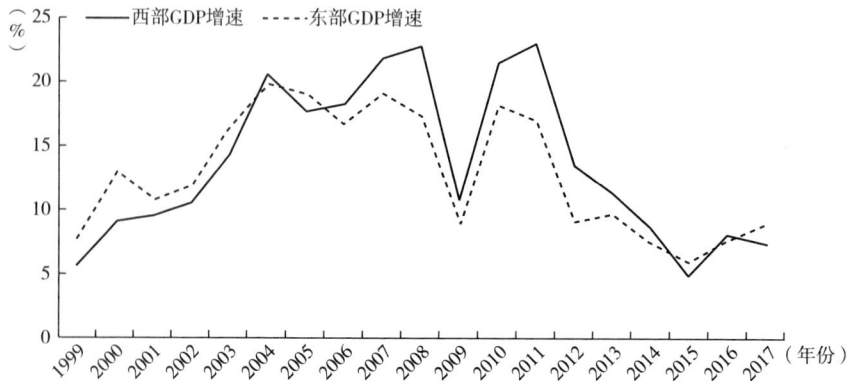

图9　1999～2017年东西部地区生产总值增速比较

　　根据图9可知，东、西部地区的地区生产总值增速变化的幅度较为一致，且均大于5%，这表明在进行西部大开发的20年里，东西部的经济都在高速增长，但在近年来均有增长速度放缓的趋势。

　　东西部经济发展主要经历三个阶段，在西部大开发前期，即1999~2003年，东、西部地区的经济增速相对较慢，而东部的GDP增速相对西部更高；在西部大开发中期，即2004~2012年，东西部均进入经济发展的飞跃期，在这一阶段，西部地区的经济增速水平高于东部，其中由于2008年美国的次贷危机，东西部的经济均受到巨大冲击，GDP增速都在2009年骤降；在西部大开发后期，即2013年至今，东西部经济增速放缓，且东部经济增速呈现逐渐高于西部的趋势。西部大开发对东西部的经济发展均产生了正面作用，从西部大开发的目标出发，西部大开发对缩小东西部差距的作用较小，未达到预期效果。

4. 20年来东西部地区工业化指数的变动情况比较

　　根据本文构建的经济发展评价指标体系，第四个指标为地区工业化水平，本文选取第二产业增加值与地区生产总值之比作为地区工业化水平的代表指标。首先取东西部各省份每年的第二产业增加值及地区生产总值，通过加总和进一步处理得到衡量1999~2017年东西部工业化水平的指标，并通过对该指标的分析对西部大开发20年以来东、西部地区的经济发展状况进行讨论与分析。

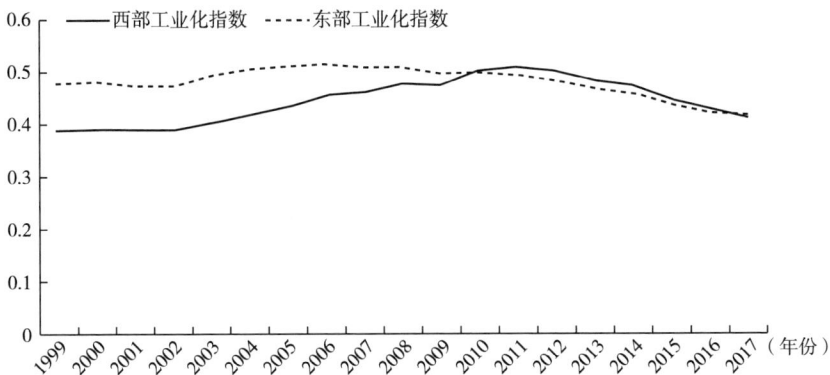

图10　1999~2017年东西部地区工业化指数比较

　　由图10可知，在进行西部大开发的20年里，东西部的工业化指数存在差距逐渐减少的趋势，并在2017年趋同，这说明西部大开发对西部产业结构产生了正面影响，缩小了东西部产业结构的差距，对协调东西部经济发展产生了显著正面影响。

东、西部的工业化指数均呈现先上升后下降的趋势。根据配第—克拉克定理，这样的发展趋势表明东、西部的社会生产力在不断提高，且于近些年均进入由第二产业为主向第三产业为主转变的社会生产力发展的第二阶段；同时可以看到东部地区工业化指数的峰值出现在 2006 年，早于西部峰值的出现点 2011 年，这说明东部的社会生产力发展进度在西部大开发初期是早于西部的；而由于西部大开发的政策推进，西部地区的产业结构不断优化，两个工业化指数出现交点，第一个交点为 2010 年，但此时东部的第二产业占比呈下降趋势，即东部处于经济主体由第二产业向第三产业转移的社会生产力发展的第二阶段，而西部的第二产业占比仍呈上升态势，即西部仍处于第一产业向第二产业转移的社会生产力发展的第一阶段，由于各自所在的社会生产力发展阶段不同，第一个工业化指数相同的交点不具有现实意义。而在第二个交点，即 2017 年，东、西部地区均处于社会生产力发展的第二阶段，此时可以认为东西部的工业化指数是趋同的，即在西部大开发战略实施的 20 年后，东、西部地区的工业化指数产生趋同，表明西部大开发对缩小东西部差距起到了正面影响。

总而言之，在进行西部大开发的 20 年里，首先，东、西部的社会生产力不断提高，西部大开发对东西部的社会生产力的提高和三次产业结构的优化起到了正面影响。其次，从产业结构角度而言，西部大开发对缩小东西部经济发展差距与协调区域发展同样起到了正面作用。

5.20 年来东西部地区城市化指数的变动情况比较

根据上文建立的经济发展评价指标体系，第五个指标应为地区城市化水平，本文选取东西部地区城镇总人口与年末总人口之比，用该指标代表东、西部城市化发展水平，通过对该指标的分析对西部大开发 20 年以来东、西部地区的城市化水平的变动情况进行讨论。

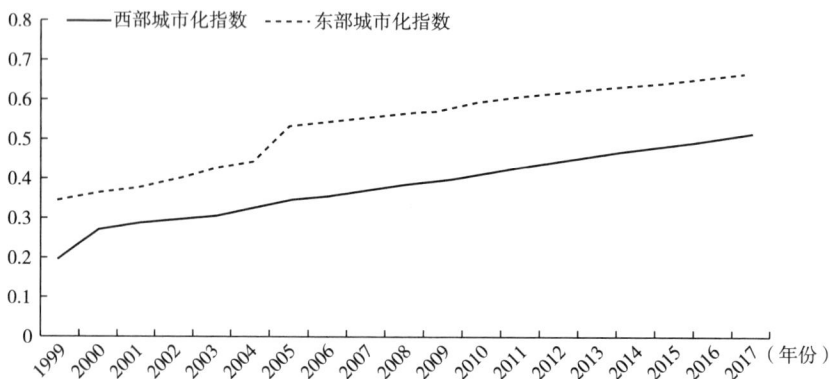

图 11　1999～2017 年东西部地区城市化指数比较

在实行西部大开发战略的 20 年来，东西部地区的城市化水平不断提高，且整体而言，东西部城市化水平提升幅度相近，发展趋势相似，并未出现东西部城市化水平差距缩小的趋势。

根据图 11 可以看出，1999 年实行西部大开发战略至今，东西部的城市化水平均在不断提高，整体呈线性增长，且存在持续上升的趋势，说明西部大开发对东西部的经济与城市化发展起到积极作用；而东部地区的城市化水平一直高于西部，且两个地区的城市化发展轨迹较为一致，城市化水平增速相近，两个地区的城市化发展差距并未缩小，这说明从城市化角度来看，西部大开发对缩小东西部差距的作用较弱。

6. 20 年来东西部地区居民生活水平的改善情况比较

根据本文构建的经济发展评价指标体系，第六个指标应为地区居民生活水平，本文选取了国际通用的衡量居民生活水平的恩格尔系数作为代表指标，即居民食品支出占居民消费总支出的比重，通过该指标对西部大开发 20 年东、西部地区居民生活水平的变动情况进行分析。

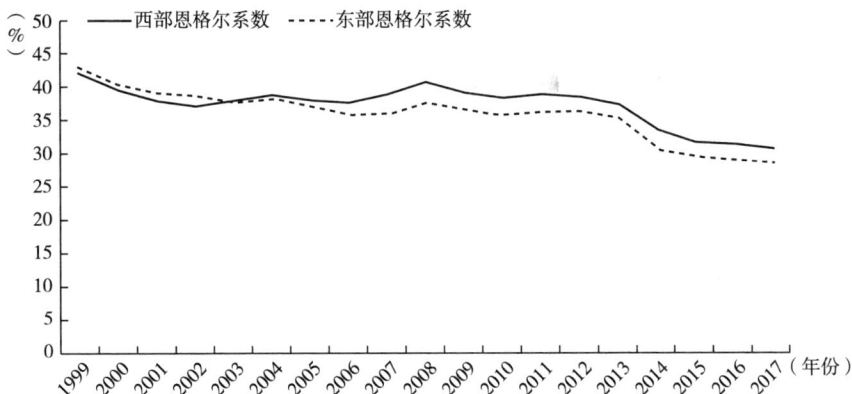

图 12　1999～2017 年东西部地区恩格尔系数比较

由图 12 可知，从 1999 年至今，东、西部地区的恩格尔系数整体呈下降趋势，居民生活水平不断提升，说明西部大开发对居民生活水平的提升产生了正面作用，但并没有缩小东西部居民生活水平差距。

地区恩格尔系数应与居民生活水平成反比，即对同一地区而言，居民食品消费支出占比越小，其生活水平越高，因对恩格尔系数在中国的适用性仍存在争议，故本文只考虑其 20 年来的变动规律，而不考虑其绝对数值。

在进行西部大开发的 20 年来，一方面，东、西部地区城镇居民恩格尔系数整体呈下降趋势，表明东、西部地区的城镇居民生活水平呈上升态势，西部大开发对东、西部居民生活水平产生了正面影响；另一方面，东部地区恩格尔系数的下降幅度大于西部地区，说明20年来东部居民生活水平的提升幅度大于西部地区，西部大开发并未成功缩小东、西部居民生活水平的差距，进而促进区域的协调发展。

综上所述，西部大开发对西部地区经济发展起到了显著的正面作用，但在缩小东西部差距、促进区域经济协调发展上的作用较小。而多数对西部大开发绩效进行研究的结果与本文一致，例如王洛林和魏后凯的研究表明西部大开发在基础建设与环境建设方面取得了较大进展，但在融资结构渠道的多元化、投入产出效果、外贸出口和利用外资等方面的效果仍待改进[2]；而林建华和任保平对在西部大开发十年的绩效评价中指出，西部大开发战略的实施并没有缩小东西部的经济差距[1]；刘忠在关于我国西部大开发战略的研究综述里提出大部分关于西部大开发的研究强调西部大开发在西部基础设施建设、经济增长、居民生活改善等方面产生的正面作用，而对西部大开发缩小东西部差距、协调各区域经济均衡发展的作用持并非乐观的态度。[3]

与此同时，多个学者也对东西部经济增长差距扩大的原因进行阐述，例如赵果庆曾提到由于政策溢出效应的存在，从西部的政策促进得益的不仅是西部，中部与东部也会受到正面影响，其中东部受益最大[4]；魏后凯提出改革开放以来，东部沿海地区吸引了我国87%的外资，致使东部地区的经济增长远高于其他地区，东西部地区增长差异的90%来源于FDI[5]。姚慧琴提出西部地区经济发展中存在城市功能不完善、西部各地区产业结构趋同、产业优惠政策的普惠化与政府行为的非规范性等，这些是导致西部落后的原因[6]。

与此同时，西部与东部的经济发展基础也存在较大差异，西部的地理条件、基础设施建设水平等方面对西部的经济发展产生了较大限制，随着改革开放，我国对外交流日益加强，而东部沿海地区具有地缘上的交通优势等多种优势，这些自然条件差异导致西部的经济发展落后于东部，但随着西部大开发战略的进一步推进、基础设施建设的完善、交通的便利与"一带一路"倡议的推动，东部地区地理条件所带来的优势会逐渐削弱，可以预期东西部的经济差距会在未来逐渐缩小。

三　西部大开发20年西部地区发展的经验总结

1. 基础设施建设为西部地区发展奠定了基础

基础设施建设是地区经济发展的前提与基本条件，而在国家的政策与资金支持下，随着西部大开发战略的实施与推进，西部的基础建设作为西部大开发初期的主要任务受到了国家的大力支持。随着西部大开发大量基础建设工程的启动与推进，例如西电东送、西气东输及青藏铁路这三大标志性工程的实施，对西部地区的基础设施建设与完善起到了至关重要的作用。而通过上文对于西部地区经济发展状况的分析，可以发现在西部大开发初期，地区生产总值、人均地区生产总值与地区生产总值增速等指标提升较慢，从中可以看到西部地区的经济发展水平提升较为缓慢。而在西部基础设施建设逐步完善后，西部地区的经济产生了飞跃式增长，根据地区生产总值、人均地区生产总值指标增长情况，可以看到在该阶段西部地区的经济发展呈指数级增长，这表明西部大开发前期进行的基础设施建设奠定了西部地区20年来高速发展的经济基础，也为后期西部大开发战略的进一步推进提供了"硬实力"。

2. 工业化与城市化发展为西部发展提供了推动力

工业化与城市化是地区经济发展的主要动力，根据西部工业化与城市化指数的变化，可以看到西部地区的第二产业占比呈先升后降的发展规律，而城镇居民占比则不断上升。而通过联系西部地区生产总值、人均地区生产总值与地区生产总值增速等指标分析，可以发现其发展趋势具有一致性。在第二产业占比增长较缓慢的西部大开发初期，西部经济发展也较为缓慢，而在西部第二产业占比提升较快的2004～2011年，西部经济高速发展，证明西部地区第二产业的发展对整体经济的增长起到了较强的推动作用，而随着发展重心由第二产业向第三产业转移，即西部工业化指数不断降低，近年来西部的经济增长速度也逐渐放缓，且根据地区生产总值增速这一指标，在东部地区的工业化指数上升阶段，即1999～2006年，东部地区的生产总值增速高于西部，而在东部地区的工业化指数下降、西部工业化水平上升阶段，东部的地区生产总值增速低于西部，而在近年来，随着东西部地区的第二产业占比一致下降，东西部的经济发展也逐渐放缓，说明工业化是影响地区经济发展的主要推动力，地区工业化发展对其经济增长产生了正面影响。工业化的不断发展也带动了西部地区地市化的不断发展，工业化通过吸引人才聚集推进了城市的发展壮大，而城市化亦从需求角度反

3. 进行产业结构调整为西部发展提供了新增长点

在进行西部大开发的 20 年来，我国的产业结构不断优化，东西部第二产业占比均呈现先上升后下降的发展趋势，产业结构由最初的"二一三"形式过渡到"二三一"形式，最终将实现以服务业为主的"三二一"产业结构。产业结构的发展对提高居民生活水平起到了重要作用，也为西部发展提供了新的增长点。西部进行的产业结构调整使得西部地区的产业趋于合理化与高级化，有利于西部资源配置的优化与生产效率的提高，而新兴产业的发展也为西部地区创造了更多的就业岗位以吸纳农村人口，有利于西部的城市化发展，同样也为西部发展提供了新的增长渠道与方式，且近年来，第三产业对西部经济的拉动作用也逐渐增强。综上所述，在进一步的西部大开发战略推进中，进行产业结构调整无疑将成为该政策的重要内容与西部经济发展的新增长点。

4. 加大改革开放力度为西部发展提供了新动力

从 1999 年西部大开发提出至今，国家对于西部大开发的政策支持为推进西部经济发展起到了至关重要的作用，而其中改革开放力度的加强为西部经济发展提供了新的发展动力。改革开放是中国共产党在社会主义初级阶段基本路线的两个基本点之一。改革是对内的，是通过建立和完善我国的市场经济体制，对生产关系同生产力、上层建筑同经济基础之间不相适应的方面和环节进行调整[7]，以促进生产力的发展和社会的前进，提高居民生活水平。在西部大开发战略实施的过程中，深化改革为扩大产业规模、优化产业结构、进行产业创新提供了新动力，正是由于改革开放力度的加大，国家对产业技术的创新扶持力度加大，西部地区在各个高技术领域均有了较大突破，在高铁、移动通信等领域与发达国家处于并列甚至领跑地位[8]。开放政策，即对外开放，在西部大开发的进程中，随着我国的国际合作不断深化，西部地区对外交流也日益加强，正是由于对外开放战略的推进，西部地区吸收外商投资的能力加强，从资金支持方面，对西部的经济发展起到了显著的促进作用。在西部大开发政策的实施过程中，改革开放力度的加大为西部经济发展从政策和资金方面提供了双重发展动力。

四 新时代新一轮西部大开发的展望

过去 20 年西部大开发主要以数量增长为发展目标，其主要战略目标为推进西部地区的经济发展，并在该方面取得了较高成效，西部大开发对西部地区的经济增长产生了显著的正面作用，但在缩小东西部经济差距方面的成效不明显。随着新时代的来临，新阶段的西部大开发的政策目标由前期的数量型增长转向质量型增长，因此，政府对于西部地区的发展规划也应因经济发展目标的转型而实施契合西部地区进一步发展的战略措施。在发展重心方面，政府应由对西部的基础开发建设逐渐转向对创新产业的支持，具体措施表现在基础设施建设方面，应从过去以交通设施为主要代表的物理基础设施，转向以数字化经济、人工智能为代表的新型现代化基础建设。另外，政府应考虑西部地区各政策互相配合的政策实施问题，新时代新一轮的西部大开发要与国家"一带一路"政策相配合，以新发展理念为指导，以高质量发展为目标，在加强对外开放、与外商深入合作的同时，实现西部地区经济发展的转型。

1. 以高质量发展为统领，构建新时代西部现代化的经济体系

在新一轮的西部大开发中，西部地区应以高质量发展为目标纲领、以新发展理念作为指导理念，对西部目前的市场经济进一步完善与优化，为西部地区企业发展营造良好公平的市场环境；进一步深化供给侧改革，以市场需求为导向，通过构建现代化的经济体系激发西部地区企业的发展活力，从而促进西部经济的进一步发展。

2. 实现创新发展，促进西部经济发展新动能的转变

在新一轮西部大开发中，各级政府应将西部发展的重心由开发建设逐渐转向创新驱动的新型经济发展，积极推动西部地区新产业的发展。大力发展数字经济、智能制造、网络经济等新业态经济，积极培育西部经济发展的新动能。区域进行创新发展的前提是提高本地区的创新能力，而在这一过程中，提升本地区的科研水平与教育能力则应是政府的应尽之责。在新一轮的西部大开发中，西部地区各级政府应重视科研院所与高校机构在创新发展中的重要性，提高高校与科研院所的自主性，完善制度体系，简化科研项目申报的流程，强化成果导向，鼓励新动能的转变，同时通过区域优惠政策加强人才队伍建设，减少人才的流出，从培育本地区的自我创新能力和吸引外部创新人才流入两个方面提高本地区的创新能力，从而实现西部地区新动能的转变。

3. 实现协调发展，促进西部经济结构的转型升级

一是产业结构的协调发展。在新一轮的西部大开发中，西部地区应促进产业结构的调整与优化，发挥自身资源特点，利用比较优势走以创新为核心的新型工业化路线。二是推进城镇化与工业化的协调发展。工业化是城镇化的前提条件，或者说，正是工业化直接导致了人才的聚集从而推进了城镇的发展壮大，而城市化同样从提高社会需求等角度反作用于工业化的发展，工业化与城镇化的相互促进、不断发展使得我国的社会经济与人民生活水平逐渐提高。因此在新一轮的西部大开发中，西部地区应发挥工业化与城镇化的共同促进作用，从而推动西部经济的高质量发展。

4. 实现西部地区的绿色发展，促进西部地区人与自然的和谐发展

在西部大开发的初期，各级政府在追求西部经济增长时，关注点更集中于经济增长的数量而非质量，由于对自然生态的重视程度不足，在过去的 20 年里，在经济快速增长的同时，也对生态环境造成了一些破坏，但目前我国经济已经进入转型期，而习近平总书记提出的新发展理念也表明了绿色发展对我国社会发展的重要性，绿色发展是人类可持续发展的重要前提，更与人们的日常生活息息相关。在中央全面深化改革委员会第七次会议上，习近平总书记指出，在新时代推进西部大开发形成新格局的政策中，政府要从中华民族的长远利益出发，把生态环境保护放到重要位置上。因此，在新一轮的西部大开发中，政府应以高质量发展为纲领，坚持生态优先、绿色发展的发展道路，不断推进生态环境保护修复和生态文明试点示范，启动实施新一轮退耕还林工程，巩固和扩大退耕还林成果，强化对于生态环境的治理与污染的防治，推动形成全方位、多层次的生态文明示范建设格局。

5. 实现西部地区的共享发展，促进西部地区的人民富裕

提高人民的生活水平，缩小城乡差距，实现西部地区的共同富裕。目前我国存在区域之间、城乡之间的发展不平衡问题，在新一轮的西部大开发过程中，应将协调区域与城乡发展作为重要目标，鼓励先富带动后富，逐步推进共同富裕，从而促使区域协调快速发展。同时应该加强覆盖城乡的设施建设与制度完善，提高服务质量，促进地区的城市化与现代化，为满足人民日益增长的美好生活需求发挥积极作用。

6. 实现西部地区的开放发展，促进西部改革开放新高地建设

全面深化西部地区的改革和扩大开放，构建西部地区改革开放新格局。推动部分重点领域改革在西部地区先行先试。贯彻落实"一带一路"，即"丝绸之路经济带"和"21 世纪海上丝绸之路"战略构想，着力支持开放试验区的开发建设，增加西部地区对外交流的渠道，加深西部地区与外商交流与合作的程度，提高西部地区吸收外商直接投资的水平，使西部地区焕发新的生机，从而缩小西部地区与东部地区的经济差距，进而协调我国的区域发展格局。

参考文献

［1］林建华、任保平：《西部大开发战略 10 年绩效评价：1999～2008》，《开发研究》2009 年第 1 期。

［2］王洛林、魏后凯：《我国西部大开发的进展及效果评价》，《财贸经济》2003 年第 10 期。

［3］刘忠、牛文涛、廖冰玲：《我国"西部大开发战略"研究综述及反思》，《经济学动态》2012 年第 6 期。

［4］赵果庆：《为什么国际直接投资不集聚中国西部？——动态经济分析观点》，《管理世界》2004 年第 11 期。

［5］魏后凯：《外商直接投资对中国区域经济增长的影响》，《经济研究》2002 年第 4 期。

［6］姚慧琴：《试论西部大开发中的政府促动与企业发展》，《管理世界》2004 年第 8 期。

［7］奚洁人：《科学发展观百科辞典》，上海辞书出版社，2007。

［8］黄汉权：《改革开放 40 年我国产业发展和结构演变》，《经济日报》2018 年 8 月 30 日。

西部大开发政策效应测度及新时代
西部地区现代化发展路径研究

张正娟　白媛媛*

摘　要：世纪之交，为了推动东西部地区经济的协调发展，实现现代化目标，我国实施了西部大开发战略。自战略实施以来，国家制定了一系列促进西部发展的政策措施。截至目前，西部大开发政策的实施效果如何？西部地区发生什么样的变化？本文在对西部大开发政策回顾的基础上，评估了西部大开发战略实施20年的绩效，并对新时代西部地区持续推进西部大开发战略提出相应建议。此外，本文还分析了西部地区现代化发展水平，并探讨了新时代西部地区现代化发展的思路和路径。

关键词：西部大开发　政策效应测度　现代化发展

改革开放40年，中国经济社会发生巨大的变化。经济规模跃升世界第二位，三大产业实现跨越式发展，人民生活水平显著提高，科技发展逐步壮大，中国已成为仅次于美国的第二大经济体。伴随着飞速发展，中国经济也出现很多问题。

较为突出的就是中国东西部地区的经济差距越来越大。1979～1999年，就生产总值年均增长率而言，东部地区比西部地区高1.4个百分点；就经济总量而言，西部地区增长了5.7倍，而东部地区平均增长7.8倍；东部地区的人均GDP是西部地区的2.46倍；就贫困程度而言，西部地区农村贫困人口占全国农村贫困人口的60%，西部地区贫困县占全国贫困县的51.9%。

为了缩小东西部地区的经济发展差距，实现区域经济协调发展和现代化建设，1999年党的十五届四中全会提出要实施西部大开发战略，这标志

---

* 张正娟，西北大学经济管理学院硕士研究生；白媛媛，博士，内蒙古财经大学讲师。

着中国区域经济发展由第一个"大局"转向第二个"大局"①。2010 年中共中央、国务院印发的《关于深入实施西部大开发战略的若干意见》明确了新十年西部大开发战略的发展目标和总体要求。到目前为止，西部大开发战略已经实施 20 年，这 20 年里西部地区社会经济发展如何？西部大开发战略对西部地区产生了何种影响？2018 年中央政府工作报告提出，要"制定西部大开发新的指导意见"。因此，对西部大开发战略实施 20 年的经济绩效进行评估，并对西部地区现代化发展路径进行前瞻，对西部地区具有重要的现实意义。

一　西部大开发战略的提出背景及历史演进

（一）西部大开发战略的逻辑起点和现实背景

区域经济协调发展是西部大开发战略的逻辑起点。新中国成立至 1978 年，我国实施的是区域经济平衡发展战略，中央政府的战略目标就是建立分布均匀的、独立的、相对完整的工业体系。改革开放后至 1998 年中国实施了优先发展东部地区的区域经济非均衡发展战略，通过优先发展沿海地区来实现规模效应和集聚效应，进而通过核心地区示范与扩张效应实现由东到西、由沿海向内陆的区域梯度开发。区域经济非均衡发展战略使得东部地区的经济社会发展取得了很大成绩，但同时增大了东西部区域经济差距。1999 年西部大开发战略开启了区域经济协调发展的新阶段。早在 1988 年邓小平就提出了沿海内地、东西部共同富裕的"两个大局"的战略思想。东部地区富裕并不能代表整个中国的富裕，只有西部地区也富裕了，整个国家才能共同富裕。1999 年在中央扶贫工作会议上江泽民同志论述了实施第二个大局的战略构想，即加快中西部地区的经济发展。这也是继邓小平同志关于"两个大局"战略构想之后首次提出的。之后西部大开发战略正式走入公众视野，这一战略也成为江泽民关于坚持区域经济协调发展思想的体现。

就现实背景而言，21 世纪伊始，我国经济进入高速发展的轨道，这不仅为西部地区的全面发展带来了前所未有的机遇，也表明实施西部大开发战略的时机已经成熟。具体表现为：第一，知识经济为代表的新经济模式的到来，尤其是信息技术的高速发展使得西部地区跨越式发展成为可能；

---

① 李国平、彭思奇、曾先锋、杨洋：《中国西部大开发战略经济效应评价》，《当代经济科学》2011 年第 7 期。

第二，经济全球化的进一步发展为西部地区面向世界、吸收外资等提供了更多的资源；第三，随着我国经济发达地区工业品市场的饱和以及水、电、土地等生产要素价格的提高，西部地区市场空间的相对不饱和性吸引了众多投资者的目光；第四，出于国家安全以及国际政治经济局势复杂多变的考虑，发展西部地区尤其是国防工业的建设开发给西部地区带来了新的优势。此外，贫困、日益严峻的生态环境等问题都成为推动西部大开发政策实施的现实背景。

（二）西部大开发战略的历史演进

西部大开发工程系统性、长期性的特征，注定了它是一项艰巨的历史任务。西部大开发战略提出后，2002 年 2 月国务院西部地区开发领导小组办公室出台了《"十五"西部开发总体规划》，提出了西部大开发战略的总体目标："经过几代人的艰苦奋斗，全国在 21 世纪中叶基本实现现代化时，能够显著地缩小地区间的发展差距，从根本上改变西部地区相对落后的面貌，努力建成一个社会进步、民族团结、山清水秀、人民富裕、经济繁荣、生活安定的新西部"。

为了实现这一宏伟目标，西部大开发战略实施划分为三个阶段。

第一阶段为奠定基础阶段（2000～2010 年）。该阶段是推动西部大开发战略实施的关键时期，要有重点、有步骤地推进开发，力争使西部地区的特色优势产业及科技教育得到较大发展，促进生态环境和基础设施建设取得突破性进展，提高人民的生活水平，为深入推进西部大开发战略奠定坚实的基础。2007 年 2 月国务院西部地区开发领导小组办公室发布了《西部大开发"十一五"规划》，提出了"十一五"期间，推动西部地区经济又好又快发展，稳定持续地提升人民生活质量，争取在生态环境保护和基础设施建设上有新的突破，基本公共服务均等化取得实效，重点地区和重点产业的发展上升到新的高度，谱写社会主义和谐社会新篇章①。为了实现这些目标，要重点促进产业结构升级；推动市场经济体制改革；促进特色优势产业的发展；加大基础设施和生态环境等方面的建设力度；改善投资环境以提高西部地区的经济增速。

第二阶段为加速发展阶段（2010～2030 年）。这一阶段的总体目标是在第一阶段基础设施改善、经济结构战略性调整的基础上，进入西部

---

① 国家发改委、国务院西部地区开发领导小组办公室：《西部大开发"十一五"规划》，2007 年 2 月。

地区的深入开发和加速发展期，实现东西部地区的经济差距缩小、人民生活富裕。该阶段的重点任务是进一步巩固和提高发展基础，培育西部地区的特色优势产业，全面实施产业升级，推进城镇化、现代化的发展，实现经济的腾飞。

第三阶段为全面推进现代化阶段（2031～2050年）。这一阶段的总体目标是实现西部地区与全国其他地区的共同富裕。解决全部贫困问题；改善和提高人民的生活条件和生活质量；在将国内国际现代化经济体系融入率先发展地区的同时，也应该加快落后山区及农牧区的开发，全面地改善西部人民的生活、生产水平。

当前西部大开发正按照战略部署有序推进，西部地区经济社会也实现了飞速发展。在西部大开发即将进入第三个十年时，习近平总书记提出"强化举措推进西部大开发形成新格局"，这让西部大开发又踏上新的征程。

（三）西部大开发战略实施的政策措施

自西部大开发战略实施以来，党中央、国务院及各有关部门制定了一系列支持西部大开发的政策，这些政策在不同阶段发挥着重要的作用。笔者按照西部大开发战略的实施阶段回顾了相关主要政策。

1. 第一阶段（2000～2010年）实施的政策措施

2000年，国务院制定了《关于实施西部大开发若干政策措施的通知》，针对西部地区实际情况，就文化卫生等社会事业建设、对外贸易、投资软环境、税收优惠政策等给出具体实施意见。2001年，国务院出台《关于实施西部大开发若干政策措施的实施意见》，进一步给出了实施西部大开发若干政策的具体意见。2002年，《"十五"西部开发总体规划》明确提出"争取用5到10年时间，使西部地区在基础设施和生态环境建设上取得突破性进展，让西部开发有个好的开局"。随着国家经济实力的进一步增强和西部地区基础设施等多方面建设的加快，2004年国务院出台了《关于进一步推进西部大开发若干意见》的相关文件，提出"加快基础设施的建设；促进特色优势产业的发展；加强环境保护和生态建设工程的建设；提高农民的收入水平；注重重点地带开发，加快培育区域经济增长极；加强科技教育卫生文化等社会事业；深化经济体制改革；拓宽资金渠道；加强人才队伍建设；加快法治建设步伐"。2006年《关于促进西部地区特色优势产业发展的意见》又提出，加快西部地区特色优势产业发展，优化产业结构和布局，增强西部地区自我发展能力，实现西部地区又好又快发展。

2007 年《西部大开发"十一五"规划》发布，对前期西部大开发的成果做出总结，并从促进特色优势产业发展、注重人才培养、完善社会保障制度、强化资源节约、加大对外开放力度、促进社会主义新农村建设等方面提出了"十一五"的重点任务和主要措施。2007 年后相继提出的《成渝经济区区域规划》《关于加强东西互动深入推进西部大开发的意见》《中西部地区外商投资优势产业目录》《关中—天水经济区发展规划》等都成为西部大开发进一步推进的重要战略步骤。国务院办公厅在 2009 年《关于应对国际金融危机保持西部地区经济平稳较快发展的意见》中提出要继续保持西部地区经济平稳较快发展，从加强基础设施建设、加大环境保护和生态建设力度、调整产业结构、加强民生工程建设、加快提高基本公共服务水平、培育区域经济增长极、深化改革开放、加大投入力度等方面提出政策建议与措施。

2. 第二阶段（2010～2030 年）实施的政策措施

2010 年是西部大开发战略实施十周年，也是西部大开发进入第二阶段的首年，随后的十年是深入推进西部大开发承前启后的关键时期①。该时期实施的政策措施如下。

2010 年，国务院提出《关于深入实施西部大开发战略的若干意见》，对深入推进西部大开发做出了战略部署，提出要加快基础设施建设、加强生态建设和环境保护、夯实农业基础、发展特色优势产业、强化科技创新、保障和改善民生、加强重点经济区开发、扩大对内对外开放、提高公共管理水平等九大战略任务，并从财政、税收、投资、金融、产业、土地、价格、生态补偿、人才、帮扶十个方面提出具体的措施。同年，国务院针对西部地区的发展提出了《关于中西部地区承接产业转移的指导意见》，指出西部地区必须以市场为导向因地制宜承接产业转移，并促进产业集中布局，改善投资环境，提高自主创新能力，促进产业升级优化等；同时从财税、金融、产业与投资、土地、商贸、科教文化 6 个方面明确了若干政策支持。2011 年财政部、海关总署和国家税务总局共同发布《关于深入实施西部大开发战略有关税收政策问题的通知》，明确了新一轮西部大开发的相关税收优惠政策。2012 年《西部大开发"十二五"规划》提出"十二五"期间西部大开发的指导思想、基本原则和主要目标，从重点区域、新农村建设、统筹城乡发展、生态环境、基础设施、特色优势产业、科教与人才、民生事业以及改革开放等方面提出首要任务和重要政策措施。2013

---

　　① 胡锦涛在中共中央、国务院召开的西部大开发工作会议上的讲话。

年国家发改委和中国科学院共同发布《科技助推西部地区转型发展行动计划（2013～2020年）》，进一步实施创新驱动发展战略和西部大开发战略，加强科技创新助推西部地区转型发展。同年，《中西部地区外商投资优势产业目录》发布，鼓励外商在中西部地区发展符合环保要求的劳动密集型产业，并且严令禁止一些不符合国家产业政策的项目向中西部转移，比如被淘汰的落后产能以及高耗能、高排放等项目。2014年为了深入实施西部大开发战略，推动西部地区特色优势产业结构发展和产业结构的调整，国家制定了《西部地区鼓励类产业目录》。2017年《西部大开发"十三五"规划》发布，提出"十三五"期间要全面建成小康社会，西部地区综合经济实力、人民生活水平和质量、生态环境再上新台阶。该《规划》还明确了10个方面的重点任务及相关政策支持。

二 西部大开发战略的政策效应测度

（一）西部大开发战略的实施成效

1. 西部地区经济总量不断攀升

西部大开发战略实施以来，西部地区的经济发展取得了显著的成就。西部地区GDP从2000年的17277亿元上涨到2016年的156529亿元，西部地区GDP占全国GDP的比重从2000年的17.1%提升至2016年的20.1%，西部地区2016年的GDP是2000年的9倍之多，地区生产总值呈逐年增长的趋势。2016年，西部12个省份的经济增速均超过全国平均增速，全国经济增长率排名前三位的重庆、贵州、西藏，也全部来自西部地区，重庆GDP为17741亿元，经济增速为10.7%；西藏GDP为1151亿元，经济增速为10%；贵州GDP为11777亿元，经济增速为10.5%。2017年，西部地区GDP为168561.57亿元，占国内生产总值的20.38%，无论是西部地区生产总值还是其在国内生产总值中的比重，相比2000年，西部地区都获得较大的发展成就。

2. 产业结构优化与特色优势产业快速发展

为了推动西部地区经济增长方式向高质量型转变，西部地区充分利用自身特色产业优势，不断地调整产业结构的比例，使产业结构更加合理化。2000年，三次产业比为22.3∶41.5∶36.2；2005年为17.7∶42.8∶39.5；2010年为13.1∶50∶36.9；2017年为11.5∶43.8∶45.7，从主要年份的三次产业比值可看出，第一产业比重从2000年的22.3%下降到2017年的

11.5%，下降了 10.8 个百分点，呈现出不断下降的趋势；第二产业比重从 2000 年的 41.5% 涨至 2010 年的 50%，再下降到 2017 年的 43.8%，整体呈先增后减的趋势；第三产业比重从 2000 年的 36.2% 提高到 2017 年的 45.7%，提高了 9.5 个百分点，呈持续上升态势。西部大开发实施以来，特色优势产业也比 2000 年增加了很多，目前已形成绿色农产品生产加工、生态文化旅游、能源资源深加工等特色优势产业，产值得到很大提高。此外，西部地区新能源、信息、装备制造等新兴产业也发展迅速。

3. 基础设施建设不断完善

得益于西部大开发战略的众多优惠政策，西部地区民生工程建设取得显著成效，居民的衣食住行、教科文卫都实现了不同程度的改善。2000 ~ 2016 年中央财政向西部地区投入基本建设资金累计达 2 万多亿元，基础设施投资总规模接近 3 万亿元。① 从交通基础设施来看，西部地区铁路营运里程、公路里程以及高速公路里程占全国的比重分别从 2005 年的 36.6%、40.4% 和 25.7% 增长到 2016 年的 40.5%、40.6% 和 36.3%。② 党的"十八大"以后，交通运输部贯彻西部大开发战略思想，累计投资超过 2.5 亿元用来建设全社会公路设施，其中包括 7.5 万多千米的国道和 44 万多千米的乡村道路，另外投资超过 7000 亿元的车购税资金，支持贫困地区交通运输事业的发展。

截至 2016 年底，我国 1177 个贫困县（市、区）中有 88.4% 的县城通二级及以上公路，97.95% 乡镇和 93.10% 建制村通了硬化路，全国 94% 建制村通邮。贫困地区交通设施的改善极大地方便了人民的出行，也激发了贫困地区经济活力。从农田灌溉基础设施来看，2011 ~ 2015 年，贫困地区累计新增、恢复灌溉面积达 1300 万亩，改善灌溉面积 4000 万亩，新增节水灌溉面积 3400 万亩，极大地缓解了贫困地区自然环境对农作物生长的限制，有利于增加农作物种植种类，提高农民收入。从固定资产投资角度来看，2000 年，西部地区固定资产总额为 6111 亿元，在 2017 年达到了 169715.04 亿元的规模，增加 27.8 倍。从人力资本投资的角度来看，国家对西部地区实行重大政策倾斜，让西部地区无论是高校数量、高校毕业生人数还是教师队伍建设等方面都有很大的提高。

4. 生态环境质量持续改善

西部大开发实施的二十年，黄沙戈壁已是过去，昔日的荒岭仅留存在

---

① 张永军：《西部开发 18 年幸福生活更期待》，《西部大开发》2017 年第 10 期。
② 肖金成、张燕、马燕坤：《西部大开发战略实施效应评估与未来走向》，《改革》2018 年第 6 期。

人们的记忆中。实施退耕还林、退牧还草、退田还湖……名为退，实则进，意味着推陈出新，再创青山绿水大西北。以青海省为例，为保护和改善脆弱的生态环境，实施大规模的退耕还林、还草工程，截至2010年西部地区累计退耕育林种草967万亩，其中荒山育林种草582万亩，退耕育林种草290万亩、封山育林95万亩，林地的覆盖率比1999年提高了2.2个百分点。这一举措直接使得三江源地区、柴达木盆地西部、东部黄土丘陵地区以及青海湖环湖地区绿意盎然，大幅改变其生态脆弱的特性。

西部大开发战略实施十年以来，西部十二省份林业投资共计2150.64亿元，2010年后国家又加大投资力度，仅2016年西部十二省份林业投资达2117亿元。[①] 西部地区林业产业增长势头强劲，2016年产值增速达13.46%，其中广西、四川省林业总产值位列全国前十名。西部大开发战略实施期间，国家还陆续开展了诸如退耕还林还草、沙漠化治理、京津风沙源治理工程等一系列综合配套治理措施，稳固西部地区生态安全屏障，改善了西部地区的生态环境建设。

5. 人民生活水平稳步提升

西部大开发实施以后，西部人民生活水平有着明显的提高。从人均可支配收入来看，西部城镇居民人均可支配收入从2000年的5486.21元提高到2017年的30986.9元，农村居民的人均可支配收入从2000年的1661元提高到2017年的10828.6元。居民人均消费水平也大幅提高，2017年西部城镇居民人均消费支出21105.68元；农村居民人均消费支出9408.68元。

从住房等生产生活条件来看，以14个连片特困地区为例，截止到2015年，居住在竹草土坯房和炊用柴草的农户比重分别比2012年下降了2个和7.1个百分点，使用照明电、独用厕所的农户比重分别比2012年提高了1个和3.1个百分点。饮水无困难、使用管道供水和使用经过净化处理的自来水的农户比重比2013年分别提高4.0个、7.6个和5.4个百分点。另外文化和医疗基础设施也有了明显改善。2015年有文化活动室的村比2012年提高了8.9%；有幼儿园或学前班的村比2012年提高14.2%；有小学且就学便利的村比2012年提高5.8%。医疗卫生设施方面，2015年有卫生站（室）的行政村比2012年提高8.8%；拥有合法行医证医生或卫生员的村比2012年提高7.9%。

6. 对外开放提高到新水平

改革开放以来，尤其是在2000年国家实施"西部大开发"战略以及

---

① 数据根据《中国林业统计年鉴（2016）》计算而得。

2001 年中国加入世贸组织后，西部地区对外贸易和外商直接投资得到了迅速的发展。

截止到 2018 年，西部十二个省份外贸增速为 16.1%，超过全国增速 6.4 个百分点。并且外贸依存度不断提高，西部地区对外贸易的迅猛发展对整体经济发展的推动作用显著加强，对外开放程度不断扩大。此外，西部地区的外商投资总额从 2000 年的 4190.75 亿元增长到 2017 年的 44406.33 亿元，西部地区的外商投资企业数从 2000 年的 15732 户增长到 2017 年的 42392 户，西部地区境内目的地和货源地进出口额从 2000 年的 186.13 亿元增长到 2017 年的 3025.22 亿元，也可以看出西部地区的对外开放水平是显著提高的。

（二）西部大开发政策效应测度

自西部大开发战略实施以来，西部地区的经济社会文化等都得到了很大的发展，并取得了一定的成绩，但这些成绩都是西部大开发战略带来的吗？学术界对西部大开发的绩效如何至今存在诸多争议，原因是有部分学者认为，即使没有实施西部大开发战略，西部地区的经济社会发展也同样会受到其他因素的推动。那么，如何有效地识别西部大开发的净政策效应？本文使用合成控制法，剔除影响西部地区经济增长的其他因素，利用 1990~2017 年全国 31 个省份的面板数据，对西部地区整体和单个省份的净政策效应进行评价分析。

1. 文献综述

西部大开发战略被认为是我国一项重要的区域发展战略，合理评估其政策实施效果可以对后续政策的实施和完善提供参考，并且对其他区域发展政策提供借鉴。西部地区经过几十年的大力发展，取得了巨大的经济成效，然而学者对于西部地区发展成效到底是源于区域经济的"自然增长"还是西部大开发的"政策效应"仍有争论。大量文献从不同角度运用不同方法对西部大开发的政策效应进行了评价，但并未达成一致的研究结论。

一些学者研究表明西部大开发战略的实施对西部地区经济、社会发展并未发挥出有效的促进作用，反而使西部地区经济发展进入了瓶颈。淦未宇（2011）等选取宏观经济水平、工业化发展进程、居民生活质量和生态发展状况等四大类指标对中国西部大开发政策效应进行系统的评价，发现虽然西部地区社会经济发展指标的全方位提升受到西部大开发战略的推动，但东西部之间区域发展差异并没有显著好转，区域差距有逐渐加大的态势。邵帅和齐中英（2008）利用经济计量方法进行收敛性分析，得出结论：随着西部大开发政策的实施，能源产业的发展对科技发展和人力资本投入产生"挤出效应"，经济发展进入"资源诅咒"困境。另外，西部地区在发展工业时，产业转移演化成了污染转移。岳利萍和白永秀（2008）利用数据统计法分析指出，西部大开发战略实施以来，西部地区的工业化进程的步伐并不统一，不同省份之间差距悬殊，西部地区内部的分化也越来越严重。邓健和王新宇（2015）采用差分内差分方法指出，受到西部大开发战略的影响，西部地区与发达地区的资源利用效率差距被进一步扩大。刘瑞明和赵仁杰（2015）运用双重差分倾向得分匹配法发现西部大开发政策措施的实行对西部地区 GDP 及人均 GDP 的快速增长并无明显作用，并显示出机制识别结果，西部大开发政策的实施不仅不利于西部地区产业结构的调整，降低了人力资本水平，而且对外商投资和民间投资没有起到很好的吸引作用，最终使得西部大开发对地区经济增长的推动作用难以显现。

另一部分学者则认为西部大开发政策的实施促进了西部地区经济社会的快速发展。王洛林和魏后凯（2003）采用数据分析法指出，西部大开发战略推动了西部地区经济发展、生态环境保护、基础设施建设、人力资本增加等。刘克菲和李志翠（2013）等利用静态横截面数据和动态面板数据模型分析，认为西部大开发政策的实施，部分缓解了区域经济增长发散的大趋势，有效促进了中国区域经济从趋异转向收敛。朱承亮和岳宏志（2009）等运用 Malmquist 生产率指数法，从全要素生产率角度分析西部大开发战略对西部地区的发展具有显著促进作用。彭曦和陈仲常（2015）通过系统 GMM 方法分析西部大开发整体政策效应，指出 2008 年后西部大开发政策对于西部地区综合发展水平和经济增长速度都有显著提升作用。谭周令和程豹（2018）通过合成控制法对西部大开发政策进行综合评价，并对不同地区投入要素作用机制进行研究，得出西部大开发政策对不同省份的影响呈差异化特征。李国平和彭思奇（2011）等采用 DEA 方法对西部大开发战略实施前后的两个时间段进行测算，来评估西部大开发政策对西部地区全要素生产率的影响；采用偏离－份额分析法测度产业竞争力，分析西部大开发政策对产业竞争力的促进作用；采用层次分析法对企业经济效益评价指标权重进行测算。

综上所述，国内现有的研究，从研究方法上看，从最初基于描述数据分析，到近几年偏向于利用双重差分法进行分析；从研究内容上看，或是侧重于政策对于西部地区不同省份经济发展的影响，或是强调西部地区税收、政府干预力度等方面的研究。这些研究对于西部大开发战略的不断推进无疑起到了重要的参考作用，但也有几点值得商榷：首先，准确评价政策效果需要确保西部地区的经济按照政策未实行的状态进行，但是在现实条件下几乎不可能做到；其次，传统的双重差分法虽然在一定程度上克服了净政策效应带来的不足，但在一定程度上难以避免对控制组选取的主观随意性，因此无法保证在政策实施前后控制组与处理组具有相同的特征。最后，关于西部大开发政策实施后经济增长方面当前已有很多研究，而侧重于经济增长质量的研究还较少。基于此，本文将使用合成控制法评价西部大开发的政策效应，并试图利用 1990～2017 年中国省级面板数据，将其他因素从影响西部地区经济增长质量的贡献中剔除，得到西部大开发的净政策效应。

本文采用合成控制法测度西部大开发政策效应，合成控制法的优点是避免了传统回归内生性和样本选择偏误的问题，通过同时对多个控制变量进行加权，模拟政策实施之前的状况，反映控制对象对"反事实"事件的贡献，从而避免出现过分外推的情况。其实质是通过数据驱动求解最优权重变量，是一种非参数的方法。也就是说，该方法能够很好地剔除地区经济增长受其他因素的影响，以此"剥离"出西部大开发的净政策效应，使西部大开发政策对各地区经济发展的作用能够得到明确衡量。

2. 估计方法与数据说明

（1）合成控制法

假设观测到 1 + K 个地区的经济发展情况，样本区间为 ［1，T］。其中把 K 个地区作为潜在的控制组，只有 1 个地区（西部地区）受到西部大开发政策的影响。令 Z_{it}^I 代表地区 i 在 t 时期的经济指标观测值，其受到西部大开发政策的影响。令 Z_{it}^N 代表地区 i 在 t 时期经济指标观测值，其未受到西部大开发政策的影响。

其中，i = 1，…，K + 1，t = 1，…，T。设定模型如下：

$$Z_{it} = Z_{it}^N + a_{it} D_{it}$$

其中，D_{it} 为是否实施西部大开发政策的虚拟变量，当 i = 1 且 t > T_0 时，D_{it} = 1，说明地区 i 受到西部大开发政策的影响；当 D_{it} = 0 时，地区 i 没有受到西部大开发政策的影响。由于当 t > T_0 时，Z_{it}^N 作为"反事实"变量是无法被直接观测的，而 Z_{it}^I 可以被观测到，故需要先估计出 Z_{it}^N，才能估计出处理效应 a_{it}。因此，假设

$$Z_{it}^N = \delta_t + \theta_t Y_i + \lambda_t \mu_i + \varepsilon_{it}$$

其中，Y_i 是不随时间改变、不受处置影响的一组可观测控制变量；δ_t 表示时间固定效应，会对所有地区经济发展产生影响的变量；$\lambda_t \mu_i$ 表示互动固定效应，是不可被观测到的；ε_{it} 是随机扰动项。借鉴 Abadie 的做法，

通过利用合成控制组中的地区，近似地构造未受到影响的处理组，并估计出当 $t \in \{ T_0 , \ldots , T \}$ 时的 a_{it} 的处置估计效应：

$$\hat{a}_{it} = Z_{it}^l - \sum_{K=2}^{K+1} w_K^* Z_{it}$$

其中 w_K^* 表示使得真实西部地区与合成西部地区的特征最相似的权重。

（2）变量说明和数据 w_K^* 来源

本文从经济发展水平、生态环境保护、对外开放水平和人民生活水平四个方面测度西部大开发战略的政策效应。选用人均 GDP 作为衡量地区经济发展水平的指标；人民生活水平用城乡居民人均可支配收入作为衡量指标；生态环境保护用排污强度作为衡量西部地区环境状况的指标；对外开放水平，用贸易进出口额、境内目的地和货源地进出口总额及外商投资企业数作为其衡量指标。分析时对所有时间序列数据做对数化处理，且控制了其他可能会影响经济增长质量的因素。

本文使用 1990 ~ 2017 年中国 31 个省份的面板数据。由于西部大开发战略是从 2000 年开始实施的，为了满足实验组和控制组之间的特征匹配，故将 2000 年之前（不包括 2000 年）设定为合成时间段。数据来源于国家统计局、各省份历年统计年鉴、《新中国 60 年统计资料汇编》等。

3. 实证分析结果

（1）经济发展水平

为了对各个省份的经济发展水平进行加权拟合，需要寻找在政策实施前能够很好模拟西部地区经济发展水平的控制组，参考之前研究，本文剔除了拟合效果较差的贵州、甘肃、西藏三个省份，只分析其他九个省份。

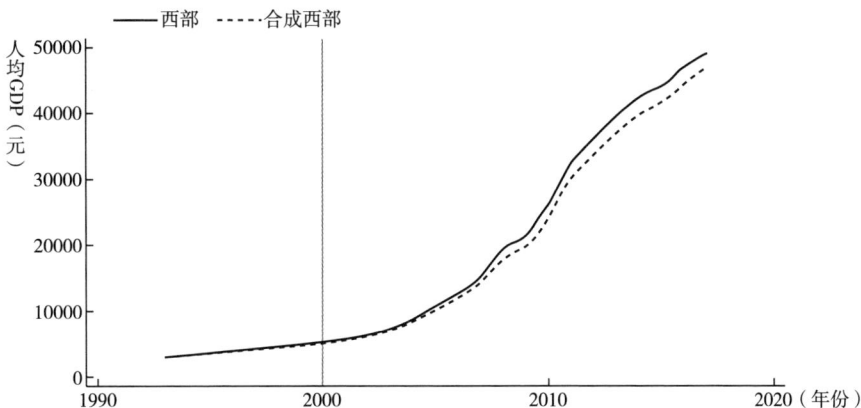

图 1 西部地区和合成西部地区的经济发展趋势

如图1所示，实线和虚线分别表示真实、合成西部地区经济发展状况。以垂直线所处位置为分界点，在其左侧，两条线的走势几乎重合，可以认为在西部大开发战略实施之前，合成西部地区与西部地区经济发展状况的拟合度较高。在垂直线的右侧，西部地区的拟合路径与合成西部地区有所不同，呈现出西部地区真实经济发展水平超越合成西部地区。因此，可认为西部大开发政策促进了西部地区的经济增长，提高了西部地区的人均GDP。

而西部大开发对单个省份经济发展水平是否存在同样的影响呢？本文将进一步对此进行验证。如图2所示，在垂直线左侧，两条线几乎重合，可以看出在西部大开发政策实施之前，合成西部省份与真实西部省份之间有较高的拟合度。在2000年之后，合成西部省份与真实西部省份之间的拟合路径有所差异，并出现合成西部省份高于、低于真实西部省份水平以及和真实西部省份无差异的三种情况。由此可看出西部各省份受到西部大开发政策的影响程度不同，其中对内蒙古、重庆、陕西、青海、宁夏起到促进作用，对云南、新疆、广西起到阻碍作用，而对四川则没有显著作用。

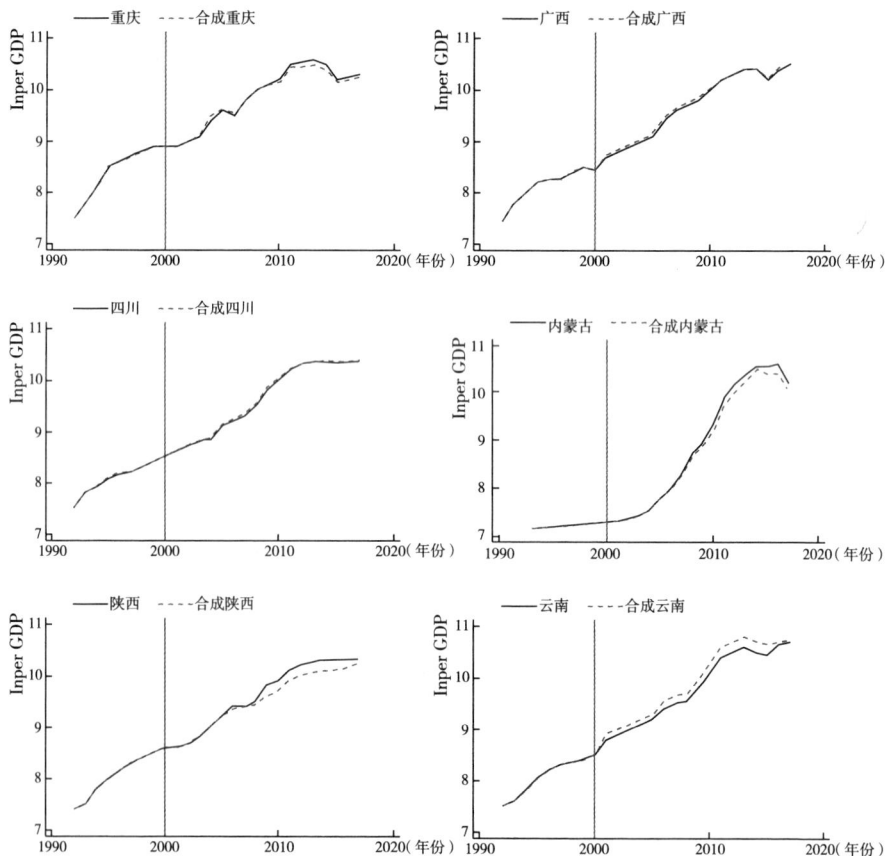

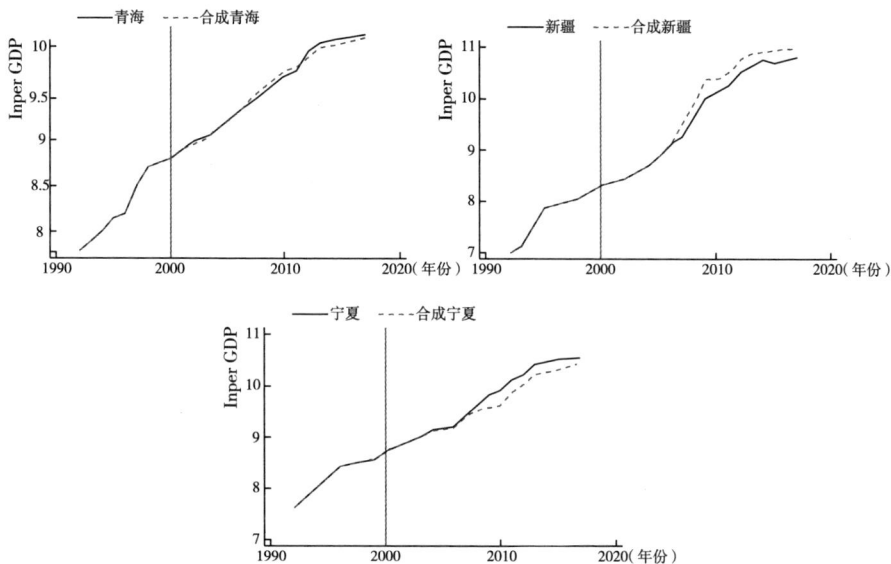

图2　部分西部省份及相应合成对象的经济发展水平对比

（2）生态环境

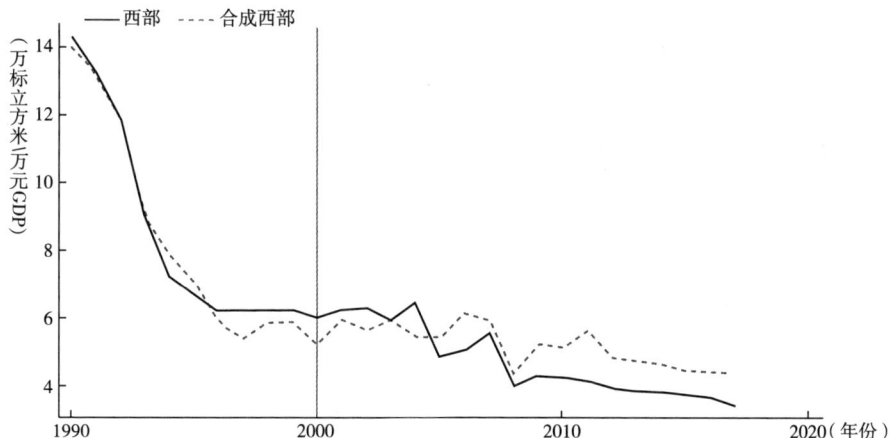

图3　西部与合成西部废气排放强度的变化趋势

该部分用万元工业产值（GDP）的三废排放量作为衡量生态环境的指标，测度西部大开发战略对西部地区生态环境的净政策效应。图3显示了1990～2017年西部地区与合成西部地区废气排放强度的变化趋势。1990～2000年，西部与合成西部地区的拟合程度相对较高，2000～2005年合成西部地区的废气排放量要低于西部地区；2005年后趋势有所变化，即西部地区的废气排放强度要低于合成西部地区，这一趋势一直保持到2017年。从图4中可以更直观地看出，2000年后西部大开发战略的实施对西部地区废

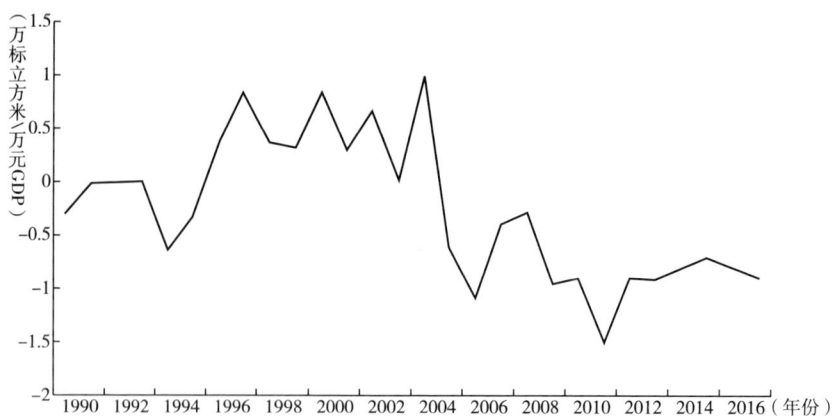

图4　合成西部与西部地区废气排放强度的差值

气排放量的影响。笔者计算出2000年之前合成西部与西部地区的废气排放强度之差的波动范围为正负1.5万标立方米/万元GDP；2000~2005年，合成西部地区比西部地区平均每年少排放约3636标准立方米/万元GDP；而从2006年起，西部地区每年的废气排放量比合成西部地区约少7041标准立方米/万元GDP，且整体废气排放强度呈下降的趋势。

采用同样的实证分析方法对废水排放强度和固体废物排放强度进行结果分析。如图5~8所示，从废水排放强度看，1990~2000年的西部地区和合成西部地区有较高的拟合度，2000~2010年，西部地区比合成西部地区平均每年多排放约0.89吨/万元GDP，自2011年起，这一趋势有所转变。2000年之前的西部地区与合成西部地区关于固体废物排放强度的拟合程度要高于2000年之后的拟合程度，且西部地区比合成西部地区平均每年多排放0.63吨/万元GDP。

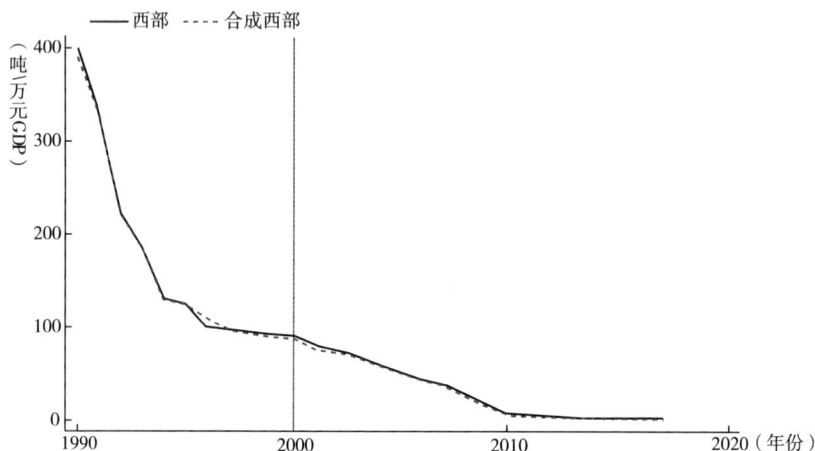

图5　合成西部与西部废水排放强度的拟合路径

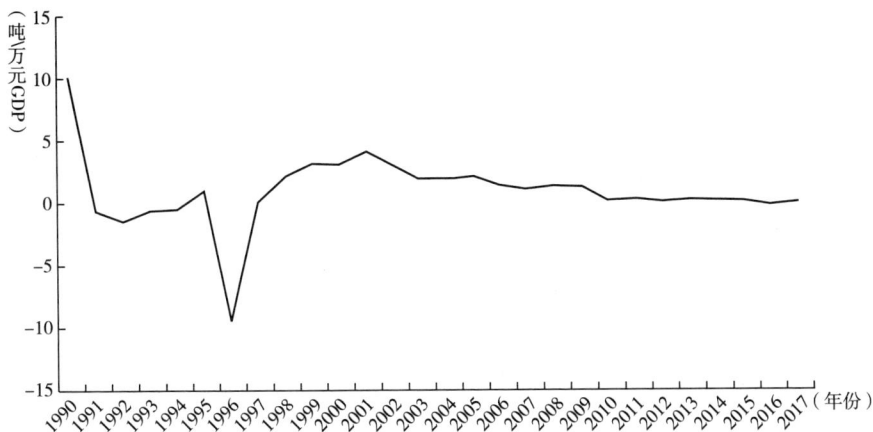

图 6　合成西部与西部废水排放强度的差值

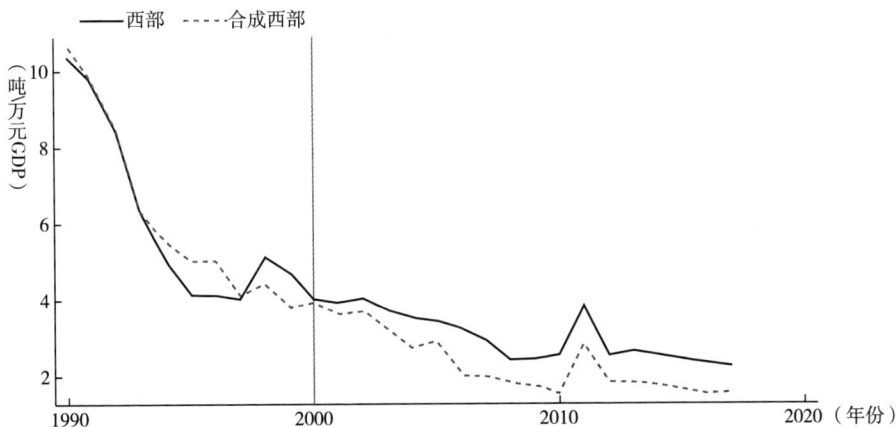

图 7　合成西部与西部固体废物排放强度的拟合路径

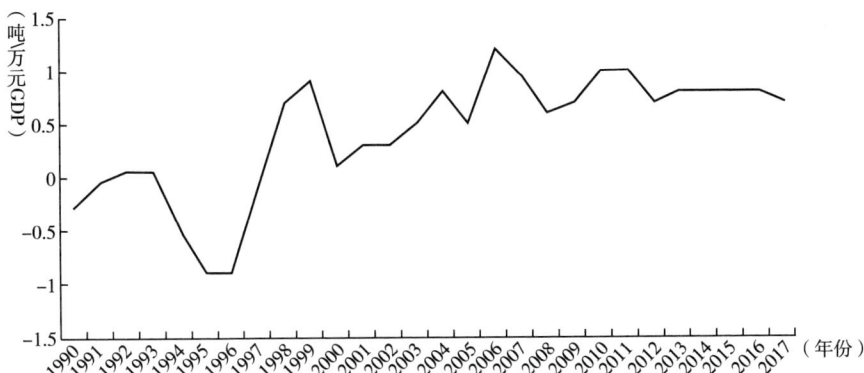

图 8　合成西部与西部固体废物排放强度的差值

国家实施西部大开发战略后，非常重视对西部地区生态环境的保护和建设，每年投入大量资金，大力开展植树种草，并依靠科学技术，加强对现有天然林及野生动植物资源的保护，开展相应的生态环境保护工程等。而这些工程效果并非都表现在西部地区，也不都表现在治理"三废"排放上。因此，从这个角度可看出，关于生态环境保护方面，西部大开发政策的实施效果可能被低估。

（3）对外开放水平

从图9中可以看出，虚线代表合成西部地区的外商投资总额情况，实线表示西部地区的外商投资总额情况。在2000年之前，合成西部与西部地区的外商投资总额发展趋势几乎重合，具有较高的拟合程度；而在2000年后，合成西部地区与真实西部地区的拟合程度较低。可以看出西部大开发政策的实施对整个西部地区的外商投资有一定的吸引力，但与东部地区相比仍有较大差距。然而，西部大开发政策的实施又是如何影响西部地区境内目的地和货源地进出口总额的变化呢？21世纪后，中国成为进口额世界第二、出口额世界第一的贸易大国，然而，中国对外开放的进步在地理空间上分布是非常不均衡的。图10表明，1994～2000年的西部地区境内目的地和货源地进出口额占全国的比重都是不断下降的，而西部地区境内目的地和货源地进出口总额也是非常小的。2000年以后，西部地区境内目的地和货源地进出口额占全国的比重整体呈现上升的趋势，西部地区境内目的地和货源地进出口额从2000年的186.13亿美元升至2017年的3025.22亿美元，增加16.3倍，但与全国相比仍然有较大的差距。由此也可看出，在西部情况较为严重的地区，宏观层面上提出的西部大开发的初期开发格局改变得不明显。

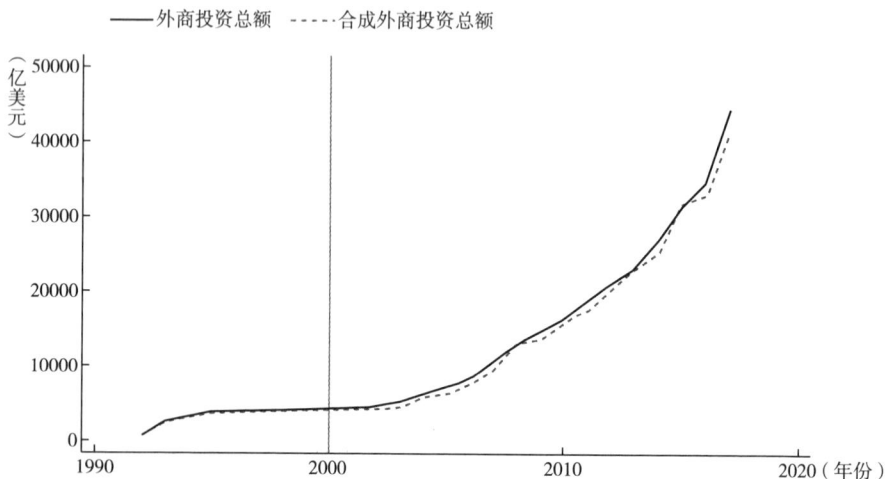

图9　合成西部与西部地区外商投资总额

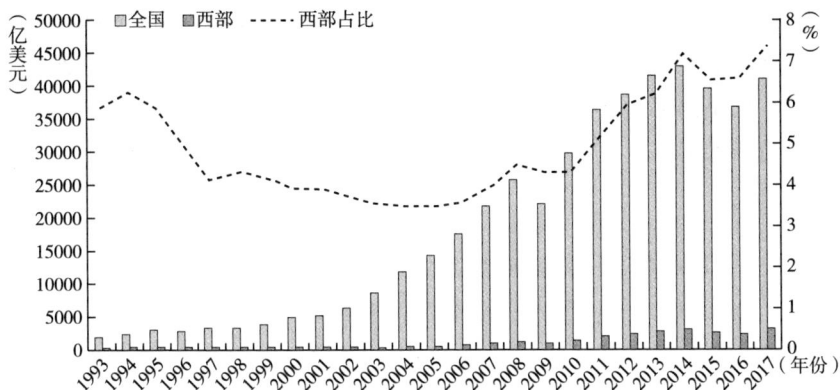

图 10　西部地区境内目的地和货源地进出口总额及占比变化趋势

（4）人民生活水平

由图 11 可看出，在 2000 年前，西部地区的城镇居民人均可支配收入与合成西部地区有着较高的拟合度，在 2000 年后，真实的西部地区的城镇居民人均可支配收入要高于合成西部地区，说明西部大开发政策的实施西部地区城镇居民人均可支配收入提高。图 12 表示的是，真实西部地区与合成西部地区的农村居民人均可支配收入，垂直线的左侧，西部地区与合成西部地区的拟合程度较高，垂直线右侧，合成西部地区的农村居民人均可支配收入要低于真实西部地区，故可看出西部大开发政策促进了西部地区的农村居民人均可支配收入提升。图 13 表明，西部地区城乡居民的人均可支配收入差距在不断地扩大。西部大开发政策实施二十年来，西部地区的人均可支配收入由 2000 年的 3347.47 元增至 2017 年的 20130.3 元，增加了

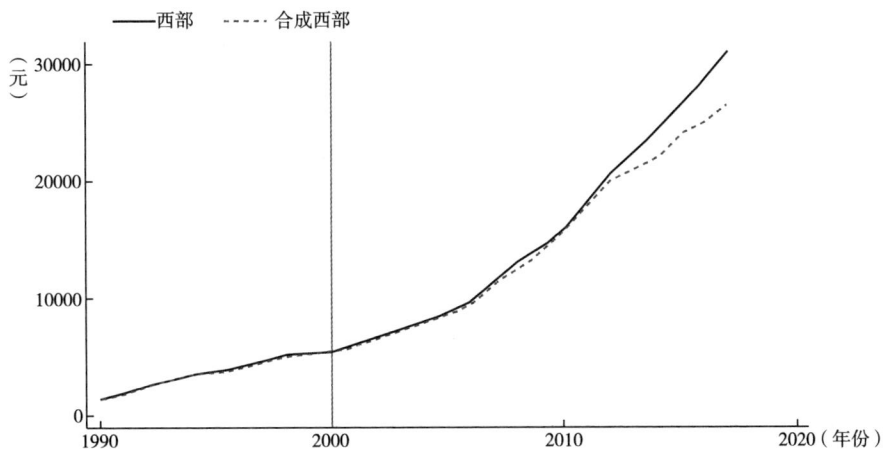

图 11　合成西部与西部城镇居民人均可支配收入对比

5 倍,全国人均可支配收入由 2000 年的 8533 元增至 2017 年的 25973.8 元,增加了 2 倍,全国人均可支配收入增速明显低于西部地区的人均可支配收入增速;但是西部地区人均可支配收入和人均消费支出都低于全国平均水平。随着西部大开发政策的继续推行,西部地区的人民生活水平还是能够不断提高的。

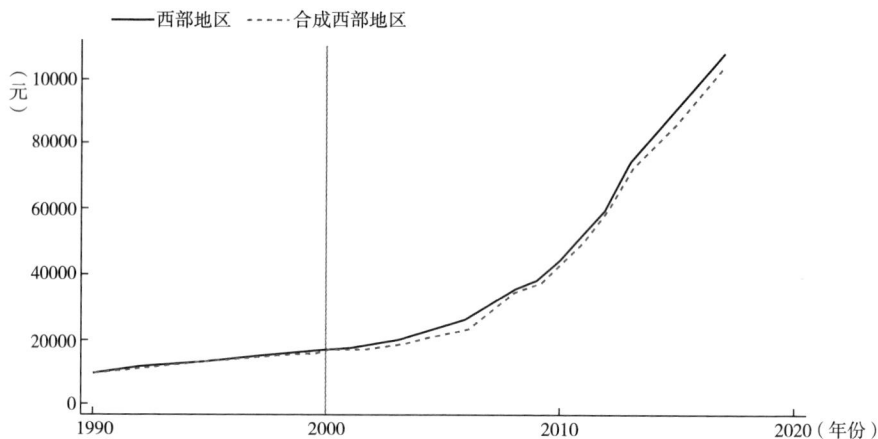

图 12 合成西部与西部地区农村居民人均可支配收入对比

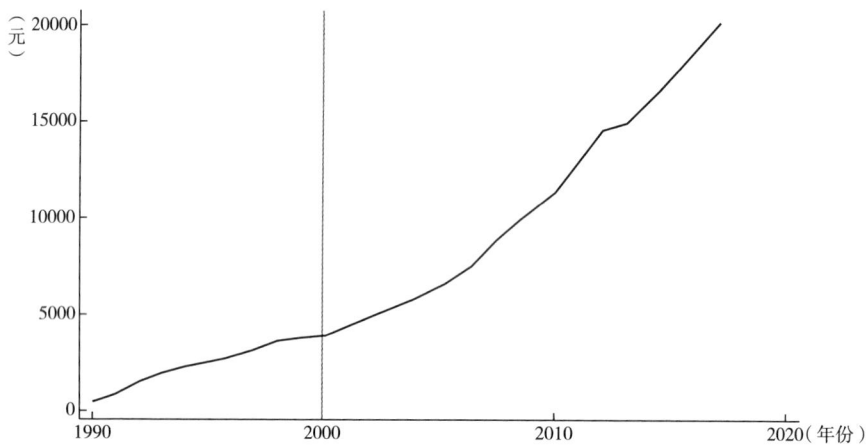

图 13 西部城乡居民人均可支配收入差距

(三)西部大开发战略实施以来东、西部地区的发展比较

1. 经济发展水平

本文的经济发展水平主要用人均 GDP 和地区经济增长速度来衡量。1990 年东部地区人均 GDP 相当于西部地区的 1.8 倍,2000 年则扩大到了 2

倍；2017 年东西部经济发展水平的差距却有所缩小，东部地区人均 GDP 相当于西部的 1.91 倍，差距与 2000 年相比减少了 19%。这说明，20 世纪 90 年代以后东西部地区人均 GDP 差距呈不断增长趋势，西部大开发战略实施后的二十年来，西部地区的人均 GDP 和经济增长速度都得到了很大的提高。此外，西部地区的人均 GDP 从 2000 年的 5067.42 元上涨到 2017 年的 45576.58 元，增加了 8 倍，东部地区的人均 GDP 从 2000 年的 14104.55 元上涨至 2017 年的 87049 元，增加了 5.2 倍，西部地区比东部地区的增长幅度大 2.8 倍。说明西部地区的人均 GDP 虽然与东部地区相比还有一定差距，但不可忽视的是，西部大开发政策的实施对西部地区经济高速发展贡献了重要力量。

2. 产业结构

西部大开发政策实施 20 年来，尽管西部地区产业结构调整取得了很大成效，但与东部地区相比仍然存在不小差距。2000 年，东部地区第一产业产值占 GDP 的比重要低于西部地区，第二、第三产业比重都要高于西部地区，究其原因，是西部工业发展的长期滞后；2017 年，东部地区第一、第二产业的比重依旧低于西部地区，而第三产业比重高于西部地区，可以看出西部地区服务业发展相对滞后的现状。

3. 基础设施建设

经过西部大开发政策的支持，虽然西部地区基础设施建设得到了国家的大力支持，但是与东部地区相比还是有很大的差距。本文主要从固定资产投资和人力资本投资两个方面来分析东西部地区基础设施建设上的差距。在我国东西部地区固定资产投资和人力资本投资对基础设施建设的贡献率都非常大，并且 1990~2017 年，两者都对经济增长的贡献率呈现不断上涨的趋势。但是在 1990~2004 年，西部地区的固定资产投资对基础设施建设的贡献率小于东部地区，而 2005~2017 年，我国西部地区的固定资产投资对基础设施建设的贡献率大于东部地区，这表明，随着我国西部大开发的发展，西部地区的固定资产投资逐渐扩大，基础设施建设也得到了不断的发展。而从人力资本角度看，1990~2017 年，西部地区的人力资本投资对基础设施建设的贡献度低于东部地区，虽然从 2000 年之后，西部地区的教育水平和普通高校建设等方面都得到了很大的提升与发展，但是由于西部地区基础薄弱、地理位置等原因，西部地区的人力资本建设较之东部仍有很大的差距，这也是西部应该重点关注的问题。

4. 生态环境建设

本文主要从三废排放量分析东西部地区在生态环境建设上的差距。从治理废水项目完成投资来看，东部地区从 2004 年的 561432 万元下降到 2017 年的 436071 万元，西部地区从 2004 年的 232327 万元下降到 2017 年的 187060 万元；从治理废气项目完成投资来看，东部地区从 2004 年的 771248 万元上升到 2017 年的 2324785 万元，西部地区从 2004 年的 145508 万元上升到 2017 年的 811639 万元；从治理固体废物排放量项目完成投资来看，东部地区从 2004 年的 132187 万元下降到 2017 年的 102297 万元，西部地区从 2004 年的 49602 万元下降到 2017 年的 12663 万元，从这三个方面可看出东部地区对于治理三废排放量的投资始终要高于西部地区。

5. 人民生活水平

从城乡居民的人均可支配收入分析东西部地区整体和西部地区内部城乡居民生活水平的差异。首先，西部地区的农村居民人均可支配收入从 1990 年的 564.84 元增长到 2000 年的 1047.06 元，再到 2017 年的 10828.6 元；西部地区的城镇居民人均可支配收入从 1990 年的 2827.16 元增长到 2000 年的 5647.88 元，再到 2017 年的 20130.3 元。从这些数据可看出西部地区的城乡居民人均可支配收入都得到了很大的提高，尤其是从 2000 年开始，西部地区的城乡居民人均可支配收入涨幅更为明显，但城乡人均可支配收入的差距依旧很大。其次，从收入水平差异来看，西部地区的城乡居民人均可支配收入明显低于东部地区。1990 年城镇居民人均可支配收入东部地区是西部地区的 1.27 倍，2000 年，上升到 1.39 倍，2017 年，则进一步上升到 1.66 倍，与 2000 年相比扩大了 19.4%。东西部地区城乡居民人均可支配收入指标基本呈现同一变动趋势，所以从长期来看，东西部人民生活水平差距较大是应该关注的重点。

6. 对外开放水平

本文主要从境内目的地和货源地进出口总额、外商投资企业数、外贸依存度等方面来分析东西部地区对外开放水平的差距。1990 年东部地区的对外贸易依存度相当于西部地区的 4.93 倍，随着东部地区加大对外开放力度以及与市场经济相适应的制度环境日益完善，东部地区对外商吸引力越来越大，外商投资的重心向东部地区不断倾斜，导致在 1990～2000 年东西部东部地区的对外依存度差距非常大。而随着西部大开发政策的推行，受到国家的大力支持，西部地区的对外开放水平有了很大的提高，但是与东部仍有很大的差距。西部地区境内目的地和货源地进出口总额从 2000 年的 186.13 亿美元，增长到 2017 年的 3025.22 亿美元，增加了 15.3 倍，东部地区境内目的地和货源地进出口总额从 2000 年的 4848.66 亿美元，增长到 2017 年的 39492.2 亿美元，增加了 7 倍，这说明，西部地区境内目的地和货源地进出口总额比东部地区有非常明显的增长，而其差距也是显而易见的；西部地区外商投资企业数从 2000 年的 15732 户增长到 2017 年的 42392 户，增加了 1.7 倍，东部地区外商投资企业数从 2000 年的 164902 户增长到 2017 年的 446312 户，增加了 1.7 倍，这说明，东西部地区外商投资企业数指标基本呈现同一变动趋势，东西部之间的对外开放水平差距仍然较大。

（四）西部地区经济发展中存在的问题

1. 经济发展差距进一步扩大

自西部大开发战略实施以来，西部地区的社会经济文化发展突飞猛进，取得了难以想象的建设成就。然而基于自然环境以及人文历史因素等的作用，西部地区经济发展仍旧面临诸多挑战。本文主要从两个方面来说明这些问题，一方面是西部地区各省份经济发展水平以及城乡差距逐步扩大，脱贫攻坚依然是当前很多农村所面临的主要问题；另一方面是东西部地区之间的收入差距仍然很大，西部地区虽然在近二十年来人均 GDP 得到了很大的提高，但是由于东部地区先天优势的存在，两个地区之间仍然有很大的发展差距。此外，东西部差距还体现在社会结构、生活习惯、生产结构、价值观念等的不同，它们都对区域发展有着深刻的影响。所以，对现存的东西部发展差距短时间内无法消除，需要在经济发展的长期实践中逐步解决。

2. 产业结构仍需调整升级

实施西部大开发战略以来，西部地区产业结构调整速度明显加快，产业结构发生了明显的变化，但是与东部地区的产业结构仍有差距。目前西部地区产业结构存在的问题主要表现在以下几个方面：第一，三大产业发展不平衡，第一产业比重虽然有所下降，但仍具有较高的地位，第二产业发展相对较慢，地位并未发生明显变化；第三产业发展势头迅猛，比重不断提升，综合来看，并不符合产业结构理论的要求。第二，工业结构比例不平衡，轻工业发展滞后。从地理区位优势来看，西部地区具有优越的轻工业发展区位条件，西部地区发展轻工业成本较低，利润空间较大；另外，西部地区重工业产值高于轻工业，较东部地区更具有比较优势。第三，西部地区制造业发展活力低下，专业化程度低，高新技术产业发展滞后，具有比较优势的行业较少。

3. 基础设施条件落后

西部地区基础设施建设在取得较好成绩的同时，依然存在较多问题。

无论是总量还是质量，西部地区基础设施建设任重道远。从交通基础设施建设来看，仍然有许多经济落后地区的人民出行不便；从水利灌溉设施方面看，水资源浪费和供水不足问题依然突出，水资源的调蓄工程并未形成系统的、有效的格局，工业用水依然短缺；从文化、教育、卫生方面建设来看，西部地区的高等院校、文化广场等明显要少于东部地区；从其他方面看，都可以明显看出西部地区城乡基础设施建设滞后的问题。

4. 资源环境问题日益尖锐

当前经济形势下，促进西部地区经济发展是首要任务，然而由于西部地区自然生态环境比较脆弱，在进行经济建设的同时，也要注重生态环境的保护，坚持可持续发展观。西部地区的环境问题主要表现在以下几个方面：第一，西部荒漠化问题严重。西北地处内陆，干旱少雨，戈壁荒漠遍布，荒漠化程度较为严重。第二，林地大范围消失。西部地区特殊的地理环境，导致西部地区在发展的过程中天然林比重、质量，尤其是森林的生态功能一直表现出下降趋势。第三，草原退化加剧。我国天然草地面积为3.93亿公顷，其中，62.1%的天然草地在西部，同时西部地区也是草原退化面积最大的地区，达到1.35亿公顷左右。第四，水土流失严重。位于我国西部的长江上游水土流失面积高达35.2万平方千米，年土壤侵蚀量达15.6亿吨。第五，水资源匮乏。西部地区江河、湖泊水生态失调愈加严重，已经对西部的发展造成了巨大的威胁。

5. 对外开放水平仍需提升

西部地区对外贸易依存度逐步提高，对外贸易额增长速度较快，但存在的问题依然突出，主要表现在缺乏对国际市场导向的认知，在贸易中处于被动地位，难以紧抓市场动向和机遇来创造更高的价值。西部地区在对外贸易中产品单一、抗风险能力差；国际市场创新拓展能力较低，参与国际分工层次低；由于西部地区多处内陆，对外开放的意愿和意识淡薄，配套的基础设施建设投资不足，难以形成规模优势；对外开放过程中主动性、互动性低下，在优势行业和产品树立品牌、构建流畅有效的物流通道、增强自身竞争力等方面的短板都制约着其对外开放的深入发展。

6. 以人为本的社会全面发展存在问题

自改革开放以来，政府及社会各界都注重西部地区经济发展，从资源、政策方面持续扶持西部地区经济社会文化发展，注重对人们生活水平的提高和改善。然而，因为西部地区恶劣的自然环境、落后的生产方式、不合理的社会结构和较低的人口素质等，西部部分地区经济发展依旧落后，贫困问题依旧突出。西部地区的城乡收入差距仍然较大，人均可支配收入与中、东部地区仍然有较大的差距。

（五）新时代持续推进西部大开发战略的建议

1. 注重经济全面发展，提升经济发展水平

党的十九大报告提出，要实施区域协调发展战略，加强创新开放合作的新格局，坚持"走出去"与"引进来"并重，形成陆海内外联动、东西双向互济的开发格局。目前，我国区域性国家政策没有注重区域间的协调融合，大多聚集于某一区域本身，如东北老工业基地的振兴、江苏沿海经济区、西部大开发、长三角经济一体化等。而我国在以后的经济发展中，要注重区域间的协调发展。西部地区不仅要引进东部发达地区的资本，也要不断地引进国外资本。而东部经济发达地区也应该充分地发挥扩散效应，带动西部地区经济的发展。此外，新时期西部地区要坚持可持续发展的原则，注重经济的全面发展，切实提高西部地区经济发展水平。

2. 优化产业结构，促进产业升级转型

西部地区促进产业结构的合理发展，除了要保障产业经济的持续增长之外，还要根据自身的实际情况，充分地利用自身所拥有的各种资源优势，发展符合具有区域特色的产业体系，并突出优势，培育具有核心竞争力的产业。优化产业结构要注意以下几个方面：一是大力推进农业现代化，建立以市场为导向的现代农业产业体系。在促进产业升级换代的同时，坚持市场的主导地位，种植符合市场需求的农产品，重点突出西部地区独特的农业资源优势，以提高产品的质量和效益为目的，发展有特色的现代农产品加工工业。二是促进工业的转型，利用特色优势资源，构建新型工业架构。西部地区想要推动产业结构整体的转型，必须重视工业的发展，对于传统工业要有选择地继承发展，重点发展各地区的特色优势工业，并将其打造成西部地区的支柱性产业。三是重视服务业的发展，尤其是旅游业。大力发展以旅游业为主的特色服务业的同时，要注意对生态环境的保护，坚持以地区文化为核心，融合当地独具特色的文化古迹、民族风情和山水风光，打造独具特色的生态旅游观光地，并将其做大做强。在发展旅游业的同时，也应该带动相关产业的发展，促进整个西部经济的发展。四是发展新兴产业，以技术进步和创新为支撑，让西部地区跟上中国乃至世界的脚步，适应全球产业结构调整的趋势和市场需求，加快企业的技术进步和创新，发展高新技术产业，推动产业的升级转型。

3. 加快基础设施建设，完善基础设施网络

笔者认为针对西部地区基础设施建设中存在的问题，新时期西部地区

的基础设施建设应从这几个方面入手：首先着重建设西部落后地区基础设施，加速构建完善的基础设施网络。从交通运输领域来看，一方面加快贫困地区农村乡镇、村庄公路建设；另一方面，建设布置能统筹整个区域内的交通主干线，实现贫困地区、发达地区以及贫困地区内部各经济单位之间快速、高效的交互流通。其次，从水利基础设施建设来看，创新管理模式并进行推广迫在眉睫。在选择水利工程承包模式时，切实遵循三公原则；规范招投标制度，严禁以公谋私。再次，西部地区选取合适的融资模式，在政策性金融机构的引导下，吸取并整合各金融机构的力量，充分发挥各项政策的积极作用。最后，形成主体多元、分工明确、责任清晰的供给体系，避免各主体在具体建设中相互推诿责任，杜绝偷工减料，确保建设工程质量。另外，政府在基础设施建设过程中的导向作用不可或缺，应把握统筹全局、调和各个供给主体的利益冲突；制定相关规章制度并着力监督实施，使其在规范中有序进行，进而形成一套合理有效的供给制度体系。

4. 加强生态环境建设，坚持可持续发展

虽然当前国家对西部生态环境问题给予了很高的重视，已经实施的各项国家重点生态建设工程，必将在未来发挥越来越大的生态保护作用。但从发展趋势来看，总体状况仍然是普遍脆弱、局部改善，西部地区的生态环境建设还有很长的路要走。我们要继续以可持续发展观作为指导，保证植被的恢复建设，调整并优化土地的利用结构，遵循经济规律、自然规律和科学规律；以恢复生态系统的良性循环作为突破口，建立西部地区生态安全体系；加快西部地区的经济可持续发展，将生态建设和经济发展放在并重的位置上，实现西部地区的农民增收和生态文明并举。

5. 提升对外开放水平，形成全面开放新格局

新时代背景下提高我国西部地区对外开放水平主要从以下几个方面入手：一是加强"一带一路"建设，这是推动形成全面开放新格局的必然选择。"一带一路"建设作为新时代对外开放最鲜明的特征，是我国进一步深入和扩大对外经济交流的重大举措，是我国对外经济政策的伟大创新和突破。西部地区作为"一带一路"建设先头阵地，以"一带一路"经济带为依托，在与沿线国家进行深入的经济文化交流过程中不断扩大对外开放，为与中东部共同发展、协同开放创造难得机遇。二是增强外贸企业核心竞争力，积极开创新竞争优势。西部地区对外开放需以国际市场为导向，充分发挥企业在资源配置中的基础性作用，坚持在政府的引导下强化企业的自主性。三是建设多元开放渠道，构建高效综合通道网络。全面实施向西开放战略，必须构建完善多元的交通道路网，为大规模互联互通提供重要

支撑。应以现有的交通道路网为基础，使公路、管道、铁路、电网、通信网线交互联通，建设完善的交通枢纽，与周边国家形成畅通无阻的交互通道，深化西部地区的开放。最后，在对外经济实践中不断探索和完善合作发展机制，充分发挥开放政策的优势，重视政府公共管理职能的发挥，并在其引领下整合社会资源，调动西部地区对外开放的意识和活力，努力提升西部地区软实力。

6. 提高人民生活水平，实现共同富裕

西部地区想要缩小城乡之间的收入差距，提高人民生活水平，主要从这两方面下手：一是改善城乡关系。改善不合理的户籍制度和就业制度，放宽对农民工的就业限制条件，建设农民工的社会保障制度。促进农村特色产业的发展，吸引外出务工农民返乡，夯实西部地区的农村劳动力基础。习近平总书记在党的十九大报告中提到，我们应该坚持发展集体经济，培育农村特色产业，切实做好精准扶贫的工作。二是提高农村的文化知识水平。增强对西部农村教育投入，改善农村教育，大力推动职业教育事业的发展，鼓励农民学习技术后投身到西部农村经济建设中。同时坚持先富带动后富、大家实现共同富裕的原则，提高农民的生活水平。

三　新时代西部地区现代化发展路径研究

1954 年第一届全国人民代表大会首次提出要实现工业、农业、交通运输业和国防的"四个现代化"；改革开放后，邓小平同志提出现代化建设的"三步走"战略；党的十八大后，习近平同志提出实现国家富强、民族振兴、人民幸福的"中国梦"。从"四个现代化"、"三步走"战略到"中国梦"，我们看到实现现代化一直是党和国家奋斗的目标。

（一）　现代化文献综述

1. 现代化理论的回顾

现代化作为一种发展趋势起步于 18 世纪，而关于现代化的理论形成于20 世纪 50 年代。

20 世纪五六十年代，国外学者对现代主义、现代社会、工业社会、工业经济、工业文明、工业时代等内容开展研究，形成了经典现代化理论。该理论认为现代化是指 18 世纪工业革命以来人类社会从传统农业社会向现代工业社会、从传统农业文明向现代工业文明、从传统政治经济文化向现代政治经济文化转变的历史过程。经典现代化发展的动力源于经济、文化

以及政治经济文化的综合作用；现代化的模式有多种，如创新型、跟踪型、嫁接型和学习型；且现代化过程具有革命性、复杂性、系统性、全球性、长期性、阶段性及进步性等特征[1]。

20 世纪 60 年代，发达国家已经完成经典现代化，开始进入工业化之后的发展，学者们称之为"后现代"阶段。这一阶段学者们的研究发现发达工业国家出现了新特征：工业地位正逐步下降，服务业比例在持续上升；人口逐步从城市迁移至郊区或乡镇；工业文明也有了新发展，从追求经济增长转变为追求个人幸福最大化。

20 世纪 80、90 年代，现代化研究产生了许多新思想和新理论，影响较大的理论有：德国学者胡伯教授提出的生态现代化理论（1985）、贝克教授提出的再现代化理论（1986）、何传启研究员提出的第二次现代化理论（1998）等。生态现代化理论认为国家实现工业化之后应转为追求经济和生态的协调发展，要实现经济、政治、社会、文明的生态化。再现代化理论认为世界现代化分为两个阶段：普通现代化和再现代化。普通现代化就是实现工业化，再现代化就是消解现代工业社会，即用一种现代化消除另一种现代化。第二次现代化理论认为世界现代化可以分为两个阶段：第一阶段是从农业时代转变为工业时代；第二阶段是从工业时代转变为知识时代。这两次现代化是密切联系的，第二次现代化是在第一次现代化的基础上发展而来的，但同时也是对第一次现代化的消除和"反向"；第一次现代化为其奠定了物质基础。此外，第一次现代化的动力是资本、技术和民主；第二次现代化的动力是知识创新、制度创新和专业人才。[2] 第一次现代化追求经济增长；第二次现代化追求人类幸福。

2003 年中国学者何传启又提出综合现代化理论，该理论认为综合现代化是发展中国家的现代化现象，是两次现代化的协调发展。发展中国家在综合现代化阶段，可以采用生态现代化和绿色发展模式，走绿色工业化和绿色城市化道路。[3]

2. 现代化相关文献

中国开始现代化建设之后，国内关于现代化的研究日渐增多。早期的研究侧重于探讨现代化的内涵与现代化理论，如严英龙认为现代化是以市场为导向、以工业化为主要表现形式的政治、经济、社会和文化的适应性

---

① 何传启：《世界现代化研究的三次浪潮》，《中国科学院院刊》2003 年第 3 期。

② 何传启：《世界现代化研究的三次浪潮》，《中国科学院院刊》2003 年第 3 期。

③ 何传启：《如何成为一个现代化国家——中国现代化报告概要（2001～2016）》，北京大学出版社，2017。

变革过程；厉以宁等学者认为现代化是指一个国家或地区在科技推动下，社会、经济、文化、习惯、思想观念、思维方式等发生重要变化的过程。理论研究较有影响的就是何传启提出的第二次现代化理论和综合现代化理论。

近年来现代化研究的内容较为丰富和具体，归纳起来有以下几个方面：第一，现代化评价。如何传启等建立了第一次现代化指数、第二次现代化指数和综合现代化指数，并对中国及各省份的现代化水平进行评价；还有其他学者通过建立各种指标体系对中国工业现代化、农业现代化、城镇现代化等进行评价。第二，农业现代化。我国学者提出农业现代化模式有三种：美国模式、日本模式和西欧模式，但中国农业现代化不能照搬国外的模式。要以中国农情农力为基础，选择一条既要提高劳动生产率也要提高土地生产率，同时还要保护和改善生态环境的道路（杜青林，2006）。徐勇（1995）、牛若峰（2001）还提出农业现代化要优先发展技术，将生物技术与机械技术结合起来推动农业现代化的发展。第三，工业现代化。实现工业现代化是第一次现代化的目标，我国工业现代化是一种后发追赶型现代化，虽然当前中国工业供给能力和消费水平有了很大的提高，但是与发达国家相比还存在较大差距。未来中国工业现代化要坚持创新驱动、质量优先、绿色工业。第四，服务业现代化。知识和信息革命、科技的进步推动了服务业从传统走向现代，服务业的内容、质量发生了很大改变。中国服务业处于发展中国家的中间水平，服务业现代化过程中应大力发展劳务型服务业、优先发展知识型服务业，并且要加快诚信文化建设，推进服务能力的现代化。① 第五，文化现代化。文化竞争力已逐步成为国家的核心竞争力（何传启，2017），因此现代化进程中文化现代化也是重要内容之一。文化现代化过程中不仅要注重对传统文化的继承和发展，同时还要对部分传统文化进行否定和创新。第六，教育现代化。学者们认为教育现代化过程中要注重素质教育，注重人的主体价值的教育，注重全民教育和终身教育。第七，法制现代化。一个国家在现代化过程中，社会的法律制度和法制运行机制也需要进行创新以实现质的飞跃。第八，城市现代化。城市是文明的载体、文化的中心。实现现代化需要提升城市功能、改变城市形态，加强城市基础设施建设、公共服务、公共管理以及城市的国际联系。第九，国家治理现代化。国家治理现代化是指国家治理的组织体系、

---

① 何传启：《如何成为一个现代化国家——中国现代化报告概要（2001~2016）》，北京大学出版社，2017。

制度体系要体现现代化属性。[①] 要实现国家治理的现代化，需创新国家治理理念，增强社会主义制度体系的自我完善能力，构建国家、市场、社会三者之间的网络化治理模式。[②]

西部大开发战略提出后，学者们开始关注西部地区的现代化。江世银（2004）提出西部地区现代化建设是实现我国区域经济协调发展的客观需要，也是西部大开发的最终归宿。[③] 但经过多年发展，西部地区的现代化水平仍低于中国其他区域，这可能与西部地区工业、农业发展不协调，存在过度城镇化等有直接关系。[④] 因为未来西部地区实现现代化必须以"全面建成小康社会"为核心目标，以西部地区社会经济为基础，遵循市场发展规律，推动经济绿色、可持续、协调发展。

（二）西部地区现代化发展现状

自2000年国家开始实施西部大开发战略以来，西部地区各方面都得到了很大的发展。从我国西部大开发总体规划来看，西部地区当前正处于加速发展阶段，除了经济发展水平有较大幅度提升，人民生活水平、教育水平、基础设施建设、生态环境建设、产业结构等多个方面也得到发展。此外，国家还推进西部地区一大批相关项目的发展，稳定了西部地区经济社会的高质量发展趋势，为实现2020年的全面小康社会打下坚实的基础。

1. 西部地区经济现代化水平

经济现代化是现代化的基础和动力，也是现代化的重要内容。西部大开发战略实施20年来，西部地区经济水平有了大幅提高。2017年西部十二省份人均GDP为45576.59元，较2000年增长了近9倍；同期，全国人均GDP为59201元，较2000年增长了7.5倍；2017年西部地区服务业增加值占GDP比重为47.42%，较2000年增加了7.8个百分点；同期全国服务业增加值占GDP比重为52%。2017年西部地区消费对经济增长的贡献率达73.75%，较2000年降低了5.5个百分点；同期全国的最终消费支出对国内生产总值增长的贡献率为57.6%。2017年西部地区进出口总额占GDP比重12.43%，较2000年增长了4个百分点；同期全国的进出口总额占GDP比重达33.88%。2017年西部地区R&D经费支出占GDP比重达

---

① 李紫娟：《习近平国家治理现代化思想》，《中共杭州市委党校学报》2015年第4期。
② 唐皇凤：《中国国家治理体系现代化的路径选择》，《理论探索》2014年第1期。
③ 江世银：《西部大开发与西部地区现代化建设》，《四川行政学院学报》2004年第5期。
④ 吴振明：《工业化、城镇化、农业现代化进程协调状态测度研究——以中国西部地区为例》，《统计与信息论坛》2012年第7期。

0.74%，同期全国为2.15%；西部地区规模以上工业企业有效发明专利数
91074件，仅占全国专利授权量的5.29%。从上述指标来看，西部地区经
济现代化水平总体偏低，低于全国经济现代化的平均水平。

2. 西部地区社会现代化水平

社会现代化是现代化的一个重要领域，其代表了文明发展的方向，也
是人类社会结构和生活变化的体现。本文将从城市化水平、每十万人拥有
大专及以上学历人口数量、城镇登记失业率、社区服务设施覆盖率等指标
分析西部地区社会现代化水平。2017年西部地区的城市化水平为51.65%，
较2005年提高了17个百分点，同期全国的城市化水平达58.52%；2017
年西部地区每十万人口拥有大专及以上学历人数2242.67人，较2010年增
加了490人，同期全国每十万人口拥有大专及以上学历人数为2576人；
2017年西部地区城镇登记失业人数总计218.09万人，城镇登记失业率平均
为3.15%，同期全国城镇登记失业率为3.9%；2015年西部地区社区服务
设施覆盖率为78.55%，同期全国社区服务机构覆盖率仅为22.5%。从城
市化水平和人口受教育程度看，西部地区社会化水平要低于全国平均水平；
但从城镇登记失业率和社区服务设施覆盖率看，西部地区社会化水平要高
于全国平均水平。

3. 西部地区生态现代化水平

现代化过程不光是提高经济发展水平，还要实现经济与环境的协调发
展，实现经济与环境的双赢。生态的现代化就是提倡高效低耗、清洁安全、
循环节约、健康环保。2017年西部十二省份化学需氧量排放总计284.66万
吨，占全国化学需氧量排放总量的27.85%；氨氮排放总量为34.41万吨，
占全国排放总量的24.66%；二氧化硫排放总量369.77万吨，占全国排放
总量的42.24%。而2005年西部十二省份化学需氧量排放总量为396.20万
吨，占全国排放总量的28%；氨氮排放总量为37.84万吨，占全国排放总
量的25.26%；二氧化硫排放总量为896.9万吨，占全国排放总量的
35.18%。从污染排放强度来看，2017年西部地区单位GDP化学需氧量排
放强度为0.001万吨/亿元、单位GDP二氧化硫排放强度为0.002万吨/亿
元；同期全国单位GDP化学需氧量排放强度也为0.001万吨/亿元、单位
GDP二氧化硫排放强度为0.001万吨/亿元。2005年西部地区单位GDP化
学需氧量排放强度为0.012万吨/亿元、单位GDP二氧化硫排放强度为
0.026万吨/亿元。从绿化来看，2017年西部地区平均森林覆盖率为
27.06%，较2005年提高了7个百分点，同期全国森林覆盖率平均水平为
21.6%；2017年西部地区城市绿化覆盖率平均为38.04%，较2008年提高

了6个百分点，同期全国城市绿化覆盖率平均为40.9%。

总体来说，西部大开发以来，西部地区的污染排放量与污染排放强度均有所下降，但是下降幅度较小；西部地区污染排放水平与全国污染排放水平相当；西部地区森林覆盖率比全国平均森林覆盖率高近6个百分点；但西部地区的城市绿化覆盖率要低于全国平均水平。综上所述，西部大开发以来，西部地区生态化现代化水平正逐步提高，目前与全国平均生态化现代化水平相当，但是与北京、上海、广州等一线城市差距较大。

4. 西部地区文化现代化水平

在过去300年里，文化现代化同经济现代化、社会现代化和生态现代化一同改变了世界，改变了人类面貌。西部大开发以来，随着西部地区经济社会的不断发展，西部人民在物质生活水平提高的同时，对精神生活的需求也不断增加，文化现代化的重要性日益凸显。

从文化产业来看，2016年我国地方一般公共预算支出中文化体育与传媒支出2917亿元，其中西部地区支出额为857亿元，占全国的29.38%；在国家政策的引导下，文化产业固定资产投资正逐步向西部地区倾斜，2016年西部地区文化产业固定资产投资占全国比重达25.1%；此外，西部地区规模以上文化及相关产业企业实现营业收入3494亿元，占全国比重为8%，较上一年增长16.3%。

从文化设施来看，2017年西部地区共有1443个博物馆，博物馆参观人数达27342.12万人次；拥有公共图书馆机构1204个，图书总藏量19639.62万册，人均拥有图书7.15册，图书馆共有计算机65697台，电子阅览室终端45991台；西部地区广播节目综合人口覆盖率为97.59%；西部地区2017年接待国际游客2475万人次，国际旅游外汇收入共计146.78亿美元。

5. 西部地区现代化指数

张凤、何传启通过建立现代化评价指标体系，计算出2015年中国34个省份的第一次、第二次及综合现代化指数，三个现代化指数分别反映了城市化与工业化的实际水平、信息化与知识化的实际水平及现代化水平的国际相对差距。何传启等人的计算结果表明，西藏、新疆、甘肃、青海、贵州和云南具有欠发达国家水平的特征；其他西部省份具有初等发达水平的特征。三个现代化指数中，西部地区均为最低水平，即西部地区还处于第一次现代化阶段，一些欠发达的地区仍处于传统农业社会，个别地区还有原始社会的痕迹。①

综上所述，西部大开发以来，西部地区社会经济均有较大发展，西部地区的现代化水平也大幅提高，但与东部地区相比，西部的现代化程度还偏低。根据何传启等的研究，西部地区还处于第一次现代化过程。

（三）新时代西部地区现代化发展的思路及路径研究

1. 以新发展理念全面推进西部地区实现区域协调发展

理念指引实践的方向、决定具体行动。只有在科学理念的指导下，我国才能加快推进社会主义现代化建设。2015年中国共产党第十八届委员会第五次会议首次提出要牢固树立并贯彻创新、协调、绿色、开放、共享的五大发展理念，这也是新时代西部地区现代化建设的思想前提。

第一，创新能引领西部地区新的经济增长。市场竞争日趋激烈，西部地区想要持续稳固地实现经济增长，就必须深入实施创新驱动战略，提高自主创新能力，促进资源的有效利用，加快新旧动能转换，培育经济增长的新动力。第二，协调发展是我国迈向现代化建设第三步战略目标的重要部署。西部现代化发展不仅追求物质产品、满足人民日益增长的美好生活需要，还要追求产业、区域、城乡协调一体化发展。第三，绿色是新时代西部地区现代化的显著特征。现代化不能仅注重经济发展，还要注重生态环境保护，要实现绿色、低碳、环保，坚持人与自然和谐共处。要积极培育发展绿色产业、加快构建绿色技术创新体系。第四，开放仍是新时代西部地区现代化建设应遵守的原则，加强与世界各个国家的合作与交流，能够开阔视野、取长补短，培育竞争新优势。第五，共享是西部现代化的立足点。新时代西部地区实现现代化目标就是实现好、维护好、发展好广大西部人民的利益，以共享理念推进社会治理的现代化，更能有效提升人民的获得感和幸福感。

2. 深化供给侧改革，高质量地实现西部现代化

党的十九大报告指出，新时代中国社会的主要矛盾已经转化成"人民日益增长的美好生活需要和不平衡不充分的发展之间的矛盾"。要解决这一新的矛盾，需坚决摒弃高投入、高消耗、低质量、低效率的粗放式的经济增长方式，用质量、效率集约型经济增长方式取而代之；要深化供给侧改革，下力气去产能、去库存、去杠杆、降成本、补短板，从而促进西部

① 张凤、何传启：《2013年中国34个地区的现代化指数》，《科学与现代化》2016年第2期。

地区产业转型升级，扩大中高端供给，提高生产要素投入产出效率，提升产品质量。

具体改革思路：第一，要加快西部地区基础设施建设，完善西部地区基础设施的建设，包括综合交通设施、城市基础设施、农村基础设施、"一带一路"相关的基础设施等。第二，推动西部地区传统产业转型升级，鼓励发展战略性新兴产业、高技术产业，促进西部地区产业走向全球价值链的中高端。第三，加快发展现代服务业，促进劳动密集型产业发展，从而发挥西部地区劳动力的比较优势。第四，构建西部地区绿色现代农业体系，发展生态农业；构建绿色工业体系，发展环保产业和循环经济产业；构建绿色服务业体系，推行节约、循环、清洁、低碳、高效的绿色生产方式。第五，推动互联网、大数据、人工智能与优势产业的深度融合，加快构建经济增长的新动能。

3. 优化创新环境，推动西部创新能力建设

党的十九大报告提出："创新是引领发展的第一动力，是建设现代化经济体系的战略支撑。"西部大开发战略实施20年来，经济实力、基础设施建设、社会保障、生态文明等都取得了辉煌的成就，但是西部发展仍然存在短板，即创新资源不足、创新能力较差。这一短板是缩小东西部经济差距的关键因素。所以，新时代，西部地区应营造良好的创新环境，提高高质量科技供给、提升自主创新能力。

营造良好的创新环境，首先要构建财税扶持体系。一方面，加大基础性研究、关键共性技术研究等的财政经费投入，引导企业、大学及研究院所投入基础性研究，推动核心技术的研发和创新；另一方面优化财税扶持体系，通过对高新技术企业实施税收优惠政策，激励企业自主研发、提升经济效益。其次要建立健全创新人才培养和引进机制、评价机制。人才是创新的核心资源，西部地区要积极引进国内外高端人才，培养具有国际水平的创新团队；完善创新人才的相关配套服务和科研奖励制度，保障科研人员的合理收益；健全科研评价体系，为科研人员松绑减负，激发创新活力；鼓励科研人员走向企业，转化创新成果、分享创新收益。再次，要构建开放的技术创新体系，积极引进国外先进技术，并逐步形成技术引进、消化吸收再创新的链条；加强西部地区与国外高校和科研院所等的科技交流与合作，鼓励有实力的企业"走出去"建立海外研发中心，鼓励企业通过并购、合资、参股等方式吸纳和利用国际创新资源。

提高高质量科技供给，需要建立产学研合作机制，突出企业的主体地位，让企业在科技研发中发挥主导作用；对高校、科研院所、军工科研系

统、国有企业及民营企业的研究部门以及各地区的研究机构进行合理分工，将各个部门的功能有效协同起来，形成集聚效应；提高各部门科研成果转化比例，满足企业对科技的需求；建立健全知识产权服务体系，为科研成果转化提供制度保障。

4. 促进西部地区城乡、产业、区域和经济社会的协调发展

区域协调发展是现代化建设的重要环节。西部大开发战略实施20年，西部地区取得了历史性的进步，但同时西部地区内部也出现了发展不平衡的问题，突出表现为西北地区的经济增速普遍低于西南地区。西部地区内部经济差距的增大不仅会影响西部地区经济发展的整体效率和质量，也会影响中国全面实现现代化。因此，新时代，西部地区要健全区域协调发展机制，全面解决区域发展不平衡不充分问题，实现城乡、产业、区域的协调发展。

第一，西部各省份要进行分类发展。目前西部地区已经出现区域发展不平衡，因此整齐划一的政策已经不再适应西部大开发的新要求和新任务。故应根据自然环境、经济发展现状、产业发展基础、区域主体功能等对西部地区进行分类，实施差异化、各有侧重的区域发展政策。

第二，建立城市群发展机制，完善跨区域城市协调机制，从而实现城市群的一体化。同时，城市群还要错位发展，如西部地区的三大中心城市，可将重庆定位于西部创新中心、成都定位于西部地区的核心增长极、西安定位于"一带一路"创新中心，三大城市合理分工，错位发展，充分发挥各地区的比较优势，从而形成西部地区经济协调发展。①

第三，因地制宜，打造西部地区特色优势产业集群。西部地区地域辽阔，各区域资源禀赋和比较优势差异较大，因此，各省份可因地制宜发展特色优势产业，如对资源富集区域，可依据资源优势培育战略性新兴产业；对于资源枯竭区域，可根据实际情况，将改造传统产业与培育新兴产业有机结合；西部地区还要利用龙头城市的扩散效应和关联效应带动周边区域的共同发展，从而解决西部地区内部发展不平衡问题，增强区域发展的协调性。

第四，同步推进西部地区城乡发展，扭转城乡分割现象。西部地区发展中不仅要注重中心城市与重点城镇的发展，还要注重提升县域经济；不仅要注重城市经济的发展还要重视农村经济的发展。在农业基础好的区域，

---

① 岳利萍、任保平、郭晗等：《中国西部发展报告（2018）》，社会科学文献出版社，2018。

培育优势农业；旅游资源丰富的地区，可大力开发乡村旅游业；在偏远贫困地区，可通过精准扶贫培育自主发展能力。此外，还可以建设生态城市、生态城区、生态园区和生态农村。总之多策并举，关爱农村，反哺农业，促进西部地区城乡一体化发展。

5. 积极推进"一带一路"建设，促进西部全面开放

推动"21世纪海上丝绸之路"和"丝绸之路经济带"（简称"一带一路"）建设是习近平同志在2013年提出的伟大构想。加强"一带一路"建设与东部先发展起来、中部崛起、西部大开发等的协同发展，形成内外联动、全方位开放的局面，是2016年习近平总书记在推进"一带一路"建设工作座谈会上提出的重要思想。

在"一带一路"建设中，西部地区逐步从开放的"末梢"成为开放的前沿地区，西部地区正迎来深度开放合作的历史性机遇。因此西部地区要抓住这次开放前沿的机会，加大开放力度；要发挥自身的资源优势，通过"一带一路"建设，加强与沿线国家、我国东南沿海地区的经济联系，进而实现双向互动；要以产能合作为重点，加强与"一带一路"沿线国家的产能合作；加强能源资源深加工的合作，形成能源资源一体化的产业链；坚持自由贸易的原则，形成连接青海、陕西、宁夏、新疆的大西北跨区域的经济协作关系，加强西北地区与中亚五国的经贸合作；鼓励西部地区企业"走出去"，参与"一带一路"沿线国家的基础设施建设和产业投资，建设境外经贸合作区、跨境经济合作区等各类园区，从而促进西部地区产业集群、企业集群的发展，为西部地区经济发展获得增长新动力。[①]

参考文献

朱敏：《西部地区经济发展存在的问题及对策建议》，《中国经济时报》2018年3月8日。

谭周令、程豹：《西部大开发的净政策效应分析》，《中国人口·资源与环境》2018年第3期。

黄云霞：《浅析我国东西部经济发展差距》，《时代金融》2018年第5期。

田锦尘：《全力推进"十三五"时期西部大开发》，《中国经贸导刊》2016年第16期。

张先锋、杨栋旭、孙红燕、李莹：《西部大开发战略实施的转型升级效果评

---

① 岳利萍、任保平、郭晗等：《中国西部发展报告（2018）》，社会科学文献出版社，2018。

价——采用合成控制法对技术进步和生态环境保护的考察》,《西部论坛》2016 年第 3 期。

彭曦、陈仲常:《西部大开发政策效应评价》,《中国人口·资源与环境》2016 年第 3 期。

宋海洋:《西部大开发政策演进分析与调整策略》,《开发研究》2015 年第 5 期。

苏建军、徐璋勇:《西部地区产业结构演变及转型发展研究》,《宁夏社会科学》2015 年第 1 期。

宋周莺、刘卫东:《西部地区产业结构优化路径分析》,《中国人口·资源与环境》2013 年第 10 期。

谭振义、赵凌云:《中国西部大开发进程的历史审视》,《云南民族大学学报(哲学社会科学版)》2013 年第 2 期。

刘忠、牛文涛、廖冰玲:《我国"西部大开发战略"研究综述及反思》,《经济学动态》2012 年第 6 期。

淦未宇、徐细雄、易娟:《我国西部大开发战略实施效果的阶段性评价与改进对策》,《经济地理》2011 年第 1 期。

白永秀、赵伟伟:《新一轮西部大开发的背景、特点及其措施》,《经济体制改革》2010 年第 5 期。

魏后凯:《未来十年中国西部大开发新战略》,《西部论坛》2010 年第 4 期。

朱玉福:《西部大开发 10 周年:成就、经验及对策》,《贵州民族研究》2010 年第 3 期。

朱华清:《迎接西部大开发大发展的新阶段》,《理论与当代》2010 年第 6 期。

侯水平:《西部大开发新阶段的战略选择——评〈西部地区提高自主创新能力和发展优势产业研究〉》,《经济体制改革》2009 年第 4 期。

庞智强、李云发:《中国西部地区产业结构的调整》,《重庆工商大学学报》(西部论坛) 2007 年第 3 期。

江世银:《继续推进西部大开发的各种政策主张及方案设计》,《贵州财经学院学报》2006 年第 6 期。

马轶男、荣晓宇:《加快西部地区基础设施建设的思考与对策》,《昆明理工大学学报(社会科学版)》2005 年第 2 期。

白永秀:《西部大开发五年来的历史回顾与前瞻》,《西北大学学报》(哲学社会科学版) 2005 年第 1 期。

唐亮:《西部大开发政策演进分析》,《边疆经济与文化》2004 年第 11 期。

王洛林、魏后凯:《我国西部大开发的进展及效果评价》,《财贸经济》2003 年第 10 期。

王洛林、魏后凯:《我国西部开发的战略思路及发展前景》,《中国工业经济》2001 年第 3 期。

程国栋、张志强、李锐：《西部地区生态环境建设的若干问题与政策建议》，《地理科学》2000年第6期。

周民良、祝丹涛、李秀芹：《西部大开发：背景、重点及政策选择》，《经济学家》2000年第4期。

郭占恒、吴永平：《西部大开发：政策导向及其影响》，《浙江经济》2000年第4期。

马立志：《新时代建设现代化经济体系的实践逻辑》，《当代经济管理》2019年第41期。

张涵、丛松日：《浅析现代化经济体系内涵与建设路径》，《华北理工大学学报（社会科学版）》2018年第11期。

刘志彪：《建设现代化经济体系：基本框架路径和方略》，《经济理论与经济管理》2018年第2期。

冯禹君、王卫红：《中国现代化历史变迁综述》，《中共陕西省直机关党校学报》2018年第1期。

饶旭鹏、周娟：《现代化理论的回顾及对中国的启示》，《中国石油大学学报》（社会科学版）2016年第8期。

张凤：《2013年中国34个地区的现代化指数》，《科学与现代化》2016年第2期。

江世银：《西部大开发与西部地区现代化建设》，《四川行政学院学报》2004年第5期。

熊吕茂：《近年来我国现代化理论研究综述》，《常德师范学院学报》（社会科学版）2003年第3期。

第二部分
西部大开发20年
西部地区经济繁荣发展研究

西部大开发 20 年来西部地区完善社会主义市场经济体制研究

孙　雪　张美云*

摘　要：完善西部地区市场经济体制是缩小东西部发展差距、提升西部地区综合实力的重要途径，1999 年以来西部大开发政策的实施助推了西部地区的市场化进程。本文通过对我国计划经济向市场经济体制转型经济理论的分析总结，说明我国社会主义市场经济体制的合理性与必要性，继而在梳理我国确立与完善市场经济体制的发展的基础之上，对西部地区如何完善市场经济体制进行进一步描述。通过定量分析与定性分析相结合测度西部地区市场化现状，指出新时代西部地区完善市场经济体制应支持非公有经济发展；正确处理政府与市场的关系；完善产权制度；坚持要素市场化发展；打造公平竞争的市场环境等。

关键词：西部地区　市场经济体制　西部大开发

一　转型经济的理论基础

转型经济，即资源配置和经济发展方式的转变，表现为一个国家或地区的经济结构或经济制度在不同历史条件下发生的相应变化。自新中国成立以来，我国共面临三次经济体制转型，第一次转型是新中国成立以来建立的高度集中的计划经济体制；第二次转型是改革开放以来由计划经济体制向市场经济体制转变，其中政府发挥着主导作用；第三次转型是自 2013 年以来从政府主导型的市场经济体制向完善的社会主义市场经济体制转型，其中市场发挥决定性作用。被认为具有社会主义本质特征的高度集中的计划经济模式曾在社会主义经济发展的初期发挥巨大的作用，然而随着经济

---

* 孙雪，西北大学经济管理学院硕士研究生，研究方向为政治经济学研究；张美云，经济学博士，西北政法大学经济学院副教授，研究方向为理论经济学和区域经济学研究。

社会的发展，经济生活中出现的发展动力不足、结构僵化、效率低下等问题使得引入市场机制成为必然趋势。20世纪80年代末和90年代初，大部分社会主义国家走向了由计划经济向市场经济转型的市场化改革道路，依托新古典经济学理论开创的激进式改革道路曾一度风靡。我国的市场化改革道路受新古典经济学与新制度经济学有关思想的影响，并一贯坚持马克思主义政治经济学的根本立场，成功破解了转型道路上遇到的一个又一个难题，形成了崭新的、具有中国特色的经济改革理论，为中国的转型经济奠定了理论基础。

（一）基于新古典经济学的研究范式

新古典经济学理论基于"理性人、信息完全、市场出清"的假设，以理想条件下的经济作为参考系，通过边际分析方法与均衡价格理论论证了自由竞争的市场机制会自动实现预期均衡，从而为亚当·斯密的"看不见的手"提供了实证分析，并做出了缜密的解释，即认为市场是资源配置最有效率的方式，只要构造条件让市场机制充分发挥作用，就可以达到经济的均衡发展，避免危机和失业，因此政府干预是不必要的。而市场经济是由多种要素构成的，各个组成要素相互联系，任何局部或逐步的改革努力和策略都是无用的，要实现计划经济向市场经济的转型，必须在短期内全面打破旧体制，按照市场经济的组成要素与运行条件一步到位地全面组建，才能使市场机制发挥作用。

以新古典经济理论为指导思想的"休克疗法"成为东欧各国的主要转型模式，具体包括加快所有制改革，对国有企业实施私有化；放开价格，实现经济自由化和利率市场化；紧缩银根，控制信贷，回笼货币；本国货币在国际上自由兑换，实现贸易自由化等措施。一方面新古典经济理论的研究忽视了时间、制度以及政治和文化等重要因素的作用，其理论假设过于理想化而丧失了部分现实性，其转型理论在实践中的绩效令人失望。另一方面，苏联东欧激进式改革的目标和性质已然不是社会主义制度的自我完善。

（二）基于新制度经济学的研究范式

新制度经济学以科斯、诺斯、威廉姆森、奥斯特罗姆等为代表，在主流经济学分析方法的基础之上，由完全理性经济人改变为有限理性经济人，从有限理性角度引入交易成本作为其基本研究工具，并通过交易成本理论，揭示了产权安排与资源配置之间的关系，即明晰产权能通过降低交易成本，使资源达到最佳配置状态，还将主流经济学的"成本—收益"分析框架延伸至制度领域，将制度因素作为经济变量引入经济学研究之中。具体而言，制度作为一种公共物品，其供给是有限、稀缺的，随着环境的变化及经济人理性程度的提高，人们会不断对制度提出新的要求，以期实现预期收益，当供需不平衡时，就会产生制度变迁。在没有技术进步的条件下，通过减少交易费用、缩小收益差距、激励生产性活动，由制度创新实现生产率提高和经济增长。诺斯还成功解释了制度的创新受原始制度自我强化影响而产生"路径依赖"现象。

新制度经济学本质仍是维护资本主义经济制度，倡导资本主义私人经济，例如产权理论的核心思想仍旧是产权明晰以使市场自发运行，同时坚定私人产权是最有效率的理念。他们在实践中提出的将国有资产私有化、减少公共开支、减少低效率的公共物品的供给等都表明为资本主义做辩护。但我国并没有完全按照新制度经济学的政策主张走向私有化的道路，而是始终坚持公有制的主体地位。近年来我国对国有企业进行了合理的产权制度改革，这种基于我国国情做出的制度创新取得了显著的成效。

（三）基于马克思主义政治经济学和发展经济学的研究范式

马克思主义政治经济学理论以生产关系及其演变规律为研究对象，运用历史唯物主义和辩证唯物主义的方法论，从客观社会生活中的基本矛盾出发，论述了生产力与生产关系的矛盾运动是推动社会发展的主要动力。具体来讲，生产力的发展造成生产关系的不适应，并最终导致生产关系的变革与经济制度的变迁，以生产力的标准来评价制度变迁的优劣，即能够解放和发展生产力的制度变迁就是好的，从而揭示了社会制度变迁及其演变过程和规律。马克思不仅分析了制度变迁的客观条件，也着重分析了制度变迁主体，即人民群众，由于人民群众特别是劳动群众从事社会生产实践，推动了技术进步和生产力的发展，因此代表先进生产力发展要求的人民群众才能成为制度变迁的主体。

马克思主义政治经济学是马克思主义思想三大组成部分中的核心内容，在中国的经济发展当中始终起着至关重要的作用。马克思主义政治经济学以劳动者立场对其经济意识进行系统概括，摆脱了资产阶级利益的限制，揭示了资本主义经济的运动变化规律，分析了资本主义生产关系和生产力存在着无法克服的矛盾，必然导致资本主义制度走向灭亡、社会主义制度获取胜利的必然趋势。它还系统发展了劳动价值理论、剩余价值理论、资本积累理论、利润平均化理论、资本再生产和国民收入的理论等基本原理，科学解释经济现象，形成了科学、完整、严密和创造性的经济学分析方式。马克思主义政治经济学不仅是中国共产党人政治经济思想一以贯之的主要理论来源，也是针对经济社会现象的一系列创造性举措的思想源泉。

二 中国特色社会主义市场经济体制的发展与完善

（一）我国的"特色"国情

1. 由权威性政府主导的发展路线

在西方理论界中，关于国家有两种解释理论。一种是契约理论；另一种是掠夺或剥削理论。以霍布斯、洛克为代表的新古典主义经济学以社会契约论为基础对国家进行界定，认为人们为了避免"一切人反对一切人"的暴力、野蛮、争斗的"霍布斯丛林"状态，从而签订契约，将自己的全部权力转交给一个主权者利维坦，利维坦的权力是绝对的、至高无上且不受任何人侵犯。因而，国家是个人之间契约关系的产物，是一种工具性的存在，国家的成立就是源于"以暴制暴"的诉求，国家是唯一合法垄断暴力的机构。从逻辑上讲，由"以暴制暴"产生的政府，权力必然限制在最小的范围，因而推导出来政府担当的是"守夜人"角色，即政府管得越少就管得越好。而这也正与新古典经济学的观点高度吻合，主张支持自由市场经济，反对政府干预，而政府仅仅作为弥补市场失灵的工具。整个西方市场经济发展变迁史，尽管政府也对经济生活加以干预，但崇尚私有、崇尚自由市场经济始终是主线。

而与此不同，我国自产生以来面对的就是强有力的权威型政府，政府对政治、经济掌握绝对主导权。尤其是新中国成立伊始，逐步建立起计划经济体制，政府作为全能型政府，排挤乃至消灭市场，实行指令性工农业生产活动、农产品统购统销、统一配备物资等。因而中国改革面临的问题向来不是解决市场失灵，而是主动创造市场。强政府在社会矛盾尖锐复杂的特殊时期，能够有效维持社会秩序，利用自身在资源配置中的优势地位动员组织社会资源，集中力量办大事。而我国也正是因为有着这样有条件、有能力的强政府才能迅速恢复新中国成立初始被战争严重破坏的国民经济，才能做出改革开放的伟大决策，才能成功实现经济结构的转型。

2. 我国不容忽视的区域差距

自然地理与资源禀赋的非均质性等原因造成我国不同地区发展不尽相

同,区域差距存在其初始必然性。改革开放后,我国根据国情以及为实现经济发展的夙愿,实施了以加快沿海地区开放为特征的非均衡发展战略,给予东部沿海地区制度创新、资源配置方面的倾斜,将有限资源首先投入高回报的领域,以期获得区域经济高速发展,从而带动其他区域以及整个国民经济的发展。诚然,非均衡发展战略是后发国家实现经济赶超的良方,区域经济非均衡发展战略的实施使得我国在整个 1980 年代国民经济以超过12%的速率增长,迅速实现了经济腾飞。一方面东部地区借助政策优惠,在地域分工与产业分工中占据主动优势,通过产业结构调整,逐渐拉大与西部地区发展差距;另一方面市场化区域梯度推进战略使东部地区市场化程度迅速提高,资本趋利性的特征使得资本要素向东部地区流入,西部地区发展能力进一步削弱。同时在不均衡发展战略的初期,东部地区对西部地区的极化作用显著,而扩散效应微弱,区域经济发展差距呈现逐渐扩大的趋势,不容忽视。

(二) 我国市场经济体制形成的三个阶段

1. 计划经济体制高度集中阶段

中华人民共和国成立后,由中国共产党领导对农业、手工业和资本主义工商业三个行业的社会主义改造,标志着我国高度集中的计划经济体制的建立。然而早在新中国成立之前毛泽东就主张利用商品货币关系,恢复国民经济,完成对资本主义工商业的社会主义改造。1949 年 3 月党的七届二中全会上毛泽东指出:"由于中国经济现在还处在落后状态,在革命胜利以后一个相当长的时期内,还需要尽可能地利用城乡私人资本主义的积极性,以利于国民经济的向前发展。在这个时期内,一切不是于国民经济有害而是于国民经济有利的城乡资本主义成分,都应当容许其存在和发展。这不但是不可避免的,而且是经济上必要的。"[①] 即便是三大改造完成之后,毛泽东也同样重视商品生产与商品交换的重要性,认为"只要存在两种所有制,商品生产和商品交换就是极其必要、极其有用的"。我国现阶段不仅不能消除商品生产,而且"只有经过商品生产、商品交换,才能引导农民发展生产,进入全民所有制"[②]。

1956 年党的八大上,陈云提出了我国社会主义经济应是"三个主体,三个补充"的思想,他认为:"这种自由市场,是在国家领导之下,作为

---

① 《毛泽东选集》(第 4 卷),人民出版社,1991,第 1413 页。
② 《毛泽东文集》(第 7 卷),人民出版社,1991,第 440、437 页。

国家市场的补充，因此它是社会主义统一市场的组成部分。"同时刘少奇指出："我们应当改进现行的市场管理办法，取消过严过死的限制；并且应当在统一的社会主义市场的一定范围内，允许国家领导下的自由市场的存在和一定程度的发展，作为国家市场的补充。"[1]

可见，市场的作用是曾被我党所意识到并肯定的。但是计划经济才是公有制，商品经济是私有制的产物，社会主义经济的根本属性是计划经济，因而商品经济与计划经济乃至社会主义是相对立的，这种意识形态是深刻的。尽管商品经济在一定程度上被肯定，但也仅作为在生产力低下暂时不能改变的客观条件下选择或是强加的结果与出路，社会主义的任务就是要逐步创造出使商品经济退出的条件。

2. 社会主义市场经济体制之市场化改革阶段

高度集中的计划经济体制在我国社会主义建设初期曾因其集中力量办大事的优越性发挥过巨大的作用，然而随着我国经济的不断发展、经济规模日益扩大，过度集中的弊端不断暴露，至改革开放前夕，国民经济比例严重失调，同时"文革"十年被严重打乱的规章制度和经济管理工作亟须重建和整改。

党的十一届三中全会上我国做出了改革开放的伟大决策，对内改革生产关系中同生产力发展不相适应的环节，将经济体制从计划经济向以计划经济为主、市场调节为辅的方向转变；对外开放创办经济特区、开放沿海港口城市、建立沿海经济开放区并逐步开放沿江及内陆和沿边城市，加速与国际市场的接轨。

1979 年 11 月，邓小平同志在接见外宾时强调"市场经济只存在于资本主义社会，只有资本主义的市场经济，这肯定是不正确的。社会主义为什么不可以搞市场经济，这个不能说是资本主义。我们是计划经济为主，也结合市场经济，但这是社会主义的市场经济"[2]。

在邓小平有关计划与市场思想的指导下，1982 年党的十二大报告提出计划经济为主、市场调节为辅的方针，标志着市场经济在我国经济社会中的合法性地位确立。

1984 年，中国由局部改革走向全面改革。10 月，党的十二届三中全会通过的《关于经济体制改革的决定》规定了改革的方向、性质、任务和各

① 刘少奇：《社会主义建设问题——在中国共产党第八次全国代表大会上的政治报告》，人民出版社，1957。
② 高尚全、陆琪：《邓小平与社会主义市场经济》，http：//theory. people. com. cn/n/20问，14/1130/c40531 –26119238. html，2018 年 6 月访问。

项基本政策，对改革的指导思想作了一系列的发展，突破了把计划经济同商品经济对立起来的传统观念，明确提出了在公有制基础上有计划的商品经济的概念。

1987年中共十三大又进一步强调了计划与市场的内在统一，提出了"国家调节市场，市场引导企业"的经济运行模式。

3. 社会主义市场经济体制的确立与完善阶段

国内对社会主义与市场经济的认识不断加深，市场化进展如火如荼，继邓小平在1992年南方谈话中提出"计划和市场都是经济手段"、江泽民在讲话中首次肯定"社会主义市场经济体制"的提法之后，1992年10月党的十四大报告正式提出："我国经济体制改革的目标是建立社会主义市场经济体制。"这是党在历史上首次明确提出建立社会主义市场经济体制。

在次年的十四届三中全会上通过了《关于建立社会主义市场经济体制若干问题的决定》，进一步指出建立社会主义市场经济体制，就是要使市场在国家宏观调控下对资源配置起基础性作用。同时规定国有企业改革的基本方向是建立健全现代企业制度，明确了社会主义市场经济体制的基本内容，包含市场体系、宏观调控体系、分配制度、社会保障制度及现代企业制度。

随着改革的深入，股份制改革的全面推开，非公有制经济蓬勃发展，社会上关于所有制问题争论不休。1997年中共十五大召开，明确了公有制为主体、多种所有制经济共同发展，是我国社会主义初级阶段的一项基本经济制度。明确公有制不仅包括国有经济和集体经济，还包括混合所有制经济中的国有经济和集体经济成分。

至2002年党的十六大，我国社会主义市场经济体制框架已经基本确立，市场化改革由单一政策变革向更为统筹、更为理性的系统化制度设计转变，并提出21世纪头20年全面建设小康社会的宏伟目标之一，就是建成完善的社会主义市场经济体制。次年十六届三中全会上通过的《中共中央关于完善社会主义经济体制若干问题的决定》对"新三步走"战略和党的十六大任务做出了具体部署。

十八大以来，我党对市场规律的认识和驾驭能力不断提高，2013年党的十八届三中全会指出："经济体制改革是全面深化改革的重点，核心问题是处理好政府和市场的关系，使市场在资源配置中起决定性作用和更好发挥政府作用。"把以往市场起"基础性"作用改为起"决定性"作用，同时也强调"更好发挥政府作用"①，是我党对政府和市场关系认识的新境界。

---

① 《中国共产党第十八届中央委员会第三次全体会议公报》，新华网，2013年11月12日。

习近平同志在党的十九大报告中强调，经济体制改革必须以完善产权制度和要素市场化配置为重点，实现产权有效激励、要素自由流动、价格反应灵活、竞争公平有序、企业优胜劣汰，进一步回答了如何加快完善社会主义市场经济体制、什么是经济体制改革的重点等重大问题①，为我们在"两个一百年"奋斗目标的历史交汇期进一步理顺政府和市场的关系指明了方向。

（三）西部地区完善社会主义市场经济体制

1. 西部大开发战略的实施

市场化进程统一推进，然而西部地区由于自然条件、区位、历史基础等因素，难以与东部地区齐头并进，尤其在市场经济中，各地区经济发展条件不同、投入—产出水平存在差异，要素自发流入高回报、高收益的东部地区，同时其"扩散效应"极其微小，强大的"极化效应"使得东西部发展差距越来越大。我国经济发展长久以来主要依靠出口与投资拉动，内需不足是我国经济持续健康发展的掣肘，但我国西部地区经济发展水平低，疆域辽阔、资源丰富，一直以来蕴含巨大的发展潜能。为缩小区域发展差距、扩大国内有效需求、实现经济持续快速增长等，我国于 1999 年实施西部大开发战略，将促进西部地区开发、促进地区协调发展作为一项战略任务，西部大开发的实施正逢市场化改革大势，有力促进了西部地区的市场化进程。

一方面，中央政府投入大量资金与政策支持，用于改善西部地区基础设施建设与加强地区生态环境保护，为市场发挥作用提供更好的"硬件"基础条件。西部开发第一阶段国家宣布开工的 78 个大型建设项目都是基础设施建设的项目，这十大工程包括修建西部地区的公路、铁路、机场、天然气输气管道等等。② 经过多年来的持续建设，西部地区整体上已然形成铁路、公路、航空、管道相结合的综合运输网络。通过邮电通讯建设投资，率先在西部地区各级中心城市建设邮电通信网络，继而扩散至城镇、乡村地区，经过多年发展，西部地区基本做到邮电通信网络全覆盖。城乡基础设施水平不断改善，供水、供电管网建设日趋完善，除少数偏远地区外，水电供给已满足人民生活需求。生态保护方面，实行中西部退耕还林和生

---

① 习近平：《决胜全面建成小康社会夺取新时代中国特色社会主义伟大胜利——在中国共产党第十九次全国代表大会上的报告》，新华网，2017 年 10 月 27 日。

② 薛爱民：《2000 年中央经济工作会议在北京闭幕 11 月 30 日》，http://www.cctv.com/overseas/chinareport/200011/30.html，2018 年 6 月访问。

态建设及种苗工程,从 2000 年起,在长江上游的云南、四川和黄河中上游地区的陕西、甘肃等 13 个省份开展退耕还林试点工程建设,同时加快水土流失严重和生态环境恶劣地区的生态综合治理工程。[1] 多年来,生态环境的改善大大提高了西部地区的要素吸引力与可持续发展能力。基础设施的完善与生态环境的改善为西部地区创造优良的投资硬环境。

另一方面,西部大开发积极扩大对内、对外开放,制定实施优惠政策及相关法律法规,创造了良好投资软环境。对内,西部地区面向全国,积极承接东部地区产业转移,以降低工业用地出让价格、财政税收减免、金融信贷支持等各类政策吸引内资企业及各类外商投资企业入驻西部地区。对外,进一步扩大内陆开放、沿边开放和向西开放,加强和与我国陆路接壤的中亚、东南亚、东北亚乃至向西延伸到西亚、中东和欧洲的国家和地区的交流与合作,更加深入地参与世界分工与合作。[2] 同时,完善相关立法工作,2003 年起《西部大开发促进法》连续纳入全国人大立法计划,完备的政策法规有力地保障了各类区域开发政策的实施,协调多方利益,确保了良好的市场发展秩序。政府不断提升其服务能力,在前期积极干预西部地区市场经济发展机制的构建及完善,为西部地区市场发展保驾护航,近年来政府主动转变职能,退出市场微观领域,简政放权打造服务型政府。诸多政策多管齐下,共同为西部地区市场化发展创造了良好的软环境。

2. 西部各省份的政策支持

西部大开发区域包含 12 个省、区、市,尽管同属西部地带,但经济发展先进的地区与落后地区发展水平大相径庭。改革开放后,我国税制建设不断适应市场化改革要求分别于 1979 年与 1994 年进行了重大的财税体制改革,在由最初基本的"放权让利"向现代化财政体制转型的过程中,财政权力不断下放,初始中央、地方政府由下至上的单向政治依赖关系转变为双向"委托—代理"关系,分权化的财政体制使地方政府在各地经济的发展问题上拥有了更多主动权和操作空间,地方政府日益成为一个独立的利益主体。中央严格的政绩考核所带来的升迁机会,以及所在辖区居民"用脚投票"来表达自己利益诉求,激励与促使各地政府竞相以各种优惠政策以及改善投资环境等方式招商引资,助推着西部各省份市场化的进程。

---

[1] 国家林业局退耕还林办公室:《关于开展 2000 年长江上游、黄河上中游地区退耕还林(草)试点示范工作的通知》,http://www.forestry.gov.cn/portal/main/s/3031/content-448773.html,2018 年 7 月访问。

[2] 张静:《中国"向西开放"确立新格局　新区"五朵金花"呼之欲出》,http://news.hexun.com/2012-09-27/146293289.html,2018 年 7 月访问。

（1）西部大开发的引擎城市——成都

西部大开发以来成都的发展道路，可以概括为三轴三阶梯模式，即以复合城市化、要素市场化、城乡一体化为路径和驱动力，从全城谋划到全域统筹再到全球定位的发展模式。① 其中复合城市化是指成都在发展过程中借鉴发达国家发展经验，在工业化发展的过程中，不断对城市空间布局结构、产业结构进行调整，带动全球化与信息化进程。要素市场化是指西部大开发以来，成都坚持市场化为导向的改革，在更大程度上激发了市场活力，2003年成都市首次"破冰"取消入户指标限制，以"准入条件"代替"入城指标"，规定只要在学历、发明、特长、贡献等方面满足一定的条件，就可以在成都市区落户。此后户籍制度改革持续推进，至2010年11月实施的户籍管理制度，彻底消除了城乡居民身份差异，真正统一户籍，实现居民自由流动。2009年1月19日，成都市第一个城乡产权交易中心——都江堰城乡产权交易中心挂牌成立。② 城乡一体化表现在成都打破城乡分割分治的体制，组建"小规模、组团式、生态化"新农村。

2007年11月，世界银行发布报告，认为成都是"中国内陆投资环境标杆城市"③。由经济学家厉以宁和"欧元之父"蒙代尔共同担任课题组负责人的《西部大开发中的城市化道路》专题报告指出，成都已经成为西部大开发的引擎城市和新型城市化道路的重要引领城市。

（2）招商引资范本——重庆模式

西部大开发以来中央政府支持的基础设施投资给予了重庆建设发展的契机，然而建设初期的重庆面临国企亏损、基础建设资金短缺的窘境，同时落后的基础设施和高物流成本、产业配套问题，使民营企业投资望而却步。基于此，重庆市政府改变原有投融资体制，改政府直接举债为组建"八大投融资平台"，即整合国有资本，以国有建设性投融资集团作为企业向社会融资为主，以承担交通设施建设的投融资，开创了城市基础设施建设投融资体制市场化改革。同时利用土地收益，债务重组，实现老国企产品结构升级，并借助异地搬迁，进行升级改造。国企改革不仅解决了基础设施建设困难的窘境，同时使重庆市国企"改头换面"，截至2008年6月

---

① 国家信息中心课题组负责人厉以宁、蒙代尔、蒲宇飞：《西部大开发中的城市化道路——成都城市化模式案例研究》，《经济研究参考》2010年第15期，第2页。

② 侯大伟等：《成都户籍改革调查：已有30万农民带着土地进城》，https：//news.qq.com/a/20101126/001708.htm，2018年8月访问。

③ 涂伟：《成都：中国内陆投资环境标杆城市》，https：//sichuan.scol.com.cn/cddt/20071118/2007111874421.htm，2018年8月访问。

底，重庆市属经营性国有资产对比 2002 年增加了 4 倍①，重庆国企的"改头换面"在整个中国"国退民进"的大环境中显得异军突起。

随着基础设施的完善，重庆市对"内"改造传统的三高老工业，实现发展方式转变和产业结构升级；对"外"积极地招商引资。通过处置工商银行不良债务问题，金融资产的质量和效益大大提高了，同时对外资企业实行税费优惠，降低各类要素成本，吸引外资流入。2007 年，重庆引进外资 10 亿美元，这一年，整个中国大陆引进外资在 1100 亿美元左右，西部 12 个省区市仅占 100 亿美元，但接下来 3 年时间，重庆引进外资 2008 年涨到 28 亿美元，2009 年涨到 40 亿美元，2010 年达 63 亿美元。2011 年为 100 亿美元左右，占全国的 1/12，列中西部第一。② 2017 年，重庆两江新区发布 4 个"黄金 10 条"招商引资新政，以先进制造业、金融业、总部经济和科技创新为突破口，在两江新区掀起新一轮招商引资高潮。③

三　西部地区市场化现状

（一）西部地区市场化水平测度

1. 文献梳理

市场化进程的定量研究提供了衡量市场经济体制完善程级的新思路，通过构建市场化程度指标体系，计算各分项数值及指标并加权市场化总指数，更为直观、科学地分析问题、说明问题，是衡量市场经济体制完善程度的参考标准。关于市场化的测度，国际方面权威代表是美国传统基金会每年公布的经济自由度指数与加拿大 Fraser 研究所的《世界经济自由度报告》，前者评估法制、政府规模、监管效率、市场开放 4 个影响经济自由的政策领域的 12 个指标，衡量世界经济体经济自由程度；后者从政府规模、法律结构与产权保护、货币政策合理性、对外交往自由度及信贷、劳动力与商业管制五个方面对全球 123 个主要国家或地区的经济自由度进行测算。在美国传统基金会最新公布的《2018 年全球经济自由度指数》中，中国内

---

① 和讯网站：《黄奇帆纵论重庆路径：银证保之外的另类金融中心》，http：//news. hexun. com/2008 - 11 - 28/111735151. html，2018 年 9 月访问。

② 任锐等：《黄奇帆市长与香港媒体交流座谈实录》，https：//wenku. baidu. com/view/e-8abf112cc7931b765ce15d3. html，2018 年 9 月访问。

③ 任锐等：《香港主流媒体关注重庆改革与发展——黄奇帆与香港主流媒体交流座谈实录》，https：//wenku. baidu. com/view/a6bf17f29e314332396893d7. html，2018 年 9 月访问。

地总得分 57.8 分（满分 100 分），位居第 110 位。位于第一的是中国香港，连续 24 年被评为全球最自由经济体，报告中获得 90.2 分。国内方面卢中原和胡鞍钢（1993）从投资、价格、工业生产和商业 4 个方面加权我国 1979~1992 年综合市场化指数，并以此实证研究了我国市场化改革与经济增长的关系。张宗益等（2006）从政府与市场的关系、非国有经济的发展、对外开放程度以及产品市场的发育程度设计市场化指数指标，计算了 1978~2003 年的经济体制市场化进程指数，得出各个方面的市场化进程是很不均衡的结论。孙晓华和李明珊（2014）构建了一个包括政府行为规范化、经济主体自由化、要素资源市场化、产品市场公平化和市场制度完善化五个方面的指标体系，得到了 2001~2011 年我国 31 个省（区、市）的市场化相对进程指数，总结了我国市场化的进程及变动趋势以及我国区域市场化水平的变动趋势。

最有代表性且最为全面的为樊纲的 2000 年、2001 年、2004 年、2006 年和 2009 年的《中国市场化指数报告》，《中国市场化指数——各地区市场化相对进程 2011 年报告》，《中国分省份市场化指数报告（2016）》，对各地区的市场化进程进行比较全面、持续的测度与比较，此外值得一提的是，最低一级的基础指数计算全部基于权威机构的统计数据或企业调查数据，保证了数据的客观性与准确性。

2. 市场化指数测度方法

市场化指数测度大致分为三个步骤：指标选择、指标处理以及权重分配，学术界对此的研究各有千秋。就指标选择而言，政府与市场关系、非公有经济发展、产品市场发育程度、要素市场发育程度以及外部环境五个方面，较为全面涵盖市场经济体制的内容。

在指标处理方面，国内早期计算市场化指数的学者大多计算基础指标的绝对值，并以百分数的形式加权平均市场化总指数以衡量市场化发展程度（卢中原、胡鞍钢，1993；江晓薇、宋红旭，1995；陈宗胜，1999）。近年来，学术界倾向于避免这种数量化地衡量市场化的绝对程度，转而计算市场化进程"相对指数"，即每个指数对各省份的评分表明各省份在该领域市场化进程的相对位置，解决了直面"100% 或 0% 的市场经济"的问题，同时也使得指标之间可以相互比较。

在由基本指标到综合指数的整合过程中，权重的分配至关重要，美国传统基金会的做法是采取简单平均方法形成二级指数、一级指数及市场化总指数。国内不少学者采用主成分分析法来分配权重，尽可能保留原始数据所包含的信息，然而由于时间推移与数据的变化，各因素权重会发生相应变化，因而难以对市场化指数进行跨年度比较，樊纲等在 2004 年《中国市场化指数》报告中分别运用主成分分析法与算术平均法进行测量，发现两者具有一定程度的可替代性。

3. 西部地区市场化指数

比较国内外研究，本文借鉴樊纲等相关研究成果，从政府与市场的关系、非国有经济的发展、产品市场发育程度、要素市场发育程度以及市场中介组织的发育和法律制度环境五个方面基础指数，分析西部大开发以来西部地区市场化进程。市场化总指数的五个方面指数及其分项指数构成如图 1 所示。

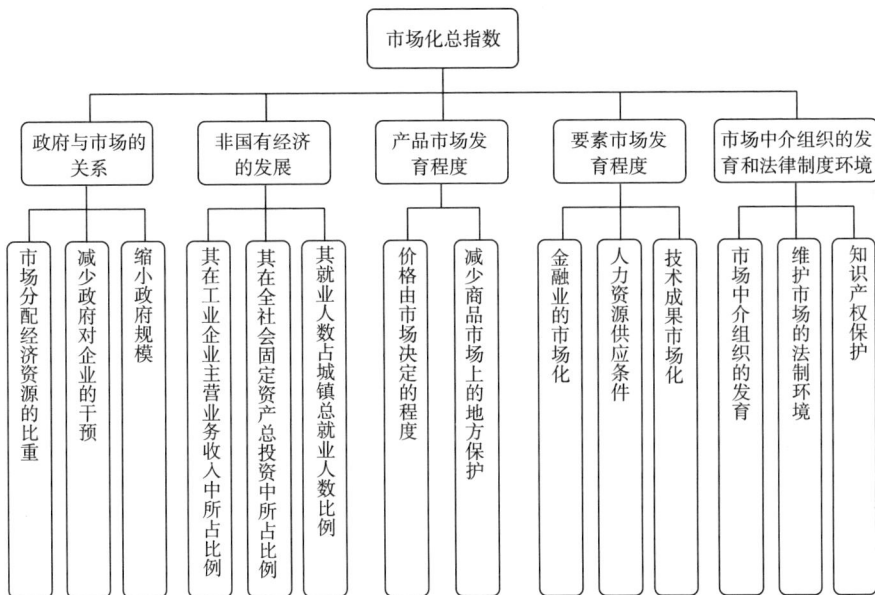

图 1 市场化总指数构成

说明：本图由笔者参照樊纲、王小鲁等市场化指标体系构成绘制。

如图 2 所示，在中国四大区域板块中，东部市场化水平最高，其次是东北、中部，西部地区市场化程度最低，即便在经历 2010 年短暂下滑之后呈稳步上升态势，也与全国平均水平有较大差距，但在 2013 年出现较为明显的涨幅。

从图 3 来看，西部内部各省份市场化指数大有不同，其中重庆、四川的市场化程度最高，至 2014 年重庆市场化指数达 7.78，四川达 6.62，此时全国市场化指数为 6.56，说明重庆、四川市场化改革成效明显。而西藏地区仅为 0.62，市场化水平低，市场化改革长路漫漫。陕西省加速市场化进程明显，市场化指数从 2010 年的 3.95 增加至 2014 年的 6.36，市场化潮

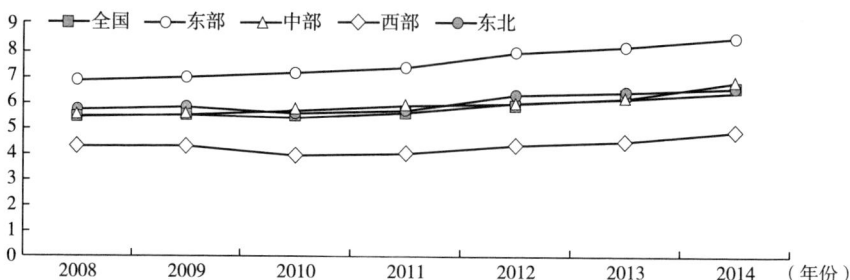

图2 我国各区域及全国平均市场化水平变动趋势

说明：本图由笔者根据相关数据绘制。

资料来源：《中国分省份市场化指数报告》。

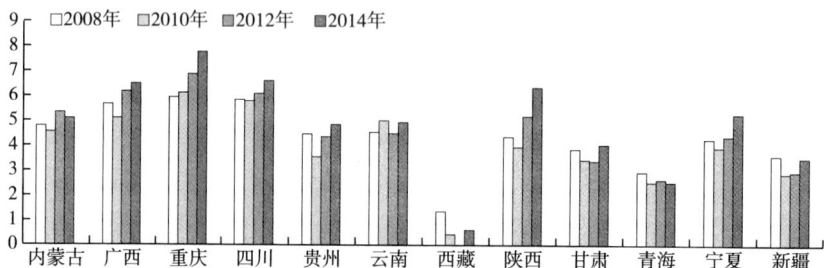

图3 部分年份西部各省份市场化指数

说明：同图2。

流势不可当。此外，近年来除内蒙古、西藏、青海少数地区以外，其余西部各省份市场化指数都有了不同程度的增加，说明西部地区不断重视市场化改革。

表1 全国及分地区市场化各方面指标的进展状况

市场化指标	年份	2008	2009	2010	2011	2012	2013	2014
政府与市场的关系	全国	6.83	6.57	6.20	6.01	5.40	5.30	5.62
	东部	8.14	7.98	7.62	7.50	7.21	7.18	7.38
	中部	7.20	6.95	6.80	6.71	5.81	5.76	6.33
	西部	5.43	5.05	4.62	4.32	3.56	3.34	3.71
	东北	7.32	7.20	6.62	6.46	5.95	5.91	5.98
非国有经济的发展	全国	5.40	5.53	5.77	6.28	6.54	7.04	7.33
	东部	7.60	7.59	7.78	8.20	8.35	8.83	9.05
	中部	5.47	6.34	6.20	7.49	7.14	8.37	8.16
	西部	3.68	3.72	3.94	4.40	4.75	5.22	5.53
	东北	4.80	5.89	5.55	6.70	6.50	7.47	7.10

市场化指标	年份	2008	2009	2010	2011	2012	2013	2014
产品市场发育程度	全国	7.59	7.59	7.59	7.59	7.59	7.59	7.77
	东部	8.04	8.04	8.04	8.04	8.04	8.04	8.01
	中部	7.94	7.94	7.94	7.94	7.94	7.94	8.56
	西部	6.85	6.85	6.85	6.85	6.85	6.85	7.07
	东北	8.35	8.35	8.35	8.35	8.35	8.35	8.24
要素市场发育程度	全国	4.01	3.63	3.83	3.47	5.04	4.68	5.93
	东部	4.97	5.13	5.15	5.52	6.76	7.13	7.80
	中部	3.92	3.98	3.96	4.24	5.03	5.40	5.84
	西部	3.12	3.16	2.43	2.66	3.50	3.80	4.39
	东北	4.52	4.53	4.77	5.00	5.54	5.58	6.00
市场中介组织的发育和法律制度环境	全国	3.58	3.81	3.83	3.99	5.32	5.34	6.13
	东部	5.46	6.16	6.95	7.39	9.24	9.48	10.22
	中部	2.73	2.85	3.18	3.40	3.68	3.81	4.94
	西部	2.44	2.55	1.87	1.90	2.96	3.09	3.51
	东北	3.58	3.68	2.52	2.70	5.00	5.00	5.40

资料来源：《中国分省份市场化指数报告》。

由表 1 可知，在"政府与市场的关系"方面，市场化指数在四大区域板块均有不同程度的下降，其中西部地区与东北地区下降尤为明显，西部地区由 2008 年的 5.43 下降至 2013 年的 3.34，说明在这段时期政府对资源配置的控制和干预以及对企业的干预有所增加。之后市场化指数增加至 3.71，政府对经济的干预减弱。非国有经济的发展的平均得分在全国均有显著上升，其中西部地区在 6 年时间里上升 1.85 分，说明该时期内个体经济、私营经济、外资经济等多种形式的企业数量、规模有所扩大，然而非公有经济发展仍待进一步提高，西部地区该项市场化指数在 2014 年达 5.53，与东部地区的 9.05 仍有较大差距。在"产品市场发育程度"方面，西部地区该项市场化指数由 2008 年的 6.85，增加到 2014 年的 7.07，其中个别年份因为缺乏某项基础指数，因而结果并不全面，仅为参考。对比 2014 年全国平均水平，西部地区五项市场化指标中，产品市场的发育程度最为理想。可以看出在要素市场发育方面，全国水平整体偏低，西部地区尤为落后，2008 年其市场化指数为 3.12，在 2013 年为 3.80，随后市场化程度不断提升，至 2014 年达 4.39，同期东部要素市场化程度已达 7.80。在"市场中介组织的发育和法律制度环境"上，2014 年东部地区该项市场化指数达 10.22，远超西部地区，尽管西部地区 6 年时间里上升至 3.51，但仍较低。

（二）西部地区市场化现状分析

上文分别从五个方面指数测度了西部地区市场化水平，并分析了其市场化现状及发展趋势。接下来本文根据指标体系及市场化内容，进一步从市场主体发育程度、市场载体发育程度及市场环境定性分析西部地区市场化发展情况。

1. **市场主体发育程度**

（1）市场主体的发育

企业作为市场主体，是市场经济构成的微观单位，对于市场经济发展具有重要作用。现代企业制度是发展市场经济有效的企业组织形式，完善的现代企业制度是市场主体发育成熟的标志。我国从 1993 年起明确国企以建立现代企业制度为方向，各省份着力部署建立现代企业制度试点工作，其中重庆市作为西部地区首批现代企业制度试点之一收效明显。至 2016 年重庆市属国有重点企业已经全部完成公司制改造，市属国有重点企业下属正常经营企业全部实现公司制股份制改革，其中半数为混合所有制企业。具体通过实施混合所有制、董事会"三项职权"、董事会"内部董事 + 专职外部董事 + 兼职外部董事"建设、职业经理人制度、中长期激励试点、企业内部市场化用人制度、薪酬分配差异化等多项改革让国有企业或脱困或提升经营效益，仅 2017 年前三季度 37 户市属国有重点企业实现利润总额 234 亿元，同比增长 10.5%，新产品产值 102 亿元，同比增长 37.3%。[①]但就整个西部地区而言，无论是国有企业还是非国有企业，在建立现代企业制度方面与东部地区仍存在较大差距，体现在西部地区国有企业数量多，且多集中在军工、能源、原材料等行业，非竞争性领域企业产权结构多元化实施难度大。非国有企业发展受制于西部大环境融资困难、服务缺位、法制不健全等诸多因素，又缺乏良好的企业家机制，普遍存在创新能力弱、经营不善、经济效益差等问题。

各要素发育不均，非公企业发展落后，非公经济规模小、比重小且发展层次不高、素质落后。以陕西省为例，2017 年陕西省非公经济增加值为11849.22 亿元，占 GDP 的比重为 54.1%，但浙江、江苏等省份早在 2013年时就达到 76% 和 66.1%。且在非公企业中，以小型企业居多，大中型企业较少，非公企业 17385 家，其中小微企业 12950 家，占非公企业总数的

---

① 曾立等：《国企改革红利释放　重庆市市属国企实现"三个转变"》，http：//cq. cqnews. net/html/2017 – 10/19/content_ 43139462. htm，2018 年 11 月访问。

74.5%，大中型企业仅占25.5%，非公企业总体规模偏小。私营企业是民营经济主要成分之一，西部地区私营企业单位数共141.79万个，仅占全国私营企业单位总数16.38%，与私营企业单位数占全国65.67%的东部地区相距甚远。① 从2017年民营企业500强榜单来看，500强地域分布中，西部43家，占比8.6%，资产规模达33614.72亿元，其中重庆占14家，而西藏、贵州、甘肃均无企业入围，新疆占有1家，且从入围的民企②来看，企业的主业都集中于能源、批发、矿业、房地产这样的传统产业，而互联网科技、制造、金融等现代主流、新兴产业企业寥寥无几。此种产业结构，说明企业自身发展素质滞后，较难成长为龙头企业，发展也易受外部环境、政策的影响，尤其是考虑到近年来我国经济转型升级、去产能的大背景，其发展的脆弱性和风险性不言而喻，是西部地区民营经济仍待补齐的短板。

（2）政府服务型功能加强

各级政府转变职能、简政放权，服务能力显著加强。以内蒙古为例，2014年4月内蒙古自治区政府以简政放权和深化行政审批制度改革为立足点，加紧工作部署，推进政府职能转变。于次年成立自治区推进职能转变协调小组，有重点、专业性地协调解决改革中遇到的困难和重点难点问题，指导各地区开展工作，督促措施落实到位。其职能转变效果突出，十八大以来，自治区本级行政审批事项取消和下放近50%，盟市、旗县行政审批事项减少40%以上，全区市场主体由2012年的117万户增加到2016年的175万户，增长50%。③ 但部分地区仍存在政府干预过度，导致西部地区承接产业转移过程中转移产业的无效率集中以及部分行业的过度发展、退出困难，不恰当的政府干预和过度的福利保障妨碍了市场调节，导致经济无效率和阻碍市场化进程。

政府公共服务逐步完善，据2017年全国地方政府服务能力排行榜单，在各地政府互联网＋政务服务能力中，西部地区贵阳、成都、南宁、西安得分均名列前茅，同时四川省多地因网上政务数据公开水平较高兼具科学性与客观性也榜上有名，这说明西部地区政府服务能力不断完善，其中部分省份已具备先进水平。但不可忽视的是，西部地区各省份经济发展差距

① 文琳：《西部蓝皮书：中国西部发展报告（2017）》，http://www.sohu.com/a/
205147272_99917590，2018年8月访问。

② 新疆广汇、陕西东岭、西安迈科金属、内蒙古伊泰、宁夏天元锰业、四川新希望、重庆龙湖、重庆金科、内蒙古伊利、四川通威。

③ 陈沸宇、丁志军：《建设法治政府 激发发展活力（优化环境）》，http://
politics.people.com.cn/n1/2017/0908/c1001-29522497.html，2018年12月访问。

大，广大的农村地区、贫困地区以及少数民族地区，基层政府公共服务供给不到位等问题长期制约着落后地区经济的发展，此外在环境保护、社会保障、扶贫、卫生、治安等职能的行使上，政府也未能发挥服务效能。

2. 市场载体发育程度

（1）要素市场的发展

发展生产要素市场是社会主义市场经济的必然要求，是发挥市场决定性作用的必要条件。从资本市场来看，截至 2017 年底 A 股上市公司数量达 458 家，总市值为 68527 亿元①，同时参照 15 家上市公司公布的 2015 年度业绩报告，多家券商在西部地区主营业务营收呈爆炸性增长。虽然从数据统计来看，近几年西部地区资本市场发展纵向对比增速较快，但与东部地区横向相比，无论是上市公司数量还是证券市场的筹资金额等，西部地区仍存在很大的差距。2017 年底西部地区 A 股上市公司数量较 2000 年增加 277 家，但也仅占 2017 年全国上市公司总数的 13.21%，而且西部地区在中国上市公司市值 500 强的榜单中仅占 43 席，部分地区券商主营业务营业利润仍为负值，西部地区资本市场存在整体规模偏小、直接融资数额少、上市公司质量不高等诸多问题。

从劳动力市场来看，随着西部地区工业化和城镇化的发展，西部地区农村剩余劳动力向非农产业及城镇区域转移，此外西部地区对异地农民工吸引力上升。根据农民工监测调查报告，农村外出务工人员选择西部地区作为就业地区的比例逐年上升，由 2008 年的 15% 左右上升到 2017 年的 20% 左右，2017 年在西部地区务工的农民工达 5754 万人，比上年增长 4.9%。然而现实中仍存在劳动力需大于求的窘境，2017 年东、中、西部市场岗位空缺与求职人数的比率分别为 1.06、1.08、1.13。② 这样的矛盾主要来自结构差异，以重庆为例，随着产业梯度转移、信息产业加快发展，其对电子设备相关人员需求加大，然而相关制造人员的求人倍率仍居高不下，难以满足产业发展需求。究其原因，劳动力素质普遍不高，由于缺乏专业技能培训，难以适应非农产业的要求，供需结构不匹配。同时西部地区劳动力市场发展尚未成熟完善，中介组织机构较少，其所提供的就业服务层次较低，官方劳动就业信息系统不够完善，发布的就业信息滞后、不全面，制约西部地区劳动力转移与就业。此外，传统户籍制度的存在使得

---

① 娄在霞：《2017 年 A 股 IPO 家数区域分布揭晓》，http://stock.hexun.com/2018-01-03/192151292.html，2018 年 2 月访问。

② 国家统计局：《2017 年农民工监测调查报告》，http://www.stats.gov.cn/tjsj/zxfb/201804/t20180427_1596389.html，2018 年 4 月访问。

流入人口难与当地居民享受同等社会保障和福利待遇，在就业、培训、子女教育、社会保障等方面遇到诸多阻碍。

从土地市场来看，西部地区城市土地市场化程度普遍偏低，土地出让过程中政府居于主导地位，缺乏合理的土地供给制度，导致土地错配和低效率使用。在农村地区，根据 2015～2017 年各省份用户在土流网上发布的农用地数据信息，西部省份的土地流转市场处在正在崛起阶段，当下农村土地流转仍存在速度缓慢，流转规模小，土地利用效率不高，以转让与出租等传统的流转方式为主，股份合作等更现代化的模式仍未广泛推广等问题。

（2）商品市场的发展

我国启动西部大开发战略二十年来，在基础设施建设和投资注入之后，西部商品市场日益充满活力。这得益于低线城市及县乡农村居民收入水平的快速提高，居民较强的消费需求带来消费品市场规模持续扩大，2017 年西部地区消费额增幅 6.0%，明显大于东部地区，展现出其消费增长潜力。同时与农村消费相关的流通基础设施、网络设施、养老服务日趋完善，农村消费市场发展加快，城乡消费市场不平衡的状况得到改善，高档商品和服务需求旺盛，消费结构升级改善。

但是，商品市场体系仍不能完全适应国民经济发展的要求，突出表现在区域、城乡之间消费市场存在现实差距；传统落后的流通形式和经营形式占据西部消费市场主导地位；市场供需结构存在矛盾；交易行为不甚规范，市场监管难度大等，商品市场在西部地区社会经济生活中的重要作用尚未充分发挥出来。

3. 市场环境分析

（1）市场准入环境

我国自 2015 年 12 月起在广东、福建、上海和天津等四个自贸区所在的省份试行市场准入负面清单管理制度，2015 年全国新登记企业在东部、西部、中部、东北地区分别为 256.5 万户、87.9 万户、77.9 万户、21.6 万户，同比增速依次为 24.9%、21.1%、15.9%、8.3%。[①] 从总量来看，东部地区占有绝对优势，从增速来看，东部地区新登记企业增长最快，西部地区仅为其次，西部地区共 6 个省份增速高于全国平均水平，其中排名前三的为西藏、云南和宁夏。至 2018 年上半年东部、中部、西部、东北地区

---

① 《工商总局召开 2015 年度全国市场主体发展情况等发布会》，http：//www.scio.gov.cn/xwfbh/gbwxwfbh/xwfbh/gszj/Document/1470514/1470514.htm，2018 年 12 月访问。

分别新登记企业 185.7 万户、63.7 万户、60.8 万户、17.1 万户，分别同比增长 12.4%、16.8%、8.4%、12.8%。① 东部地区继续保持企业绝对数量优势，但对比 2015 年增速放缓，而西部地区新登记企业数量减少明显，增速也下降。从 2018 年起我国正式实行全国统一的市场准入负面清单制度。一方面试点省份的选择集中在东部发达地区，西部省份推行较晚；另一方面市场准入环境不断改善，但近年来受宏观经济环境影响，各地区新登记企业数量增速有放缓态势。

（2）市场竞争环境

我国西部地区中存在的地方保护主义、不正当竞争以及各类侵权违法行为，破坏市场竞争秩序，扰乱市场竞争环境。近年来西部地区有关知识产权案件数量增加明显。2008～2015 年，陕西各级法院共审理知识产权侵权案件 10693 件，案件数量以年均 15% 的速度增长，呈现出数量激增的特点。而"一带一路"建设过程中所涉及的跨国纠纷、管辖权问题也带来了新的难度。② 同时查处网络违法行为力度加大，2018 年下半年宁夏公安机关区市县三级对 1300 余个网络开展安全执法检查，查处网络安全违法行为 337 起，发现网络安全风险隐患 9.1 万余个，对 6 家单位予以罚款处罚，立案数、破案数创历史新高③，公平竞争的市场环境要求创新市场监管方式、加强市场监管力度。

（3）市场消费环境

良好的市场环境还包括令人满意的市场消费环境，一个安全有保障、维权有依据的消费环境是进一步释放居民消费潜力的重要保障。2017 年上半年，全国工商和市场监管部门共受理消费投诉 93.25 万件，其中消费者投诉主要集中于东部地区，共 59.84 万件，占全国投诉量的 64.2%，但西部地区投诉量增长较快，2017 年上半年投诉量占 15.7%，同比增长 24.7%，增速居各区域首位。且在投诉量超 1 万件的省份中，西部地区的陕西、云南分别同比增长 104.3%、71.2%。④ 消费者投诉维权领域集中在违反广告管理法规、违反消费者权益保护法规、违反产品质量管理法规等

① 《2018 年上半年市场环境形势分析》，http：//www.gov.cn/xinwen/2018－08/07/content_5312353.htm，2018 年 10 月访问。
② 陈晨：《中西部需要知识产权法院》，http：//page.palmtrends.com/show.php？id=l3glSsl3glM74，2018 年 11 月访问。
③ 何鑫：《提升网络安全水平 为宁夏信息化发展保驾护航》，http：//www.nxga.gov.cn/info/1091/24073.htm，2018 年 11 月访问。
④ 《2017 年上半年全国工商和市场监管部门处理消费者投诉举报咨询情况分析》，http：//jiaju.people.com.cn/n1/2017/0802/c151264－29443737.html，2018 年 10 月访问。

方面，因而良好的市场消费环境有待进一步完善。

四 西部地区完善市场化路径

（一）支持非公有制经济发展

优化非公有制经济的发展环境，具体包括政策、市场、融资、社会等环境。全面清理有关非公有制经济发展的各种歧视性政策，正确宣传非公经济主体的定位，依法保护非公有制企业与企业职工的合法权益。此外，政府部门应联合社会组织机构、中介机构引导非公有制企业依法经营，努力提高自身发展素质。打造各类企业公平竞争的市场环境，确保多种所有制企业在市场准入、政策享受、经营审查上一视同仁，着力排查妨碍市场公平竞争的规定及做法。为非公有制企业发展制定融资优惠政策，扩宽融资渠道，创新融资方式，加大企业直接融资尤其是股权融资份额，各级政府视企业发展所需，适当加大直接融资补贴比例，同时引导商业银行由重资产的传统融资模式向重创新、服务、知识的轻资产融资模式转变，缩减抵押担保中间环节，精简抵押流程，减少企业综合融资成本，鼓励商业银行在加强资产风险管理的基础之上优化产品设计，提供多样化的融资产品。地方政府进一步精简和规范行政审批事项，拓宽服务渠道，联系各方推动加强民营企业、个体企业等对外开展友好交流、经贸合作与科技互通，促进非公有制经济高层次发展，同时解决投资创业者后顾之忧，在创业创新、技能培训、生活等方面完善配套服务，着力营造良好的社会环境。

加快非公有制企业"引进来"与"走出去"步伐。一方面"引进来"，当下西部地区应着重提升非公有制企业发展层次，提高其发展素质，大力引进先进技术及具备先进管理经验的高素质人才，引导其自主创新创业，同时在承接国内外产业转移时，优先考虑具备自主研发能力或具有先进技术的工业企业，大力发展现代服务业、战略性新兴产业等；另一方面"走出去"，西部12个省、自治区、直辖市，多数为"一带一路"沿线省份，不少城市为内陆的多个节点城市，其中新疆被定位为"丝绸之路经济带核心区"，广西是"二十一世纪海上丝绸之路与丝绸之路经济带有机衔接的重要门户"，因而引进外资、外资利用的方式更为多元化与便捷化，各民营企业应善于利用外资、与跨国企业合作，开展境外工程承包、加工贸易、投资建厂等，抓住机遇促进非公企业成长壮大。

（二）正确处理政府与市场的关系

我国市场化进程中，政府发挥着举足轻重的作用。当前西部地区市场化程度两极分化，一类以四川、重庆为代表，另一类则是西藏、新疆等偏远地区，西部不同省份，市场化水平不同决定了政府与市场契合的程度不一。

对于市场化水平落后、市场发育相对不足的西藏、新疆等偏远地区，地方政府仍需妥善处理与市场的关系，在特殊领域积极干预，创造市场运行的条件，适当承担主动培育市场要素的特殊职能。积极培育市场主体，以更为优惠的政策措施引进企业，对于大学毕业生、社区居民、农村富余劳动力，鼓励其自主创业，建立有利于激发市场主体发展活力的体制机制。健全市场机制，创新和完善宏观调控。加强偏远地区及广大农村地区交通、能源、水利、通信基础设施建设，提升基本公共服务，完善招商引资政策、创新投融资机制，营造和谐稳定的发展环境。

而对于市场化程度相对较高的四川、重庆而言，地方政府应转变职能，更加尊重市场规律与更好发挥政府作用。一方面推进市场化改革，加快完善现代市场体系。建立公平开放透明的市场规则，包括落实负面清单准入机制，建立完备的市场监管机制、优胜劣汰的市场化退出机制；完善市场决定价格机制，推进要素价格改革，除少数公共及公益型领域外，进一步减少政府定价的范围和具体品种；改革市场监管体系，统一生产领域、流通领域包括产品质量、产品价格、知识产权、市场秩序等的市场监管，有效解决市场监管部门职能交叉、资源浪费、信息沟通不畅以及部门间各自为政等问题，推动实行综合行政执法。另一方面加快政府职能转变，准确履行职能。进一步简政放权，切实减少审批事项，不断增强市场活力。

（三）完善产权制度

产权制度有四方面的内涵：一是归属清晰。财产所有权的界定在法律上具有明确的所有者。二是权责明确。财产权利在财产实现的过程当中，权利到位、责任落实。三是保护严格。各类产权、各种形式的财产权受到法律的平等保护。四是流转顺畅。产权能够自由流动，以实现收益的最大化。

完善自然资源产权制度。西部地区自然资源丰富，但其产权主体虚置、归属不清、权责不明等问题，造成多方利益冲突与矛盾，资源浪费现象严重。完善自然资源产权制度，首先，明确各类自然资源产权的权利义务关系。细化至西部地区各村级单位，对当地自然生态空间种类及面积数量开展实地勘测，统一确权并进行登记，勘测具有难度或未进行有效勘测的应记录清晰，建立统一的确权登记系统，在明确其所有权的基础之上，界定使用权。其次，完善产权交易流转制度，打造自然资源产权交易平台，同时对接各地公共服务平台与监督平台，推行自然资源市场化定价制度和有偿使用制度，在由政府流转至企业或个人等经营主体及企业或个人经营主体之间流转时，明确资源使用期限、条件、程序，妥善处理流转引发的争议。最后，加强自然资源产权监督管理。对各地区进行生态资源测算，建立自然资源资产核算体系，控制资源消耗和环境污染，同时建立以资源环境承载力为基础的发展权补偿制度，妥善处理多方矛盾。

完善企业产权制度。对于国有企业，继续深化国有企业产权制度改革，根据国有企业不同类型分类施策，如针对商业类国有企业，积极引入其他国有资本或各类非国有资本实现股权多元化，与此同时严格规范国有资产的登记、转让、清算、退出等程序；对于负责承担重大国家项目的国有企业，应当保持国有资本的绝对控股权，保障国有资本保值增值；对于公益类国有企业，应引入市场机制，通过购买服务、特许经营、委托代理等，鼓励非国有企业参与经营。对于非公有制产权明确坚持平等保护原则，有效保护各种所有制经济组织。

完善知识产权。一方面加强知识产权保护，推进知识产权综合行政执法，有条件的地区试点推行将专利、商标、版权管理同时纳入市场监管部门，与维权法、不正当竞争法等互为配合，有效提高执法效率，同时做好与知识产权司法工作的衔接；精简知识产权维权流程，给予知识产权维权援助，鼓励各组织单位、个人依法举报投诉侵权行为；加大知识产权犯罪打击力度，建立侵权惩罚性赔偿规定。另一方面，促进产权管理与运用。完善知识产权价值评估机制，加强知识产权与科技经贸各类政策的对接，促进科技成果转移转化，完善知识产权处置收益权，细化发明人补偿和收益分配办法。

（四）要素市场化发展

东西部各地要素资源禀赋不同，拥有各自的优势与劣势，西部省份资源丰富，一方面，各地在组建要素市场时，需考虑其绝对优势与相对优势，依托当地资源，选择建设最合适的要素市场；另一方面，积极完善生产要素流动机制，探索西部资源要素跨区域（省、区、市）交易，打造跨区域交易平台。具体如下。

深化资本市场改革，促进多层次资本市场健康发展。一是大力支持民营、中小企业发展，支持其做大做强，加大力度培育和资助企业上市以及进行股份制改造，着力提高上市公司质量，推动上市公司提高治理水平。对本地的公司在上市条件、再融资条件、债券发行等方面给予照顾，对于投资西部地区的上市公司的资本利得在税收方面给予优惠等。二是加快西部各省份区域性股权市场建立，优化政策环境，完善交易制度建设，积极与全国股转系统合作对接，灵活服务于区域内各类企业。三是加强市场监管力度，形成市场自律监管、证券业行业协会自律监管与中央地方监管部门协同监管，规范上市公司、中介机构的行为，提高资本市场风险预测与应对能力。

深化劳动力市场改革。尽快完善与人口流动密切相关的户籍制度改革，打破行政区域、城乡流动限制，配套完善的社会保障制度与实现公共服务均等化，实现劳动力的合理流动。建立城乡一体的劳动力市场，搭建就业信息服务平台，规范各类中介组织、职业介绍机构，鼓励其组建培训会，首先对转移劳动力进行职业技能、文明修养、法律知识等方面的培训。建立西部区域人才市场，创新高层次人才引进、使用和服务保障机制，合理识别人才素质，使人才与各地产业发展相适应，同时积极为高层次人才搭建创新创业平台，推动人才合理流动，实行来去自由的政策，吸引东部沿海地区和海外高层次人才在西部地区定居落户。

推进土地市场改革。落实好农村承包地确权登记工作，进一步试点探索放活宅基地和农民房屋使用权、集体建设用地入市等，在有基础有条件的县级市扩大试点范围，总结经验，提升农村土地的使用效率，同时为城市发展提供新的土地资源，助推城镇化。城市的土地应更为精细地发展，土地管理与城市经济发展阶段、产业结构和人口规模相适应。一方面调整土地供给结构，根据地区实际情况适当增加居住类土地供给；另一方面改变以往的土地开发模式，提高土地集约化程度，增强市场透明度、改革招拍挂竞价机制等等。

（五）营造公平竞争的市场环境

推动社会信用建设。西部地区统筹整体资源，为各类企业、自然人建立自然档案，完善信用记录，依法进行信用评级，同时开通西部省份信用门户网站，链接至各省份信用系统，建立企业、个人信用信息公示大平台；完善守信联合激励和失信联合惩戒机制，建立两个清单，推动其规范化、法制化。使守信主体在行政审批中享有"绿色通道"，在政策优惠前获"优先权"等，对失信主体实行跨地区、跨部门、跨领域的联合惩戒，提高其"失信成本",尤其对于重点领域和严重失信行为,应使其从经济社会各个方面"处处受限",形成自觉守信的倒逼机制。

加强市场监管。西部各省份以法律形式明确、规范其一系列优惠政策,并将优惠政策的具体内容、范围、程序等录入电子平台;清除各类妨碍市场公平竞争的规定及做法,例如地区垄断、地方保护主义、民族主义倾向行为,保障多种类型、各种所有制企业规则平等、机会平等;各地政府根据当地行业特点与地域分布,鼓励各类商会、行业协会以及中介服务机构建立各自行业"自律公约",促进各行各业自律行为养成,同时鼓励个人、单位对违反市场秩序的行为监督举报,多渠道进行市场监管;监管部门创新监管方式,加强事中事后监督,实行现场监管、企业约谈、报送信息审核相结合,探索登记备案、经营异常名录管理、监管评级等制度。

参考文献

于金富:《构建马克思主义制度经济学的科学范式——马克思主义经济学与新制度经济学比较研究》,《经济纵横》2008 年第 9 期。

亚当·斯密:《国富论》,唐日松译,华夏出版社,2006。

《马克思恩格斯选集》(第四卷),人民出版社,1995。

余云辉:《资源配置:马克思市场理论研究》,《经济纵横》1993 年第 4 期。

《毛泽东选集》(第 4 卷),人民出版社,1991。

《毛泽东选集》(第 7 卷),人民出版社,1999。

白永秀、吴振磊:《我国 30 年经济体制改革的历史回顾与经验总结》,《改革与战略》2008 年第 11 期。

毛传清:《论中国社会主义市场经济发展的六个阶段》,《当代中国史研究》2004 年第 5 期。

杨春学:《政府与市场关系的中国视野》,《经济纵横》2018 年第 1 期。

李妍:《黄奇帆:重庆"没有模式"》,《西部大开发》2013 年第 4 期。

张婧:《西部地区:市场化进程的现状与改革思路》,《上海经济研究》2000 年第 8 期。

卢中原、胡鞍钢:《市场化改革对我国经济运行的影响》,《经济研究》1993 年第 12 期。

江晓薇、宋红旭:《中国市场经济度的探索》,《管理世界》1995 年第 6 期。

张宗益、康继军、罗本德:《中国经济体制市场化进程测度研究》,《经济体制改革》2006 年第 3 期。

刘生龙、王亚华、胡鞍钢：《西部大开发成效与中国区域经济收敛》，《经济研究》2009 年第 9 期。

孙晓华、李明珊：《我国市场化进程的地区差异：2001～2011 年》，《改革》2014 年第 6 期。

何春、刘来会：《区域协调发展视角下西部大开发政策效应的审视》，《经济问题探索》2016 年第 7 期。

王小鲁、樊纲、余静文：《中国分省份市场化指数报告》，社会科学文献出版社，2017。

彭曦、陈仲常：《西部大开发政策效应评价》，《中国人口·资源与环境》2016 年第 3 期。

冯俊诚、张克中：《区域发展政策下的政府规模膨胀——来自西部大开发的证据》，《世界经济文汇》2016 年第 6 期。

白永秀、任保平：《西部大开发中政府职能的定位和转变》，《当代经济科学》2000 年第 4 期。

卫玲：《西部市场经济体制创新及其实现途径》，《西北大学学报》（哲学社会科学版）2001 年第 4 期。

李晓西、余明：《适应西部大开发的所有制结构调整》，《中国工业经济》2000 年第 8 期。

西部大开发 20 年区域分工对西部地区产业发展的作用机理研究[*]

高　煜　雷淑珍[**]

摘　要： 西部大开发战略是改革开放以来中央政府实施的一项重大区域发展战略。尽管西部大开发战略促使西部地区经济增长指标相比过去有所好转，但西部地区产业发展滞后的情况并未得到有效改善。对于西部地区产业发展提升有限的原因学界也没有明确的分析与解释，本文基于西部大开发 20 年西部地区产业发展的基本事实，分析西部地区区域产业分工情况，对制约西部地区产业分工的因素进行深入分析，试图从区域分工的视角剖析产业发展滞后的深层原因。在此基础上，本文指出在西部大开发形成新格局下西部地区产业分工协作的方向和路径。

关键词： 西部大开发　区域分工　产业发展

一　引言

1999 年，中共十五届四中全会通过的《中共中央关于国有企业改革和发展若干重大问题的决定》明确提出：国家要实施西部大开发战略。2000 年，中共十五届五中全会通过的《中共中央关于制定国民经济和社会发展第十个五年计划的建议》强调：实施西部大开发战略，加快中西部地区发展，关系经济发展、民族团结、社会稳定，关系地区协调发展和最终实现共同富裕，是实现第三步战略目标的重大举措。2017 年，党的十九大指出，"经过长期努力，中国特色社会主义进入了新时代，这是我国发展新的历史方位"，"我国经济已由高速增长阶段转向高质量发展阶段"，要

---

[*] 本文为教育部人文社会科学重点研究基地重大项目"丝绸之路经济带战略背景下西部地区产业结构调整与升级研究"（批准号 16JJD790049）阶段性成果。

[**] 高煜，西北大学教授，博士生导师，研究方向产业经济；雷淑珍，西北大学在读博士，研究方向为产业经济。

"实施区域协调发展战略，加大力度支持革命老区、民族地区、边疆地区、贫困地区加快发展，强化举措推进西部大开发形成新格局"。2019 年 3 月 19 日中央全面深化改革委员会第七次会议提出新时代推进西部大开发形成新格局，明确指出"要围绕抓重点、补短板、强弱项，更加注重抓好大保护"，"要更加注重抓好大开放，发挥共建'一带一路'的引领带动作用"，"要更加注重推动高质量发展，贯彻落实新发展理念"。

因此，实施好西部大开发战略既是国家发展需要长期坚持的历史使命，又是推动区域协调发展、实现新时代经济高质量发展的重要内容。因此，新时代赋予了西部大开发新使命、新方向、新任务、新内容。为此，必须对 20 年西部大开发的事实与经验进行深入研究，在此基础上，明确新时代西部大开发高质量发展的新内涵。

对于西部大开发总结的大量研究表明，西部大开发确实极大地推动了包括西部地区基础设施建设、生态环境建设等在内的经济社会大发展，但是并未能从根本上提升西部地区产业发展水平，这一点基本得到了学术界的公认。然而，对于西部大开发以来西部地区产业发展提升有限的原因，已有研究并未给出明确的分析与解释，而这一问题恰恰是未来新时代西部大开发高质量发展的核心问题。对于这一问题的深入研究决定着未来新时代西部大开发高质量发展的新方向，其所具有的重大的理论与现实意义是显而易见的。

本文在已有研究的基础上，从现代区域产业分工合作的视角对西部大开发 20 年西部地区产业发展进行解析，进而指出未来新时代西部大开发高质量发展的新方向、新任务、新内容。

二 文献综述

出于"把东部沿海地区的剩余经济发展能力，用以提高西部地区的经济和社会发展水平、巩固国防"的需要，2000 年国家开始实行西部大开发战略。西部大开发战略的实施不仅关乎西部地区自身的经济增长问题，而且关乎国家区域经济协调发展的问题。自西部大开发战略实施以来，已有大量文献从多角度评价西部大开发的实施效果，其中比较早期的是王洛林和魏后凯对西部大开发的进展和效果进行评价，研究结果表明，西部大开发对西部的基础设施和环境建设方面发挥了明显的改善作用，但在吸引民间投资、软环境建设和对外开放等方面作用有限。[①] 刘军和邱长溶从西部大开发税收优惠政策角度出发对西部大开发的实施效果进行评价，结果发现西部大开发的税收优惠政策只能在一定的时间段内对西部地区的经济增长产生显著的促进作用，随着时间的推移，这样的促进作用就会降低。[②] 刘生龙等对西部大开发的实施成效进行严谨的社会科学检验，结果表明西部大开发战略通过大量的实物资本特别是基础设施实现西部地区的经济增长，教育发展、科技进步及软环境并没有因为西部大开发而得到明显的改善。[③] 林建华和任保平对西部大开发战略10年绩效进行评价，得出的结论是西部大开发战略实施虽然带动了西部经济的发展，但是东西部差距非但没有缩小，反而呈现继续扩大的趋势。[④] 朱承亮等从全要素生产率（TFP）角度分析了西部大开发战略的实施绩效，研究发现西部大开发战略的实施使得西部地区 TFP 增长率远高于全国平均水平。[⑤] 李国平等从区域经济政策效应评价理论和经济增长质量的视角对西部大开发战略的经济效应做出评价，得出的结论是西部大开发战略在一定程度上促进了西部地区经济增长质量的提高，但西部地区仍存在着资本边际生产率较低、地区间分工地位较低和非公有制企业、中小型企业经济效益较差的问题。[⑥] 毛其淋采用双倍差分法考察西部大开发对西部地区收入不平等的影响，研究结果表明，西部大开发通过吸收外资、提高城市化水平以及财政支农支出规模的途径来缩小西部地区的收入不平等，但并没有使西部地区的对外贸易得到更快的发展。[⑦] 刘瑞明和赵仁杰利用双重差分倾向得分匹配法（PSM－DID）研究了西部大开发对地区经济发展的影响，结果表明西部大开发对地区 GDP 和人均 GDP 并没有明显提升作用，西部大开发降

① 王洛林、魏后凯：《我国西部大开发的进展及效果评价》，《财贸经济》2003 年第 10 期，第 5~12 页、第 95 页。

② 刘军、邱长溶：《西部大开发税收优惠政策实施效果评估》，《当代经济科学》2006 年第 4 期，第 64~71 页。

③ 刘生龙、王亚华、胡鞍钢：《西部大开发成效与中国区域经济收敛》，《经济研究》2009 年第 9 期。

④ 林建华、任保平：《西部大开发战略 10 年绩效评价：1999~2008》，《开发研究》2009 年第 1 期，第 48~52 页。

⑤ 朱承亮、岳宏志、李婷：《基于 TFP 视角的西部大开发战略实施绩效评价》，《科学学研究》2009 年第 11 期，第 1662~1667 页。

⑥ 李国平、彭思奇、曾先峰、杨洋：《中国西部大开发战略经济效应评价——基于经济增长质量的视角》，《当代经济科学》2011 年第 4 期，第 1~10 页、第 124 页。

⑦ 毛其淋：《西部大开发有助于缩小西部地区的收入不平等吗——基于双倍差分法的经验研究》，《财经科学》2011 年第 9 期，第 94~103 页。

低了西部地区的人力资本水平，阻碍了产业结构调整，未有效吸引外商投资和民间投资，西部地区滑入"政策陷阱"，西部大开发对地区经济增长的推动作用难以发挥。[①] 彭曦和陈仲常研究发现西部大开发使得四川、重庆、内蒙古和陕西这四个省份收益最大，综合发展水平提升最为明显，与东部地区发展差距也逐步缩减，而其他的西部省份则受益相对较小。[②] 何春和刘来会从区域协调发展的视角评价西部大开发政策效应，研究结果表明西部大开发虽然在整体上推动了西部地区经济的发展，促进了中国区域的协调发展，但同时也导致了西部地区内部经济发展差距的不断扩大。[③] 尹传斌等从经济增长中环境成本的角度出发评价西部大开发十五年的环境效率，结果显示西部地区环境效率偏低，处于相对无效状态。[④] 袁航和朱承亮利用 PSM - DID 法对西部大开发战略的产业结构转型升级净效应进行检验，结果表明西部大开发战略能促进西部地区产业结构合理化，但未能促进产业结构高级化，即未有效促进西部地区产业结构转型升级。[⑤]

综上所述，已有的研究文献大多表明，西部大开发战略的实施在一定程度上促进了西部地区的经济增长，改善了西部地区的基础设施建设水平，但在吸引外资、对外开放、缩小东西部经济差距上作用有限。同时，西部大开发战略也没有提升西部地区产业发展的整体水平，这是为什么呢？尽管已有文献从多个角度对西部大开发十年、十五年的实施效果进行评价，但是对出现这种效果的原因进行解释剖析的文献并不多见。

基于此，本文试图在西部大开发 20 年西部地区产业发展的基本事实基础上，从现代区域产业分工合作的视角对西部大开发 20 年西部地区产业发展进行解析，试图找出其中存在的作用机理。

---

① 刘瑞明、赵仁杰：《西部大开发：增长驱动还是政策陷阱——基于 PSM - DID 方法的研究》，《中国工业经济》2015 年第 6 期，第 32～43 页。

② 彭曦、陈仲常：《西部大开发政策效应评价》，《中国人口·资源与环境》2016 年第 3 期，第 136～144 页。

③ 何春、刘来会：《区域协调发展视角下西部大开发政策效应的审视》，《经济问题探索》2016 年第 7 期，第 72～78 页。

④ 尹传斌、朱方明、邓玲：《西部大开发十五年环境效率评价及其影响因素分析》，《中国人口·资源与环境》2017 年第 3 期，第 82～89 页。

⑤ 袁航、朱承亮：《西部大开发推动产业结构转型升级了吗？——基于 PSM - DID 方法的检验》，《中国软科学》2018 年第 6 期，第 67～81 页。

三 西部大开发20年西部地区产业发展：基本事实

西部大开发20年，西部地区产业得到了快速发展。深入考察，可以更加细致地揭示西部大开发20年西部地区产业发展的基本事实。这些基本事实在我国各区域的对比中将得到更加充分的印证。因此，本部分在我国各区域的对比中，从产业发展速度、产业占比、产业结构等方面揭示西部大开发20年西部地区产业发展的基本事实。

（一）西部大开发20年西部地区产业发展速度

西部大开发20年西部地区产业发展速度体现在表1中。

图1、图2、图3分别是根据表1得到的西部大开发20年各区域产业总增长率、第二产业增长率、第三产业增长率的比较情况。

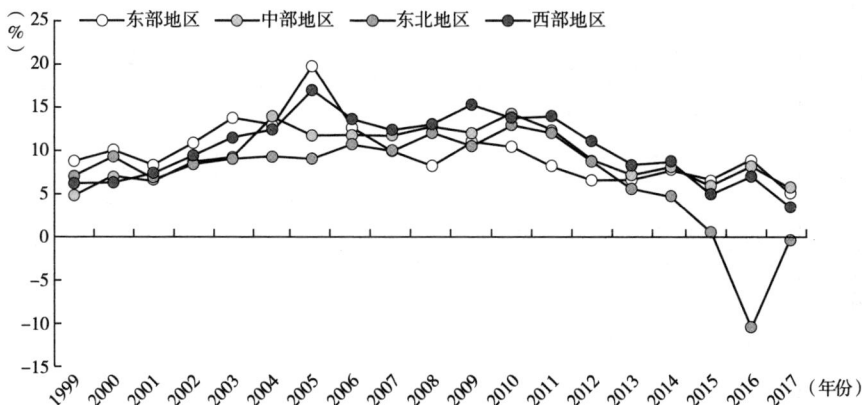

图1 西部大开发20年全国各区域产业总增长率比较

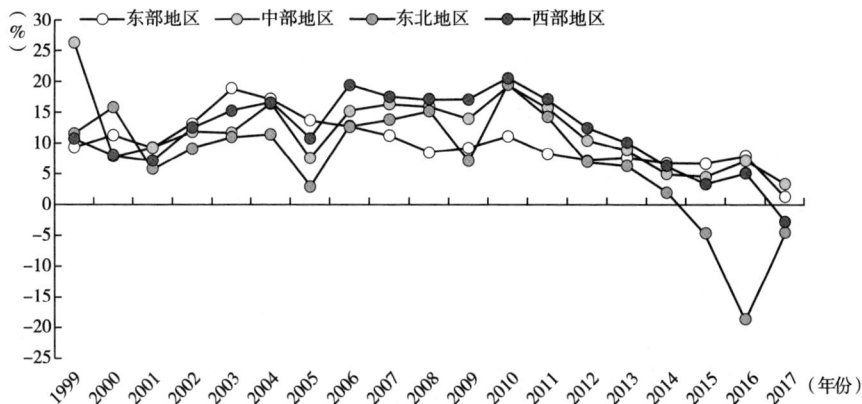

图2 西部大开发20年全国各区域第二产业增长率比较

表1 西部大开发20年中国各区域产业增长率

单位：%

年份	东部地区				中部地区				东北地区				西部地区			
	总增长率	第一产业	第二产业	第三产业	总增长率	第一产业	第二产业	第三产业	总增长率	第一产业	第二产业	第三产业	总增长率	第一产业	第二产业	第三产业
1999	8.72	4.67	9.39	3.43	4.80	-0.78	26.37	6.88	6.99	-1.85	11.61	6.68	6.17	2.09	10.79	-1.52
2000	10.02	3.69	11.34	10.05	6.90	3.33	7.90	8.54	9.24	-3.64	15.88	5.69	6.28	2.64	8.13	7.32
2001	8.25	2.31	9.33	8.91	6.61	1.67	9.29	6.27	6.88	5.48	5.86	9.38	7.38	0.77	7.22	11.42
2002	10.81	1.38	13.21	10.80	8.59	2.32	11.88	7.99	8.38	7.02	9.16	8.20	9.38	3.27	12.60	9.09
2003	13.67	2.79	18.98	9.79	9.17	-0.45	11.76	10.69	8.97	5.58	11.03	7.20	11.41	7.97	15.30	8.94
2004	12.83	1.59	17.25	10.39	13.87	11.19	16.45	10.11	9.22	3.08	11.47	7.91	12.36	3.93	16.63	9.94
2005	19.63	10.85	13.79	28.89	11.67	9.24	7.63	18.96	9.01	15.11	2.95	15.35	16.86	11.15	10.82	28.20
2006	12.56	5.42	12.86	13.34	11.70	4.42	15.25	10.68	10.67	6.62	12.69	9.40	13.55	5.75	19.46	10.96
2007	9.89	-2.10	11.29	11.28	11.70	0.19	16.42	10.00	9.97	3.51	13.89	7.05	12.32	4.25	17.58	8.85
2008	8.19	3.83	8.51	8.60	12.70	8.89	16.03	8.78	11.97	4.70	15.27	9.17	12.97	6.31	17.21	9.68
2009	10.99	6.57	9.25	14.03	11.93	4.66	14.04	13.13	10.46	7.88	7.17	17.09	15.21	2.01	17.13	18.94
2010	10.38	3.49	11.17	10.53	14.15	6.41	19.55	9.15	12.88	2.25	19.56	7.21	13.73	5.99	20.59	7.65
2011	8.19	3.21	8.26	9.16	12.25	2.76	15.80	9.45	11.97	9.83	14.34	9.36	13.91	6.69	17.18	11.94
2012	6.55	3.53	7.16	6.60	8.76	3.61	10.47	9.17	8.70	10.64	7.04	11.40	11.04	6.97	12.52	11.15
2013	6.60	4.21	7.66	6.09	7.16	2.89	8.91	7.36	5.56	7.34	6.36	4.85	8.27	5.24	10.13	7.70

续表

年份	东部地区				中部地区				东北地区				西部地区			
	总增长率	第一产业	第二产业	第三产业	总增长率	第一产业	第二产业	第三产业	总增长率	第一产业	第二产业	第三产业	总增长率	第一产业	第二产业	第三产业
2014	7.78	0.39	6.78	9.81	8.08	1.42	5.03	15.55	4.73	0.35	1.99	10.14	8.74	3.83	6.36	14.07
2015	6.50	4.43	6.71	6.80	5.93	3.38	4.54	9.95	0.57	3.04	-4.59	6.49	4.97	5.70	3.39	7.75
2016	8.81	3.54	7.92	10.21	8.16	4.95	7.19	10.69	-10.31	-4.86	-18.60	-3.86	7.00	6.36	5.15	9.52
2017	5.10	-3.00	1.35	8.71	5.75	-5.20	3.41	10.60	-0.35	-5.35	-4.47	4.51	3.46	3.85	-2.73	9.56

说明：①产业增长率按照各产业增加值计算，按照GDP平价指数处理，以1978年为基期，得出实际增长率（环比增长率）。

②按照国家统计局的划分，东部地区包括北京、天津、河北、上海、江苏、浙江、福建、山东、广东、海南10个省市；中部地区包括山西、安徽、江西、河南、湖北、湖南6个省份；东北地区包括辽宁、吉林、黑龙江3个省份；西部地区包括内蒙古、广西、重庆、四川、贵州、云南、西藏、陕西、甘肃、青海、宁夏、新疆12个省区市。将各个地区的数据按省份加总，再分省份统计年鉴。

资料来源：2000~2018年《中国统计年鉴》和分省份统计年鉴。

133

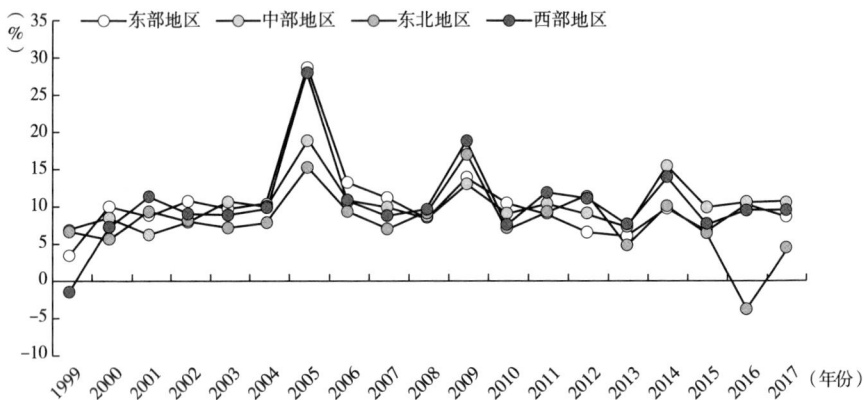

图3　西部大开发20年全国各区域第三产业增长率比较

从上述研究可以得到西部大开发20年西部地区产业增长的几个基本事实：一是总体上，西部地区产业增长率与全国以及东部地区、中部地区等区域保持了相同的整体发展趋势，总体呈现较快增长趋势。二是在与其他区域产业增长率的比较方面，西部大开发20年西部地区产业增长表现为三个显著的阶段性特征：第一个阶段是1999～2005年，这一阶段，西部地区产业增长率低于东部地区产业增长率；第二个阶段是2006～2014年，这一阶段，西部地区产业增长率高于东部地区产业增长率；第三个阶段是2015～2017年，这一阶段，西部地区产业总体增长率和第二产业增长率低于东部地区。而且，一个值得注意的事实是，从这一阶段开始，西部地区产业增长率全面低于中部地区。

（二）西部大开发20年西部地区第二、第三产业在全国占比

西部大开发20年西部地区第二、第三产业在全国占比体现在表2中。图4、图5分别是根据表2得到的西部大开发20年我国各区域第二

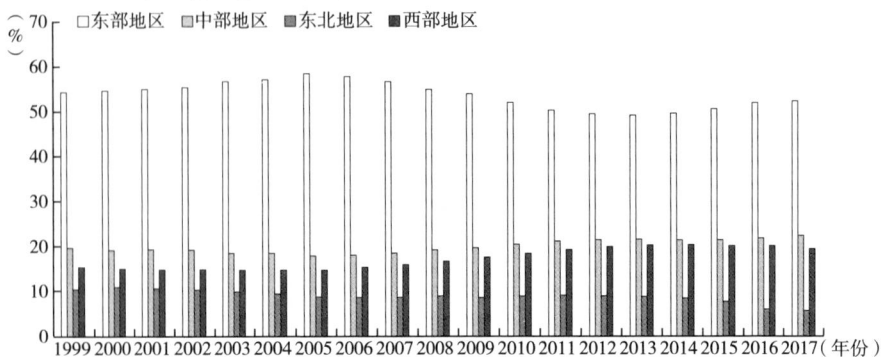

图4　西部大开发20年各地区第二产业增加值全国占比比较

表2 西部大开发20年各区域第一、二、三产业在全国的占比

单位:%

年份	东部地区				中部地区				东北地区				西部地区			
	总占比	第一产业	第二产业	第三产业	总占比	第一产业	第二产业	第三产业	总占比	第一产业	第二产业	第三产业	总占比	第一产业	第二产业	第三产业
1999	51.83	39.17	54.33	54.40	20.69	26.81	19.76	19.09	9.97	9.04	10.45	9.77	17.51	24.98	15.45	16.74
2000	52.49	39.56	54.68	54.99	20.36	26.99	19.27	19.03	10.02	8.48	10.95	9.49	17.13	24.97	15.10	16.50
2001	52.79	39.67	55.03	55.01	20.17	26.89	19.39	18.58	9.95	8.77	10.67	9.53	17.09	24.66	14.90	16.88
2002	53.24	39.20	55.42	55.54	19.93	26.82	19.30	18.28	9.82	9.15	10.36	9.40	17.01	24.83	14.93	16.78
2003	54.07	38.95	56.73	55.65	19.44	25.81	18.56	18.46	9.56	9.34	9.90	9.20	16.94	25.91	14.81	16.69
2004	54.17	37.75	57.13	55.83	19.66	27.38	18.56	18.48	9.27	9.18	9.48	9.02	16.90	25.69	14.83	16.67
2005	55.58	37.74	58.47	57.24	18.82	26.97	17.97	17.48	8.67	9.53	8.78	8.27	16.93	25.76	14.79	17.00
2006	55.66	37.77	57.76	57.85	18.70	26.73	18.12	17.26	8.53	9.65	8.66	8.07	17.11	25.85	15.46	16.82
2007	55.27	36.72	56.68	58.36	18.88	26.60	18.60	17.21	8.48	9.92	8.69	7.83	17.37	26.77	16.03	16.60
2008	54.27	35.99	54.97	58.22	19.31	27.34	19.29	17.20	8.62	9.80	8.95	7.86	17.80	26.86	16.79	16.73
2009	53.84	36.55	53.95	57.76	19.32	27.27	19.76	16.92	8.51	10.08	8.62	8.00	18.33	26.11	17.67	17.31
2010	53.09	36.09	52.05	58.29	19.70	27.68	20.51	16.87	8.58	9.83	8.95	7.83	18.63	26.40	18.49	17.01
2011	52.04	35.59	50.32	57.92	20.04	27.18	21.20	16.96	8.70	10.32	9.13	7.80	19.22	26.92	19.35	17.33
2012	51.32	35.02	49.52	57.06	20.17	26.77	21.51	17.11	8.76	10.85	8.98	8.03	19.76	27.37	19.99	17.80
2013	51.15	34.93	49.22	56.84	20.21	26.36	21.63	17.25	8.64	11.14	8.82	7.90	20.00	27.57	20.33	18.00

续表

年份	东部地区				中部地区				东北地区				西部地区			
	总占比	第一产业	第二产业	第三产业	总占比	第一产业	第二产业	第三产业	总占比	第一产业	第二产业	第三产业	总占比	第一产业	第二产业	第三产业
2014	51.16	34.51	49.63	55.94	20.26	26.31	21.46	17.86	8.40	11.01	8.49	7.80	20.18	28.17	20.42	18.40
2015	51.60	34.53	50.63	55.57	20.33	26.07	21.44	18.26	8.00	10.87	7.75	7.73	20.06	28.53	20.18	18.45
2016	52.58	34.45	51.97	56.14	20.59	26.36	21.86	18.53	6.72	9.96	6.00	6.81	20.10	29.24	20.18	18.52
2017	52.86	34.03	52.34	56.02	20.83	25.45	22.46	18.82	6.40	9.60	5.69	6.53	19.90	30.92	19.51	18.63

说明：区域产业占比为该区域该产业增加值占全国该产业增加值的比重。

资料来源：2000~2018年《中国统计年鉴》和分省省份统计年鉴。

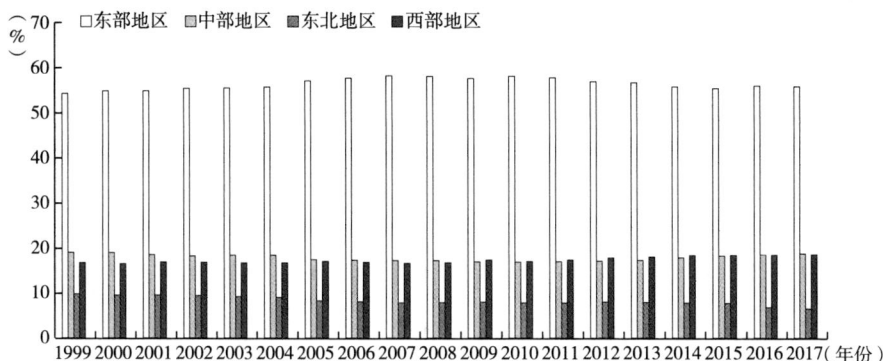

图5　西部大开发20年各地区第三产业增加值全国占比比较

产业、第三产业在全国占比的比较情况。

从上述研究可以得到西部大开发20年西部地区第二、第三产业在全国的占比变化的几个基本事实：一是总体上，西部地区第二、第三产业全国占比呈现略有上升的趋势。二是西部地区第二、第三产业占比的变化表现为三个显著的阶段性特征：第一个阶段是1999～2005年，这一阶段，西部地区第二产业占比持续下降；第二个阶段是2006～2014年，这一阶段，西部地区第二产业占比持续上升；第三个阶段是2015～2017年，这一阶段，西部地区第二产业占比总体不变，而且略有下降。一个值得注意的事实是，从2009年开始，西部地区第三产业增加值全国占比开始超过中部地区，从2012年开始，西部地区第三产业增加值全国占比出现了较明显的稳定上升趋势。

（三）西部大开发20年西部地区产业结构

西部大开发20年西部地区产业结构变动体现在表3中。

表3　西部大开发20年我国各区域产业结构

单位:%

年份	东部地区			中部地区			东北地区			西部地区		
	第一产业	第二产业	第三产业	第一产业	第二产业	第三产业	第一产业	第二产业	第三产业	第一产业	第二产业	第三产业
1999	12.60	48.73	38.66	21.62	44.40	33.98	15.12	48.76	36.12	23.79	41.01	35.20
2000	11.51	49.07	39.42	20.24	44.59	35.17	12.92	51.45	35.62	22.26	41.51	36.23
2001	10.94	48.68	40.38	19.41	44.90	35.69	12.82	50.06	37.11	21.00	40.72	38.28
2002	10.12	49.01	40.87	18.49	45.58	35.93	12.80	49.69	37.51	20.05	41.31	38.65
2003	9.13	51.42	39.45	16.82	46.77	36.40	12.38	50.75	36.87	19.39	42.85	37.76

年份	东部地区			中部地区			东北地区			西部地区		
	第一产业	第二产业	第三产业	第一产业	第二产业	第三产业	第一产业	第二产业	第三产业	第一产业	第二产业	第三产业
2004	8.92	53.26	37.82	17.83	47.68	34.49	12.68	51.63	35.69	19.46	44.34	36.20
2005	7.90	51.56	40.55	16.67	46.77	36.56	12.79	49.62	37.59	17.69	42.79	39.52
2006	7.27	51.95	40.79	15.30	48.50	36.20	12.11	50.77	37.12	16.18	45.23	38.58
2007	6.88	51.47	41.65	14.60	49.45	35.95	12.12	51.44	36.44	15.97	46.32	37.70
2008	6.84	51.65	41.51	14.60	50.95	34.45	11.73	53.00	35.27	15.56	48.10	36.34
2009	6.55	49.35	44.11	13.61	50.38	36.01	11.42	49.90	38.67	13.73	47.46	38.81
2010	6.30	49.37	44.33	13.03	52.41	34.56	10.63	52.51	36.87	13.15	49.99	36.87
2011	6.22	48.92	44.86	12.35	53.54	34.11	10.79	53.10	36.12	12.74	50.92	36.34
2012	6.20	47.80	46.00	12.06	52.85	35.09	11.26	50.80	37.94	12.58	50.13	37.28
2013	6.17	46.86	46.97	11.79	52.13	36.08	11.66	49.68	38.66	12.46	49.49	38.05
2014	5.75	45.44	48.81	11.07	49.59	39.34	11.17	47.36	41.47	11.90	47.39	40.71
2015	5.63	43.55	50.82	10.80	46.81	42.40	11.44	42.97	45.59	11.97	44.64	43.39
2016	5.35	42.28	52.37	10.45	45.41	44.14	12.10	38.18	49.72	11.87	42.95	45.18
2017	4.72	41.60	53.68	8.95	45.29	45.75	10.99	37.34	51.67	11.39	41.19	47.42

资料来源: 2000~2018 年《中国统计年鉴》和分省份统计年鉴。

从上述研究可以得到西部大开发 20 年西部地区产业结构变化的几个基本事实: 一是与全国以及各区域的产业结构变动的总体趋势相同, 西部地区也是第二产业比重先上升后下降, 第三产业比重先稳定, 后快速上升。二是在产业结构升级的时间上, 西部地区落后于东部地区, 与中部地区和东北地区基本同步。其中, 东部地区从 2004 年开始, 第二产业比重开始持续下降, 第三产业比重开始持续上升。中部地区与东北地区从 2011 年开始, 第二产业比重开始持续下降, 第三产业比重开始持续上升。西部地区也是从 2011 年开始, 第二产业比重开始持续下降, 第三产业比重开始持续上升。三是在产业结构升级的程度上, 截至 2017 年, 西部地区第二产业比重低于中部地区, 高于东北地区, 第三产业比重高于中部地区, 低于东北地区, 即与中部地区相比, 西部地区第二产业比重低, 第三产业比重高。

(四) 西部大开发 20 年西部地区产业合理化与高级化

西部大开发 20 年西部地区产业合理化与高级化情况体现在表 4 中。

表4　西部大开发20年我国各区域产业结构合理化水平与高级化水平

年份	东部地区		中部地区		东北地区		西部地区	
	高级化	合理化	高级化	合理化	高级化	合理化	高级化	合理化
1999	0.79	0.23	0.77	0.26	0.74	0.19	0.86	0.34
2000	0.80	0.24	0.79	0.29	0.69	0.25	0.87	0.34
2001	0.83	0.24	0.79	0.29	0.74	0.25	0.94	0.37
2002	0.83	0.23	0.79	0.29	0.75	0.26	0.94	0.38
2003	0.77	0.22	0.78	0.29	0.73	0.29	0.88	0.38
2004	0.71	0.20	0.72	0.26	0.69	0.27	0.82	0.38
2005	0.79	0.18	0.78	0.25	0.76	0.24	0.92	0.38
2006	0.79	0.18	0.75	0.26	0.73	0.26	0.85	0.40
2007	0.81	0.16	0.73	0.25	0.71	0.25	0.81	0.38
2008	0.80	0.15	0.68	0.24	0.67	0.27	0.76	0.38
2009	0.89	0.14	0.71	0.26	0.78	0.27	0.82	0.37
2010	0.90	0.13	0.66	0.27	0.70	0.27	0.74	0.38
2011	0.92	0.12	0.64	0.25	0.68	0.27	0.71	0.37
2012	0.96	0.12	0.66	0.23	0.75	0.24	0.74	0.39
2013	1.00	0.11	0.69	0.21	0.78	0.20	0.77	0.37
2014	1.07	0.11	0.79	0.20	0.88	0.18	0.86	0.35
2015	1.17	0.10	0.91	0.19	1.06	0.17	0.97	0.32
2016	1.24	0.10	0.97	0.18	1.30	0.15	1.05	0.30

说明：选用第三产业产值与第二产业产值之比衡量产业高级化（TS），TS＝第三产业产值/第二产业产值，即选取泰尔指数衡量产业合理化（TL）（干春晖等，2011），产业合理化公式 $TL = \sum_i^n \left(\frac{Y_i}{Y}\right) \ln \left(\frac{Y_i}{L_l} / \frac{Y}{L}\right)$（其中，$Y$ 为产值，i 为产业，L 为就业人数，n 为产业个数，本文计算泰尔指数采用的是全国及各地区三次产业的相关数据。

资料来源：《中国统计年鉴》（2000~2017年）以及分省份统计年鉴。

图6、图7分别是根据表4得到的西部大开发20年我国各区域产业结构高级化和合理化的比较情况。

从上述研究可以得到西部大开发20年西部地区产业高级化与合理化的几个基本事实：一是在产业结构高级化方面，西部地区的总体趋势与中部地区与东北地区基本一致，且总体高于中部地区与东北地区，但是，与东部地区相比，2007年之前，西部地区产业高级化水平一直高于东部地区，但是从2005年开始，东部地区产业高级化水平开始持续上升，而同时西部地区高级化水平变化开始呈现完全相反的趋势，开始持续下降，并且从

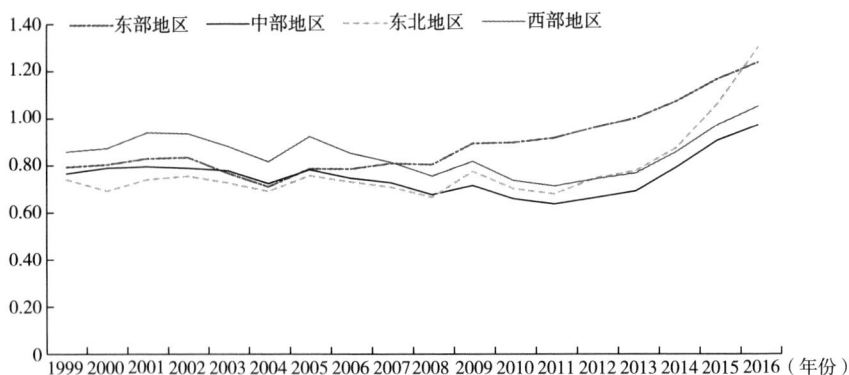

图 6　西部大开发 20 年全国各地区产业高级化水平比较

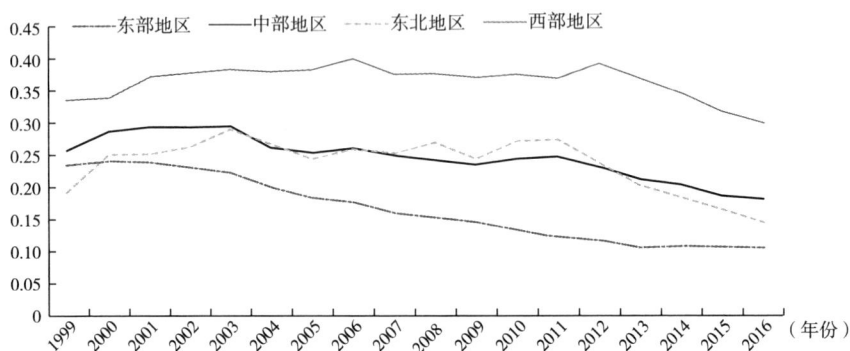

图 7　西部大开发 20 年全国各地区产业合理化水平比较

2007 年开始，西部地区产业高级化水平持续低于东部地区。二是在产业合理化方面，西部地区的产业合理化在全国持续处于最高水平，在变化趋势方面，西部地区与中部地区基本一致，总体呈现较为平稳的趋势，而东部地区则呈现显著的持续下降趋势，但是，从 2012 年开始，西部地区与中部地区产业合理化水平开始呈现显著的持续下降，同时，东部地区产业合理化水平的下降开始放缓。

从以上基本事实可以看出，西部大开发 20 年西部地区产业发展显著地表现出两大成效与三大问题。其中，成效之一，在产业总体增长态势方面，包括产业增速、产业增加值在全国的占比等方面，西部地区实现了与全国以及各区域的同步发展。成效之二，在产业结构方面，西部地区实现了持续的优化升级。

但是，与取得重大成效相比，西部地区产业发展存在着更为重要的突出问题。问题之一，虽然在产业增速、产业增加值在全国的占比等方面，西部地区实现了与东部地区、中部地区的同步发展，但是，考虑到西部地区与各区域，特别是东部地区的产业绝对规模的巨大差距，即使其产业增速、产业增加值在全国的占比等同步提升，实质上，西部地区产业发展与东部地区的差距是在不断加大的。问题之二，即使无法与东部地区相比，产业结构的变化也清晰地显示，西部大开发20年，西部地区第二产业的比重从未超越过中部地区，即西部地区的工业化水平一直落后于中部地区，对于经济、产业发展相对滞后的西部地区，工业化水平长期无法得到根本提升，将是未来区域产业及经济根本发展的重大阻碍。问题之三，从2010年开始，西部地区第二产业的增速显著持续下降，且从2014年与2015年开始，西部地区第二产业与第三产业的增速开始持续落后于中部地区。这清晰地显示，西部地区产业发展速度已经从西部大开发早期的对于东部地区，特别是中部地区的领先发展，逆转为近期的落后于中部地区发展，西部地区产业发展趋势不容乐观。这体现着西部大开发推动西部地区产业发展的既有方式亟须在未来发生根本性转变，以推动西部地区产业重新实现快速发展。

四 西部大开发20年西部地区区域产业分工：度量与判断

上述事实表明，西部大开发20年西部地区产业发展虽然取得了明显成效，但是产业发展滞后的情况并未实现根本性转变，而且面临着扭转增长下降趋势的急迫问题。在当今经济全球化、区域一体化、生产纵向非一体化的背景下，国际及东部地区的实践表明，一个地区现代化产业发展的根本路径是在明确自身产业分工定位的基础上，深度参与跨区域现代产业分工体系，并以此为基础形成与国内外其他区域与国家的现代产业协同发展。而一个地区参与现代跨区域产业分工协作体系的关键是该地区自身产业竞争力，而地区产业竞争力的根本保证是该地区合理、有效的区域内部产业分工协作体系，及其所形成的强大的区域内部产业配套发展能力。因此，在区域内部现代产业分工协作的基础上，深度参与跨区域现代产业分工协作体系，是现代区域产业发展的根本路径。

因此，西部大开发20年西部地区产业发展相对滞后的本质是对于现代区域产业发展的根本路径的迷失。

基于这一认识，对于西部大开发20年西部地区内部现代产业分工协作，以及以此为基础，参与跨区域现代产业分工协作状况的了解，就成为理解西部大开发20年西部地区产业发展的关键。

（一）西部大开发20年西部地区内部产业分工

对于区域产业分工的度量，胡佛（1936）提出了 Hoover 地方化系数，克鲁格曼（1991）构造了行业分工指数，在此基础上，陈耀（1998）、邱风（2005）、樊福卓（2005）等采用了相似系数、区位熵，蔡昉等（2002）采用绝对离差指标，范剑勇（2004）采用专业化指数等方法度量了我国区域产业分工。为了从地区总体产业结构与产业内部具体结构两个方面度量西部大开发20年西部地区内部产业分工，进而对其做出基本判断，本文采用李学鑫、苗长虹（2006）的区位熵灰色关联分析法，选取西部地区直辖市重庆，及各省区省会城市等12个城市，并参考李学鑫、苗长虹（2006）采用农林牧渔业（简称农林牧渔，下同），采矿业，制造业，电力、燃气及水生产和供应业（电燃水供），建筑业，批发和零售业（批零），交通运输、仓储和邮政业（交通），住宿与餐饮业（住宿），信息传输、计算机服务和软件业（计算机），金融业，房地产业（房地产）、租赁和商服务业（租赁）科学研究、技术服务和地质勘查业（科研）水利、环境和公共设施管理业（水利）居民服务、修理和其他服务业（居民服务），教育，卫生、社会保障和社会福利业（卫生），文化、体育、娱乐业（文化），公共管理和社会组织（公共管理）等19个产业（数据主要来自《中国城市统计年鉴2017》），对西部地区的产业结构与分工进行测度。①

以西部地区为城市群总体，本文通过计算得到2016年西部地区各大城市各产业的区位熵矩阵（见表5）。

表5　2016年西部地区各大城市各产业的区位熵矩阵

类别\地区	呼和浩特	南宁	重庆	成都	贵阳	昆明	拉萨	西安	兰州	西宁	银川	乌鲁木齐	均值
农林牧渔	0.79	1.14	0.26	0.58	0.13	0.25	20.58	0.11	0.10	0.33	1.66	1.44	2.28
采矿业	0.08	0.03	1.50	0.11	0.79	1.29	1.14	0.29	2.12	1.15	9.45	2.27	1.69
制造业	0.68	0.71	1.18	1.00	0.77	0.73	0.21	1.24	0.84	1.01	0.97	0.56	0.82
电燃水供	2.42	2.31	0.65	0.21	2.44	0.61	0.60	1.09	1.54	2.01	2.41	2.53	1.57
建筑业	0.49	1.22	1.27	0.75	1.57	1.32	0.33	0.64	1.19	0.83	0.38	0.75	0.89
批零	0.68	0.60	0.62	1.57	0.62	1.00	2.38	0.77	0.53	0.65	0.61	0.65	0.89
交通	0.97	0.61	0.83	1.06	0.96	1.08	0.53	1.07	0.47	1.34	0.45	1.80	0.93
住宿	0.61	0.52	0.42	1.81	0.34	0.79	2.61	0.76	0.18	0.30	0.26	0.40	0.77
计算机	0.88	0.48	0.35	1.79	0.57	0.57	0.49	1.34	0.42	0.77	0.40	0.41	0.71
金融业	1.63	1.49	1.00	0.66	0.73	0.79	0.66	1.34	1.09	1.33	2.33	0.94	1.17

---

①　李学鑫、苗长虹：《城市群产业结构与分工的测度研究——以中原城市群为例》，《人文地理》2006年第4期，第25~28页、第122页。

地区　　类别	呼和浩特	南宁	重庆	成都	贵阳	昆明	拉萨	西安	兰州	西宁	银川	乌鲁木齐	均值
房地产	0.95	0.90	0.93	0.96	1.34	1.01	0.19	1.09	1.24	0.66	0.89	0.80	0.91
租　赁	0.41	0.69	0.76	1.31	0.57	0.93	1.71	1.03	0.87	0.45	0.72	0.74	0.85
科　研	1.44	0.99	0.55	0.87	0.78	1.10	0.56	1.86	1.54	1.27	0.78	1.01	1.06
水　利	3.37	1.51	1.14	0.61	0.72	0.81	0.19	0.93	1.83	1.02	1.64	0.66	1.20
居民服务	0.25	0.10	0.18	2.55	0.35	0.31	2.09	0.25	0.05	0.08	0.07	0.10	0.53
教　育	1.55	1.42	1.26	0.56	0.89	1.11	0.41	1.08	1.25	1.07	1.14	0.93	1.06
卫　生	1.11	1.42	1.08	0.74	0.85	1.15	0.39	0.88	1.07	1.55	1.36	1.22	1.07
文　化	1.97	1.04	0.54	1.19	0.71	0.85	1.46	0.84	1.09	1.02	1.38	1.26	1.11
公共管理	1.80	1.16	1.09	0.49	1.12	0.96	1.21	0.85	1.33	1.25	1.74	2.22	1.27

资料来源：《中国城市统计年鉴2017》。

从表5中可以看出，西部地区各大城市在不同行业具有不同的优势，整体而言，西部地区还是在农林牧渔行业的专业化程度最高（区位熵为2.28），采矿业（1.69），电力、燃气及水的生产和供应业（1.57）这两个区位熵值较大，在住宿（0.77）、计算机（0.71）、居民服务（0.53）等方面存在劣势。具体而言，重庆市、成都市、西安市在19个行业中，大多数行业的区位熵超过了西部地区平均水平，体现出了较明显的产业集聚。呼和浩特市、南宁市、贵阳市、西宁市以及银川市在电力、燃气及水生产和供应业行业的区位熵较大，都超过了2。

在表5基础上，依照灰色关联分析，经计算可得2016年西部地区各大城市的产业关联系数（见表6），从中可以看出西部地区各大城市之间产业内部结构总体趋同现象较为明显，并未形成区域产业分工（见图8）。

表6　2016年西部地区各大城市产业结构关联系数矩阵

地区　　类别	呼和浩特	南宁	重庆	成都	贵阳	昆明	拉萨	西安	兰州	西宁	银川	乌鲁木齐
农林牧渔	0.98	0.99	0.93	0.96	0.92	0.93	0.33	0.92	0.92	0.94	0.94	0.96
采矿业	0.91	0.91	0.95	0.92	0.98	0.97	0.99	0.93	0.90	0.98	0.54	0.89
制造业	0.97	0.97	0.98	1.00	0.98	0.97	0.93	0.98	0.98	1.00	1.00	0.96
电燃水供	0.87	0.88	0.97	0.93	0.87	0.96	0.96	0.99	0.95	0.91	0.87	0.86
建筑业	0.95	0.98	0.97	0.98	0.94	0.97	0.94	0.97	0.98	0.98	0.94	0.98
批　零	1.00	0.96	0.96	0.94	0.96	1.00	0.88	0.98	0.95	0.97	0.96	0.97
交　通	1.00	0.96	0.98	0.99	1.00	0.99	0.95	0.94	0.97	0.97	0.95	0.92
住　宿	0.96	0.95	0.94	0.92	0.94	0.98	0.86	0.98	0.95	0.93	0.93	0.94
计算机	0.99	0.95	0.94	0.93	0.96	0.96	0.95	0.97	0.94	0.98	0.94	0.94

续表

地区 类别	呼和浩特	南宁	重庆	成都	贵阳	昆明	拉萨	西安	兰州	西宁	银川	乌鲁木齐
金融业	0.94	0.95	1.00	0.97	0.97	0.98	0.97	0.97	0.99	0.97	0.88	0.99
房地产	0.99	0.99	0.99	1.00	0.97	1.00	0.92	0.99	0.98	0.97	0.99	0.98
租　赁	0.94	0.97	0.98	0.97	0.96	0.99	0.93	1.00	0.99	0.95	0.97	0.97
科　研	0.96	1.00	0.96	0.99	0.98	0.99	0.96	0.92	0.95	0.97	0.98	1.00
水　利	0.81	0.95	0.99	0.96	0.97	0.98	0.98	0.92	0.99	1.00	0.94	0.97
居民服务	0.93	0.92	0.92	0.86	0.94	0.93	0.9	0.93	0.91	0.91	0.91	0.92
教　育	0.95	0.96	0.97	0.96	0.99	0.94	0.9	0.99	0.98	0.99	0.99	0.99
卫　生	0.99	0.96	0.99	0.97	0.98	0.98	0.94	0.99	0.99	0.95	0.96	0.98
文　化	0.91	1.00	0.96	0.98	0.97	0.98	0.96	0.99	0.99	1.00	0.96	0.97
公共管理	0.92	0.98	0.99	0.95	1.00	0.99	1.00	0.98	0.98	0.97	0.93	0.89

资料来源：《中国城市统计年鉴2017》。

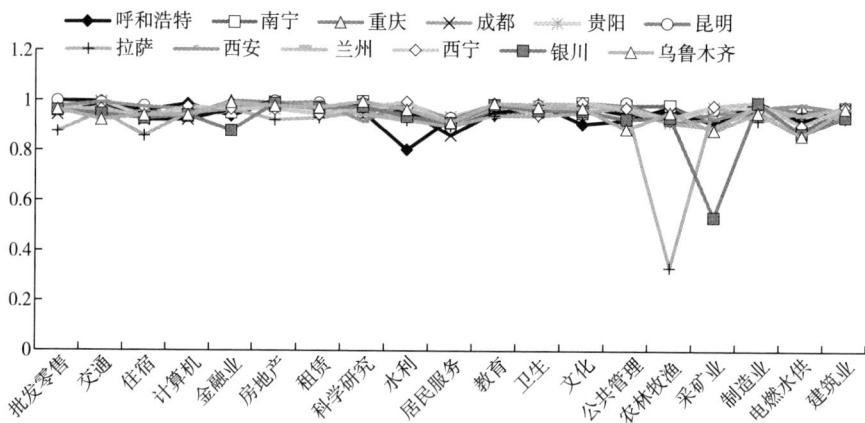

图8　西部地区各大城市三次产业内部结构相似性

表7　2016年西部地区各大城市产业结构灰色关联度排序

城市	昆明	西安	重庆	西宁	贵阳	南宁	兰州	成都	乌鲁木齐	呼和浩特	银川	拉萨
γ	0.98	0.97	0.97	0.96	0.96	0.96	0.96	0.96	0.95	0.95	0.93	0.91

资料来源：《中国城市统计年鉴2017》。

表7反映了2016年西部地区各大城市产业结构灰色关联度排序，从中可以看出，以西部地区整体作为参照，与西部地区总体产业结构相似性从大到小的城市是昆明、西安、重庆、西宁、贵阳、南宁、兰州、成都、乌鲁木齐、呼和浩特、银川、拉萨，而且各城市总体上差异不大，明确地显示出西部地区地区专业化水平较低，产业分工缺失。

表8 2016年西部地区不同产业的灰色关联度排序

行业	房地产	制造业	教育	卫生	文化	交通	科研	租赁	金融业	建筑业
γ	0.980	0.976	0.975	0.975	0.972	0.971	0.970	0.968	0.965	0.964

行业	公共管理	批零	计算机	水利	住宿	电燃水供	居民服务	采矿业	农林牧渔
γ	0.963	0.961	0.953	0.950	0.941	0.919	0.915	0.905	0.891

资料来源：2017年《中国城市统计年鉴》。

表8是2016年西部地区不同产业的灰色关联度排序，从中可以看出，只有农林牧渔业的灰色关联度较小（0.891），低于0.9，表明西部地区各城市的农林牧渔业发展不均衡，地域差异较大，而其余产业的灰色关联度都大于0.9，说明这些产业在西部地区各大城市之间高度重合，地域分工不明显。因此说明西部地区内部各地区产业结构趋同现象明显，地域内并没有形成很好的产业分工体系。

（二）西部大开发20年西部地区参与国内产业分工

以全国作为参照，计算出东部地区、中部地区、西部地区三大地区各细分产业的区位熵（见表9），并建立区位熵的灰色关联系数矩阵，得到三大地区与全国三次产业内部结构的灰色关联度。由大到小依次是东部地区（0.76）、西部地区（0.72）、中部地区（0.66）。由于关联度数值比较小，表明全国三大地区在三次产业内部结构上的相似性不高，产业同构性不强，地域分工明显。东部地区与西部地区的灰色关联度大于0.7小于0.8，表明东部地区与西部地区有一定程度的产业分工，而中部地区灰色关联度小于0.7，表明中部地区与其他地区的产业结构重合度低，分工比较明显。

表9 2016年全国区域各产业的区位熵矩阵

类别	东部地区	中部地区	西部地区	均值
农林牧渔	0.68	0.86	1.63	1.06
采矿业	0.55	1.87	1.22	1.21
制造业	1.03	1.19	0.83	1.02
电燃水供	0.65	1.37	1.37	1.13
建筑业	0.76	1.31	1.21	1.09
批零	1.09	0.77	0.99	0.95
交通	1.02	0.79	1.11	0.97
住宿	1.01	0.62	1.23	0.95
计算机	1.29	0.56	0.78	0.88

类别	东部地区	中部地区	西部地区	均　值
金融业	1.18	0.90	0.75	0.95
房地产	1.16	0.73	0.90	0.93
租　赁	1.32	0.47	0.79	0.86
科　研	1.19	0.77	0.82	0.93
水　利	1.00	1.06	0.96	1.01
居民服务	0.84	0.31	1.71	0.96
教　育	0.91	1.14	1.06	1.04
卫　生	0.93	1.12	1.05	1.03
文　化	1.04	0.98	0.94	0.99
公共管理	0.91	1.04	1.14	1.03

资料来源：《中国城市统计年鉴2017》。

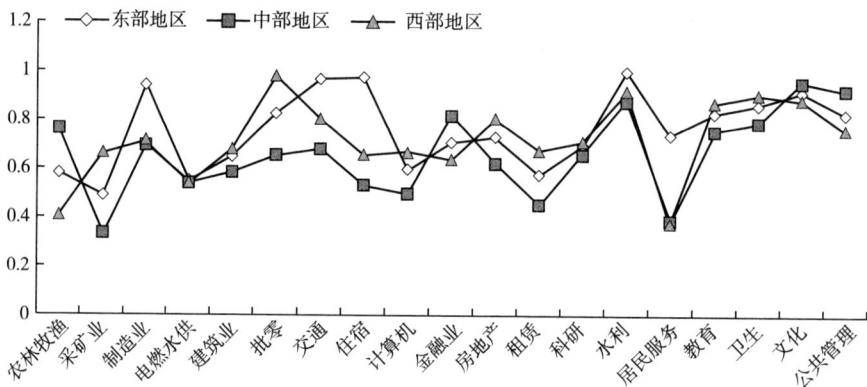

图9　2016年全国各区域产业内部结构相似性

图9体现了2016年全国各区域产业内部结构相似性。表10反映了2016年全国各区域产业的灰色关联度排序。从中可知，东部地区、中部地区、西部地区各地区产业整体的相似性由大到小的顺序是水利、文化、卫生、公共管理、批零、教育、交通、制造业、住宿、金融业、房地产、科研、建筑业、计算机、农林牧渔、租赁、电燃水供、居民服务、采矿业。

表10　2016年全国各区域产业的灰色关联度排序

行业	水　利	文　化	卫　生	公共管理	批　零	教　育	交　通	制造业	住　宿	金融业
γ	0.930	0.918	0.852	0.837	0.819	0.818	0.816	0.783	0.721	0.720

行业	房地产	科　研	建筑业	计算机	农林牧渔	租　赁	电燃水供	居民服务	采矿业	
γ	0.719	0.688	0.637	0.586	0.583	0.567	0.544	0.501	0.496	

资料来源：2017年《中国城市统计年鉴》。

其中，水利、文化产业的灰色关联度均大于或等于0.9，属于强竞争型产业。卫生、公共管理、批零、教育、交通产业的灰色关联度大于或等于0.8小于0.9，属于一般竞争型产业。制造业、住宿、金融业、房地产业的灰色关联度大于或等于0.7小于0.8，产业重合度较低，属于一般互补型产业。科研、建筑业、计算机、农林牧渔、租赁、电燃水供、居民服务、采矿业的灰色关联度低于0.7，产业重合度低，地域间的分工明显，属于强互补型产业（见表11）。

表11　2016年全国区域产业结构关系

灰色关联度区间	关　系	行　　业
$\gamma \geqslant 0.9$	强竞争型	水利、文化
$0.8 \leqslant \gamma < 0.9$	一般竞争型	卫生、公共管理、批零、教育、交通
$0.7 \leqslant \gamma < 0.8$	一般互补型	制造业、住宿、金融业、房地产
$\gamma < 0.7$	强互补型	科研、建筑业、计算机、农林牧渔、租赁、电燃水供、居民服务、采矿业

从中可以看出，除了水利、文化、卫生、公共管理、教育、交通等地区专业化属性要求不高的产业外，其余产业均显示出在全国水平上较为明显的区域产业分工。

但是，西部地区在全国范围内优势区域产业分工集中于农林牧渔业，电燃水供、建筑业、住宿、居民服务等产业，在制造业、计算机、金融业、租赁、科研等产业分工上劣势明显。因此，一个明确的结论是，经过西部大开发20年，西部地区在制造业、计算机、金融业、租赁、科研等区域产业上竞争力低下，未能有效参与国内产业分工体系。从总体上看，西部地区在全国水平的区域产业分工仍然属于产业间分工，分工优势主要集中于农业、能源等资源密集型产业，在制造、科技、金融等资本密集型、科技密集型、知识密集型产业上的分工劣势明显，未能参与全国水平的现代区域产业分工。

（三）西部大开发20年西部地区参与国际产业分工

对外贸易是参与国际产业分工的表现，FDI是参与国际产业分工的形式。西部大开发20年西部地区参与国际产业分工的情况可以通过贸易与FDI等方面反映。

在对外贸易方面，表12和图10反映了西部大开发20年全国及各地区外贸依存度的变化。

表 12　西部大开发 20 年全国各地区外贸依存度比较

年　份	全　国	东部地区	中部地区	东北地区	西部地区
1999	32.73	46.23	5.34	15.62	6.58
2000	27.77	54.27	6.33	18.74	7.55
2001	32.94	52.97	6.03	18.20	7.29
2002	32.24	58.50	6.12	18.76	7.67
2003	35.51	68.94	7.66	22.31	8.82
2004	42.39	77.71	8.81	24.36	9.85
2005	47.75	77.30	8.95	25.55	9.93
2006	48.54	82.03	9.41	25.75	10.70
2007	51.44	84.78	10.51	27.42	11.97
2008	53.25	84.53	11.71	27.83	13.23
2009	52.89	66.41	7.96	20.66	9.55
2010	40.80	75.54	9.40	23.53	10.58
2011	45.94	77.89	10.60	24.13	12.49
2012	47.16	74.79	10.92	22.88	13.67
2013	45.29	73.64	11.27	21.57	13.81
2014	44.57	68.92	11.61	21.36	15.04
2015	42.44	59.73	11.55	16.74	12.04
2016	36.93	50.73	9.73	16.66	10.45
2017	31.90	51.10	10.19	18.55	12.12

资料来源：2000～2018 年《中国统计年鉴》及分省份统计年鉴。本文参考张鹏（2008）外贸依存度的算法，即外贸依存度＝进出口额/国内生产总值，其中进出口额为境内目的地和货源地进出口额。

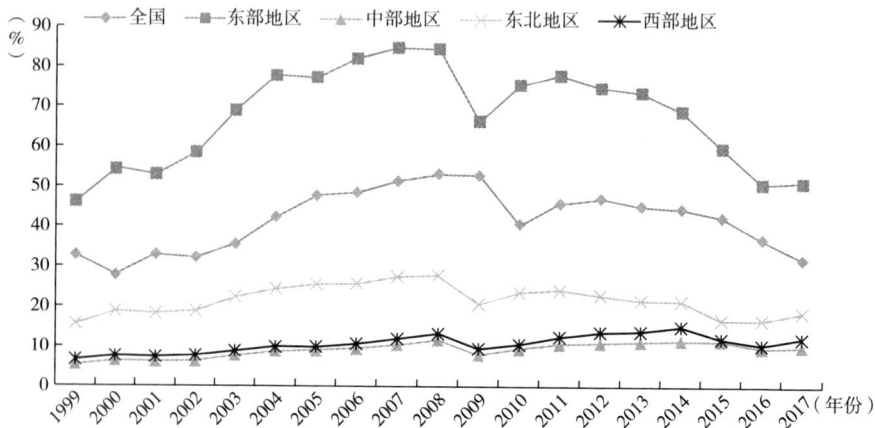

图 10　西部大开发 20 年全国及各地区外贸依存度比较

从西部大开发20年全国各地区外贸依存度可以看出，第一，西部大开发20年西部地区贸易开放水平与自身过去相比有明显提升。第二，西部地区的贸易开放程度在全国处于较低水平，远远低于东部地区，甚至低于东北地区，略高于中部地区。第三，西部大开发20年西部地区贸易开放水平呈现先上升（1999～2007），再平稳（2007年～2014年），最后下降（2014～2017年）的阶段性变化。

在贸易构成方面，表13和图11反映了2008～2016年全国各地区加工贸易额占地区生产总值的比重。

表13 2008～2016年全国各地区加工贸易额占地区生产总值的比重

单位:%

年　份	东部地区	中部地区	东北地区	西部地区
2008	36.51	2.05	7.10	8.74
2009	29.92	1.52	6.30	0.31
2010	31.45	1.95	6.46	1.60
2011	28.20	2.65	5.82	2.35
2012	24.89	3.67	4.88	3.87
2013	22.31	4.03	4.53	3.67
2014	20.39	4.31	4.27	4.85
2015	17.16	4.53	3.53	3.31
2016	14.42	3.83	3.75	4.19

说明：加工贸易进出口额是来料加工装配贸易进出口额与进料加工贸易进出口额之和。

资料来源：2009～2017年分省份统计年鉴，并对部分缺失数据进行补充。

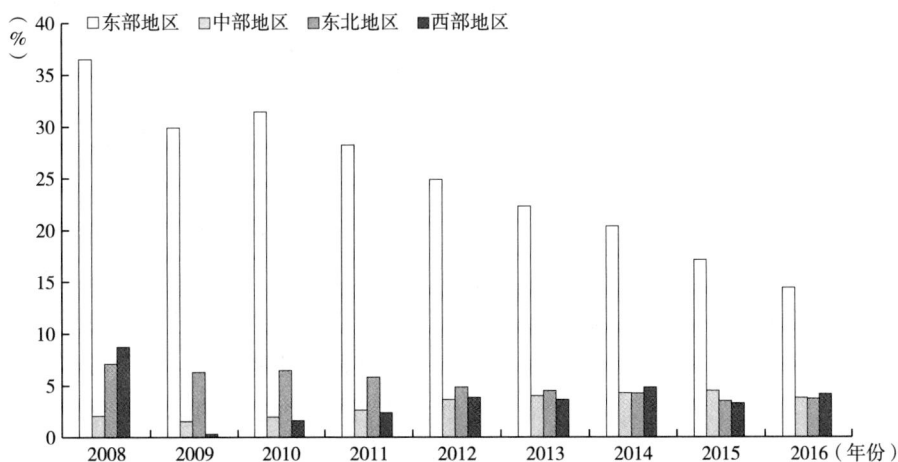

图11 2008～2016年全国各地区加工贸易额占地区生产总值的比重

可以看出，第一，西部地区加工贸易水平在全国处于最低水平，远远低于东部地区，总体也低于东北地区，与中部地区处于相同水平。第二，与东部地区和东北地区加工贸易比重不断下降的趋势相反，西部地区与中部地区加工贸易比重呈现上升趋势。

在 FDI 方面，表 14 与图 12 反映了西部大开发 20 年全国各地区 FDI 占全国的比重变化。

表 14　西部大开发 20 年全国各地区实际利用外资额占全国比例

单位:%

年　　份	东部地区	中部地区	东北地区	西部地区
1999	83.12	7.58	4.16	4.55
2000	81.06	7.24	6.57	4.54
2001	79.71	6.57	9.04	4.21
2002	78.95	7.57	9.01	4.07
2003	78.91	7.66	9.44	3.68
2004	76.28	9.36	9.70	4.34
2005	77.08	10.52	6.84	5.26
2006	74.46	11.20	8.23	5.86
2007	71.12	12.99	9.54	6.14
2008	68.05	13.05	10.54	8.17
2009	64.30	13.93	12.30	9.28
2010	61.23	14.82	13.91	9.87
2011	57.39	16.75	13.62	12.09
2012	57.62	18.09	13.59	10.56
2013	55.73	19.41	13.75	10.98
2014	55.36	21.30	12.91	10.30
2015	59.72	24.39	4.97	10.80
2016	58.18	27.68	4.55	9.47

资料来源：2000～2018 年《中国统计年鉴》及分省份统计年鉴。

从中可以看出，第一，西部地区吸引外资水平为全国最低，西部大开发 20 年这一情况并未得到根本改变。第二，东部地区实际利用外资额占全国比重持续、显著下降，同时，中部地区比重持续、显著上升，西部地区比重缓慢上升，从 2015 年开始超过了突然下降的东北地区。

从上述情况可以看出，西部大开发 20 年西部地区参与国际产业分工的状况可以表现为四个方面：一是西部地区参与国际产业分工程度很低，在全国处于最低水平。二是西部大开发 20 年并未根本改善西部地区国际产业分工程度低的状况。三是从加工贸易的情况可以看出，西部地区参与全球

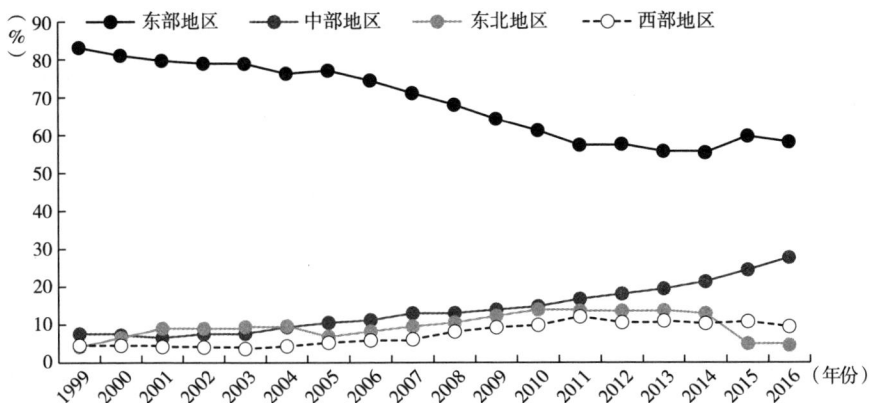

图12　西部大开发20年全国各地区实际利用外资额占全国比重

价值链的产业内分工水平有所提升，但并未得到本质改变。四是近几年的情况表明，西部地区参与国际产业分工的趋势甚至有所放缓。

从以上的分析可以得知，西部地区内部各地区产业结构趋同现象明显，地域内并没有形成很好的产业分工体系。区域内部产业分工体系的缺失及其导致的区域产业竞争力低下，使得西部地区参与国内产业分工与国际产业分工受到了极大限制。在国内产业分工方面，西部地区在全国水平的区域产业分工仍然属于产业间分工，分工优势主要集中于农业、能源等资源密集型产业，在制造、科技、金融等资本密集型、科技密集型、知识密集型产业的分工劣势明显，未能参与全国水平的现代区域产业分工。在国际产业分工方面，西部地区参与国际产业分工程度很低，在全国处于最低水平，甚至发展有放缓的趋势，参与全球价值链的产品内分工水平并未得到本质提升。

综上所述，西部大开发20年，西部地区内部产业分工，参与国内产业分工与国际产业分工水平低下的状况并未得到本质性改变，并未实现向以区域内部现代产业分工协作为基础，深度参与国内区域现代产业分工体系与国际现代分工体系的转变。

五　西部大开发20年西部地区区域产业分工制约因素解析

为什么西部大开发20年未能推动西部地区内部现代产业分工体系的形成与推动其深度参与外部现代产业分工体系？是哪些因素从根本上阻碍了西部地区现代产业分工的形成？

（一）阻碍一：区域市场化水平

现代区域产业分工体系的形成，在最根本上，必须在市场原则下，依赖市场机制实现。市场机制在现代区域产业分工体系的形成及其方式中的作用主要体现在四个方面：一是外部激励功能，即为现代区域产业分工体系的形成及其方式提供外部激励。市场机制中的利润是现代区域产业分工体系的微观主体——厂商进行自身微观空间选址及产业选择等决策，进而参与区域产业分工的核心激励。二是信号显示功能，即为现代区域产业分工体系的形成及方式提供信号显示。通过高效的市场机制为厂商的微观决策提供商品价格、要素价格等，为厂商的成本—收益决策及产业分工选择，进而参与区域产业分工提供及时、高效的信号显示。三是平台功能，即为现代区域产业分工体系的形成及方式提供集聚平台。体系完善的市场可以为资本、劳动力、信息、科技等要素，及各种中间产品等的集聚、交易提供高效、便捷的平台条件。四是成本节约功能，即为现代区域产业分工体系的形成及其方式提供交易费用的成本节约。交易费用理论指出，使用市场机制是会产生交易费用的。但是，应该看到，交易费用的高低，不仅由市场机制的结构及其交易方式决定，还与市场机制的完善程度相关。运行高效的区域市场机制、良好的区域市场环境可以大大降低区域交易费用，而这极大地影响着厂商参与区域产业分工的微观决策。因此，以及时、高效的价格机制，资本、劳动力、信息、科技等要素市场，商品市场的区域市场体系，及区域市场环境的建设与完善等为核心的区域市场化水平是影响现代区域产业分工体系的形成及发展的重要因素之一。

樊纲、王小鲁等从"政府与市场的关系"，"非国有经济的发展"，"产品市场的发育程度"，"要素市场的发育程度"和"市场中介组织发育和法律制度环境"等五个方面对中国省域与区域市场化程度进行了持续研究。[①]其研究结果如表15所示。

表15 西部大开发20年全国各区域市场化总指数及变化

年　份	全国平均	东部地区	中部地区	东北地区	西部地区
1999	5.6	6.88	5.34	—	4.51
2008	5.48	6.84	5.54	5.67	4.30
2009	5.53	6.98	5.59	5.77	4.27
2010	5.44	7.11	5.71	5.47	3.94

---

① 樊纲、王小鲁：《中国市场化指数各地区市场化相对进程报告2001年》，经济科学出版社，2003。

年　份	全国平均	东部地区	中部地区	东北地区	西部地区
2011	5.61	7.33	5.96	5.59	4.03
2012	5.98	7.92	6.02	6.05	4.32
2013	6.16	8.13	6.26	6.09	4.46
2014	6.56	8.49	6.88	6.17	4.84
2015	6.48	8.39	6.80	6.22	4.74
2016	6.64	8.59	7.01	6.31	4.88

说明：东部地区包括：广东、浙江、福建、江苏、山东、北京、上海、天津、海南、辽宁、河北11省市；中部地区包括：安徽、河南、湖北、湖南、吉林、黑龙江、江西、山西8省；西部包括：四川、重庆、广西、云南、贵州、陕西、甘肃、内蒙古、宁夏、青海、新疆、西藏12省区市。2008年以后东部地区包括：北京、天津、河北、上海、江苏、浙江、福建、山东、广东、海南等10省市；中部地区包括：山西、安徽、江西、河南、胡北、湖南等6省。东北地区包括：辽宁、吉林、黑龙江等3省。西部地区包括：内蒙古、广西、重庆、四川、贵州、云南、西藏、陕西、甘肃、青海、宁夏、新疆等12省区市。

资料来源：1999年数据根据樊纲、王小鲁等（2001，p.6）的数据计算所得。根据王小鲁、樊纲《中国分省份市场化指数报告（2016）》整理出2008~2014年中国各省份市场化指数，并运用直线法计算出2015~2016年的数据。

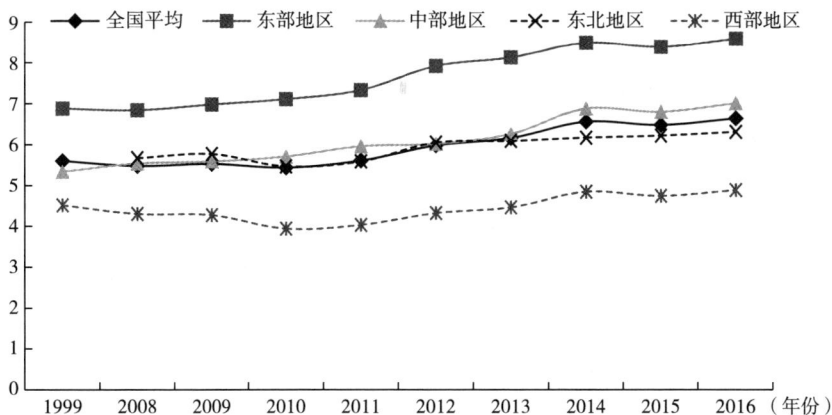

图13　西部大开发20年全国各区域市场化总指数及变化

从图13可以看出，西部大开发以来，与全国其他区域市场化水平持续上升有所区别的是，西部地区市场化水平总体稳定，提升效果不明显，仍然全面落后于其他区域和全国平均水平，在全国各大区域中排名最后。这清晰地表明，西部大开发20年，西部地区市场化水平并没有得到本质性提升。

西部地区市场化水平的持续相对滞后，极大地制约了西部地区内部产业分工，以及深度参与对外区域产业分工。第一，导致现代区域产业分工的二元效率降低。首先，在资源配置效率方面，市场化进程的相对滞后，使得市场机制在资源配置中的决定性作用未能更好发挥，降低了西部地区原本稀缺的资源配置效率，导致经济资源收益降低和大规模外流。其次，由于市场化进程的相对滞后，市场机制的激励功能、平台功能等未能有效发挥，企业难以充分按照市场规律运营，严重制约了企业和产业运行效率。资源配置效率和企业运行效率的二元效率降低，大大降低了西部地区的产业竞争力，严重阻碍了西部地区内部产业分工，以及深度参与对外区域产业分工。第二，导致现代区域产业分工的成本与收益不确定性提升。市场环境的不完善大大提高了企业的交易费用，并进一步提高了企业收益的不确定性，这些极大地降低了外部投资与产业转移，严重阻碍了西部地区内部产业分工，以及深度参与对外区域产业分工。第三，导致现代区域产业分工的产业抑制。西部地区显著的经济分割特征，其本质是资源无法在市场机制的作用下自由流动，形成资源使用效率和报酬率普遍差异显著的经济结构，使得发展滞后的市场机制在提高资源配置效率中无法发挥有效作用，引发了政府出于自身利益与偏好对经济的系统性干预，导致西部地区的产业抑制。[①]

（二）阻碍二：区域开放水平

对外开放是经济全球化背景下，现代区域产业分工协作体系形成的根本途径，对外开放在现代区域产业分工体系的形成中的作用主要体现在三个方面：第一，通过贸易机制推动现代区域产业分工体系的形成。对外开放通过对外贸易机制推动区域产业参与国际分工，并且以此为引导，推动形成本地区内部产业分工协作体系的形成。首先，贸易机制推动出口导向型产业分工的形成。除了传统的产业间分工，贸易机制推动基于产品多样化和规模经济的产业内分工，20 世纪 90 年代以来，贸易机制通过加工贸易的方式大力推动了生产非一体化的、以 FDI 与国际代工为生产方式的产品内分工的迅速发展。其次，贸易机制推动进口替代型产业分工的形成。通过提升进口质量，可以推动进口替代型产业及其分工协作体系的形成与发展。第二，通过投资机制推动现代区域产业分工体系的形成。首先，通过国外大型跨国公司 FDI 形成区域内部的价值链主导企业，进而带动相关

---

① 高煜：《从产业抑制到内生发展——西部地区产业发展方式转变及其路径》，《甘肃社会科学》2015 年第 6 期，第 166～170 页。

配套产业发展和区域内产业分工协作体系的形成。其次，通过产业集群的整体 FDI，带动区域内部产业集群的形成，进而形成区域内产业分工协作体系。再次，通过本国企业 OFDI 的方式，形成本国企业主导的价值链，以此为形式，引导与带动本地区企业形成区域产业分工协作体系。第三，通过金融机制推动现代区域产业分工体系的形成。通过区域金融中心、次区域金融中心的建设，深化与国际金融中心的分工合作，不断提升在结算、汇兑、对冲等方面为贸易、投资、生产、商务交流等的服务配套能力，为区域产业分工协作体系的形成与深度参与国际产业分工提供高水准的服务与协同机制。

表 12、图 10 已经清晰地反映出西部大开发 20 年来，西部地区对外贸易虽然与自身过去相比有了显著提升，但是与全国总体发展趋势相比仍处于最低水平，对外贸易水平并没有得到本质性提升。

表 14 反映了西部大开发 20 年西部地区实际利用外资额占全国比例与全国各地区的比较情况。表 16 与图 14、图 15 反映了西部大开发 20 年全国及各地区实际利用外资额与增长率情况。

表 16　西部大开发 20 年全国及各地区实际利用外资额与增长率

单位：百万元，%

年份	全国		东部地区		中部地区		东北地区		西部地区	
	金额	增长率	金额	增长率	金额	增长率	金额	增长率	金额	增长率
1999	95252	—	79172	—	7219	—	3962	—	4330	—
2000	94247	-1.05	76393	-3.51	6827	-5.44	6194	56.33	4277	-1.24
2001	115235	22.27	91853	20.24	7569	10.88	10413	68.12	4853	13.48
2002	136522	18.47	107781	17.34	10337	36.56	12302	18.14	5559	14.55
2003	166968	22.30	131753	22.24	12782	23.65	157589	28.10	6145	10.54
2004	154381	-7.54	117759	-10.62	14454	13.08	14972	-4.99	6699	9.03
2005	164577	6.60	126859	7.73	17312	19.77	11265	-24.76	8662	29.30
2006	188504	14.54	140352	10.64	21119	21.98	15521	37.77	11053	27.59
2007	206103	9.34	146589	4.44	26770	26.76	19662	26.68	12654	14.49
2008	203922	-1.06	138768	-5.34	26610	-0.60	21493	9.31	16655	31.61
2009	208089	2.04	133809	-3.57	28983	8.92	25593	19.07	19307	15.93
2010	222410	6.88	136185	1.78	32962	13.73	30934	20.87	21957	13.73
2011	235442	5.86	135131	-0.77	39425	19.61	32069	3.67	28473	29.67
2012	251128	6.66	144697	7.08	45425	15.22	34140	6.46	26530	-6.82

年份	全　　国		东部地区		中部地区		东北地区		西部地区	
	金额	增长率	金额	增长率	金额	增长率	金额	增长率	金额	增长率
2013	261954	4.31	145997	0.90	50854	11.95	36010	5.48	28763	8.42
2014	266422	1.71	147501	1.03	56742	11.58	34404	-4.46	27448	-4.57
2015	259463	-2.61	154942	5.05	63276	11.52	12907	-62.48	28010	2.04
2016	260311	0.33	151458	-2.25	72051	13.87	11837	-8.29	24641	-12.03

说明：增长率扣除了物价因素，并以 1978 年为基期，对数据进行平减处理。

资料来源：2000～2017 年《中国统计年鉴》及分省份统计年鉴。

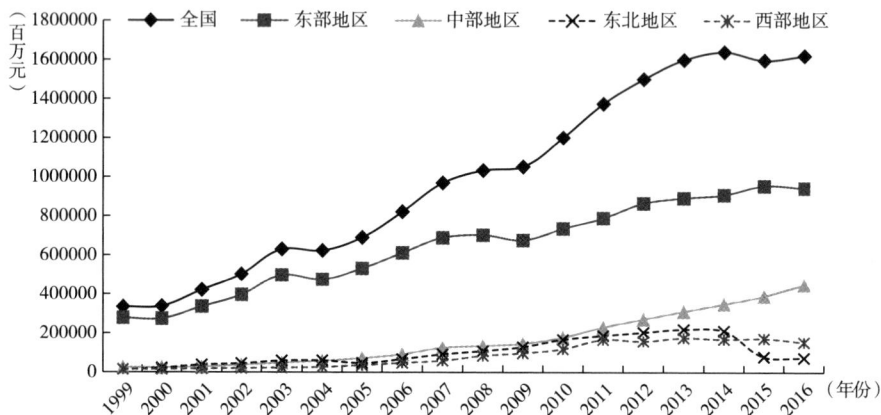

图 14　西部大开发 20 年全国及各地区实际利用外资额

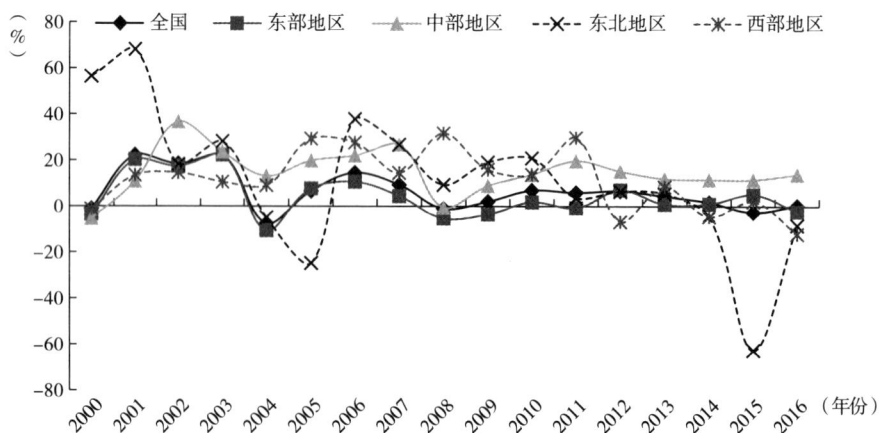

图 15　西部大开发 20 年全国及各地区实际利用外资额增长率

从以上内容可以看出，西部大开发 20 年，西部地区 FDI 与全国、东部地区以及中部地区的差距不但没有缩小，反而逐渐加大，甚至还有进一步加大的趋势。

西部地区开放水平的持续滞后，使得西部地区产业形成内向、封闭、割裂的产业发展模式，与东部地区外向、开放、分工协作的产业发展路径形成极大差异。20世纪90年代以来，随着国际分工产业间分工—产业内分工—产品内分工的演进，东部地区通过吸收国外直接投资和接受国外企业的代工合同等方式积极嵌入全球价值链，产业得到迅猛发展。东部地区产业发展模式的特征表现为五个方面：一是在产业发展方式方面，主要通过吸收FDI与接收跨国公司发出的国际代工订单，发展加工贸易，实现产业发展。二是在产业发展的行业分布方面，加工制造业以及近年来的互联网＋产业是快速发展的主体。三是在产业发展主体方面，民营经济与外资企业是产业发展与投资的主体。四是在产业发展方向方面，表现为高度的外向型，具体表现为较高的对外依存度。五是在产业空间特征方面，表现为以产业分工为基础的超大型城市群，以及众多的地方产业集群。与此相反，西部地区的产业发展则表现为另一种发展模式：一是产业发展方式表现为依据区域资源优势进行传统生产制造，这种方式较为普遍。二是行业分布表现为能源产业和传统制造业。三是产业发展主体中国有企业所占比重和发挥的作用十分突出。四是产业发展方向的内向化特征显著，对外出口能力不强。五是产业空间方面，没有形成高度发展的城市群及较为普遍的地方产业集群。从以上内容可以看出，西部地区开放水平的持续滞后，极大地制约了西部地区内部产业分工，以及深度参与对外区域产业分工。

（三）阻碍三：区域交通成本

区域经济学的经典理论指出，基于比较优势的产业分工的实现及其方式，根本在于分工协作收益与运输成本之间的比较。在产业分工协作收益既定的情况下，运输成本就成为决定产业集聚空间选择的关键因素。其中，影响运输成本主要有两个关键因素，一是资源与市场的空间分布，以及由此决定的运输距离。资源所在地与市场之间的交通密度大小在空间上决定了运输距离的远近，倘若资源所在地与市场间交通密度大，从获取资源所在地到市场的交通运输选择就会有很多，那么就可以在一定程度上缩短资源与市场之间的空间距离；反之，若资源所在地与市场空间交通密度小，从获取资源所在地到市场的交通运输就被空间限定，那么就会相应地增加资源与市场间的实际距离，从而增加运输成本。二是由运输便利性决定的单位运输成本。运输便利性从时间角度上决定了运输成本，交通便利的地区能够迅速在资源地与市场之间做出反应，降低交通运输在单位时间内的运输成本。以上二者在空间和时间上共同决定运输成本的大小。

表17、图16、图17分别反映了截至2017年，全国各区域交通密度情况。

表17　2017年全国各区域交通密度

单位：万公里/万平方千米

类　别	东部地区	中部地区	东北地区	西部地区
铁路密度	0.0323	0.0145	0.0212	0.0076
公路密度	1.2570	0.6618	0.4869	0.2827

资料来源：2018年部分省份统计年鉴。

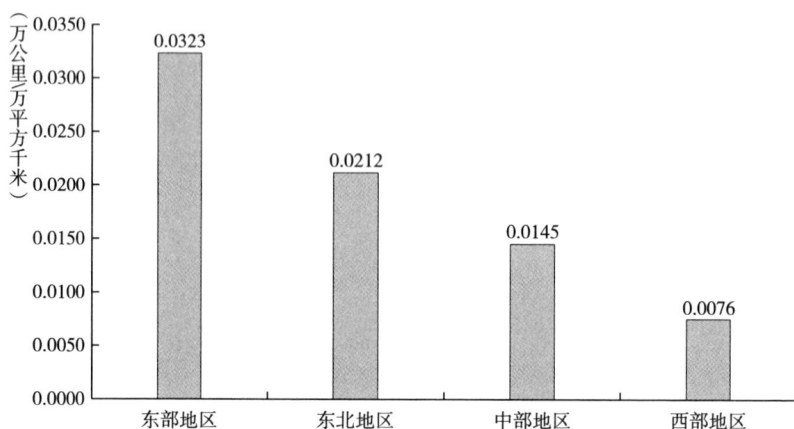

图16　2017年全国各区域铁路密度

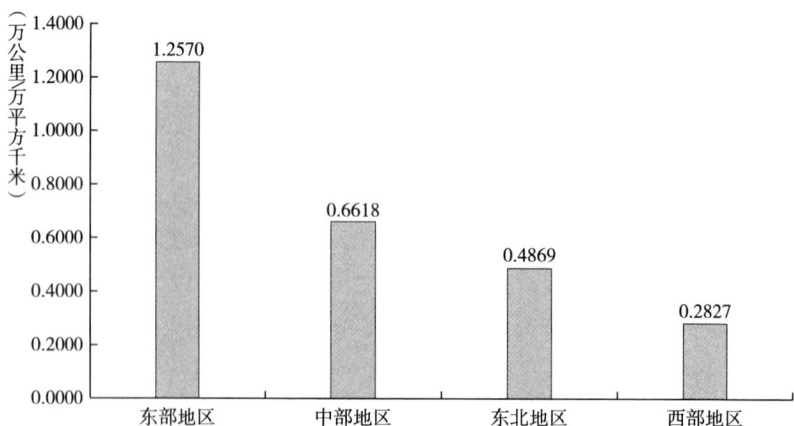

图17　2017年全国各区域公路密度

从以上叙述可以看出，经过西部大开发20年，西部地区交通建设状况依然远远落后于全国其他地区，这极大地增加了西部地区运输成本，严重阻碍了西部地区内部产业分工，以及深度参与对外区域产业分工。

目前，西部地区资源集聚、东部地区市场集中的现有格局，造成了中国区域专业化与产业集聚显著的空间布局的产业差别化特征。整体上，资源密集型产业集聚于西部地区，而市场偏向型高加工产业集聚于东部地区，这是运输成本的差异化导致的产业集聚空间选择的均衡结果。具体而言，中国区域专业化与产业集聚的空间布局的产业差别化特征体现在三个方面：第一，以西部地区资源、原材料为加工对象，以国内市场为目标市场的资源、原材料初加工产业，在运输成本的作用下，主要集聚于西部地区资源富集区域。第二，以国外原材料、零部件为加工对象，以国外下游环节或国外市场为目标市场的加工组装型产业，在运输成本的作用下，集中近距离集聚于东部地区贸易口岸。第三，以国内原材料、零部件为加工对象，以国内下游环节或国内市场为目标市场的加工制造型产业，在运输成本的作用下，主要集中于以东部地区的相关产业集聚区为主的原材料集散地，以及下游产业集聚区周边。因此，区域地理位置与区域交通建设滞后导致西部地区区域运输成本高昂，极大地制约了西部地区内部产业分工，以及深度参与对外区域产业分工。

六　新时代西部大开发形成新格局下西部地区产业分工协作发展的方向与路径

西部大开发20年，正值中国特色社会主义进入新时代，我国经济已由高速增长阶段转向高质量发展阶段，正处在转变发展方式、优化经济结构、转换增长动力的攻关期，我国已进入西部大开发形成新格局的新时期。西部地区是我国发展的巨大战略回旋余地，也是全面建成小康社会、实现现代化的重点难点。面对国内外环境的变化，要按照朝高质量方向发展、解决区域发展不协调的要求，紧紧依靠改革开放创新，促进西部地区发展动力增强、产业结构升级、民生不断改善，为全国经济保持稳中向好拓展空间。为此，李克强总理提出三点要求：一是西部地区要提高自我发展能力，必须进一步营造更具竞争力的"软环境"；二是要把调整优化经济结构和扩大内需更好地结合起来，突出重点、补短板，抓紧推进一批西部急需、符合国家规划的重大工程建设；三是要坚持以人民为中心的发展思想，立足我国仍是最大的发展中国家和仍处于社会主义初级阶段的基本国情，尽力而为、量力而行，促进西部地区民生不断改善。

在这样的时代要求下，西部大开发形成新格局下西部地区产业分工协作发展必须有崭新的方向，由注重区域产业分工转向注重以分工为基础的区域产业合作，从区域产业分工实现区域要素分工。首先，传统产业应转向现代化产业，摒弃以往依靠要素驱动和依赖低成本竞争的增长模式，转向以技术改造、创新为基本动力的现代化产业。大力发展新兴产业以加快构建现代化产业体系，新兴产业的发展融合新能源、新材料、新科技等创新，代表着技术突破和市场需求的重点发展方向，是抢占未来竞争制高点、实现引领型发展的关键。其次，西部地区区域内部要形成现代产业体系，要有比较稳固的农业基础和比较发达的装备制造业，着力发展第三产业，提升现代服务业在国内生产总值中的比重，突出科技进步在经济社会发展中的重大作用。最后，西部地区应当注重区域分工中的收益分配。科学合理的区域分工合作能够持续提升集聚空间内整体的分工收益，西部地区应当注重收益分配的合理性和公平性，在条件允许的情况下尽量提升落后地区的收益分配，让参与区域分工的省份都能享受到分工带来的红利。

为此，西部大开发形成新格局下西部地区产业分工协作发展应当遵循新路径。

（一）在"一带一路"倡议与西部大开发高度对接中实现西部地区新型产业分工

西部地区应当从促进西部地区产业发展与升级的角度，而不是仅仅从扩大对外贸易的角度推动"一带一路"国内段的建设。其含义是在"一带一路"建设中，西部地区必须发展出外向型经济的新模式。

国外近期一项对 H－O 定理的经验检验的研究表明，20 世纪 90 年代以来的全球经济一体化，强化了各国按照比较优势的发展模式，其中中国充分发挥了劳动力成本等资源优势。这就意味着，在"一带一路"建设中，不能按照原有全球经济一体化模式，必须寻求能够促进中国，特别是西部地区优势升级的新型全球经济模式。"一带一路"倡议与"西部大开发"的对接为西部地区产业发展带来新的机遇，优惠政策的扶持，基础设施的投入，对外合作的加强，尤其是以丝绸之路经济带为依托的陆地运输贸易新模式的开启，有利于西部地区打破传统的区位劣势，摒弃以劳动力成本低下的要素禀赋参与分工体系，重新识别西部地区的优势产业，从传统产业转向现代化的新型产业，大力发展融合了新能源、新技术、新科技的新兴产业，在新型价值链上抢占未来市场竞争的制高点，引领以"一带一路"为契机重构的价值链上其他产业的发展。

（二）促进互联网＋推动西部地区新兴产业发展

传统产业发展趋缓，以互联网＋为代表的新兴产业是西部地区产业发展的方向，也是新型分工体系中西部地区要抢占的制高点，以新型分工促进产业发展。

现有研究表明，新型产业具有创新性、关联性、先导性、初步阶段性、不确定性等特征，其发展已经表现出重大技术装备产品的智能化、模式绿色化、服务网络化、业态多元化、市场需求多样化、高级化等显著趋势。国内外的实践表明，新型产业正在快速发展成为重要的经济增长点。

西部地区新型产业发展的本质是实现产业发展方式的根本性转变，即从引进外部大型企业资本、技术与管理，主要依靠资源、资本、劳动力等，推动资源、能源及其相关产业发展的方式，转变为引进与自主发展相结合，主要依靠技术创新、市场开发、管理创新、人力资本提升等，推动新型产业发展。

（三）以创新驱动为核心，构建西部地区产业发展的新动力

西部地区需要实现从科技创新到产业创新，这是西部地区实现自我发展的关键路径。产业创新是以科技创新为核心基础，包含科技创新、商业创新、组织创新，甚至经济社会结构创新在内的创新系统，是产业发展的必然形态，并最终上升为一种全新的经济形态，甚至社会形态。在产业创新中，科技、教育活动不仅转化为知识产业，而且科技体制与经济体制，科技资本与产业资本，科技市场与经济市场等高度融合，科技、教育将以空前的广度与深度参与到产业与经济之中。

西部地区实现从科技创新到产业创新具有很强的可行性，但是也是一个全新命题。西部地区从科技创新到产业创新应当明确四条总体思路，包括：战略的高度性；空间的点极布局；形成新型开放式产业创新发展模式；明确政府与市场的关系等。

（四）构建西部地区城市群与地方产业集群

已有的研究表明，城市群功能分工有利于促进资源配置效率。城市群在本质上反映了城市之间借助城市共同体的规模效应和外溢效应所形成的一种功能分工及协作互动关系。随着空间区域由单个城市向经济联系紧密、功能互补、等级有序的城市共同体演变，城市群内部的区域分工模式也逐步从产业间分工向产业链分工演进，生产性服务业逐步向中心城市集中，

生产制造业逐步扩散到外围城市，城市逐步从产业专业化向功能专业化发展（刘汉初等，2014）。这种由城市群内部中心城市和周边城市形成的分工合理、特色鲜明、功能互补的功能专业化分工协作关系，可以在更大的空间范围内提升城市和城市之间的连接性，强化专业化和多样化的集聚经济效应，形成具有特色的地方产业集群。

城市群是西部地区形成新型产业分工体系的空间载体。在城市经济的范畴中，空间价值及由此形成的空间价值链将重塑区域经济结构，各个城市都要在新一轮竞争中取得竞争优势，就必须积极参与空间价值生产与创造。作为西部产业发展的空间载体，西部地区要形成与其要素禀赋结构相匹配的城市群分工和空间组织机制，以消除要素价格扭曲导致的要素空间集聚失衡和产业空间分布同构的竞争现象，消除各种形式的地方壁垒，在西部地区建立起一个自由、开放、完善的市场环境，将西部地区各个省份的发展规划融入西部地区整体的总规划中，共同培育西部地区新型分工体系，加强西部地区各省份的跨区域合作。

（五）实现西部地区产业政策创新

虽然在西部大开发20年中，西部地区产业发展取得了一定的进步，但仍然存在着诸多问题，仍然需要国家根据西部地区的现状制定引导西部产业发展方向、推动西部地区产业结构升级、维护国民经济健康可持续发展的政策，实现西部地区产业政策的创新。

西部地区产业政策创新主要可以体现在人才环境建设的创新、技术支持的创新以及金融支持方面的创新。其中人才环境建设的创新包括创新人才的引进以及创新人才的培养与发展。西部多省份大力引进海外科技创新领军人才，符合高新产业、新兴产业发展对人才的需求，支持创新人才落户，建立创新人才服务平台，对优秀人在编制使用、子女入学、住房等方面给予优先安排和资助，加强西部地区人才市场的快速发展，促进西部地区各类人才专业技能提升。技术支持的创新主要是税收优惠政策方面的改进，以及发展技术创新联盟，培育具有自主知识产权的核心技术，建立起以企业为主体、市场为导向、产学研相结合的技术创新体系。金融支持创新主要包括建立专项的发展基金，为中小型科技创新企业承担信用担保，并适当地提供风险补偿等。

参考文献

陈耀：《产业结构趋同的度量及合意与非合意性》，《中国工业经济》1998年第4期。

陈建军：《长江三角洲地区的产业同构及产业定位》，《中国工业经济》2004年第2期。

樊纲、王小鲁：《中国市场化指数各地区市场化相对进程报告2001年》，经济科学出版社2003年。

樊纲、王小鲁：《中国市场化指数各地区市场化相对进程报告2011年》，经济科学出版社2011年。

范剑勇：《长三角一体化、地区专业化与制造业空间转移》，《管理世界》2004年第11期。

何春、刘来会：《区域协调发展视角下西部大开发政策效应的审视》，《经济问题探索》2016年第7期。

黄敏：《从西部大开发和"一带一路"看西部地区承接产业转移——基于丝绸之路经济带国内段9省区的分析》，《毛泽东邓小平理论研究》2016年第8期。

邱风、张国平、张恒：《对长三角地区产业结构问题的再认识》，《中国工业经济》2005年第4期。

刘瑞明、赵仁杰：《西部大开发：增长驱动还是政策陷阱——基于PSM-DID方法的研究》，《中国工业经济》2015年第6期。

刘生龙、王亚华、胡鞍钢：《西部大开发成效与中国区域经济收敛》，《经济研究》2009年第9期。

刘军、邱长溶：《西部大开发税收优惠政策实施效果评估》，《当代经济科学》2006年第4期。

李梦宇、熊承雪：《成渝西昆"菱形"经济圈产业结构与分工的测度研究》，《四川行政学院学报》2015年第6期。

李学鑫、苗长虹：《城市群产业结构与分工的测度研究——以中原城市群为例》，《人文地理》2006年第4期。

李国平、彭思奇、曾先峰、杨洋：《中国西部大开发战略经济效应评价——基于经济增长质量的视角》，《当代经济科学》2011年第4期。

林建华、任保平：《西部大开发战略10年绩效评价：1999～2008》，《开发研究》2009年第1期。

毛其淋：《西部大开发有助于缩小西部地区的收入不平等吗——基于双倍差分法的经验研究》，《财经科学》2011年第9期。

袁航，朱承亮：《西部大开发推动产业结构转型升级了吗？——基于PSM-DID

方法的检验》,《中国软科学》2018 年第 6 期。

尹传斌、朱方明、邓玲:《西部大开发十五年环境效率评价及其影响因素分析》,《中国人口·资源与环境》2017 年第 3 期。

彭曦、陈仲常:《西部大开发政策效应评价》,《中国人口·资源与环境》2016 年第 3 期。

王洛林、魏后凯:《我国西部大开发的进展及效果评价》,《财贸经济》2003 年第 10 期。

尹征、卢明华:《京津冀地区城市间产业分工变化研究》,《经济地理》2015 年第 10 期。

张明艳、孙晓飞、贾巳梦:《京津冀经济圈产业结构与分工测度研究》,《经济研究参考》2015 年第 8 期。

西部大开发20年西部地区工业化的历史、现实与未来[*]

西部大开发 20 年西部地区工业化的历史、现实与未来[*]

岳利萍　　贺思佳[**]

摘　要： 西部大开发战略实施二十年来，随着农业结构调整的逐渐深入，西部地区产业结构持续优化与升级，工业经济实力得到显著提升，西部地区的经济也取得了巨大的成就。但由于长期滞留在传统的重工业化阶段，工业的市场份额和总体竞争力仍处于较为落后的水平。因此，本文在对西部地区工业化进程做出详细梳理的基础上，分析西部地区进一步实现新型工业化的优势与不足，根据西部地区发展的特殊性，总结出具有地区特色的新型工业化实现机制。

关键词： 新型工业化　西部大开发　产业结构演进

一　引言

当前我国所具有的较大区域发展差距和发展不平衡的基本国情决定了要实现经济与社会的协调发展就必须全面推动区域发展战略。自 1999 年以来，随着西部大开发、东北振兴、中部崛起以及东部率先发展战略的相继实施，我国以区域发展带动总体发展的战略布局也逐渐形成。党的十八大以来，以习近平同志为核心的党中央统筹协调内外事务、着眼全局，提出了"一带一路"建设、京津冀协同发展以及长江经济带发展战略，促进了东西南北纵横联动发展新格局的形成。随着我国社会主要矛盾的变化，党的十九大报告为了解决发展不平衡不充分的问题，又站在全方位、系统化的角度，提出今后一个时期最主要的任务就是要实施区域协调发展战略，

---

* 本文为陕西省社会科学基金项目（2016D049）、陕西省软科学项目（2016KRM100）、陕西省教育厅哲学社会科学重点研究基地项目（11JZ035，14JZ054）的阶段性研究成果。

** 岳利萍，经济学博士，西北大学经济管理学院教授，研究方向为资源环境约束下的经济转型；贺思佳，西北大学人口、资源与环境经济学专业硕士研究生，研究方向为环境约束下的经济转型。

通过提升各级各区域战略的全局性与联动性来增强区域发展的协同性与完整性，进而开创我国区域间协调发展的新局面，进一步加速实现全面建成小康社会的战略目标。西部地区作为我国区域协调发展的"短板"，在新时代背景下进一步推动西部大开发战略的实施，促使西部大开发战略在区域发展总体战略布局中处于优先位置，这是依据西部地区所处的特殊地位、特殊性质所决定的，是以适应国内外新形势、应对新时代的新挑战为主要目的，是为实现到 2020 年全面建成小康社会的目标与要求所决定的。深入贯彻落实西部大开发战略，是党中央、国务院做出的重大安排部署，自中共十八大以来，在全国经济发展中西部地区经济社会发展取得了许多新的历史性伟大成就，也发挥了十分重要的支撑作用。在新时代背景下，要牢牢把握西部大开发战略中面临的新机遇，就要将西部地区作为战略具体实施过程中我国发展的重大战略基础，同时还要将西部地区作为全面建成小康社会、实现现代化的关键与难点。只有协调好西部大开发战略的具体工作，才能增强防范各类风险的能力，进一步拓展我国经济的发展空间，进而推动全国经济稳中向好。只有走活西部大开发这盘棋，西部地区经济才能得到实质性的提升，才能进一步促进我国经济转型升级、为迈向高质量发展奠定坚实的基础。

党的十八大报告所提出的"坚持走中国特色新型工业化、信息化、城镇化、农业现代化道路，推动信息化和工业化深度融合、工业化和城镇化良性互动、城镇化和农业现代化相互协调，促进工业化、信息化、城镇化、农业现代化同步发展"为我国特色新型工业化道路指明了方向，工业基础薄弱、区域相对闭塞、资本相对短缺、地方财力有限的西部欠发达城市，需要深刻理解新型工业化的深刻内涵，准确把握新型工业化的一般规律，以改革创新精神推进西部地区新型工业化。虽然西部地区在我国经济发展中具有十分重要的战略地位，但由于其具有经济较为落后、幅员辽阔却社会发展不完善等特点，在国际与国内的产业分工中所处地位十分不利，许多产业都处于产业链低端，依靠人力资本和高新技术所取得的收入在整体收入中所占的份额很小。由于长期存在这样的状况，我国东西部地区间经济发展不平衡的态势将进一步加剧。而走新型工业化道路对于处在大开发进程中的西部地区来说，是推动西部地区纵向发展、改变现状的必经之路，它不仅能够推进西部地区产业结构的优化和升级、加快区域经济发展，还能促进西部地区各民族政治、经济、文化的共同进步，对于全面建成小康社会也有着非常重要的直接意义。

在未来相当长的一段时期内，坚持推动西部地区新型工业化建设对于保持我国国民经济快速增长的活力有着决定性的意义，而加快西部地区经济社会发展也逐渐成为我国现代化建设过程中亟须解决的关键性问题。实施西部大开发战略、加快中西部地区发展符合我国工业化和现代化建设的客观要求，中西部地区能够为我国产业结构升级做出很大贡献。在改革开放近二十年的发展过程中，西部地区的工业化虽然已经取得长足的发展，但在当前新时代背景下，在西部地区迈向新型工业化发展阶段的关键时刻，西部地区的工业化发展正面临着一系列不容忽视的问题。鉴于此，西部地区应该借助西部大开发之机，实现新型工业化。

　　在西部大开发战略提出初期，国内学者对如何运用政策红利推动西部地区工业化发展提出了不同的看法。首先是认为应该通过加速城市化发展来推动工业化进一步发展，如陈栋生（2000）在分析过去二十年间西部地区工业化发展历程后，总结了西部地区所取得的成就及其与其他地区的差距，认为西部地区工业化制度创新和产业结构调整的突破口是所有制结构的调整，应注重发掘和培育西部地区的核心竞争力，在富农强国中进一步推动工业化。魏后凯（2001）则认为加快工业化是实施西部大开发的关键，并且要以创新为突破口来加快西部地区的工业化进程。同时强调必须将环境保护与西部工业化相结合，实现可持续发展。亢振峰（2004）通过分析不同国家经济转型与实现二次工业化过程的模式提出西部地区要实现二次工业化需要进行包括目标选择、工业化战略、发展非国有经济以及重视城市化对工业化的促进作用在内的几个方面的创新。纪慰华（2003）则在根据工业化评价标准对西部地区工业化的条件及现有水平进行说明后提出为了加强西部地区工业化建设，应该建立灵活有效的投融资机制和财政税收政策，同时建立适合西部地区的人力资源开发创新体系，通过加速西部地区的城市化建设来创造良好的经济发展环境。近年来，国内许多学者开始对西部大开发政策的绩效进行评估。刘瑞明（2015）采用1994～2012年我国283个地级市的面板数据，运用双重差分倾向得分匹配法对西部大开发战略对地区经济发展的影响进行了定量分析。他认为西部大开发过程中存在着"政策陷阱"，在既有体制激励下，政府决策过度集中于固定资产投资和资源能源的开发而忽略了软环境建设和体制改革，导致产业结构的滞后性和人力资源的挤出性等不良后果，进而造成西部大开发所实施的政策没有产生预期的效应。袁航（2018）通过双重差分法对西部大开发对产业结构的转型升级的净效应进行检验后也得到了相似的结论。

　　从2002年开始，国内学者研究的热点逐渐集中于新型工业化，其中有从定性角度出发所做的研究，也有对新型工业化采取各种分析方法设定指标体系所做的定量研究，并且均已呈现出丰硕的研究成果。例如，刘世锦从传统工业化出发阐释了新型工业化的内涵和特点，郭俊华（2004）指出西部地区由于经济结构的二元性，应该通过推动"二元工业化"走向"一元工业化"，使西部经济结构稳定地朝着有利的方向发展。任保平（2005）也认为西部应当通过加强基础设施建设来消除严重的二元经济结构进而推动西部城镇化与城市化的协调发展，才能最终实现城乡工业化的同步与协调发展。从定量分析方面所做的研究也有很多，如罗永乐（2012）就通过构建新型工业化评价指标体系开展了实证研究。另外，还有部分学者就西部地区的新型工业化问题进行了一些深入的研究，如张芸（2007）运用主成分分析法对西部十二省区市的新型工业化进行类型划分与水平测度，吕先竞（2002）也通过大量数据综合分析得出西部当时正处于工业化的第一阶段。关于西部地区如何实现新型工业化的路径选择问题，顾华祥（2002）通过分析西部地区实现工业化面临的困境提出需要以信息化带动工业化发展进而实现西部地区的新型工业化。郭俊华（2003）则通过对工业化模式的一般分析并结合西部地区实现新型工业化的特殊性，提出要采取高新技术带动模式、点辐射模式、西部资源加外部资本模式以及农业工业化模式最终实现西部新型工业化的跨越式发展。

综观现有文献，大多是从实现新型工业化的路径角度对西部地区工业化进行研究的。基于我国四大区域新型工业化的比较动态研究文献较少，将其置于西部大开发这一战略背景下加以考察的就更少了。另外，系统梳理西部大开发以来西部地区工业化发展经验的文献较少，已有文献较多集中在考察西部地区所处工业化发展阶段的评价性研究。而笔者认为，西部地区正处于总结经验并为未来新一轮西部大开发战略启动制定目标与实施关键性战略的背景下，开展这方面的深入研究具有十分重要的现实意义。于是，本文首先通过大量时间序列数据来说明基于西部大开发二十年这一背景西部地区新型工业化的推进情况，并审视西部地区在我国四大区域格局中所处位置、差距及未来变动趋势。同时回顾、梳理和总结出西部大开发过程中西部地区工业化发展的经验，最终为未来欠发达生态脆弱区工业化发展指明方向。

二 西部大开发20年西部地区的工业化：数据与事实

（一）三次产业结构的演进与特征

基于地域分布视角分析，我国区域间的基本格局在西部大开发前后基本保持不变，总体工业化水平呈现出由东部到西部逐渐递降的特征，但中西部地区的发展速度逐步由落后转向领先。在实施西部大开发战略之后，西部地区的第一产业所占比重持续下降，第二产业所占比重稳步上升，且上升幅度较大，而第三产业比重则略有上升。对比全国同一时期产业结构的变动趋势，西部地区产业结构虽得到一定的优化与调整，但和全国平均水平相比仍显不足。

由于我国在改革开放初期实施了东部率先发展的区域非均衡发展战略，借助全球范围内资金、劳动力、技术等要素向东部地区转移，东部地区的工业化与市场化发展都走在了前列。之后随着我国经济的发展，实现了由区域发展战略逐步向协调发展战略的转变。党的十六届三中全会首次提出区域协调发展战略，逐渐构成了东部率先发展、中部崛起、西部大开发、东北老工业基地振兴的均衡发展战略，中西部地区发展也逐步加快，近十年来中西部地区的发展主要与东部地区向中西部地区产业转移有关。十八大以来，党中央又先后推出了"一带一路"建设、京津冀协同发展、长江经济带发展三大区域发展战略，促进区域协调发展、协同发展、共同发展。经过西部大开发战略二十年推进，西部地区工业化得到一定程度的推进，但仍存在一些不足，首先是第一产业所占比重相对偏大，与东部地区相比仍有一定的差距；其次是第三产业没有得到相应发展，产业结构不够协调，虽然与东部地区的差距在缩小，但仍然没有消除。

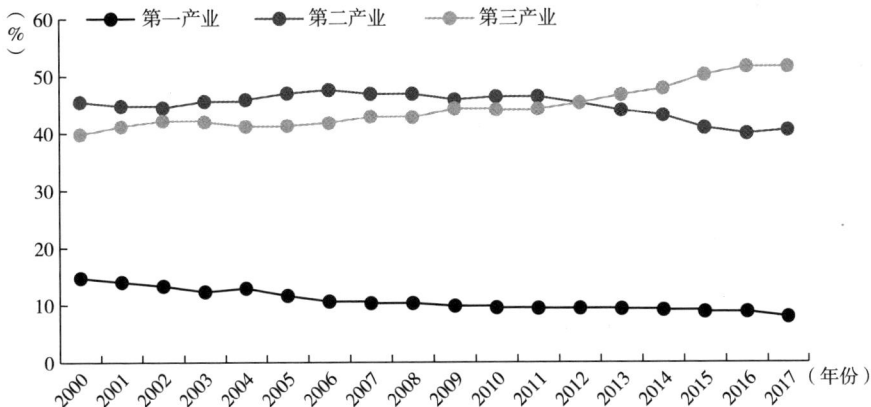

图1　西部大开发以来我国产业结构占比变化

西部地区第一产业比重快速下降，2017年西部地区第一产业增加值为9911.01亿元，其中云南、四川、陕西三省的第一产业产值对西部地区第一产业增加值的贡献率高达57.3%。这符合产业结构升级的规律，也说明西部大开发战略的实施为西部地区产业结构的调整和升级创造了许多政策

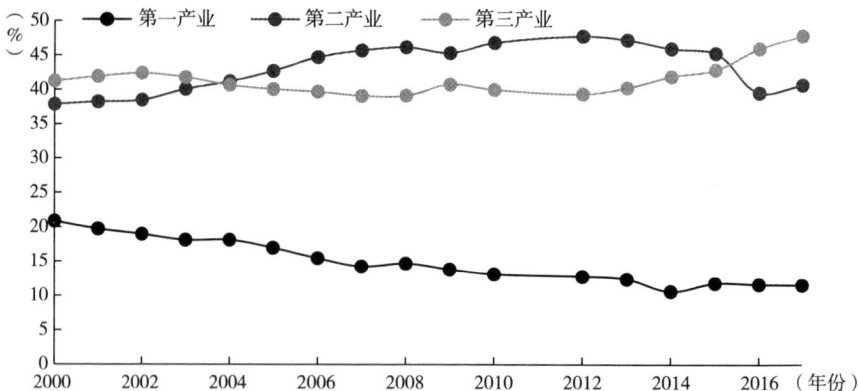

图2　西部地区三次产业结构变化

优惠，进一步推动了第二、第三产业的快速发展。第二、第三产业所占比重不断上升，总体呈现出第二、第三产业产值占比较大的特征，表明在产业结构方面，西部地区已经逐渐演变成发展水平较高的区域。西部地区第二、第三产业的增长速度也比较快，但因其基数较小，所占份额仍然不够理想。与全国相比，2017 年西部地区第三产业占比仍比全国水平低 3.76个百分点，西部地区第一产业所占比重仍然比东部地区高出 4.43 个百分点，意味着西部地区产业结构尚未实现高级化，可能是因为西部地区工业化水平低、农业不发达、社会生产还比较落后，需要继续加快工业、服务业的发展，大力提升产业结构。

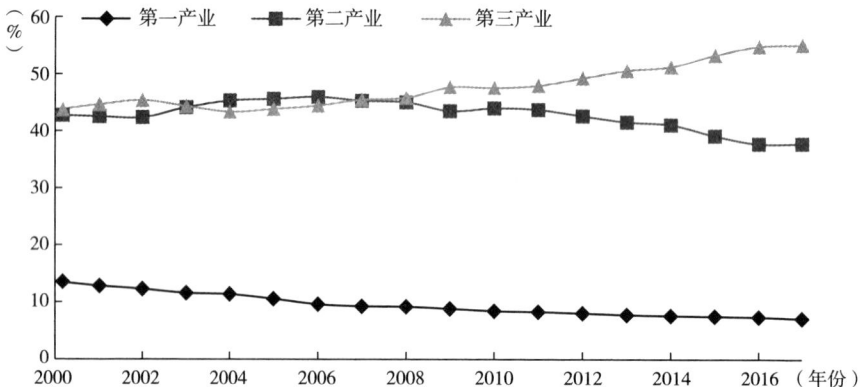

图3　东部地区三次产业结构变化

通过对东部地区三次产业结构演进数据的整理，笔者发现东部地区初始的第二、第三产业产值所占比例就处于较高水平，且第三产业产值比重不断上升，并在 2017 年超过 55%。随着东部沿海发达地区城乡居民消费层次、消费水平的不断提高，东部地区产业结构也得到同步提升，从 2007 年开始第三产业产值在生产总值中所占比重始终保持在45%以上。且与全国产业结构相比，2017年东部地区第三产业占比比全国水平高出3.49个百分点，这与东部地区优越的自然条件、良好区位优势以及完善的政策优惠是分不开的。

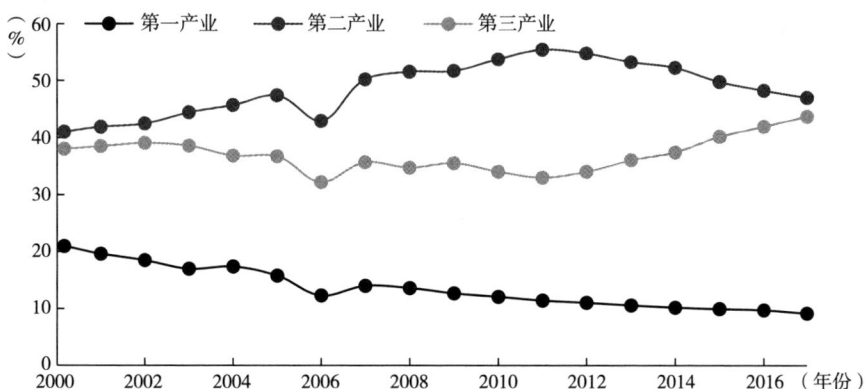

图4　中部地区产业结构演进

中部地区的第二产业虽然占有相当大的比例，但第二产业的优势仍不明显。第一产业比重虽然逐年下降，但与东部地区相比，2017年中部地区第一产业所占比重仍然比东部地区高出2个百分点。从中部地区第三产业内部结构角度分析，以传统的流通和服务业、交通运输业、批发零售为主，现代化水平不高。与全国和其他地区产业结构相比，中部地区仍然处于"二、三、一"的生产模式，2017年中部地区第二产业所占比例比全国水平高出6.54个百分点，这说明中部地区虽然在不断加速推动工业化进程但整体的发展水平还不够高。

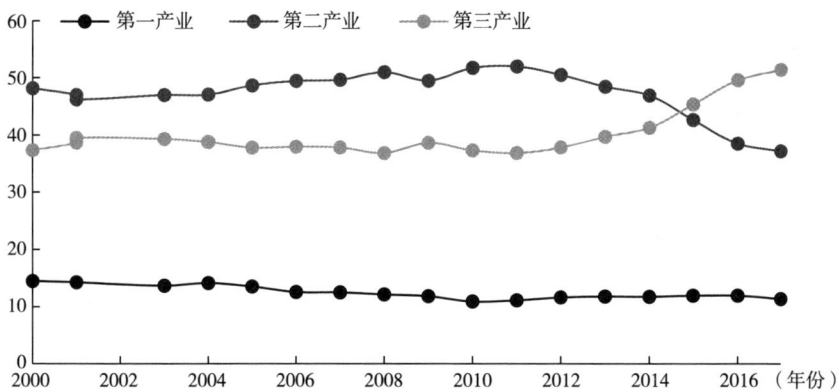

图5　东北地区产业结构变迁

2015 年，东北地区实现地区生产总值 58101.2 亿元，第三产业占生产总值比重首次超过第二产业比重，东北地区产业格局首次出现"三、二、一"模式。数据显示，东北地区产业结构在发展过程中，第三产业出现超前发展，产业结构达到了一定程度的高级化，逐渐由以第二产业为主的发展模式转换为以第三产业为主的发展模式。可能是由于近年来东北地区通过政策引导将其具备相对竞争优势的制造业与高技术型产业相融合，迸发了新的增长活力。

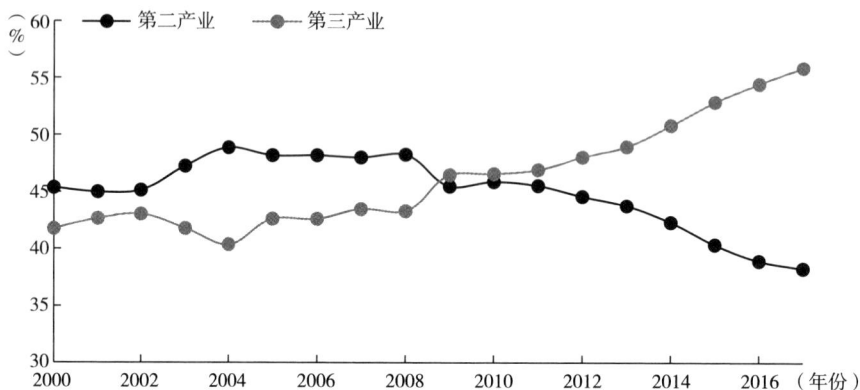

图 6　西部大开发以来东部地区第二、第三产业增加值占 GDP 比重变化

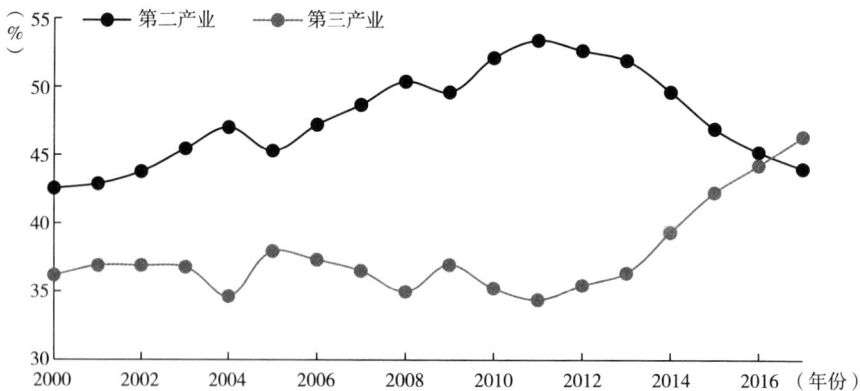

图 7　西部大开发以来中部地区第二、第三产业增加值占 GDP 比重变化

从我国分区域第二、第三产业增加值占 GDP 比重数据来看，四大区域总体上都呈现出第二、第三产业增加值占比不断上升且第三产业增加值比重逐渐超过第二产业的态势。东北地区的第二产业增加值占比处于各区域的最后一名，仅为 37%。而中部地区的第三产业增加值占比均低于其他三个地区，2017 年东部地区第三产业增加值占比为 56% 而中部地区为 46%。

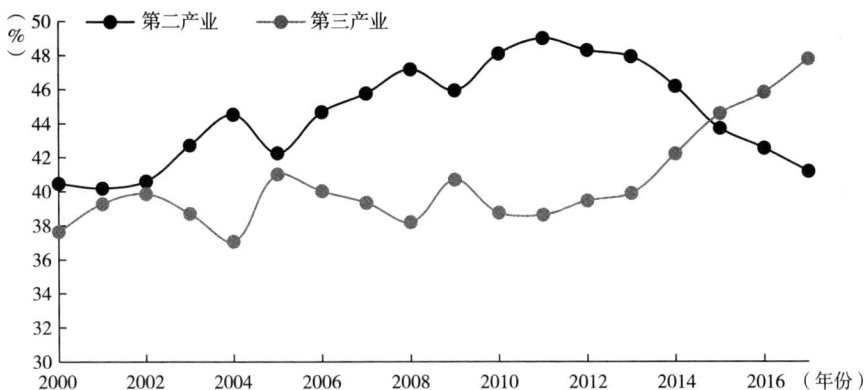

图 8 西部大开发以来西部地区第二、第三产业增加值占 GDP 比重变化

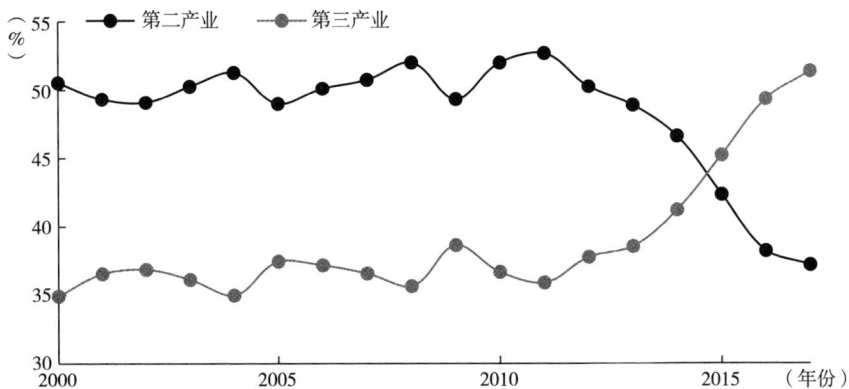

图 9 西部大开发以来东北地区第二、第三产业增加值占 GDP 比重变化

从西部地区内部来看，从 2015 年开始，第三产业增加值占比首次超过第二产业，服务业占比的上升，意味着我国西部地区产业结构的进一步优化，也是西部地区经济运行更加健康的表现。自西部大开发以来，西部地区的工业生产速度不断上升，并通过发展重点项目和实行技术改造进一步推进工业化进程。2017 年，西部地区的第二产业增加值达到 55100.44 亿元，占西部地区总产值的 41%。其中内蒙古、四川、陕西已成为西部地区的重点工业大省，对西部地区第二产业的产值贡献率总和达到 50.5%。经验表明，一个国家或地区的经济发展方向和水平往往与第三产业的发展程度息息相关，而地区城市化与现代化水平则通过第三产业增加值占 GDP 的比重来反映。2017 年西部地区第三产业增加值为 82431.41 亿元，占西部地区总产值的 48%，较 2009 年提升了 7 个百分点。可见，相较于西部大开发第一个十年时所表现出的西部地区第三产业总体规模较小、内部结构水平较低、发展明显滞后的特征，西部地区第三产业呈现出了一个迅猛发展的态势，

西部地区工业化水平进一步得到较大提升。

表1 西部地区内部各省区市第二产业增加值占GDP比重

单位:%

年份	内蒙古	广西	重庆	四川	贵州	云南	西藏	陕西	甘肃	青海	宁夏	新疆
2000	40	36	41	42	39	43	23	44	45	43	45	43
2001	41	35	42	40	39	42	23	44	45	44	45	42
2002	42	35	42	41	40	43	20	45	46	45	46	42
2003	45	37	43	42	43	43	26	47	47	47	50	42
2004	49	39	44	41	44	44	27	49	49	49	52	46
2005	46	37	41	42	42	41	25	50	43	49	46	45
2006	49	39	43	44	43	43	28	54	46	52	49	48
2007	52	41	46	44	42	43	29	54	47	53	51	47
2008	55	42	48	46	44	43	29	56	46	55	53	50
2009	53	44	53	47	38	42	31	52	45	53	49	45
2010	55	47	55	50	39	45	32	54	48	55	49	48
2011	56	48	55	52	38	43	34	55	47	58	50	49
2012	55	48	52	52	39	43	35	56	46	58	50	46
2013	54	48	51	52	41	42	36	56	45	57	49	45
2014	51	47	46	49	42	41	37	54	43	54	49	43
2015	50	46	45	44	39	40	37	50	37	50	47	39
2016	47	45	45	41	40	38	37	49	35	49	47	38
2017	40	40	44	39	40	38	39	50	34	44	46	40

最后,通过西部地区第二产业增加值占GDP比重对西部地区内部工业化发展程度进行考察,我们不难发现,西部地区各省份之间存在着明显差异,重庆和四川不论从工业化结构还是新型工业化进程的角度考虑都处于前列。以四川省为例,在表1中,其第二产业增加值占GDP的比重在西部地区名列前茅,表明四川省的新型工业化水平相对较高。而西藏的各项指标都处于落后状态,进一步说明其产业结构的不合理,2017年西藏第一、第二、第三产业产值的占比分别为11.5%、34.6%和53.9%,同时,西藏第一、第二、第三产业就业结构为46.3%、13.6%和40.3%,由此看出,西藏的三次产业结构与就业结构存在着较强的不合理性,需要采取相应政策进一步调整。以内蒙古和陕西为代表的西北地区工业增加值占第二产业增加值的比重在西部地区都名列前茅,表明其新型工业化水平相对较高。内蒙古在工业化发展过程中注重提升自身生产效率与技术水平,充分发挥

其资源禀赋,大力发展乳品、能源、矿产等资源型工业,在科技创新、工业化进程和经济效益等各方面均有较强优势。内蒙古的人均 GDP 为 63786元,约为西部地区平均水平的 3 倍,与广东省的水平相近。

综上所述,西部大开发战略实施以来西部地区内部各省份的工业化进程存在着一定的差异。这主要与西部大开发初期强调要充分运用西部地区的比较优势——推动劳动密集型产业发展有关,一些劳动密集型省份抓住了西部大开发的机遇,大力创办发展劳动力密集型中小企业,在创办企业时既培养了企业家才能,又为社会提供大量就业岗位,还能加速工业化发展。这一现象进一步导致了西部地区内部工业化进程的差异,因此,需要在今后的发展中更加注重对落后地区工业化发展的推动,创造新的动力。

(二) 就业结构

经济发展的经验表明,合理的就业结构是保证经济增长效率的必要条件。从产业结构角度分析就业结构变迁对经济发展的促进作用,其主要特征为:产业结构逐步由第一产业向第二和第三产业过渡,相应的就业结构也向更加合理的方向调整,本部分就分别从三次产业出发研究我国四大区域就业结构之间的差异。

实施西部大开发战略以来,西部地区的就业结构发生了天翻地覆的变化,依据 2004～2017 年《中国统计年鉴》和各省份统计年鉴相关数据,在分析西部地区三次产业就业结构的变迁数据后得出以下结论:西部地区第一产业的就业比例持续下降,从 2004 年的 56.53% 降至 2017 年的 43.76%,虽然仍比全国水平的 27% 高出 16.76 个百分点,但就业结构已有了明显"非农化"的高级化趋势。从区域间来看,西部地区的第一产业就业所占

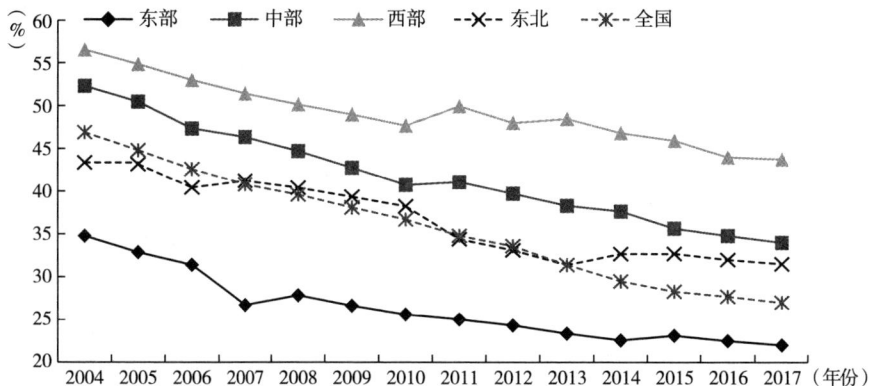

图 10　2004～2017 年全国及各地区第一产业就业占比

比重在我国四大区域中虽然仍处于第一位，但其与其他三大区域间的差距在逐渐缩小。由于经济发展初级阶段工业化和非农化所处的决定性地位，西部地区要实现跨越式发展目标，还需要在经济结构调整方面下很大的功夫。

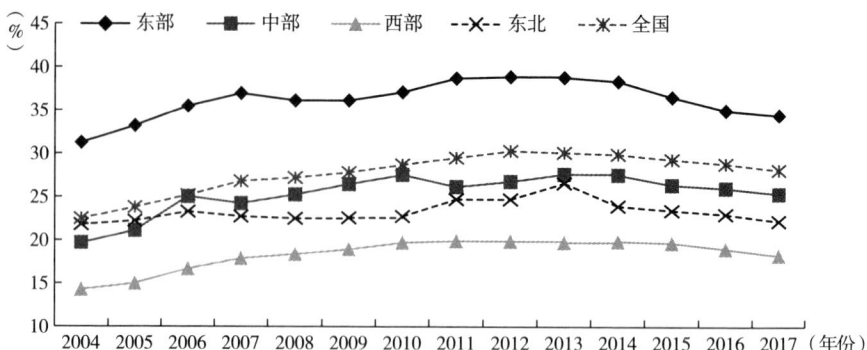

图11　2004～2017年全国及和叶区第二产业就业占比

西部地区第二产业就业比重从2004年开始逐渐表现出先升高后逐渐趋于稳定的态势，从图11中可以看出，西部地区第二产业就业所占比重在我国四大区域中处于最低的位置，2017年更是比东部地区第二产业就业比重低了16.21个百分点，进一步说明西部地区的就业结构存在严重的不合理。从就业结构角度看，西部地区的工业化程度与其他三个区域相差甚远。

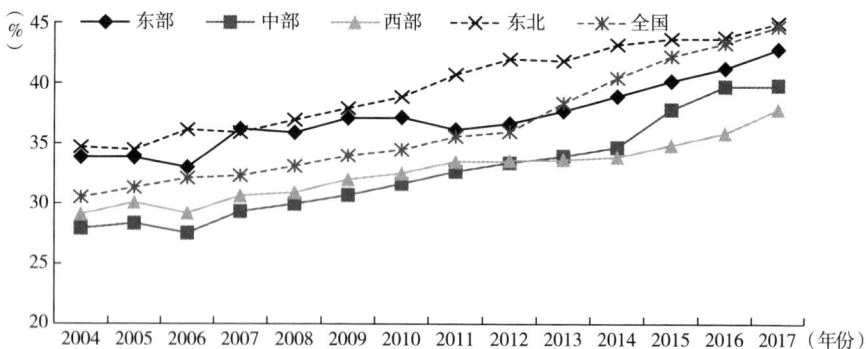

图12　2004～2017年全国及各地区第三产业就业占比

从2004年起西部地区第三产业就业比重不断上升，就业结构呈现出"服务化"的高级化趋势。就业结构的区域间差异在2006年以前明显增大，但从2006年以后差距开始缩小，各区域的趋势逐渐趋同。区域间的差异主要体现在东部地区与西部地区之间的差距逐渐扩大，2010年东部地区的第三产业就业占比比西部地区高2个百分点，到2017年扩大为5个百分点，这表明与发达地区相比西部地区的就业结构还存在较大差距。因此西部地区要实现更加高级的就业结构，就需要进一步调整经济结构，实现产业结构的高级化。

表2　西部大开发以来西部地区就业结构变动

单位：个百分点

地　　区	就业比例增（降）幅		
	第一产业	第二产业	第三产业
内蒙古自治区	−15	3	12
广西壮族自治区	−6	8	−3
重庆市	−15	7	13
四川省	−13	9	4
贵州省	2	6	−7
云南省	−18	4	13
西藏自治区	−20	5	15
陕西省	−6	2	4
甘肃省	2	2	−2
青海省	−15	6	8
宁夏回族自治区	−5	−2	7
新疆维吾尔自治区	−9	3	6

西部地区各省区市就业结构的变化幅度之间，存着较大差异。表2给出了西部地区内部十二省份之间第一、第二、第三产业就业比例变化的对比情况，从2000年到2017年，西部地区内部就业结构变化最为突出的是西藏，而甘肃、贵州的变化不显著，且存在一个明显的共同的特征：就业的"非农化"效应基本被第三产业就业占比的增长所吸收，进一步说明西部地区内部的就业结构也在朝着更加高级的方向发展。

（三）收入水平的演进与特征

从人均GDP角度分析，各地区经济发展的相对差距已逐渐缩小。截至2017年，人均地区生产总值最高的东部相当于最低的西部的倍数已由2003年的2.5倍缩小至1.9倍。按照不变价格计算，我国中、西部地区2012～2017年的人均地区生产总值年均增速分别以8.0%和8.2%领先于东部地区的7.2%，改变了长期以来我国区域经济发展中东部地区领跑全国的传统格局。

笔者首先根据分省份的地区生产总值与实际人口数计算出四大区域的

人均实际 GDP，如图 13 所示。2000～2017 年我国整体的人均实际 GDP 持续上升，且增长率不断提高，直到 2012 年人均实际 GDP 的增长逐渐放缓，与我国经济增长进入新常态的发展趋势一致。东部地区作为我国经济最为发达的区域，人均实际 GDP 从一开始就远高于全国平均水平，且这一差距随着东部沿海地区经济的快速发展不断加剧，从 2000 年的 6519.3 元增长到 2017 年的 36550.3 元。而中西部地区的人均实际 GDP 虽持续增长，但增长速度却过于平缓，这与中西部地区经济发展层次较低、经济活力不足有着紧密的联系。

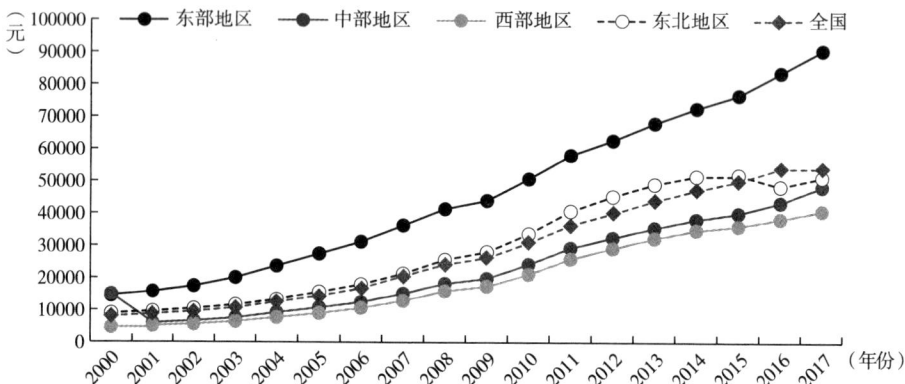

图 13　2000～2017 年全国及分区域人均实际 GDP

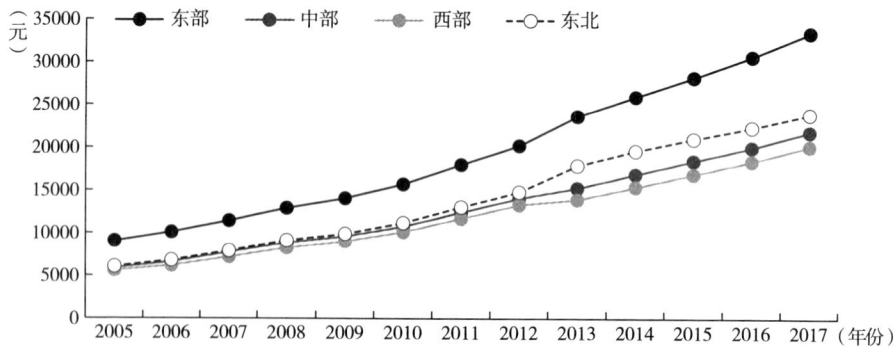

图 14　2005～2017 年分区域人均可支配收入

图 14 描述了 2005～2017 年各区域人均可支配收入的变化，从中可以发现，这一期间四大区域的人均可支配收入水平均有很大的提高，而地区间人均可支配收入的上涨幅度有所差别，东部地区上升最快，其次是东北地区，西部地区上升幅度最小。

单从数量上看不出西部地区的发展水平，本研究对西部地区工业化处于哪个阶段做一个简单的评价。首先按照钱纳里的工业化阶段来判断，将钱纳里的1964年的人均GDP做换算，计算出实施西部大开发战略以来重要时间节点西部地区内部各省份的人均GDP标准。

钱纳里工业化理论认为，工业化的重要标志之一就是随着工业化水平的变化，人均收入将发生变化。随着制造业比重的不断提高，第二、第三产业劳动就业人口所占的比例将提高，城市化会快速发展，人均收入呈现不断增长的态势。钱纳里通过分析将现代经济发展分为三个主要阶段：准工业化阶段、工业化的实现阶段以及后工业化阶段，其中工业化实现阶段又分为工业化的初期、中期与后期三个子阶段，表3为具体阶段所对应的数量特征。

表3　钱纳里工业化阶段划分

单位：美元

人均GDP	准工业化阶段	工业化实现阶段			后工业化阶段
		工业化初期	工业化中期	工业化后期	
1964年	100～200	200～400	400～800	800～1500	1500以上
2000年	660～1320	1320～2640	2640～5280	5280～9910	9910以上
2005年	745～1490	1490～2980	2980～5960	5960～11170	11170以上
2010年	790～1570	1570～3150	3150～6300	6300～11810	11810以上
2015年	803～1606	1606～3212	3212～6426	6426～12045	12045以上
2016年	819～1638	1638～3277	3277～6553	6553～12287	12287以上
2017年	830～1690	1690～3398	3398～6795	6795～12771	12771以上

表4　西部地区内部人均地区生产总值

单位：元，美元

人均GDP	2000年		2005年		2010年	
	人民币	美元	人民币	美元	人民币	美元
内蒙古	6502	813	16285	2061	47347	6963
广西	4652	582	8590	1087	20219	2973
重庆	6274	784	12404	1570	27596	4058
四川	4956	620	9060	1147	21182	3115
贵州	2759	345	5394	683	13119	1929
云南	4770	596	7809	988	15752	2316
西藏	4572	572	8939	1132	17027	2504
陕西	4968	621	10674	1351	27133	3990
甘肃	4129	516	7477	946	16113	2370
青海	5138	642	10045	1272	24115	3546
宁夏	5376	672	10349	1310	26860	3950

续表

人均 GDP	2000 年		2005 年		2010 年	
	人民币	美 元	人民币	美 元	人民币	美 元
新 疆	7372	922	13108	1659	25034	3681

人均 GDP	2015 年		2016 年		2017 年	
	人民币	美 元	人民币	美 元	人民币	美 元
内蒙古	71101	11468	72064	11087	63786	9450
广 西	35190	5676	38027	5850	41955	6216
重 庆	52321	8439	58502	9000	63689	9435
四 川	36775	5931	40003	6154	44651	6615
贵 州	29847	4814	33246	5115	37956	5623
云 南	28806	4646	31093	4784	34545	5118
西 藏	31999	5161	35184	5413	39259	5816
陕 西	47626	7682	51015	7848	57266	8484
甘 肃	26165	4220	27643	4253	29326	4345
青 海	41252	6654	43531	6697	44348	6570
宁 夏	43805	7065	47194	7261	50917	7543
新 疆	40036	6457	40564	6241	45099	6681

　　将通过计算所得出的西部地区内部各省份人均 GDP 与钱纳里的工业化阶段划分表进行对比分析，我们可以看出，在西部大开发战略实施初期西部地区人均 GDP 水平最高的新疆人均 GDP 也只有 922 美元，还处于前工业化阶段。经过西部大开发战略实施五年以后，内蒙古超越新疆成为西部地区人均 GDP 最高的省份并且已经越过前工业化阶段进入工业化阶段的初期，而此时重庆和新疆也超过了工业化阶段初期的最低标准，进入工业化的初期阶段。参考 2010 年的数据，不难发现西部地区内部所有省份已越过工业化初期的标准，其中内蒙古、重庆、陕西、青海、宁夏和新疆更是已经达到工业化中期阶段，实现了工业化的发展。最近三年，西部地区更是牢牢把握新时代的号召，积极响应国家政策顺应时代潮流，加速推动新型工业化发展，到了 2017 年内蒙古的人均生产总值已经达到 9450 美元，按照钱纳里的划分已经处于或接近工业化后期阶段；除此之外，除了西藏、云南、甘肃和贵州的人均生产总值都在 3398 美元以上且在 6795 美元以下，处于工业化中期阶段以外，其余省份均处于工业化的后期阶段。从对西部地区所处工业阶段的分析中可以看出，实施西部大开发战略以来，西部地区的工业化水平在稳步增长，人民的收入水平也在持续提高，这表明西部

大开发战略实施二十年来对西部地区工业化的推动作用是十分显著的。

（四）制造业发展的演进与特征

实施西部大开发战略以来，西部地区的经济实力得到了显著的提升。地区生产总值从2000年的17276亿元增长到2017年的170955亿元，占全国的比重也从17.5%提高到20%。人均地区生产总值约占全国平均水平的62.3%增加至76.3%，数量上从4948元增加到45522元。2012年来，西部与其他区域间的发展差距也进一步缩小，具体表现为西部地区生产总值近五年的年均增长速度为8.9%，比全国的平均水平还高1.8个百分点。

从工业增加值角度来看，从2000年开始西部地区各省份的工业增加值逐年上升，2017年陕西省达到了8691.79亿元，是2000年的13.5倍，在数量上位于西部十二省份第二位。其余各省份也有较大幅度上涨，西藏虽然工业增加值仍然不高但相较于2000年的10.17亿元也增长了9倍。2017年西部地区规模以上工业增加值同比增长7.2%，与上年相比，提高3.2个百分点。增速较快的西藏、甘肃分别增长17.4%和13.8%。与上一年相比，有7个省份增速出现明显提升，云南、西藏分别提高了9个和7.8个百分点；内蒙古、甘肃分别由下降5.9个和7.9个百分点转为增长5.8个和13.8个百分点。

表5　2000~2017年西部地区内部各省份工业增加值

单位：亿元

年　份	内蒙古	广　西	重　庆	四　川	贵　州	云　南
2000	484.19	612.33	633.98	1154.46	328.73	704
2001	541.02	639.55	695.44	1253.19	360.73	730.81
2002	614.89	699.15	787.94	1372.64	395.45	788.44
2003	773.5	813.79	933.75	1604.49	473.38	882.08
2004	1015.37	1044.8	1132.7	2013.8	577.4	1066.41
2005	1477.88	1264.84	1293.81	2527.08	707.35	1168.68
2006	2025.72	1592.33	1566.83	3144.67	839.13	1401.57
2007	2781.78	2090.1	2004.51	3921.41	978.86	1696.29
2008	3879.42	2627.39	2607.15	4956.13	1195.3	2051.73
2009	4503.33	2863.84	2917.4	5678.24	1252.67	2088.17
2010	5618.4	3860.46	3697.83	7431.45	1516.87	2604.07
2011	7101.6	4851.37	4690.46	9491.05	1829.2	2994.3
2012	7735.78	5279.26	4981.01	10550.53	2217.06	3450.72
2013	7944.4	5600.5	4632.15	11540.86	2686.52	3763.57

年 份	内蒙古	广 西	重 庆	四 川	贵 州	云 南
2014	7904.4	6065.34	5175.8	11851.99	3140.88	3898.97
2015	7739.18	6359.82	5557.52	11039.08	3315.58	3848.26
2016	7233	6816.64	6183.8	11058.79	3715.64	3891.2
2017	5109	5822.93	6587.08	11576.16	4260.48	4089.37

年 份	西 藏	陕 西	甘 肃	青 海	宁 夏	新 疆
2000	10.17	629.88	327.6	78.8	96.7	418.63
2001	10.88	706.62	355.51	87.02	106.82	445.6
2002	11.65	819.51	389.38	97.48	120.54	463.59
2003	13.82	1006.92	448.23	117.18	151.22	563.57
2004	16.1	1306.5	574	153.5	197.55	734.1
2005	17.48	1650.63	685.8	203.94	228.37	961.61
2006	21.71	2094.02	868.13	265.12	287.55	1241.33
2007	27.62	2544.42	1063.84	344.52	376.71	1405.11
2008	29.48	3274.57	1188.78	468.6	506.98	1755.35
2009	33.11	3501.25	1203.7	470.33	520.38	1555.84
2010	39.73	4558.97	1602.87	613.65	643.05	2161.39
2011	48.18	5857.92	1923.95	811.73	816.79	2700.2
2012	55.35	6847.41	2070.24	895.89	878.63	2850.06
2013	61.16	7507.34	2155.22	912.68	933.12	2925.74
2014	66.16	7993.39	2263.2	954.27	973.53	3179.6
2015	69.88	7344.62	1778.1	893.87	979.72	2740.71
2016	86.44	7598	1757.53	901.68	1054.34	2677.63
2017	102.16	8691.79	1763.44	777.56	1096.3	3254.18

2000 年以来，尤其是党的十八大以来，随着"一带一路"建设和长江经济带发展战略的推进，西部地区在获得较快工业增长速度的同时，不仅进一步拓宽了对外开放空间，还加强了与沿海地区的经济联系。中西部地区工业增加值占全国的比重，已经从 2000 年的 15.9% 和 13.6%，增加到了 2017 年的 22.6% 和 18.0%，分别提高 6.7 个和 4.4 个百分点；2017 年，西部地区规模以上工业增加值比上年增长 7.3%，比东部地区还快 0.6 个百分点。东部地区规模以上工业增加值所占比重由 2000 年的 59.0% 下降到 54.2%，下降了 4.8 个百分点，东西部地区发展差距逐渐扩大的趋势进一步得到缓解。

表6　2000～2017年西部地区分部门制造业增加值占全国比重变化

单位:%

制造业部门	2000 年	2005 年	2010 年	2015 年	2017 年
农副食品加工业	12	13	14	17	19
食品制造业	8	12	14	16	17
饮料制造业	19	16	24	28	25
烟草制造业	40	33	32	27	24
纺织业	5	4	5	9	10
纺织服装、鞋、帽制造业	2	1	2	5	5
皮革、毛皮、羽毛（绒）及制品业	2	3	6	6	7
木材加工及木、竹、藤、棕、草制品业	6	6	9	13	10
家具制造业	5	4	7	5	5
造纸及纸制品业	8	6	8	12	13
印刷业和记录媒介的复制	11	9	9	13	13
文教体育用品制造业	0	0	0	2	3
石油加工、炼焦及核燃料加工业	7	10	13	16	18
化学原料及化学制品制造业	11	10	11	12	15
医药制造业	12	14	13	17	19
化学纤维制造业	3	2	5	8	7
橡胶制品业	7	5	5	9	8
塑料制品业	5	4	6	8	7
非金属矿物制品业	12	10	12	15	15
黑色金属冶炼及压延加工业	15	13	13	18	19
金属制品业	4	3	6	9	9
通用设备制造业	8	5	7	9	9
专用设备制造业	5	7	9	10	9
交通运输设备制造业	11	11	11	13	15
电气机械及器材制造业	4	4	5	6	7
通信设备、计算机及其他电子设备制造业	3	1	3	5	6
仪器仪表及文化、办公用机械制造业	4	3	4	4	5

　　本部分所选用的西部地区分部门制造业占全国份额数据均来自历年分省份的工业经济统计年鉴，由于制造业产业种类繁杂，受限于数据的可得性，以西部大开发战略实施以来每五年为一个阶段，本研究对西部地区制造业分部门占全国的比例数据进行整理，归纳出西部地区制造业演进的总体规律。

从表6中可以看出，西部地区在全国制造业空间格局中所占份额较小，且农业型资源产业的份额逐年上涨，日用消费品和耐用消费品产业的份额也逐渐增加，而技术密集型行业的份额虽逐年上升但变化仍不够显著。由于现阶段我国城市化和工业化所带动的投资需求主要集中在东部沿海区域，西部的重化工行业占比仍旧很低。西部大开发战略实施以来，西部承接产业转移的效果并不显著，产业发展还是主要以当地消费需求拉动的日用消费品工业和农业资源型产业为依托，进一步说明了西部地区的制造业结构升级还不够完善，还处于结构演进的初级阶段。

西部地区制造业结构的演进具有一定的方向性和规律性，总体来看，基本上遵循了由日用消费品工业、农业资源加工业向重化工业和技术密集型工业过渡的工业化发展路径。2017年，全国制造业销售产值达到2000年的15.48倍，高达96.84万亿元。而2017年西部地区制造业销售产值比2000年增长了16.69倍，增长速度比东部地区更快，但西部地区的制造业销售产值仅占全国的1.28%。通过比较分析西部地区制造业结构的变迁，我们不难发现，以食品制造业和纺织业为主的制造业以2004年为转折点开始向西部地区进行转移，而西部地区以发展劳动资源密集型和资源密集型制造业为主，对技术密集型制造业的发展不够重视。从理论上来看，西部地区产业结构的升级能够进一步带动制造业结构的升级从而形成良性互动，但在实际发展过程中，东部地区的产业转移却由于西部地区不完善的市场功能和高昂的运输成本不能被完全有效地吸收，最终降低了西部地区制造业结构优化升级的速度。因此，西部地区要因地因时地选择合理的主导产业，通过运用自身的人才资源优势充分发展战略性新兴产业，逐步实现制造业产业结构的优化与升级。

三　西部大开发20年西部地区工业化：经验与挑战

（一）西部地区工业化的经验

新中国成立以来，中国所选择的赶超型工业化发展路径，曾将西部地区作为我国工业化发展的重点区域，更是在"三线"建设时期将西部作为中央政府生产力部署的重点地区，同时使得西部地区成为当时我国工业化发展史上最为辉煌的地区。历经五十多年的发展，西部地区的工业已为区域与我国国民经济的发展做出了巨大的贡献，也成为推动经济增长的主力军。但由于自然、社会和经济因素的互相制约以及我国特殊的工业发展路径和曲折的历史发展进程，西部地区的工业化发展水平在国内已经显著落后，当前，工业化总体水平低已经严重阻碍西部地区经济社会的现代化发展。因此，通过总结梳理西部地区的产业发展历程，并对其成功的基础经验和发展的关键智慧做出总结与提炼，不仅对我国进一步发展成工业强国具有指导意义，还能为其他发展中国家提供经验。

具体而言，正确处理以下六种关系是实现智慧型产业发展的关键所在。

1. 协调发展与稳定的关系——保证工业化持续深化

工业化作为一个国家发展的必经之路，要实现产业的持续发展以及产业结构的优化升级，最基础的前提是确保该地区的工业化不会由于战乱、危机或者社会动乱等原因被迫终止。因此，只有保障社会政治环境的稳定才能持续推动产业发展和工业化进程。我国自改革开放以来，始终坚持稳中求进的总方针和以经济建设为中心的指导思想，整体上采取"渐进式"的改革模式，在保障经济平稳运行基础上，为深化改革和结构性调整构建稳定和谐的发展环境，进而促进我国产业结构升级并以此推动工业化进程。当前我国处在工业化中后期阶段，还存在诸如地区间发展差距较大、社会分配不公平、贫富差距过大、环境资源制约等发展不平衡不充分所导致的矛盾，而为了解决这些矛盾和问题，就需要进一步处理好改革、发展和稳定的关系，坚持社会经济的协调与可持续发展，通过不断推动产业升级进一步实现工业强国目标。

2. 协调政府与市场的关系——促进产业高端化

通过协调政府与市场的关系使产业效率保持稳定的增长并促进高端产业发展。工业化实质上是一个不断进行科技创新的过程，包含着一系列基础生产函数由低级逐渐向高级转变的突破性变革，其关键在于通过科技创新实现产业效率的持续稳定增长和产业结构的升级。而"创新驱动"的关键就在于，在使市场在资源配置中起决定性作用的基础上更好发挥政府的作用，这就需要我们处理好政府与市场的关系。而迄今为止我国在产业升级和工业化发展过程中所取得的成就，很大程度上受益于在工业化发展初期牢牢抓住产业升级的方向，为实现有效协调的产业政策和竞争政策不断顺应时代趋势与市场变化进行相应的调整，在促进技术进步的同时提高了工业效率、升级了产业结构。且中国目前所实现的工业化，是在信息化时代以信息化引导的工业化以及信息化与工业化深度融合的新型工业化，是在充分发展高端产业基础上所实现的工业化。这符合中国工业化阶段的基本国情，也适应通过走现代信息技术和制造业相互融合、制造与服务相互融合的"再工业化"路径的世界工业化发展趋势。

3. 协调中央和地方的关系——化解资源配置的结构性矛盾，拓展产业发展空间

为了保障产业布局的合理性和区域发展的协调性，在推动我国工业化发展和产业升级时除了要处理好政府与市场的关系以外，还要协调好中央政府和地方政府的关系，这是由我国所具有的人口资源丰富、幅员辽阔以及各地区资源禀赋、经济条件和人文差异较大的特点所决定的。首先，中央政府要保障所制定的区域发展战略的有效性和协调性。通过实施各项发展战略和设计体制机制实现各区域工业生产要素的合理配置，促进区域间工业生产要素的有效合理流动，在解决区域间产业资源配置的结构性失衡的同时提升产业资源空间布局的协调性，最终实现工业生产要素配置效率的提升和产业发展空间的拓展。其次要充分发挥地方政府的积极性和创造性。随着经济体制改革的深入，我国各地区结合自身的实际情况充分发挥其主观能动性，创造出许多具有地方特色的经济发展模式。例如"珠江三角洲模式""苏南模式""温州模式"等，这些模式均具有鲜明的时代和当地特色，虽然它们在启动条件、发动主体、资本形成方面都不同，但无疑都推动了当地的工业化发展。除此之外，一些具有地方特色的工业园区也在推动工业化的过程中发挥了关键性的作用，它能够在相应优惠政策的带动下，通过对生产要素的引导和聚集来提升集约程度、优化产业布局，通过转变经济发展方式最终实现工业化发展的目标。

4. 协调公有别经济和非公有制经济的关系——培育壮大了市场主体

在资金、技术、市场等诸多方面都存在着公有制经济与非公有制经济相互合作的现象。在公有制经济进行公益性建设存在资金不足时，非公有制经济凭借其灵活的资金渠道迅速满足其融资的需求，例如民营经济参与我国高速公路的建设，就在推动我国交通事业发展的同时扭转了国有经济资金不足的困境。在面对强大的外国资本冲击时，公有制经济和非公有制经济只有通过联手合作、共同抵制外资冲击才能得到生存与发展。在社会主义市场经济体制下，公有制经济和非公有制经济扮演了不同的角色。公有制经济在人才和技术方面有巨大的作用发挥空间，是科技创新和技术研发的主体，普遍具有自主知识产权，有强大的人才储备，存在智力资源过剩问题，而非公有制经济往往在人才和技术方面存在短板，处于行业末端，加强与公有制经济合作，是非公有制经济走出发展困境的有效途径，同时二者合作，可获得 $1+1$ 大于 2 的双赢效果。公有制经济与非公有制经济各有优势和弱点，二者相互合作和相互补充才能构筑起国家经济发展的脊梁。我国所处的社会主义初级阶段，也为二者取长补短、充分发挥各自优势、

协调发展并成为一股统一的力量营造了绝佳的社会环境。二者的活力显著加强，已经逐渐发展成为社会主义市场经济建设中的微观经济主体、协调发展并共同推进社会主义市场经济持续健康发展。

5. 协调城市化与工业化的关系

工业化与城市化的协调发展和相互促进是一个国家实现现代化的关键。工业发展为城市化奠定坚实的经济基础，而工业化所需的优质生产要素和市场需求则由城市化来创造。在工业化发展的初级阶段，应从优先发展工业出发，为进一步推动城市化打下坚实基础，而到了工业化发展的中后期，随着城市化进程的推进，工业化会得到一个积极的牵引。而我国总体上城市化进程落后于工业化进程且工业化所表现出的迅猛发展态势，反映出我国的发展进程整体符合以上工业化和城市化的演进规律。随着我国进入工业化发展的中后期阶段，城市化进程持续加速，对工业化进程的牵引作用也逐渐增强。对于如何处理工业化与城市化的关系，首先是要通过实现高质量的城市化，进一步让城市化发挥对实体经济转型升级的引导作用，避免城市化与实体经济脱节；其次是要通过对服务业效率的持续提升和服务业结构升级来为工业化后期的产业结构升级做支撑，进一步深化工业化进程。

6. 协调生态环境保护与工业化的关系

良好的生态环境作为人类生存与发展不可或缺的物质基础，同时也是经济发展必不可少的前提条件。随着工业化和城市化进程的加快、科学技术的进步和人们生活水平的提高，人类社会的生产和生活活动对生态环境造成了严重的负面影响，环境问题既成为经济发展的瓶颈，同时也是危及整个人类生存与发展的全球性根本问题。首先，要通过产业结构的调整来优先发展包括产业生态化和环保产业在内的生态产业以促进生态文明建设和新型工业化的协调发展。第一是要采用新技术对生态化进行改造，将生态保护的理念渗透包括农业、工业和服务业在内的各个传统产业，进而形成生态化的产业；第二是要发展为防止环境污染、改造生态环境、保护自然资源提供物质基础和技术保障的环保型产业。其次，要通过清洁化的生产和循环经济等模式来节约资源、减少污染，将工业化生产方式改造为生态化生产方式。

（二）西部地区工业化面临的挑战

1. 城乡二元结构与工业化

只有西部农村地区实现了工业化，西部地区才能实现城乡一体的工业化，进而西部地区才能从真正意义上实现工业化，因此西部地区工业化面临的最大挑战是如何在工业化中实现城乡融合发展，在城乡融合发展中实现工业化。

挑战一：用发展工业的方式发展农业。借鉴工业化的发展理念，在扭转我国当前农业小规模经营的局面的同时有利于降低农业生产成本、改善生产经营模式。中共十八大提出的"构建集约化、专业化、组织化、社会化相结合的新型农业经营体系"，实质就是要通过构建一种具有多维度、多层次、多功能属性的集成系统来适应现代农业的转型发展，最终形成具有农业竞争性的现代农业生产经营体系。选择合理的组织形式和恰当的制度安排作为构建这种新型农业组织体系的关键环节，其中最为核心的内容就是要重视对中国特色土地产权制度，即土地股份合作制度的应用。在充分理解政策的基础上，通过建设农业园区和基地，调整种植业结构，创建优质品牌，提高农产品市场竞争力，推动农民收入增加进而促进农业生产的持续稳定发展。

挑战二：以农民职业化为农民增收。农业专业化不仅是农业现代化发展的基础，还是社会化服务的重要内容。通过分析美国、西欧等国家的农业现代化发展过程可以得出一条发展的实践经验与一般规律，即农业现代化的发展过程就是实现农业生产专业化的过程。也就是说，要将农业生产活动的产前、产中和产后各个环节紧密联系起来，进一步完善农业社会服务体系。具体而言：一是农业生产的标准化与规范化，通过标准化所形成的农业产业链对农业产业化的推动作用不仅体现在完善的组织形式方面，还表现为高水平的企业管理能力。通过探索和构建专业化的生产模式来确保农业产品标准化生产，形成以专业化生产和标准化生产为依托的新型农业生产体系，进一步推动农业专业化进程。二是农民的知识化，现代农业与传统农业相比已经从简单的市场商品交换、粗放的生产经营方式以及传统的农业耕种技术转变为更加复杂的开放市场、更为精细的复杂生产方式以及更加先进的农业生产技术。这就要求现代农业生产者具有更高的整体素质、更高的经营管理能力和知识水平，要更懂技术，更会经营并积极投身到现代农业发展中去，这才是实现现代农业专业化发展的基本前提。三是提高农民的安全感。党的十八大以来，党中央高度重视乡村振兴中的农民安全感。党的十九大报告也提出，要将提升广大农民安全感作为乡村振兴的基础，只有真正实现广大农民拥有更加充实、更可持续和更有保障的获得感、幸福感和安全感，才能在农业现代化征程中实现新的突破。因此，要进一步推进农业产业专业化，就要加强农村的社会保障制度，调整当前社会保障模式，让更多有意愿帮助乡村振兴建设的农民更加安心。

挑战三：用制度保护农村生产关系。其实质是使目前农村的生产力与生产关系相适应。为了推动农业现代化和工业化的进一步融合，在保障农民对土地的占有、使用、收益、流转的权利的基础上确保由此产生的抵押、担保等各项基本权利的顺利行使，且农民可以通过行使这些权利来达到其土地用益物权在城乡间自由流动和合理配置的结果。与此同时，要确保农民在公共资源上享有与城市居民平等的基础权利，保障农民权利的完整性，使农民在城乡间的自由流动具有社会保障。只有实现了城乡权利的平等，才能进一步促进工业化与农业现代化的相互促进、共同发展。

2. 资源环境约束与工业化

挑战一：构建西部地区生态、边疆、高原地区工业化的主要形态。相较于东部和平原地区，我国西部高原、边疆和欠发达地区大多具有经济发展水平滞后、发展观念守旧、生产方式落后等特点。为了推动这些生态脆弱地区实现城乡一体的工业化，就需要先对其思想观念、生产方式和经营管理体制进行相应的改革，并以此为基础，实现工业发展和生态文明建设的有机结合与相互促进，进一步形成人与自然和谐共生的发展格局。在形成产业优化与区域协同的基础上，通过转变经济发展方式来提升生态脆弱区的可持续发展能力，最终实现全面小康。

挑战二：以发展特色产业为西部资源富集地区的工业化发展的基本方向。结合西部地区内部各省份自身发展现状，笔者认为实现发展资源型产业的具体思路，是充分利用西部地区的资源优势和区位优势，并依托西部大开发战略实施的具体方略，将各省份的核心产业作为发展的基础，通过相互协助来增强核心产业的竞争力，提升产业集聚的程度。各省份之间相互促进，加快优势资源的互换，随着产业链的进一步延伸朝着多元化的方向发展，最终在发展科学技术的基础上实现资源型产业的转型升级。同时还要以资源开发利用为基础，依据市场需求合理利用现有优势通过产业升级和技术创新来实现资源型产业链的延伸，进一步提升产品的附加价值和竞争力，通过大力发展新型产业来替代原有主导产业，在摆脱对资源型产业过度依赖的同时完成全面的产业转型。另外，西部地区只有发展出具有自身品牌特色的资源型产业才能实现产业的可持续发展，这就要求我们要根据自身优势，因地制宜地开发出区域特色产业，形成具有品牌竞争力的资源型产业。

挑战三：要在生态保护与工业发展中寻求平衡点，就需要设立适当的环境规则。地区经济要实现可持续发展，首先要实现当地工业产业的生态化，以西部地区的工业化发展为例，就要通过同时升级资源的有效利用能力、能源的充分开发能力和污染的源头治理能力来实现能源资源利用的清洁化与合理化，在有效提升生态环境的稳定性和资源型产业的可持续发展能力的基础上，实现生态环境保护和工业发展的有机统一，从而使经济效益和环境效益共同达到最大化。

3. 开放发展与工业化

开放应该是包含国际和国内两个层面的开放。国际层面的开放是如何融入"一带一路"中，国内的开放则是西部对其他三大区域的开放以及城乡之间的开放。

挑战一：错位竞争强化地区比较优势。在向发达地区学习、靠近的同时，西部地区应注重发挥比较优势，以灵活的方式引进高适用、高匹配人才，并依靠高端人才抢占产业高端。西部地方政府需要结合区域实际发展现状，突出地方竞争优势及机遇，进一步完善地方人才政策，建立起长效的用人机制。只有这样，才能避免出现人才"绕树三匝，何枝可依"的尴尬局面。

挑战二：由过去偏向城市市场的工业化向城市农村市场并重的工业化转变。加快西部地区的产业结构优化升级，正确处理好工业化、城镇化、农业产业化的关系。推进产业结构优化升级是西部地区经济社会发展进程中的一项长期任务。西部地区在跨越式发展的具体实施过程中，必须首先正确处理好工业化、城市化和农业产业化之间的关系，将产业结构调整、龙头企业的培育以及龙头产品的生产当成进一步发展工业化的关键。

四　西部地区新型工业化：目标、新动能与实现机制

（一）西部地区新型工业化的目标

近年来，在我国政府的大力推动下，西部地区新型工业化的发展取得了巨大成效，但其中仍然存在发展不平衡不充分的现象。最为显而易见的，当属工业整体发展水平的地域分布，呈现由东部、中部、西部逐级降低的梯度差距。不难发现，由于地理位置及资源配置等因素的制约，我国中西部地区大多以发展重工业为主，导致经济发展速度缓慢。这就需要西部地区构建起具有地区特色的自主可控的产业体系，扬长避短、发挥自身优势，推动西部地区新兴工业化的进一步发展。为实现西部地区的新型工业化，应该把推动西部地区新型工业化未来发展的着力点放在控制力和竞争力上，

将多种资源优势体现出来，释放出创新驱动发展的强大能量，进而通过建设自主可控的现代工业体系来实现西部地区的新型工业化。党的十九大报告也指出："建设现代化经济体系，是跨越关口的迫切要求和我国发展的战略目标。"

与东部地区相比，西部地区为了构建自主可控的产业体系还需要结合自身发展需求和产业特点，来选择和确定具体的道路与模式。首先，西部地区虽然市场容量较大，但缺乏必要的核心技术，从而缺乏与东部发达地区竞争的本土企业。为了有所作为，西部地区就要充分利用在某些领域实现弯道超车的机遇，某些基础较好的产业可以实现在若干环节与东部发达地区厂商竞争。其次，在空间布局方面要发挥西部地区产业集群的能力，要对重要环节发力，在产业集群中培育核心产业链；在构建自主可控的产业体系时西部地区在工业发展的关键领域还具备一定的产业优势。经过近年来的发展，西部地区的能源化工业、装备制造业、高新技术产业、军事工业、特色农产品及其加工业、旅游业等行业已经初具规模并且其竞争力也逐渐增强。另外，由于西部地区工业结构组织存在不合理性，西部地区面临不合理的工业结构，进一步造成经济环境中一些处于主导地位的产业、行业和产品同时存在着成长性差、需求弹性低、关联度小、效益不高等不足。具体表现为：第一，西部地区工业化所表现出的低技术含量、低附加值和低消费弹性"三低"的特征，主要是一些资源型产品和初级产品在工业中占据主导地位所导致的；第二，西部地区的高新科技产业和工业技术装备均处于较低的水平；第三，西部地区国有工业占比高，民营工业发展较为缓慢；第四，西部地区工业发展所呈现出的资源结构性特征可能与原材料工业所占比重较大有关。最后，从生态环境角度来看，西部地区有着较为突出的环境问题。主要是由于西部地区大多处于半干旱、干旱区内，而且区域气候寒冷、海拔高、荒漠化面积大，使得环境承载能力愈发脆弱。这就需要在实现西部地区的新型工业化时，充分利用西部地区相对丰富的各种资源，通过将丰富的产业科技和人才资源整合起来，采取一系列具有高附加值的产业来打造具备国际市场竞争力的产业组织，最终构建出自主可控的现代化新型工业体系。

（二）西部地区新型工业化的动能来源

应当从西部地区特殊性出发，以西部地区新型工业化道路的发展为基础制定实现西部地区新型工业化的具体路径。

1. 智能化与工业化融合发展

一是传统工业的智能化。将制造业转向智能化为目标的生产模式革命。也就是说"智能化"将是第四代工业革命的主题。传统制造业想要继续保持自身的竞争力，必须向智能化转型。在全球环境恶化的今天，传统工业化的低效率、高消耗、高污染等特点决定了它已不再适合当今的发展形势，作为发展中国家的我国不可能再走发达国家先污染再治理的传统的工业发展道路。为了实现可持续发展的目标，我国工业化上的发展要借助信息化实现节能、减排、资源的高效利用、环境的和谐等目标。正是传统工业化的缺陷和我国发展的客观限制迫使我国提出了两化融合的新要求。优先发展信息产业，以信息化带动工业化发展。我国东西部地区除了在观念、体制、信息、教育、技术等方面存在明显的差距外，在工业化和信息化发展进度方面也存在着较大的差距。因此，西部地区必须通过引进、吸收和利用发达区域甚至是世界上先进的科学技术和人力资本，优先发展信息产业和网络经济，正确处理高新技术产业和劳动密集型产业的关系，利用其资源优势加速缩小与东部地区间的工业发展差距。通过信息化对传统的工业体系进行改革，以信息化来带动新时期工业化的发展，逐步实现高附加值和高科技化发展的工业化，在较短时间内将西部传统优势产业与信息化相融合，为经济发展奠定坚实的基础，还要在提升第三产业在国民经济中所占的比重和质量的基础上，促进新型产业的发展以实现经济的后发优势进而实现跨越式的发展。二是智能产业的工业化。我国产业经济要实现高端化的升级首先要将智能经济作为实体经济的重心和引擎，通过不断创新才能实现进一步的突破。目前人工智能和智能制造已成为全球争相抢占的科技、经济制高点，中国制造业应立足长远，为未来的智能经济竞争做战略布局。目前国内的智能制造产业整体规模还是偏小，创新资源和产业资源分散，缺乏具有创新精神和国际竞争力的大企业集团，智能制造装备行业对国内工业转型升级的促进作用亟待增强。应大力提升关键核心技术创新能力和高新技术转化能力，鼓励拥有自主知识产权和核心技术的产品走向市场，避免关键技术及核心部件受制于国外，只有这样才能保证我国的智能制造装备产业在国际竞争中不落下风。

2. 全球化与工业化融合发展

在工业化进程中，应该结合具体的工业化阶段，通过进口替代与出口导向战略的综合运用来实现更加合理和先进的工业产业结构，最终推动国民经济的发展。具体来讲，就是要更加合理地配置各项有效资源，实现对新兴产业的进口替代和成熟产业的出口导向，尽快对夕阳产业进行转轨。

第一是要走出去，即走向海外。由于我国目前主要出口的均为一些较为初级的产品，比如技术水平较低或者工艺较为简单的工业制成品，而这些产品所属的产业大多为技术比较落后的成熟产业。为了突破这一现状，我们就需要大力扶持那些技术要求较高、附加值较大的工业制成品产业，并将其作为出口的重点行业，在对初级产品进行全面出口的同时，推动更高端产业的发展，进而推动我国产业结构的升级，加速工业化的进程。第二是要走进去，即走向价值链高端，获取价值增值的主动权、控制权。当前，我国经济已由高速增长阶段迈向高质量发展阶段。党的十九大报告提出："支持传统产业优化升级，加快发展现代服务业，瞄准国际标准提高水平。促进我国产业迈向全球价值链中高端。"从目前我国经济与世界的联系角度看，我们要争取在全球价值链中获得更多的话语权和更高的附加值，通过持续的产品升级、工业升级、功能升级和产业链升级，进一步推动更加高质量的经济发展。但这需要一个长期的过程。从目前我国经济所面临的主要挑战看，要建设现代化的经济体系，关键就在于要促进若干重要产业迈向全球价值链的中高端。第三是要走上去，即走向竞争制高点，获取领导权、话语权。在新一代信息技术革命的推进下，构建工业互联网平台逐渐发展成制造业数字化转型的关键环节，制造业数字化转型的方向正日趋明确，谁能抢占制造业数字化先机，谁就抢占了国际战略竞争的制高点。反之，如果错过这个制造业转型升级的关键点，那么我国在面对新进入市场的竞争者时，就会逐渐丧失国际竞争力，同时也会在构建现代经济体系时遭遇巨大的障碍。

3. 服务业与工业化融合发展

随着经济全球化进程的持续推进，我国工业的转型升级已成为必然。通过将过去只进行商品生产的传统工业从单纯地进行产品销售转变为具有销售产品和服务双重功能的工业，借助提供服务的方式提升产品的核心价值。服务化趋势作为当前工业发展的主要趋势之一，随着工业化的进一步发展，工业内部的服务性功能也在日益强化。其中，发展现代工业服务业，是加快制造业转型升级的重要途径，也是我国实现高质量发展、制造业由大到强转变的必然趋势。具体来看：第一，上游环节的思想化。服务业与工业化相互融合思想的提出虽然拓展了工业化原有的生产加工范畴，但具体的生产过程仍旧是二者实现相互融合的关键环节，其实质并未脱离工业化的范畴。把工业制造的上游设计环节与下游服务环节进行紧密联系的过程，就是将资源与思想转变成能够方便人们日常生活的触手可及的产品的过程。第二，中游环节的社会化。服务业与工业化的融合为未来工业制造提供了新的可能，规模化与定制化对工业制造而言不再是分散、封闭、相互矛盾、各自为政的，而是可以做到相互联系甚至合而为一的。通过服务业的社会化推动整个工业体系的社会化，进一步推动整个工业生态系统和中国工业的互利共赢。第三，下游环节的资源化，决定了上游和中游的宽度和深度。通过将资源集中于工业生产企业价值链中最具竞争优势的环节来提升工业生产的效率和灵活性，进一步增强企业的核心竞争力。工业制造业内部的分工随着信息技术的发展与扩散逐渐细致，同时通过产业体系的发展使产业间实现资源的优化配置，抛弃依赖于传统物质资本支持的工业体系而转向现代的科技支撑体系。

4. 金融化与工业化融合发展

第一，回归本位，金融促进了实体经济的发展。近年来，金融科技产业随着金融与人工智能、区块链、大数据、云计算、智能投资顾问等新兴技术的深度融合而获得了空前的发展。金融科技主要通过技术手段来转变金融服务的方式，并且以数字化为基础，以科技作为落脚点，在提升整体金融效率的同时逐步实现金融行业对实体经济的支撑作用。因此，除了要探索金融科技在促进金融服务实体经济发展中如何发挥出重要的作用进而实现金融与实体经济的良性循环之外，还需要研究如何通过寻找与金融科技适配的金融监管方式，谋求推进创新和经济发展与维护金融安全、保护消费者权益之间的新平衡。第二，相互匹配。金融行业本身产生和服务于实体经济的同时又能推动实体经济的发展，而实体经济作为金融行业的根基，也是金融得以发展的基础，两者相互联系互为推动。然而，近年来实体经济和金融行业之间的矛盾日益突出，我国金融和实体经济之间的发展出现了严重的不协调，金融服务实体经济的效率较低，经济发展中的"脱虚向实"现象明显，导致虚实经济之间的不平衡。为了解决这个问题，首先需要对实体经济进行技术创新，创作价值更高的产品来实现供给侧的结构性均衡。其次要对金融行业进行创新，提供更多的资产用于社会投资和理财供应，下调资产价格，通过优质资产供给的增加，来提升供给侧结构性改革方面的实体产品质量，将实体经济与金融行业均衡起来。

5. 生态化与工业化融合发展

第一，生产的绿色化。这是现代化经济体系的生态环境基础，也是国民经济的重要组成部分。总的要求是要资源节约、环境友好，实现绿色循环的经济发展、人与自然和谐共生。客观地说，工业发展与生态环境保护不一定有什么矛盾与冲突，工业生产也不是污染的代名词，如何在发展工业的同时形成系统性的生态环境保护、控制和管理制度才是问题的关键。

只有积极推动工业和生态文明的相互融合发展，才能实现均衡性的工业发展进程，这些都是由我国特殊的国情所决定的。在深刻反思粗放的生产方式和低质量的工业发展对生态环境造成的不良影响的同时，通过分析生态文明与工业文明的兼容性，在运用技术手段和组织制度的基础上通过全球化的工业文明中所积累的物质财富，对经济发展的理念和组织方式进行全面的升级与改造，从而以更加坚定、有力的步伐加速推进新型工业化进程。第二，绿色消费与政府购买。绿色消费作为缓解资源环境压力、建设生态文明的现实需要，同时也是贯彻落实绿色发展理念、推动供给侧结构性改革的重要手段。但消费者在进行选择时往往会由于其具有相对较高的成本而退缩，导致绿色化的消费方式出现难以推广的问题。因此，就需要积极发挥政府的教育引导作用，通过提高认识、更新观念来提升公众的绿色消费意识。充分发挥政府的示范作用，全面建设绿色消费型政府。发挥政府的激励作用，推动企业提高供给水平。发挥政府的监管作用，建立促进绿色消费长效机制。

（三）西部地区新型工业化的实现机制

1. 通过产业体系转型与创新体系的强化来培育新兴产业、推进新业态和新模式进而实现传统产业结构的转型升级

要通过构建实体经济、科技创新、现代金融和人力资本四位协同发展的现代产业体系来实现西部地区的新型工业化，其实质上是建设现代化经济体系的物质基础，也是我国从高速发展阶段转向高质量发展阶段的物质基础。资源配置的基本要求就是要将科技创新作为发展的第一动力，而现代金融又是发展实体经济的血液系统，人力资本作为发展一切生产力的基础和前提，四大要素相辅相成缺一不可。另外，由于西部地区城乡二元结构问题的严重性，在构建这一现代产业体系中不仅要充分发挥服务业的关键性作用，还要重视农业对发展工业产业、战略性新兴产业、先进制造业和高科技产业的基础作用。

2. 发展具有"高新、高端、高效"特征的现代化工业

以先进的工业集群化发展为载体，通过创新，把握世界先进产业价值链的高端，发展附加值高收益大的工业，形成自己的核心竞争力。西部地区工业集群化发展应该以高新技术为基础，并在高级要素禀赋支持下大力发展自己的内生比较优势，同时保持良好的资源配置效率、经济效益和社会效益。这些优势能够促进形成更具竞争力的产业价值链，通过发展这样的产业能够在加强自身技术与自主创新能力的同时引领其他产业技术进步，

实现产业结构调整升级、产品创新。

3. 发展资源的分布与分散化，发挥中心城市的辐射作用，提升集聚统筹能力

应当根据西部地区内部各省份的实际情况，制定差别化的经济政策，对于工业化发展较为先进的省份，要求其率先实现地区优化发展，率先启动进入基本现代化建设的战略阶段，同时应该根据"时空压缩、增加密度、减少分割"的经济地理重组原则，鼓励以先进的城市群落为主体，发挥其辐射作用，构建出以大中小城市协调落后地区共同发展的新格局，加快整体的工业化进程。而对于一些工业化进度相对落后的省份则要通过深化改革重塑激励机制和发展动力，使其重新焕发出工业化的青春活力。

4. 坚持高端化的思维，推动先进工业集群品牌化发展

品牌化作为产业结构高端化的重要标志，完善的创新网络是建设产业品牌的基础。首先，要善于利用市场的供求和竞争规律，运用资源和市场约束下的"需求引致的创新"机制来引导和激励自主创新，推动创新政策、创新资源和创新人才向企业集聚；其次，要充分发挥产学研的协同创新效应，建设以大学、科技园为典型的产学研创新集群，完善创新的收益分配体制，促进科研与产业的有效衔接；再次，要充分发挥政府的创新服务和统筹协调功能。降低工业行业创新的风险，提高收益。通过优化产业组织结构，合力打造先进的工业集群品牌，进一步推动新型工业化的发展。

5. 通过资本的科学化，实现西部地区更高质量的工业化

科学技术成果在通过资本化的手段充分实现其市场价值的同时又创造出更多的资本，为未来提供更好的科学研究资本。因此，科学化的资本，不仅能为高质量的工业发展提供强大的要素支持，而且能够持续地创造市场需求。与此同时，经过进一步实现资本的科学化，还为发展更高质量的工业化积累了更加丰富的知识储备、良好的公共基础设施条件以及更加完备的产业链。这些优势集中在一起，创造出了十分稳定的科技发展机制体制环境，综合发挥产业、科技、空间、资源、市场的优势，推动更高质量的工业化发展。

参考文献

陈栋生：《西部大开发中的工业发展问题——近20年西部工业化历程的回眸与启迪》，《市场经济研究》2000年第2期。

魏后凯：《西部大开发要坚持工业化与环境保护相结合》，《求是》2001年第

12 期。

顾华祥：《西部吸引风险投资发展旅游业的思考》，《思想战线》2002 年第 2 期。

吕先竞：《西部地区工业化发展阶段判断》，《四川工业学院学报》2002 年第 4 期。

纪慰华：《论西部大开发战略背景下的西部工业化》，《当代财经》2003 年第 5 期。

郭俊华：《西部地区新型工业化道路的模式选择》，《西北大学学报》（哲学社会科学版）2003 年第 3 期。

郭俊华：《二元工业化：西部地区新型工业化的特殊性及实现对策》，《西北大学学报》（哲学社会科学版）2004 年第 6 期。

任保平、蔡美香：《二元经济结构、二元工业化与西部地区的新型工业化》，《新疆大学学报(哲学社会科学版)》2005 年第 6 期。

张芸、王岳平：《西部地区新型工业化测度及类型》，《经济研究参考》2007 年第 19 期。

罗永乐：《西部地区新型工业化水平动态分析——基于西部大开发的视角》，《经济地理》2012 年第 2 期。

刘瑞明、赵仁杰：《西部大开发：增长驱动还是政策陷阱——基于 PSM - DID 方法的研究》，《中国工业经济》2015 年第 6 期。

袁航、朱承亮：《西部大开发推动产业结构转型升级了吗？——基于 PSM - DID 方法的检验》，《中国软科学》2018 年第 6 期。

西部大开发 20 年西部地区金融发展的历史、现实和未来

宋 珍 李 勇*

摘 要：本章分析了西部大开发 20 年来中国西部地区金融发展的历史、现状和未来，结果发现：从历史来看，西部大开发 20 年来，不论是金融规模，结构还是效率，西部地区金融发展成就巨大。从现状来看，本章利用泰尔指数和区位熵指标对西部地区内部的金融发展差异进行了测度，发现尽管核心城市的金融发展取得了重大突破，但西部地区内部的金融发展差异（尤其是城市间的金融发展差异）还是十分巨大的。最后，本章对中国西部地区的金融发展进行了展望，认为应该从培育地区金融中心、突破金融资源流动壁垒等方面着手进行改革，助推西部地区的金融和高质量发展。

关键词：西部地区 金融发展 金融发展差异 城市金融中心

实施西部大开发政策以来，西部地区经济社会发展取得了非凡成就。据统计数据，西部地区 GDP 从 2000 年的 17229.96 亿元增长到 2017 年的 170955.35 亿元，增长了近 10 倍，经济发展水平不断提高的同时，西部地区经济发展差异也逐渐凸显，就人均 GDP 这一指标来看，西部地区人均 GDP 最高的地区（重庆市）是最低的地区（甘肃省）的 2.2 倍，这种发展的不平衡不协调问题将会影响西部地区经济长期稳定向好发展。而金融是现代经济发展的核心，西部地区经济协调发展必然要求西部地区金融协调发展，金融发展与经济增长之间的紧密的关系，不仅体现在经济发展对金融的促进作用上，而且越来越多地表现在金融的先导作用。由于中国地区经济发展的不平衡，金融发展对经济增长的作用表现也不同，马瑞永实证分析后认为金融发展对经济增长的促进作用，中部地区最大，其次是东部，西

---

* 宋珍，西北大学经济管理学院硕士研究生，研究方向为金融发展；李勇，西北大学经济管理学院副教授，研究方向为金融发展与增长。

部地区最小。[①] 西部地区金融发展对经济增长的促进作用较小，是因为西部地区金融发展对经济增长的促进作用受到"门槛效应"的制约，西部地区金融发展程度低于门槛值，过低的金融发展水平不利于当地经济的增长。[②] 因此为了进一步探索西部地区经济增长引擎，促进西部地区经济协调稳定高质量发展，有必要站在西部大开发20周年的时点上回溯过去20年西部金融发展的历史演进、总结经验，同时立足现实、考察存在的问题并及时剖析原因，这对促进西部地区金融未来的发展及提高西部地区金融发展对经济增长的促进作用具有十分重要的意义。

一　历史回顾：西部地区金融发展20年的成就和经验

（一）西部金融发展20年所取得的成就

1. 金融规模不断扩大

西部大开发20年，西部地区经济社会方方面面取得了巨大的发展，金融也不例外。理论界常使用美国经济学家Goldsmith（1969）提出的金融相关比率（FIR）度量金融总体发展规模，FIR即金融资产总量与GDP之比。但在实际应用中，由于中国各地区的金融资产主要是银行存贷款，因此在计算该指标时，国内学者常采用的计算方式是金融机构存贷款与实际国内生产总值之比。存款是各地区重要的金融资产，它代表了各地区可动用的储蓄额，图1展示了各地区的存款总额在全国所占的比重。东部地区存款余额在全国所占比重较高，在2003年之前呈现出上升趋势，而在2003年之后表现为缓慢下降趋势，且1998年与2017年相比，该指标几乎没有发生变化；中西部该比重较低，与东部有明显的差距，中部地区从1998年的14.98%缓慢增长到2017年的16.39%，仅增加了1.41个百分点，而西部地区从1998年的16.05%增加到2017年的18.72%，增加了2.67个百分点。[③] 西部地区存款在全国所占比重在1998~2017年增幅大于中部和东部地区，这主要得益于西部大开发战略的实施，中央对西部地区在财政、税

---

① 马瑞永：《中国区域金融发展与经济增长关系的实证分析》，《金融教学与研究》2006年第2期。

② 杨友才：《金融发展与经济增长——基于我国金融发展门槛变量的分析》，《金融研究》2014年第2期。

③ 东部地区包括北京、天津、河北、上海、江苏、浙江、福建、山东、广东和海南；西部地区包括内蒙古、广西、重庆、四川、贵州、云南、西藏、陕西、甘肃、青海、宁夏和新疆；中部地区包括河南、山西、湖北、安徽、湖南、江西。

收、投资、金融、产业、土地等方面的差别化政策，促进了企业对西部地区的投资，西部地区企事业单位存款从 2000 年的 6760.51 亿元增加到了 2016 年的 132138.11 亿元，增长了近 20 倍，而同期东部地区单位存款增长了 16.7 倍，小于西部地区的增幅。

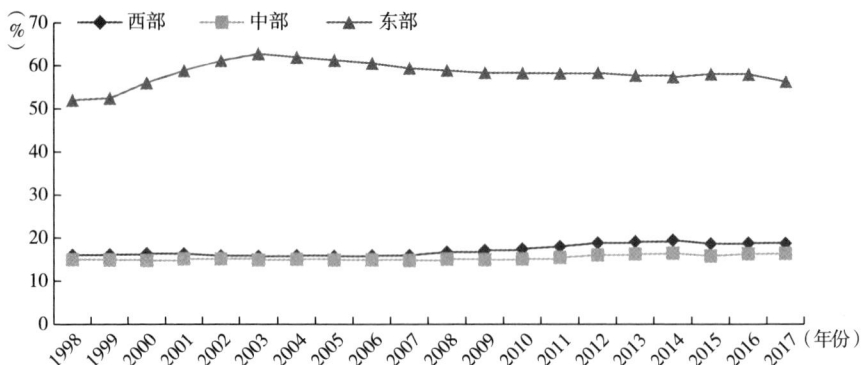

图 1　1998～2017 年东、中、西部地区金融机构年末存款余额在全国所占比重

如果将存款的存量及变化看作是一定阶段某地区经济发展的结果，那么贷款的配置就成为推动力，贷款存量对于各个地区而言，都是重要的金融资产。从图 2 可看出，我国东部地区年末金融机构各项贷款余额占全国贷款余额的比重也较高，且以 2011 年为分界点，之前呈现出上升趋势，之后表现为下降趋势；而我国中部地区该比率变化趋势与西部相同，也是以 2008 年为分界点，但总体变化不大，西部地区贷款占比从 2007 年的 16.75% 增长到 2017 年的 20.45%，增长了 3.7 个百分点，西部地区贷款余额占比的增加也较东部和中部地区快，这主要得益于两方面：一是西部大开发对贷款的需要增加；二是政府政策支持使得银行对贷款的供给意愿提

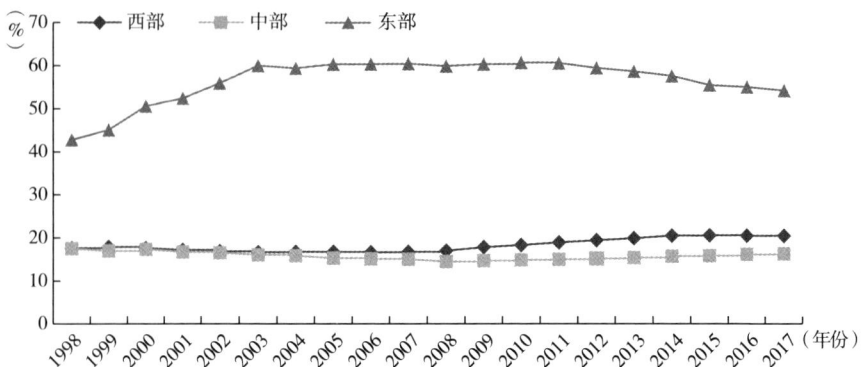

图 2　东、中、西部地区金融机构年末贷款余额在全国所占比重

高。在供给和需求两方面的影响下，西部地区贷款余额表现为扩大趋势。

如图 3 所示，我国东部地区金融相关比率最高，其次为西部，最后则是中部，三大地区的金融相关比率在十几年间不断波动，但是总体呈上升趋势，这说明各地区的金融资产总量与地区 GDP 同步增长，同时 GDP 增长较为缓慢，而存贷款额增长更加快速，这导致金融相关比率上升较快。理论上来讲，金融相关比率越大，金融活动的规模越大、能力越强，金融发展的水平更高，西部地区金融相关比率在 2008 年之后不断升高，乃至在 2017 年与东部地区仅相差 0.27，出现这种现象，部分原因可能是西部地区的 GDP 值较低，使得计算出的金融相关比率较高，但这也与中央政府，西部地区政府、企业、人民的金融努力是分不开的。西部地区金融相关比率不断增高的同时，银行业金融机构数量也在不断增加，在 2006 年时为42841 个，而 2017 年为 60400 个，同期东部银行业金融机构数为 91256 个，中部为 53762 个。由以上数据分析可以看出，西部地区金融资产规模虽仍与东部地区有较大的差距，但是增长速度较快，未来金融发展水平还会进一步提高。

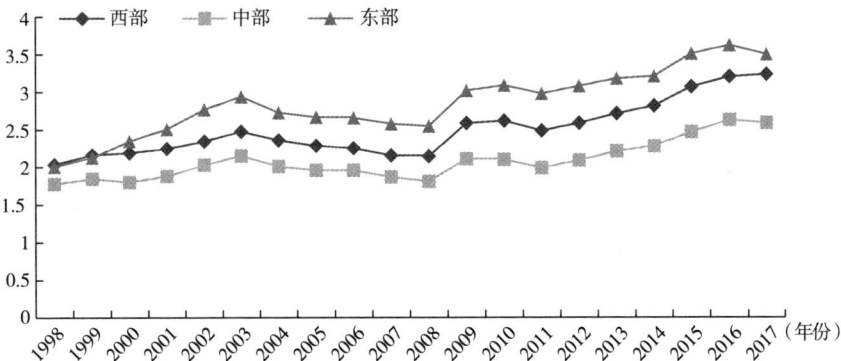

图 3　金融相关比率 FIR

2. 金融结构不断完善

银行业寡头垄断地位不断被削弱。在西部大开发初期，西部地区的金融机构主要为银行类金融机构，且无论从机构规模还是资产规模来看，国有四大行都占据了银行业的主导地位。根据《中国金融年鉴（2007）》的统计结果，2006 年西部地区国有商业银行和政策性商业银行达到了 17293家，占金融机构总数的 41%，这个比例远远高于东部和中部地区；从资产规模看，西部地区国有商业银行和政策性银行的资产总额为 64488.3 亿元，约占西部地区银行业资产总额的 72%，国有商业银行成为西部地区的寡头垄断者。① 而在 2017 年，西部地区国有银行和政策性金融机构为 60400 个，资产总额为 138267.5 亿元，占西部地区银行业全部资产总额的 33%。② 由此可见，西部地区大型商业银行无论是机构个数还是资产总额占比都出现了下降，尤其是资产总额占比下降幅度很大，说明西部地区银行业发展逐渐打破四大行的垄断，其他中小银行异军突起，银行业竞争更加充分，这将有利于西部地区银行业的健康发展。

证券保险稳步发展，业务创新步伐加快。2003 年西部地区股票总市值仅为 3626.98 亿元，上市公司 204 家，而到 2016 年西部地区股票总市值为 58774.68 亿元，上市公司为 432 家，股票总市值在十几年内增加了 15.2 倍；2003 年西部地区保费收入 602.29 亿元，而到 2016 年保费收入 5807.65 亿元，是 2003 年的 9.6 倍。③ 证券保险在规模上不断增加，业务创新步伐也在不断加快，2017 年云南省发行了可续期绿色公司债 12 亿元、绿色企业债券 5.5 亿元，重庆区域 OTC 市场新设科创板和青年创业板，全年融资 59.5 亿元，且西部各省份大力推进创新巨灾保险、精准扶贫保险和涉农环境污染责任保险等保险产品。④ 从以上分析可以看出，西部地区金融结构在不断完善，逐渐打破银行业对金融市场的垄断，证券市场、保险市场稳步发展，为西部地区金融市场增添活力。

3. 金融效率有所改善

贷存比衡量了一个地区金融部门将储蓄转化为投资的能力，也可以说，贷存比反映了金融发展对经济的支持能力，所以学界通常使用贷存比来衡量一个地区的金融效率。2000~2017 年各区域的贷存比如图 4 所示，中西部的贷存比走势几乎相同，都是在 1998~2008 年呈下降趋势，在 2008~2017 年呈上升趋势，东部地区贷存比在 1998~2017 年变化趋势不明显，在 0.7 左右波动。在 1998~2007 年，中西部地区的金融机构效率明显高于东部地区，主要原因在于这一时期中西部地区的金融发展不足，金融机构的结构单一，金融资源不足以满足利用的需求，从而金融供给不足，影响了从投入和产出的角度衡量的金融体系效率，这造成了金融机构效率偏高的状况。受金融危机的影响，东中西部地区的金融效率在 2008 年降到最低，而在 2008 年之后，中西部的贷存比表现为缓慢上升趋势，这表明在金融危机之后，西部地区的金融效率在不断改善。

---

① 数据来源：《中国金融年鉴（2007）》。
② 数据来源：《中国区域金融运行报告（2018）》及各省份金融运行报告（2018）。
③ 数据来源：EPS 数据库中的中国金融。
④ 数据来源：《中国区域金融运行报告（2018）》。

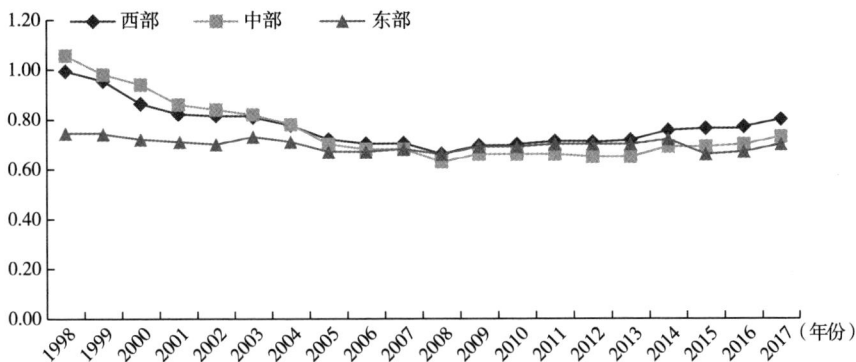

图 4　1998～2017 年东中西部地区金融机构的效率

4. 核心城市金融实力雄厚

西部金融经过西部大开发 20 年的发展，无论是规模还是结构都取得了喜人的成绩，且西部地区部分核心城市的金融发展更是赶上甚至超过了很多东部和中部城市。[①] 就存贷款总额这一指标来看，在 1998 年时，东部城市南京，中部城市武汉，西部城市成都、西安、重庆的存贷款额相差不大，且南京的存贷款额略高于成都，1998～2008 年这几个城市的存贷款总额虽有所增加，但是增长的幅度不大，城市之间的差异也不明显；2008～2017年，西部地区的成都和重庆金融发展迅速，到 2010 年存贷款额已经高于东部地区的南京，并远高于中部城市武汉，且差距有进一步扩大的趋势；西安的存贷款额增长虽不如成都和重庆，但是也一直在中部城市长沙之上（见图 5）。西部地区核心城市的金融实力雄厚，一方面是由于其经济金融基础本身比较强，另一方面是由于西部大开发之后政府对西部实施的差别化的货币政策和金融支持，使得金融资源在向西部地区流动时，优先流入发展水平较高的核心城市，所以其在金融发展中逐步赶上并超越东部和中部很多城市。部分核心城市金融发展较好，有利于形成产业集聚效应，从而带动整个西部地区的金融发展，并对实现核心城市自身的均衡可持续发展和促进整个西部地区的经济发展都具有重要的现实意义。

（二）西部金融发展中存在的问题

1. 金融体系发展尚不完善

西部地区金融体系不完善主要体现在直接融资和间接融资比例的不协

---

① 根据 2018 年 11 月 3 日发布的国家金融中心城市指数，西部地区的成都、重庆和西安金融发展水平分别排第 8 名、第 11 名和第 15 名。

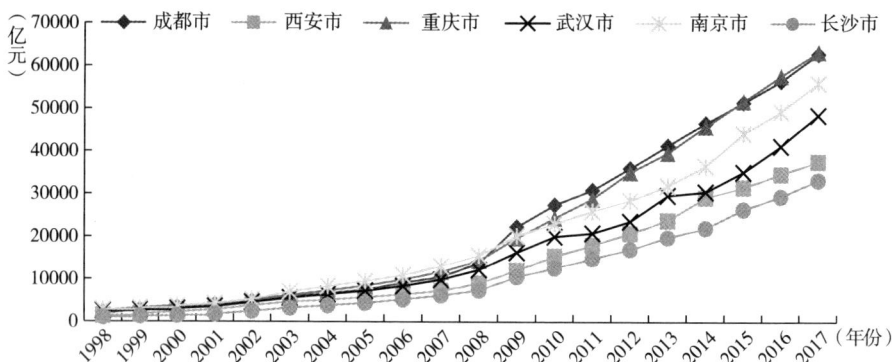

图5 1998～2017年东中西部地区部分城市存贷款总额增长趋势

调，直接融资发展滞后，企业长期依赖银行的间接融资，使得银行机构面临较高的潜在金融风险，不利于金融安全与经济健康运行。由表1可看出，西部地区间接融资占比虽在2013～2015年有所下降，但仍然以间接融资为主，间接融资占比保持在75%以上，而东部地区间接融资占比相对较低，在2015年时仅占55%，并且西部地区间接融资占比高于全国平均水平。从以上数据可以看出，西部地区融资渠道较为单一，长期形成了以间接融资为主的融资结构方式，间接融资占比过高的情况下，银行作为间接融资的主要中介，其面临的债务违约风险也大大增加。

表1 东西部及全国直接间接融资占比

单位:%

年 份	间接融资占比			直接融资占比		
	西 部	东 部	全 国	西 部	东 部	全 国
2013	83	66	72	17	34	28
2014	78	58	65	22	42	35
2015	75	55	63	25	45	37
2016	78	59	64	22	41	36

说明：间接融资用贷款数据表示，直接融资用股票总市值和企业债券表示，原始数据来源于EPS数据库，经过整理计算得出间接融资占比和直接融资占比数据。

从表2可以看出，2010～2016年，中部地区不良贷款率波动较大，但在2016年最低，为0.73%，而西部地区不良贷款率表现为先减小后增大的变化趋势，且2016年最高，达到了2.15%，不良贷款率的升高，将会给银行业发展带来潜在的风险，威胁西部地区金融稳定。西部地区之所以间接融资占比较高，主要是因为西部地区金融体系不完善，资本市场发展相对落后，银行业仍占主导地位。目前，西部地区暂无较大的区域性资本市场，证券化融资渠道不畅通，股票、基金、债券、商业票据等金融工具发展较为滞后，其在金融资产总额中所占份额很小。金融工具的不足限制了整个社会的投资选择渠道，使得银行贷款成为企业融资的主要方式，这既不利于经济的发展，也不利于金融竞争以及金融效率的提高，也不利于金融业发挥储蓄向投资转化和风险管理等的功能。

表2 中西部地区不良贷款率

单位:%

年 份	2010	2011	2012	2013	2014	2015	2016
中部地区	1.27	1.09	0.95	0.99	1.28	1.75	0.73
西部地区	1.32	1.01	0.77	0.67	1.05	1.87	2.15

资料来源：EPS 数据平台中的中国金融数据库。

2. 经济金融化程度偏低

西部地区经过西部大开发 20 年的发展，虽然在金融总量方面持续保持增长，但经济金融化程度仍然较低。脱浩宇认为经济金融化具体表现在以下几方面：（1）金融对经济增长的贡献率逐年增加；（2）独立于金融机构之外的实体经济体也可以尝试依赖金融渠道获利；（3）金融机构可以为社会提供一大批就业岗位。[①] 本文沿用赵建超等的计算方法来计算金融对经济增长的贡献率，即金融对经济增长的贡献率 = 金融业增加值/国内生产总值的增加值；使用金融业就业人数/就业总人数来衡量金融机构对就业的贡献率。[②]

表3 2016 年东西部及全国经济金融化指标

地区	金融业增加值（亿元）	国内生产总值增加值（亿元）	金融对经济增长的贡献率（%）	金融业就业人数（万人）	就业总人数（万人）	金融对就业的贡献率（%）
东部	33224	403734	8.23	164	53168	0.31
西部	11168	156529	7.13	93	39532	0.23
全国	62132	743586	8.01	380	38271	0.27

说明：原始数据来源于知网的中国经济与社会发展统计数据库，并经过整理计算得出。

---

① 脱浩宇：《当前中国经济金融化的水平和趋势探究》，《中国商论》2019 年第 4 期。

② 赵建超、赵春萍、彭振江：《金融业对经济增长贡献的测算及中美两国比较》，《金融监管研究》2014 年第 4 期。

由表 3 可以看出，2016 年西部地区金融对经济增长的贡献率不仅比东部地区低 1.1 个百分点，而且比全国平均水平低了 0.88 个百分点，而西部地区金融对就业的贡献率也低于东部地区和全国平均水平。西部地区金融发展对经济增长的贡献较小这一结论与国内很多学者的研究结果相同，马瑞永对 1980～2000 年我国金融发展与经济增长关系的实证分析表明西部地区金融发展对经济增长的促进作用最小。[①] 闫丽瑞和田祥宇使用了 1978～2009 年的面板数据，对我国三大区域的金融发展对经济增长的促进作用进行了实证分析，其结论仍然是西部地区金融发展对经济增长的促进作用最小。[②] 吴振信和杜治仙运用空间面板模型对中西部地区的经济增长和金融发展空间关系进行了分析，结果表明西部地区金融发展与经济增长存在空间相关关系，但西部金融发展规模的溢出效应为正，而金融效率的溢出效应为负。[③] 从现有的对西部金融发展和经济增长关系研究的文献可以看出，西部地区在西部大开发初期金融发展对经济增长的促进作用就比较小，而经过 20 年的发展，虽然金融规模有所增加，但是其对经济发展的促进作用仍偏低。西部地区金融发展对经济增长的贡献度较低的解释中，马瑞永（2006）和杨友才（2014）都认为金融发展对经济增长的促进作用受"门槛效应"的制约，而西部金融发展水平低于门槛值，所以金融发展对经济增长的促进作用很小。

3. 区域内发展差异较大

西部地区金融发展整体水平不断提高的同时，区域内金融发展差异也在逐渐扩大。本文从存贷款、股票市场市值和保费收入三个指标，来阐述西部区域内金融发展的巨大差异。图 6 描述了西部部分省份的存贷款数据变化，青海和宁夏数据较小且相差不大，因此在图 6 中的变化曲线几乎重合。西部地区金融发展水平较高的三个省份四川、重庆、陕西与发展水平较低的三个省份西藏、青海和宁夏在 1998 年时，存贷款数额差距很小，但是随着经济金融的发展，各个省份的存贷款额差距越来越大，尤其是 2008 年之后，四川、重庆、陕西的存贷款额增长迅速而其他三个地区的存贷款额增长缓慢，导致到 2017 年时，四川的存贷款额是西

---

① 马瑞永：《中国区域金融发展与经济增长关系的实证分析》，《金融教学与研究》2006年第 2 期。

② 闫丽瑞、田祥宇：《金融发展与经济增长的区域差异研究——基于我国省际面板数据的实证检验》，《宏观经济研究》2012 年第 3 期。

③ 吴振信、杜治仙：《中西部地区金融发展与经济增长关系的空间面板分析》，《北方工业大学学报》2018 年第 3 期。

藏、青海、宁夏总和的 7 倍多。而从股票市值来看，2016 年西部地区股票总市值为 58775 亿元，其中四川省股票总市值约占西部地区的 23%，重庆市占 11%，陕西省占 11%，这三个金融发展水平较高的省份的股票市值约占了西部地区的 45%，而金融发展水平较低的三个省份的股票总市值仅占 6%；2016 年西部地区保费收入为 5808 亿元，其中四川、重庆、陕西分别占 30%、10%、12%，这三个金融发展较好的省份保费收入占了西部地区的 52%，而金融发展水平较低的三个省份的保费收入仅占西部地区的 4%，不到重庆的二分之一①。从以上数据不难看出，西部区域内金融发展差异较大，且差异有进一步扩大的趋势，区域内金融发展已经出现强者越强、弱者越弱的"马太效应"。这一现象与我国学者的研究结果也相同，赵伟和马瑞永测度了 1978～2001 年中国区域金融增长的差异，其认为中国金融发展差异主要为区域间的差异，且区域内金融发展差异东部最大，西部较小。经过持续发展，西部地区区域内金融发展差异也在逐渐增大。② 栾贵勤和杨礼君选取了衡量金融发展水平的 11 个分项指标，运用因子分析和聚类分析方法对 2000～2013 年西部各省份金融发展水平进行综合评价，结果表明西部地区各省份金融发展水平存在显著差异。区域内金融发展差异过大，既不利于西部地区经济金融的长期稳定发展，也与我国的新发展理念"协调"发展相冲突。③

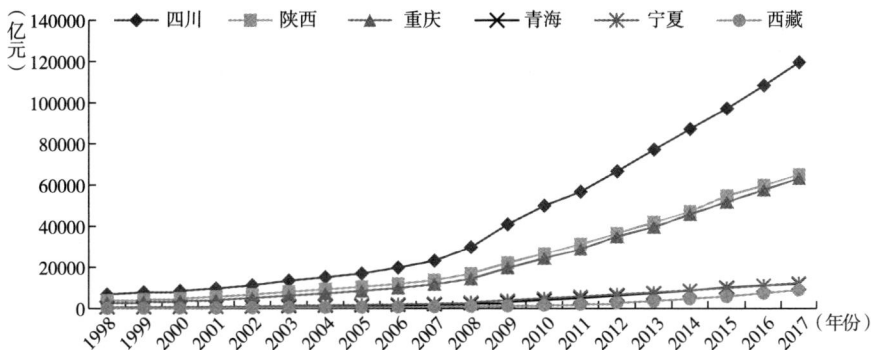

图 6　1998～2017 年西部部分省份存贷款

---

① 数据来源于 EPS 数据平台中的中国金融数据库，并经过整理计算得出。

② 赵伟、马瑞永：《中国区域金融增长的差异——基于泰尔指数的测度》，《经济地理》2006 年第 1 期。

③ 栾贵勤、杨礼君：《区域间金融发展水平差异的研究——以西部地区 11 省为例》，《改革与开放》2015 年第 22 期。

二 现状考察：西部地区金融发展的差异及成因分析

西部大开发以来，西部地区金融发展取得的成就不言而喻，核心城市金融发展已经赶上甚至超过中部甚至东部很多城市，但是西部地区金融发展水平相较于其他地区仍较低，一个可能的原因是西部地区内部尤其是城市之间金融发展差异巨大，导致西部地区金融发展整体落后，因此需要从城市角度来研究西部地区金融发展的差异，从而对其有一个较全面的认识，提出缩小区域内金融发展差异的建议，最终促进西部地区金融发展。本文从城市角度分析西部地区金融发展差异的变化，并通过实证检验分析了导致区域金融发展差异的原因。

（一）西部地区金融发展差异考察：基于泰尔指数的测度

1. 测度方法介绍

度量金融发展差异的常用指标是泰尔指数和基尼系数。基尼系数是传统上用于评价差异的方法，可以很好地反映样本总体的差异性，但无法对差异的来源进行分解；泰尔指数不仅可以度量总体的差异，还可以对不同样本间的差异进行分解，因此本文选择泰尔指数来衡量西部地区金融发展差异。泰尔指数，又称泰尔熵指数，是由 Theil（1967）提出的用来衡量收入不平等的指标，现已被广泛用于衡量区域经济金融发展差异，尤其是被用在区域间及区域内差异的实证研究中[1][2]。计算方法如下。

$$T = \sum_i \left[\frac{F_i}{F} \ln\left(\frac{F_i/F}{Y_i/Y} \right) \right] \tag{1}$$

$$T_n = \sum_i \left[\frac{F_i}{F_{ln}} \ln\left(\frac{F_i/F_{ln}}{Y_i/Y_{ln}} \right) \right] \tag{2}$$

根据泰尔指数的可分解性，总泰尔指数又可被分解为组间泰尔指数 TB 和组内泰尔指数 TI，计算公式如下。

$$TB = \sum_n \left[\frac{F_{ln}}{F} \ln\left(\frac{F_{ln}/F}{Y_{ln}/Y} \right) \right] \tag{3}$$

① 李敬、冉光和、孙晓铎：《中国区域金融发展差异的度量与变动趋势分析》，《当代财经》2008 年第 3 期。

② 俞颖、苏慧琨、李勇：《区域金融差异演进路径与机理》，《中国工业经济》2017 年第 4 期。

$$TI = \sum_n \frac{F_{ln}}{F} \cdot T_n \qquad (4)$$

其中 F_i 表示各城市年末存贷款额，Y_i 表示各城市年末 GDP，F 表示西部地区总的存贷款，Y 表示西部地区总 GDP，F_{ln} 表示各组的存贷款，Y_{ln} 表示各组的 GDP，T 表示总泰尔指数、T_n 表示各组的泰尔指数。

2. 样本说明和分组

由于西藏地区及其他一些地级市缺失一些相关统计数据，因此本文选取了统计数据较为完整的 77 个地级市作为样本进行研究。本文所使用的各个城市的存贷款、GDP 数据来源于知网统计数据库，部分缺失数据通过查阅各省份及城市统计年鉴和国民经济和社会发展统计公报获得。根据第一财经·新一线城市研究所 2018 年 9 月公布的《中国城市商业魅力排行榜》将所选的样本城市分为四组：新一线和二线城市为第一组、三线城市为第二组、四线城市为第三组、五线城市为第四组。研究所根据各个城市的商业资源集聚度、城市枢纽性、城市人活跃度、生活方式多样性和未来可塑性五大指标来进行综合评价，其对中国城市在经济发展水平方面的划分结果具有较高的权威性。由表 4 的划分结果可以看出，西部地区城市主要为四线和五线城市，新一线和二线城市所占比重较小。对区域经济发展差异的研究，还鲜有学者选择以城市等级作为划分城市群的标准，笔者之所以选择这种划分方式，是因为从城市等级角度划分不仅可以看出西部地区总体金融发展差异，而且可以通过计算各组的泰尔指数了解西部地区各线城市内的金融发展差异，并通过计算组间的泰尔指数了解各线城市间的金融发展差异，从而对西部地区金融发展差异做出更准确和全面的判断。

表 4 西部地区样本城市分组

第一组	成都、重庆、西安、昆明、南宁、贵阳、乌鲁木齐、兰州（8 个）
第二组	呼和浩特、银川、绵阳、桂林、遵义、咸阳、柳州、包头、西宁、德阳、曲靖（11 个）
第三组	鄂尔多斯、宝鸡、渭南、南充、呼伦贝尔、乐山、榆林、遂宁、玉林、北海、安顺、泸州、玉溪、通辽、眉山、丽江、内江、赤峰、宜宾（19 个）
第四组	梧州、汉中、广元、六盘水、达州、钦州、广安、保山、自贡、百色、天水、安康、防城港、克拉玛依、河池、乌海、延安、雅安、巴中、攀枝花、昭通、吴忠、张掖、崇左、来宾、贺州、资阳、商洛、平凉、庆阳、铜川、白银、固原、武威、嘉峪关、金昌、酒泉、贵港、石嘴山（39 个）

3. 泰尔指数计算结果及分析

表 5　2003～2017 年西部地区的泰尔指数及组间组内贡献度

年份	T	TB	TI	T1	T2	T3	T4	TB 贡献	TI 贡献
2003	0.111	0.072	0.039	0.030	0.092	0.021	0.037	0.649	0.351
2004	0.121	0.083	0.037	0.026	0.087	0.025	0.039	0.692	0.308
2005	0.128	0.094	0.034	0.025	0.076	0.021	0.035	0.734	0.266
2006	0.129	0.092	0.037	0.031	0.074	0.023	0.035	0.713	0.287
2007	0.149	0.106	0.043	0.037	0.083	0.030	0.034	0.711	0.289
2008	0.157	0.108	0.049	0.044	0.091	0.029	0.040	0.688	0.312
2009	0.172	0.121	0.051	0.051	0.096	0.025	0.023	0.703	0.297
2010	0.173	0.124	0.048	0.047	0.094	0.027	0.025	0.721	0.279
2011	0.168	0.119	0.048	0.047	0.094	0.027	0.025	0.713	0.287
2012	0.163	0.115	0.047	0.040	0.110	0.031	0.025	0.710	0.290
2013	0.153	0.109	0.043	0.034	0.106	0.032	0.024	0.717	0.283
2014	0.148	0.104	0.045	0.035	0.109	0.033	0.027	0.698	0.302
2015	0.143	0.095	0.048	0.038	0.112	0.032	0.034	0.664	0.336
2016	0.130	0.084	0.046	0.036	0.108	0.029	0.035	0.646	0.354
2017	0.100	0.059	0.041	0.029	0.110	0.018	0.037	0.590	0.410

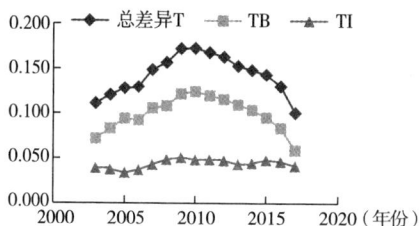

图 7　2000～2020 年西部地区总体泰尔指数

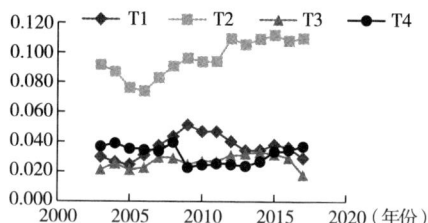

图 8　2000～2020 年西部地区各组泰尔指数

　　表 5 显示了按公式（1）～（4）计算出来的西部地区总体、组间、组内和各组的泰尔指数及组内组间差异对西部地区总差异的贡献度。西部地区总体金融发展差异最大的年份为 2010 年，泰尔指数为 0.173，总体发展差异最小的年份为 2017 年，泰尔指数值为 0.100；组间差异最大的年份为 2010 年，泰尔指数为 0.124，组内差异最大的年份为 2009 年，泰尔指数为 0.051。组间差异对总差异的贡献度比组内差异的贡献度高 1～2 倍。由图 7 可知，西部地区金融发展的总差异和组间差异都表现为先增大后减小，其变化符合倒 "U" 形演进路径的特征，而组内差异 TI 在 15 年间波动很小，基本保持不变，这说明西部地区金融发展差异主要是由组间差异引起的。

由图 8 可知，第一组城市金融发展差异呈先增大后减小的倒"U"形走势，第二组城市内金融发展差异呈上升趋势，第三、四组城市金融发展水平差异较小，且差异无明显的增大或减小趋势，总体变化比较平稳。虽然第一组和第二组金融发展差异变化较大，但组内差异 TI 在 2003～2017 年变化却不明显，这主要是由于第一组和第二组城市个数仅占所选样本城市的 1/4 左右，因此其差异变化对总的组内差异影响不大。

(二) 西部地区金融资源的集聚与扩散特征：基于区位熵的测度

1. 指标介绍

金融发展差异与金融资源的集聚和扩散密切相关。当金融资源发生集聚时，金融资源从发展水平低的地区向发展水平高的地区流动，流入地金融发展水平将提高，而流出地的金融发展水平将下降，金融资源的这种流动将会拉大地区间金融发展差距；当金融资源发生扩散时，金融资源从发展水平高的地区向发展水平低的地区流动，流入地的金融发展水平将会提高，从而减小金融发展差异。使用可以反映某一区域要素的空间分布情况的区位熵，衡量某一个产业部门的专业化程度，其值越大表明该地区产业的集聚程度越高，一般情况下，当区位熵的值大于 1 时，则该产业具有优势，当该值小于 1 时，则处于劣势。本文选择区位熵作为衡量西部地区金融资源集聚情况的指标，用 LQ_n （$n=1$，2，3，4）表示第 n 组的区位熵，LQ_i 表示第 i 个城市的区位熵，F_{ln}、Y_{ln} 为该组的存贷款总额和 GDP，F、Y 为 76 个城市的总存贷额和总 GDP，F_i、Y_i 为 i 城市的存贷款和 GDP，则有：

$$LQ_n = \frac{F_{1n}/F}{Y_{1n}/Y} \tag{5}$$

$$LQ_i = \frac{F_i/F}{Y_i/Y} \tag{6}$$

2. 计算结果及分析

表 6　2003～2017 年各组及第一组城市的区位熵

年份	LQ1	LQ2	LQ3	LQ4	成都	重庆	西安	昆明	兰州	南宁	贵阳	乌鲁木齐
2003	1.504	0.812	0.685	0.654	1.929	1.046	1.858	1.414	1.738	1.434	1.648	1.909
2004	1.554	0.81	0.658	0.635	1.959	1.091	1.862	1.537	1.84	1.558	1.78	1.8
2005	1.612	0.793	0.645	0.624	2.063	1.149	1.893	1.707	1.849	1.527	1.826	1.777
2006	1.6	0.786	0.648	0.626	2.028	1.085	1.861	1.865	1.879	1.597	1.914	1.786

年份	LQ1	LQ2	LQ3	LQ4	成都	重庆	西安	昆明	兰州	南宁	贵阳	乌鲁木齐
2007	1.658	0.809	0.604	0.616	2.227	1.109	1.811	2.202	1.897	1.572	1.949	1.729
2008	1.666	0.825	0.578	0.628	2.224	1.098	1.813	2.46	1.928	1.563	1.98	1.561
2009	1.707	0.79	0.545	0.629	2.651	1.127	1.654	2.333	1.867	1.594	1.739	1.557
2010	1.714	0.807	0.541	0.618	2.559	1.127	1.758	2.274	1.866	1.664	1.84	1.555
2011	1.699	0.817	0.55	0.623	2.498	1.115	1.802	2.289	1.921	1.675	1.851	1.519
2012	1.682	0.817	0.552	0.633	2.39	1.132	1.81	2.15	2.011	1.692	1.763	1.49
2013	1.653	0.816	0.552	0.649	2.296	1.144	1.756	2.03	2.011	1.62	1.715	1.563
2014	1.618	0.823	0.553	0.651	2.206	1.115	1.69	1.944	2.123	1.562	1.885	1.515
2015	1.576	0.822	0.553	0.671	1.952	1.056	1.743	2.215	2.25	1.552	1.848	1.456
2016	1.524	0.844	0.567	0.687	1.83	1.019	1.704	1.892	2.333	1.535	1.875	1.602
2017	1.408	0.89	0.637	0.678	1.406	1.009	1.541	1.809	2.286	1.498	1.865	1.65

由表6区位熵计算结果可看出，第一组城市的区位熵大于1，而其他三组城市的区位熵都小于1，西部地区的金融资源主要分布于西部地区的第一组城市；第一组城市的区位熵表现为先增大后减小的趋势，而第二组、第三组和第四组城市的区位熵15年来基本保持不变。结合图7和图8分析，第一组城市区位熵与总差异变化一致，区位熵最大的年份也为2010年，这表明在金融资源不断向第一组城市集聚时，总差异和组间差异在不断变大，2010年之后，第一组城市区位熵不断减小，总差异和组间差异也在减小。第一组城市的区位熵均大于1，但组内金融资源集聚情况仍有较大差异，经济发展水平较高的重庆其区位熵低于第一组的其他城市，成都、南宁和昆明的区位熵表现为先增大后减小的趋势，西安、乌鲁木齐的区位熵表现为下降趋势，兰州、贵阳的区位熵表现为上升趋势，表明第一组城市金融资源的流动性较强。

（三）西部地区金融发展现状的原因：机制与数据检验

1. 西部地区金融发展差异和集散特征的形成机理

对于西部地区金融发展现状原因进行反思，笔者发现西部地区金融发展差异之所以表现出先增大后减小的倒"U"形变化趋势，主要是金融资源的集聚和扩散引起的，而金融资源的集聚和扩散主要是由两方面的因素引起：一是市场机制，即金融资源在市场力量的作用下，自发地向资本收益率高的地区流动，西部地区大部分城市发展水平较低，而少数几个发展水平较高的省会城市，不仅具有较高的经济发展水平，而且在基础设施、人力资本等方面具有较大优势，因此将会吸引西部地区较落后城市资金的流入，资金的这种流动造成了西部地区金融发展差距。而当经济较发达地区的金融资源达到饱和时，金融资源的流入将不再为资金供给者提供超额利润，甚至造成利润率的下降。此时在市场机制的作用下，基于资金趋利的性质，金融资源将向外围城市扩散，低发展水平的城市的金融发展水平将会由于金融资源的流入而提高，最终的结果是城市间金融发展差异的缩小。二是政府机制，即政府通过干预信贷配给或财政补贴等手段，对金融市场进行干预从而达到金融资源的集聚与扩散，在发展初期，为了使金融资源集聚从而产生规模效应，政府可能通过对某些地区或城市实施税收优惠和财政补贴等政策，使金融资源向某些政府偏好的金融发展环境好的地区流动，以此获得规模效应，当金融资源的集聚由规模经济变为规模不经济时，政府将会实施其他措施以使金融资源向其他地区扩散，从而减少规模不经济的损失。在这两方面因素的作用下，西部地区的金融发展水平表现为先上升后降低的倒"U"形发展趋势。

2. 西部地区金融发展差异和集—散特征的实证考察

（1）指标选择和数据选取

金融发展差异主要是由市场因素和政府因素共同作用引起的。市场化指数能较好地反映各地的市场化进程，但由于所选样本城市的市场化指数数据可得性较低，因此本文使用了代表政府机制的指标来实证分析西部地区金融发展差异的成因，为了弥补市场化指标的缺失对实证结果的影响，本文从金融供给和需求角度，选取了经济发展水平、金融市场效率、科技创新、对外开放等多个维度作为补充变量，以提高实证结果的可靠性。表8解释变量为表示金融资源聚集与扩散的区位熵，选择区位熵是由于泰尔指数是由各个城市的区位熵取对数后乘以相应的权重再加总得到的，而区位熵不仅反映了每个城市的金融集聚与扩散情况，而且其变化与泰尔指数的变化密切正相关，当区位熵增大时金融发展差异增大，当区位熵减小时金融发展差异也减小。核心解释变量为代表政府干预水平的指标，从金融需要角度选取的解释变量为经济发展水平、工业化水平、对外开放水平指标，从金融供给角度选取的解释变量为金融市场效率、科技创新水平、基础设施水平三个指标。表7说明了变量的含义、符号和计算方法。本文所使用的数据主要来源于CSMAR数据库中的区域经济数据库，部分缺失数据通过查阅《中国城市统计年鉴》及各城市的统计年鉴和统计公报获得。

表7 指标符号与计算方法

变量性质	变量名称	变量含义	具体计算方法
被解释变量	QWS	区位熵	区位熵计算公式见式（6）
解释变量	RJGDP	经济发展水平	各城市人均 GDP/西部人均 GDP
	IDGDP	工业化水平	第二产业产值/GDP
	IESGDP	对外开放水平	进出口总额/GDP
	KJL	基础设施水平	公路里程/土地面积
	RD	科技创新水平	R&D 经费支出/政府支出
	FSGDP	政府规制水平	财政支出/GDP
	FIEFF	金融市场效率	各城市的贷款/各城市的存款

（2）静态面板数据模型及结果分析

本文选取了 2003~2016 年西部地区 77 个地级市的面板数据进行实证分析，面板数据含有横截面、时期、变量三维信息，利用面板数据模型可以构造和检验比单独使用横截面数据或时间序列数据更为真实的行为方程，可以进行更深入的分析。本文构建的静态计量模型如下：

$$QWS_{it} = C + \beta_1 RJGDP_{it} + \beta_2 IDGDP_{it} + \beta_3 FSGDP_{it} + \beta_4 FIEFF_{it}$$
$$+ \beta_5 Rd_{it} + \beta_6 IESGDP_{it} + \beta_7 KJL + \mu_{it} \qquad (6)$$

式中，C 表示截距项，μ_{it} 表示随机扰动项，β（$i = \beta_1 \sim \beta_7$）表示各解释变量的待估系数。根据图 7 泰尔指数变化，2003~2010 年泰尔指数在不断增大，表明西部地区金融发展差异在增大，此时为趋异期，2011~2016 年泰尔指数不断减小，表明金融发展差异在减小，此时为趋同期，将式（6）划分为两个阶段和整个样本时期进行估计。对各变量进行相关性检验，发现变量两两之间的相关系数基本在 1% 的水平上显著，且大多数相关系数在 0.5 以下，说明变量之间存在多重共线性的可能性较小。FE 表示固定效应、RE 表示随机效应。

根据具体的回归结果可以发现：①政府规制水平指标（FSGDP）在三个时期内都显著为正，但在金融发展趋异期的系数 1.199 远大于趋同期的系数 0.237，表明在趋异期政府对金融市场的干预较大，而在趋同期政府干预较小（见表 8）。西部大开发实施后，政府通过多种方式促进西部金融发展，资金在政策利好的鼓励下流入西部时，提升当地金融集聚程度。在趋同期，政府干预系数变小，且发展水平较高的地区金融资源趋于饱和，这时金融资源将会向周边地区扩散。②经济发展水平（RJGDP）和科技创新水平（RD）无论是在金融发展趋异期还是趋同期作用都不显著，但在整个样本期

表8　静态面板数据模型回归结果

估计方法	静态面板 FE			静态面板 RE		
时期	趋异期(2003~2010 年)	趋同期(2011~2016 年)	样本期(2003~2016 年)	趋异期(2003~2010 年)	趋同期(2011~2016 年)	样本期(2003~2016 年)
RJGDP	-0.009 (-0.85)	0.013 (0.89)	0.020*** (3.59)	-0.003 (-0.31)	0.019 (1.45)	0.022*** (3.76)
IDGDP	-0.533*** (-5.41)	-1.497*** (-14.15)	-0.725*** (-11.16)	-0.490*** (-5.15)	-1.471*** (-14.41)	-0.713*** (-10.96)
IESGDP	0.003 (1.05)	0.003 (1.22)	-0.004 (-0.49)	0.002 (0.83)	0.003 (1.20)	-0.004 (-0.47)
KJL	-0.002 (-0.31)	0.192*** (5.17)	0.019** (2.51)	-0.001 (-0.14)	0.197*** (5.83)	0.021** (2.69)
RD	0.014 (0.08)	-0.194 (-0.95)	1.911*** (3.32)	-0.139 (-0.81)	-0.216 (-1.07)	2.070*** (3.51)
FSGDP	1.281*** (12.13)	0.239*** (3.09)	1.208*** (19.62)	1.199*** (11.64)	0.237*** (3.10)	1.181*** (18.94)
FIEFF	0.340*** (9.76)	0.733*** (11.10)	0.316*** (11.99)	0.344*** (9.98)	0.764*** (12.04)	0.329*** (12.25)
C	0.559*** (8.39)	0.951*** (8.89)	0.658*** (17.11)	0.573*** (7.46)	0.906*** (8.16)	0.644*** (12.63)
R^2（within）	0.3112	0.7035	0.4239	0.3096	0.7031	0.4235
F test （P > F）	110.86*** (0.0000)	118.76*** (0.0000)	125.50*** (0.0000)			
Hausman test （P > chi2）				10.54 (0.1598)	8.36 (0.3022)	0.53 (0.9993)

说明：括号中为 t 值，"*""**""***"分别表示在 10%、5%、1%水平上显著。FE 表示固定效应、RE 表示随机效应。

间两个指标都显著为正，这说明经济发展水平和科技创新水平在短期内对金融集聚的作用不明显，而在长期内有利于金融资源的集聚。科技创新水平指标在整个样本期间的回归系数较其他指标高得多，这表明在长期，科技创新水平对提高金融集聚水平具有重要意义。③工业化水平指标（IDG-DP）在三个时期的系数都为负，即工业化水平的提高不利于金融资源的集聚，这一结论与程翔等的研究结果一致[1]，其通过空间计量回归和地理加

---

[1]　程翔、王曼怡、田昕、康萌萌：《中国金融发展水平的空间动态差异与影响因素》，《金融论坛》2018 年第 8 期。

权回归实证分析了中国金融发展水平的空间动态差异与影响因素,在影响因素中工业发展水平的系数显著为负,其认为工业的发展抑制了金融业的发展,并对这种结果提出了可能的解释:由于资本、技术、人力资源在不同产业的分布是此消彼长的,金融集聚的中心与工业集聚的中心往往不一致。④对外开放水平(IESGDP)对西部地区金融发展的影响不显著,可能的解释为:西部地区大部分属于落后地区,对外经济开放度低,交通设施落后,无论是在经济还是人文方面与其他国家或地区的交往较少。⑤基础设施水平(KJL)在趋异期不显著,而在趋同期和整体样本期间显著为正,趋异期不显著是因为在趋异期西部地区基础设施水平较低,不足以对金融集聚水平产生正的影响。

(3)动态面板数据模型及结果分析

很多经济关系本质上都具有动态性,动态面板数据模型可以很好地刻画这些动态关系。动态面板数据模型是指通过在静态面板数据模型中引入滞后被解释变量以反映动态滞后效应的模型,由于引入被解释变量的滞后项作为解释变量,可能会导致解释变量与随机扰动项相关,从而产生内生性问题,如果使用标准随机效应或固定效应模型去估计,将产生参数估计的非一致性,导致回归结果的失真。为了解决内生性问题,Arellano 和 Bond 提出了广义矩估计方法,即 GMM 模型,通过引入工具变量解决内生性问题。GMM 模型又可分为系统 GMM 模型和差分 GMM 模型。本文分别使用系统 GMM 模型和差分 GMM 模型来估计,模型如下:

$$
\begin{aligned}
QWS_{it} = {} & C + \alpha QWS_{i,t-1} + \beta_1 RJGDP_{it} + \beta_2 IDGDP_{it} + \beta_3 FSGDP_{it} + \beta_4 FIEFF_{it} \\
& + \beta_5 RD_{it} + \beta_6 IESGDP_{it} + \beta_7 KJL_{it} + \mu_{it}
\end{aligned} \tag{7}
$$

从表 9 估计参数结果来看,在静态面板模型估计中,对外开放水平不显著,但是在动态面板数据模型中是显著为负的,这与刘冬媛的研究结果一致[①],主要原因是西部地区对外开放度很低,不足以对金融资源的集聚产生影响。上一年的区位熵的估计系数最大,说明上年的金融集聚对当年的贡献度最大,金融集聚程度受到金融本身发展水平的影响。与静态回归结果相比,动态回归结果的系数普遍偏小,但是没有发生实质性(正负)的变化,这主要是因为动态面板数据中加入上一期的区位熵,导致其他指标对金融集聚程度的解释程度下降。从两个面板数据模型中可以看出,西部地区金融资源的集聚程度主要由科技创新水平和政府规制水平决定,科

① 刘冬媛:《城市行政级别、贸易开放与金融集聚》,《对外经贸》2018 年第 2 期。

技创新水平可以为金融工具的创新提供良好的环境，政府对金融发展的干预是西部地区金融集聚的一个重要原因，因此我们应该重视政府在西部地区金融发展中的重要作用，发挥好政府积极的引导和扶持作用，只有这样才能使西部地区金融发展走上更高的台阶。

表9　动态面板数据模型回归结果

估计方法和时期	系统 GMM			差分 GMM		
	趋异期(2003～2010 年)	趋同期(2011～2016 年)	样本期(2003～2016 年)	趋异期(2003～2010 年)	趋同期(2011～2016 年)	样本期(2003～2016 年)
$QWS_{i,t-1}$	0.831***	0.903***	0.857***	0.590***	0.450***	0.664***
	(55.72)	(17.02)	(415.40)	(24.868)	(31.85)	(199.89)
RJGDP	0.019*	-0.072***	0.031***	-0.000	0.006**	0.039***
	(1.83)	(-4.30)	(22.14)	(-0-067)	(2.43)	(34.94)
IDGDP	-0.141***	-0.676***	-0.367***	-0.213***	-1.166***	-0.532***
	(-3.72)	(-5.40)	(-25.35)	(-2.666)	(-37.20)	(-72.62)
IESGDP	0.000	-0.004***	-0.003***	0.001	-0.000**	-0.003***
	(0.17)	(-2.79)	(-5.45)	(0.724)	(-2.26)	(-4.62)
KJL	0.005***	0.080**	0.014***	0.002***	0.171***	0.011***
	(2.79)	(2.40)	(7.93)	(3.587)	(20.79)	(7.03)
RD	0.257***	-0.675***	0.497***	0.159*	-0.073**	0.106***
	(2.67)	(-4.41)	(4.29)	(1.776)	(-2.06)	(8.68)
FSGDP	0.977***	0.140***	0.602***	1.054***	0.197***	0.572***
	(11.47)	(3.35)	(41.51)	(10.826)	(18.42)	(112.56)
FIEFF	0.141***	0.229**	0.183***	0.135***	0.385***	0.161***
	(5.01)	(2.63)	(32.60)	(5.479)	(21.00)	(22.44)
C	-0.141***	0.466***	0.027**			
	(-4.58)	(3.46)	(2.49)			
Sargan Test (P value)	45.23489 (0.0111)	36.55667 (0.0005)	73.82791 (0.8766)	37.84888 (0.009)	69.05759 (0.1129)	73.42913 (0.3048)
AR(2)Test (P value)	-0.78539 (0.4322)	1.3816 (0.1671)	-1.4627 (0.1435)	0.1450 (0.4355)	0.6531 (0.5137)	-1.294484 (0.1955)

说明：括号中的值为 t 值，"*""**""***"分别表示在 10%、5%、1%水平上显著。

三　未来展望：西部地区金融发展的思路和建议

(一)　西部金融发展的思路

通过计算西部地区整体及组间、组内的泰尔指数，发现西部地区金融发展差异呈现倒"U"形的演进路径，金融发展差异主要是由组间差异引起的。由区位熵计算结果可知，西部地区金融资源主要集聚于第一组城市，且第一组城市区位熵表现为先增大后减小的倒"U"形变化趋势，而第二、三、四组城市的区位熵变化不大，且区位熵值普遍小于1。由泰尔指数和区位熵的计算结果得出这样一个结论：西部地区金融发展差异呈倒"U"形变化趋势，主要是由第一组城市和其他各组城市间的差异引起的。因此要减小西部地区发展差异，提高西部地区整体金融发展水平，应该聚焦于培育金融中心，提高核心城市对其他地区金融发展的辐射作用，促进金融发展水平较低城市的发展，从而推动西部地区整体金融发展水平的提高。

（二）西部地区金融发展的建议

第一，吸收成都、重庆等城市的金融发展经验，培育地区金融中心，进而实现向周边城市的扩散。成都、重庆等城市的金融发展经验表明，地区金融中心的建立将有利于高素质金融人才的集聚，并客观上促进了金融基础设施的完善，从而在竞争压力的促使下为金融科技创新提供新动力。因此，学习成都、重庆等城市的先进发展经验，培育西安、昆明等新的金融城市成为新的区域金融中心，这应该是缩小西部地区金融发展差异，进而实现金融"多极城市群"的重要举措。在培育西部地区金融中心的过程中，需要明确各个目标金融中心的建设模式和业务定位，防止城市间金融功能重叠，这样不仅有利于提高金融服务质量，还将有利于实现各城市和区域间金融均衡发展。

第二，明确政府职能，在促进西部地区金融发展的过程中实现"有为政府"与"有为市场"的结合。尽管西部大开发以来西部地区的金融发展已经取得长足进展，但不得不承认的是，西部地区金融发展水平仍旧很低。因此，在确定市场应该发挥配置金融资源决定性作用的前提下，政府在促进金融发展的过程中主动出击，实现"有为政府" + "有为市场"。具体的措施包括：制定完善有利于本地区金融发展的政策和安全法规，规避金融风险，弥补市场在配置资源过程中的"失灵"。

第三，进一步深化改革，破除金融资源流动的相关壁垒。可以肯定的是，实现西部地区金融的协调发展，打破资本及相关要素的流动壁垒是尤为必要的。这不仅可以促进区域内各个地区的信息共享、人才交流，还有助于实现金融资源的便捷流动，提升西部地区金融市场的整体效率。

西部大开发 20 年西部地区军民融合发展的历史、现实与未来

韩海燕*

摘　要：军民融合发展是各国实现创新性经济发展的重要途径，我国西部拥有丰富的国防科技资源，军民融合也在一定程度上促进了西部地区的经济发展。本文在对西部地区军民融合的历史与现状分析的基础上，通过灰色关联分析方法，实证分析西部大开发以来西部地区在环境、知识和市场发展方面的竞争力，在与东、中部地区的分析比较中发现，西部具有竞争力的是包括科技人员数、发明专利数等在内的知识要素，但在环境与市场发展方面的竞争力与东、中部地区存在着明显的差距。通过分析发现，西部地区并未很好地借助西部高科技国防资源优势改善经济结构以促进经济发展。在以科技创新为主动力的第四次工业革命来临之际，西部地区必须加快改革的步伐，依托西部国防科技中的高新技术优势，完善各种制度以促进西部地区军民融合深度发展，实现以创新为主要推动力的经济发展方式，推动西部经济的持续发展。

关键词：高新技术　军民融合　深度发展　新经济　西部地区

世界经济发展的历史经验表明，技术作为促进经济增长的一个重要因素，技术创新对于一个国家和地区经济的发展起着至关重要的作用，技术创新上占据领先地位的地区和国家，社会经济也会取得较快速的发展。在第四次工业革命来临之际，世界各国都意识到诸如互联网、物联网、电子信息、人工智能等新兴产业将会如蒸汽机、电力等技术创新一样，改变人类的生活方式和经济的发展方式，这些新兴的技术也会为经济注入充足的动力，各个国家都制定了促进新兴产业发展的战略，如德国的《工业战略2030》、美国的《关于实施"工业4.0"战略的建议》等等，世界上许多国家试图通过发展战略性新兴产业推动经济全面发展，因此普遍加大了对科

---

* 韩海燕，博士，陕西省社会科学院副研究员，研究方向为发展经济学。

技领域的投资力度。我国在十八大报告中明确指出"科技创新是提高社会生产力和综合国力的战略支撑，必须摆在国家发展全局的核心位置"。从2015年的《国务院关于积极推进"互联网＋"行动的指导意见》到《新一代人工智能发展规划》，足见我国对科技创新的重视程度。而国防科技一直是科技的领跑者，是高新技术的前沿阵地，如国家科技创新2030重大项目中所涉及的10项高科技领域：航空发动机及燃气轮机、深空探测及空间飞行器在轨服务与维护系统、国家网络安全、天地一体化信息网络、智能电网、大数据、智能制造和机器人、重点新材料研发及应用、煤炭清洁高效利用、人工智能2.0，其中有多项属于国防科技领域。

实际上，美英德俄日等国早就纷纷制定了各自的军民融合科技创新战略。在我国，军民融合发展正处于由发展初期向中期迈进的阶段，即由初步融合向深度融合推进的阶段。2015年，习近平主席明确强调，要把军民融合发展上升为国家战略，开创强军新局面，加快形成全要素、多领域、高效益的军民融合深度发展格局。至此，军民融合发展上升为国家战略。在2017年的十九大报告中，习近平再一次强调："深化国防科技工业改革，形成军民融合深度发展格局。"通过军民融合深度发展，可以促进军民双方在更广范围、更高层次、更深程度上实现全要素整合，促进经济发展方式的转型，实现经济由工业化半工业化向信息化转型。

一直以来，西部地区由于受到自然环境和地理位置的制约，普遍存在经济发展落后、产业结构单一、资源型经济发展带来环境破坏严重等问题。但是，西部拥有丰富的国防高科技资源，只是一直未加以有效利用。要想实现西部地区可持续的发展，必须依靠高技术创新才能在新时代实现经济发展方式的转型，提高经济的发展质量，通过军民产业的深度融合，提升西部地区的整体竞争力，是一个必然的选择，也是建设经济现代化的必要途径。

一　军民融合的相关问题研究

关于军民融合方面的研究，国外学者Alic J在1992年分析了美国军民两用技术转化过程。1994年，Bruce G. Smith对欧洲军民两用技术发展进行研究。[1]同年，美国国会技术评估办公室对军民融合概念的界定是"将国防工业基础和民用工业基础有机结合的过程，使军民通用的技术、制造过程、装备、人员、设备等满足国防和商业需要"。Weeks对拉丁美洲军民关系进行研究，提出民间专门知识对国防建设具有重要意义。[2] Haicote. Kulve,

Wim A. Smit 在 2003 年提出综合性军民两用科技和产业基地的概念。[3] Ross, et al. 于 2017 年对军民融合创新团队运行绩效的影响因素进行研究，为军民融合创新团队实践活动提供有效指导。[4] 当前，世界正孕育着一波对未来军事活动具有重大影响的"颠覆性技术"创新潮。美国正在推进比互联网影响更大的四个重大技术项目，包括原子级全球定位系统、太赫兹频率电子与超材料太赫兹频率范围等。这些"颠覆性技术"，都是典型的军民通用技术，推动军事科技革命的动因也发生了历史性变化。随着科技革命、产业革命和军事革命的不断深入，军用技术与民用技术的界限越来越模糊，可转换性越来越强、重叠度也越来越高。如今，发达国家军事技术和民用技术的重合率已高达80%以上[5]。这一态势表明，人类已经进入军民通用技术时代。

国内学者对军民融合的研究主要集中于军民融合理论和军民融合实践两个方面。军民融合理论研究：谭清美从资源配置、虚拟组织和创新系统三个方面，研究了军民融合科技创新体系建设和运行机制。该体系的功能本质上是军民融合产业集聚后的知识溢出效应。[6] 曾立等提出发展军民融合产业集群是推动军民融合式国防建设资源优化配置、形成军民一体化工业基础的必然选择[7]。军民融合需将国防和军队现代化建设深深融入经济社会发展体系之中，涉及经济、科技、教育和人才等领域的融合。军民融合实践研究：杜人淮从战略规划、体制机制、政策法规和发展模式四个方面归纳了发达国家军民融合的经验。[8] 沈兆欣等总结了丰台区建设军民科技融合创新体系的实践经验[9]。孟涛提出以资本运作实现军民融合产业发展的方式[10]。濮方圆对以色列军事情报工作军民融合路径进行研究，为中国开展军事情报军民融合提供重要借鉴[11]。国防大学国防经济研究中心《中国军民融合发展报告 2014》显示，我国军民融合度维持在 30% 左右。这标志着我国军民融合的程度已经由融合初期稳步向融合中期过渡。[12]

二　西部拥有军民融合发展的历史基础

西部地区由于地理位置的原因，在新中国成立初期的产业布局中被作为军工产业的重镇，以及 1960 年代开始的"三线建设"，基本项目建设主要集中在西部地区，且相应的配套项目，如国家重点实验室、大型科研机构、军工大专院校等都在西部做了重点的部署，使西部成为国防科技门类齐全、重点突出的战略基地。主要包括电子信息、航空航天、核工业、常规武器工业、新型材料等。改革开放后，西部利用原有的国防科技优势，在宇宙飞船、重大装备制造业和核电站设计等方面取得了新发展。这些产业的发展不仅有效带动了当地经济的发展，而且为西部积累了特殊的国防科技资源。一方面，西部拥有雄厚的国防科技资源。在西部国防科技工业中，核工业产值占全国的2/3，航空、电子工业产值占全国的60%，兵器、航天占全国的50%。在国防科技工业直属的96个核工业科研生产单位（不包括中国工程物理研究院）中，34个在西部地区，航空工业的157个科研生产单位中有76个在西部地区，而军工电子行业65%的企业及科研院所都在西部地区。西部的国防科技工业部直属科研单位占全国军工单位总数的37%，共295个，其中包括：大专院校10所，科研院所59个，工业企业226个。这些国防科技工业为当地经济发展做出了重要的贡献，如贵州省的国防科技总产值占全省工业总产值比重高达40%，重庆为25%，四川为28%。[13]

另一方面，西部地区聚集了大量的高科技人才。西部拥有的国防科技工业高科技人才约占全国军工业人才总数的一半，科技人才密集的程度要远远高于其他的行业。可见，军工资源是西部地区最具优势的科技资源和创新资源，国防工业是西部地区最重要的高新技术产业，国防科技工业包括航天、航空、船舶、兵器、核工业及军工电子六大行业。西部地区国防科技力量较强，基础设施设备实力雄厚，军工及军民两用高技术优势明显，西部地区作为我国战略后方基地的地位进一步凸显。西部拥有的这些国防资源，不仅是国家战略性支柱产业，而且这些国防科技是高技术产业的代表，可以优化产业结构，带动地区经济的发展。

改革开放以来，为了促进经济发展，国家出台了多项军民融合的政策。20世纪80年代，国家对西部的三线企业进行了改造和调整，将大部分企业迁入大中城市，并集中在工业园区和高新技术开发区。比如颇具特色的航空城、航天城和电子城等新兴的工业园区，有效促进了当地经济的发展。特别是西部大开发以来，为了缩小地区经济的差异，国家对西部国防科技工业的投入力度加大，军民融合程度大大提升。比如，西部地区军工企业为了满足民用需要，成为机电出口的主力军；同时为满足人民日益提高的消费需求，提供高档耐用消费品，先后开发的民用产品数千种，民品产值占工业总产值的比重从20世纪80年代不足10%，提升到目前的80%以上。这些均表明，军民融合为当地经济的发展做出了一定的贡献。

但是，一个值得思考的问题是，在经过40年的改革开放和20年的西部大开发之后，西部经济与东部、中部地区的差距仍然没有缩小。虽然在西部大开发等政策的支持下，西部地区近些年取得了较为快速的增长，但很多地方的增长主要来自投资及基础设施建设等，经济增长方式粗放：经济增长的质量较低，军工的科技优势在地方经济增长中并未有效发挥。如今，在全国经济增长下行压力的趋势下，在以提高经济增长质量为主题、以创新为主要驱动力的新时代，西部地区如何利用过去军工产业的科技优势，加快产业结构调整步伐，推动产业结构朝着现代化、高级化方向发展，提高西部地区的经济增长质量，是一个重要的命题。

三 西部地区军民融合发展现状分析

1. 政策的支持

"军民融合，是把国防科技工业基础同更大的民用科技工业基础结合起来，组成一个统一的国家科技工业基础的过程"[14]，也就是要建立军民科技资源的共享机制，避免资源浪费，培育开放型产业链和军民结合型的创新主体。胡锦涛曾指出："要积极探索新形势下军民结合、寓军于民的新途径新方法，全面推进经济、科技、教育、人才等各个领域的军民融合，在更广范围、更高层次、更深程度上把国防和军队现代化建设与经济社会发展结合起来。"[15]在党的十八大报告中又强调："坚持走中国特色军民融合式发展路子"。[16]十八大以来，习近平总书记多次指出，要从战略的高度深刻阐述"军民深度融合"，并在2015年的十二届全国人大三次会议上明确提出"把军民融合发展上升为国家战略"。十九大报告再次强调"深化国防科技工业改革，形成军民融合深度发展格局"。这些政策措施的出台是为了适应我国经济发展的需要，中国正处在经济发展方式转型的关键时期，经济建设要实现由工业化半工业化向信息化转型。20世纪末，以信息技术为主导的新型经济发展快速，成为世界各国经济发展的主要动力来源。我国经济在经历多年的高速发展之后，原有高投资高消耗的发展模式已不能适应新经济时代的需求，要改变原有的经济发展模式，必须走创新发展的道路。信息产业、航空航天产业、新能源产业、仪器仪表产业等高科技产业成为国家的支柱性产业。而西部地区在这些方面有较大的优势，国防工业作为西部重要的高科技产业，将国防工业的高科技应用到民用产业，促进整体经济的发展，推动产业结构升级是必然的选择。

在国家一系列政策的倡导下，西部各个地区根据自身的情况，制定了相应的发展规划，将军民融合纳入自主创新示范区。比如"成都高新区国家自主创新示范区"，主要是构建"1＋N"军民融合产业体系，以航空产业作为军民融合的核心产业，加快发展信息安全、军工电子、新一代信息技术、航天、核能及核技术应用、机电装备和新材料等产业，瞄准空天、战略投送和边海空管理等新兴领域发展。西安高新国家自主创新示范区积极创建"中国国防科技创新城"，重点建设以三大工程为手段的品牌营销模式，以四大示范区为目标的创新驱动模式，以四大产业主导的优势发展模式，以"旋涡＋涟漪"的双向孵化模式。同时西部各个地区成立重点产业园区，以促进军民融合的发展。

表 1　西部地区重点的军民融合产业园区

地　区	重点军民融合产业园区
四　川	四川成都航空高技术产业基地、四川成都军民结合电子信息产业基地、四川成都军民两用核动力研发基地、四川成都军民两用特种化工材料产业基地、四川绵阳国家军转民科技园、四川绵阳国家新型工业化产业示范基地（军民结合电子信息）、四川宜宾军民结合电子信息产业园、四川德阳军民两用核能产业园、四川泸州军民结合化工产业园、四川广元军民结合大型电子系统装备产业基地
重　庆	重庆汽车产业基地、重庆电子信息产业基地
陕　西	陕西阎良国家航空高技术产业基地、陕西西安航天科技产业基地、陕西西安电子信息产业基地、汉中航空工业园、西安航海科技园、西安精细化工产业园
贵　州	贵州安顺航空工业园区、贵州航天高新技术产业园区（以及遵义园区、贵阳园区）、贵州军民两用新型电子元器件生产科研基地、贵州航天军转民中小企业创业基地、贵州航天军转民技术企业孵化器等

2. 西部地区军民融合促进了当地经济的发展

这些措施的实施，有力地促进了西部经济的发展。至 2016 年，陕西军民融合创新型企业达到 500 多家，营业收入超过百亿元的有 4 家，2016 年陕西省军民融合产业总收入达 2476 亿元[17]。2017 年，四川省军民融合产业主营业务收入超过 3100 亿元，高技术产业主营业务收入占全省军民融合主营业务收入的比重达 73.1%。[18]从整个西部地区来看，依托原有国防科技在高新技术方面的优势，西部大开发以来，西部地区的高新技术产业获得快速的发展，几个代表性的军民融合的高新技术产业，如航空、航天器及设备制造业，电子及通信设备制造业，医疗仪器设备及仪器仪表制造业的产业总值都增长了 4 倍以上。其中医疗仪器设备及仪表仪器制造业增长速度最快，年均增长速度为 20.7%，其产值由 1999 年的 44.45 亿元增加到 2011 年的 383.14 亿元，增长了 7.6 倍；航空、航天器及设备制造业增长速度次之，年均增长速度为 15.63%，其产值由 1999

年的 114.8 亿元，增加到 2011 年的 642.07 亿元，增长了 4.6 倍；电子及通信设备制造业年均增长速度为 15.58%，其产值由 1999 年的 359.08 亿元增加至 2011 年的 1885.72 亿元，增速都远高于当年总体经济的增长速度（见图 1）。①

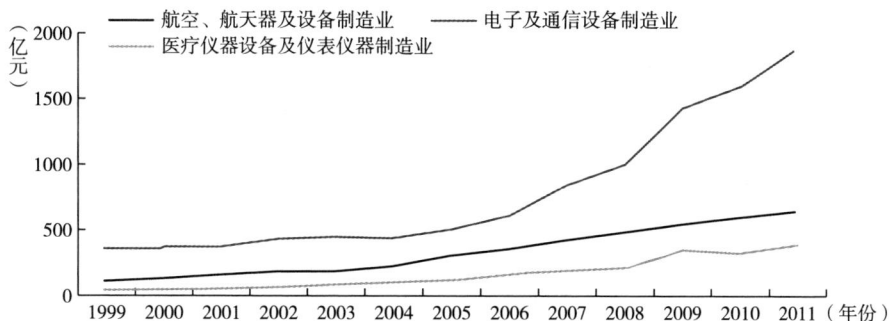

图 1　1999～2011 年西部地区主要高新技术产业产值增长趋势

　　1999 年开始实施的西部大开发战略给西部的经济发展带来契机，在国家政策的支持下，西部地区利用积累起来的国防科技优势资源，大力推进高科技产业的发展。仍以航空、航天器及设备制造业，电子及通信设备制造业，医疗仪器设备及仪表仪器制造业这三大主要高新技术产业为例，从表 2 可见，无论是其企业单位数量，还是投资额和主营业务收入都有较大幅度的提升。航空、航天器及设备制造业，电子及通信设备制造业，医疗仪器设备及仪器仪表制造业企业数量分别由 1999 年的 95 个、217 个、139 个增加到了 2016 年的 149 个、1198 个和 436 个；对高新技术产业的投资力度也在迅速增加，这三个产业的投资额从 2000 年到 2016 年分别增长了 14.9 倍、45.6 倍、125.7 倍；其主营业务收入也增长迅速，分别由 2000 年的 125.28 亿、307.8 亿、46.61 亿元增长到 1094.52 亿、6806 亿和 704 亿元，分别增长了 8.7 倍、22.1 倍、15.1 倍。西部地区积极响应了政府在十七大报告中提出的要"大力推进信息化与工业化融合，促进工业由大变强"的号召，走以信息化带动工业化的新型工业化道路。电子及通信设备制造业的投资额要远高于其他两个产业，适应了经济发展的要求，在 21 世纪进入信息时代，电子及通信设备制造业的发展无疑对地区经济的发展是很重要的。

---

① 数据来源于《高新技术产业统计年鉴》，总产值在 2012 年后没有统计，其他相关的年鉴也未公布。

表2　1999～2016 年西部地区高新技术产业主要指标发展情况

年　份	企业单位数（个）			投资额（亿元）			主营业务收入（亿元）		
	航空、航天器及设备制造业	电子及通信设备制造业	医疗仪器设备及仪器仪表制造业	航空、航天器及设备制造业	电子及通信设备制造业	医疗仪器设备及仪器仪表制造业	航空、航天器及设备制造业	电子及通信设备制造业	医疗仪器设备及仪器仪表制造业
1999	95	217	139	—	—	—	—	—	—
2000	94	206	149	14.98	41.49	2.51	125.28	307.8	46.61
2001	86	220	153	—	—	—	—	—	—
2002	86	237	176	22.07	37.43	6.28	168.83	375.5	66.79
2003	71	224	193	23.28	24.81	7.52	193.58	388.7	77.04
2004	71	304	265	21.12	32.29	8.76	228.10	412.9	100.6
2005	69	315	258	22.76	59.24	19.6	293.79	491.6	111.5
2006	71	353	268	29.74	92.13	31.27	338.46	596.5	153.52
2007	71	411	276	28.58	152.44	33.78	430.24	805.5	178.49
2008	79	475	307	40.18	176.58	35.57	484.83	934.1	197.68
2009	80	536	428	55.71	337.2	51.32	530.71	1283.5	305.87
2010	80	475	369	56.60	368.01	49.74	612.10	1593.7	317.1
2011	76	405	249	54.78	300.55	98.22	665.00	1879.4	362.0
2012	109	643	307	92.96	725.82	250.78	801.00	2727.2	451.6
2013	117	659	331	140.84	1001.51	213.22	925.30	3144.4	486.3
2014	126	784	358	222.9	1300.36	212.64	1007.50	3579.6	50.9
2015	135	945	401	303.5	1337.8	231.5	941.30	4840.8	621.7
2016	149	1198	436	222.88	1891.47	315.48	1094.52	6806.0	704.3

说明：表中"－"表示数据缺失，统计年鉴中对此项数据未做公布。

3. 西部地区整体的经济水平较低，不能有效促进军民融合发展

依托原有较为雄厚的工业基础，1999 年西部大开发以来，西部的经济虽然较之前取得了较为快速的增长，但与我国其他地方相比，仍有很大的差距，经济发展的水平仍然较低。以工业总产值为例，西部地区与东部地区的差距仍然很大。如图 2 所示，东部地区的工业总产值一直远高于西部地区，东西部地区的工业产值差距最大的年份为 2001 年，东部产值相当于西部的 4.8 倍，近些年虽然差距有所缩小，但差距仍然较大，至 2016 年，东部地区的工业总产值仍是西部地区的 2.8 倍。同时，分析航空、航天器及设备制造业、电子及通信设备制造业、医疗仪器设备及仪器仪表制造业占工业产值的比重，东部地区高新技术产业占工业总产值的比重要远远高于西部地区。如图 3 所示，东部地区航天航空、电子信息、仪器仪表三大

高新技术产业占工业产值比重从1999年以来呈现出上升的态势,其占比由1999年的21.68%上升至2011年的34.44%。西部地区这一比例在这一阶段却呈现出下降的趋势,航空、航天器及设备制造业,电子及通信设备制造业,医疗仪器设备及仪器仪表制造业三大高新技术产业占工业产值比重由1999年的10.26%下降为2011年的6.75%。由此可见,西部并未能有效借助优势的高科技军工产业发展地方经济,西部经济实际上仍然采用粗放的经济发展方式,仍以传统能源产业及原材料加工为主,如果西部地区仍然保持现有的发展模式,将会进一步拉大与其他地方的差距。

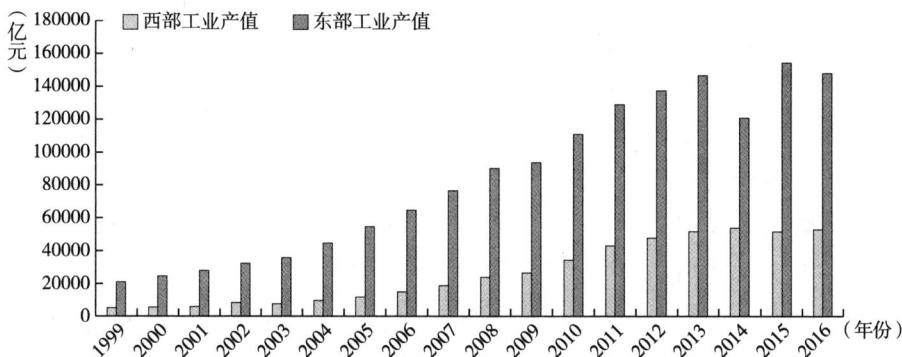

图2　1999~2016年西部地区与东部地区工业产值比较

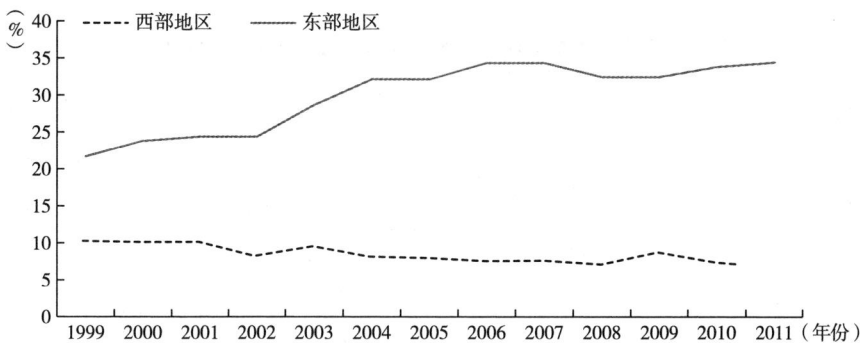

图3　东部地区与西部地区三大高新技术产业占工业产值比重

说明:三大高新技术产业,即航空、航天器及设备制造业,电子及通信设备制造业,医疗仪器设备及仪器仪表制造业。

四　西部地区军民融合高科技产业的竞争力分析

1. 竞争力现状分析

如前文所述,在国家政策的指引下,西部地区多个省份通过建立专门的军工产业园区，引导军工企业进驻经济园区，形成了颇具特色的军民两用技术与创新的企业和机构如四川的成飞集团、四川电子军工集团、九州集团、电子10所及29所等，陕西的国家民用航天产业基地、兵器工业科技产业基地、西安阎良国家航空高科技产业基地等。这些工业园区和产业基地通过产业链的延伸和辐射效应，与地方经济融合，促进了当地经济的发展。

伴随着地方政府对军民融合产业的重视，西部军民融合逐渐形成了一些高科技的产业集群，这些产业集群的竞争力在不断提升，如 R&D 经费内部支出、拥有发明专利数等，总体上都有显著的增长，具体如表3所示。在西部大开发战略的指引下，在国家不断推动军民融合政策的支持下，从1999年开始，西部地区高科技产业的竞争力得到了一定的提升。仍以航天航空、电子信息、仪器仪表几个代表性产业为例，其 R&D 经费内部支出、新产品开发经费和拥有发明专利数增长迅速。航空航天、电子信息、仪器仪表、R&D 经费内部支出分别增长了10.2倍、80.8倍和21倍，年均增长速度分别为25.26%、46.21%和25.27%；新产品开发经费增长了8.7倍、28.12倍、17.35倍，年均增长速度分别为30.92%、106.25%和89.22%；拥有的发明专利数分别增长了237.5倍、117.53倍和553.3倍，年均增长速度为89.22%、182.14%、67.61%。可见，西部军民融合产业已经具备一定的竞争力。

表3 1999～2016年西部地区三大高新技术产业主要指标

年　份	R&D 经费内部支出（万元）			新产品开发经费（万元）			拥有发明专利数（件）		
	航空、航天器及设备制造业	电子及通信设备制造业	医疗仪器设备及仪表制造业	航空、航天器及设备制造业	电子及通信设备制造业	医疗仪器设备及仪表制造业	航空、航天器及设备制造业	电子及通信设备制造业	医疗仪器设备及仪表制造业
1999	17907	22666	8312	21696	45207	10603	4	66	6
2000	41469	71294	7691	29955	78859	7276	20	63	27
2001	55414	59131	11950	29015	68134	14101	27	63	21
2002	62346	49364	14747	37777	41060	16109	49	46	27
2003	89628	92757	19924	62591	75063	23314	53	90	23
2004	54431	163946	23796	37004	117128	18112	9	182	42
2005	107410	129269	25682	117423	125827	24050	60	116	58
2006	79291	179668	19292	93002	155147	23211	68	221	33
2007	109895	256096	29160	152052	290753	28904	104	31	70

年　份	R&D 经费内部支出（万元）			新产品开发经费（万元）			拥有发明专利数（件）		
	航空、航天器及设备制造业	电子及通信设备制造业	医疗仪器设备及仪器仪表制造业	航空、航天器及设备制造业	电子及通信设备制造业	医疗仪器设备及仪器仪表制造业	航空、航天器及设备制造业	电子及通信设备制造业	医疗仪器设备及仪器仪表制造业
2008	109492	219258	38284	162937	256642	36256	139	627	187
2009	165474	253222	56028	188498	337071	86767	188	718	408
2010	263280	205598	52308	280794	268429	57907	229	449	——
2011	297705	337151	82253	297441	464135	78910	357	2957	574
2012	177721	295380	118612	196991	601589	11773	518	2083	923
2013	210753	465834	141725	202318	697554	169819	796	3723	933
2014	205504	515045	180107	210564	856777	209670	881	5377	1409
2015	198510	792087	148828	163073	931893	156229	916	5219	1677
2016	181959	1830805	174729	188831	1271280	184007	950	7757	3320

　　然而，从前文的数据分析可知，与东部地区的比较来看，西部地区虽然加大了军民融合的力度，对经济发展起到了一定的促进作用，但是高科技产业对西部经济的贡献度仍然较低，西部在过去 20 年仍然是采取高投资、高消耗的发展方式，这种经济发展方式显然是不能持久的，而且已显现出弊端，如投资效率的低下、环境污染等问题。在我国经济进入新时代的背景下，转变经济发展方式，以创新为主要推动力的经济发展方式是推动经济持续发展的必要选择，因此，需要深入分析西部军民融合产业的竞争力，找到与中部、东部的差距，并借鉴其成功的经验，以促进西部经济发展方式的转变。

2. 灰色关联度的实证分析

　　航空、航天产业是西部国防科技产业的优势产业，其可以强有力地带动其他相关产业的发展，国防效益和政治经济社会效益显著。电子信息产业是 21 世纪信息时代实现信息化和推动经济发展的重要支撑，作为一种典型的军民通用型产业，多年来，电子信息产业除承担国防武器科研任务外，还承担了与国民经济领域相关的元器件和电子设备等科研和生产任务。仪器仪表设备是信息产业的源头和组成部分，在国防、农业和环保等领域应用广泛，是高新技术产业的重要组成部分，对经济的发展起着至关重要的作用。所以，本文通过对航空、航天器及设备制造业、电子及通信设备制造业、医疗仪器设备及仪器仪表制造业这三大产业群的竞争力进行分析比较，能够找到西部地区在高新技术产业军民融合方面存在的问题。采用灰色关联分析方法能够避免综合指数分析、模糊分析方法中的主观因素的影响，能够较为全面地反映事物之间的关系，通过量化数据的分析，我们能深入了解影响军民融合产业竞争力的主要因素。本文构建军民融合产业集群竞争力指标体系，选取了13个代表性指标进行分析，并将其归为三大类：环境、知识和市场竞争力，分别计算出航空、航天器及设备制造业，电子及通信设备制造业，医疗仪器设备及仪器仪表制造业这三大代表性军民融合产业的相关指标的关联度，具体见表4。

一般意义上的环境竞争力包括良好的硬环境，如基础设施建设等，以及软环境，主要包括政府及相关部门在产权保护和资金上的支持等；知识竞争力是促进军民融合产业发展的源泉，如 R&D 人员数、有 R&D 活动的企业数、拥有的发明专利数等指标；市场竞争力是军民融合竞争力最直观的体现，反映了其满足市场需求和争夺市场份额的能力。

表 4　灰色关联的主要指标

竞争力指标	子指标	
环　　境	企业单位数	个
	全部建成或投产项目数	个
	投资额	亿元
知　　识	有 R&D 活动的企业数	个
	R&D 人员数	人
	R&D 经费内部支出	万元
	新产品产值	万元
	拥有的发明专利数	件
市　　场	新产品销售收入	万元
	出口交货值	亿元
	主营业务收入	亿元
	利润	亿元

灰色关联度分析是通过寻求系统中各子系统或者因素与参考变量之间的数值关系，动态量化分析系统发展的变化过程。在系统的发展过程中，如果两个因素的趋势同步变化程度较高，则说明两者的关联度较高。在多元的统计方法中，如果某一变量（y）随另一变量（x）变化而变化，则称 x 为自变量，y 为因变量。灰色关联法中 x 为多个比较数列（x_i），y 为参考

数列（x₀）。本文各个指标的原始数据最佳值 V_{0k} 为参考数列，i 为不同产业的序号，i = 1，2，3，…m；k 为第 k 个指标的序号，k = 1，2，3，…n，X_{ik} 为第 i 个产业的第 k 个指标。由于系统中各因素代表了不同的指标，数据的量纲是不相同的，这样不便于比较，所以在进行灰色关联度分析时，一般要对数据进行无量纲化处理，本文通过对其经过均值化无量纲处理后，采用如下公式计算了各个指标与参考数列之间的灰色关联系数：

$$\epsilon_{ik} = \frac{\min\limits_{i}\min\limits_{k}|(X_{0k} - X_{ik})| + \rho\max\limits_{i}\max\limits_{k}|(X_{0k} - X_{ik})|}{|(X_{0k} - X_{ik})| + \rho\max\limits_{i}\max\limits_{k}|(X_{0k} - X_{ik})|}$$

其中，ρ 为分辨系数，取值在 0 ~ 1 之间，一般常取 0.5，本文亦如此。ϵ_{ik} 表示第 i 个产业第 k 个指标的关联系数，关联系数是比较数列与参考数列在不同时刻的关联程度值，将各个时刻的关联系数集中为平均值，便求出了各参考数列间关联度 γ_i。

$$\gamma_i = \frac{1}{N}\sum_{k=1}^{N}\epsilon_i\ (K)$$

然后对各关联度按照大小排序，越接近于 1，说明相关性越好，反映了对于参考序列来说各子序列的优劣程度。

3. 实证分析

本文的数据来源于 2000 ~ 2017 年的《中国高新技术产业统计年鉴》，选取了三个具有代表性的军民融合的高新技术产业，对我国东部、西部、中部的 13 个代表性指标进行了数据分析，如表 5 ~ 表 7 所示。

表5　航空、航天器及设备制造业关联度

	主要指标	西　部	东　部	中　部
环　境	企业单位数	0.5432	0.7307	0.5375
	全部建成或投产项目数	0.7130	0.6734	0.6779
	投资额	0.6449	0.7492	0.6269
知　识	有 R&D 活动的企业数	0.9317	0.7622	0.8725
	有 R&D 活动的人员数	0.9290	0.9224	0.9397
	R&D 经费内部支出	0.7125	0.8365	0.6808
	新产品开发经费	0.7816	0.8107	0.6578
	新产品产值	0.6341	0.7293	0.6415
	拥有的发明专利数	0.8085	0.8495	0.7217

	主要指标	西 部	东 部	中 部
市 场	新产品销售收入	0.5474	0.7900	0.6584
	出口交货值	0.8505	0.7938	0.7815
	主营业务收入	0.6824	0.5869	0.6954
	利润	0.5900	0.7098	0.5376

表6 电子及通信设备制造业关联度

	主要指标	西 部	东 部	中 部
环 境	企业单位数	0.8195	0.8248	0.8845
	全部建成或投产项目数	0.7386	0.6880	0.8011
	投资额	0.7875	0.6866	0.6351
知 识	有 R&D 活动的企业数	0.6202	0.6915	0.6257
	有 R&D 活动的人员数	0.9180	0.8268	0.7320
	R&D 经费内部支出	0.6472	0.7257	0.7411
	新产品开发经费	0.7028	0.8159	0.7554
	新产品产值	0.8356	0.6981	0.6788
	拥有的发明专利数	0.8626	0.7441	0.8079
市 场	新产品销售收入	0.6391	0.6995	0.6683
	出口交货值	0.7345	0.8482	0.8212
	主营业务收入	0.7635	0.6596	0.8978
	利润	0.6700	0.7665	0.8275

表7 医疗仪器设备及仪器仪表制造业关联度

	主要指标	西 部	东 部	中 部
环 境	企业单位数	0.7334	0.7724	0.7501
	全部建成或投产项目数	0.7170	0.7103	0.8478
	投资额	0.6804	0.6772	0.8716
知 识	有 R&D 活动的企业数	0.7001	0.8012	0.6419
	有 R&D 活动的人员数	0.8460	0.8314	0.7473
	R&D 经费内部支出	0.6519	0.7838	0.8538
	新产品开发经费	0.8215	0.7265	0.7841
	新产品产值	0.7067	0.7529	0.7455
	拥有的发明专利数	0.7905	0.8386	0.8387

	主要指标	西　部	东　部	中　部
市　场	新产品销售收入	0.6797	0.7529	0.7113
	出口交货值	0.6241	0.6958	0.6357
	主营业务收入	0.7138	0.7094	0.6513
	利润	0.7051	0.6931	0.7398

通过表5～表7可以进一步计算出环境、知识、市场这三个指标的综合关联度。

表8　综合关联度（三大代表性产业均值）

	主要指标	西　部	东　部	中　部
环　境	企业单位数	0.6987	0.7760	0.7240
	全部建成或投产项目数	0.7229	0.6906	0.7756
	投资额	0.7043	0.7043	0.7112
知　识	有R&D活动的企业数	0.7507	0.7516	0.7134
	有R&D活动的人员数	0.8977	0.8602	0.8063
	R&D经费内部支出	0.6705	0.7820	0.7586
	新产品开发经费	0.7686	0.7844	0.7324
	新产品产值	0.7255	0.7268	0.6886
	拥有的发明专利数	0.8205	0.8107	0.7894
市　场	新产品销售收入	0.6221	0.7475	0.6793
	出口交货值	0.7364	0.7793	0.7461
	主营业务收入	0.7199	0.6520	0.7482
	利润	0.6550	0.7231	0.7016

表9　综合关联度

	产　业	环　境	知　识	市　场
西部地区	航空、航天器及设备制造业	0.6337	0.7995	0.6676
	电子及通信设备制造业	0.7819	0.7644	0.7018
	医疗仪器设备及仪器仪表制造业	0.7103	0.7528	0.6807
	综合关联度	0.7086	0.7722	0.6834
东部地区	航空、航天器及设备制造业	0.7178	0.8184	0.7201
	电子及通信设备制造业	0.7331	0.7504	0.7435
	医疗仪器设备及仪器仪表制造业	0.7200	0.7891	0.7128
	综合关联度	0.7236	0.7860	0.7255

	产　业	环　境	知　识	市　场
中部地区	航空、航天器及设备制造业	0.6141	0.7523	0.6682
	电子及通信设备制造业	0.7736	0.7235	0.8037
	医疗仪器设备及仪器仪表制造业	0.8232	0.7686	0.6845
	综合关联度	0.7370	0.7481	0.7188

由表9可知：

西部地区：$\gamma_{知识}$（0.7722）$>\gamma_{环境}$（0.7086）$>\gamma_{市场}$（0.6834）

东部地区：$\gamma_{知识}$（0.7860）$>\gamma_{市场}$（0.7255）$>\gamma_{环境}$（0.7236）

中部地区：$\gamma_{知识}$（0.7481）$>\gamma_{环境}$（0.7370）$>\gamma_{市场}$（0.7188）

从中可以看出，知识是产业发展最重要的竞争力，在三大地区中，知识这一综合指标对于产业的发展相关度最高，西部地区与中部地区的排序完全相同，都是知识、环境的影响要大于市场的影响。东部作为经济发达地区，由于其较为成熟的市场环境，市场对产业发展的影响大于环境，这一结果也符合现实的经济发展状况。从整体看，西部只有知识这一指标高于中部地区，西部总体竞争力要低于东部和中部地区。

（1）航空、航天器及设备制造业：从表9可见，西部地区航空航天制造业中知识这一指标关联度是最大的，为0.7995。而从表5可见其中有R&D活动的企业数、有R&D活动的人员数的指标具有较强的竞争力，其关联度分别是0.9317、0.9290，高于其他两个产业的关联度，也高于东部地区相应的指标。这与西部较强的航天航空科技优势是一致的。但是值得注意的是，西部地区在航天航空制造业方面拥有的发明专利数的指标小于东部地区，说明西部地区没有有效地将创新转化为产业的发展。西部地区R&D经费内部支出和新产品开发经费指标值分别为0.7125和0.7816，这两项指标要低于东部地区的0.8365和0.8107，说明西部地区存在着低效率的问题。在市场指标方面，西部航天航空制造业出口交货值表现突出，说明西部地区航空航天产业融入国际经济的发展，更进一步解释了航天航空产业在西部的优势竞争力。但是从市场竞争力综合指标看，西部的航空航天制造业是明显弱于东部的，指标值相差了0.0525。

（2）电子及通信设备制造业：西部电子信息产业竞争力最大的"环境"这一指标，其中企业单位数对于西部地区电子信息产业的发展贡献最大，关联度为0.8195，表明西部加快了电子信息产业的发展步伐，西部电子信息产业企业单位数从1999年的217家增加至2016年的1198家，增长了452%，增速高于东部地区的增长速度258%。但是，值得注意的是，东部电子信息产业本身就是其优势产业，基数比较大，在1999年时，其企业数就已达到3210家。中部地区电子信息产业的发展速度则更快，其企业数从1999年的380家增长到2016年的2476家，增长了5.5倍。

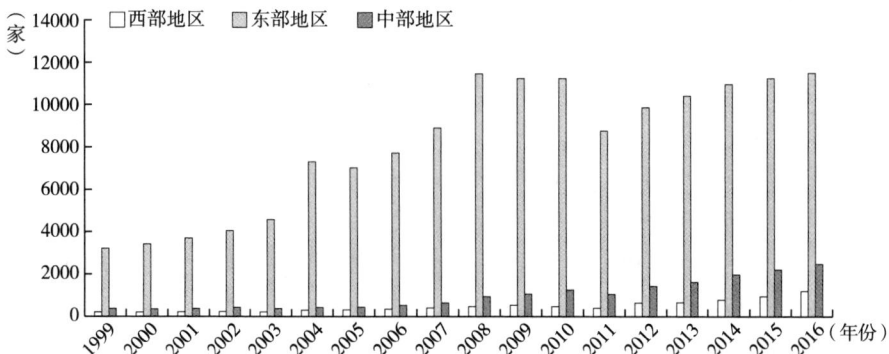

图4　1999～2016年西部、东部和中部地区电子信息产业企业单位数变化趋势

在"知识"这一指标中，西部地区电子及通信设备制造业有R&D活动的人员数关联度是最高的，为0.9180，比东部地区高了0.0912，可见西部具有人才优势。分析数据可知，2009～2016年西部地区每个企业平均有R&D活动的人员数为34人，中部地区平均为31人，东部地区为28人。但是，西部地区R&D经费内部支出的关联度为0.6472，低于东部和中部地区，且具有一定的差距。仔细分析原因发现，西部地区在过去近20年的发展中，平均每个企业的R&D经费内部支出为545元，要高于东部的528元和中部的299元，关联度低的原因在于经费使用效率的低下。而在市场这一指标中，西部总体竞争力弱于东部及中部地区。

（3）医疗仪器设备及仪器仪表制造业。这一行业中，西部地区中"知识"这一指标的关联度最高，为0.7528。但与东部地区与中部地区的发展仍有一定的差距。在知识这一指标中，有R&D活动的人员数的关联度最高，为0.8460。若从总量上看，西部不具有人才优势，但如果仔细分析数据可见，西部地区平均每个企业拥有科研人员的数量高于东部地区和中部地区，西部平均每个企业拥有科研人员数量为35个，东部为19个，中部为16个。这一指标中，R&D经费内部支出，西部地区的关联度仍是最低的，分别比东部和中部地区低了0.1319和0.2019，说明西部地区在医疗设备中经费使用效率较为低下（见表7）。市场这一指标的竞争力总体西部的关联度为0.6834，是低于东部的0.7255和中部的0.7188的，可见，西部的市场发展状况仍需进一步改善。

4. 主要的结论

（1）知识竞争力是西部的相对优势，但总体上与东中部差距较大。对西、东、中部综合的指标分析可知，相对于市场和环境两个指标，知识是西部地区最具竞争力的优势，特别是其中包括的有 R&D 活动的人员数，在三大代表性产业中都有很高的关联度，对西部军民融合产业的发展起到了积极的促进作用。在西部知识关联度的主要因素中，关联度排名第二的是拥有的发明专利数，西部为 0.8205，东部为 0.8107，中部为 0.7894（见表8）。但是值得注意的是，知识这一指标的总体关联度西部是略低于东部地区的，主要原因在于其中 R&D 经费和新产品开发经费这一指标的关联度均较低，表明在西部军民融合产业中普遍存在着经费使用效率低下的问题。同时，无论是从企业新产品产值，还是从经费支出的总量和科研人员的总量上看，西部远远低于东、中部地区，表明西部在高新技术产业发展方面明显落后于东部地区和中部地区，且差距呈现出越来越大的趋势。

（2）西部在市场竞争力方面较弱。相比较于东、中部地区，市场这一指标的关联度为 0.6834，东、中部分别为 0.7255 和 0.7188，可见西部地区的市场竞争力是明显不足的（见表9）。这实际上与国家区域发展政策有关，东、中部地区由于地理优势，先于西部开放，市场机制各方面发展较完善，针对军民融合产业，国家在早期的发展中对东、中部的支持也要远多于西部。比如，航空航天制造产业集群东部有 9 个，中部有 7 个，西部仅有 4 个。因此，在环境竞争力方面，西部处于劣势。

综上所述，以航空、航天器及设备制造业，电子及通信设备制造业和医疗仪器设备及仪器仪表制造业三大产业为代表的高科技军民融合产业，其发展及竞争力是由知识、环境、市场竞争力共同决定的，这几个方面是影响军民融合产业竞争力提升的主要因素，对西部军民融合的发展起着重要的作用。

五 促进西部实现军民融合深度发展的对策建议

众所周知，近年来，互联网这一新兴的技术对经济的作用越来越明显，中国乃至世界各国都制定了"互联网＋"促进经济发展的政策。而这一技术实际上是美国军事情报战的产物，在各个国家中，国防科技一直是高科技的代表，国防科技向民用技术的转移和扩散也是世界上各个国家发展高科技产业的手段之一。技术创新和高科技成为即将到来的第四次产业革命的主要推动力，传统产业将逐渐被新兴产业所取代，以信息技术为主导的新经济，包括新能源、新材料、航空航天科技等新兴的战略产业将会成为国民经济的重要支柱产业。西部拥有大量的国防科技资源，在新时代，要适应新时代的经济特征，以具有特色的"航天航空、核电、新材料、仪器仪表制造、装备制造业"等军工企业为依托，加快军民融合的步伐，改变西部经济发展的结构，加速产业结构调整。然而，通过前文的分析可知，西部虽然拥有丰富的国防科技资源，国防科技对当地经济的发展也产生了一定的推动力，但是，与全国其他地区相比较，西部地区存在着投资效率低下、市场机制不灵活等诸多的问题。在国家进入新经济时代，西部大开发20年之际，西部地区必须重视过去所面对的问题，尽快改变现状，才能在即将到来的以科技为主要推动力、以高新技术产业为主导产业的高质量发展的新时代，实现追赶超越。

1. 深化改革并完善各项制度

从宏观上看，军民融合产业是以政府为主要推动力的，因此，首先西部要尽快改革完善宏观管理体制，建立有利于军民融合的体制机制。这需要政府从经济社会发展的全盘考虑，建立一系列适合国防科技和市场经济发展的管理体制，根据西部地区国防科技工业和民用工业的具体情况，加快政府职能转换，利用互联网等新的技术手段提高政府服务的质量，建立政府、企业和科研院所及社会各组织互动的管理模式，及时了解情况，并进行收集整理，形成一套及时有效的管理体制，有效推动不同地方政府之间的协调，并加强国防科技相关部门同各地方政府管理部门的协作，明确责任范围，避免多头管理，提高管理效率。

西部地区同其他地区相比较，存在着军民融合政策支持不到位、产业发展环境欠佳的情况，很多军工高科技项目流失，而很多企业又因缺乏科技创新发展不下去。有研究指出，其主要原因在于地方政府在推动军民融合发展方面力度不足。比如陕西早期军民融合产业中一度出现在全国家喻户晓的知名的企业品牌，如长岭冰箱、黄河彩电、宝花空调等，它们最终却走向了"长岭滑坡"、"黄河断流"和"宝花凋零"。[19]军工企业在我国一直是民营资本投资的禁区，为了加大国防科技产业向民用经济的融合，国家于2005年颁布了《国务院关于鼓励支持和引导个体私营等非公经济发展的若干意见》，并在不断推动军工开放、引导社会资源进入军工生产领域方面出台了多项政策，以鼓励民营资本进入。所以，可以考虑建立多元化、多层次的投融资体系，在保障国家安全的基础上引入社会资本或国外资本，加大对高新技术产业军民融合的投资。如前文分析所指出的，西部地区在投资总量上和新建项目上与东、中部地区存在很大的差距,其中一个重要的原因便是,西部自身经济发展不足,政府没有足够的资金投入,制约了军民融合产业的发展,因此,要借鉴东部成功的发展经验,在军民融合产业领域吸引民间资本以促进高科技产业的发展。

从微观上看,前文实证分析指出,西部 R&D 经费普遍存在使用效率低下的问题,这与企业内部的管理机制不完善有直接的关系,因此,建立现代企业制度、提高效率是西部地区深化改革的目标之一。完善的现代企业制度能够激活国防科技企业发展创新的动力。选择一些发展前景好的军民融合产业项目作为改革的试点及主体,建立一套按市场机制运作的现代企业制度,以推动军民融合产业的制度改革。建立具有激励功能的人才保障机制。如前文实证分析中,科技人才对西部高科技军民融合产业发展起着非常关键的作用,在以科技创新为主要推动力的经济新时代,拥有高科技的人才将对一个企业甚至是地区经济发展起到越来越重要的作用。西部地区虽借助原有的国防科技工业的优势,聚集了一批优秀的高科技人才,但从总量上看,西部地区高科技人才数量是远低于东部及中部地区的,而且西部人才流失的现象从未间断过。这就需要建立一套合理的有激励性的人事管理制度,在防止人才进一步流失的同时,引进新人才以促进西部军民融合产业的发展。

2. 建立优势产业集群,提升西部整体的竞争力

总体来说,西部国防科技在民用品开发方面还是很有成效的,其中有 15% 的品种进入国际市场,但这些优势的产品并未转化为产业优势,大多数的企业规模较小,没有形成产业集群,导致一些原有的优势企业在发展过程中被淘汰。在军民融合的发展过程中,需要政府一系列政策的有效支持,依托现有的西部国防科技工业的优势,重点建立高新技术产业集群。(1)电子信息产业集群。电子信息产业是我国实现信息化、现代化的支柱产业,是典型的军民两用型产业。西部地区在早期国家战略布局中,占据了一定的优势,如四川省在成都、绵阳、广元等地区的电子工业基地和军工高校等科研机构。陕西省拥有的军工资源居全国首位,拥有众多的国家级重点实验室和大量高精尖的实验技术设施设备。同时,西部拥有大量电子科研院所,培养出了大量的人才。这些优势为西部地区建立产业集群、提升电子信息产业的竞争力,都做好了基础的保障。(2)航空航天产业集群。西部地区具有良好的航空航天产业基础。无论是在人才聚集还是在设备中都具有相当的优势,且已经形成以西安、阎良飞机为中心的高新技术产业集群。四川借助原有的优势,已建成成飞工业园区、成都航空航天高技术产业园区等。据有关研究，航空产业的投入产出比高达 1∶20，可直接或间接带动多个新兴产业的发展，如电子、化工、机械及现代服务业。同航空产业一样，西部的航天产业也在人才、技术和设备等多方面具有一定的优势。且整体实力雄厚，产业基础好，如四川航天技术研究院、中国航天科技集团公司、西安航天基地等等，在人才资源、科技资源和实验设备方面处于全国领先的地位。可通过建立产业集群，搭建区域与国际合作的平台，将这些航天航空企业、研究机构及基地积极建设成为创新能力强、核心竞争力强的产业集聚高地，以推动西部经济社会的大发展。

西部不仅具有上述的军工资源优势，还在核电、仪器仪表、新材料等高科技产业方面具有很强的优势，但是，西部地区在过去的经济发展过程中更多的是依靠高投资和资源发展的道路，地方政府并没有充分重视军民融合对地方经济发展的重要性，经济的发展一直依靠的是要素驱动和投资驱动的经济发展方式。所以，正如前文实证分析所指出的，西部几个代表性军民融合的高新技术产业的竞争力总体上是弱于东、中部地区的，西部并未能充分发挥出国防科技促进地方经济发展的作用。根据波特的经济发展理论，经济的第三个发展模式，即创新驱动发展，在创新驱动型经济中，一个鲜明的特点是产业以集群的形式存在，这种形式能够有效促进产业的发展，提高产业整体的竞争力。因此，在西部大开发 20 年之际，西部地区经济的发展走向了一个关键时刻，应抓住机遇，充分利用西部具有的国防科技优势，在新一轮的经济发展中以创新为主要动力，促进军民融合产业的发展，改变西部经济结构，提高西部经济发展的质量，实现西部经济可持续发展。

参考文献

[1] Alic J A, Branscomb L M BROOKS. H, EAAL. Beyond Spin – off: Military and Commercial Technologies in A Changing World [M] . Boston: Harvard Business School Press, 1992.

[2] Weeks, Gregory. Civilian Expertise and Civilian—Military Relations in Latin America [J] . Latin American Policy, 2012, 3 (2): 164 – 173.

[3] Kulve H T, Smith W A. Civilian – military Co – operation Strategies in Developing New Technologies [J] . Research Policy, 2003, 32 (6): 955 – 970.

[4] Ross K G, Wisecarver M, Thornson C A, et al. Development of A Competency Model for Civil – Military Teaming [M] . In: Schatz S., Hoffman M. (eds) Advances in

Cross – Cultural Decision Making. Advances in Intelligent Systems and Computing, 2017，480. Springer，Cham.

［5］房银海、王磊、谭清美：《军民融合产业创新平台运行机制与评价指标体系研究———以江苏省为例》，《情报杂志》2017 年第 12 期。

［6］谭清美：《军民科技创新系统融合方式研究》，科学出版社，2008。

［7］曾立、张春宇：《军民融合经济模式探索》，《国防科技》2009 第 2 期。

［8］杜人淮：《国外推进国防工业军民融合发展的借鉴与启示》，《南京政治学院学报》2010 年第 5 期。

［9］沈兆欣、魏欣亚、缪寅宵等：《军民融合创新体系建设研究———以丰台区为例》，《科技进步与对策》2011 年第 23 期。

［10］孟涛：《军工企业如何利用资本运作实现军民融合产业发展》，《经济论坛》2012 年第 1 期。

［11］濮方圆：《以色列军事情报工作军民融合基本路径研究》，《情报杂志》2017 年第 2 期。

［12］国防大学国防经济研究中心：《中国军民融合发展报告 2014》，国防大学出版社，2014。

［13］孔祥福、吕建伟：《西部大开发与国防科技工业的发展》，《西安电子科技大学学报》2002 年第 9 期。

［14］阮汝祥：《中国特色军民融合理论与实践》，中国余杭出版社，2009。

［15］江勤宏：《贯彻军民融合发展战略思想的几点思考》，《国防》2008 年第 3 期。

［16］胡锦涛：《坚定不移沿着中国特色社会主义道路前进　为全面建成小社会而奋斗———在中国共产党第十八次全国代表大会上的报告》，《人民日报》2012 年 11 月 18 日。

［17］http：//www. sxgxt. gov. cn/zwhd/37942. jhtml.

［18］http：//www. sc. gov. cn/10462/10464/10797/2018/10/9/10460304. shtml.

［19］丁德科、刘敏、张兴先：《军民融合：西部产业结构优化升级的战略抉择》，《西安交通大学学报》（社会科学版）2011 年第 1 期。

西部大开发20年西部地区旅游业发展历史、现实和未来[*]

温　秀　宋竹芳　赵嘉仁　褚玉杰[**]

摘　要：西部地区十二省（市、区）土地面积占我国国土面积的71%，旅游资源丰富，成为西部地区发展旅游业的基础之一。相对于东中部地区，西部地区经济落后，当地旅游业起步晚、实力不足。1999年西部大开发战略的实施为西部地区的旅游产业发展提供了良好的发展机会。旅游业对经济的拉动作用强，因此西部省份为了发展地区经济，纷纷将旅游产业作为区域内的先导或支柱产业。根据界定支柱产业的五点要求，笔者判断目前旅游产业已经成为西部地区国民经济发展的支柱产业。西部地区旅游业发展速度快，规模不断扩大，但同时也存在很多问题。国家的西部优惠政策和"一带一路"倡议为西部地区的旅游产业发展提供了支持和支撑，未来西部地区旅游业发展潜力无穷。

关键词：西部地区　旅游产业效率　旅游供给侧改革

一　前言

旅游业作为有效拉动我国国民经济增长的主要力量，为我国的国民经济发展做出了卓越贡献，据文化和旅游部发布的2018年全国旅游市场基本情况报告：2018年全年出入境旅游总人数2.91亿人次，同比增长7.8%，国内旅游人数55.39亿人次，同比增长10.8%，实现旅游业总收入5.97万亿元，比上年同期增长10.5%。据初步测算，全年全国旅游业对GDP的综

---

* 本研究是国家社会科学基金重点项目"丝绸之路经济带：旅游合作的基础与路径研究"（项目编号14AYJ025）的研究成果之一。

** 温秀，西北大学经济管理学院副教授，研究方向：旅游管理与区域经济学；宋竹芳，延安大学经济管理学院教师，西北大学经济管理学院博士研究生；赵嘉仁，西北大学经济管理学院硕士研究生；褚玉杰，西北大学经济管理学院教师。参与本课题调研的还有：孙悦、雷越，均为西北大学经济管理学院本科生。

合贡献为 9.94 万亿元，占到 GDP 总量的 11.04%。旅游直接就业 2826 万人，直接和间接就业 7991 万人，占到全国就业总人口的 10.29%。[①] 我国的旅游业实施政府主导发展战略，在国家政策引导之下旅游业实现了快速的发展，目前已经形成国内市场繁荣、入境市场和出境市场齐头并进的局面。

按照国家西部大开发战略，西部地区包括西南六省区市，即四川省、贵州省、广西壮族自治区、云南省、西藏自治区和重庆市；西北六省区，即陕西省、甘肃省、青海省、宁夏回族自治区、新疆维吾尔自治区以及内蒙古自治区，共十二个省区市[②]。西部地区幅员辽阔，市场潜力大，在西部大开发战略实施初期（2000 年末），西部地区共有常住人口 3.5635 亿人，占全国总人口的 28.28%，地区生产总值 15822.43 亿元，占全国的 17.9%。2018 年年末，我国西部地区共有常住人口 3.8 亿人，占全国总人口的 29%，地区生产总值 16695.18 亿元，占全国的 18.54%。但是由于自然、历史和社会等原因，西部地区的经济发展水平远远落后于东中部地区，经济的区域发展不平衡已经成为长期影响我国经济和社会健康发展的全局性问题。为了缩小东中西部经济发展的差距，实现国家共同富裕，1999 年国家提出西部大开发战略，2000 年 1 月正式成立西部地区开发领导小组，在国家的经济发展规划中强调，到 21 世纪中叶从根本上改变西部地区相对落后的面貌，全国基本实现现代化。

西部大开发战略实施以来，西部地区经济实现突飞猛进的发展。西部地区国内生产总值从 1999 年的 15822.43 亿元增长至 2017 年的 168561.57 亿元，增长了九倍多。二十年来西部地区的投资增长较快，以固定资产投资为例，1999 年固定资产投资总额 5421.3 亿元，至 2017 年则提高至 169715.04 亿元，增长了三十倍以上。西部地区区域空间大，交通一直是制约其发展的主要因素之一，在西部大开发的二十年间，交通条件得到了极大的改善，西部地区铁路里程数增长了近两倍，公路里程数增长了 2.65 倍。在未来国家的公路铁路中长期规划中，中西部地区均是铁路网布局和公路网布局的重中之重。

旅游业在西部大开发中扮演着重要角色，1999 年中央经济工作会议将旅游业列为国民经济新的经济增长点之后，国家各项旅游优惠政策相继出台，如旅游景区景点的税收优惠、民族地区旅游产业信贷和投资支持、旅

---

① 《政府信息公开，2018 年旅游市场基本情况》，中华人民共和国文化和旅游部网，ht-tp：//zwgk.mct.gov.cn/auto255/201902/t20190212_837271.html？keywords = 。

② 《西部大开发总体规划》，新浪财经：http：//finance.sina.com.cn/roll/20090820/20566644771.shtml。

游扶贫政策等，西部地区旅游产业发展后劲十足。同时根据西部资源特色开发出的丝绸之路旅游产品、西部城市旅游、民俗风情旅游产品等产品结构丰富、层次分明，满足了旅游者的多种旅游消费需求。供给方面，旅游景区数量大幅增加，以国家评定的 A 级景区为例，1999 年西部地区仅有 A 级景区 236 家，2016 年已经达到 3008 家，此外，其他旅游企业数量和质量也实现了全面发展。交通条件一直是西部地区旅游业发展的瓶颈，西部大开发的二十年间，交通条件的改善大大缩短了客源地与目的地之间的距离，再加上旅游服务设施和其他相关设施的不断完善，西部地区旅游业增长迅速。以西部地区旅游人数和旅游业总收入为例，除特殊年份外，无论是区域内旅游人数还是总收入均保持两位数的增长，超过了全国的平均水平，如图 1 和图 2 所示。

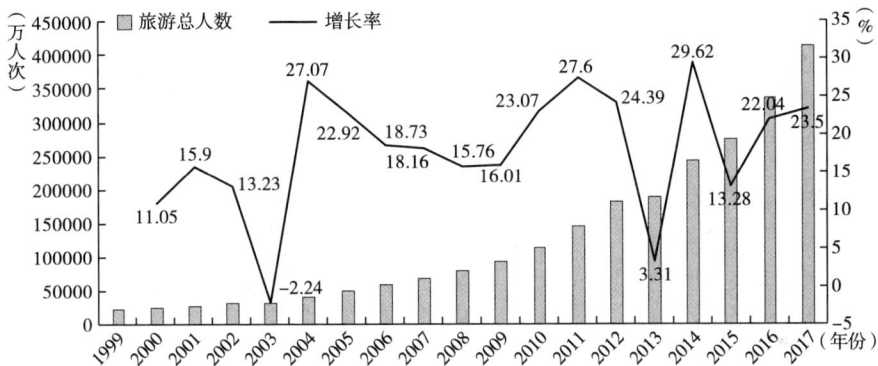

图 1　西部地区近二十年旅游人数与增长趋势

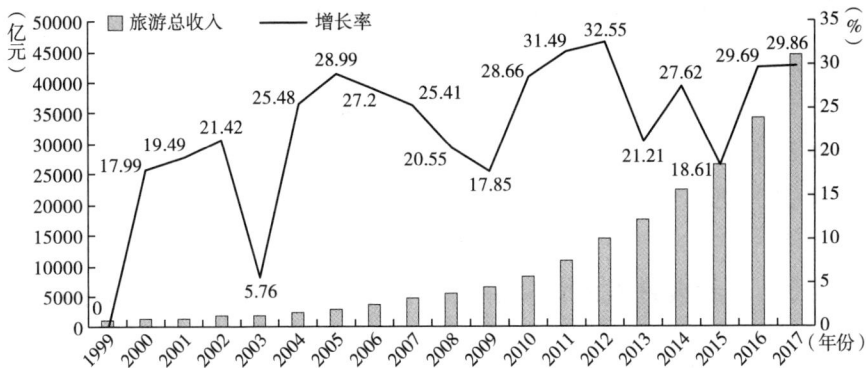

图 2　西部地区近二十年旅游业收入及增长趋势

西部地区旅游产业发展速度快，但与东中部地区相比，西部旅游产业发展亟须解决以下问题。

第一，西部地区区域旅游发展水平不平衡。一方面表现为区域内与区域外的不平衡：西部地区旅游资源丰富，幅员辽阔，但旅游人数和旅游业收入与东部地区相比，还存在一定的差距。以旅游外汇收入为例，2017年，我国东部11个省市的国际旅游外汇收入为57121.33亿美元，而西部十二个省份的旅游外汇收入仅为14678.42亿美元，西部地区仅相当于东部地区的25.7%，虽然相比于2013年的11.71%差距有所缩小，但不可否认，东西部地区的差距依然存在。另一方面表现为区域内部的不平衡。传统上西部地区分为西南地区和西北地区，西南地区和西北地区的差异明显。依然以旅游外汇收入为例，2017年西南六省份旅游业外汇收入9820.87亿美元，西北六省区旅游外汇收入4827.55亿美元，不到西南地区旅游外汇收入的一半。

第二，与游客日益增长的旅游需求相比，西部地区旅游产品结构单一，旅游服务质量有待提升。西部地区的旅游产品以观光型为主，门票经济还占据重要地位，产品结构单一，与游客追求的参与性、娱乐性和探险型的旅游产品还具有一定差距。

第三，供给设施的制约。西部地区幅员辽阔，各项旅游基础设施仍有待改善。以交通为例，虽然交通条件已经得到极大改善，但由于西部地区旅游目的地之间的区域空间大，景点之间的距离远，交通依然是旅游业发展瓶颈，景区的可进入性还需进一步提高。

第四，旅游生态环境建设迫在眉睫。西部地区旅游资源富集，但生态环境脆弱，单一的经济发展目标会导致西部地区的生态环境破坏，特别是民族地区以民俗风情为代表的文化易受外来文化的侵蚀，因此西部地区发展旅游业应遵循"生态先行"西部地区。

除了这些表现明显的问题之外，还有旅游服务质量差、对外开放程度不高等其他问题，都制约了旅游产业的发展和壮大，因此如何解决好这些问题成为当前和今后西部旅游产业发展的关键。

二 西部大开发政策实施之后西部旅游业的研究文献综述

（一）国外相关案例

与我国西部大开发最相近的案例应数美国的西部大开发。美国的西部大开发在历史上被称作"西进运动"，自18世纪80年代开始，前后历经近两百年。在美国的"西进运动"中，除了美国得天独厚的自然地理条件和政府体制的优势以外，美国政府的各项政策也起到了关键性的作用（颜星、何光文，2005）。美国西部大开发初始以农业开发为主，为了促进农业的发展，政府采取了许多鼓励和优惠的政策，如土地政策、移民政策、基础设施开发政策和教育扶持发展政策等，为西部地区的农业发展提供了一系列的便利条件。内战结束后，美国国内政治相对稳定，国家也从农业国向工业国转化，西部地区也不例外，因此这个时期西部大开发以工业开发为主，国家采取了更加开放和更加优惠的政策：吸引外商投资基础设施优惠、吸引国外劳动力优惠、重视环境保护和科技的运用等，加快了西部工业化进程，同时采取优惠补贴政策等措施平衡东西部工业的发展，东西部地区经济发展趋于均衡。"二战"以后，其开发重点又转至高新技术产业，充分运用国内的优势改造传统产业，发展新兴产业，极大地促进了西部地区的深度发展。20世纪六七十年代以来美国的西部开发中体现了对旅游产业的重视，充分利用西部地区的自然地理和生态特点，以旅游业的开发带动经济的增长。我们可以看到在美国西部开发过程中政府和市场的共同作用，先是政府主导活跃市场，市场机制建立之后市场主导，带动了西部地区的繁荣。当然，其他国家并没有类似的旅游产业大开发，但是都有旅游产业发展政策，可以提供类似的经验和借鉴。

（二）国内研究文献

发展旅游产业是相对落后地区提升地区经济的途径之一，西部大开发政策实施之后西部省份在区域发展战略中先后将旅游产业作为本地区的主导或支柱产业，西部地区旅游业实现了大发展，导致西部地区旅游业研究的增加，西部地区旅游业研究由浅入深，数量增多，质量提高。总体来看，西部旅游研究主要涉及以下几方面。

1. 西部地区旅游业的影响研究

这种影响既包括旅游业和地区经济的相互影响，也包括旅游业与社会和环境及其他方面的相互影响。其中经济和社会影响是热点话题，四川、重庆、云南、陕西、甘肃是热点地区。

（1）经济影响研究

经济影响研究始终是西部地区旅游业研究的主要方面。西部大开发政策实施初期主要集中于与东中部的经济比较，探讨如何消除地区差异，如何发展地区旅游经济等方面。这种经济影响讨论包括：一是针对地区或者各个省份的经济影响研究（邓清南，2001；陈玉兰、刘音好，2002；邓晨晖，2011；陈文，2014；何昭丽、孙慧，2015）；二是针对民族地区的经济影响研究（冯莉，2000；袁翔珠，2002；肖星、齐德利，2002）；三是比较东西部旅游差异的研究（秦学、陈晓燕，2001；张小利，2007；付涤非、李立华，刘睿，2012；尹春晶，2012；马丽君、马曼曼，2018）；四是旅游扶贫研究（蔡雄，2000；马忠玉，2001；袁翔珠，2002；吴铮争、杨新军，冯小杰，2004；李虹，2008；杨霞、刘晓鹰，2013；刘洋星、黄毅，2018；赵磊、张晨，2018）。

（2）社会影响研究

西部地区旅游业对社会的影响研究主要集中于民俗民族旅游资源开发方面，包括民俗风情旅游资源开发（刘君昂、杨飞、杨华，1999；刘晖，2001）、体育旅游资源开发（刘雷，2000；郭玉坤，2005；刘少英，2005；黄咏，2005；陆元兆，2006）；民族旅游餐饮文化资源开发（杨丽，2002；仇学琴、姜若愚，2003）、民族音乐艺术文化资源的开发（熊晓辉，2003）、民族歌舞旅游资源开发（徐红罡、田美容，2004）、少数民族手工艺品市场化（伍琼华，2005）、民族村寨和乡村民俗旅游资源的开发与影响（杨兴洪，2005；钟洁，2005；陈建设，2005；黄亮，2006；代改珍，2019）、民族节庆资源开发（卡哈尔·吾甫尔，2006）、宗教旅游资源的开发（杨珊珊、陈炜，2015）等等，涉及民族地区的各种民族民俗资源。

另外，西部地区旅游业的社会影响研究还包括对目的地居民影响的研究，如社区参与旅游的影响及措施研究（邱云美、封建林，2005；黄潇、黄大勇，2014）；民族地区的旅游社会冲突研究（钟洁、杨桂华，2011，2014；钟洁冯蓉，2018）；西部民族地区的旅游安全管理研究（刘雅静、图登克珠，2013）。

（3）环境影响研究

西部地区属于生态脆弱区，生态环境建设一直是西部旅游业发展中的研究热点。旅游业对环境影响既有积极的一面，又有消极的一面（段超，2001，2002，2004）。另外，学者的环境影响研究还包括：任皓、张梅（2015）的产业生态圈建设、钟洁（2017）的生态补偿、翁钢民（2015）的西部地区生态脆弱性评价、何永芳（2015）的生态旅游发展潜力和生态旅游可持续发展、李晓琴（2013）的低碳转型动力机制及驱动模式研究等等。

（4）西部大开发战略对西部地区旅游业的影响研究

西部大开发战略的实施对西部地区的旅游业产生深远影响，这种影响是多元的，多数学者认为对西部地区旅游业发展是有利的（冯家臻，2000；孙力、王祖勋，2000；王富昌，2001；陈玉兰、刘音好，2002）。

2. 游客的需求变化研究

随着旅游者消费的理性化和多样化，游客对旅游目的地、旅游产品和旅游服务质量的要求提高，针对西部地区的游客需求变化的研究逐渐增多。周文明（2012，2013）调研了西部地区农村居民的旅游消费特征；杨晶等（2017）通过对西部六个省份农户出游的调研得出影响西部农村居民旅游消费意愿显著的因素包括消费能力、消费视野、消费保障和消费观念以及关联消费五种，其中拥有私家车已经超越人均收入因素，成为首要影响因素。周文丽（2012，2013）则以甘肃省的农村居民为例分析了我国西部地区旅游消费的影响因素，发现可支配收入和旅游产品价格成为影响的首要因素，其次是目的地因素及旅游服务因素，第三位是闲暇时间和群体支持因素。

3. 旅游供给方面的研究

（1）旅游企业的研究

旅游企业是旅游产品的主要供给商，包括旅游景区、旅行社、酒店等。其中，旅游景区的研究是重点也是热点。西部地区旅游资源丰富，但产权为国家所有，因此旅游景区研究涉及的方面很广。主要包括景区的资源环境管理模式（白露，2004）、景区开发的BOT模式引进风险（罗盛锋、程道品、黄燕玲，2008）、景区群体纠纷提出的生态补偿制度（付健，2008）；景区低碳转型动力机制（李晓琴，2013）、景点公示语的英译问题（罗建生、许菊、舒静，2014）、景区的空间结构特征与优化对策（马晓路，2015）、5A级景区的旅游产业融合集聚研究（刘少和、桂拉旦，2018）等等。相对而言，针对西部地区的旅行社和酒店的研究相对较少，陈达（2015）探讨了西部某旅行社的横向价格垄断问题，李志勇和陈雅婷（2008）探讨了西部地区酒店业经营的发展战略问题。

（2）基础设施建设研究

旅游业的关联程度高，其他产业的发展都会对旅游业产生影响，交通一直是西部旅游业发展的瓶颈，交通条件的改善与西部旅游业大发展是否存在相关性也是学者关心的问题。特别是高速铁路的网络布局降低了西部地区目的地与客源地之间的时间成本，因此高速铁路对旅游业的积极影响一直是研究的热点。于秋阳和杨斯涵（2014）以西安市为研究对象，利用灰色关联度和引力模型探讨了高铁影响下的西安旅游空间结构演进、旅游商业模式创新和旅游公共服务体系完善的路径，并提出相应的对策和建议。张艳梅（2015）分析了高速铁路时代桂林旅游发展的对策。于秋阳（2017）以武汉和南京作为参照对象，与西安比较，得出高铁条件下的西安旅游产业供给水平呈增长态势，但各供给要素水平差异明显，且整体城市旅游环境提升空间很大。李瑞等（2017）测度了贵广高铁对沿线旅游城市可达性的影响，构建了贵广高铁影响下的地域结构系统。刘强和杨东（2019）利用多个指标体系分析了兰新高铁开通前后沿线各城市旅游交通格局变化的特征，发现兰新高铁提升了沿线城市的可达性，加速了旅游业的发展等。

（3）其他供给设施研究

在供给侧研究中，旅游投资也是研究的热点之一，主要有资金的筹集（杨红英，2001）、吸引风险投资的优劣势分析（罗辑，2002；顾华祥，2002）、生态旅游投资与社会发展的关系（李晟之，2006）、投资机制的建立（王慧琴，2011）等等，分析了西部地区旅游投资的方向、重点和资金来源，为西部的旅游发展提供资金支持。另外，张祖群和蔡红（2005）以我国西部十二个省（市区）的 A 级以上景区作为样本，研究发现西部地区旅游供给呈现低区位、低丰度和高区位、高丰度两种类型，旅游供给空间分布极度不均衡，提出必须进行旅游生产力布局与建设等。

4. 其他方面的研究

旅游业在西部大开发中的地位研究。很多学者都认为：西部大开发旅游业应该是先导产业或主导产业（黄晨晨，2000；康银劳、伍前红，2001）。赵毅（2001）认为旅游业是西部地区发展的优势产业。刘凯刘（2002）认为旅游业在西部大开发中是先导产业、是支柱产业、是新的经济增长点，西部旅游业大开发的模式应为：确定以生态旅游业为主、文化旅游业为辅的发展战略；西部旅游业大开发的可持续推动力是多元化的投资优惠政策；西部旅游大开发应形成牵引式层次推进的发展模式。[1]

旅游产业的融合方面，主要包括旅游产业与信息产业的融合（王兆锋，2013），旅游产业与文化产业的融合（袁丹，2013）；旅游产业与体育产业融合（周道平，2005；2006）等。

其他方面的研究还包括：旅游开发的国际经验借鉴研究，如贺缠生、牛叔文、成升魁（2005）的中美两国西部开发的战略比较，提出中国西部大开发应从美国西部发展中吸取教训，学习经验；西部地区旅游合作问题（曹杨，2010；李树民，2005；陈实、温秀，2011）；西部地区劳动力转移问题（马艳霞，2011）；西部地区城市化与旅游发展的互动关系（蒙睿，

---

[1] 刘凯刘：《论西部大开发中旅游业的地位和发展模式》，《重庆理工大学学报（自然科学）》2002 年第 2 期，第 90~92 页。

2002；何腾，2013；赖晓华，2014；蒋志勇，2015；田洪，2017）等。

（三）文献评述

综上所述，西部大开发中旅游对经济的带动作用明显，旅游业研究从浅入深，从宏观到微观，从定性到定量，运用了多个学科的理论试图解释西部地区旅游业的特殊性，为西部地区的旅游业实践提供了借鉴。其主要特点有：研究的空间范围扩大，不仅局限于西部地区，还扩展至东中部地区和周边国家；研究的精细化，从战略实施之初的定性研究到现期的模型研究，聚焦集中，研究细化，能够指导实践。当然，西部地区的旅游产业未来发展潜力巨大，还会遇到更多的现实问题，旅游研究有待更多的理论指导。

三　西部大开发20年西部地区旅游产业发展的历史及现状

改革开放特别是西部大开发战略实施以来，西部地区的公共设施尤其是旅游设施及其产业体系不断完善，旅游产业功能不断拓展，产业素质不断提升，旅游业已经成为西部地区重要产业之一，对促进地区增收和脱贫致富，推进生态环境和地方文化的保护与传承，加强民族团结、维护边疆稳定发挥了重要作用。西部大开发为西部旅游业发展提供了历史机遇，但是与东部沿海发达地区相比，西部地区在区域经济、文化等各个方面还相当落后，旅游业的发展也与东部地区存在着相当大的差距。除云南、陕西等几个省份外，西部其他省份旅游业仍停留在"接待事业型"和"一般产业型"阶段。尽管从全国总水平看，近几年西部地区旅游业的比重不断上升，但从绝对数量和相对速度来看，西部地区都与东部地区有较大的差距。[①]

（一）旅游产业总体发展情况

1. 旅游产业发展总量的变化情况

（1）西部地区旅游产业发展总量的横向比较

西部大开发对西部地区旅游业的发展具有不可磨灭的贡献。自1999年我国从国家层面提出西部大开发战略后，在原有西部十个省份基础上增加

---

① 张俊霞：《西部大开发战略与西部旅游业发展对策的思考》，《科技进步与对策》2002年第4期，第37～38页。

了内蒙古和广西两省区，构成现今明确意义上的西部。① 我国西部大开发战略进展顺利，在很大程度上为西部地区旅游业的发展提供了机遇。西部大开发战略实施中主要以西部地区城市建设和实现经济增长作为首要目标，解决西部地区交通基础设施差、服务设施不到位等问题，为西部各省份旅游业的发展提供硬件条件。此外，西部地区拥有优越的地理环境、自然景观和独特的少数民族文化与地域文化，吸引大量游客，从而产生的旅游收入及旅游业的联动作用极大的，促进当地的经济水平提升。所以说，西部大开发战略提升了西部各省份旅游业的竞争力水平。

西部地区的旅游产业发展速度快，总量增长幅度大，但是如果与同期的东中部地区相比，则稍显不足。

表 1 2017 年我国各省份旅游业发展概况

省　　份	旅游总人数（亿人次）	旅游总收入（亿元）	按收入排名	旅游总收入同比增长（%）
内蒙古	1.16	3440.15	23	26.7
广　西	5.23	5580.36	13	33.1
重　庆	5.42	3308.04	24	25.1
四　川	6.73	8923.10	5	16.1
贵　州	7.44	7116.81	7	41.6
云　南	5.74	6922.23	8	46.5
西　藏	0.26	379.37	30	14.7
陕　西	5.23	4813.59	18	26.2
甘　肃	2.39	1580.14	27	17.9
青　海	0.35	381.53	29	23.0
宁　夏	0.31	277.72	31	20.4
新　疆	1.07	1821.97	26	30.0
西部省份总计	41.35	44545.01		
北　京	2.97	5468.80	15	8.9
天　津	2.06	3545.44	21	26.6
河　北	5.72	6140.90	12	31.9
山　东	7.80	9200.30	4	14.5
江　苏	7.47	11662.20	2	12.2

① 考虑民族地区特殊情况，湖南湘西土家族、苗族自治州，湖北省恩施土家族、苗族自治州，吉林延边朝鲜族自治州也享受西部待遇。

省　份	旅游总人数（亿人次）	旅游总收入（亿元）	按收入排名	旅游总收入同比增长（％）
上　海	3.27	4485.00	20	15.7
浙　江	6.41	9322.67	3	15.1
福　建	3.83	5083.10	17	29.2
广　东	4.44	11993.00	1	14.9
海　南	0.67	811.99	28	20.8
辽　宁	5.03	4740.80	19	12.2
东部省份总计	49.67	72454.2		
山　西	5.60	5360.21	16	26.2
河　南	6.65	6751.00	9	17.1
安　徽	6.31	6197.00	11	25.6
湖　北	6.39	5514.00	14	12.8
江　西	5.73	6435.09	10	28.9
湖　南	6.69	7172.61	6	31.3
吉　林	1.92	3507.04	22	21.0
黑龙江	1.64	1909.01	25	19.1
中部省份总计	40.93	42845.96		

资料来源：各省份旅游统计公报。

从表 1 可以看到，2017 年我国西部地区十二省份旅游业总收入为 44545.01 亿元，接待旅游者总人数为 41.35 亿人次。从同比增长速度来看，西部各省份的旅游业总收入同比增长较快，除了四川、甘肃和西藏外，其余各省区市的旅游业总收入同比增速均大于 20％，尤其是贵州省和云南省的增长速度达到 40％以上。

但是与东部十一省份相比，西部地区旅游总收入绝对数与之相差 27909.19 亿元，旅游总人数相差 8.32 亿人次。从全国旅游总收入分布来看，西部地区只占全国总水平的 27.87％，是全国市场的 1/4，远远小于东部地区所占份额（见图 3）。与中部八个省份相比，西部地区旅游总收入仅多 1699.05 亿元，接待的旅游总人数仅多 0.42 亿人次。按照旅游总收入的全国排名来看，西部地区进入前十名的省份有四川省、贵州省和云南省，分别排名第 5、第 7 和第 8。内蒙古、重庆、新疆、甘肃、青海、西藏和宁夏地区的旅游业总收入则居全国最低水平。由此可见，我国西部各省区市旅游业与东部地区的差距依然存在。

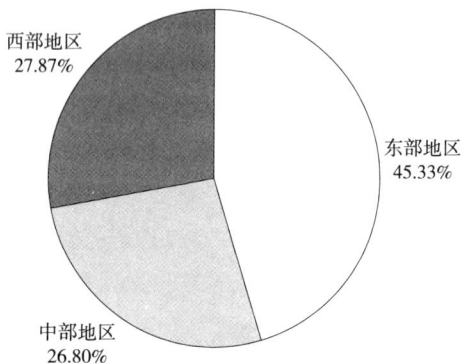

图3 2017年三大地区旅游业总收入全国占比

就旅游产业的发展水平而言，华东、华南等沿海地区的旅游产业发展水平较高，这些地区多位于我国的东南沿海地带，区域经济发展水平较高，且旅游资源丰富。其次是华中地区、以北京为中心的临近地区及西南地区的四川、云南。这些地区或分布在黄河、长江流域中部，拥有独特的人文旅游资源及丰富的自然生态景观，或围绕经济核心区。虽然四川、云南位于西南地区，但其作为西南经济大省，旅游发展水平均超过全国平均水平；而西北、华北、东北等地区的旅游产业发展水平较为落后，这些地区中多数经济发展水平也较为滞后，且位于我国边境地区，自然环境及旅游资源情况相对较差。

总之，西部地区旅游产业发展迅速，总量水平不断提升，发展速度高于东中部地区。但是在绝对量上，与东中部地区相比，差距依然很大。

（2）西部地区旅游发展总量的纵向比较

1999年西部大开发战略实施之后西部旅游产业进入稳步增长期，旅游人次数和旅游业总收入均呈两位数增长（除个别年份受重大事件影响之外），发展速度很快。具体情况如表2和表3所示。

表2 1999～2017年西部地区旅游总收入情况

单位：亿元

年 份	广 西	重 庆	四 川	贵 州	云 南	西 藏	合 计
1999	153.66	108.31	222.00	48.32	204.06	5.70	742.05
2000	168.60	148.54	258.10	62.11	211.43	7.66	856.44
2001	199.71	177.60	314.27	49.46	257.00	8.13	1006.17
2002	230.47	219.62	380.23	106.43	289.93	9.88	1236.56
2003	284.16	204.86	420.82	116.99	306.64	10.37	1343.84

年　份	广　西	重　庆	四　川	贵　州	云　南	西　藏	合　计
2004	254.71	259.77	566.23	167.59	369.27	14.24	1631.81
2005	307.07	301.12	721.33	251.14	430.14	19.32	2030.12
2006	366.32	346.18	979.57	387.05	499.78	27.73	2606.63
2007	445.88	444.12	1217.31	512.12	559.21	48.13	3226.77
2008	533.70	561.53	1472.53	653.13	663.28	60.02	3944.19
2009	701.38	703.23	1472.48	805.23	810.73	56.03	4549.08
2010	952.95	917.85	1886.09	1061.23	1006.83	71.44	5896.39
2011	1277.81	1268.62	2400.00	1429.48	1300.29	97.06	7773.26
2012	1659.72	1662.15	3280.25	1860.16	1702.54	126.48	10291.3
2013	2057.14	1771.02	3877.41	2370.65	2111.24	165.18	12352.64
2014	2601.99	2003.37	4891.04	2895.98	2665.74	204.01	15262.13
2015	3254.18	2250.00	6210.52	3500.00	3281.79	281.92	18778.41
2016	4191.36	2645.21	7705.54	5027.54	4726.25	330.75	24626.65
2017	5580.36	3308.04	8923.10	7116.81	6922.23	379.37	32229.91

年　份	内蒙古	陕　西	甘　肃	青　海	宁　夏	新　疆	合　计
1999	21.89	110.40	19.12	2.53	6.52	65.41	225.87
2000	42.66	136.82	20.13	6.33	9.33	70.33	285.6
2001	62.63	167.69	24.53	13.45	10.22	79.99	358.51
2002	82.24	187.33	31.34	15.32	12.04	92.21	420.48
2003	97.74	172.41	23.19	15.32	10.26	92.71	411.63
2004	145.01	214.92	55.25	20.26	15.11	116.56	567.11
2005	208.09	353.03	62.56	26.61	17.74	138.25	806.28
2006	279.71	418.82	80.25	35.69	26.66	160.03	1001.16
2007	390.77	504.96	115.91	47.38	31.64	205.27	1295.93
2008	468.85	607.84	137.50	47.51	41.00	207.41	1510.11
2009	611.35	767.94	199.72	60.15	53.41	186.11	1878.68
2010	732.73	983.99	237.18	71.02	67.89	281.00	2373.81
2011	889.55	1325.00	330.00	92.30	84.21	380.00	3101.06
2012	1128.51	1713.32	473.13	123.75	103.39	580.27	4122.37
2013	1403.46	2135.37	620.14	158.54	127.30	673.24	5118.05
2014	1805.13	2521.41	781.11	201.89	142.70	673.24	6125.48
2015	2257.10	3005.80	975.42	248.03	161.30	1022.00	7669.65
2016	2714.71	3813.43	1225.35	310.31	210.02	1401.00	9674.82
2017	3440.15	4813.59	1580.14	381.53	277.72	1821.97	12315.10

资料来源：各省区市旅游统计公报、旅游年鉴。

表3 1999～2017年西部地区旅游总人数情况

单位：万人次

年 份	广 西	重 庆	四 川	贵 州	云 南	西 藏	合 计
1999	3745.07	2495.19	5057.34	1926.71	3777.75	78.88	9674.82
2000	4075.03	3096.28	5447.21	1998.39	3941.11	60.93	17080.94
2001	4527.63	3981.33	6392.21	2120.55	4683.13	68.61	18618.95
2002	5023.26	4666.84	7286.69	2222.81	5240.46	86.73	21773.46
2003	4604.88	4286.80	8448.60	1842.69	5268.81	92.86	24526.79
2004	5635.09	5279.04	11522.21	2503.47	6111.74	122.32	24544.64
2005	6639.16	6017.71	13270.28	3121.08	7208.33	180.63	31173.87
2006	7570.44	6847.51	16720.74	4747.89	8115.74	251.26	36437.19
2007	8755.52	8085.52	18770.87	6262.89	9444.51	402.33	44253.58
2008	9888.43	10165.59	21985.95	8190.23	10760.78	224.64	51721.64
2009	12009.85	12300.03	21985.03	10439.95	12577.80	561.36	61215.62
2010	14323.74	16237.34	27246.23	12913.02	14462.81	685.14	69874.02
2011	17560.20	22200.00	35200.00	17019.36	17063.72	869.76	85868.28
2012	21127.83	29030.34	43679.11	21401.18	20486.40	1058.39	109913.04
2013	24655.46	6809.79	48907.07	26761.28	25043.37	1291.06	136783.25
2014	28986.11	34914.68	53789.86	32134.94	29097.94	1553.14	133468.03
2015	33000.00	39200.00	59273.32	36000.00	33375.32	2017.53	180476.67
2016	40900.00	45086.13	63308.81	53110.19	43699.42	2315.94	202866.17
2017	52312.44	54230.21	67336.63	74417.43	58064.66	2561.43	308922.80
年 份	广 西	重 庆	四 川	贵 州	云 南	西 藏	合 计
1999	687.15	2663.03	646.29	172.05	216.60	716.98	5102.1
2000	774.19	2986.03	777.71	320.95	243.78	912.65	6015.31
2001	947.99	3439.62	863.21	378.97	280.87	866.67	6777.33
2002	1196.43	3817.76	1068.71	422.35	305.13	990.44	7800.82
2003	1035.36	3336.08	873.46	512.12	274.31	1028.55	7059.88
2004	1590.98	4230.20	973.27	512.12	404.68	1273.69	8984.94
2005	2161.16	6890.74	1236.71	636.51	500.82	1498.33	12924.27
2006	2574.95	7056.14	1604.43	814.56	593.87	1707.22	14351.17
2007	3057.45	8138.12	2423.05	1001.63	731.34	2170.94	17522.53
2008	3352.93	9181.72	2490.62	905.16	777.16	2231.32	18938.91
2009	4009.14	11555.05	3393.74	1108.61	910.03	2133.49	23110.06
2010	4320.41	14565.97	4291.47	1226.20	1020.61	3144.37	28569.03

年 份	广 西	重 庆	四 川	贵 州	云 南	西 藏	合 计
2011	5329.52	18400.00	5831.65	1412.37	1169.61	3961.50	36104.65
2012	6046.17	23341.02	7834.46	1581.48	1340.89	4711.83	44855.85
2013	6792.12	28513.34	10078.17	1780.43	1820.42	5205.59	54190.07
2014	7582.12	33218.80	12660.20	2005.58	1674.99	4952.69	62094.38
2015	8543.00	38567.10	15638.12	2315.40	1839.48	6097.36	73000.46
2016	9805.00	44902.33	19096.15	2876.92	2159.95	8102.00	86942.35
2017	11646.03	52383.74	23905.18	3484.10	3103.16	10725.51	105247.72

资料来源：各省区市旅游统计公报、旅游年鉴。

从总量水平看，西部地区的旅游总量增长幅度大。旅游业总收入从1999年的967.92亿元增长至2017年的44545.01亿元，增长近45倍。旅游接待总人数则从1999年的14776.92万人增长至2017年的414170.52万人次，增长了27倍多。截止到2017年底，西南地区旅游总收入超过三万亿元，旅游接待人数超过30亿人次，西北地区旅游总收入超万亿元，旅游接待人数超10亿人次。从西部大开发前后对比发现，西部大开发战略的实施促进了西部地区旅游产业的发展。

不过，通过比较我们可以看到：西部地区旅游产业的发展极度不平衡。

首先，西部地区传统上分为西南地区和西北地区，两大区域的旅游产业发展不平衡。从图4和图5可以看出，西南地区的旅游产业发展水平高于西北地区，无论是旅游总收入还是旅游接待人数，两大区域的差距都比较明显。从总量对比可以更直观地看出两个区域的差距。2017年西南地区旅游业收入是西北地区的两倍多，旅游总人数是西北地区的3倍多。

其次，西南地区和西北地区区域内旅游产业发展不平衡。西南地区一直以四川为龙头，贵州、云南、广西和重庆次之，西藏则是发展最为缓慢的省份。总体来看，西南地区旅游产业发展相对均衡。西北地区发展条件最好的是陕西，其次是内蒙古、新疆和甘肃，宁夏和青海的发展相对缓慢，总体来看，西北地区旅游产业发展分层明显。

西部地区旅游产业增长速度快，实力大幅增加，但传统的两大区域差异较大，西南地区明显优于西北地区。西南地区以四川为旅游业发展龙头，区域发展相对均衡。西北地区以陕西为旅游业发展龙头，发展层次分明。

2. 旅游产业地位及变化

一般来讲，旅游产业地位以旅游业总收入占GDP的比重来衡量，这个指标一直受到业界的质疑（李江帆，1999；魏小安，2000；宋子千、郑向

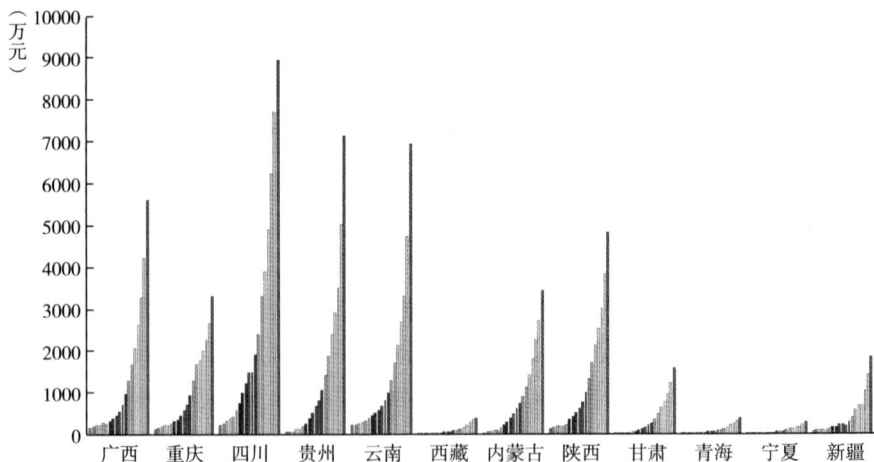

图4 西部地区旅游业总收入分省份增长趋势（1999~2017年）

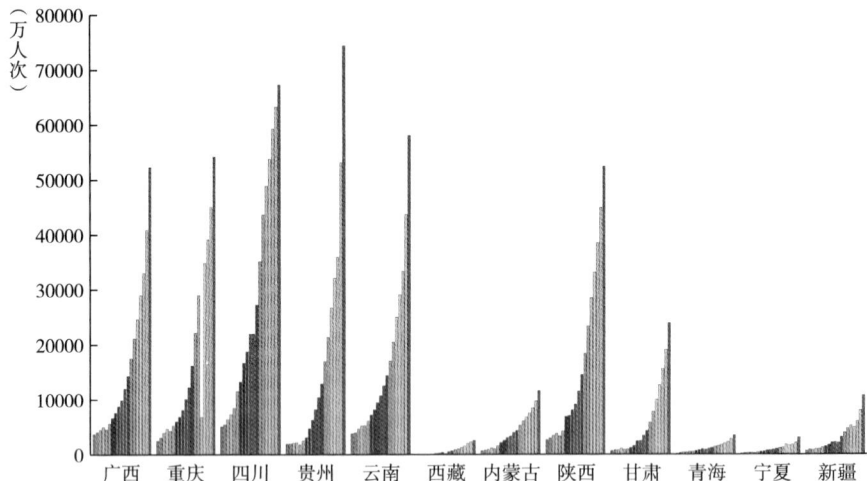

图5 1999~2017年西部地区旅游业接待总人数分省份变化趋势

敏，2001），有学者提出以旅游产业增加值占GDP的比重来衡量才是最科学的衡量方式①，近年来旅游卫星账户的研究更是为这个指标的测算提供了方向和方法。但由于目前统计中对于旅游产业增加值的剥离尚处于探索阶段，而且统计实践中尚无旅游产业增加值的测算，因此本研究还是使用旅游收入占GDP的比重这项指标来衡量旅游产业的地位问题。

从图6可以看出，西部地区旅游产业收入占GDP的比重增长速度很

---

① 宋子千、郑向敏：《旅游业产业地位衡量指标的若干理论思考》，《旅游学刊》2001年第4期，第27~30页。

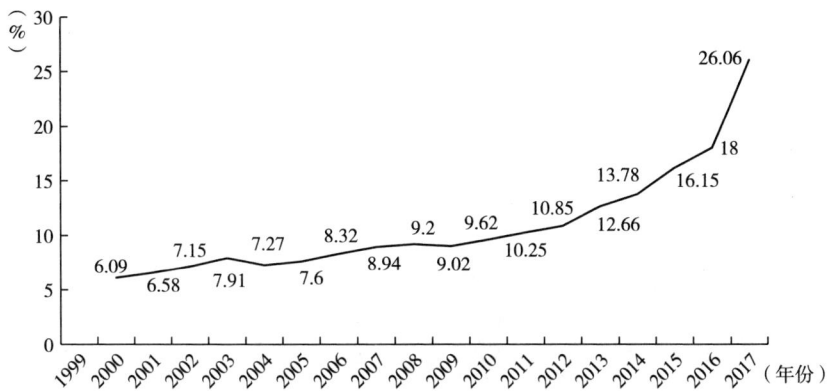

图6　1999~2017年西部地区旅游收入占GDP比重增长趋势

快，从1999年的6.09%提升至2017年的26.06%，而且从图7也可以看出，西部地区各个省份的旅游总收入占GDP的比重也呈现逐渐增加的趋势。这些都说明旅游产业对西部地区的经济发展做出了贡献。

不过，从图7可以看出，与总量水平的发展趋势类似，西部地区内部旅游总收入占GDP的比重的差异明显。西南地区与西北地区的差异方面，西南的地区发展水平高于西北地区，不过比起总量水平的差异，旅游收入占GDP比重的差异较小。其次，从局部性差异分析，贵州省的变动幅度最大，旅游业总收入从1999年占GDP的5.15%增长至2017年的52.56%，净增长了47.41个百分点，云南的变动幅度次之，净增长了31.13个百分点。然后是西藏（净增长23.57个百分点）、内蒙古（净增长19.77个百分点）和广西（净增长19.57个百分点），宁夏的增长幅度最小，仅增长了5.58个百分点。其他省份的变动幅度则相对集中，说明西部地区的旅游产业在国民经济发展中的地位越来越重要。

一般来说，判断一个产业是否国民经济中的支柱产业需要具备五个条件：一是产业规模较大，产业生产总值占GDP的5%以上；二是需求市场发展较快；三是产业能够提供较大的就业空间；四是产业关联度大；五是具备节约资源和能源的特性。

分析西部地区的旅游产业情况，西部大开发初期的1999年，仅有内蒙古、甘肃、青海、宁夏四个省份的旅游产业比重尚未达到5%的阈值，其他省份基本在5%~10%，只有云南省超过了10%，所以总体来说，1999年西部各省份的旅游业产业地位较低，不足以成为当地的支柱产业。但随着西部地区旅游产业政策导向，旅游投资加快，旅游供需规模扩大，产业地位得到了迅速提升，至2014年，西部地区所有省份的旅游业产值占比均

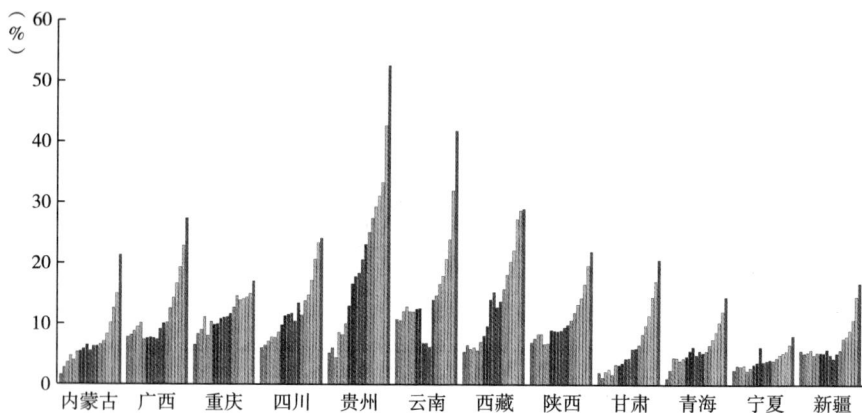

图7　1999～2017年西部地区分省份旅游业总收入占GDP比重增长趋势

提高至5%以上，达到了支柱性产业的门槛要求。

西部地区由于自然、历史等原因经济落后于东中部地区，经济发展起步晚，且国内的连片贫困区也大多位于西部地区，经济的发展需要联动性强的产业优先发展，带动地区经济的增长。旅游产业关联带动性强，产业的发展能够迅速带动地区经济发展，又由于旅游产业属于劳动密集型产业，就业吸纳能力强，再加上西部地区的旅游资源丰富适宜发展旅游产业，因此西部地区各个省份纷纷选择优先发展旅游产业，并将旅游产业列为地区的支柱产业。

旅游产业作为服务产业的重要组成部分，在现代服务业中所占的比重越来越高，且兼具消费性服务和生产性服务双重属性，是现代服务业中最为活跃的产业之一，不仅可以带动相关产业的发展，还可以推动服务产业的转型升级，创新和催生多种服务产业新业态。旅游产业的就业乘数效应大，直接和间接就业人数呈几何级增长，且对生态环境和能源的影响较小，因此笔者认为旅游产业可以并且已经成为西部地区国民经济发展的支柱产业。

3. 旅游市场的发展情况

（1）旅游需求市场的发展情况

2017年我国国内旅游市场游客人数达到50.01亿人次，国民人均出游3.21次，大众旅游时代已经来临，旅游已成为一项常态化的生活方式。旅游客源市场的扩大给旅游产业的发展带来机遇。从客源市场的地域分布来看，我国的主要客源市场是经济相对发达的东部地区，近几年随着西部地区经济的发展，人均国民收入的提高，中西部地区也构成我国主要的客源市场。从客源市场的旅游目的来看，以观光型旅游为主，但健康疗养、休闲度假、商务旅游等也逐渐发展起来，旅游的目的呈现多样化的特点。从客源市场的旅游方式来看，散客游、自驾游等非旅行社组织方式已经成为主流。这些新的变化都为旅游产业的发展带来了巨大的挑战。西部地区旅游产业季节性强、地区经济发展水平较低、距离主要的客源市场较远、旅游产品单一等原因，导致其旅游产业的发展水平低于全国平均水平。

本研究以旅游接待人数（包括入境旅游人数和国内旅游人数）为主要的衡量指标，分析西部地区的旅游市场需求状况，旅游接待人数反映了地区的主要市场需求规模，能够直观地说明西部地区的旅游市场特点。

从我国旅游接待人数和旅游产业发展水平的具体分布来看，总体呈由东南向西北衰减的特点：华东华南地区处于旅游需求的第一阶梯，其次是华中和以北京为中心的相邻地区以及西南的四川与云南；华北、东北以及西北地区处于旅游需求的第三阶梯。西部地区小部分省份位于旅游市场需求的第二阶梯，大部分位于第三阶梯，说明西部地区的旅游吸引强度有待提升。

为了更直观地了解我国西部地区旅游市场需求状况，笔者通过旅游入境接待人数和国内旅游人数的横向与纵向对比来描述西部大开发以来我国西部地区旅游市场的发展趋势与存在的问题。

表4 1999～2017年西部各省份入境旅游者人数

单位：万人次

年份	内蒙古	广西	重庆	四川	贵州	云南	西藏	陕西	甘肃	青海	宁夏	新疆
2017	184.80	512.44	358.35	336.20	150.19	667.69	34.35	383.74	7.88	7.02	12.36	234.82
2016	177.91	482.52	180.88	308.79	72.29	600.38	32.19	338.21	7.15	7.01	5.11	58.21
2015	160.78	450.06	148.10	273.20	68.59	307.62	29.26	293.03	5.45	6.53	3.73	53.14
2014	167.31	295.76	126.36	240.17	65.31	286.56	24.44	266.31	4.88	5.15	3.37	54.01
2013	161.61	281.74	115.17	209.56	62.39	104.37	22.32	253.47	9.78	4.65	2.54	68.88
2012	159.17	350.27	108.47	227.30	70.50	88.64	19.49	246.04	10.20	4.72	1.89	62.49
2011	151.52	302.79	186.40	163.99	58.51	76.73	27.08	270.41	9.11	5.17	1.95	56.37
2010	142.80	250.23	137.02	104.93	50.01	66.28	22.83	212.17	7.02	4.67	1.79	50.94
2009	128.96	209.85	104.81	84.99	39.95	284.49	17.49	145.08	6.07	3.61	1.45	35.89
2008	154.93	201.02	87.19	69.95	39.54	250.22	6.79	125.73	8.32	2.99	1.16	36.32
2007	149.45	205.51	76.17	170.87	43.01	221.91	36.54	123.13	33.12	5.01	0.94	43.84
2006	123.25	170.77	60.32	140.72	32.01	181.01	15.48	106.11	30.33	4.22	0.87	36.25
2005	100.16	147.71	52.39	106.28	27.62	347.59	12.13	92.84	28.85	3.52	0.82	33.11
2004	79.99	117.58	43.44	96.62	23.10	110.10	9.58	80.02	23.67	2.89	0.70	31.69
2003	64.53	65.02	23.45	45.17	7.70	100.01	5.11	46.58	10.15	1.77	0.30	17.05
2002	43.95	136.34	46.15	66.72	22.81	130.36	14.23	85.01	2.48	4.35	0.61	27.54
2001	39.99	126.72	31.32	57.48	20.55	113.13	12.74	75.92	2.26	3.97	0.86	27.29
2000	39.19	122.91	26.61	46.20	18.00	100.11	14.94	71.28	21.00	3.00	1.00	25.60
1999	36.84	77.07	18.49	37.34	16.69	104.01	10.08	63.03	14.46	2.05	0.61	22.38

资料来源：各省区市旅游统计公报、旅游年鉴。

首先，西部地区旅游入境市场规模不断扩大。从表4可以直观地看出，西部地区的旅游入境人数不断增加。主要表现为：第一，总量规模的扩大，1999年西部大开发初期，西部十二省份的入境旅游总人数为403.05万人次，2017年增长至2889.84万人次，净增长6倍多。第二，总体变化趋势明显，西部各省份入境旅游者人数呈现不断增长的趋势（除个别年份重大事件导致当年旅游收入锐减外）。第三，发展速度高于全国平均水平。宁夏的旅游发展规模较小，但净增长速度最快（增长了19.26倍），重庆其次（增长了18.38倍），之后是新疆（增长了九倍多）、四川（增长了八倍多）和贵州（增长了近八倍），其他地区的增长倍数均小于六倍。

当然，西部地区旅游入境市场的差异化也存在。西南地区总量大，西北地区总量小，发展水平也是西南地区高于西北地区。

表5　1999～2017年西部十二省份接待国内旅游者人数

单位：万人次

年　份	内蒙古	广　西	重　庆	四　川	贵　州	云　南
2017	11461.23	51800.00	53871.86	67000.43	74267.24	57396.97
2016	9627.09	40417.48	44905.25	63000.02	53037.90	43099.04
2015	8382.22	32549.94	39051.90	59000.12	35931.41	33067.70
2014	7414.81	28690.35	34788.32	53549.69	32069.63	28811.38
2013	6630.51	24373.72	6694.62	48697.51	26698.89	24939.00
2012	5887.00	20777.56	28921.87	43451.81	21330.68	20397.76
2011	5178.00	17257.41	22013.60	35036.01	16960.85	16986.99
2010	4177.61	14073.51	16100.32	27141.30	12863.01	14396.53
2009	3880.18	11800.00	12195.22	21900.04	10400.00	12293.31
2008	3198.00	9687.41	10078.40	21916.00	8150.69	10510.56
2007	2908.00	8550.01	8009.35	18600.00	6219.88	9222.60
2006	2451.70	7399.67	6787.19	16580.56	4715.75	7934.73
2005	2061.00	6491.45	5965.32	13164.00	3093.46	6860.74
2004	1510.99	5517.51	5235.60	11425.59	2480.37	6001.64
2003	970.83	4539.86	4263.35	8403.43	1834.99	5168.80
2002	1152.48	4886.92	4620.69	7219.97	2200.00	5110.10
2001	908.00	4400.91	3950.01	6334.73	2100.00	4570.00
2000	735.00	3952.12	3069.67	5401.01	1980.39	3841.00
1999	650.31	3668.00	2476.70	5020.00	1910.02	3673.74

年 份	西 藏	陕 西	甘 肃	青 海	宁 夏	新 疆
2017	2527.08	52000.00	23897.30	3477.08	3090.80	10490.69
2016	2283.75	44564.12	19089.00	2869.91	2154.84	8043.79
2015	1988.27	38274.07	15632.67	2308.87	1835.75	6044.22
2014	1528.70	32952.49	12655.32	2000.43	1671.62	4898.68
2013	1268.74	28259.87	10068.39	1775.78	1817.88	5136.71
2012	1038.90	23094.98	7824.26	1576.76	1339.00	4649.34
2011	842.68	18129.59	5822.54	1407.20	1167.66	3905.13
2010	662.31	14353.80	4284.45	1221.53	1018.82	3093.43
2009	543.87	11409.97	3387.67	1105.00	908.58	2097.60
2008	217.85	9055.99	2482.30	902.17	776.00	2195.00
2007	365.79	8014.99	2389.93	996.62	730.40	2127.10
2006	235.78	6950.03	1574.10	810.34	593.00	1670.97
2005	168.50	6797.90	1207.86	632.99	500.00	1465.22
2004	112.74	4150.18	949.60	509.23	403.98	1242.00
2003	87.75	3289.50	863.31	510.35	274.01	1011.50
2002	72.50	3732.75	1066.23	418.00	304.52	962.90
2001	55.87	3363.70	860.95	375.00	280.01	839.38
2000	45.99	2914.75	756.71	317.95	242.78	887.05
1999	68.80	2600.00	631.83	170.00	215.99	694.60

资料来源：各省区市旅游统计公报、旅游年鉴。

其次，西部地区国内旅游市场规模不断扩大，旅游需求增长幅度大。主要表现为：第一，西部地区国内旅游市场总规模增长幅度大。西部地区的国内旅游总人数由 1999 年的 21779.99 万人次增加至 2017 年的411280.68 万人次，净增长 17.88 倍。第二，西部地区国内旅游总体增长趋势明显，除个别年份突发事件的影响当年国内旅游人数减少之外，西部各省份接待国内旅游者人数均呈增长趋势。第三，西部地区国内旅游人数增长速度快。贵州省接待国内游客人数的增长最快，从 1999 年的 1910.02 万人次增长到 2017 年的 7426.24 万人次，净增长 37 倍多。其次为甘肃（净增长 36.82 倍）、西藏（净增长 35.73 倍）。

存在的主要问题依然是省际差异大。西部大开发战略实施初期四川的国内旅游市场规模大，随着西部地区其他省份的旅游投入增加、基础设施改善、服务质量提升和旅游产品多样化等，旅游吸引力增强，2017 年贵州省成为西部地区接待国内游客最多的省份，共接待国内旅游者 7.43 亿人次。其次是四川、云南和重庆。西藏属于高原地区，由于地域、交通以及环境的限制，一直是西部地区旅游业发展最慢的地区。

综上所述，西部地区旅游需求市场不断扩大，入境旅游市场中云南增长最快，重庆、新疆、四川、贵州次之，甘肃是负增长。国内旅游市场中，贵州增长最快，甘肃、西藏、重庆次之，四川增长最慢。

（2）旅游供给市场的现状

旅游供给是指在一定时期内以一定价格向旅游市场提供的旅游产品的数量，具体包括旅游业经营者向旅游者提供的旅游资源、旅游设施和旅游服务等。一般而言，旅游业的三大支柱产业在一定程度上体现了旅游供给市场的现状，为了更为清晰、直观地观察西部地区旅游供给市场，本研究选取 A 级景区、旅行社行业以及星级酒店业 1999～2016 年（囿于数据统计的滞后性和可获取性）的数据进行分析。

①旅游景区供给现状

旅游供给中最能吸引游客的就是旅游资源开发形成的旅游景区，旅游景区是以旅游及其相关活动为主要功能的空间或地域，最能代表一个地区的旅游产品现状。在我国 A 级景区的评定标准中认定的旅游景区是指具有参观游览、休闲度假、康乐健身等功能，具备相应旅游服务设施并提供相应旅游服务的独立管理区。我国的 A 级景区包括 A 级、2A 级、3A 级、4A 级和 5A 级景区，A 级景区数量能够反映我国各省份旅游资源的现状，西部地区 A 级景区的数量分布见表 6。西部地区旅游资源的开发受到自然条件与地区经济、文化以及发展理念的影响，结构相对单一，目前旅游景区以人文景区和自然景区通过开发形成的观光型景区为主，不能满足游客的多样化旅游需求。总体而言，西部地区旅游景区供给已初具规模，品牌形象也逐步形成，但景区开发不充分，全局思维和合作思维缺乏导致景区景点的散点经营，互补性不强，旅游产品过于单一。[①]

表 6　1999～2016 年西部十二省份 A 级景区数量

单位：家

年份	内蒙古	广西	重庆	四川	贵州	云南	西藏	陕西	甘肃	青海	宁夏	新疆
2016	318	410	225	398	266	559	68	375	382	76	90	350
2015	278	400	232	395	298	614	55	353	296	158	86	357
2014	265	224	175	299	118	165	29	257	197	79	36	295

① 隋丽娟：《西部旅游资源开发探讨》，《现代商业》2016 年第 23 期，第 78～79 页。

年份	内蒙古	广西	重庆	四川	贵州	云南	西藏	陕西	甘肃	青海	宁夏	新疆
2013	215	191	139	255	101	151	41	245	183	56	34	287
2012	215	164	128	232	93	146	66	172	177	61	32	259
2011	211	149	105	215	68	183	41	147	157	70	35	262
2010	164	128	91	188	80	137	36	93	133	10	31	176
2009	172	110	87	153	72	133	30	104	131	53	27	197
2008	143	88	76	126	65	126	27	97	111	36	25	178
2007	131	75	70	112	53	122	21	81	106	15	23	152
2006	108	58	63	103	74	106	12	81	83	13	15	132
2005	94	34	53	84	72	93	10	74	57	12	15	105
2004	72	30	43	77	69	86	10	74	41	10	9	63
2003	72	30	43	77	69	86	10	74	41	10	8	55
2002	57	20	27	33	22	46	5	52	27	6	7	26
2001	51	17	25	29	17	44	7	41	23	6	7	23
2000	44	17	23	27	15	40	6	40	21	6	7	37
1999	36	15	22	26	15	37	4	33	18	4	4	22

资料来源：各省份统计年鉴、旅游统计年鉴。

西部地区是我国旅游资源最为富集的地区之一，自然旅游资源和文化旅游资源丰富，迄今为止西部地区共有世界遗产 21 处，国家自然保护区 162 处，国家风景名胜区 75 处，国家森林公园 251 处，世界地质公园 7 处与国家地质公园 99 处（共 106 处），国家文物保护单位 1307 处，国家历史文化名城 42 个，国家历史文化名镇名村 148 个。西部地区重视旅游景区的开发，目前西部地区共有 5A 级景区 72 家，其中西南六省（区、市）共计 39 家（广西 5 家、云南 8 家、贵州 5 家、四川 12 家、重庆 7 家、西藏 2 家），西北六省区共计 33 家（陕西 7 家、甘肃 4 家、宁夏 4 家、内蒙古 3 家、青海 3 家、新疆 12 家），其他 A 级景区数以千计。

从表 6 中可以看出西部大开发战略实施以来西部地区旅游景区的发展特点。

首先，从总量来说，西部地区旅游景区的发展规模不断扩大，表现为 A 级景区数量的增加，从 1999 年的 236 家增至 2016 年的 3517 家，增长了近十四倍之多。

其次，旅游景区增长的区域差异化大。总量上来看，与资源分布相匹配，一般而言，旅游资源大省（区市）的旅游景区数量居多，如四川、云南、广西和陕西的 A 级景区数量居多。

再次,西部地区旅游景区增长速度快。西部大开发战略实施的二十年间云南净增加 A 级旅游景区 522 家,其后依次是广西(增长 395 家)、四川(增长 372 家)、甘肃(增长 364 家)和陕西(增长 342 家)。

最后,从时间节点来看,2004 年是旅游景区增长的分界线。2004 年前,西部地区尚无省份 A 级景区超过百家,2005 年后数量急剧增长,截至 2016 年,除西藏、青海和宁夏外,其他地区旅游景区数量均在 200 家以上。

②旅行社和星级酒店供给状况

旅行社和酒店业作为旅游产业的两大支柱,是旅游供给的重要组成部分,一定程度上体现了旅游产业的基础设施状况。表 7 和表 8 分别是西部地区旅行社和星级酒店的历史供给变化。

表 7 1999 ~ 2016 年西部十二省份旅行社数量

单位:家

年份	内蒙古	广西	重庆	四川	贵州	云南	西藏	陕西	甘肃	青海	宁夏	新疆
2016	956	586	546	485	348	855	205	696	463	231	115	415
2015	953	539	522	502	306	766	196	680	445	238	111	443
2014	887	537	504	457	299	704	102	687	423	237	114	430
2013	890	513	504	586	273	622	102	679	431	217	95	414
2012	779	510	435	534	278	602	99	644	427	212	101	398
2011	696	459	295	375	629	253	587	607	381	209	107	375
2010	677	428	379	730	261	531	78	596	352	197	86	356
2009	614	385	346	631	215	450	39	531	335	173	85	356
2008	603	378	301	620	202	449	47	518	328	184	85	414
2007	541	349	264	602	175	425	43	485	311	147	91	407
2006	476	335	221	586	162	419	37	435	283	150	92	381
2005	395	328	212	550	153	406	33	378	268	112	84	351
2004	273	361	199	564	149	410	43	344	240	121	78	329
2003	220	316	203	513	102	354	45	220	213	99	78	316
2002	143	318	204	469	123	411	40	281	200	89	50	232
2001	127	292	200	417	112	406	35	264	131	72	43	198
2000	88	264	233	378	135	458	55	231	152	37	33	149
1999	67	256	215	329	90	406	42	198	98	25	23	84

资料来源:各省份统计年鉴、旅游统计年鉴。

表8　1999～2016年西部十二省份星级酒店数量

单位：家

年份	内蒙古	广西	重庆	四川	贵州	云南	西藏	陕西	甘肃	青海	宁夏	新疆
2016	318	410	225	398	266	559	68	375	382	76	90	350
2015	278	400	212	395	298	614	55	353	296	158	86	357
2014	272	401	236	388	282	624	113	325	313	144	90	366
2013	268	381	234	461	305	563	109	333	304	125	84	385
2012	245	339	240	396	290	480	102	283	287	84	77	441
2011	227	317	239	420	289	563	85	302	296	96	66	429
2010	239	379	246	395	324	560	105	269	311	105	57	436
2009	262	437	273	534	320	826	149	338	312	123	57	433
2008	242	393	242	532	279	904	86	332	280	117	57	421
2007	237	401	240	507	250	887	78	303	267	105	51	373
2006	224	374	211	485	219	867	62	280	232	97	48	360
2005	193	352	195	447	183	799	64	248	195	82	44	311
2004	165	272	168	429	146	723	55	239	156	71	40	277
2003	152	222	148	391	118	546	51	201	145	68	36	229
2002	124	254	109	294	82	560	49	178	125	39	35	190
2001	103	258	109	294	82	560	49	178	125	39	35	190
2000	54	162	56	179	213	276	20	89	63	15	11	98
1999	55	90	42	126	43	259	19	66	51	10	8	82

资料来源：各省份统计年鉴、旅游统计年鉴。

从表7和表8可以看出，西部大开发战略实施以来西部地区的旅行社业和酒店业发展的特点主要表现在以下几方面。

第一，旅行社和星级酒店数量大幅增加。旅行社从1999年的1833家增至2016年的5901家，增长了2倍多。星级酒店从1999年的851家增至2016年的2240家，增长了1.6倍。

第二，区域分布格局与旅游业发展水平类似，旅行社及酒店与旅游资源的分布格局相同。旅游业发展较好的地区，如云南、陕西、广西、四川的旅行社数量和星级酒店数量较多。旅游业发展较慢的地区，如西藏、青海、宁夏的旅行社数量和星级酒店数量较少。

第三，区域内各省份旅行社和酒店数量的增长幅度不一样。总体来说，内蒙古的增长速度最快，旅行社净增长889家，星级酒店净增长263家。旅行社增长较快的有陕西（增长498家）、云南（增长449家）、重庆（增长331家）和新疆（增长331家）、广西（增长330家），星级酒店增长较快的有甘肃（增长331家）、广西（增长320家）、陕西（增长309家）、云南（增长300家）。

③以交通设施为代表的其他设施供给情况

西部地区的交通条件一直制约地区经济和旅游发展。西部地区幅员辽阔，城市间、景区间空间跨度大，线路安排困难，多数景区交通条件差，可进入性不强，导致西部地区旅游产业发展受限。西部大开发后国家加大西部地区包括交通在内的基础设施投资，加快基础设施建设，为地区经济发展提供了条件。

以交通为例，西部大开发战略实施后国家加大了交通设施的投资和建设，铁路和公路交通里程数不断增加，部分缓解了交通压力。如表9所示，近二十年间铁路里程数增长了1.11倍，特别是西藏地区，铁路里程从无到有，为入藏旅游提供了新的交通方式。公路里程，特别是等级公路里程大幅提高，增长了2.93倍，大大缩短了城市和分布较散景区之间的空间距离，带动了西部旅游业的发展。

表9　1999～2016年西部十二省份交通运输线路增长情况

单位：万公里

省　份	铁路里程		公路里程		等级公路里程	
	1999年	2017年	1999年	2017年	1999年	2017年
内蒙古	0.6	1.27	6.38	19.94	5.97	19.22
广　西	0.27	0.52	5.14	12.23	4.37	11.26
重　庆	0.06	0.22	2.81	14.79	2.05	12.09
四　川	0.28	0.48	8.93	33	6.69	29.48
贵　州	0.17	0.33	3.4	19.44	1.55	14.88
云　南	0.21	0.37	10.24	24.25	9.54	20.85
西　藏	0	0.08	2.25	8.93	1.06	7.79
陕　西	0.22	0.5	4.32	17.44	3.64	15.9
甘　肃	0.23	0.47	3.62	14.23	2.61	12.48
青　海	0.11	0.23	1.83	8.09	1.45	6.85
宁　夏	0.08	0.14	1	3.46	0.95	3.44
新　疆	0.23	0.59	3.35	18.53	3.11	14.86
合　计	2.46	5.2	53.27	194.33	42.99	169.1

资料来源：国家统计局网站。

西部地区的航空运输运力增加。为了加强对外交流，西部地区新增众多小型机场，增加了多条入境的新航线。同时区域内合作更加深入，西南、西北地区互相增加新航线，提升了景区的可进入性。公路、铁路和航空以及部分省份的内河航线构成了西部地区的立体交通网络体系，缩短了目的地与客源地之间的距离，西部地区的旅游客源地向外扩展。当然，除了交通设施以外，其他基础设施建设也有所增加，如邮电网络、供水供电、商业服务、文化教育、卫生事业等市政公用工程和公共生活服务设施等均有所增加，其溢出效应正在逐步凸显，为旅游业的发展提供了支持和支撑。

综上所述，从旅游资源供给情况来看，西部地区的旅游资源呈现以下特点：旅游资源开发加快，景区供给市场加速发展，核心资源景区已渐成区域旅游乃至区域经济产业融合集聚发展的公共平台。

从旅游企业供给情况看，旅行社和星级酒店的供给布局与旅游产业发展程度相关，旅游业越发达的地区旅游企业供给数量越多，分布越广。

从基础设施供给情况看，交通条件得到极大改善，形成了公路、铁路和航空三位一体的立体交通网络体系。在国家的铁路规划和公路规划网中，无论是"八纵八横"的铁路网，还是"五纵七横"的公路网以及后来的"7918网"，均涉及西部地区的交通运力改善，大大提升西部地区的区域可通达性。

（二）西部旅游产业效率评价

1999年我国实施"西部大开发"战略以来，西部十二个省、区、市的社会经济、文化以及人民的生活水平均得到了长足的发展，旅游业素有"朝阳产业"之称，其发展水平在一定程度上代表了当地经济发展水平。[1]此外，作为社会性和综合性、联动性很强的产业，旅游业在促进国民经济发展、增加就业的基础上，还能够加强对当地自然资源和人文资源的保护与开发，改善民生、促进城乡发展。西部地区拥有丰富多样的自然资源和风格多样的民俗、民族文化资源，具有发展旅游业得天独厚的优势，在国家政策的支持下，国家旅游局在"西部大开发"战略实施的当年明确指出"西部大开发，旅游先行"，优先在西部建设国家生态旅游示范区、国家旅游扶贫实验区和国家旅游度假区，所以西部大开发战略实施以来西部各省份均将旅游业作为支柱产业或者主导产业来重点发展，旅游业成为西部大开发的重点发展对象。[2]但是与我国中东部相比，西部地区的区位条件、

---

[1] 冯苗苗：《西部省区旅游业效率评价》，宁夏大学硕士学位论文，2017年3月。

[2] 吴殿廷、葛全胜、徐继填等：《西部旅游开发战略模式的探讨》，《旅游学刊》2003年第1期，第9~13页。

经济水平、基础设施、公共服务、发展理念等方面均较落后，这些因素影响了西部各省份的旅游业发展。"西部大开发"战略实施的近二十年，以四川、陕西、广西为代表的西部省份借助"西部大开发"的东风，依托本省份优势积极挖掘旅游资源，不断提高服务质量、完善旅游设施与公共服务设施，发展地区特色旅游，促进旅游业由粗放式发展向集约式发展转变。[①] 但是，西部各省份旅游业仍面临着设施设备冗余、服务效率低下、基础设施使用率低、旅游资源利用率较低等问题。如何通过扩大规模取得更好的旅游效率，逐步实现投入合理化、实现西部地区旅游业的高效发展成为亟待解决的问题。[②] 鉴于此，本文运用 DEA – Malquist 生产率指数对西部十二个省份的旅游业效率进行测算和比较分析，判断西部地区旅游经济发展所处的阶段，为提高西部地区旅游业效率、促进西部旅游业的快速发展提出切实可行的对策和建议。这不仅具有理论意义，更具实践意义。

1. 研究方法、指标选取与数据来源

（1）研究方法

本文利用 DEA – Malmquist 生产率指数来测量我国旅游业的经济效率，Malmquist 生产率指数是基于 DEA 模型的方法提出的，其主要依赖于 DEA 来测算距离函数，利用距离函数的比率来计算投入产出效率。基于产出的 Malmquist 生产率指数可以表示为：

$$m_o^t = d_o^t(x^{t+1}, q^{t+1})/d_o^t(x^t, q^t) \tag{1}$$

$$m_o^{t+1} = d_o^{t+1}(x^{t+1}, q^{t+1})/d_o^{t+1}(x^t, q^t) \tag{2}$$

式（1）计算了在 t 的时间技术条件下，在 t 至 $t+1$ 时期的全要素生产率的变化。式（2）则计算了 Malmquist 在 $t+1$ 的技术条件下，在 t 至 $t+1$ 时期的全要素生产率的变化。Fare 等（1994）提出可以利用与 DEA 相似的线性规划法来计算 Malmquist 指数中的距离函数。在此测度中必须运用四个距离函数来体现该时期的指数变化率。随着该方法应用不断推广和完善，以下三个公式可以很好地说明 Malmquist 生产率指数的原理：

$$m_o = \frac{d_o^{t+1}(x^{t+1}, q^{t+1})}{d_o^t(x^t, q^t)} \left[\frac{d_o^t(x^{t+1}, q^{t+1})}{d_o^{t+1}(x^{t+1}, q^{t+1})} \times \frac{d_o^t(x^t, q^t)}{d_o^{t+1}(x^t, q^t)} \right]^{1/2} \tag{3}$$

---

① 王永刚：《中国旅游业全要素生产率增长的实证研究》，《经济问题探索》2012 年第 3 期，第 175～180 页。

② 王惠榆、陈兴鹏、张子龙、庞家幸、刘存斌：《西部地区旅游产业发展效率》，《兰州大学学报（自然科学版）》2014 年第 2 期，第 186～193 页。

用投入距离函数表示效率变化，因此可以改写为

$$m_o = \frac{d_o^{t+1}(x^{t+1}, q^{t+1})}{d_o^t(x^t, q^t)} \left[\frac{d_o^t(x^{t+1}, q^{t+1})}{d_o^{t+1}(x^{t+1}, q^{t+1})} \times \frac{d_o^t(x^t, q^t)}{d_o^{t+1}(x^t, q^t)} \right]^{1/2} \qquad (4)$$

在规模报酬可变（VRS）的假设下，效率变化指数（TE）又可以分解为规模效率变化指数（SC）和纯技术效率变化指数（PE）。

$$m_o = \frac{s_o^t(x^t, q^t)}{s_o^{t+1}(x^{t+1}, q^{t+1})} \frac{d_o^t(x^{t+1}, q^{t+1}/VRS)}{d_o^t(x^t, q^t/VRS)} \left[\frac{d_o^t(x^{t+1}, q^{t+1})}{d_o^{t+1}(x^{t+1}, q^{t+1})} \times \frac{d_o^t(x^t, q^t)}{d_o^{t+1}(x^t, q^t)} \right]^{1/2} \qquad (5)$$

Malmquist 指数方法是计算多投入多产出效率的最佳分析方法，而且不需要考虑价格信息所造成的困扰。最重要的是，通过分析技术变化及技术效率变化来评价生产率，而且技术效率又进一步地分为纯技术效率和规模技术效率两个方面。本文的实证研究主要目的就是发现纯技术效率、规模技术效率分别对技术效率变化的影响，技术无效率究竟是纯技术效率引起的还是规模效率引起的。

（2）指标选取

使用 DEA 分析经济运行的效率，需要确定产出指标和投入指标，学术界对旅游业经营效率测算及评价并没有统一的指标体系。为了保证研究期内各项指标的统计口径的一致性，考虑到数据的可获得性及较好的可比性，本文结合大多数学者的研究确定了本文的投入指标和产出指标。在传统经济学中，生产要素的投入一般分为土地、资本和劳动力投入三部分。土地要素除包括土地外，还包括一切自然资源，因为旅游业的支柱产业是以星级酒店为代表的饭店行业、旅行社行业和以 A 级景区（点）为代表的旅游景区，所以本文用星级酒店数量、旅行社数量以及 A 级景区（点）的投入来代替资源投入。在劳动力投入方面，本文选取了年末旅游从业人数（旅游业直接从业人数）指标。旅游从业人数包括星级酒店从业人数、旅行社从业人数以及 A 级景区从业人数，虽然本文选取的旅游从业人数会远小于实际的旅游从业人数，但是这是在目前我国旅游统计现状下最为准确的旅游从业人数统计。对于资本投入，因为现阶段我国还没有专门针对旅游投资的统计，所以本文借鉴了其他学者的处理办法，使用第三产业固定资产投入净值来替代，主要因为旅游业是第三产业的主导产业，而且每个省、区、市均使用这一指标，每个省份的固定资产投入都进行放大处理，同一水平的放大对 DEA 的运行结构不会产生影响。在产出指标的选择方面，通过文献分析发现，旅游总收入（国内旅游收入与旅游外汇收入之和）和接待旅游者总人次（国内旅游人次与入境旅游人次之和）是被大部分学者所

接受的产出指标，也是最能代表旅游业经营效果的指标。旅游总收入是一个地区旅游活动所获得的全部营业收入，反映一个地区的旅游业发展水平和总体规模，是衡量地区旅游业发展的一个重要的经济指标。[①] 发展旅游的目的就是增加游客的数量，从而获得更多的旅游收入，旅游接待人数在一定程度上反映了城市的知名度。[②] 同时选取的产出指标 2 个和投入指标 5 个，DMU 个数为 12，满足了 12 >（2 + 5）且 12 >（2 × 5）的条件，符合 DEA 测算的具体要求。关于本文的指标选 取详见表 10。

表 10 西部旅游业经营效率的指标选取

指标类别		指标选取	单位	说　明
投入指标	资本投入	第三产业固定资产投入净值	亿元	第三产业固定资产投入净值
	劳动投入	旅游从业人数	万人	年末从业人员
	资源投入	星级酒店数量	家	年末星级酒店数
		旅行社数量	家	年末旅行社数
		A 级景区数	家	年末 A 级景区数
产出指标	经济效益	旅游业总收入	亿元	国内旅游收入 + 旅游外汇收入
	知名度	接待旅游总人次	万人次	国内旅游人次 + 入境旅游人次

（3）数据来源

本文选取 1999～2016 年我国西部十二个省份的旅游业作为研究对象，之所以使用 1999 年以后的数据，主要考虑到我国西部大开发国家战略确立于 2000 年 1 月，旅游业在西部大开发中发挥了巨大的作用。为了测度西部各省份旅游业在西部大开发中的效率，本研究选用 DEA－Malmquist 方法对西部十二个省份的旅游业效率进行测度。本文的基础数据来源于 1999～2016 年《中国统计年鉴》、《中国旅游业统计年鉴》、《中国旅游年鉴》，各个省份的《国民经济与统计公报》以及各省份统计局。其中，旅游业总收入与接待旅游总人次数据来自《中国旅游年鉴》（1999～2016 年），各年度旅游外汇收入依照《中国统计年鉴》（1999～2016 年）提供的当年汇率价换算成人民币收入；第三产业固定资产投入净值来自各省区市的年度统计公报（1999～2016 年），如有数据缺失部分为相隔年份的平均值；星级酒店数量、A 级景区数量以及旅行社数量、旅游从业人数

① 范能船、朱海森：《城市旅游学》，百家出版社，2002。

② 张根水、熊伯坚、程理民：《基于 DEA 理论的地区旅游业效率评价》，《商业研究》2006 年第 1 期，第 179～183 页。

均来自《中国旅游统计年鉴（副本）》（1999～2016 年）。

2. 实证结果与分析

本文采用 DEAP 2.1 软件对所选取的十二个省区市的技术效率变化指数、技术进步指数、纯技术效率变化、规模效率变化以及 Malmquist 指数进行了测算与分析。

（1）静态效率评价

从表 11 中可以得知 1999～2016 年十八年间西部地区十二个省份旅游业的技术效率水平。其中广西、重庆、贵州这三个省份的综合效率值为 1，同时这三个省份的纯技术效率与规模效率值都为 1，达到技术前沿水平。也就是说，在现有的旅游资源投入状态下，这三个省份的旅游业产出达到了最大化，是最佳的状态。而西藏、甘肃、宁夏、青海、内蒙古这五个省份的旅游综合效率指数小于 0.7，旅游业有较大的增长空间。四川、陕西、新疆以及云南这四个省份的综合效率值在 0.7～1 之间，表明这四个省份的旅游业还具有一定的发展空间。

表 11　1999～2016 年西部十二省份旅游业静态技术效率及其分解

省　份	TE	PTE	SE	规模报酬
内蒙古	0.549	0.601	0.914	drs
广　西	1	1	1	—
重　庆	1	1	1	—
四　川	0.933	1	0.933	drs
贵　州	1	1	1	—
云　南	0.848	0.887	0.956	drs
西　藏	0.247	1	0.247	irs
陕　西	0.912	0.921	0.991	irs
甘　肃	0.529	0.586	0.904	irs
青　海	0.478	1	0.478	irs
宁　夏	0.568	1	0.568	irs
新　疆	0.763	0.763	1	—

说明：TE 表示综合效率，PTE 表示纯技术效率，SE 表示规模效率，drs 表示规模报酬递减阶段，irs 表示规模报酬递增阶段。

从纯技术效率值来看，除内蒙古、云南、陕西、甘肃和新疆这 5 个省份小于 1 外，其余省份都为 1，说明西部大开发以来其他省份的纯技术效率均处于最佳状态，总体来讲，西部各省份都是通过提高技术创新水平来实现技术进步和旅游发展的。纯技术效率值较低的五个省份应加强旅游业经营管理方式，以求达到最佳状态。从规模效率来看，仅有广西、重庆、贵州和新疆这四个省份的规模效率为1，达到规模效率最佳状态，其余八个省份的规模效率还未达到理想状态。规模效率成为降低综合效率的主要因素，各省份应不断促进旅游业的发展，合理扩大旅游业的规模。从规模报酬发展阶段来看，规模效率值为1的各省份均处于规模报酬不变的状态，也就是说，等产量的旅游投入必然会造成等产量的旅游产出。而内蒙古、四川、云南则处于规模报酬递减的阶段，也就是说，这三个省份在现在的状态下增加投入则会造成资源的浪费，降低旅游的综合效率。其他省份均处于规模报酬递增阶段，这些省份应该扩大旅游业的规模，增加旅游投入以获取更高的利润。

（2）旅游总体指数及其变化

表12反映了1999~2016年我国西部十二个省区市的旅游全要素生产率及其相关分解指数结果。1999~2016年我国西部十二个省份的旅游业全要素生产率平均指数为1.050，表明我国西部十二个省份在西部大开发的十八年间旅游业全要素生产率年平均增长保持在5%左右。其中技术效率变化指数为0.988，表明我国西部十二个省份的旅游业技术效率具有较小幅度的降低，降幅为0.2%；技术进步指数为1.062，表明我国西部十二个省份的技术进步年均增长6.2%；纯技术效率变化指数为0.995，年均降低0.5%；规模效率变化指数为0.994，年均降低0.6%。由以上分析可以看出，技术进步对西部旅游全要素生产率增长起到了主要的推动作用。

从时间序列可以看出，我国西部十二省份的旅游全要素生产率在2000年、2003年、2008年是负增长，这主要是因为这三年我国旅游业受到各种突发因素影响出现滑坡。1998年亚洲金融危机的冲击影响了1999年的旅游业发展，1999年实施西部大开发战略之后，西部地区旅游业快速增长，但由于各种原因西部地区旅游业呈散点发展，各地旅游都处于探索阶段，所以旅游业全要素生产效率不高。2003年非典（SARs）从我国席卷东南亚，造成全球的SARs恐慌，世界旅游业受到重创，导致当年旅游业全要素生产率成为样本观察期中的奇异值。2008年的情况相对复杂，虽然2008年的北京夏季奥运会吸引了世界各地的游客，但同年美国"次贷危机"所引发的金融危机导致人们收入缩水、消费能力降低，减少了入境游客人数。而且2008年四川"汶川地震"更是造成游客对西部旅游安全的担忧和怀疑，多种综合因素影响导致2008年西部十二个省份的旅游业全要素生产率降低。

在表12中，2011年我国西部十二个省份的旅游业发展达到技术前沿水平，全要素生产率指数及各分解指数均为1；2012年我国西部十二个省份的旅游业全要素生产率指数达到最大，为1.198；2013年及以后的三年我国西部十二个省份的旅游业全要素生产率呈缓慢增长态势，这从一定程度上表明近年来我国西部省份的旅游业开始走上理性增长的道路。

表12　1999~2016年西部地区旅游全要素生产率平均指数及其分解

年　份	技术效率变化	技术进步	纯技术效率变化	规模效率变化	全要素生产率
1999~2000	1.086	0.884	1.043	1.042	0.960
2000~2001	0.909	1.242	0.966	0.941	1.129
2001~2002	0.898	1.293	0.962	0.933	1.161
2002~2003	0.885	0.787	0.899	0.984	0.696
2003~2004	1.058	1.075	1.039	1.018	1.138
2004~2005	1.046	1.109	0.998	1.049	1.161
2005~2006	1.025	1.022	1.008	1.017	1.047
2006~2007	0.960	1.120	0.963	0.997	1.075
2007~2008	1.013	0.961	0.999	1.014	0.974
2008~2009	0.930	1.118	0.984	0.945	1.040
2009~2010	1.413	0.805	1.178	1.200	1.137
2010~2011	1.000	1.000	1.000	1.000	1.000
2011~2012	0.846	1.416	0.934	0.905	1.198
2012~2013	0.925	1.111	0.932	0.993	1.028
2013~2014	0.971	1.095	0.951	1.022	1.064
2014~2015	1.033	1.061	1.055	0.979	1.096
2015~2016	0.916	1.155	1.029	0.890	1.058
平均值	0.988	1.062	0.995	0.994	1.050

（3）西部十二省份旅游全要素生产率平均指数及其分解

从表13中可以看出，1999~2016年西部地区旅游业全要素生产率年均增幅为5%。其中以内蒙古、重庆、贵州和陕西四个省份领先，四个省份的旅游业全要素生产率年均增幅大于10%，西部大开发带动了西部旅游业的发展，而且西部本身具有旅游资源类型多样、旅游资源存量大的优势，所以旅游业得到了长足发展。但是旅游技术发展缓慢，技术效率变化指数仅有内蒙古、重庆、四川、贵州和甘肃、西藏大于或等于1，其他省份均略小于1，表明我国西部十二个省份的技术效率低下，需要加大技术创新力度。西部各省份旅游业只有突破"技术"这一瓶颈，才能在中国旅游版图上异军突起。而且通过十八年的数据测度发现，我国西部这十二个省份的规模效率也不理想，这主要是因为西部省份技术创新跟不上市场发展的步伐，导致在西部大开发初期来西部旅游的人数激增，但是近年来西部的旅游人数与中东部相比，增长缓慢，所以西部地区各省份应根据市场需求提供相应的旅游产品和服务，通过创新优势，推动其规模经济效率的提升。

表13　1999~2016年西部十二个省区市旅游全要素生产率平均指数及其分解

省　份	技术效率变化	技术进步	纯技术效率变化	规模效率变化	全要素生产率
内蒙古	1.010	1.145	1.007	1.003	1.157
广　西	0.986	1.015	0.988	0.998	1.001
重　庆	1.000	1.103	1.000	1.000	1.103
四　川	1.000	1.087	1.000	1.000	1.087
贵　州	1.000	1.128	1.000	1.000	1.128
云　南	0.980	0.970	0.990	0.991	0.951
西　藏	1.042	1.031	1.000	1.042	1.074
陕　西	0.976	1.133	0.991	0.985	1.105
甘　肃	1.008	1.002	1.007	1.002	1.010
青　海	0.970	1.061	0.993	0.977	1.029
宁　夏	0.933	1.048	1.000	0.933	0.977
新　疆	0.957	1.038	0.960	0.997	0.994
平均值	0.988	1.062	0.995	0.994	1.050

（4）西部十二省份类型分析

利用SPSS 21.0软件以TC（TC=1.05）和EC（EC=1）分别做纵轴与横轴，把西部十二个省（区、市）的旅游效率发展状况划分为四种类型，很直观地显示了影响西部十二个省（区、市）旅游业全要素生产率增长的主要因素。

从图8可以看出，处于第一象限的省份为内蒙古，其技术进步与技术效率变化均表现良好，重庆、四川和贵州这三个省份的技术效率变化指数为1，技术进步指数均大于1.05，虽然其技术进步与技术效率变化表现稍逊色于内蒙古，但是总体而言表现俱佳，本文将其也归于第一象限；处于第二象限的省份有陕西省和青海省。这两个省份的技术进步指数均大于1.05，但是技术效率变化指数小于1，表明这两个省份的旅游业全要素生产率增长的主要动因是技术进步，而非技术效率变化，说明这两个省份逐

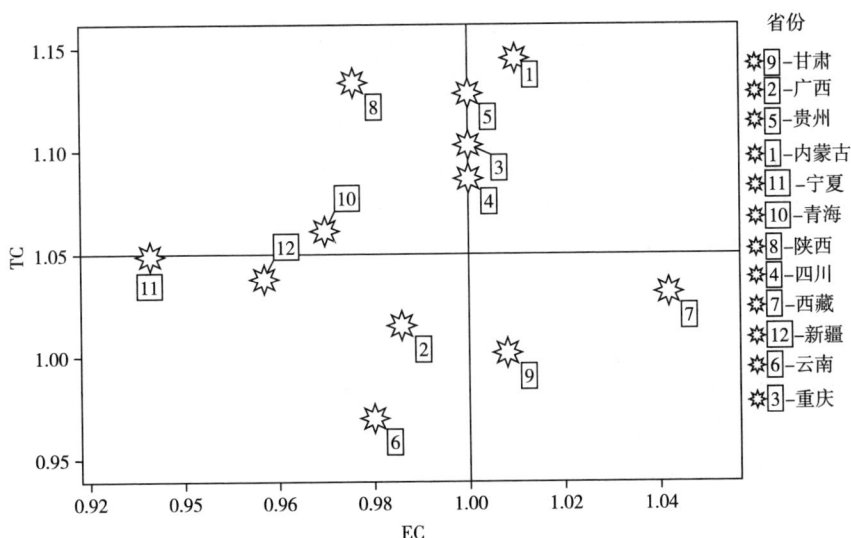

图8　西部地区十二个省份的技术进步和技术效率的比较

渐从粗放型旅游业发展模式向精细化旅游发展模式转变。处于第三象限的省份为新疆、云南和广西、宁夏四个省份，前三个省份的技术效率变化指数小于1，技术进步指数小于1.05，说明这三个省份的旅游业全要素生产率指数不佳，主要是因为作为老牌的旅游大省，这三省区存在着管理混乱、产品单一、服务落后等问题，严重制约了这三个省份旅游业的发展。宁夏虽然位于第三象限，但总体来说与前三个省份的差异相对较大，属于规模扩张阶段的后发区域，充分利用先进经验和技术追赶超越，但发展速度过快导致旅游业效率不佳，应在发展规模扩张的同时注重集约化发展。处于第四象限的省份有甘肃和西藏这两个省份，其技术效率变化值小于1.05，但是其技术进步值大于1，表明这两个省份还具有较大的发展空间，需要加强旅游投入，扩大旅游业的规模。

　　综上所述，从静态技术效率来看，西部地区大部分省份的旅游业的综合效率、纯技术效率和规模效率的平均值都非常接近1，尤其是广西、重庆和贵州三个省份的综合效率为1，表明这三个省份处于技术效率最佳的状态。四川、云南、陕西三个省份的综合技术效率值接近1，表明通过扩大规模和提高经营管理水平能够提高这三个省份的旅游技术效率。而其余六个省份的综合技术效率值小于0.8，表明这些省份的旅游业技术效率还有很大的发展空间，需要积极引进高新技术，不断扩大自主创新能力，才能使该省份的旅游业发展更加有效。其中，西藏、陕西、甘肃、青海和宁夏主要通过扩大旅游业规模来促使旅游业技术效率的提升，内蒙古、云南、新疆主要通过提升技术创新水平提高旅游业的技术效率水平。

从时间序列上来看，我国西部地区在西部大开发以来旅游业效率保持年均5%的增长，其中技术进步对西部旅游全要素生产率增长起到了主要的推动作用（2000年、2003年和2008年例外的主要原因是外部环境的影响）。从2011年起我国西部地区旅游业已经走上理性成长的道路。

从全要素生产率指数来看，西部地区十二个省份的平均指数大于1，表明西部十二个省份的全要素生产率逐年递增，呈现出良好的发展势头，这主要得益于技术进步。内蒙古、重庆、贵州和陕西四个省份的全要素生产率年均增幅大于10%，增长速度较快。西部各省份技术效率变化、纯技术效率变化以及规模效率变化指数平均值接近1，表明西部各省份都应该注重技术的创新和引进、扩大旅游市场。

根据技术进步与技术效率变化指数将西部十二省份划分为四个象限，处于第一象限的是内蒙古、重庆、四川和贵州，第二象限的是青海和陕西，第三象限的为宁夏、新疆、云南和广西，第四象限的为西藏和甘肃。

（三）西部旅游产业发展面临的问题

总结以上分析，西部旅游产业发展面临的主要问题如下。

1. 西部地区旅游产业发展不平衡

与东部地区相比，无论是旅游人次数还是旅游收入总量，西部地区都远远小于东部地区；西部地区区域内旅游产业的不均衡发展，既表现为西南地区和西北地区的差异化，又表现为西南地区内部和西北地区内部的不平衡发展。

2. 西部地区旅游市场有效需求不足

目前，我国的旅游市场客源特点表现为由东南向西北衰减的分层现象，特别是作为客源地的东中部地区向西部地区输送客源量不足，这与西部地区旅游产品结构单一、参与性和体验性旅游产品缺失、旅游服务质量欠佳、旅游市场的季节性等因素高度相关。

3. 西部地区旅游供给不足

西部地区旅游供给量逐年增长，且增长幅度较大，但相对于广阔的客源市场，其旅游供给明显不足。首先表现为旅游基础设施供给的区域不均衡。无论是景区（点）数量还是旅行社、酒店的数量都与旅游业发展水平相对应，旅游业发展较好的区域旅游基础设施供给充足，反之，则供给明显不足。其次表现为旅游基础设施供给的质量与游客旅游需求不匹配。随着国民收入的提高，旅游者的旅游需求多元化，低层次的观光型旅游产品已无法满足游客的多样化需求，高层次的度假要素、文化要素等需求上升，而目前西部部分地区虽已整合资源构建了体验经济园区的商业体验模式和度假旅游目的地，但总体来说尚未处于待开发和未完善阶段，亟须进行有益的探索。最后，其他旅游供给设施虽有较大改善，但相对于庞大的旅游市场和散点分布的旅游城市或旅游景区，以交通条件为代表的其他供给设施条件仍有待进一步完善。

4. 西部地区旅游产业效率分布不均，创新不足

西部地区旅游业效率不均，内蒙古、重庆、四川和贵州的技术进步和技术效率变化指数较高，是西部地区旅游产业效率最好的地区；陕西和青海的旅游业效率次之，旅游业已步入精细化发展阶段；新疆、云南和广西的旅游业效率不佳，制约的主要因素是技术进步即创新不足。宁夏的技术进步指数较高，接近于1.05，但其技术效率不佳，说明技术创新的应用效率不佳。而甘肃和西藏两个省份的旅游业效率中技术进步值大于1，而技术效率变化值小于1.05，说明投入不足，旅游业规模小，不足以带动整体区域内的产业发展。

四　西部地区旅游业的未来发展展望

（一）西部地区旅游产业未来发展的机遇与挑战

1. 国家政策调整带来的机遇

为了缩小东中西部经济发展的差距，国家提出西部大开发战略，之后又相继发布《广西北部湾经济区发展规划》《关于推进重庆统筹城乡改革和发展的若干意见》《关中—天水经济区发展规划》，加快西部地区经济的发展，实施了一系列倾斜于西部的措施，极大地促进了西部地区的旅游产业发展和壮大。2013年，为了扩大对外开放，国家又提出与周边国家加强合作交流的"一带一路"倡议，其中丝绸之路经济带涉及西部地区，为西部地区的旅游产业发展提供了新的机遇。任保平、周志龙（2015）认为丝绸之路经济带作为西部大开发的升级版，要坚持共建"丝绸之路经济带"与推进"西部大开发"并举的战略，要通过构建现代产业体系，加快西部地区产业结构转型升级；促进西部城市群的崛起，提高城市化水平；打造立体型交通通信网络体系，完善西部地区基础设施建设；大力发展社会事业，提高西部地区公众福利水平；坚持走可持续发展道路，促进西部优势资源的开发利用；加强区域合作，充分发挥比较优势等措施打造西部大开

发升级版。① 升级版的西部大开发强调对外开放，有利于西部地区与周边国家和地区的联系与发展，客源市场的扩大为西部地区的旅游产业提升提供了有力的支持。

2. 旅游供给侧改革的机遇

十九大报告指出："深化供给侧结构性改革。建设现代化经济体系，必须把发展经济的着力点放在实体经济上，把提高供给体系质量作为主攻方向，显著增强我国经济质量优势，扩大优质增量供给，实现供需动态平衡。"西部地区的旅游产业发展不平衡不充分的部分原因是有效供给不足，旅游供给结构与旅游需求结构不匹配，如交通基础设施的制约、旅游的粗放经营模式、旅游市场化程度不高等。当然，供给侧方面的问题还包括时间和资金对旅游者的限制、旅游供给的季节性、旅游者的休假制度不完善、游客的收入水平差异过大等，这些因素都会制约旅游产业的发展。国家的供给侧改革有利于优化旅游供给体系，提高区域旅游投资与供给，完善产业结构和产品结构，实现旅游供需的均衡，是西部地区提升旅游服务质量的途径之一。

3. 多种产业融合带来的机遇

旅游产业的关联带动性强，随着经济的多元化发展，旅游产业的融合趋势愈加明朗，旅游产业融合有利于资源共享，提高资源配置效率；有利于延长旅游产业链，创造多种融合型旅游产品，形成新业态，促进产业结构升级。目前，旅游产业的融合呈现出多元化的特点，旅游与工业的融合形成工业旅游产品；与农业融合形成农业休闲旅游产品，特别是农业产品商品化，更多农民转型成旅游从业人员；旅游与体育产业融合形成体育旅游产业，助推地区品牌形象提升和营销；旅游与城镇化建设相结合，有利于形成特色旅游小镇，进一步完善城镇基础设施和公共服务设施，优化环境；旅游与文化的结合形成多种文化旅游产业和文化旅游产品，是当前和今后发展的趋势之一。西部地区的特色化产业多，各种资源丰富，可以形成众多的"旅游+"产业，丰富了旅游业态，提高了旅游产业竞争力，有利于西部地区旅游产业发展。

全域旅游是产业融合发展的新趋势，2018年国务院办公厅印发的《关于促进全域旅游发展的指导意见》，就对全域旅游发展新思路做了新的部署。全域旅游体现的是"全"，区域内的全资源整合、全产业融合、全方

---

① 任保平、周志龙：《丝绸之路经济带建设中打造西部大开发升级版的战略选择》，《兰州大学学报（社会科学版）》2015年第6期，第79～85页。

位服务、全社会参与、全流程保障，为区域旅游发展提供了新的思路，有利于区域旅游产业的融合与发展。

互联网＋旅游是指依托互联网，满足游客的各种需求，如网络信息查询、产品预订、服务评价，囊括了旅游服务的各种供应商。随着移动网络终端的发展和支付手段的完善，互联网＋旅游越来越表现出强劲的活力。这对于西部地区旅游产业发展是极大的机遇，特别是大数据应用愈加频繁的今天，利用互联网＋旅游和旅游大数据能够分离出旅游者的消费偏好、消费特点，为旅游产业和旅游企业的发展提供支持。

4. 西部地区扶贫减贫任务的挑战

西部地区旅游业发展是我国实现东中西部经济发展平衡的主要途径之一，旅游业的经济带动作用明显，因此区域资源丰富的地区可以通过经济相对落后，优先发展旅游业来带动区域其他产业的起步和发展，从而促进经济的发展。

西部地区经济落后，贫困地区特别是连片贫困区面积大，其中五个省份的贫困发生率超过15%，脱贫减贫任务艰巨。但是贫困地区往往旅游资源丰富，优先发展旅游业可以带动其他产业的起步与发展，这也是旅游产业的积极作用之一。西部贫困地区优先发展旅游业，以乡村旅游、农业旅游和特色旅游为主，是精准扶贫的有效方式之一，以资源带市场、市场带产业，以产业带全行业，实现人流、物流、资金流和信息流的自由流动，充分发挥旅游业的乘数效应，带动地区经济的起步与腾飞。

5. 旅游业发展对西部地区社会、文化、生态等的挑战

旅游业并不是无污染行业，旅游业的发展会带来很多问题，如造成旅游目的地的社会冲突问题。旅游社会冲突的表现形式多样，主要包括：旅游开发引起的旅游目的地民族文化冲突、旅游发展中的利益分配不均导致的利益分配冲突和旅游发展对环境消极影响的生态环境恶化冲突（钟洁，陈飙，2011）等。因此在旅游业发展中要防止社会冲突和矛盾的加剧，尊重当地的旅游文化，注重生态环境的保护与开发，通过利益共享机制减少利益分配冲突。

（二）西部地区旅游产业的发展对策

1. 加大政策扶持力度，完善西部地区旅游市场

（1）完善旅游主体市场，实现管理主体、市场主体和其他相关利益主体的协调

西部地区旅游管理主体为政府和行业组织。中国旅游市场的发展一直

以政府为主导，西部地区旅游产业的起步、发展、壮大与政府的作用密切相关。目前西部地区旅游产业发展层次不一，西南地区的四川、重庆和贵州，西北地区的内蒙古和陕西的旅游产业发展较好，效率较高，因此政府的主要作用在于引导旅游产业的高质量发展；新疆、云南、广西和青海的旅游产业发展次之，政府的主要作用在于引导旅游产品的更新换代；而宁夏、甘肃和西藏的旅游产业规模小，目前的主要发展路径依然是规模扩张。

旅游管理主体的自我完善。首先是管理主体完善市场机制。作为旅游市场主导的政府，必须打破"行政区经济"①的障碍，强化区域内外的旅游合作力度，实现区域内外资源和生产要素的自由流动，从而提高资源配置效率，优化产业结构。其次是管理主体职能完善，从直接的市场管理者转变为以市场为依据的间接管理者，对市场实行监督职能。同时利用宏观手段调控旅游产业发展方向，如对旅游产业发展实施多种优惠措施，对旅游企业实施税收优惠措施，为旅游产业发展提供优质环境。最后是改善旅游市场发展软环境，培育和壮大旅游产业体系。加大政府扶持力度，改善西部地区旅游投资环境，引入多元化投资体系；加大旅游产业的多元化融合等培育和壮大旅游产业体系。

市场主体规模化、品牌化和集团化建设。支持龙头企业跨越式发展，引导竞争力强的企业参与重点项目的投资与建设；鼓励支持大型旅游企业的市场化行为，提升企业集团的规模和实力；积极吸引外来企业的投资与经营，汲取先进的管理经验与经营方式，提高西部地区旅游企业的经营效率。积极设立多种旅游发展基金，鼓励民营资本进入旅游行业，并以完善的旅游市场激发民间资本的活力，通过市场化的行为助推旅游企业的集团化和品牌化建设。

其他相关利益主体的利益共享。西部地区旅游产业发展不平衡，利益主体之间的冲突形式多样，旅游产业开发中要以民族文化保护为前提解决民族文化冲突，以利益共享机制解决分配利益冲突和以环境发展为基础解决环境冲突问题。西部地区旅游发展适合实施以核心增长极带动的点轴开发的模式，通过区域内的主体公平谈判、跨区域的联合投资利益共享机制等方式带动贫困地区发展，同时建立区域转移支付机制，通过财政补贴、

---

① "行政区经济"的概念最早是由刘君德教授20世纪90年代提出来的，指的是由于行政区划对区域经济的刚性约束而产生的一种特殊的区域经济现象，即在转型时期的特殊性决定了地方政府既扮演管理主体又扮演利益主体和经济主体的"三位一体"的角色，为了保护地区利益，地方政府会采取各种形式的地方保护措施保护本地的商品市场，分割资本市场并限制劳动力的自由流动。

技术援助、设立发展基金等方式加大精准扶贫的力度，促进区域旅游经济的共同发展。

（2）加大投资力度，加强旅游产业基础设施建设，切实发挥基础设施的溢出效应

加大投资，改善西部地区基础设施条件。继续加大西部地区的基础设施投入，特别是改善旅游业发展的交通条件。在航空运输方面，利用"一带一路"的国家倡议，重点支持西部地区枢纽机场建设和增加干线机场的运力，增加枢纽机场的国内、国际航线密度，提高城市和景区的可进入性。在公路建设方面，重点支持西部地区的路网建设与连接，提高路网密度和道路等级。在铁路建设方面，提高铁路运营能力和网络的布局，缩短城市和景区之间的时间。区域内部加强区际通道建设，完善交通运输体系，彻底改善西部地区的交通条件，实现大交通、小交通的无缝连接。

2. 借助供给侧改革的动力，完善旅游产品体系，提高旅游服务质量

西部地区旅游产品单一，供给结构性矛盾突出，观光型旅游产品比重过大，难以适应大众旅游市场的需求。除此之外，旅游服务差、相关配套设施不足、管理滞后等都成为西部旅游产业发展与壮大的制约因素。

（1）改善旅游产品结构单一的现状，开发旅游新产品，发展新业态，以新的旅游六大要素"商、养、学、闲、情、奇"为主，开发融合型旅游产品

原有的观光型旅游产品加入多种元素，形成新的旅游产品体系，如民俗风情体验游、农业观光体验参与游、工业产业体验研学游、特色餐饮体验游、体育赛事表演与参与、红色旅游、演艺旅游、节庆旅游、温泉养生、特色研学体验游等。利用全域旅游发展的契机，融入互联网、高科技等元素，形成科技旅游、数字旅游等跨区域的高科技旅游产品，形成旅游产业的多层次、多样化的产品体系。[1]

（2）推进西部地区旅游企业标准化服务建设，提升基础设施建设与信息化管理水平，提高旅游产业和相关行业的质量，以适应全域旅游的高品质需求[2]

围绕国家标准化的建设工程，因地制宜制定区域的旅游企业发展标准，并培养优秀人才，提升旅游企业的服务质量水平。提升基础设

---

① 申兵：《西部地区特色优势产业发展现状、问题及政策取向》，《宏观研究参考》2012年第55期，第51~62页、96页。

② 马耀峰等：《陕西全域旅游空间、格局、供给与动能创新研究》，《陕西师范大学学报（自然科学版）》2017年第6期，第81~88页。

施建设水平，深入基础设施供给侧改革，如"厕所革命"、加强厕所的等级建设，全面完善景区的道路、标志、标语、咨询、安保等公共服务设施建设。

智慧旅游正改变着我们的时代，智慧城市、智慧景区、智慧企业等纷纷涌现。国际上的智慧旅游发展迅速，东京的 Henn－na 酒店的前台已经实现机器人全程管理，机器人扮演接待员、搬运行李员的角色，节省了人力成本。智慧旅游应用非常广泛，在大区域范围内，利用智慧旅游进行旅游监测与预警，强化部门间的沟通与协作。在企业层面，加强旅游企业的智慧化建设，形成线上线下共同发展的企业经营模式，加快旅游联通地，如车站码头、高速公路休息区、景区等地的旅游信息查询和导览服务，利用现代信息沟通渠道，如微信、微博、App 等方式，提升旅游企业的信息化服务品质，适应区域全域旅游的高品质要求。

3. 充分利用互联网的优势，提升西部地区旅游业名牌

加强区域内的旅游合作，搭建旅游合作平台，加大宣传，采取各种方式，特别是利用互联网的优势，打造知名旅游线路和具有一定国际知名度的旅游名牌。

依托"一带一路"倡议，广泛开展国际旅游合作，西部地区以整体的形象进行包装与宣传，以丝绸之路、茶马古道等影响深远的名牌对外宣传，并打造知名旅游线路和特色旅游产品，体现西部地区自然性、民俗风情和社会风貌的特色，提高区域旅游业的知名度和美誉度，进而促进旅游产业发展。

4. 旅游产业的创新机制培育

针对西部地区旅游产业效率的差异，不同区域实施不同的创新机制。创新是企业发展的生命线，是保持竞争优势之关键，旅游产业的创新也不能忽视。

（1）旅游内容创新

新的旅游六大要素扩展了旅游的范围，旅游产业与其他产业融合形成新的旅游业态，如西部地区已形成工业旅游、农业旅游、红色旅游、文化旅游、体育旅游、医疗养生旅游、教育旅游等多种"旅游＋"的新业态，扩大了旅游业的概念和内涵。

（2）旅游模式创新

旅游模式创新，包括投资模式、管理模式和运营模式等的创新，投资主体多元化，管理主体扩大化和扁平化，运营方式扩展化，突破传统的产权界限，实现旅游产业主体和管理主体的自觉性和自主性。

（3）技术创新

应用多种技术助推旅游产业发展。物联网发展的潜力大，射频标签技术应用广泛，德国的汉莎航空已经使用物联网射频技术管理机场的行李物件，解决了行李丢失问题。虚拟现实技术得到推广和应用，一些旅游公司已经使用虚拟现实技术推广旅游产品，提前获取游客的服务感受评价，增加销售的成功概率。[①] 新能源技术得到应用，酒店利用新能源节约酒店成本。人工智能替代劳动成为企业节约人力资源的主要途径，如阿里巴巴的无人酒店、海底捞的无人餐厅等[②]，很多企业正在试图通过技术的创新和应用降低成本，为未来的企业发展提供方向。

参考文献

冯苗苗：《西部省区旅游业效率评价》，宁夏大学，硕士学位论文，2017。

侯志强：《交通基础设施对区域旅游经济增长效应的实证研究——基于中国省域面板数据的空间计量模型》，《宏观经济研究》2018年第6期。

李树民、康立峰、高煜：《西部旅游业实现跨越式发展的障碍分析及对策建议》，《西安交通大学学报（社会科学版）》2002年第3期。

刘锋：《西部大开发与西部旅游业的发展前景》，中国博士后学术大会，2000。

罗芳艾：《浅谈西部大开发对旅游业发展的影响》，《知识经济》2011年第22期。

马耀峰等：《陕西全域旅游空间、格局、供给与动能创新研究》，《陕西师范大学学报（自然科学版）》2017年第6期。

任保平、周志龙：《丝绸之路经济带建设中打造西部大开发升级版的战略选择》，《兰州大学学报》（社会科学版）2015年第6期。

申兵：《西部地区特色优势产业发展现状、问题及政策取向》，《经济研究参考》2012年第55期。

宋子千、郑向敏：《旅游业产业地位衡量指标的若干理论思考》，《旅游学刊》2001年第4期。

隋丽娟：《西部旅游资源开发探讨》，《现代商业》2016年第23期。

瓦哈甫·哈力克、何琛、朱永凤：《基于网络关注度的旅游需求与旅游产业的耦合协调分析及其空间差异》，《生态经济》2018年第11期。

---

① 科技创新正在改变人民的旅游世界，环球网，https://baijiahao.baidu.com/s?id=1612841208991497126&wfr=spider&for=pc。

② 魏小安：《旅游创新与未来发展》，文旅界，news.cncn.net/c_792233，2018年11月13日。

王惠榆、陈兴鹏、张子龙、庞家幸、刘存斌：《西部地区旅游产业发展效率》，《兰州大学学报》（自然科学版）2014年第2期。

王健：《西部民族地区旅游业发展问题研究》，天津大学硕士学位论文。

王俊、夏杰长：《中国省域旅游经济空间网络结构及其影响因素研究——基于QAP方法的考察》，《旅游学刊》2018年第9期。

王淑新、王学定、徐建卫：《中国西部地区旅游业全要素生产效率研究》，《浙江工商大学学报》2012年第3期。

王笑君、黄群英：《西部旅游资源开发存在的问题和对策研究》，《改革与战略》2008年第2期。

王新民、薛琳：《我国西部省域旅游供给丰度——效率二维组合位势与创新开发模式探析》，《资源开发与市场》2015年第7期。

王永刚：《中国旅游业全要素生产率增长的实证研究》，《经济问题探索》2012年第3期。

温秀：《区域旅游合作主体行为与合作路径研究——以西部地区为例》，西北大学博士学位论文，2010。

翁钢民、张秋瑾：《西部地区旅游经济系统脆弱性评价》，《商业研究》2015年第7期。

吴殿廷、葛全胜、徐继填等：《西部旅游开发战略模式的探讨》，《旅游学刊》2003年第1期。

尹春晶：《西部大开发以来西部旅游经济差异研究》，西南大学硕士学位论文，2012。

张俊霞：《西部大开发战略与西部旅游业发展对策的思考》，《科技进步与对策》2002年第4期。

张玉珍：《1995～2012年西部省域旅游经济差异时空演变研究》，青海师范大学硕士学位论文，2015。

张祖群、蔡红：《旅游供给的二维组合态势与创新开发模式——我国西部十二省（区）案例》，《地理与地理信息科学》2005年第6期。

赵磊：《中国旅游全要素生产率差异与收敛实证研究》，《旅游学刊》2013年第11期。

Chuntao Wu, Qiuyue Jiang, Hangjun Yang, Changes in Cross – Strait Aviation Policies and Their Impact on Tourism Flows since 2009 ［J］, Transport Policy, 2018 (63), 61 – 72.

H. Kutay AYTUG, Mahshid MIKSEILI, Evaluation of Hopa's Rural Tourism Potential in the Context of European Union Tourism Policy ［J］, Environmental Sciences, 2017 (37), 234 – 245.

V. Castellani, S. Sala, Sustainable Performance Index for Tourism Policy Development ［J］, Tourism Management, 2010 (31), 871 – 880.

西部大开发20年西部地区
企业家精神的研究*

马晓强　孙语唯**

摘　要： 企业家既是经济社会发展进程中最稀缺和最宝贵的人力资本要素，也是市场运行体系中最活跃的因子，更是带领组织发展和变革创新的主力军。实施西部大开发战略20年以来，伴随着西部经济社会所发生的深刻和巨大变化，西部企业家队伍获得蓬勃发展，其数量已由寥寥可数到日益增多，而且企业家素质技能显著提升，企业经营管理水平也在不断攀升，企业家精神在西部企业生产经营和发展成长中的作用逐步得以彰显。本文从学术史的视角探讨了企业家精神的本质内涵和形式外延，并以西部大开发20年实践历史过程为参照，运用逻辑推演和历史演进相结合的分析方法，考察了西部大开发过程中西部企业家精神的培育演化，从理论上阐释并探讨了企业家精神在西部企业乃至西部经济社会发展过程中的作用。笔者认为，就西部大开发战略实施20年的伟大实践而言，企业在根本上是承载开发西部使命的最大也是最重要的主体。而在企业中，企业家精神则是促进这个重要主体发展的根本驱动力，也是企业家运筹帷幄的内源引擎。因此，本文就进一步培育弘扬优秀企业家精神、推动西部经济社会健康持续发展提出了对策建议。

关键词： 西部大开发　企业家精神　培育机制

一　引言

西部大开发战略实施前，西部地区总人口与上海、江苏、浙江、广东

---

*　本文为陕西省教育厅哲学社会科学重点研究基地项目（15JZ068）的部分成果。

**　马晓强，经济学博士，西北大学经济管理学院副教授、研究生导师，研究方向为企业竞争与产业发展、区域产业发展与资源利用；孙语唯，西北大学经济管理学院硕士研究生，研究方向为企业家与企业发展。

和山东这五省（市）总和大体相当，而国内生产总值却不到东部五省（市）总和的40%，仅相当于全国平均水平的60%左右。全国9422万尚未实现温饱的贫困人口大部分也分布于西部地区。但与此同时，西部地区丰富的自然资源，巨大的市场潜力以及不可忽视的战略地位对我国的经济发展也至关重要。这使得实现西部快速发展、缩短西部与东部的差距就变得尤为迫切。改革开放至今，随着"西部大开发"战略的实施，西部地区经济的增长表现出突飞猛进、稳中向好的态势。首先，从经济水平来看，2000年西部地区生产总值为1.66546万亿元，仅占全国的17.1%；截至2017年，地区生产总值已增加到17.1万亿元，年均增速达到8.8%，占全国的比重为20.0%。其次，从发展水平来看，2000年，西部地区人均生产总值为4601.7元，同期东部地区为11728.9元，东部是西部的2.5倍；到2017年，西部地区人均生产总值增长到45522元，东部地区增长到80041.3元，东部是西部的1.76倍（见表1）。通过以上数据可以看出，2000年以来西部地区经济持续较快增长，东西部差距进一步缩小。此外，在实施西部大开发战略以来，西部地区的基础设施逐步完善，生态环境建设取得积极成果，对外开放水平进一步提高，整体经济实力和区域地位得到提升，一批具有一定竞争力的特色优势产业如日中天，这为西部地区进一步加快发展奠定了良好基础。西部大开发战略实施以来的20年，是改革开放以来西部地区经济社会发展最快、人民生活水平提高最为显著的时期。

表1　主要经济指标情况

指标 年份	地区生产总值（万亿元）		地区人均生产总值（元）	
	西　部	占全国比重（%）	西　部	东　部
2000	1.67	17.1	4601.7	11728.9
2017	17.1	20.0	45522	80041.3

资料来源：国家统计局《中国统计年鉴》（2001年、2018年）。

西部地区如此迅猛腾飞，追其原因，除了政府政策的外源性扶持外，更离不开西部企业发展的内源性驱动。一个国家或地区的经济能否发展，归根结底在于这个国家或地区的企业能否得到持续健康发展。因为企业是经济社会的细胞，是最重要的市场参与者。对西部大开发战略的实施而言，企业在根本上是承载开发西部使命的最大也是最重要的主体。而在企业中，企业家精神则是促进这个重要主体发展的根本驱动力，是企业家运筹帷幄的内源引擎。克莱因（Lawrence，RKiein）在总结美国西部开发的成功经验时指出："良好的基础设施、便利的通讯和水上运输是美国西部开发成功的重要客观因素，但客观条件的具备只是经济发展的必要而非充分条件，人的因素比如企业家精神和经济创造力至关重要。"企业家精神能够促使企业家将有限的资源进行最优组合，在复杂多变的环境中为企业未来的发展指明正确的方向，并不断发现机会从而推动企业迅速成长与向前发展。

在党的十九大报告中，习近平总书记提出了中国发展新的历史方位——中国特色社会主义进入了新时代。我国社会主要矛盾也已经转化为人民日益增长的美好生活需要和不平衡不充分的发展之间的矛盾。在新时代，随着社会矛盾转化、资源环境约束强化，经济也由高速增长阶段转向高质量发展阶段，经济增长的质量和效益将成为企业和社会追求的更高目标。中国特色社会主义建设的新时代，从现象层面上看是经济增长速度上的换挡，在实质上却是经济结构的调整和发展方式的转变，是经济增长动力在发生转换，是创新驱动和绿色发展。新时代宣示了我国经济增长进入高质量发展的新阶段，这就从微观层面对我国企业的发展质量和效益、创新能力、实体经济的发展水平以及城乡区域的协调发展提出了新要求和新使命。

对于西部地区而言，经济发展进入新时代，也表明了要将推动西部地区高质量发展和实现两个百年奋斗目标作为西部地区当前和今后的核心任务和发展主旨。党的十八大以来，在以习近平同志为核心的党中央坚强领导下，西部地区狠抓基础设施建设、生态环境保护和特色优势产业发展，推进并实施了一大批重点项目。"一带一路"倡议把广大的西部地区从发展的末梢变成开放的前沿，将西部地区打造成我国新的经济增长极、增长带，形成与东部比翼齐飞的区域发展新格局。

随着西部大踏步地向前发展，既有机遇也有挑战。2018年以来，全球经济遇到的风险和困难逐渐增多，主要经济体增长放缓、通胀上升、紧缩货币政策周期开启；与此同时，中美贸易摩擦、中东局势恶化、单边主义和民粹主义正在抬头等现象，表明我国面临的不利外部因素增多，对企业跨国经营、国际贸易和全球合作带来严峻挑战和巨大压力。国际经济形势的错综复杂，使西部企业乃至西部经济的发展面临前所未有的挑战。在这种情境下，企业家精神的弘扬和释放是激活西部经济的主要路径。张维迎、盛斌在《企业家：经济增长的国王》一书中指出："一个国家和地区的经济是否在发展，人们的生活是否在提高，社会是否和谐，最关键的是这个国家和地区人口中的企业家精神是否能得到有效发挥，企业家是否在从事创造财富的工作。"① 企业家精神是宝贵资源，也是创新的原动力，更是推动经济发展、创造社会财富的重要驱动力。无论是传统产业转型升级，还是培育新的增长点，实现新旧动能转换，都需要依赖一大批具有创新精神和开拓能力的企业家。

在中央发布《关于营造企业家健康成长环境弘扬优秀企业家精神更好发挥企业家作用的意见》和十九大报告之前，习近平总书记就已经肯定企业家及企业家精神的重要作用，他指出："市场活力来自于人，特别是来自于企业家，来自于企业家精神。"在 2017 年 9 月 8 日，中共中央、国务院发布《关于营造企业家健康成长环境弘扬优秀企业家精神更好发挥企业家作用的意见》，表明要着力营造依法保护企业家合法权益的法治环境、促进企业家公平竞争诚信经营的市场环境、尊重和激励企业家干事创业的社会氛围，引导企业家爱国敬业、遵纪守法、创业创新、服务社会，调动广大企业家积极性、主动性、创造性，发挥企业家作用，为促进经济持续健康发展和社会和谐稳定、实现全面建成小康社会奋斗目标和中华民族伟大复兴的中国梦做出更大贡献。这是有史以来党中央、国务院第一次以专门文件的形式来强调和明确企业家精神的地位和作用，是全国上下对企业家精神重要性认识的再深化，使得企业家精神作为企业管理实践中最活跃、最根本的要素的属性得到更进一步的认识。习近平总书记在十九大报告中再次强调："激发和保护企业家精神，鼓励更多社会主体投身创新创业，建设知识型、技能型、创新型劳动者大军，弘扬劳模精神和工匠精神。"习近平总书记把"企业家精神"和"工匠精神"放在重要地位加以强调，就是鼓励激发和培育企业家精神，弘扬和传承优秀企业家精神，这对广大的企业家队伍来说是极大的鼓舞和鞭策。

因此，要想促使西部地区更好地发展，就要深入挖掘西部地区企业家精神的基本内涵和主要特质，阐明企业家精神的形成机制，从而找寻出培育西部地区企业家精神的科学路径，并不断培育和弘扬优秀的企业家精神。

二 企业家精神的内涵

（一）企业家与企业家精神

"企业家"这一概念，最早由法国经济学家理查德·坎蒂隆（Richard

---

① 张维迎、盛斌：《企业家：经济增长的国王》，上海人民出版社，2014，第 2 页。

Cantillon）在1755年引入经济学理论。他认为企业家就是"按照固定价格买入，再按照不确定价格卖出的风险承担者"，坎蒂隆从实际操作的现象层面突出强调了企业家在商品买卖过程中的风险承担功能，侧重于盈利动机和赚取价格差的技能的视角。而最早赋予企业家突出地位的人是法国著名经济学家让·巴蒂斯特·萨伊（Jean–Baptiste Say），他在《政治经济学概论》一书中，把企业家定义为"将所有的生产资料集中在一起，并对他所利用的全部资本、他所支付给员工的工资、借款利息和房屋设备租金以及他自己所得利润进行重新分配的人"。① 萨伊认为结合和协调生产要素是企业家的职能，企业家承担风险就必须具有相应的管理和监督企业的能力，似乎萨伊对企业家理解和阐释得更深刻。经济学大师马歇尔（Marshal）承袭萨伊的观点并做了延伸，马歇尔从组织角度着眼，更重视企业家的作用，多方面论述了企业家的职能，形成了企业家理论的雏形。并且，他认为企业家不是单一角色，企业家不仅是中间商和领导协调者、风险承担者，同时还承担着创新者的角色。② 美国经济学家富兰克·奈特（Frank Hyneman Knight）在《风险、不确定性和利润》一文中明确指出：企业家是不确定性决定者。在该文中，他引入不确定因素，并严格地对不确定因素和风险进行了区分。③ 这实际上仍然是从企业家对不确定性驾驭和把控这一功能入手来认识和界定企业家的内在规定性的。不难发现，上述观点可以视为本质上都在强调企业家内涵功能要素，而且基本是围绕产品这一个基本标的，更多强调风险承担和风险收益的匹配等方面的具体功能。

真正更为深刻地认识和阐明企业家职能和作用的奥地利著名经济学家约瑟夫·熊彼特（Joseph Alois Schumpeter），强调企业家的职能是"创造性的破坏"，企业家担任着创新者角色，他们通过创新使市场失衡，从而创造利润。所以创新精神、创新能力是企业家之所以成为企业家的重要因素。④ 伊斯雷尔·柯兹纳（Israel Kirzner）则认为企业家的实质是中间商，他认为能否洞察市场中的获利机会，这是企业家与普通员工的本质区别。当代著名管理学家德鲁克（Drucker）继承并发扬了熊彼特的观点，认为企

---

① 〔法〕萨伊：《政治经济学概论》，陈福生、陈振骅译，商务印书馆，1977，第352页、第372~375页。
② 方稳、张永丽：《论我国西部地区企业家的产生机制》，《改革与战略》2012年第2期，第110~112页。
③ Knight, Frank H, and D. Publications. "Risk, Uncertainty and Profit." *Social Science Electronic Publishing* 4 (1921)：682–690.
④ 宫文博：《企业家精神与企业持续成长研究》，山东大学［D］，2007。

业家是能开拓新市场、引导市场需求、创造新顾客的人，是一批别出心裁、独具匠心、与众不同的人，并且是能承担风险获取利润的人。① 卡森（Casson）在《企业家：一个经济理论》一书中，引入"企业家判断"这一概念，企业家被定义为专门就稀缺性资源做出判断性决策的人。判断性决策的精髓在于，决策结果取决于由谁来做出这一决策。② 宋培林将企业家定义为以经营企业为职业，通过利用自身经营型人力资本，对企业生产性活动和交易性活动进行分析判断、综合决策、组织协调、学习创新并承担风险，最终能够带领企业持续发展、将企业利益和自身利益实现有效结合的人。③ 张维迎提出企业家的两种职能，分别是预测未来以应对不确定性和用创新提升产品和服务的价值。④ 从以上论述可以看出，国内外学者对"企业家"的认识在具体表述上各有不同，所强调和侧重的不尽一致。那么到底什么才是企业家？首先，可以肯定的是，企业家是人，他具有人的自然属性、社会属性和精神属性。企业家是企业的企业家，企业是企业家的战场，因此不管如何定义企业家，笔者认为企业家只能是将企业经营带到更好发展境地的人格化主体要素。到19世纪，人们将企业家具有的某些特征归纳为企业家精神。企业家常指具体的人，而企业家精神，通常指抽象的企业家概念，即企业家的共性所在。

首先，一般意义上的精神是"指人的意识、思维活动和一般心理状态"。我们主张把精神、企业家精神、企业家精神的外延、企业家精神的作用机理、企业家精神的功能，从概念和功能层面都严格加以区分。从空间存在或者状态描述刻画的层面看，精神的词性为名词，它是指生物体脑组织所释放的暗能量，这种能量是特定行为的先导，特定的精神经常带来特定的行为。

在西方，企业家精神已经成为企业创新发展以及区域发展研究领域中备受关注的词语。关于企业家精神的含义具有代表性的理论是熊彼特、桑巴特、舒尔茨、德鲁克的阐述。熊彼特（Schumpeter）认为企业家精神是在空白的市场领域做全新的事或使用全新的组合方式，包括设计出新的产品；运用新方法进行生产；开辟新市场；寻求新的供给商；构建新的组织

---

① 程媛媛：《企业家精神对企业技术创新能力的作用机理研究》中国海洋大学，2013。
② 王金洲：《企业家概念——一个理论综述》，《湖北经济学院学报》2005 年第 2 期，第 77 ~ 82 页。
③ 宋培林：《企业经营者成长机制论：基于经营型人力资本的微观视角》，贵州人民出版社，2004，第 57 ~ 59 页。
④ 张维迎：《企业家精神与中国企业家成长》，《经济界》2010 年第 2 期，第 25 ~ 26 页。

结构。① 维尔纳·桑巴特（Werner Sombart）认为企业家精神是一种不可遏制的、动态的力量，是一种世界性的追求和积极的精神，包括重视核算、注重效益。② 舒尔茨（Theodore W. Schultz）认为企业家精神是处理非均衡情况的能力。德鲁克认为企业家精神就是一种革新行为，这种行为使现有资源获得了新的创造财富的能力。他把企业家精神明确界定为社会创新精神，并把这种精神系统提高到社会进步的杠杆作用的地位。③ 我国学者王方华认为，企业家精神是企业家独特的精神特征。企业家精神是指企业家在所处的社会经济体制下，在激烈的市场竞争和优胜劣汰的心理压力下，从事工商业的经营管理过程中形成的心理状态、价值观、思维方式和精神素质。汪丁丁认为，企业家精神有三个方面：一是创新精神，二是敬业精神，三是合作精神，只有将三者联合起来的精神才是企业家精神。④ 我国企业家宗庆后认为企业家精神在企业中是指路灯，起着引领企业发展方向的作用。企业发展不可能一帆风顺，甚至会遭受雨打风吹的考验，这时作为企业家必须要有坚忍不拔的精神，迎难而上。从上述内容可以发现，对于企业家精神的认识和界定学者们，有着鲜明的个体倾向，但笔者认为，企业家精神中最核心最关键的禀赋要素或构成内容一定是稀缺的、不易获得的，而且一定是指向企业家所要解决的问题这一本质规定性的。企业家精神一定和员工精神、工程师精神、科学家精神甚或医生精神存在着某种不同，从一般逻辑讲，这种不同来源于企业家的使命和角色属性。

立足上述研究，我们可归纳出企业家精神，主要包括创新精神、冒险精神、敬业精神和爱国精神等。企业家精神是企业家这一特定群体所特有的精神气质和禀赋特征，具有概念层面抽象性、存在层面的行动性和导向层面的结果性的特点，是绝大多数企业家所共同具有的。它能使企业从无到有、从小到大，并指导企业家通过有效的管理使企业跨越其成长过程中的种种障碍。

（二）企业家精神、企业家能力与企业家素质

企业家精神、企业家能力和企业家素质是三个有区别，但往往又极易

① Schumpeter, Joseph Alois. "Capitalism, Socialism, and Democracy." *American Economic Review* 3. 4（1942）：594 –602.
② 刘祺：《基于企业家精神的企业知识创新动力机制研究》，山东大学硕士学位论文，2015。
③ 〔美〕彼得·德鲁克：《创新与企业家精神》，彭志华译，海南出版社，2000。
④ 汪丁丁：《企业家关心的热点问题之二企业家的精神》，《领导决策信息》2001 年第 2 期，第 24 ~24 页。

相互混淆的概念范畴。关于企业家能力的概念，理查德·博亚兹（Richard Boyatzis）在 1982 年提出了能力理论，认为个体胜任工作角色或完成任务的绩效是人格特征、知识、技能和能力等因素综合作用的结果，而决定性因素是能力，并且他强调能力必然蕴涵于具体行为并能够经由行为得到观测。随后，能力理论逐渐被引入对企业家的研究，与企业家精神一样，吸引了许多学者的关注。因为企业家在现代企业理论中所担当的角色不同，企业家建立广泛的社会关系对于资源获取、掌握信息、抓住机会、规避风险等都具有十分重要的作用，但作为多重角色的企业家，还要执行其他一些与企业发展相关的经营活动，比如战略定位、内部管理、经营创新等等。关于对企业家能力的认识，不同学派的学者也提出了不同的内涵，马歇尔（Marshal）认为对于企业的发展而言，企业家应具有利用资本的经营能力，主要包括预见能力以及选人和用人等领导才能。而熊彼特（Schumpeter）认为企业家应具备的最重要的能力就是创新能力。在柯兹纳看来，企业家的能力主要是能够洞察到市场中潜在的知识和机会，即具有发现市场机会的能力。彭罗斯（Penrose）继承了柯兹纳（Kirzner）的观点，认为企业家应该具有预测未来变化和发现潜在生产机会的能力。

除了企业家能力，"企业家素质"也是受到高度关注的概念范畴。国外学者如亨利（Henry）就认为，企业领导者应该具有上进心强、渴望成功、自我意识强，以及决断准确、富有能动性、对工作能够持之以恒等素质。高夫（Gough）认为，一个领导者应具备的素质首先是积极稳定的情绪，其次还要有一定的领导能力胜任本职工作。[1] 洛克（Locke）通过研究发现，成功的领导管理者应具备的素质包括以下几点：诚实、正直，具有稳定的情绪，掌握丰富的专业知识等。[2] 国内学者杨叔子认为，把所学的知识忘光后，自身仍然拥有的并且忘不掉的东西，就是素质。[3] 这个充满戏谑色彩的界定，内涵却深刻、准确。首先，它表明素质与知识二者不可相提并论，素质具有根植于内心、忘不掉的特征，不会像知识那样可能因为时间的流逝而忘记。其次，它表明那些经过时间消磨依旧刻记于心的知识可以内化成素质。这些知识被企业家牢牢掌握，运用自如。周远清阐述素质的内涵，是从人才培养过程的角度出发的。他认为素质主要包括三部分，分别是知识、能力，以及能帮助知识和能力更好发挥作用的东西——

---

① 肖鸣政、MarkCook：《人员素质测评》，《中国人力资源开发》2003 年第 8 期，第 72 ~ 72 页。

② 李彦锋：《企业家素质测评指标体系研究》，河北经贸大学硕士学位论文，2012。

③ 欧阳兆：《企业家素质测评研究》，湖南工业大学硕士学位论文，2013。

做人。①

　　结合这些论述，我们不难发现企业家精神、企业家能力、企业家素质三者之间有联系但并不可简单混同。具体而言，在一定范围内企业家精神和企业家能力是企业家素质的"内""外"两个维度。企业家能力表明企业家具有能够顺利完成一定经营管理活动的本领，通常包括人际沟通能力、组织协调能力、随机应变能力和创新能力等。企业家能力在上述三者中最具体，而且往往是侧重结果导向，更偏向于与某种企业家能力密切相关的某种绩效，比如某企业家有效处理了一起危机事件从而表明其危机管理能力强；某企业家所带领和打造出的卓越团队经常反败为胜，表明了其领导能力等等。企业家素质是指构成企业家的基本要素，其内容也相对抽象，主要包括心理素质、能力素质、知识素质、政治素质等。企业家素质经常为企业家能力背书，比如企业家的政治素质。只有具备较高的政治素质，企业家才能重视政治，才能讲政治，才能识别和化解重大政治风险，进而实现企业经营的政治正确和政治安全。企业家精神则相对更为隐晦，更为稀缺，更多强调"道"的内涵，更有一贯性和根本性。它是企业家气质的一种内在表征。就三者之间的逻辑关系而言，企业家素质在三者中更为本源，素质是能力的根基和依托，能力是潜藏在企业家身上的一种本领，是素质的外在表现形式。可以说，企业家的素质高低决定了企业家能力的高低，而企业家精神的发挥又推动了企业家素质的提升。但企业家精神与企业家能力并不完全等同，一个企业家具有创新、冒险的能力，但他不一定具有创新、冒险的精神。每一位企业家所具有的企业家素质都不相同，导致他们所具有的企业家能力也有差距，这时要想充分发挥企业家能力，就要激发企业家精神的内驱力，由企业家精神牵引出企业家能力。企业家精神就像一片具有丰富养分的土壤，企业家素质和企业家能力都必须根植在这个精神土壤才可以发挥最大效用。这个"土壤"的形成除了依托企业家自身所具有的精神素质外，还要依靠一个民族或地区的哲学世界观、思维方式、经济伦理、行为习惯等等。西方发达国家的企业家普遍具有强烈的竞争意识和创新能力等特征，很重要的一个原因，是受西方文化中的哲学世界观和经济伦理的影响。从而可知，企业家精神是他们所具有的独特的个人素质、价值取向以及思维模式，是对企业家理性和非理性逻辑结构的一种超越、升华。

————————

　① 李玲：《国内外素质和素质模型研究述评》，《广西师范学院学报》（哲学社会科学版）2011 年第 2 期，第 110～114 页。

（三）企业家精神与企业成长

1985 年彼得·德鲁克在其著作《创新与企业家精神》中，首次提出创新和企业家精神是企业成长的重要因素，并系统地阐述了将创新导入企业经营的可行方案。任巧巧对企业家精神的学习机理进行研究，发现企业家精神对中小企业成长有持续性推动作用。[①] 陈俊龙等通过研究企业家精神与企业成长的关系，构建了企业家精神对经济增长影响的微观基础。[②] 向明生认为中小企业的企业家精神包含革新性、敏感性、预判性和应对性四个方面，企业家精神通过这四个方面促进中小企业成长。[③]

许多研究者认为，企业家的进取心、创新、冒险等精神要素对企业成长极为重要。彭罗斯认为企业家的进取心对于企业成长至关重要，一个企业的管理能力在很大程度上体现为企业家服务在企业中的有效运用，运用于企业中的企业家服务的具体类型在决定企业成长时具有战略意义。[④] 卡森认为，企业家的牺牲、动机、冒险等行为对企业成长具有正面影响。还有一些学者认为，企业家精神决定了企业家的能力，进而决定了企业家的行为，最终决定了企业的成长。[⑤] 叶勤认为企业家精神通过创新和创业两种机制促进经济的持续增长，主要表现在基于技术创新的高科技企业和基于业务创新的非技术类中小企业的大量创办以及企业内部适应变革的种种组织、业务和技术创新。[⑥]

首先，企业家的创业活动会促进本地区经济增长。创业大体通过两个途径推动和实现经济增长。一是企业成长。根据企业的生命周期理论，能存活的创业型企业一般处于种子期、初创期、成长期。与成熟期的企业相比，创业型企业具有较快的增长速度，加上其根据潜在的市场需求生产产品，因而容易快速占领空白市场，并以此获取高额垄断利润。这样，创业企业就得以快速发展，从而提高就业和经济增长。二是促进竞争。创业通

---

① 王炫：《企业家精神对中小企业成长的作用——基于扎根理论的探索性研究》，山东大学硕士学位论文，2016。

② 陈俊龙、齐平、李夏冰：《企业家精神、企业成长与经济增长》，《云南社会科学》2014 年第 3 期，第 84～88 页。

③ 向明生：《基于企业家精神的中小企业成长机理探析》，《当代经济》2015 年第 2 期。

④ 〔英〕彭罗斯：《企业成长理论》，赵晓译，上海人民出版社，2007。

⑤ 陈俊龙、齐平、李夏冰：《企业家精神、企业成长与经济增长》，《云南社会科学》2014 年第 3 期，第 84～88 页。

⑥ 杨宇、郑垂勇：《企业家精神对经济增长作用的实证研究》，《生产力研究》2008 年第 18 期，第 11～13 页。

过企业数量不断增多增强了相互竞争的程度，在一定程度内会刺激创新。同时，竞争也有利于企业多样化发展，企业种类的多样化更有利于满足不同的社会需求，从而增加经济增长潜力。另外，企业家的创新活动促进本地区经济增长。通过技术创新方式刺激经济增长，企业家不断发掘出社会需求，促使企业不断地研发满足客户需求的新产品或新服务，进而推动科学发明发展和创造，企业家又将新发明创造的成果应用到经营和生产中，如此循环往复推动企业发展，进一步使社会经济阔步向前。[①]

由此，笔者认为，企业家精神与企业成长有着极为密切的正向关系，优秀的企业家精神，符合时宜的企业家精神，对于企业成长具有重要引导推动作用，尤其在企业创新创业方面体现得更为明显。

三 西部地区企业家精神的理论阐释

（一）西部地区企业家精神的鲜明特质

西部大开发20年来，企业家是西部地区实现战略性发展的关键力量。西部大开发是经济开发、地区开发，也是精神开发。西部大开发的成果不仅仅是地区经济的增长、产业的升级以及多样化，更重要的是唤醒、激发、光大了西部地区的企业家精神，这才是最大最重要的成果。在这一段时期，西部独有的环境和资源条件促生了有别于同时期深圳、温州等东部地区的发展模式，也铸就了具有特殊精神和气质的西部企业家队伍。

企业家精神主要源于企业家个人对成功的渴望、对事业发展的不懈追求，以及在实践中不断地培养与训练，但企业家精神在形成的过程中会受到外界客观因素的影响。人是一切社会关系的总和，企业家以及企业家精神的成长和培育与其所在环境的政治、经济、文化传统和历史背景有着极其密切的联系，不同区域的企业家精神都有特定的文化环境、经济环境和制度环境留下的烙印。研究企业家精神的特质，就必须重视这些客观因素。由于西部地区特殊的地理环境以及一些历史因素，西部地区的企业家精神特质，表现出一定的独特性。从西部地区所处的区域文化氛围分析，在中国封建社会居统治地位的儒家文化对西部地区企业家的思想意识和道德观念的形成有着不可估量的影响。比如陕商在开拓市场的过程中，需要以儒家的文化约束自己，并以此调节自身与社会各界之间的矛盾，从而获取社

---

① 李占风、刘晓歌：《企业家精神对经济增长的影响》，《统计与决策》2017年第12期，第117~121页。

会认同，保护自己的权益，获取最大利润。故此，西部地区的商人在一定时期都深受儒家文化的熏陶，从而形成了独具特色的精神特质。

1. 勤劳朴实

勤勉是中国人人格结构中的一个重要的要素，这与长期以来中华民族以农耕为主并与自然进行物质交换的特殊生产生活方式有密切关系，"日出而作，日落而息"的生活方式内化成中国人勤恳踏实的人格特征。西部由于地处偏远，地理环境恶劣，产业发展以农（牧）业为主，工业和商业则相对落后。所以，西部艰苦的生存环境锤炼了西部企业家的意志，朴实肯干在西部企业家身上得到了更加充分的体现，他们的成功离不开这个精神特质。尤其在传统行业中西部企业家的勤劳精神，助推着他们一步一步走向辉煌。

2. 诚信忠义

儒家文化的核心为忠信，或者说"诚信"。孔子说："言忠信，行笃敬，虽蛮貊之邦，行矣。"孟子说："诚者，天之道也；思诚者，人之道也。"儒家将"诚信"作为做人之根本。由于西部地区受儒家文化的影响较深，讲究诚信则是他们的立业之本，宁可吃亏也不投机取巧是他们的成功法则，所以讲信义是明清时代的西部商人事业上成功的一个重要原因，以勤劳取利，以节俭致富，不欺不骗。

3. 求稳务实

西部地区大多属偏远落后地区，封闭的地理环境、自给自足的农业生产方式以及相对缓慢的生活节奏，使西部人的性格更加封建保守，更加追求恒定。这种性格特征使得西部企业家没有东部企业家的机敏和灵活，但也正是这个性格特征让西部的企业家在很多关键时刻能够把握大局，带领企业向前发展。

4. 政治能力

西部地区的商人自古以儒家的经典思想来确立自己的经营思维，约束自己的行为，并且在经商致富以后，让自己的后代也刻苦学习儒业，以期能够通过科举进入仕途光耀门楣，能够为企业的发展保驾护航。虽然重农抑商的封建思想使西部地区的企业家相比浙商而言，缺少创造力和"敢为天下先"的精神，但也使他们能更加注重政府在市场中的作用，能够正确处理政府与企业间的关系，更能捕捉政策的倾斜方向，进行有效的资源配置，以此来实现兴业报国的家国情怀。

（二）西部地区企业家精神的发展历程

西部大开发实施这20年来，西部地区企业家也得到了从极度匮乏到队伍逐渐壮大的历史性发展。在这一成长历程中，被唤醒的企业家精神也从"星星之火"逐渐发展到"燎原之势"。追溯根源，中国西部历史上并不缺乏商业活力，从上古传说到秦汉，再至隋唐，西部地区一直活跃在历史的舞台上。盛唐时期西部地区就是对外开放的通道，西域商人富甲天下，古长安更是经济中心。考古学家发现，甚至在今天极端贫困的西海固地区，竟然有东罗马的金币藏在固原地下，这一重大发现证明了这里曾是一片很大的商人聚居区。在五代后，由于战乱灾害，政治中心东移，经济中心南移，西部地区的人流、物流、信息流逐渐减少，人们追逐商利的活力和进取心也逐渐弱化。随着改革开放的步伐加快，西部大开发战略的大力扶持，激活了西部企业家骨子里的商人基因，唤醒了西部地区的商业活力！

　　企业家是社会发展的产物，一个社会的政治、经济、文化、法律、教育等要素组成了企业家成长的外部环境。Aldrich 和 Wiedenmayer（1993）认为，一国的社会环境对企业家的创新创业具有很强的破坏或促进作用。所以，要考察区域企业家精神就要分析西部企业家精神形成的独特土壤和条件，要具有历史上的深度和视域上的广度，本文将从以下四个历史阶段来揭示西部企业家精神的发展历程。

1. 中华人民共和国成立前

　　在古代，西部地区的商业发展经历了三次高潮。在秦汉时期，西部的商业得到第一次繁荣发展。在三国两晋南北朝之前，西部地区一直是人类生活繁衍的政治、经济中心。周朝崛起于西北，在这一时期，由于各诸侯竞相招纳贤才、争夺权力，不断通过战争进行兼并以促使社会经济繁荣。这使得那个时期商业活动空前活跃，私商出现并得到蓬勃发展。战国时期，正值社会动荡变革，各诸侯国纷纷招贤纳士富国强兵。经济上，铁器牛耕推广，生产力提高，为社会经济发展提供了物质条件；文化上，私学兴起，出现了大量学者和不同的思想流派，形成了百家争鸣、人才辈出的局面。在这一背景下，商业活动进一步繁荣，腰缠万贯的富商不断涌现，这也为秦国统一六国后的经济繁荣奠定了基础。秦朝也是在西迁之后成就了统一中国的基业，秦始皇为了巩固统治，统一了货币和度量衡，设置直市、平市、奴市、军市等专业贸易市场，使各地贩运更加频繁，促进了商品交换活动的顺利进行，使秦商获得了第一次的发展机会。此后，汉朝多次将六国旧贵族及高赀商人的后裔强制迁徙于长安周边地区，培植了秦商的社会基础，使秦商进一步发展壮大。之后张骞出使西域，开辟了中西贸易史上著名的"丝绸之路"。在这一时期，涌现出了一大批优秀的商人，西蜀商人程郑就是其中之一。唐朝是我国商业空前繁荣时期，是中国古代史上西部开发和发展的黄金时代，社会经济强盛、商品经济和市场的繁荣发展，使以秦商为首的西部商人以在天子脚下、首善之民的优势迎来了第二次发展浪潮。商人之间的贸易往来频繁，富商大贾比比皆是，无不家罗万金。唐代商品经济和社会生产的发展促进了对西部的开发，使西部出现了"中国强盛，自安远门西尽唐境万二千里，闾阎相望，桑麻翳野，天下富庶者无如陇右"的壮观景象。西部经济的发展从先秦到隋唐时代一直走在全国的前列，创造了灿烂辉煌的历史。在隋唐时期，由于繁荣盛世南北方经济都得到了很大发展，经济发展水平相差无几。但安史之乱后，西部地区战事频发，各割据政权间的混战引发社会动荡，使整个西部地区饱受战争之苦，人民生活极不安定，西部经济再次受到严重破坏，这便是我国经济重心南移的始端。五代十国时期，北方长期处于战乱，民不聊生；反观南方，战事稀少，社会环境较北方更为安定。在此局面下，我国的经济重心持续南移，南方渐渐成为全国经济发展的中心。但在明清之际，西部的商业得到一定的缓冲和恢复，获得了第三次发展的高潮。为了保护中原地区，明朝加强了以陕西为主的西北边防地区的建设，实行了一系列培植经济、奖励垦殖的休养生息政策。在这些政策措施的推动下，西北地区的农业生产、经济呈现出跳跃式发展的态势，这种状态一直持续到清朝。清朝时期，社会安定，西部的商业乘借康乾盛世的东风再次得到恢复和发展。直到清末，由于清政府的故步自封、闭关锁国、国力衰弱加之列强侵略，使整个国家陷入水深火热之中。鸦片战争后，西方资本主义对中国侵略，洋货代替国货，又导致国内阶级矛盾及民族矛盾进一步尖锐恶化，阶级斗争浪潮此起彼伏，使西部地区数百年积累起来的社会财富被搜罗一空，元气大伤，从此便陷入长期的经济低迷、战乱不已、灾害频发、饿殍相属的境地，直到1949年这种现象都没有改变。

纵观西部发展的历程，可以总结出西部地区商业繁荣的原因有三个：第一，自然环境优越。封建社会早期，生产力水平普遍低下。故在当时，自然条件优越成为人们生存、发展的重要前提。中国西部的黄土高原一带之所以能成为汉唐时期全国的政治、经济、文化中心，主要原因是当时黄土高原的气候温暖湿润，适宜农作物生长，能够为人类的生存和发展提供保障。第二，西部是历代政治中心。由于黄河流域一带自然条件优越、资源丰富，所以在几千年漫长的历史长河中，秦、汉、唐等几个历史上著名的王朝都选择将都城定在西部，使西部地区长期成为各朝的政治中心。尤其是历史上的长安，是有名的王朝都城所在地。以关中平原、成都平原为中心的地区由于受都城政治经济文化中心的辐射，具备了一定科技创新的条件，尤其在农业、手工业方面，出现了大量的人才。比如著名农学家汜胜之、著名水利工程家王景和王吴、造纸术发明家蔡伦等科技专家，使西部农业和手工业在全国甚至世界名列前茅。由于当时的西部处在政治中心的核心圈内，各朝统治者发展经济、推广科技成果等各项利好政策总向西部倾斜，如在关中地区大兴水利；重点扶持农业经济；实行占田均田制；采取轻徭薄赋政策等，这些措施有力地推动了西部地区商业的发展。第三，人口兴旺。人是社会第一生产力，人口聚集程度决定了经济繁荣的水平。从秦汉至隋唐，为了拓宽统治范围，各朝政府积极实行"实关中""戍边郡"的移民政策，多次向陕北、宁夏、陇右、内蒙古河套等地区大规模移民，这使得西北地区人口迅速增长，为科技创新与经济发展奠定了劳动力基础。

西部地区经济后期没落的原因在于西部地区地处边塞，国家的兼并和朝代更迭使得西部地区饱受战争的摧残，千疮百孔，动荡的社会环境使得西部地区的经济元气大伤。由此可知，安定、富强的社会环境是培育优秀企业家的主要因素。

2. 中华人民共和国成立到改革开放前（1949～1977年）

新中国成立后，国民政府给新中国留下一个千疮百孔的西部，经过多年战乱加上西部少数民族较多以及残留的封建主义思想等因素，使得西部的发展一度十分艰难。但由于我国西部地区特殊的战略地位，我国曾在20世纪50～70年代组织了两次大规模的西部开发，试图来改变这种生产力布局不平衡状况。第一次开发浪潮：中华人民共和国成立后到20世纪60年代中期；第二次开发浪潮：20世纪60年代中期到20世纪70年代末。虽说两次开发浪潮在一定程度上缓解了西部地区的落后面貌，但由于历史客观条件的限制，在大规模的经济开发与建设的过程中，缺乏对生态环境建设的重视，盲目的林区开发及垦荒，加剧了西部地区生态环境的恶化。水土流失、土壤沙化，资源环境的不断恶化造成人才大量流失，对西部的后续发展造成了难以估量的危害。同时在这一时期，经济部门以全民所有制、集体所有制为主体，除公私合营企业的资本家有定息收入、居民储蓄存款能分到很少利息外，工矿企业一律按八级工资制拿工资，农村则根据农民出工的多寡拿工分，导致百姓收入差距不大，"铁饭碗""大锅饭"现象普遍存在。再加上改革开放前，身份制、等级制现象十分严重，城市居民与农村居民身份差距大，通过户籍制度严格限制了农村居民向城镇的流动。个人没有就业选择的权利，就业流动性极弱，可以说实行的是就业终身制。这种"稳定"的体制造成人们安于现状、不求变革的心态，人的潜能无法得到激发，使得西部地区的经济没有得到有效发展。

3. 改革开放至西部大开发前（1978～1998 年）

1978 年，我国实施了改革开放政策，将计划经济逐步转变成对外开放的市场经济，使中国从落后国家变为发展中国家。这是社会主义几百年发展史上具有里程碑意义的跨越式发展。中国的对内改革先从农村开始，在农村改革后，出现了鼓励城镇个体经济发展的新政策和机会。1979 年，为解决 760 万上山下乡的知青大军返城后就业的燃眉之急，中共中央、国务院批转了第一个有关发展个体经济的报告"批准一批……闲散劳动力从事修理、服务和手工业者个体劳动"。这使得西部乃至全国出现了大量的个体经商户。在邓小平南方谈话后，一大批在政府机构、科研院所、高校工作的体制内官员和知识分子纷纷下海创业，形成一股新的商业浪潮——这成为 20 世纪 90 年代中国经济高增长的主要动力。这一信息也激发了西部地区的创业热情，唤醒了西部企业家的商业基因，这一时期涌现出以刘永好为代表的第一批西部企业家。虽然改革开放在一定程度上激发了西部地区的创业活力，但由于改革开放先开放了沿海地区，使东部地区借改革东风飞速发展，造成在这一时期东西部发展差距越来越大。

4. 西部大开发以来（1999～2019 年）

21 世纪初，为了缩小东西部差距，党中央启动了西部大开发战略。回顾西部二十年的发展，可以说硕果累累。社会环境不断改善，经济活力不断增强，人民生活质量不断提升。从 1999～2009 年第一个十年的节点来看，西部地区基础设施的日益完善，加上国家对中小企业、民营资本支持力度不断加大，吸引嗅觉敏锐的民营资本加速涌入西部地区。据国家统计局提供的数据，2009 年上半年，工业增加值东部地区增长 5.9%，中部地区增长 6.8%，西部地区则增长了 13.2%；城镇固定资产投资方面，东部地区增长了 26.7%，中部地区增长了 38.1%，西部地区增长了 42.1%。从上述数据可以看出，西部地区这两项经济指标的增长速度已赶超中东部地区。2009～2019 年，中央财政资金的投入持续向西部地区倾斜，主要用于交通、信息、生态环境等基础设施的建设以及教育、医疗等公共服务的建设。此外，建立了东西部对口支援、对口帮扶的合作机制，为西部地区人才培养、经济社会发展等注入动力。特别是"一带一路"建设以来西部地区对外开放程度加大、西部的市场化程度提高，吸引了一大批国外投资商在西部扎根发展。在这一阶段里，西部大开发战略实施促进了西部企业家队伍的形成，也唤醒了西部企业家的企业家精神。西部地区企业家精神的整体发展速度虽迟缓于东南沿海地区，但和西部社会发展同步。

通过总结改革开放新时期到西部开发的发展历程，笔者发现西部企业家以及西部经济得以实现跨越式发展，受益于以下三个因素：第一，政治改革，从改革开放发展到西部大开发乃至"一带一路"建设，可以发现当代中国政治改革对企业家精神的激发以及经济发展起到了促进作用。第二，经济环境，21世纪初，经济全球化、世界多极化，中国通过加入WTO赶上了互联网革命的头班车，加深了我国与其他国家的联系。一系列利好局势和政策加快了西部对外开放的进程，通过一带一路战略将西部变为开放的前沿，激发西部的创业活力。第三，社会制度，从工业所有制构成看，1978年时只有国有企业和集体所有制企业，几乎没有非公有制企业。为了唤醒民间经济力量，改革开放后我国逐渐从单一公有制向多种所有制并存发展，激发了市场活力。

四 西部地区企业家精神的价值作用

（一）企业家精神的作用机理

西部地区特殊的区位因素和历史因素，使得其在经济发展的进程中，始终以国有经济的发展为主导。相对国有企业而言，民营企业的发展则较为滞后。自西部大开发战略贯彻实施后，政府重点扶持、加大建设力度，制定符合西部经济环境的优惠政策，增强了国有企业的引擎作用，也促进了民营经济的发展。政府、环境等是带动西部经济增长的重要动力，但是这些外源化的条件只构建了一个孵化核心力的平台，真正的核心驱动力则是企业家的人力资本。

事实上，市场经济是由企业家构建的市场经济，也就是企业家经济。随着市场体制的转变，在西部大开发的过程中，社会的发展运行也从政府计划调节、推动转变为企业家主导推动。企业家构造了西部经济中的工业体系、组织体系以及创新体系，并对经济全球化以及我国加入WTO后产生的资源进行有效配置。所以说，西部大开发后西部地区能取得如此成就，西部企业家功不可没。

虽然企业家是西部经济发展的掌舵人，但驱动企业家的核心动力是以创新、创业为核心的企业家精神。企业家精神是促进企业、企业家持续创新和创业的不竭动力，也是新时代推动国家经济发展最主要的动力之一。

很多区域经济发展的经验已经证明，企业家资源的多寡，对一个地区的发展至关重要。一个地区经济社会发展程度取决于这个地区企业家精神的活跃程度，无论是高速发展的江浙，还是兴旺发达的广东，企业家精神在其中起到了显著的驱动作用。回顾现代经济发展史，创新对区域经济发展的贡献日益显著，企业家精神通过驱动企业创新来促进企业成长，最终加快社会经济增长。

1. 技术创新是社会发展的重要推动力

越来越多的学者发现，创新与持续的经济繁荣有着密切关系，社会经济的快速发展依赖不断的技术创新和进步。Solow 在研究中发现美国以及其他工业化国家的产出增长主要归功于创新，而不是更多的资本投入。Kuznets 提出现代经济增长的过程包括持续的技术创新、产业升级优化、基础设施建设以及社会制度的完善，它们构建了一个有益于商业开发和创造财富的外部环境。Charles 的研究发现，美国在 1950～1993 年的经济增长，80% 的贡献来自其以前发明的科学创意的应用。所以，技术创新对于西部经济实现跨越式发展来说，有举足轻重的作用。

企业是技术创新的主要载体，其技术创新能力的作用程度决定着企业能否进行产业升级，能否开辟一个新的市场。同样，对于一个国家或者一个地区来说，技术创新有助于有效地发展高新产业，以实现弯道超车式发展。在这个过程中，需要企业家精神内在驱动。尤其是创新精神，在技术创新的过程中，创新精神指导企业家抓住市场中潜在盈利机会，将大量的资源信息知识转化为技术创新的内在动力，并利用技术创新能力对原有的生产要素重新排列和组合，以此促进企业获得持续竞争力。进一步讲，企业只有通过技术创新将科技成果转化为经济效益才能促进社会的发展，企业技术创新能力越强，就越能发挥科技成果的作用。

2. 企业家精神是驱动创业者创新创业的主要内因

创业是一种极具创造力，能够带动经济增长的价值创造活动。人是创业的主体，是促使创业行为发生的主要力量。西部大踏步发展了二十年，私营企业的数量从 2000 年的 28.4 万户激增到 2017 年的 518.9 万户（见表2）。追其根源，能够激发人民创造活力的除了外部环境的改善、资源的丰富等客观因素外，最主要的是企业家精神的驱动。市场机会永远深藏在市场中，稍纵即逝，要想把握市场先机，首先，需要创业者具有一双"慧眼"，也就是说创业者应该有敏锐的洞察力。创业者能够根据外界环境、政策的转变，迅速做出反应抢占市场先机。外界环境的刺激将不断激发创业者的创业潜力和企业家精神，提高创业成功率。其次，企业家精神也有助于企业家创造机会，企业家通过创造新的技术和科技成果来挖掘新机会和新市场，谋求企业高速发展。可见，企业家精神是促进创业者创业行为的关键因素，也是带动西部经济发展的主要动力。

3. 企业家精神促进创造社会就业

就业是民生之本，安国之策，也是全面建成小康社会的必然要求。努力扩大就业，不仅帮助困难群众实现自身价值，更有利于维护社会稳定，促进经济增长，实现共同富裕。在西部大开发实施伊始，政府提出加大建设资金投入力度、加大财政转移支付力度、加大金融信贷支持、大力改善投资软环境、实行土地使用优惠政策等一系列利好政策，努力在西部营造良好的创业环境，吸引和鼓励西部企业家创新创业。与此同时，新企业的发展也需要人才的汇聚。西部企业数量持续增多，新的就业岗位不断出现，帮助西部解决了劳动力剩余的问题，提高了就业率，创造了一个和谐安定、繁荣发展的新西部。这一切都说明了企业家以及企业家精神是社会发展的强动力。

表 2　西部私营企业的数量

单位：万户

年份＼省份	陕西	四川	云南	贵州	广西	甘肃	青海	内蒙古	新疆	宁夏	西藏	重庆
2000	6.1	5.5	2.0	2.0	2.1	1.7	0.5	2.7	1.9	0.7	0.1	3.1
2017	60.4	109.3	54.9	49.5	59.8	30.0	7.3	32.7	27.8	13.5	4.6	69.1

资料来源：国家统计局《中国统计年鉴》（2001 年、2018 年）。

（二）西部地区企业家精神的作用程度

2000 年西部大开发以来，西部地区经济环境与社会发展条件都在不断改善，西部地区的综合发展实力也不断增强。但由于区域因素，相比东部而言，西部企业家精神的价值作用发挥水平有限。原因主要在于，第一，自身不强。企业家可以有效地组织区域性创新和经济的发展，进而促使区域经济的增长。企业家的数量和质量直接影响着西部地区社会经济发展，企业家队伍越强，经济发展越快，但西部企业家的形成离不开西部特定的区域文化。特定的区域文化造就具有西部地区个性特质的企业家，由于受传统思想观念的影响，西部地区的企业家"官本位"意识过浓。他们总希望能通过创办企业走上仕途，千方百计追求从政做官，这些思想和行为都体现了西部企业家面对"官本位"思想的妥协与无奈，在一定程度上导致其创业激情的缺乏。越是经济落后的地方，这种创新低迷的现象就越为严重。西部地区保守的、重视仕途的传统思想与不适合当代经济发展的文化制约着西部企业家的产生与企业家队伍的壮大。因此，笔者认为西部企业家的先天条件缺陷与不足，导致企业家精神在西部地区的作用发挥不够显著。第二，政府强，市场弱。政府长期的直接干预影响着西部的经济发展。由于受地区生产力发展水平、地方财政实力、企业规模等因素限制，政府的政策只能帮助企业解决已出现的问题，但在企业的自主创新方面却无能为力。张晔等提出，短期来看，政府干预虽然可以直接促进企业家精神的增长，但干扰了市场经济自由，长期的政府干预则会抑制企业家精神的发展。[①] 丘海雄等注意到，在产业集群技术的创新中，政府往往是最主要、最核心的行动者，但政府在市场中的角色会随着地区经济发展水平的提高而从主要行动者转变为幕后指挥者。[②] 因此，地方政府应根据地区经济发展水平的不断提升转变政府策略。就西部地区而言，由于西部地区社会发展的特殊性，政府需要点对点扶持，并在经济发展中直接扮演企业家的角色，让西部地区在很长一段时间里实现快速发展。但也正是如此，使得在西部地区市场的决定性作用不能发挥，企业家很难在市场的作用下迅速成长。当进入经济新常态时，政府的企业家职能发挥就受到新机遇和新挑战的限制。第三，企业内部问题。首先，西部地区国有企业家的任命方式往往以"组织任命"的方式为主，这就产生了种种不适应市场经济发展的现象，他们通常不会主动应对市场中的变化，而是听命于上级行政部门的调遣来进行工作，降低了企业家对企业的责任感，上级部门权力不下放也造成他们缺乏工作的主动性，不利于企业家精神的发挥。其次，在西部地区的民营企业中以父子齐上阵的家族式企业居多。这种高度集权的家族式管理模式，在企业发展初期，可以最大程度调动家族成员的积极性，加速原始资本的积累。然而当企业规模扩大到一定程度时，由于家族成员占据了企业关键岗位，企业难以实现人才引进。又由于受企业领导者知识和能力的影响，企业的发展规模往往受到限制。可见，这种企业管理模式已经成为西部地区民营企业持续发展的最大障碍。

---

① 张晔、刘志彪：《政府干预、经济自由与企业家精神》，《南京社会科学》2004年第2期。
② 丘海雄、徐建牛：《产业集群技术创新中的地方政府行为》，《管理世界》2004年第10期，第36~46页。

五　西部地区企业家精神与企业家的案例描述

经过 20 年的发展，在广大的西部地区形成了一支果敢勇毅的企业家队伍，其中不乏我们熟知的牛根生、刘永好、倪润峰、史贵禄等等。每一位优秀企业家的创业守业史都是对企业家精神生动、深刻的诠释。通过对个案的研究，并从多个个案中寻找相似的规律，进而总结西部地区企业家精神的一般性内涵和发展规律，为弘扬西部地区企业家精神培育寻求科学的路径。

企业家精神是企业变革与发展力量的主要源泉，是现代企业战略重组、企业再造的主要动力。一个企业能否在激烈的市场竞争中获得长久的发展，关键在于企业家的领导，企业家精神的推动。企业家精神能够指引企业家洞察瞬息万变的社会，并引导企业家迅速做出战略调整，带领企业掉转船头，驶向成功的彼岸。

（一）创新精神

企业能够长盛不衰、能够可持续发展的根本动力是什么？海尔创始人张瑞敏曾说过："做企业最怕的是留在过去。"也就是说，企业要想长久发展就要不断创新。企业家作为企业的领航者也必须具有创新精神。创新，不仅是企业家的灵魂，更是企业家精神的核心内涵。创新精神能够使企业家发现别人发现不了的商机，运用别人运用不了的资源。在经济全球化时代，市场竞争愈发激烈，当企业陷入发展低谷时，创新是决定企业渡过难关的关键因素。但无论是开拓一个新的市场，还是研发新的产品，或者是改变现有的管理模式等，都与企业的领导者有关。如果企业家缺乏创新精神，就很难洞察潜在的市场机会，无法对企业做出正确决策，更无法为企业注入新的竞争力。所以，能够基业长青的企业，都离不开一个具有创新精神的开拓者。原四川长虹电子集团有限公司党委书记、董事长倪润峰[①]就是一位伟大的改革创新型企业家，在 2018 年 12 月 18 日，庆祝改革开放40 周年大会上他因"军转民"实践的创新被授予"改革先锋"称号。在倪润峰掌舵的 20 年间，他顺应时代的发展，敢于探索和尝试，成功将长虹

[①]　倪润峰，曾任四川长虹电器股份有限公司董事长兼总经理、党委书记，教授级高级工程师。2018 年 12 月 18 日，党中央、国务院授予倪润峰同志"改革先锋"称号，他还获评企业"军转民"实践的创新者。

电子集团从一个军工企业转变成累计销售收入过千亿、利税超过159亿的中国彩电业的领导者。在长虹发展的道路上，有两次在当时可被视为打破常规的行动。第一次是与工商银行合作，将彩电以高于国家牌价的价格提供给工商银行作为有奖储蓄奖品；第二次是为了缓解由于国家管控公司出现财政危机，倪润峰决定在全国范围内降价，带领长虹扭转乾坤，占得了市场先机。也正是这两次的突破，为长虹的后续发展奠定了坚实的基础。倪润峰总结长虹发展历程："长虹位于西南地区，不沿边、不靠海，长虹发展的每一步，都是因为解放思想，大胆突破。"

蓝星集团是中国工业清洗业的开创者，他使中国化学清洗技术成功实现产业化。1984年，在西北地区的兰州市，"化工部化工机械研究院化学清洗公司"成立，任建新①担任总经理。这一切源于他的一次经历。大学毕业的任建新到化学工业部兰州化工机械研究院担任团委书记后，偶然看到了一项关于工业清洗的信息，当时国家虽然只有42万台工业锅炉，全国一年的煤炭增产量也才1600万吨，但每年因锅炉结垢而多消耗的煤却有800万吨之多。而当时化工机械研究院就有一项名为"Lan–5"硝酸清洗缓蚀剂的技术，理论上是可以作为化工清洁原料的，可是这项专利并没有得到应用和推广，反而被"珍藏"。看着大量的锅炉结垢造成能源浪费和设备腐蚀，还可能造成安全隐患，任建新决定利用这项技术成立一家工业清洗公司，也就是后来的中国蓝星集团。当时工业清洗的市场一片空白，他认为利用闲置的先进清洗技术办清洗公司一定能赚钱。为了不贻误商机，他抵押了"家产"，向院里申请了资金和许可，并向政府借款1万元，拿着这项技术任创新开始了创业之路。1988年以前，很多企业都是抓住了中国处于经济转型时期的市场空白发展起来的，但蓝星集团不一样，它开创了一个新的市场，任建新带领下的蓝星集团不是在转型市场中模仿成长，而是在市场创新中成长起来。中国的科研机构每年都能产出大量的优秀科研成果，但最终能够真正实现商业化、市场化的科研成果却寥寥无几，主要原因在于缺乏像任建新这种具有创新精神的企业家。可见，创新精神是优秀企业家的必备素质，只有具有创新精神的企业家才能使企业可持续发展。

---

① 任建新，中央广播电视大学机械专业、兰州大学经济系企业管理专业毕业，经济学硕士，教授级高级工程师，享受国务院政府特殊津贴。曾荣获"全国优秀青年企业家"、"全国青年科技实业家"、"全国新长征突击手"、"全国十大新闻人物"、"全国十大杰出青年"、2006年度"最受关注的企业家"、2007年CCTV年度经济人物、第五届"袁宝华企业管理金奖"、全国五一劳动奖章等多项荣誉。

（二）冒险精神

创新精神是企业家精神的核心，而冒险精神就是企业家精神的突出表现。企业正常的经营活动以及创新活动都在瞬息万变的市场中进行，在这一过程中企业家的决策和选择将面对巨大的风险挑战，有风险也有机遇。如果一个企业家没有承担风险的能力或者没有冒险精神，将使企业失去新的发展机会，甚至直接消失在市场的风雨中，更不可能实现突破和创新。企业的生存发展决定了企业家必须具有冒险精神，但这不意味着企业家要盲目冒险。冒险精神不仅需要企业家有敏锐的洞察力，能够找准时机，适时进入，也需要企业家具有敢拼的胆识，愿意为了企业的发展放手一搏。我国优秀企业家褚时健[1]回忆，在红塔山牌香烟创立之初，当他与工人一起带着香烟走到街头以及零售店，拿出来请人试吸时，因红塔山香烟的品质问题，很多人都将烟扔在地上，此情景让他终生难忘。在那一刻，他下定决心改变这一切，于是他走访对比了国内几家规模大、名气大的烟厂，对比发现了红塔山香烟的品质短板。他贷款引进英国 MKg-5 型卷接机，为了进一步保障香烟品质，他自己参与管理了上百万亩烟草，建立了烟草原料基地，为原料生产提供了"第一车间"。这一改变，使得烟厂的效益突飞猛进，为了能乘胜追击，红塔集团扩大规模，又遇到了体制上的阻力。为了解决这个问题，褚时健不惜签下高额利税"军令状"。最终，省里同意将烟草公司和专卖局合并入烟厂体系，但只限于玉溪。到 1987年，玉溪卷烟厂凭借褚时健大胆谋划的几步棋，营业额、利润额、利税等硬指标首次实现行业第一。当年奄奄一息的玉溪卷烟厂，经过褚时健的改革成为造福云南的利税大户。红塔集团的崛起，归根结底是因为褚时健具有一双能够发现"症结"的慧眼，以及不畏艰难的冒险精神。

如果说西部地区的企业家谁最"不安守本分"，那应该就是史贵禄[2]了。1980 年，16 岁的史贵禄离开家乡，到榆林的一家企业当了一名临时工，因为他勤劳踏实，事无巨细均尽心尽责，很快得到了大家的信任，但他却不甘止步于此。于是，史贵禄大胆尝试，在一间狭小的铁皮房里开起

---

[1]　褚时健，云南红塔集团有限公司和玉溪红塔烟草（集团）有限责任公司原董事长，褚橙创始人，先后经历两次成功的创业人生，被誉为中国烟草大王、中国橙王。

[2]　史贵禄，西安建筑科技大学毕业，现任全国工商联副主席、陕西荣民集团董事长、陕西省工商联副主席，中国民间商会副会长，陕西省工商业联合会（总商会）副会长。2018 年 10 月，被中央统战部、全国工商联推荐为宣传改革开放 40 年百名杰出民营企业家。

了小卖铺，不论冬冷夏热，他在小百货店每天都耐心地为顾客服务营业 16 个小时以上，因为他的诚信和肯干，他挣下了能有"更大动作"的第一桶金。随后，他发现了新的商机，立即又在榆林市开了一家五金综合商店，这家"小商铺"在他敢闯敢拼的带领下，不断进行市场扩张。事业的成功也进一步激发了他"不安分"的"野心"。史贵禄的性格是只要有好的想法，说干就干，绝不拖延。于是，他将之前积累的资金全部投入房地产业，实现了跨越性的转变。史贵禄的经历对于常人而言难以置信，一个企业家如何能够涉足如此多行业还能够使企业顺风顺水，原因就是史贵禄的"不安分"，他敢于冒险，只要发现商机，就会立即出击，这就是他的制胜法宝。

（三）艰苦奋斗精神

艰苦奋斗是中华民族的传统美德，对于企业家而言，这是企业家精神的根基。企业家应该不怕吃苦，对待工作尽职尽责，"在其位，忠其事，尽其力"，换言之，就是具有艰苦奋斗的精神。也许是因为西部企业家本身都生活在条件艰苦的地区，西部的企业家都更能吃苦，也更愿意吃苦。在褚时健刚接手玉溪卷烟厂时，整个厂因销路不好而经营惨淡。当时在烟厂的职工都知道，当设备机器出现故障时，褚时建与工人一起 3 天不眠不休地抢修。每天凌晨 5 点，工人准能在厂子里看到他的身影。作为一个企业的领导人，他时刻与大家同在一线奋斗着，以至于他的妻子形容他："只知道埋头工作，有人拿榔头打他一下，他才知道抬起头来问：谁刚才打我？"由此可看出，褚时健对工作的专注和认真，不骄不躁，带领红塔集团一步一个脚印地发展。在 1999 年褚时健因为经济问题入狱，严重的糖尿病使他获批保外就医，74 岁的褚时健与妻子在玉溪市新平县哀牢山承包荒山开始了第二次创业——种橙。原本该颐养天年的年龄，褚时健选择了从零开始，再次创业。他不懂种植橙子的农业知识，就一点点学习，有的时候学习到眼睛都模糊了才肯休息。从 2006 年到 2013 年，"褚橙"平均每年有 1.37 千吨的增长量，2014 年，"褚橙"销售额达到了 1 亿多元，纯利润达到 7000 多万。因此，人们又称它为"励志橙"。"一代烟王"到"一代橙王"的转变，褚时健的人生"大起大落、大落大起"。褚时健创业的原因就是"人活着就要做事，闲不住，做事就要做好"。褚时健说种橙子时并未想过一定会成功，也没有规划过怎么销售橙子，只是不怕吃苦地去做了。如果一个人不怕吃苦，脚踏实地，那应该没有什么能阻挡他成功。

刘永好①也说过"如果我的成功能给人以启示的话，那么，我认为最大的两个字就是吃苦"。在刘永好的青年时期，生活展现给他的更多的是贫寒，母亲因病不能工作，全家只能靠他父亲那点微薄的工资来维持基本生活，作为家中最小的孩子，刘永好很早就主动帮家里分担一些劳动，捡柴、劈柴、卖柴，每天早出晚归补贴家用。在刘永好的记忆中一件衣服四兄弟轮流穿直到变了色，麻婆豆腐、回锅肉成为他童年最奢望的事……也许就是孩童时的苦难将刘永好磨砺得更加坚定和执著，没有什么苦能比以前的日子更苦，也正是如此，新希望集团的生命力才如此顽强。

（四）济世精神

中国经济、社会飞速发展的今天，离不开企业家的努力，是因为他们的家国情怀推动了这个国家经济崛起与社会变革。古话说："知责任者，大丈夫之始也；行责任者，大丈夫之终也。"责任和担当，乃是家国情怀的精髓所在。家国情怀是企业家精神的升华，企业家不仅是一家企业的经营者、领导者，更是实现中华民族伟大复兴的践行者。在企业的发展中，企业家不应忘了"民生之疾苦同样关乎自我之荣辱"。应胸怀天下，将个人价值实现寄托在对国家的担当和奋斗上。在西部发展的漫长岁月中，依旧离不开西部企业家的不懈奋斗和大公无私的济世精神。东岭集团的董事长李黑记②，不仅一人富起来，更是带领全村人民脱离贫困。如果问李黑记是一个什么样的人？他最突出的特征就是担当。当年由于发现自己加工水桶成本低，能够挣钱，他就鼓动村上办了黑白铁皮加工部。但因后来没人愿意干，加工部就要关门。于是，村长就委托李黑记个人承包，他二话

① 刘永好，毕业于四川工程职业技术学院，高级工程师。先后荣获中国十佳民营企业家、中国改革风云人物、中国十大扶贫状元、中国企业管理杰出贡献奖以及美国《商业周刊》评选的"2000年亚洲之星"、2004亚太最具创造力华商领袖等荣誉。2007年刘永好先生被美国著名的安永会计师事务所颁发"安永企业家奖"、荣获2007年中国管理100"持续创价值"奖，入选2007年度"光彩人物榜"。2008年入选"中国改革开放30年影响中国经济30人"。获评2014年度华人经济领袖。2016年，胡润百富榜，刘永好家族以425亿财富排名第30位，2018年10月，刘永好家族以380亿财富排名第62位，荣获全国脱贫攻坚奖奉献奖，入选中央统战部、全国工商联《改革开放40年百名杰出民营企业家名单》。2018年12月18日，党中央、国务院授予刘永好"改革先锋"称号，颁授"改革先锋"奖章，他还获评民营企业家的优秀代表。
② 李黑记，先后被授予"全国劳动模范""全国农村青年星火带头人""全国优秀乡镇企业家""陕西省优秀共产党员""陕西省劳动模范""陕西省有突出贡献中青年专家""陕西省关爱员工优秀民营企业家"等多项荣誉称号。2018年10月，被中央统战部、全国工商联推荐为改革开放40年百名杰出民营企业家。

不说，接下这个摊子后，起早贪黑，八年间挣了六千多万元并全部拿出来交给集体带领村民发展企业。李黑记说："一个人富不算富，大家都富了才是富。"正是这笔六千多万的巨资奠定了东岭村发展的基石。不仅如此，在20世纪90年代中期，国企改革正处在攻坚克难的阶段，很多国有企业因各种问题陷入困境，加重了社会不安定因素。当时，宝鸡市一位领导希望李黑记能够接手债务负担沉重又地处秦岭深处的凤县锌品厂。虽然当时的东岭集团也在发展阶段，资金运转较紧张，但李黑记还是说服企业一班人接下了这个烂摊子。通过投资改产，这个企业不仅还清债务，还成为当地的纳税大户。在此之后，李黑记都坚持以社会发展稳定大局为主要原则，东岭集团投巨资先后参与了宝鸡市金台区物资回收公司、宝新公司、凤县锌品厂、宝鸡焦化厂、陕西略阳钢铁厂、西安第一轧钢厂和陕西省木材总公司等14家濒临破产的国有或集体企业改制工作，为国家和社会的发展贡献了不可磨灭的力量。李黑记在别人犹豫退缩、不敢前行时，以他过人的胆识和胸怀，沉着地应对每一次危机，也正是因为他的担当精神、爱国精神，让他具有更大格局以站得更高，看得更远。

企业家做企业也许不仅是因为想做点事，更多的是出于兴业强国的愿望。任建新一手发展起来的蓝星集团上市后，这位爱国的企业家却做出了令人惊讶甚至遭遇反对的决定。他将企业归为国有，理由是国家出了创始资本，任建新说："蓝星的初始目标也是兴业报国"。从1990年起，蓝星集团收购了一百多家化工企业，在2006年后更是走出国门实行并购。有人问任建新为啥如此"痴迷"并购，任建新的回答是："因为中国，海外并购是为了中国化工产业发展的需要，也是为了克服中国缺乏先进的技术来源、产业水平低的发展瓶颈"。任建新字里行间都体现了他心怀家国天下的精神，从心甘情愿将千亿资产归为国有到一步步地将中国化工发展壮大，都离不开他兴业强国、自强不息的企业家精神。

（五）人本精神

一个企业的运营除了企业家的有效领导，更需要的是能够聚集优秀的人才资源，人心是一笔无形的资产，是一笔不可忽视的财富。对企业家而言，经营人心是企业健康、持续发展的关键。蒙牛集团牛根生[①]就是人们学习的典范，牛根生从伊利离职后，和十几位昔日同事创办了蒙牛公司。

---

① 牛根生，企业家、慈善家，内蒙古蒙牛乳业集团创始人，老牛基金会创始人、名誉会长，"全球捐股第一人"。

当得知牛根生创办蒙牛公司时，昔日的同事和下属都纷纷加入他的队伍。初创的蒙牛，除了这班人马，别的一无所有，但也正是因为这些，蒙牛才能有今天的成就！牛根生有什么魅力能使员工对他"死心塌地"，如何聚集"人财"？答案是依靠牛根生独特的人格魅力。当年，牛根生已是伊利的副总裁，但让人不敢想象的是，牛根生始终开着破旧的天津大发。曾经，企业要拿18万给他重新买一辆新车，但被他拒绝了，他用这18万元给员工买了通勤车，因为他考虑很多员工上下班交通困难；曾经有位工人没钱治病，他二话不说带头捐出1万元；还有一年，他将自己的108万年薪全部分给了表现优秀的员工；其他小额分配、救助，则不计其数……正是靠着这种"以人为本"的经营思维，牛根生让部下人人竭力，个个尽心！也正是奉行这种"以人为本"的经营哲学，牛根生白手起家，带着团队创造出一个又一个奇迹！归根结底，蒙牛的成功、牛根生的成功就在于善于"经营人心"。

任建新也是体恤员工、关心员工的代表。蓝星集团上市后，任建新请求领导将总部迁到北京，由于将整个企业搬过去，就少不了员工家属的安顿。任建新为了帮助员工解决随迁家属的就业难题，在北京开起了牛肉拉面馆——"马兰拉面"。为了让暑假期间员工子女能够有更好的安排，能够开阔视野，任建新又专门为孩子们组织了"蓝星夏令营"。从最开始的"兰州一日游"，再到后来的北京营、全国营、国际营，蓝星夏令营陪孩子们走过了二十多个春秋。在企业最困难的那几年，夏令营也没有停办过。就是这些细致入微的关怀，让中国蓝星的员工都愿意跟随任建新，也正是因为他以人为本的精神，企业才有了用之不竭的人才动力。

从上述的案例总结可以看出，优秀的企业家往往具有多种优秀的特质，他们的成功并不是单个精神特质的驱动，而是多个精神特质的组合效应。由此可知，在培育西部企业家精神时，应更加注重多角度地挖掘和激发，实现和促进企业家精神的全面发挥。

六　新时代对弘扬西部地区优秀企业家精神提出新要求

（一）新时代新要求

我国经济经过三十多年持续的高速增长后"换挡"转为中高速增长，经济增长方式从规模速度型的粗放增长转向质量效率型的集约增长，经济发展动力从要素投资驱动转向创新驱动。在新常态下，我国经济的转型升级正处在重要的历史拐点，传统的"人口红利""资源红利""储蓄红利"对经济增长的推动作用逐渐消减，增添新的发展动力刻不容缓。当前，已站在新的历史高点上的西部地区，应顺应时代发展要求，破除旧有的发展思维定式、行为惯性和路径依赖，抓住当前国际国内发展环境和条件变化带来的新机遇，实现新的跳跃式发展和可持续发展。这些新矛盾、新机遇对西部地区企业家队伍提出了新的要求和使命担当。

1. 坚持以创新驱动增长，永葆企业家精神的创新底色

新时代，是最好的时代，也是最具挑战的时代。创新被时代所强烈召唤，创新需要颠覆，创新也在不断进化。创新是企业家精神的底色，也是企业家精神的内涵和本质。在西部大开发战略和推进"一带一路"建设的新的历史机遇下，西部地区正处于快速发展的重要阶段，西部地区的企业家要将创新精神作为其发挥作用的内在驱动力，带领企业不断占领技术创新、知识创新、人才战略创新等方面的制高点，以创新引领企业发展，以创新驱动西部地区经济增长。

2. 坚持以协调统筹全局，发挥企业家的统筹协调作用

推进地区之间、企业之间的协调发展离不开企业家的作用，更离不开企业家精神的引领，企业家要树立全局观念，从西部地区的整体情况和具体企业的整体情况出发，坚持协调的方法，发挥企业家在企业发展、地区发展中的资源、人力、物力、理念等方面的协调作用，推进企业和西部地区的全面发展。

3. 坚持以开放促进发展，形成开放的企业家思维格局

西部地区地处我国内陆，过去受地理因素的影响，西部地区在改革开放中处于劣势地位。随着西部大开发新格局的形成和"一带一路"国家战略的实施，西部地区逐渐走向了我国对外开放的前沿，西部地区众多企业的触角也将探及国家乃至中亚等地区的各个角落。在推进西部地区及中亚地区经济发展的过程中，西部地区的企业家也需要培育和形成开放的思维和格局，以开阔的胸襟、包容的格局、广阔的视野、开放的思维来推进西部大开发战略的实施和"一带一路"建设的发展。

4. 坚持以绿色构建和谐，树立绿色发展的企业家精神理念

绿水青山就是金山银山，绿色是生命的颜色，也是发展的颜色，推进绿色发展，利在当代、功在千秋。西部地区在生态环境方面仍然存在生态环境脆弱、投入力度小的问题，且西部地区的企业以能源资源类企业为主。因此，树立绿色发展的新发展理念，既是企业发展的应有之义，也是推进

资源节约型社会的必然要求。

5. 坚持以共享惠及民众，保持共同发展的精神动力

西部地区的广大人民是西部地区蓬勃发展的创造者，也是西部地区发展成果的共享者。企业的发展、壮大和成功离不开民众的支持和维护，西部地区的企业家要牢固树立共享的发展理念，坚持企业发展为了人民、发展依靠人民、发展成果由人民共享。重视企业的社会责任以及对西部地区经济发展的带动作用，促进企业与西部地区广大民众共同发展。

（二）西部地区企业家精神的培育

培育好、保护好和发展好西部地区企业家精神是新时代实现西部新发展的根本途径。地区企业家精神的弘扬和传承能力是实现区域持续发展、企业和社会良性互动的关键枢纽与根本保障。展望未来我们要着眼于弘扬西部地区企业家精神，增强企业家精神的代际传承和引领作用。弘扬西部地区企业家精神的最佳路径就是建立起包括制度设计、激励结构建立、成长创新支撑、持续发展能力培养在内的一系列完善的社会体系和保护措施，同时在地区营造崇尚和弘扬企业家精神的良好氛围。实现西部地区企业家精神的传承与弘扬，这是研究西部地区企业家精神的终极目的。

1. 社会层面

（1）开拓鼓励创新、包容创新失败的社会文化有助于激发企业创新精神。社会文化对于企业家精神的培育和孵化有着相当重要的影响作用。创新是企业家精神的核心，也是企业能够基业长青、社会能够快速发展的主要力量。良好的社会文化氛围有助于推动企业家创新、创业。营造宽松、包容、创新、激励的社会文化环境有助于企业家的培养以及企业家精神的培育。首先，应肯定企业家创新所带来的社会效益，尊重企业家以及其贡献对促进社会发展的社会价值。其次，要包容企业家的创新失误，企业家创新可以出现失误，不能因为怕出错遭受谴责而过于保守。为了鼓励企业家不断创新，激发创新精神和创新意识，就要营造开放、包容的社会环境来支持和呵护企业家创新。

（2）完善相关制度体系，协调西部地区"政""商"关系。第一，加大对西部的区域建设，完善西部基础设施，协调缩小东西部的资源差异，为企业家营造良好的外部资源环境。第二，处理好企业与政府的关系，发挥市场能动性，减少政府干预，并对企业家的产权进行保护。首先，要尊重企业家的经济利益。在西部地区，主要以国有企业作为经济支撑,民营经济力量则相对薄弱。西部国有企业的发展的制度困境就在于不重视企业家人力资本产权收益。其次,尊重企业家对企业的控制权。关于知识产权和创意的保护对企业创新来说至关重要,要从法律的层面保护创新者的利益,维护创新热情。再次,建立降低企业家决策风险的相关保护政策。"容错"保护政策有助于缓解企业家决策失误的心理负担,在一定程度上能够降低企业家的失误损失,为西部企业家"大胆作为"提供制度保障。

(3)创建更开放的人才培养理念是培育企业家精神的根本。人才是创新最为稀缺的资源,西部地区缺乏企业家精神的主要原因是人力资本的缺乏。西部地区因地理位置偏僻,基础设施较沿海地区落后,不仅优秀的人才稀少,而且人才的平均素质较低,这是西部地区唤醒和培育企业家精神的最大挑战。引进人才资源虽然能够解决西部地区的燃眉之急,但是,不能从根本上转变西部人才素质水平普遍落后的局面,因此,应加强对西部地区本地人才的培养,提高西部地区人口的总体素质,建立有助于激发人才创新的教育体系。

2. 企业层面

(1)树立以企业家精神为核心的管理理念。受中国传统文化的影响,西部地区的企业,往往高度集权,崇尚集体主义,导致员工错失施展能力的机会,不愿去尝试高风险的工作,缺乏责任感和担当精神。这就致使西部地区的企业内部缺乏创造活力,阻碍企业的创新发展。所以,企业应该建立以企业家精神为核心的企业文化,营造鼓励创新的工作氛围,奖励能够提出有助于企业发展想法的员工,并且要树立合作共赢、勇于担当的精神文化,从根本上转变员工思维,激发企业原动力。

(2)改善企业劳动条件,提高员工福利。首先,应创建良好的工作环境,保障员工工作的基本需求。有研究表明工作环境的舒适有助于提升员工工作的满意度,从而加强对工作的专注度。其次,应设立"员工培训中心",对员工进行更好的培训和培养,有助于提高员工的整体素质,挖掘员工潜力。最后,应完善保障员工权益的体系,制定合理的薪酬与员工福利制度,并为其提供广阔的发展空间,激发员工工作的积极性,致力企业的良性发展。

(3)树立企业绿色发展观,强化企业家的社会责任。习近平总书记说过"金山银山就是绿水青山",五大发展理念也再一次强调了绿色发展的重要性,这也昭示着企业家应积极响应国家号召,与国家一同推动社会的绿色发展。企业应根据行业特征建立与之相适应的绿色战略,按照 ISO

14001 等环境体系标准，积极履行环境责任。加强企业生产过程中对资源节约和环境友好目标的监控，并积极开发绿色产品，推进绿色技术的创新。通过绿色宣传、绿色培训等措施培育企业的绿色文化，从而加强企业员工的绿色发展观念。

（4）重视开放式学习为培育企业家精神奠定基石。西部企业地处闭塞地区，封闭的环境使企业大多封闭门户，狭窄的发展格局使西部企业的发展常常陷于瓶颈。随着"一带一路"倡议的实施，西部经济格局发生转变，西部企业也应该抓住机会完成新时代的蜕变，坚持开放学习的思路，不仅要鼓励自主创新，也要与行业优秀企业充分交流，学习其先进的成果，增强企业竞争力。企业的开放学习就是通过与优秀企业相比较，找到现阶段企业与外界先进水平的差距，并寻找缩短差距的路径。所以，重视企业的开放式学习与交流能够增强企业自主创新能力。

参考文献

张维迎、盛斌：《企业家：经济增长的国王》，上海人民出版社，2014。

萨伊：《政治经济学概论》，商务印书馆，1977。

方稳、张永丽：《论我国西部地区企业家的产生机制》，《改革与战略》2012 年第 2 期。

Knight F H, Publications D. Risk, Uncertainty and Profit. Social Science Electronic Publishing, 1921（4）：682－690.

宫文博：《企业家精神与企业持续成长研究》，山东大学硕士学位论文，2007。

程媛媛：《企业家精神对企业技术创新能力的作用机理研究》，中国海洋大学硕士学位论文，2013。

王金洲：《企业家概念——一个理论综述》，《湖北经济学院学报》2005 年第 2 期。

宋培林：《企业经营者成长机制论：基于经营型人力资本的微观视角》，贵州人民出版社，2004。

张维迎：《企业家精神与中国企业家成长》，《经济界》2010 年第 2 期。

Schumpeter Joseph A. Capitalism, Socialism, and Democracy. Harper, 1942.

刘祺：《基于企业家精神的企业知识创新动力机制研究》，中南大学硕士学位论文，2015。

彼得·德鲁克：《创新与企业家精神》，彭志华译，海南出版社，2000。

汪丁丁：《企业家关心的热点问题之二企业家的精神》，《领导决策信息》2001 年第 2 期。

欧阳兆：《企业家素质测评研究》，湖南工业大学硕士学位论文，2013。

李玲:《国内外素质和素质模型研究述评》,《广西师范学院学报》(哲学社会科学版)2011年第2期。

肖鸣政、MarkCook:《人员素质测评》,《中国人力资源开发》2003年第8期。

李彦锋:《企业家素质测评指标体系研究》,河北经贸大学硕士学位论文,2012。

马欣川:《中国企业家素质测评方法研究》,华东师范大学硕士学位论文,2003。

王炫:《企业家精神对中小企业成长的作用——基于扎根理论的探索性研究》山东大学硕士学位论文,2016。

陈俊龙、齐平、李夏冰:《企业家精神、企业成长与经济增长》,《云南社会科学》2014年第3期。

向明生:《基于企业家精神的中小企业成长机理探析》,《当代经济》2015年第2期。

彭罗斯:《企业成长理论》,上海人民出版社,2007。

杨宇、郑垂勇:《企业家精神对经济增长作用的实证研究》,《生产力研究》2008年第18期。

李占风、刘晓歌:《企业家精神对经济增长的影响》,《统计与决策》2017年第12期。

刘文峰:《明清山陕商人与儒家文化》,《山西师范大学学报》(社会科学版)2003年第4期,第32~37页。

刘秀兰、秦荣:《汉唐时期西部地区的科技创新及其对经济发展的推动作用》,《西南民族学院学报(哲学社会科学版)》2002年第9期。

陈其霆:《建国后西部开发的三次浪潮》,《开发研究》2000年第4期。

张桂桂:《浅谈先秦时期西北的开发》,《牡丹江师范学院学报》(哲学社会科学版)2012年第6期。

陈栋生:《西部大开发十年回顾与展望》,《西部论坛》2010年第1期。

王瑛:《企业家精神在区域创新系统演化中的作用机理研究》,《科技管理研究》2008年第7期。

余文静:《"一带一路"对我国区域经济发展的影响及格局重塑》,《中国市场》2018年第10期。

张晔、刘志彪:《政府干预、经济自由与企业家精神》,《南京社会科学》2004年第2期。

丘海雄、徐建牛:《产业集群技术创新中的地方政府行为》,《管理世界》2004年第10期。

何传方:《企业家在中国经济转型中的地位和作用分析》,华中师范大学硕士学位论文,2012。

李杨、黎赔肆:《地域文化特征对企业家精神与创业活动的影响研究——以湖南与河南两省为例》,《南华大学学报》(社会科学版)2011年第6期。

陈春花:《中国企业40年与企业家精神》,《中外企业文化》2018年第1期。

西部大开发 20 年西部地区创新发展的历史、现实与未来[*]

郭 晗 廉玉妍 赵 笑[**]

摘 要： 创新发展理念将在引领新时代西部地区高质量发展中产生至关重要的作用。本文对西部大开发 20 年以来西部地区创新发展的历史进行回顾，并从创新基础、创新投入、创新产出和创新绩效等四大维度对西部地区近 20 年来的创新发展水平进行评价，基于评价结果总结提炼出西部地区创新发展的特征和制约因素，进一步提出西部未来实现创新发展的总体路径。

关键词： 西部大开发 创新发展 创新投入 创新产出 创新基础

西部地区占我国国土面积的 70% 以上，资源丰富，也有一定的技术和产业基础，是我国少数民族最集中的地区。西部地区的发展是我国全面建成小康社会的重点，对国家的统一、民族的团结有重要意义。2000 年，西部大开发战略作为我国首个地区发展战略被提出，凸显了国家对西部发展的重视。近年来，西部地区在国家创新驱动发展战略实施的大背景下，在创新投入、创新产出和创新环境建设方面都有了比较大的提升。党的十九大以后，创新发展理念作为新时代五大发展理念之一，也将在引领西部地区未来发展中起到至关重要的作用，因此，在西部大开发 20 年之际，对西部地区创新发展的历史和现实进行总结评价，并对未来创新发展的路径进行探索，对西部地区以创新实现高质量发展具有重要意义。

一 西部大开发 20 年西部地区创新发展的历史回顾

（一）西部大开发战略的历史回顾

作为 21 世纪初影响最大的区域发展战略，西部大开发源自 20 世纪 70

[*] 本文是国家社会科学基金青年项目（18CJL014）、教育部哲学社会科学后期资助项目（17JHQ030）和陕西省软科学研究计划项目（2017KRM115）的研究成果。

[**] 郭晗，西北大学经济管理学院副教授；廉玉妍，西北大学经济管理学院学生；赵笑，西北大学经济管理学院学生。

年代末开始的区域非均衡发展。在 20 世纪 70 年代末，受益于改革开放带来的红利效应和国家开始实施的区域非均衡发展战略，东南沿海地区开始快速发展起来。1988 年，邓小平提出了"两个大局"的重大战略构想，在这个战略构想中进一步明确了区域的非均衡发展战略。在这一重大战略构想中，全国的发展被分为两个阶段，在发展第一阶段，中西部地区要服从一个大局，即沿海地区要通过扩大开放尽快发展起来，在发展的第二阶段，东部沿海地区也要服从一个大局，即沿海地区发展起来后，要贡献更多的力量帮助中西部地区加快发展。

在"两个大局"的非均衡发展战略和改革开放的历史大背景下，东部沿海地区在 20 世纪 80 年代初到 20 世纪末取得了飞速的发展。借助政策优惠及地区优势，东部地区民营经济蓬勃发展，带动了经济的快速增长，东西部地区经济差距越来越大。1995 年，东部地区人均 GDP 达到了西部地区的 2.3 倍，基本建设投入达到西部地区的 3.6 倍，到 20 世纪末，仅上海市 GDP 就达到了西部十二省份 GDP 的 25% 以上，区域经济的较大差距给社会及人们心理都带来极大不平衡。1999 年，江泽民同志在西安调研时就指出要研究好西部大开发战略，同年，中央政府发布了《中共中央关于国有企业改革和发展若干重大问题的决定》，西部大开发战略提出并正式开始实施。

2000～2009 年，是西部大开发的第一个十年，西气东输、西电东送、青藏铁路等重大工程的基础设施建设完毕，生态环境得到治理，城市卫生、文化等方面得到改善，人民生活水平显著提高，区域经济差距减小。在这一时期，西部地区 GDP 从 17276.41 亿元增加到 66973.48 亿元，人均 GDP 年均增速 11.65%，高于同期全国平均水平 0.14 个百分点，东西部地区经济发展差距的扩大趋势得到了初步抑制。西部地区公路增加了 4 万多公里，新增铁路营运里程 1 万公里，12 个干线机场与 30 个支线机场得到大规模扩建，多个大型水利枢纽项目相继建成，中央财政对西部地区财政转移支付力度不断加大，国家重点工程投资总规模达到 2.2 万亿元。2010 年 7 月，党中央、国务院在北京召开了西部大开发工作会议，总结了西部大开发十年来取得的显著成效与丰富经验。同年 8 月，中共中央发布了《关于深入实施西部大开发战略的若干意见》，对下一时间段西部大开发的实施提供了战略准备。

2010～2017 年，西部大开发战略继续扎实推进，西部 12 省份都实现了经济的快速增长，整体人均 GDP 增长率达到 12.6%，高于全国平均水平 0.4 个百分点。2017 年，贵州、西藏、新疆、四川、重庆这五个省份的人均 GDP 增长率均达到 10% 以上，区域经济增长势头强劲。近年来，西部地区基础设施不断完善，城市化进程不断加速，经济效益显著提升，各行业蓬勃发展，精准扶贫效果显著，为西部地区未来经济社会的快速发展和2020年全面建成小康社会的目标实现奠定了坚实的基础。

西部大开发战略实施20年来，特别是党的十八大以来，党中央、国务院进一步完善我国区域发展战略体系，将"西部大开发"战略与"长江经济带"建设、"一带一路"倡议相融合，强调西部各省份借助地区优势，积极抓住西部大开发新一轮的发展机遇，不断加大开放力度，为全国经济增长贡献新的活力。2000～2017年，西部大开发累计投资额达6.85万亿元，而新开工的重点工程达到317项，这带动了西部地区基础设施条件的不断完善，优势特色产业得到突破性发展，为西部地区长远发展奠定了强劲支撑。

党的十九大报告提出，要"强化举措推进西部大开发形成新格局"，指出西部地区的发展很难完全依靠西部自身的力量，需要增加中央财政对西部地区的转移支付。同时，应充分发挥与东部地区的资源互补性，借助东部地区的快速发展，抓住"一带一路"倡议的机遇，继续着力加强对外开放，加快铁路、高铁、高速公路的建设。同时，要加强西部地区人力资本的培育，加强东部与西部的资源优化整合，促进区域协调发展。

（二）西部大开发20年西部地区创新发展的历史回顾

创新是引领发展的第一动力，科技创新是引领我国高质量发展的重要引擎。近年来我国科技投入持续增加，科技产出水平提升，科技实力显著增强。自西部大开发战略实施以来，伴随着西部地区经济的快速发展，西部地区的创新水平也在不断提升。国家日益重视西部地区的创新发展，不断加大对西部地区的创新投入，创造一系列有利于西部创新发展的条件。

2007年1月国务院批复同意的《西部大开发"十一五"规划》，明确指出要实施西部科技能力建设工程，加快建设一批科技研发基础设施。2012年2月发布的《西部大开发"十二五"规划》提到要建设创新型区域，建设特色鲜明、优势突出的区域创新体系。文件明确提到支持关中—天水、成渝等重点经济区加快构建创新型区域，支持西安、成都、绵阳等城市建设创新型城市，强调了创新型区域和创新型城市所能发挥的引领示范和辐射带动作用。同时发挥国家高新技术开发区和经济技术开发区的优势，加快建设创新基地。《西部大开发"十二五"规划》还强调加快构建完善的区域创新网络，推动建立企业和科研机构、高等院校三方创新主体共同参与的区域创新战略联盟。

2017年1月国务院正式批复同意的《西部大开发"十三五"规划》，提出加大研发投入，加快关键技术研发和成果转化，促进新技术、新产业、新业态、新模式形成和发展，为经济社会持续发展提供强大动力。其中第六章为"促进创新驱动发展"，该章内容指出要拓展创新领域，培育壮大创新主体，搭建创新平台体系，构建创新体制机制，推动大众创业万众创新。创新驱动发展能力显著增强是西部大开发"十三五"时期的奋斗目标之一。根据西部大开发规划对于创新部分的叙述，可知国家对于西部地区创新发展水平的关注不断增强。

从西部地区创新发展的主要指标来看，从1997年到2017年，西部地区财政科技支出从13.64亿元提升到594.7亿元，代表人力资本的平均受教育年限从1997年的6.49年提升到8.74年，国内专利授权量从5751项提升到205680项，国内发明专利授权量从243项提升到39043项，发明专利授权量比重从4.2%提升到18.9%，创新质量出现明显提高，技术市场成交额从45.16亿元提升到1845.81亿元，非农产业比重从74.16%提升到88.61%，这一系列指标都反映出，西部大开发20年来，西部地区的整体创新水平有了较大提升，对经济发展的支撑作用也越来越强。未来西部地区实现高质量发展的关键仍然在创新，还需深入贯彻创新发展的基本理念，全面实施创新驱动发展战略，提高区域创新实力，促进科技创新和经济社会发展的深度融合，从而推动西部地区的长期可持续发展。

二　西部大开发20年西部地区创新发展的状态评价

西部大开发20年来，西部地区在经济发展水平、基础设施水平、产业发展水平上取得了巨大的成就，而在创新发展水平上也取得了不俗的成绩。本部分从创新基础、创新投入、创新产出和创新绩效四大维度出发，基于多个指标对20年来西部地区创新发展的水平进行具体评价。

（一）创新基础

创新基础主要体现为一个地区实现创新发展的人力资本基础，因此，在创新基础部分主要采取两类指标，一是代表教育水平的西部地区及各省份的平均受教育年限，二是基于J－F终身收入法计算出的西部地区各省份的人力资本存量水平。

1. 西部大开发20年来西部地区教育水平的状态评价

根据图1所示，自1997年以来，西部地区平均受教育年限呈上升趋

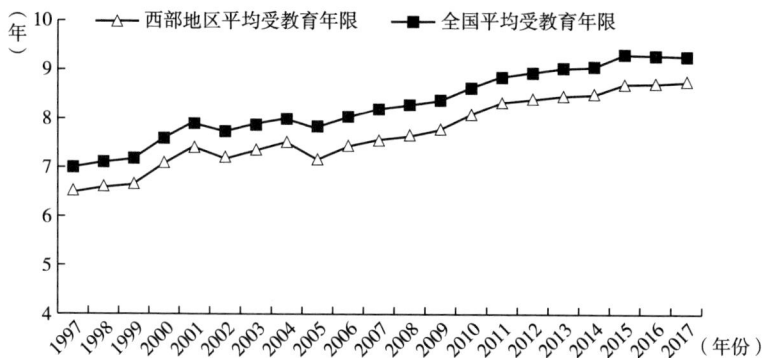

图 1　1997～2017 年西部地区及全国平均受教育年限

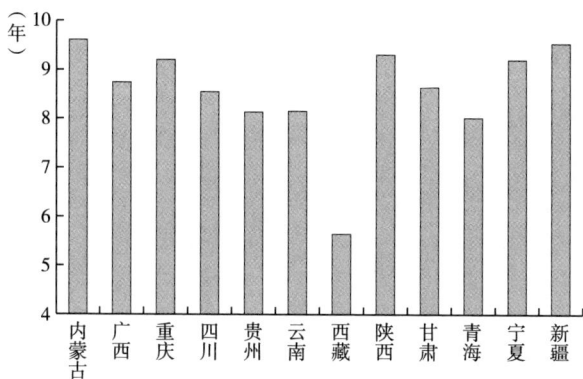

图 2　2017 年西部各省份平均受教育年限

势，从 6.5 年增加到接近 9 年，增加幅度明显，但西部地区平均受教育年限一直略低于全国水平。由图 2 可知，在西部地区内部，2017 年内蒙古、重庆、陕西、宁夏和新疆平均受教育年限均超过 9 年，受教育年限最低的是西藏，未超过 6 年。

2. 西部大开发 20 年来西部地区人力资本存量水平的变化

人力资本存量主要基于 J－F 终身收入法来计算，该方法的核心在于计算人力资本产生的未来效益，具备充分的理论基础。该方法认为人力资本在市场中的交易价格是预期生命的未来终身收入。参照李海峥等（2010，2013）的研究，本文计算出以 1997 年为基期的中国及各省份人力资本，并按照各省份人口数计算出代表性年份的人均人力资本存量水平，进而得出西部地区人力资本存量及占全国比重。

根据图 3 所示，2017 年西部地区人力资本存量占全国比重与 1997 年相比变化不大，仅降低了 1 个百分点左右，西部地区人力资本存量逐年上涨，从不到 20 万亿元上升到超过 70 万亿元。根据图 4 和图 5 可知，在西部地区内

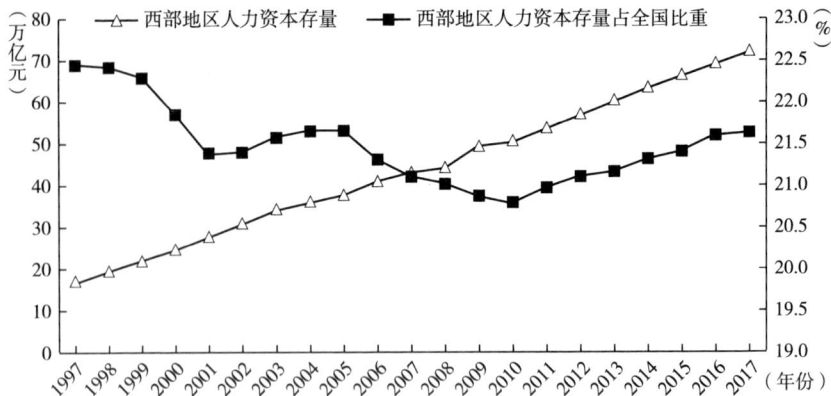

图3　1997～2017年西部地区人力资本存量及占全国比重

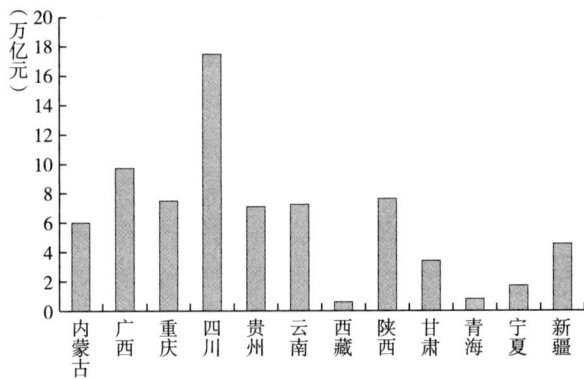

图4　2017年西部各省份人力资本存量

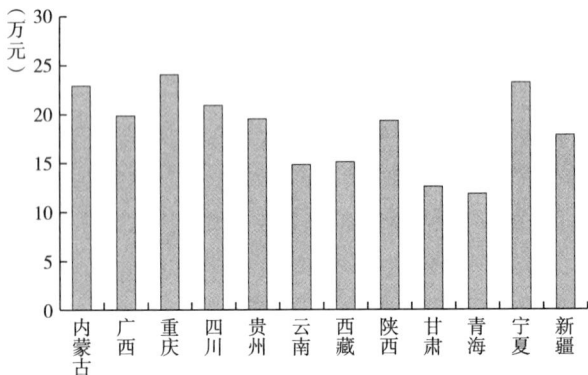

图5　2017年西部各省份人均人力资本存量

部,2017年人力资本存量最高的是四川,超过16万亿元,远高于其他十一个地区,而西藏、青海和宁夏地区则较低,未超过2万亿元。人均人力资本存量,最高的是重庆,达到24万元,最低的是青海,仅有12万元。

（二）创新投入

对于西部地区创新投入的评价，主要选取两类指标，一类是代表政府创新投入的指标，采用地方政府财政科学技术支出及其占一般预算支出比重来进行衡量；另一类是代表企业创新投入的指标，采用规模以上工业企业 R&D 人员全时当量、规模以上工业企业新产品项目数和新产品开发经费等指标衡量。

1. 西部大开发20年以来政府层面创新投入的变化

根据图6所示，1997～2007年，西部地区地方财政科学技术支出占全国比重总体呈下降趋势，但实际上西部地区地方财政科学技术支出水平逐年上升，且在2007年及以后，增速明显快于2006年以前。[①] 根据图7可知，四川、贵州与陕西地方财政科学技术支出较高，对创新的投入较多，西藏明显偏低。而在人均水平方面，如图8所示，宁夏最多，较为突出，其他省份之间差距不大。

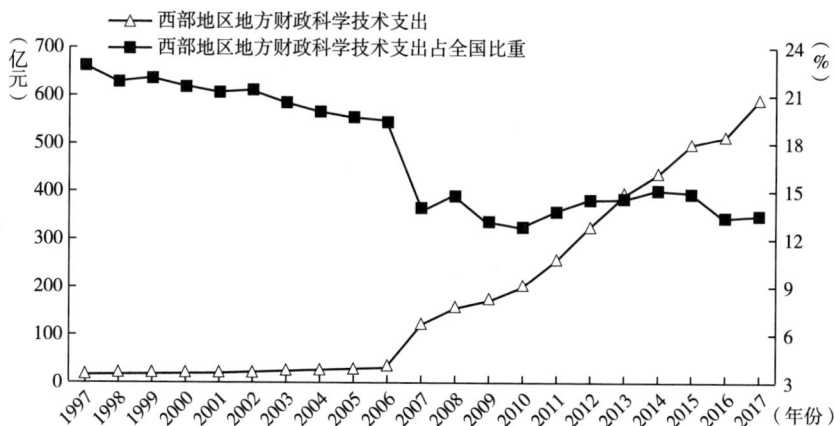

图6 1997～2017年西部地区地方财政科学技术支出及占全国比重

根据图9所示，西部地区地方财政科学技术支出占地方财政一般预算支出的比重变化与全国水平变化趋势大致相同，从1997年至2006年，该比重缓慢降低，而且二者相差不大，2007～2017年西部地区该指标大体呈

[①] 在2007年，无论是西部地区地方财政科学技术支出还是西部地区地方财政科学技术支出占全国的比重，都发生明显改变，这一改变发生的原因在于，2006年及以前年度财政科技支出包括科技三项费、科学事业费、科研基建费和其他科研事业费；2007年政府收支分类体系改革后，财政科技支出包括"科学技术"科目下支出和其他功能支出中用于科学技术的支出，下一指标同理。

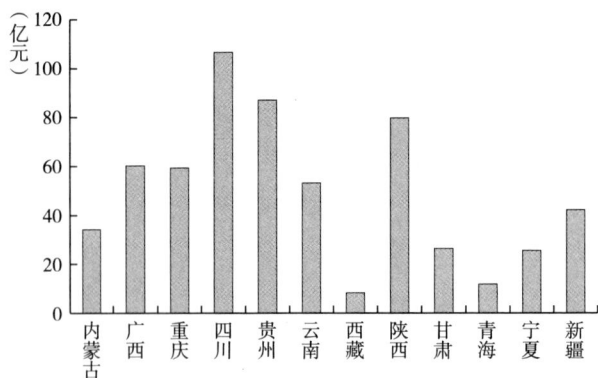

图7　2017年西部各省份地方财政科学技术支出

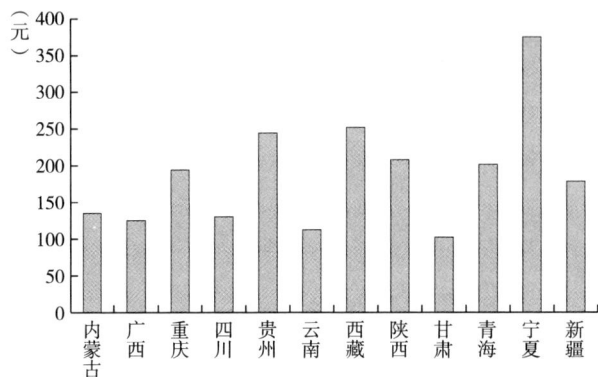

图8　2017年西部各省份人均地方财政科学技术支出

缓慢上升趋势，但与全国水平差距拉大。根据图10所示，在2017年，西部地区内部，贵州、宁夏与陕西科学技术支出占一般预算支出比重较大，均在1.6%以上，证明这三个省份对于创新更看重，最低的为西藏，占比不到0.6%。

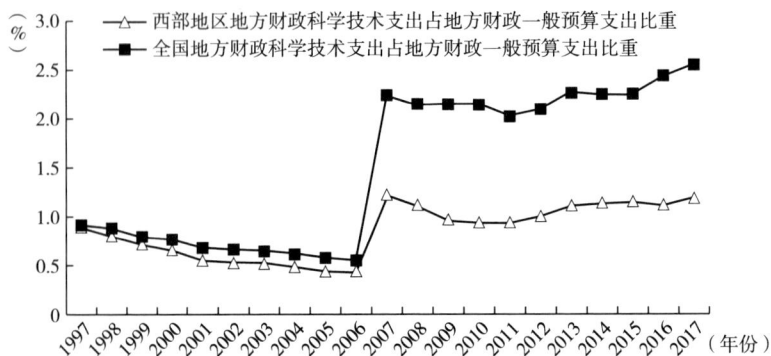

图9　1997～2017年西部地区地方财政科学技术支出占一般预算支出的比重

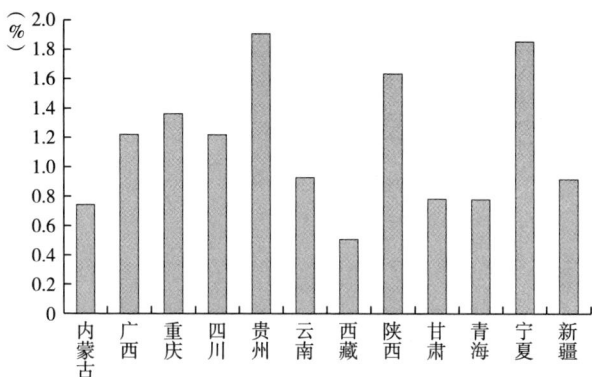

图 10　2017 年西部各省份财政科学技术支出占一般预算支出比重

2. 西部大开发 20 年以来企业创新投入的变化

根据图 11 与图 12 所示，2004～2017 年西部地区及全国规模以上工业企业 R&D 人员全时当量都呈上升趋势，但很明显，相较于全国的快速增长，西部地区增速较缓。而在西部地区内部，在 2017 年，该指标数据结果呈现两极分化状态，四川、重庆与陕西科技人力投入较多，而西藏、青海、宁夏与新疆科技人力投入明显较低。

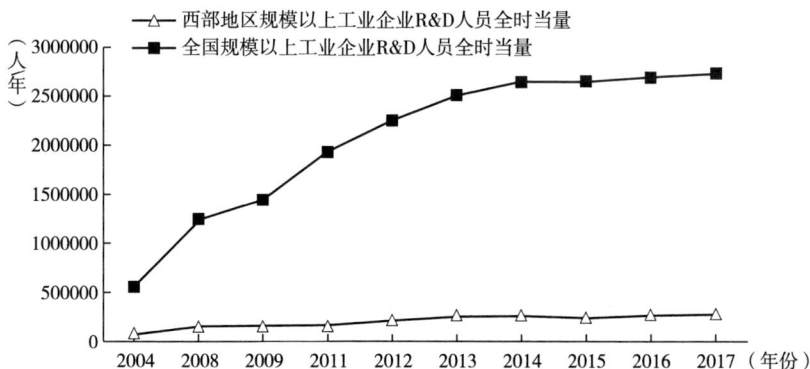

图 11　2004～2017 年西部地区及全国规上工业企业 R&D 人员全时当量

根据图 13～图 16 所示，2004～2017 年，西部地区规模以上工业企业 R&D 项目数与新产品项目数占全国比重均呈下降趋势，但是西部地区规模以上工业企业 R&D 项目数与新产品项目数依然增速明显，增幅较大，二者基本由 2004 年 10000 项左右增长到 2017 年的接近 50000 项。而在西部地区内部，无论在 R&D 项目数还是新产品项目数上，重庆与四川都表现良好，均超过 10000 项，而西藏、青海、新疆与宁夏，在创新投入上较少。

由图 17 可发现，自 2004 年以来，西部地区规模以上工业企业新产品

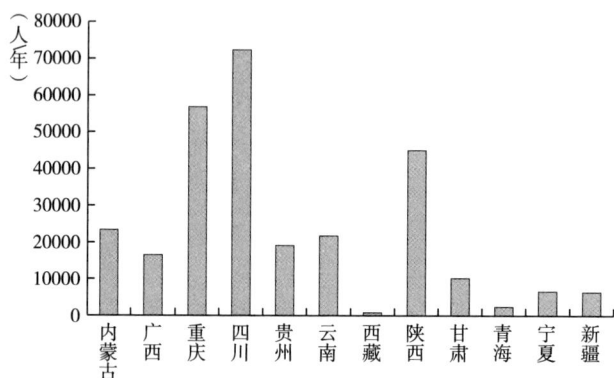

图12　2017 年各省份规上工业企业 R&D 人员全时当量

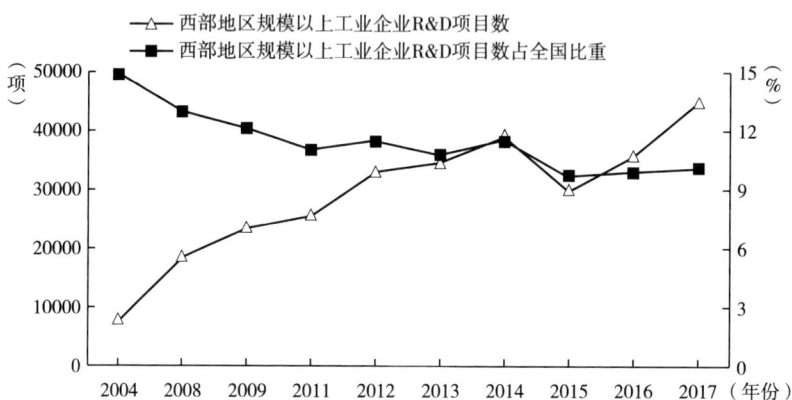

图13　2004～2017 年西部地区规上工业企业 R&D 项目数及占全国比重

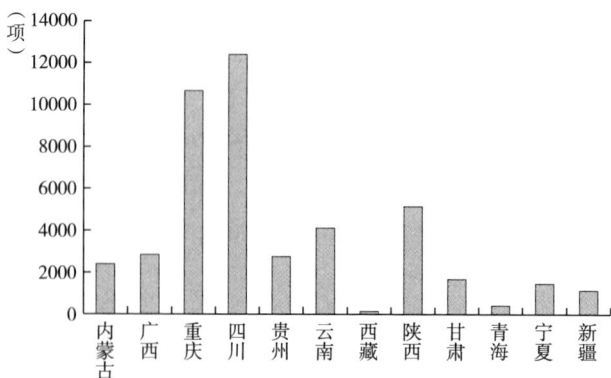

图14　2017 年各省份规上工业企业 R&D 项目数

开发经费占全国比重不断起伏，但西部地区规模以上工业企业新产品开发经费实际上是逐年增加的，从 90 亿元增加到接近 1300 亿元，增幅明显。由图18 可知在西部地区内部，2017 年重庆、四川和陕西规模以上工业企

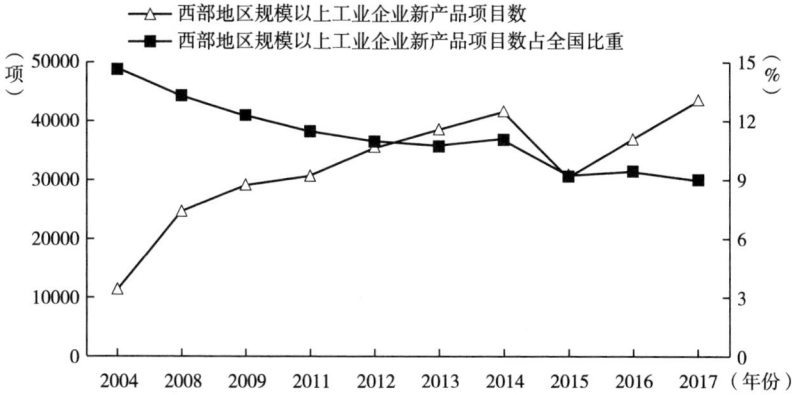

图 15 2004~2017 年西部地区规上工业企业新产品项目数及占全国比重

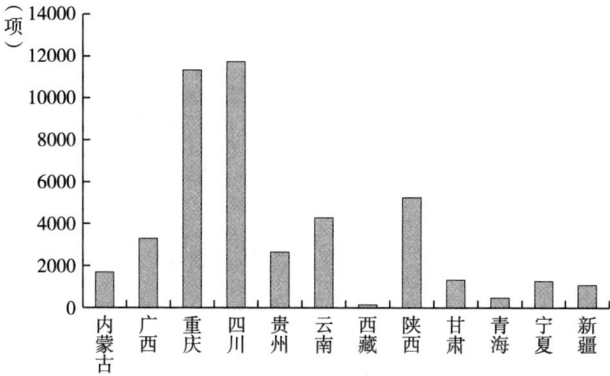

图 16 2017 年各省份规上工业企业新产品项目数

业新产品开发经费远高于其他省份，而西藏、青海和宁夏等相较于其他省份在这方面则投入较少。

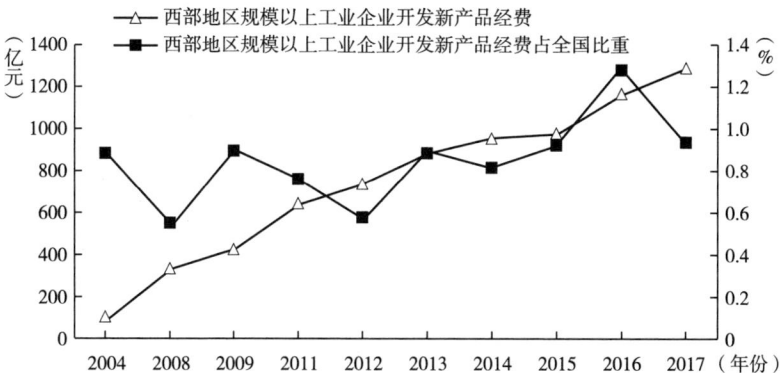

图 17 2004~2017 年西部地区规上工业企业新产品开发经费及占全国比重

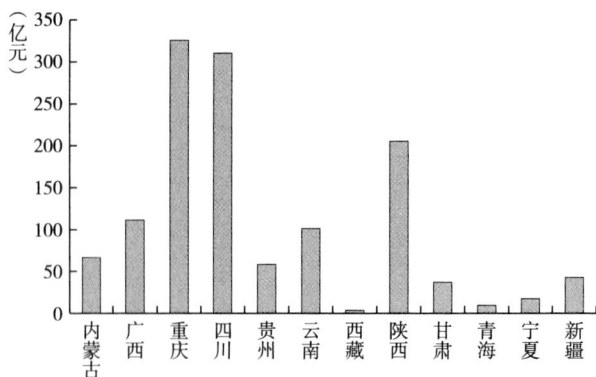

图18 2017年西部各省份规上工业企业新产品开发经费

（三）创新产出

对于西部地区创新产出的评价，采取国内专利申请授权量、规模以上工业企业有效发明专利数和代表创新产出质量的发明专利数占总专利数比重等指标来衡量科技创新的产出状况，同时采取技术市场成交额指标衡量科技创新成果转化的状况。

1. 西部大开发20年以来专利产出及其质量的变化

根据图19所示，2017年西部地区国内专利申请授权量占全国比重相较于1997年变化不大，降低了2个百分点左右，但实际上西部地区国内专利申请授权量是呈上升趋势的，从500项左右上升到超过20万项。根据图20和图21可知，在西部地区内部，2017年国内专利申请授权量最高的是四川，超过60000项，远高于其他十一个地区，而西藏、青海则较低。对

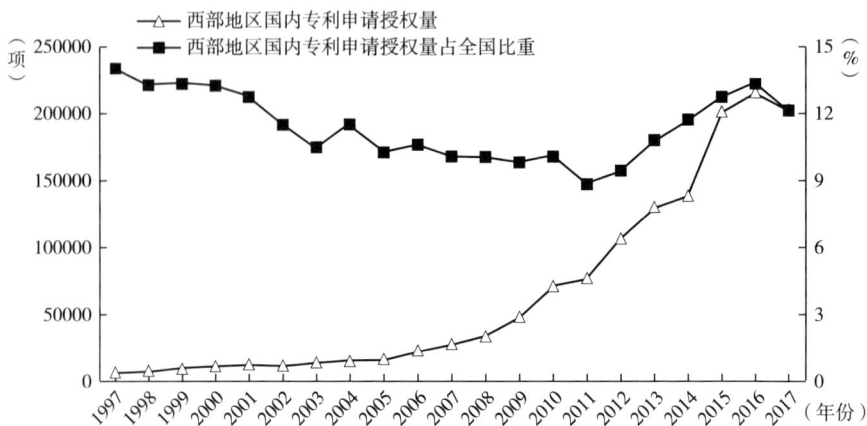

图19 1997~2017年西部地区国内专利申请授权量及占全国比重

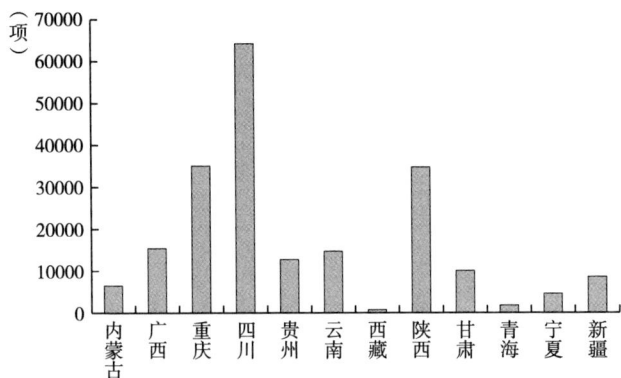

图 20 2017 年西部各省份国内专利申请授权量

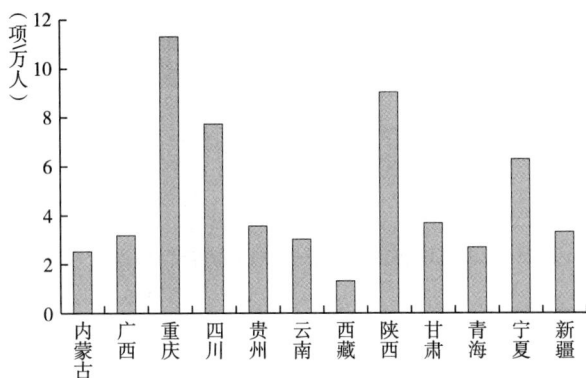

图 21 2017 年西部各省份每万人国内专利申请授权量

于每万人国内专利申请授权量，最高的是重庆，达到 11.3 项/万人，最低的是西藏，仅有 1.2 项/万人。

根据图 22 所示，2017 年西部地区国内发明专利申请授权量占全国比

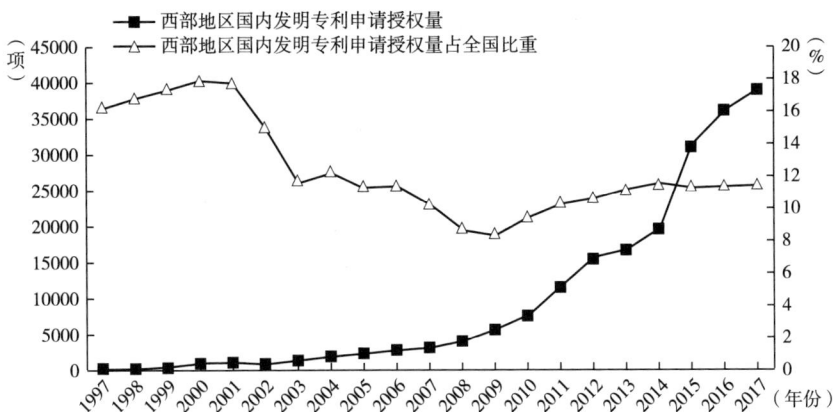

图 22 1997～2017 年西部地区国内发明专利申请授权量及占全国比重

重相较于 1997 年降低了 4 个百分点左右，但西部地区国内发明专利申请授权量是逐年增加的，从 200 项左右增加到接近 40000 项。根据图 23 和图 24 可知，在西部地区内部，2017 年国内发明专利申请授权量最高的是四川，超过了 11000 项，西藏最低，不到 50 项。对于每万人国内发明专利申请授权量，最高的是陕西，达到 2.3 项/万人，最低的是西藏，仅有 0.1 项/万人。

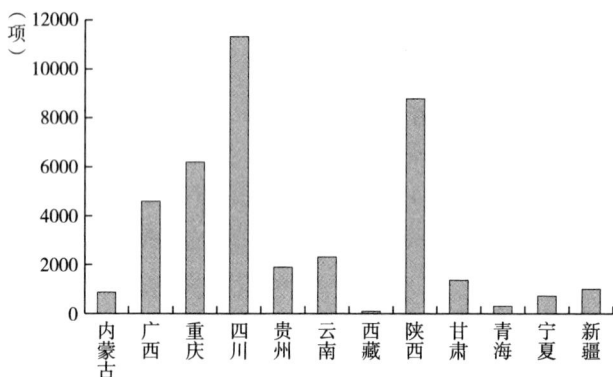

图 23   2017 年西部各省份国内发明专利申请授权量

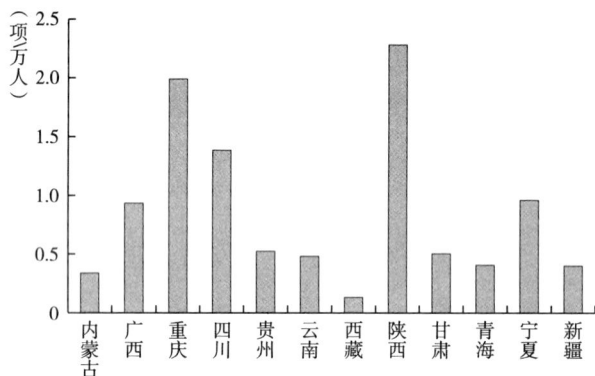

图 24   2017 年西部各省份每万人国内发明专利申请授权量

根据图 25 和图 26 所示，从 1997 年到 2017 年，西部地区发明专利申请授权量占西部地区国内专利申请授权量比重从 4% 左右提高到 19% 左右，与全国基本一致。在西部地区内部，2017 年国内发明专利申请授权量占国内专利申请授权量比重最高的是广西，达到 30%，其次是陕西，为 25%，而西藏仅为 10%，新疆仅为 12%。

根据图 27 所示，2004～2017 年西部地区规模以上工业企业有效发明专利数占全国比重变化不大，但实际上西部地区规模以上工业企业有效发明

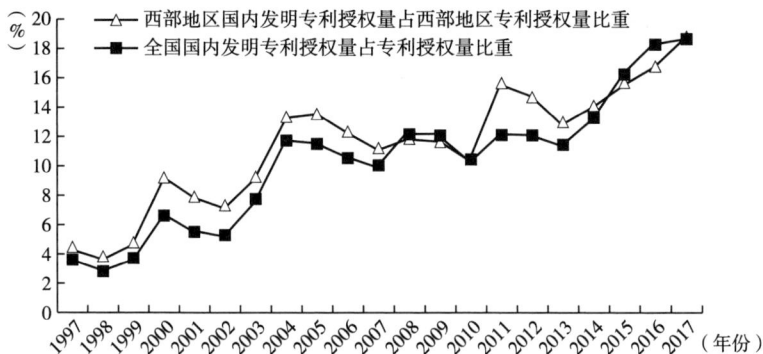

图25　1997~2017年全国及西部地区发明专利申请授权量占专利申请授权量比重

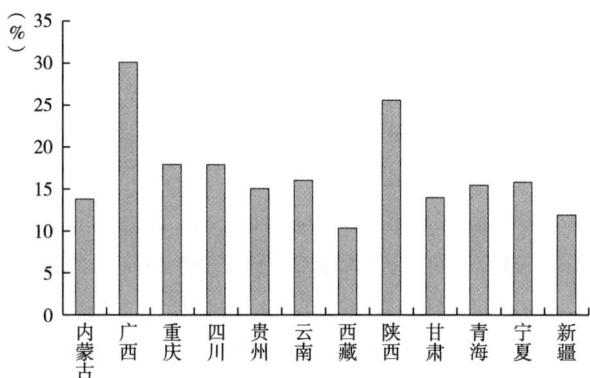

图26　2017年西部各省份发明专利申请授权量占专利申请授权量比重

专利数逐年增加，从3000件增加到90000件。根据图28可知，在西部地区内部，2017年规模以上工业企业有效发明专利数最高的是四川，超过30000件，远高于其他省份，而西藏只有100件左右，青海只有400件左右。

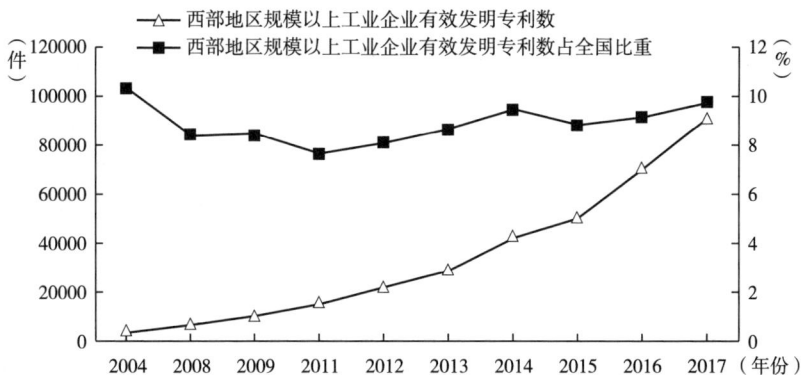

图27　2004~2017年西部地区规上工业企业有效发明专利数及占全国比重

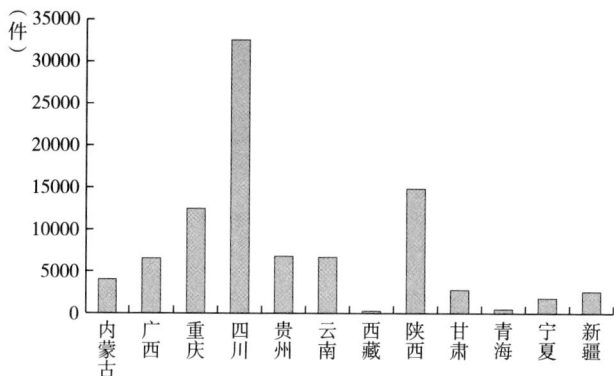

图28　2017年西部各省份规上工业企业有效发明专利数

2. 西部大开发20年以来创新成果转化状况

根据图29所示，2017年西部地区技术市场成交额占全国比重相较于1997年变化不大，但实际上西部地区技术市场成交额是呈逐年上升趋势的，从不到50亿元增加到超过1800亿元。根据图30和图31可知，在西部地区内部，2017年技术市场成交额前三名是陕西、四川、甘肃，分别为920亿元、400亿元和160亿元，远高于其他省份，而其他省份都相对较低。对于人均技术市场成交额，陕西、青海、甘肃均超过500元/人，且陕西最高，达到2400元/人，其余地区除四川外均未超过250元/人。

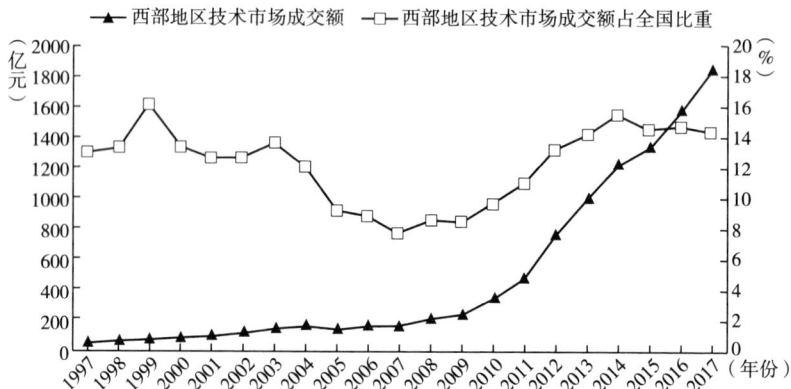

图29　1997~2017年西部地区技术市场成交额及占全国比重

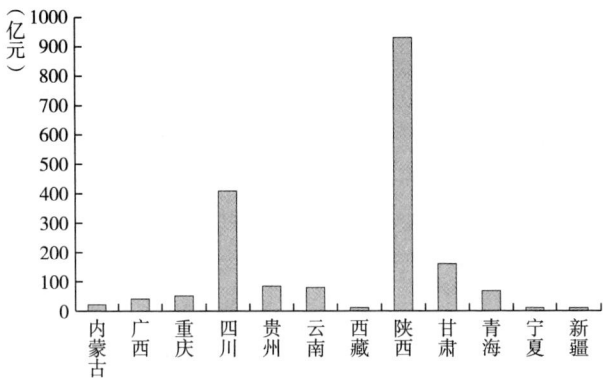

图30　2017年西部各省份技术市场成交额

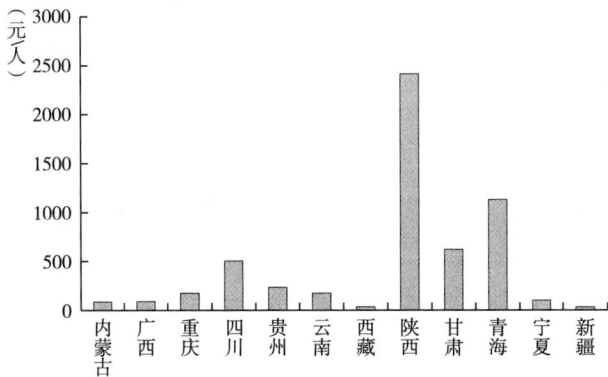

图31　2017年西部各省份人均技术市场成交额

（四）创新绩效

对于西部地区创新绩效的评价，本研究主要采取真实人均 GDP 及其增长率、非农产业占比和劳动生产率等指标来衡量西部地区20年以来的经济发展水平、产业发展水平和生产效率水平。

1. 西部大开发20年以来西部地区经济发展水平的变化

根据图32所示，自1997年以来，西部地区真实人均 GDP 水平呈逐年上升趋势，增加幅度明显，但西部总体水平一直略低于全国水平。根据图33所示，在西部地区内部，2017年真实人均 GDP 水平较突出的是内蒙古和重庆，均超过45000元，高于其他地区，最低的是贵州，贵州的真实人均 GDP 水平尚未超过20000元（见图33）。

根据图34和图35所示，西部地区真实人均 GDP 增长率在2005年及2010年左右明显高于全国水平，在多数年份西部地区水平与全国水平相

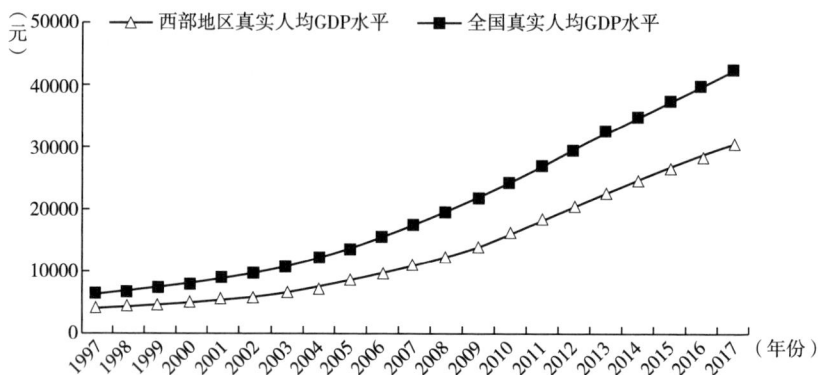

图 32　西部地区及全国真实人均 GDP 水平

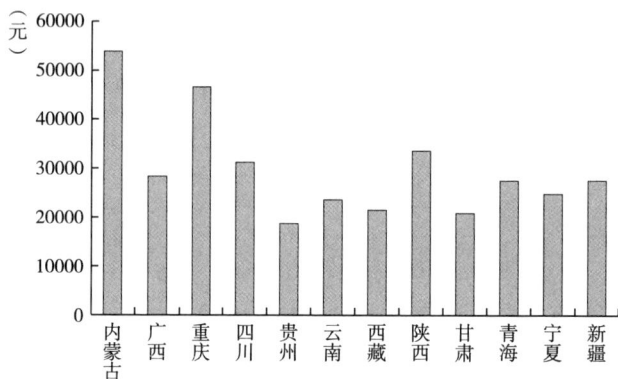

图 33　2017 年西部各省份真实人均 GDP

近。在西部地区内部，2017 年真实人均 GDP 增长率最高的是贵州，为 9.4%，内蒙古和甘肃增长率较低，内蒙古为 3.6%，最低的甘肃，其真实人均 GDP 增长率仅为 3%。

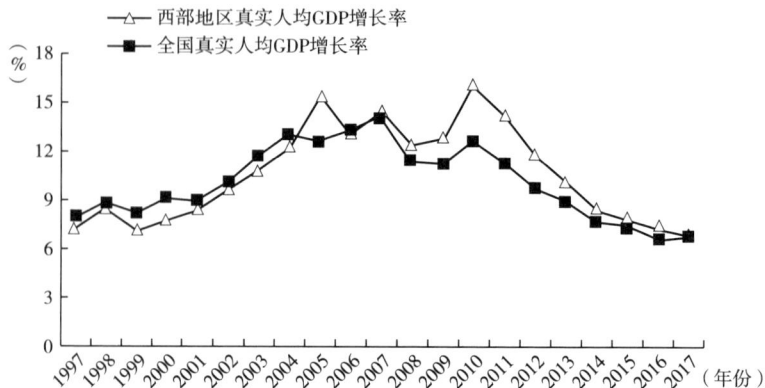

图 34　1997～2017 年西部地区及全国真实人均 GDP 增长率

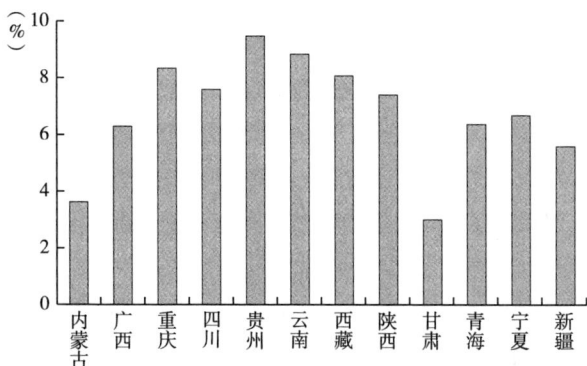

图35　2017年西部各省份真实人均GDP增长率

2. 西部大开发20年以来西部地区产业发展水平的变化

根据图36和图37所示，自1997年以来，西部地区非农产业占比基本呈上升趋势，从不到75%到接近90%，但西部地区产业结构高级化程度一直低于全国水平。在西部地区内部，2017年重庆、西藏、陕西、青海和宁夏五个地区产业结构高级化程度超过90%，广西和贵州较低，未达到85%。

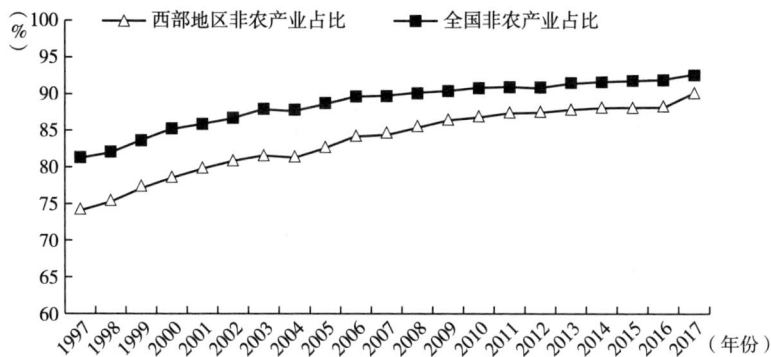

图36　西部地区及全国非农产业占比

3. 西部大开发20年以来西部地区劳动生产率的变化

根据图38和图39所示，自1997年以来，全国和西部地区劳动生产率逐年上升，增加幅度明显，全国地区从刚超过10000元/人上升到超过75000元/人，西部地区从接近7500元/人上升到超过50000元/人，但西部地区劳动生产率一直低于全国水平，且差距有所扩大。在西部地区内部，2017年劳动生产率最高的两个地区是内蒙古和重庆，超过了90000元/人，劳动生产率最低的两个省份是贵州和西藏，西藏最低，尚未超过30000元/人。

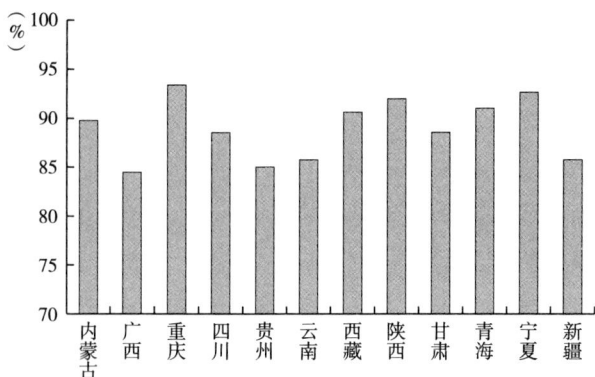

图37 2017 年西部各省份非农产业占比

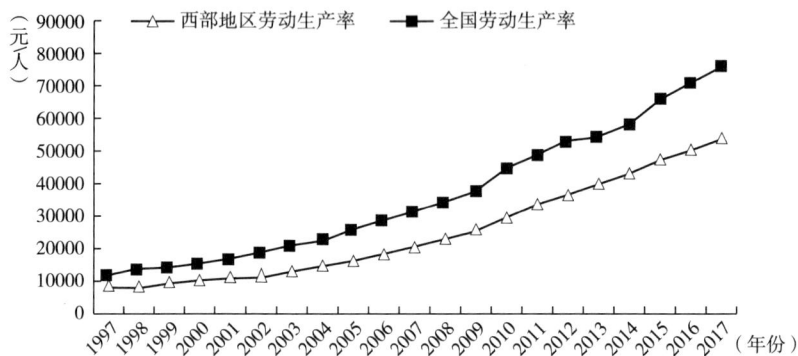

图38 1997～2017 年西部地区及全国劳动生产率

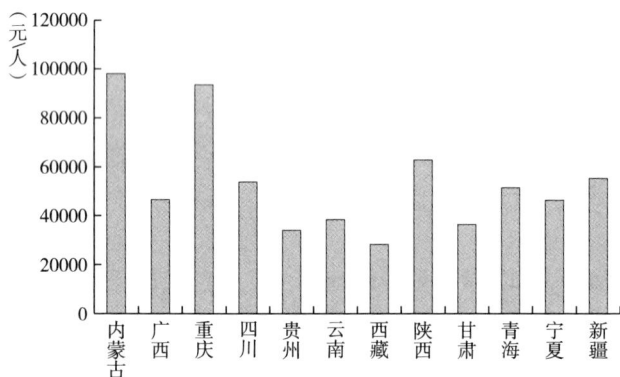

图39 2017 年西部各省份劳动生产率

结合西部地区创新发展的总体状况分析，可以发现，近 20 年来，西部地区的创新发展取得了比较显著的成效。在创新基础、创新投入、创新产出和创新绩效等方面都获得了比较迅速的发展，人力资本水平提升明显，政府创新投入和企业创新投入增幅较大，专利申请量、专利授权量和技术市场成交额增加明显。随着创新驱动战略的实施，西部地区经济发展水平、产业发展水平和劳动生产率也有了进一步提高。但在总结成绩的同时，西部地区创新发展过程中也呈现出诸多问题和制约因素：一是西部地区的创新水平相比全国整体水平而言仍然较低，在财政科技支出、专利数量和新产品数量方面，仍与全国整体水平有一定差距；二是西部地区内部各省份的创新水平存在较大差距，总体来看，陕西、四川和重庆等省份的创新水平较高，但其余省份的创新发展仍然处于较低水平。因此，未来西部地区创新发展过程中，既要进一步加大创新投入，促进整体创新水平的提升，又要促进西部地区创新平台的开放共享和创新资源的进一步整合，以区域创新体系的构建实现区域创新水平的全面提升。

三　新时代西部地区创新发展的路径转型

要实现新时代下西部地区的创新发展，最关键的就是要改善创新的供给侧条件，从人力资本角度强化创新的基础，从科技创新方面加大投入，促进科技创新成果产业化，以新产业的发展形成经济增长的新动能。具体来说包括以下方面。

第一，加大人力资本积累，改善创新要素的供给，为西部地区创新发展提供坚实基础。从创新要素来说，创新发展主要依靠的是知识和人力资本，这与传统发展过程中依靠物质资本要素有所不同。因此，在新的发展阶段，西部地区应该加快人力资本结构升级，同时采取相应的制度和政策调整来提升经济发展中的人力资本配置效率。具体来说，在加快人力资本积累方面，加大西部地区教育方面的投入，优化教育结构，使教育能够适应西部地区对人才的需求结构的变化，培养出一批优秀的创新型人才，为新时代下的西部创新发展提供人才保障。另外，在改善人力资本配置效率方面，加大对西部科研院所和企业创新型人才各方面的激励，引导优秀人才从事创新活动，改变可能由于部分行业垄断形成的不合理分配格局，留住优秀人才。通过人力资本水平的提升和人力资本要素的优化配置，为西部地区创新发展提供要素层面的基础和保障。

第二，加强新技术革命背景下西部地区的科技创新，特别是强化科学研究与技术发明的对接。新一轮科技革命背景下，颠覆性技术不断涌现，人工智能（AI）、虚拟现实（VR）、量子计算、能源存储等新技术不断改变着人们的生活。颠覆性技术的发明，将给全世界人们的生产方式和生活方式带来重大影响。西部地区在以创新实现高质量发展的过程中，必须看到并准确把握这一新趋势，特别是要充分认识到颠覆性技术带来的变革性影响，加强基础科学研究与技术发明的对接，实现在高技术领域内的追赶超越。因此，从创新技术的供给来说，根据新一轮科技革命下世界技术发展的趋势，结合西部经济发展的结构和特征，要着重在大数据与人工智能、量子计算与量子通信、新能源与新材料等领域积极创新，以科技创新为产业创新提供支持，以科技创新引领经济增长。

第三，推动经济发展新阶段下西部地区的质量变革，改善西部地区创新产品的供给。产品创新是创新发展中的重要部分，也是企业这一微观市场主体经营活动的核心内容。产品创新主要包括创造全新产品、创造新的产品平台、创造已有平台的派生平台和对原有产品改进等几方面内容。产品创新的本质要求是产品种类的扩张和产品质量的提升，因此，要在"工业4.0"的国际趋势和"中国制造2025"的国内背景下，积极推动西部地区制造业的产品质量变革，充分发挥企业家精神和工匠精神，运用设计方法去创造新的产品和服务。同时，还要紧抓新一轮西部大开发和丝绸之路经济带建设带来的重大机遇，以开放促创新，以开放促开发，使西部地区的优秀产品能够"走出去"。一方面要制定切实可行的产品创新战略；另一方面，也要积极改进产品创新模式，摆脱传统发展过程中依靠模仿和复制的产品生产路径，提升产品升级过程中的科技含量和自主创新程度，从而能够产生更多的"西部智造"和"西部创造"，以产品创新获得新的市场，培育新的竞争优势。

第四，积极推动西部地区传统行业与"互联网＋"的融合，改善创新业态模式的供给。当今世界经济发展的趋势是互联网产业与传统产业的深度融合，在这一背景下，大量的新的商业形态和商业模式不断涌现，而其本质是用互联网的新技术对传统产业进行改造和升级，这也是创新发展的重要体现。这些新业态和新模式能够改变传统经济发展中的信息不对称，利用基于大数据和云计算等技术得到的信息提升资源配置效率，使得经济发展中的交易成本迅速降低，而交易效率则明显提升。应该说，这些业态模式主要都是在互联网产业和信息产业加速发展过程中出现的产物。因此，积极推动新的互联网技术对西部地区传统行业进行升级改造，特别是利用大数据、云计算、物联网这些关键的技术创新，推动传统服务行业和传统制造业开发出各种新型的商业形态和模式，而互联网和信息产业本身的创新也是重要的，比如基于互联网和人工智能的供应链创新，就能够极大地提升传统行业的生产效率。通过互联网行业和传统行业的结合，促进西部地区产业之间的融合发展。

第五，积极推动西部地区新兴产业发展，培育经济增长新动能。经济增长是有阶段性的，不同发展阶段的主导产业也不尽相同，在经济发展进入新阶段的背景下，创新型产业的供给就成为创新发展的必然要求。产业创新是创新发展最终的落脚点和载体，推进产业创新需要考虑当年世界经济发展背景下产业变革的两大趋势。首先是制造业服务化趋势，说明产业之间的边界已经不再像过去那样明显。其次是新兴产业快速扩张的趋势，在新能源、新材料、新一代生物技术等领域，产品的创新和技术的创新已经到了一个比较成熟的阶段，可以进行大规模的创新扩散和应用。推进西部地区新兴产业发展，需要对这种趋势做出准确判断，并积极扩大投资，促进新产业的发展和新市场的形成。特别是当前正在产生的带有熊彼特式"创造性破坏"特征的颠覆性技术，例如人工智能、虚拟现实和增材制造技术等，这一类技术的出现有可能导致新的市场与产业的形成。因此，发展西部地区创新产业需要重视追踪当前技术创新的前沿趋势，通过对新兴产业的培育发展，力争使一批战略性新兴产业进入价值链中高端，从而能够在西部地区培育一批具有竞争力的创新型企业。

第六，强化西部地区创新的制度激励，改善创新制度的供给，为西部地区未来的创新发展提供制度保障。体制机制的创新是创新发展必不可少的条件。因此，在西部地区未来实现创新发展的过程中，要建立完善的制度体系，在发挥市场在资源配置中的决定性作用的基础上，使政府作用得到更有效的发挥，遵循"把激励做对，使制度正确"的总体原则，破除那些僵化的体制障碍，为新时代下西部地区的创新发展提供良好的制度基石。一是建立科学的政府决策机制，重点在于减少西部地区政府行为和决策的短期倾向，在引导创新方面更加注重长期效果。二是促进西部地区的科技和教育制度创新，为实现创新发展提供相应的人才支持。三是完善西部地区科技制度创新，通过科技体制改革释放活力，特别是在关键共性技术领域和前沿技术领域形成研发和创新的良好激励。四是规范收入分配秩序，在再分配方面向创新型行业和人才适当倾斜。为西部地区的创新发展和新时代下的高质量发展提供体制和机制保障。

第七，构建西部地区区域创新体系，从"以邻为壑"的区域分割向协同开放的区域创新体系转变。加快西部地区创新要素流动，打造一批综合实力强、创新体系完善、产学研用结合紧密的创新利益共同体。建立协同创新的风险分担和利益共享机制，突破限制创新发展的体制机制障碍，突破行政区思维，构建超越区域限制的新型区域创新体系，积极采用互联网思维构建新型区域创新体系，构建相互连接的创新网络平台，促使区域间的信息交流更为便捷，促进创新网络不断向外延展。推动传统区域创新体系与新一代信息技术融合发展，将所有创新资源汇聚联通，促使西部地区创新平台和创新资源共建共享。探索市场化的区域创新体系发展模式，鼓励民营企业和社会中介组织参与区域创新体系构建，在创新基础设施建设、科技平台和科技专项经费方面适当予以倾斜，为西部地区的创新发展提供有力保障。

参考文献

刘淳、张健：《西部大开发政策对中国经济的影响——基于 Bayesian 隐变量模型的中国地区经济联动性研究》，《清华大学学报》（自然科学版）2019 年第 2 期。

霍强、韩博：《区域经济发展的动力机制、模式识别及演化规律——基于西部大开发以来 12 个西部省份数据的分析》，《云南社会科学》2019 年第 1 期。

邵传林、云锋：《制度质量与区域经济政策绩效——基于西部大开发的准自然实验研究》，《经济与管理》2019 年第 1 期。

孔阳、何伟军、覃朝晖、谭江涛：《中国西部大开发政策净效应评估》，《统计与决策》2018 年第 24 期。

文丰安：《新时代持续推进西部大开发战略的着力点》，《改革》2018 年第 9 期。

肖金成、张燕、马燕坤：《西部大开发战略实施效应评估与未来走向》，《改革》2018 年第 6 期。

杜立钊：《西部地区的 TFP 增长、技术进步与效率变化》，《经济问题探索》2018 年第 5 期。

任保平、张蓓：《新常态下我国经济创新发展的动力与路径》，《福建论坛》（人文社会科学版）2018 年第 3 期。

闻璋：《西部大开发投资总额已达 6.85 万亿元》，《中国招标》2018 年第 1 期。

郭晗：《以供给侧改革促进创新型经济发展的机理与保障措施》，《黑龙江社会科学》2017 年第 3 期。

任保平、郭晗：《新常态下创新驱动经济发展思考》，《中国特色社会主义研究》2016 年第 3 期。

任保平、郭晗：《经济发展方式转变的创新驱动机制》，《学术研究》2013 年第 2 期。

西部大开发 20 年西部地区协调发展的历史、现实与未来研究

宋　宇　郝亚萌[*]

摘　要： 西部地区经历了西部大开发近20年的协调发展进程，省域协调、产业协调和城乡协调都显著发展。在省域协调发展方面，通过分析西部各省区市近20年的 GDP 数据可以看出，各省份地区生产总值是逐年上升的，但是各省份的经济发展速度却有着明显差距；在产业协调发展方面，从西部地区三大产业的结构变迁中可以看出，拉动经济增长的动力由第二产业为主转变为第三产业为主，第三产业对于经济增长的贡献逐渐超过了第二产业；在城乡协调发展方面，城镇和农村居民人均可支配收入自西部大开发战略实施以来均在增加，但是两者的差距也在不断加大，城乡发展不均衡问题一直存在。虽然西部地区协调发展面临诸多问题，但是近年来西部地区经济增速乐观，各省（区、市）积极推进产业结构优化，城乡一体化和乡村振兴战略也受到高度重视。为了深入探讨西部地区协调发展的得与失，本文研究了协调发展的特殊性与一般内涵，总结了现阶段西部地区协调发展战略取得的成就与面临的挑战。西部地区省域协调发展受到资源配置效率、地区经济结构差异和政府投资因素的影响，城乡协调发展受到城乡产业发展、基本公共服务以及政策制度因素影响，产业协调发展与科技、人力和金融体制因素密不可分。因此，西部地区必须采取相关战略路径和政策来消除发展壁垒，补齐短板，其中"一带一路"倡议、长江经济带发展战略、供给侧结构改革、优化产业资源等战略对于加大西部地区对外开放力度，推动西部经济健康发展有着显著的积极作用，对于推动西部地区整体协调发展具有重要意义。

关键词： 西部大开发　协调发展进程　省域协调

---

*　宋宇，西北大学经济管理学院数理经济系教授，博士生导师，研究方向为发展经济学；郝亚萌，西北大学经济管理学院 2017 级区域经济学专业硕士研究生。

引　言

西部大开发战略是以区域经济协调发展为逻辑起点的，开启了我国区域协调发展的新征程。[①] 西部大开发战略从 2000 年开始实施起一直致力于发展西部地区经济，这对于缩小我国各区域的经济社会发展差距有着重要意义，同时也有利于在可持续发展过程中形成更加有效的资源配置体系。西部大开发战略实施至今，西部地区的城乡发展差距、产业升级问题、扶贫工作、教育事业等方面得到了显著改善，从西部地区整体经济发展到西部各省份的经济增长和产业发展，均能看出西部地区一直在稳步推进区域经济协调发展。西部地区协调发展主要表现在西部整体经济综合发展能力和经济实力明显增强，注重发展质量成为新的焦点；基础设施建设使市场流通性显著增强，这可以带动和辐射各区域市场范围进一步扩大；西部地区的区域一体化进程不断加快，与其他三大板块的贸易联系逐渐加强；西部地区经济结构发生了很大变化，第三产业比重不断上升，产业升级转型不断推进。西部地区间的发展差异一直是近年来经济发展过程中致力于解决的问题，研究西部大开发战略实施过程中的经验和障碍对于西部地区实现经济协调、城乡协调、产业协调发展有着重要意义。

一　西部大开发 20 年的协调发展进程以及存在的问题

（一）省域协调发展进程与主要问题

从我国实施西部大开发战略近 20 年来，西部各省份的经济发展状况得到有效改善，西部地区的省级行政区包括四川、重庆、陕西、甘肃、云南、贵州、青海、西藏、广西、宁夏、新疆和内蒙古，各地区经济发展的差距一直存在，也是西部地区实现协调发展的重点问题。西部各省份中西藏、贵州虽然 GDP 总量排名靠后，但是从 2018 年全国 31 个省份 GDP 增速来看，西藏增速达到第一，是全国仅有的 GDP 增速维持两位数的省份，GDP增速排名前三的分别是西藏、贵州、云南三省区，均属于西部地区，西藏增速达 10%，贵州增速 9.1%，云南增速 8.9%。并且西藏、贵州、云南、

[①] 刘忠：《我国"西部大开发战略"研究综述及反思》，《经济学动态》2012 年第 6 期，第 6 页。

陕西、四川这些省区 GDP 增幅超过了全国水平，与 2017 年增速相比，2018 年全国 31 个省份中仅有福建、陕西、甘肃、辽宁、内蒙古 5 个省区 GDP 增速高于 2017 年，其中三个省份均位于西部。从 GDP 增速排名来看，西部地区的 GDP 增速持续领先，这与"西部大开发"战略息息相关，西部地区近些年承接多项产业转移，且得到国家政策倾斜，这些政策有效推进了西部地区经济发展。比如近年来西藏大力发展高原特色产业，促进农牧民增收，带动乡村脱贫致富，并积极发展乡村旅游业，在 2017 年西藏自治区以数字化的形式向内地以及世界推广西藏非物质文化遗产，推动了西藏地区旅游业的发展。贵州的大数据产业、扶贫产业也在健康运行，取得了明显成效，一批当地优质企业和特色产业得到扶持和发展，也带动了当地贫困户脱贫增收，有利于产业结构优化升级和经济平稳发展。

本文研究西部省域协调发展进程，通过分析从 1999 年至 2017 年各省份 GDP 的变化情况来比较西部各省份间经济发展状况，通过西部地区经济增长的省际比较分析可以看出西部大开发战略的实施在近 20 年来对于西部各地区的影响，也为以后西部地区进一步协调发展提供相关经验和理论支撑。

1. 西部地区各省份发展的总体状况

表 1 显示了从 1999 年至 2017 年西部地区 12 个省份的 GDP，图 1 体现了 1999 年到 2017 年西部各省份地区生产总值的变化趋势。

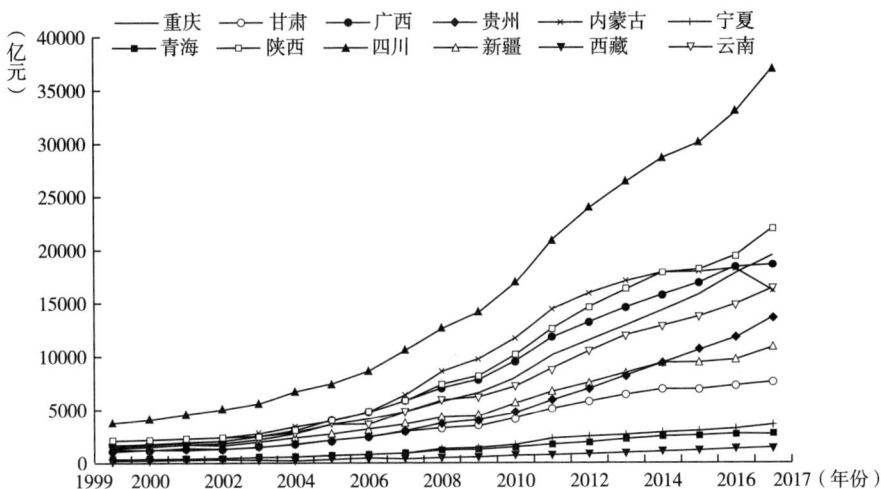

图 1　1999~2017 年西部各省份地区生产总值变化趋势

从西部大开发战略实施以来，西部的地区生产总值是逐年上升的，各省份的地区生产总值都有不同程度的增加，西部大开发战略的成效是显著的。虽然西部地区总体的生产总值上升，但是各省份的经济发展速度

表1 1999~2017年西部各省份地区生产总值

单位：亿元

年份	重庆	四川	贵州	云南	西藏	陕西	甘肃	青海	宁夏	新疆	内蒙古	广西
1999	1491.99	3649.12	937.5	1899.82	105.98	1592.64	956.32	239.38	264.58	1163.17	1379.31	1971.41
2000	1589.34	4010.25	993.53	1955.09	117.46	1660.92	983.36	263.59	265.57	1364.36	1401.01	2050.14
2001	1749.77	4421.76	1084.9	2074.71	138.73	1844.27	1072.51	300.95	298.38	1485.48	1545.79	2231.19
2002	1971.3	4875.12	1185.04	2232.32	161.42	2035.96	1161.43	341.11	329.28	1598.28	1734.31	2455.36
2003	2250.56	5456.32	1356.11	2465.29	184.50	2398.58	1304.60	390.21	385.34	1877.61	2150.41	2735.13
2004	2665.39	6556.01	1591.9	2959.48	211.54	2883.51	1558.93	465.73	460.35	2200.15	2712.07	3320.1
2005	3467.72	7385.1	2005.42	3461.73	248.8	3933.72	1933.98	543.32	612.61	2604.19	3905.03	3984.1
2006	3491.57	8637.81	2282	4006.72	291.01	4523.74	2276.7	641.58	710.76	3045.26	4791.48	4828.51
2007	4676.13	10562.39	2884.11	4772.52	341.43	5757.29	2702.4	797.35	919.11	3523.16	6423.18	5823.41
2008	5793.66	12601.23	3561.56	5692.12	394.85	7314.58	3166.82	1018.62	1203.92	4183.21	8496.2	7021
2009	6530.01	14151.28	3912.68	6169.75	441.36	8169.8	3387.56	1081.27	1353.31	4277.05	9740.25	7759.16
2010	7894.2	16898.6	4594	7220.1	507.5	10021.5	4119.5	1350.4	1643.4	5418.8	11655	9502.4
2011	10011.37	21026.68	5701.84	8893.12	605.83	12512.3	5020.37	1670.44	2102.21	6610.05	14359.88	11720.87
2012	11409.6	23872.8	6852.2	10309.47	701.03	14453.68	5650.2	1893.54	2341.29	7505.31	15880.58	13035.1
2013	12783.26	26392.07	8086.86	11832.31	815.67	16205.45	6330.69	2122.06	2577.57	8443.84	16916.5	14449.9
2014	14262.6	28536.66	9266.39	12814.59	920.83	17689.94	6836.82	2303.32	2752.1	9273.46	17770.19	15672.89
2015	15717.27	30053.1	10502.56	13619.17	1026.39	18021.86	6790.32	2417.05	2911.77	9324.8	17831.51	16803.12
2016	17740.59	32934.54	11776.73	14788.42	1151.41	19399.59	7200.37	2572.49	3168.59	9649.7	18128.1	18317.64
2017	19424.73	36980.22	13540.83	16376.34	1310.63	21898.81	7459.9	2642.83	3443.56	10881.96	16096.21	18523.26

有着明显差距，四川省在经济发展总量和增长幅度上一直较为显著，在西部地区处于领先地位，而西藏、青海和宁夏在地区生产总值上一直处于落后地位，虽然也在逐年增加，但年均增幅较小，西部地区发展较快与较慢地区之间的差距一直在扩大，其余各省份中内蒙古、陕西、广西和重庆地区生产总值在西部地区处于中上的水平，而云南、贵州、新疆和甘肃处于较低水平。虽然西部各省份地区生产总值从 1999 年至 2016 年逐年上升，其中内蒙古在 2017 年的地区生产总值有所下滑，但是各地区间的发展差距一直存在，且有扩大的趋势。

2. 西部地区省域经济发展差异

为了研究从 1999 年至 2017 年西部各省份 GDP 的相对差异，本研究引进变异系数来测度省域经济增长差异。表 2 为 1999 年至 2017 年根据西部 12 个省份年均 GDP 计算得出的离散系数。

表 2　1999～2017 年西部各省份地区生产总值离散系数

单位:%

年份	离散系数
1999	0.7437
2000	0.7591
2001	0.7594
2002	0.7596
2003	0.7437
2004	0.7466
2005	0.7009
2006	0.7094
2007	0.7078
2008	0.7034
2009	0.7193
2010	0.7140
2011	0.7159
2012	0.7110
2013	0.6998
2014	0.6929
2015	0.6910
2016	0.6962
2017	0.7133

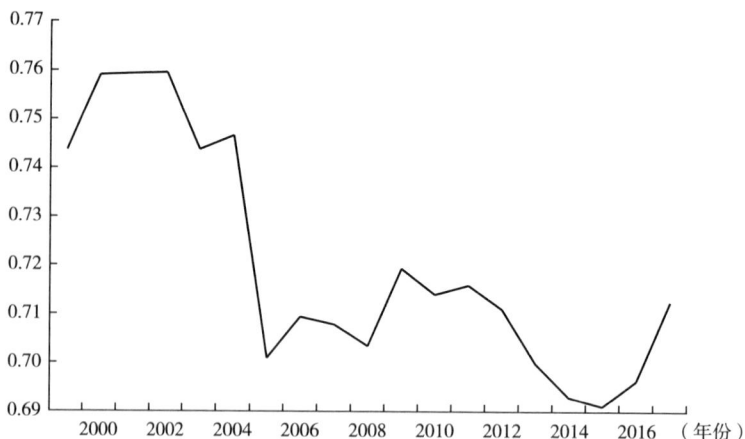

图2　2000～2016年西部各省份地区生产总值离散系数变化趋势

由图2可以看出，1999～2017年西部地区各省份GDP之间的相对差异处于波动趋势，从2000年至2005年逐年下降，从2006年至2009年小幅增加，从2010年至2015年逐年下降，从2016年至2017年又处于上升趋势，总体上从2005年以后相对差异波动要小于2005年之前的相对差异波动。可以看出，西部各省间的发展差距一直存在且并不是从1999年开始就逐年减少的，在西部大开发战略实施后，虽然各省份出台的相关政策和市场发展对各地区的影响不一，但是缩小贫富差距、协调各区域间的发展关系一直是西部地区整体协调发展的重点问题。

3. 西部地区省域协调发展现状

西部大开发战略实施至今，区域协调发展的理念也越来越受到重视。仅从表1中2017年西部各省份的GDP数据来看，西部地区排名前三的省份分别是四川、陕西和重庆，而宁夏、青海和西藏的GDP最低，与排名靠前的省份有明显差距，其中贵州和西藏的GDP增速达到最高，而宁夏、青海这些发展落后、GDP较低的地区，GDP的增速也不乐观（见表3）。各地区不仅关注增长速度的提升，也逐渐重视高质量的发展，内蒙古出现了地区GDP减少、增长率为负值的情况，这也与GDP"挤水分"有关系。推动落后地区的经济增长是西部经济协调发展的重中之重，落后的省份是西部协调发展的"短板"，加强西部各地区间的经济贸易往来，通过发达地区向周边进行"辐射"带动落后地区发展，是西部协调发展的重要举措。比如四川省的四项重点工程，即新机场、天府新区、自贸试验区和全面创新改革，不仅惠及四川，还将带动辐射西南地区，强化四川的枢纽地位，推动四川及其周边地区的经济协调发展和创新发展。"一带一路"建设推动西部地区成为新的开放前沿，其中惠及陕西、甘肃、宁夏、青海、新疆、内蒙古六个西部省份，对于这些地区的综合发展具有重大意义，尤其是带动了宁夏、青海、甘肃、新疆等较为落后地区的发展。新疆被定位为"丝绸之路经济带核心区"，对陕西、宁夏、青海、甘肃四地的定位是形成面向中亚、西亚、南亚国家的通道、贸易枢纽以及产业和人文交流基地，这有利于充分发挥这些地区的经济、地理和文化优势，加快兰州、西宁等地的经济发展和对外开放，推进宁夏内陆开放型经济试验区建设。这一系列协调发展战略的实施，将促进西部各省份向协调发展更进一步，缩小各省份间的发展差距，从而推动西部地区的综合实力有效提升。

表3　2017年西部地区各省份GDP及增长情况

单位：亿元,%

地　　区	GDP	GDP增长率
重　　庆	19424.73	9.49
四　　川	36980.22	12.28
贵　　州	13540.83	14.98
云　　南	16376.34	10.74
西　　藏	1310.63	13.83
陕　　西	21898.81	12.88
甘　　肃	7459.9	3.60
青　　海	2642.83	2.73
宁　　夏	3443.56	8.68
新　　疆	10881.96	12.77
内　蒙　古	16096.21	-11.21
广　　西	18523.26	1.12

（二）产业协调发展进程与主要问题

西部大开发战略的实施不仅推进了西部地区的经济增长，还影响了西部地区的产业结构变迁，第一、第二和第三产业对于经济增长的贡献发生了巨大变化，第一产业产值所占比重不断下降，第二、第三产业不断上升，这也给西部地区实现产业结构优化升级奠定了基础。近年来，西部不少地区在进行经济转型，对部分高耗能以及产能过剩行业的投资下降，而服务业发展迅速，第三产业的比重不断上升。由于西部的旅游业资源丰富，文化底蕴深厚，将生态资源转为经济优势成为一条新时代绿色发展之路，将使西部地区在实现经济结构转变和产业升级转型的同时也实现整体区域协调发展。比如2018年GDP增速在西部地区排名第三的云南省，通过加快建设区域性国际经济贸易中心、科技创新中心、金融服务中心和人文交流中心，力图实现在更大范围集聚要素资源，推动经济发展。2017年在云南举办的第三届云南省互联网大会，有利于推动云南高科技创新产业发展以及产业升级，云南正面临互联网信息产业发展的历史新机遇。内蒙古的产业转型也取得了显著成果，近年来，内蒙古全面融入"一带一路"和中蒙俄经济走廊建设，开展资源能源合作开发等境外合作重大项目，建设境外经贸合作园区，促进优势特色产业发展以及边境旅游业发展，并且积极进行经济动力转换，淘汰了一批落后产能，去产能进度提速，也为中高端产业的发展开辟道路。

1. 西部大开发以来产业发展进程

根据何泱泱等的研究，西部大开发以来，西部地区产业结构发生了重大变革，由第一产业为主逐渐向第二、三产业占比增大转变，从对就业量和GDP的贡献看，从1990年至2012年西部地区第一产业的就业人数占整体就业人数的60%，创造出的平均经济增加值仅占了GDP的16%，而第二、三产业40%的就业人数占比共创造出的经济总量占西部地区经济总量的83%。同时第一产业经济发展对就业的贡献保持持续下降的趋势；第二产业经济发展对就业增长的影响经历从正向到负向转变的过程，体现出工业对就业的拉动作用逐渐降低；第三产业发展对就业存在逐渐上升的正向影响，有持续强劲的就业促进作用。西部地区三大产业的经济增长趋势中，第一产业在经济增长总量中所占的比重逐年减少，位于第二产业和第三产业之下，自1999年至2011年第二产业在经济增长总量中所占比重总体处于上升趋势，第三产业处于缓慢下降趋势，从2012年以后第二产业在经济增长总量中所占比重（产业结构比）逐渐下降，而第三产业逐渐增加。第二产业占比除了在1999年至2003年低于第三产业，从2004年之后一直到2016年均大于第三产业，直到2017年西部地区第三产业的产业结构比才大于第二产业。①

在西部大开发战略实施期间，由第二、第三产业的发展过程可以看出西部地区的产业结构变迁，从第二产业为主转变为第三产业为主，第三产业对于经济增长的贡献逐渐超过了第二产业，产业结构不断优化，各地区

---

① 何泱泱、幸强国：《西部大开发的经济增长与就业增长关系研究——基于产业经济发展的视角》，《劳动经济》2016年第1期，第14页。

优势产业不断发展，产业协调发展进程取得了显著成效。

2. 西部地区产业协调发展现状

经济高质量发展的特征之一是第三产业对于经济增长的贡献显著增加，随着西部地区产业分工的深化，特别是互联网与传统产业的融合加深，服务业还将迎来快速发展、深度发展的时期。要推动西部地区经济转向高质量发展，大力发展服务业应当是其中一个主要的着力点。新时代产业结构协调必然要面临产业结构升级，基于创新支撑、消费驱动、第三产业壮大的经济形态，产业必然会出现总体结构优化、质量效益提高，供给与需求之间保持动态平衡，并且产业上、中、下游之间协同性增强，要素流入流出更加自由、高效，产业不断地向价值链高端攀升的趋势。西部地区近年来在产业结构升级方面取得显著成效，先进制造业投资领先，对于高耗能产业的投资减少，钢铁、煤炭等产能过剩行业投资继续得到抑制，尤其是四川省在这方面成效显著，2017 年四川省黑色金属冶炼和压延加工业、煤炭开采和洗选业投资分别下降 25.2%、19.3%。陕南地区近年来积极探索"茶产业＋旅游"融合发展之路，发展优势产业，基于三产融合的茶产业快速发展，让陕南走出了一条将生态资源持续不断转化为经济优势的特色之路。西藏的 GDP 增速显著，也得益于西藏的高原特色产业和旅游业的大力发展，可见产业结构的协调发展推动了当地经济快速发展。第三产业在西部有着较大上升空间，无论是基础设施建设还是旅游业的发展，对第三产业的发展均有刺激作用，因此调整产业结构、促进产业协调是西部经济协调发展的重要途径。

（三）城乡协调发展进程与主要问题

西部地区要实现全面建成小康社会的目标，就必须缩小城乡发展差距，加快推进城乡一体化进程。自西部大开发以来西部地区农村经济状况发生了显著变化，贫困人口减少，农民收入提高，同时城乡收入差距也在逐步扩大，农村经济依然比城市经济发展缓慢，农民收入水平与全面建成小康社会的要求仍有差距，西部农村建设成为西部地区城乡协调发展的重点难点，乡村振兴战略成为未来西部地区实现城乡协调发展的重点推进战略。近年来，西部各地区的乡村振兴战略均取得了不同程度的成效，重庆市大力开展脱贫工作，深度改善贫困地区生产生活生态条件，深度调整产业结构，深度推进农村集体产权制度改革以及深度落实各项扶贫惠民政策。重庆市已全面启用"两票制"电子监管，使药品价格更加合理，并初步建成远程会诊平台，改善医疗服务，提高了社会保障水平。甘肃、云南等省区深入贯彻落实脱贫攻坚工作，将乡村旅游扶贫列为全省旅游产业发展工作重点，积极发展乡村旅游和休闲农业等新产业，并且贯彻实施乡村振兴战略，不断健全完善乡村治理体制机制，推动乡村经济高效发展。近年来青海省也致力于进行乡村基础设施建设，加快城乡道路、环保治污、供水供电等基础设施向农牧区延伸，在高原美丽乡村建设基础上，进一步加大农村环境治理，促使乡村生态向良好方向发展，并进一步健全完善脱贫攻坚政策举措，进一步落实驻村帮扶的激励机制，推进扶贫工作有效开展，并且在提升全民医疗保障水平、深化公立医院综合改革等方面取得明显成效。

1. 西部大开发以来城乡协调发展进程

从图 3 可以看出从 2003 年至 2017 年西部地区城镇和农村居民人均可支配收入的变化趋势，城镇和农村居民人均可支配收入自西部大开发战略实施以来均在增加，但是两者的差距也在不断加大，农村居民人均可支配收入的增长幅度明显要小于城镇居民，2003 年西部地区城镇与农村居民人均可支配收入差距为 5238.9 元，到 2017 年两者差距为 20158.3 元。西部地区城乡差距日趋扩大，乡村振兴，大力扶贫，缩小城乡差距，推进城乡一体化发展成为推进西部地区协调发展的重点工作。

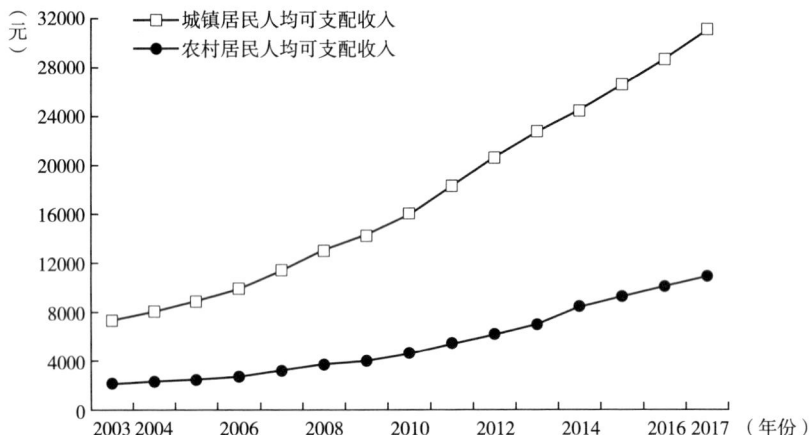

图 3　2003~2017 年西部地区城乡居民人均可支配收入变化趋势

自 2003 年至今，关于城乡问题先后有"统筹城乡发展、统筹区域发展、统筹经济社会发展、统筹人与自然和谐发展、统筹国内发展和对外开放"五个统筹，"工业反哺农业，城市支持农村，实现工业与农业、城市与农村的协调发展"，"建立以工促农、以城带乡长效机制，形成城乡经济社会发展一体化新格局"等解决思路，西部各地区也一直在发展城乡一体化，协调城乡关系，发展农村特色产业，力图实现城乡互促共荣。

西部地区的城乡问题存在已久，与东、中部地区相比，西部地区城市化进程较慢，面临着城市就业吸纳能力较弱，人才流失，农村劳动力过剩现象，同时，农村基础设施建设落后，医疗卫生和教育资源城乡分布不平衡。祁苑玲研究了西部地区统筹城乡发展过程中面临的问题，一是思想观念滞后，缺乏积极探索精神，靠投资拉动经济发展的思想影响了城乡协调发展的进程；二是城市化进程落后，加重了城市负担，削弱了城市的先头带动作用，过去城乡分治的传统观念导致城乡两极分化严重；三是城乡劳动就业不协调，农村劳动力过剩现象严重，西部产业结构与劳动力素质结构不匹配，限制了农村剩余劳动力向城市转移，影响了城乡一体化进程；四是城乡基本公共服务不均衡，西部城乡基础建设投入不平衡，城市明显高于农村，如2010年城市固定资产投资为农村的14.29倍，同时，医疗卫生水平和教育资源配置也不平衡，城乡资本投入力度明显失衡；五是农民市民化缓慢，非农就业人员适应能力差，就业收入不稳定，社会保障制度不完善等均导致了农民市民化障碍重重。① 要协调西部地区的城乡发展，缩小城乡差距，乡村振兴战略的实施尤为重要，重点是要找到具有自身特色的发展路径，明确自身定位，发展农村商品经济和特色产业，并且融入现代科技成果，提高农产品的生产效率和经济效益，帮助农民增收。

2. 西部地区城乡协调发展现状

统筹城乡发展是推动西部协调发展的重点工作，而西部地区城镇化的快速发展与经济增长互为支撑。西部的城乡差距甚至大于西部和东部的差距，一些大城市如西安、重庆等与东部的差距很小，但是到地级市以下差距很大。西部的城镇化率逐年上升，西部地区的成渝城市群、关中城市群、北部湾城市群保持着较快发展，对西部地区新型城镇化进程起到巨大的推动作用，与东部和东北地区的城镇化水平差距趋于缩小。西部城镇人口比重在2016年已经达到50.19%，近两年更是逐年上升。西部各省份在推动城乡协调发展方面均取得显著成效，如陕西省在过去五年，全省城镇化率提高6.8个百分点，位居西部前列。四川实施全民参保计划，并深化省内对口帮扶，推动藏区彝区脱贫，将藏区彝区45个贫困县市区全部纳入，彝区面貌一新。也有一些地区乡村振兴任务异常艰巨，如甘肃省的城镇化率仅为44.7%，75%的村是"空壳村"，近年来甘肃省大力投资发展旅游业，促进旅游、文化和生态相融合发展，让20%以上的贫困农牧民通过旅游业

---

① 祁苑玲：《西部地区统筹城乡发展研究》，《中共云南省委党校学报》2012年第6期，第101页。

实现脱贫。西藏地区农牧民占西藏总人口八成以上，近年来除了政策性收入的大幅增加，西藏青稞、牦牛、矿泉水等高原特色产业和旅游业加快发展，也带动了农牧民的快速增收，为西藏实施乡村振兴战略打下了良好基础。对于一些城乡发展严重失衡的地区，只有各城镇之间进行协调、合作，才能有效促进整个地区城乡协调发展，在中等城市辐射的区域范围内必须各自建成完整的城镇体系，重视城镇边界地区的经济发展，加快城乡一体化进程。

二 协调发展的特殊性与一般内涵

由于历史和自然原因，我国区域经济发展不协调问题一直较为突出，东西部地区之间二元结构造成社会经济发展水平差距加大，发展差距明显。随着我国进入中高收入阶段，经济运行增速放缓，结构优化、动能转换作为高质量发展的重要内容在区域协调发展方面提出新要求，即在推进协调发展的过程中，处理好东中西部关系和城乡关系，大力改变区域二元结构，在政治、社会、经济、文化、生态等方面齐头并进，形成一元现代化经济的区域协调发展新格局。

（一）区域经济协调发展的意义

区域经济协调发展的意义主要有以下几方面。

第一，区域经济协调发展，有助于充分利用不同区域的优势资源达到整体发展目标。"努力缩小城乡区域发展差距，是全面建成小康社会的一项重要任务"[1]，从唯物辩证法和系统论看，社会经济活动是由各种不同经济要素构成的复杂系统，其中各要素之间、不同子系统之间存在复杂错综的联系。"我国城乡、区域发展不平衡现象严重，但差距也是潜力"[2]，区域经济协调发展就是区域之间正视发展差距，激发潜在需求并拉动供给，形成新增长点的过程和状态。由于各要素之间既具有相关性又具有自身主体性和独立性，协调发展使竞争与合作达到更高层次，各要素、各子系统之间更深更广的相互作用将会在宏观层面产生更高水平的共生共赢和效率提升状态，从而推进国民经济的高质量发展。

---

[1] 中共中央文献研究室编《习近平关于社会主义经济建设论述摘编》，中央文献出版社，2017，第 192 页。

[2] 中共中央文献研究室编《习近平关于社会主义经济建设论述摘编》，中央文献出版社，2017，第 185 页。

第二，区域经济协调发展，有利于形成和释放科学技术作为第一生产力的巨大动能。当前，"从全球范围看，科学技术越来越成为推动社会经济发展的主要力量，创新驱动是大势所趋"[1]，为实现高质量发展，我国经济建设必须更多依靠科技进步与创新驱动。虽然科技创新是衡量地区经济实力和竞争优势的重要因素，但是创新成果的应用和转化这一因素也不能忽视，这需要建立和完善相关的制度机制、政策体系和环境。协调发展理念的实施，不仅可以使科技创新所需要的各种要素进行跨区域聚集和整合，通过更深层次、更大范围的协调与合作为科技发展提供和创造更丰富的研发对象以及所需的物质资源，更好发挥科技创新对于经济发展的推动作用，从而在经济与科技的良性互动中加速向创新驱动转换。

第三，区域经济协调发展，可以进一步优化区域经济社会关系。首先促进区域内资源的充分利用，增进区域间产业协作和要素流动，优化产业与经济结构；其次增强区域经济整体综合实力和竞争力，有利于区域间优势互补，在发展中取得共赢；最后，区域合作能更好地吸收与利用外部资源，通过政治、社会、经济、文化、生态等方面的协调衔接，区域内外部各方面的发展互相促进，充分调动各方面发展的积极性，形成整体经济发展的向心力。

（二）我国区域经济发展不平衡的原因和阶段性

长期以来，我国区域发展不平衡，尤其是城乡发展不协调问题突出，一直是经济社会发展的重大障碍。对此，除了研究区域经济协调发展的意义外，更要对区域发展不平衡的原因、历史和复杂性加以剖析，才能破解发展难题，厚植发展优势，在向协调化方向的转变中破解不平衡。

一般而言，区域经济差异以及发展差距是地理位置、自然资源、劳动力素质、交通运输、科技水平、经济基础等多种因素造成的，这些因素具有自然的、历史的、人为的多方面属性，使区域经济差距问题变得极为复杂。中国的地区差距一直较大还具有以下重要原因。首先，不同区域中产业的集聚性质不同。西部地区主要是农业区，工业基础相对薄弱且以能源原材料开发为主，属于关联效应和规模报酬较小的行业；东部地区现代工业发达，且主要是技术密集型行业，关联效应和规模报酬较大，因此，西部地区的经济活动类型及其属性导致其在收入和就业上较为落后。其次，

---

① 中共中央文献研究室编《习近平关于社会主义经济建设论述摘编》，中央文献出版社，2017，第130页。

市场机制本身存在缺陷。根据发展经济学的"循环积累因果原理",市场会加剧区域间不平等,尤其是发达地区的扩张以牺牲其他地区的利益为代价,造成区域不平衡格局的强化。循环积累因果原理包含扩散效应和回波效应。"扩散效应"是指随着中心地区基础设施的改善,位于经济扩张中心周围的地区会从中心地区获得资本、人才等要素资源,逐步赶上中心地区;"回波效应"是指经济活动正在扩张的地区吸引其他地区的人口、资本和贸易活动流入,从而促进自身发展提升,同时周边地区发展速度减慢。但一般回波效应大于扩散效应,从而加剧区域差距。此外,在经济起飞中一般优先选择发达地区,并在发展战略、次序和政策上给予倾斜,这对区域差异扩大也有重要影响。

尽管存在诸多困难,新中国成立以来,党的历代领导集体一直极其重视区域不平衡问题,在对区域经济发展战略的探索与创新中,走出了"平衡发展、开放发展、协调发展、统筹发展"的中国特色社会主义区域经济发展道路。

经济发展是有阶段的,区域经济发展阶段的演进更替与经济结构的转换需要互相推动,我国区域经济增长的格局也是如此。在改革开放之前的平衡发展与重点发展相结合阶段,1956年4月,毛泽东在《论十大关系》中提出了"平衡发展"的战略思想,把战略目标定位在建立分布均匀的独立工业体系上。我国在东北、西北、华北、西南等内陆地区建立了七个新的大型工业经济中心,它们已成为相对独立完整的经济区域。在改革开放初期开放与倾斜发展相结合的阶段,沿海开放战略是区域经济战略的重点,逐步形成了从沿海到内地、从东部到中西部地区的梯度推移、渐进发展、开放发展的新格局。自从1995年十四届五中全会提出"区域经济协调发展"的战略思想,我国进入协调发展与合作发展相结合阶段,强调各地区进行优势互补,协同合作,进一步拓展发达地区和欠发达地区的错位发展、互补发展、合作发展的模式。进入21世纪以来,中央提出了进一步"统筹区域发展"的战略思想,中国进入统筹发展与可持续发展相结合阶段。在这一阶段实施了一系列的战略部署,包括统筹区域发展的总体战略;实施国土开发主体功能规划;统筹区域经济发展规划;统筹区域协调互动机制,等等。

当然,无须讳言,我国区域经济发展取得巨大成绩的同时,也存在不协调、不平衡问题。东中西部差距并没有逐步缩小,反而呈现出固化趋势,尤其是东部地区与西部地区经济关联性有变弱迹象,这对我国经济发展的协调性、持续性产生一些不利影响。西部地区技术、资金和人才持续外流,企业发展的竞争环境不佳，东部地区也面临国际市场的波动产生的不稳定性和外部冲击风险等问题。

十八大以来，我国区域经济发展进入新的历史时期，呈现出许多引人注目的新动向。第一，区域经济发展的开放性大幅提升。习近平总书记提出了"一带一路""京津冀协同发展""长江经济带"三大战略，开拓了区域经济发展的全球化和国际化视野，对区域经济协调发展产生深远影响。第二，区域经济规划的空间尺度更为广阔。"京津冀协同发展"、"长江经济带"等战略，力图从更大空间范围内整合区域资源、促进分工协作和优势互补，改变原来区域规划碎片化和盲目攀比现象。第三，区域经济增长极的引领辐射作用更为突出。以上海自由贸易试验区等为典型，在金融、贸易、投资、通关等领域先行先试，正在形成一系列可推广、可复制的经验模式并加以推广。一批重要的国家级新区，分布在东、西部不同发展水平的区域，通过集中政策资源和项目资金投入，形成一批区域经济增长极，对周边区域的辐射带动和引领示范作用增强。第四，跨行政区域协调发展更受强调。不同层面跨行政区域的一体化发展、协调发展与协同发展，将会打破长期行政分割形成的诸侯经济，促进形成适应市场经济要求的经济区经济。第五，注重对困难区域和弱势地区的扶持。通过对各类问题区域的财政投入，有针对性地解决所存在的产业结构老化、下岗失业人员多、生态环境欠账大等突出问题；加大对贫困地区、民族地区、革命老区等弱势地区的扶持，致力于更有效地缩小地区发展差距。

（三）区域经济协调发展新格局的构建

依据比较优势理论、区域分工理论与资源禀赋理论，在要素资源不能完全自由流动交换的情况下，各个区域充分发挥自身优势，更加合理地利用要素资源，既可以促进本地区的发展水平，又能够提高国民经济发展的总体效益。在当今全球经济一体化的大背景下，各区域之间需要协调运作、共同发展，将区域经济活动当作一个整体，处理好局部利益与整体利益的关系，寻求相同环境下最为经济有效的协调路径，从而获得"功能最优"、"整体大于部分之和"效应，开辟协调发展和高质量发展的广阔路径。

伴随着要素禀赋结构的变化，传统的增长模式已经走到尽头，区域经济发展新格局的构建培育就是要适应这一变化趋势，秉持新发展理念、改善经济政策，优化发展格局，从而推动我国区域经济高质量发展。因此，区域经济协调发展新格局就是要补齐落后地区的短板，挖掘潜力、厚植优势，注重区域间的产业优化布局和分工协作，避免产业同质化的恶性竞争，完善产业梯度，促进区域相互合作，推动我国区域发展向更加均衡、更高层次迈进。

区域经济协调发展就是要实施以五大发展理念为指导的区域经济发展战略，这主要表现在以下几个方面。

第一，实施"一带一路"、京津冀协同发展和长江经济带三大区域战略，推进区域经济协调发展进入新阶段。

以三大经济带建设来实现区域空间的重塑既有必要也有潜力。中国的发展进入中等收入阶段后，由于政策的"泛化"趋势，有些区域政策的边际效应正在降低，对于不同区域间经济合作缺乏针对性。在实施"一带一路"和扩大对外开放的战略背景下，能够通过加强各地区经济联系和加强经济体制改革，打破区域封锁和利益藩篱，促进区域经济协调发展。具体而言，"一带一路"倡议的关键是我国与境外众多沿线国家之间的互联互通，将为我国的协调发展创造一个更大的战略空间；京津冀协同发展主要是通过优化环渤海城市群的功能布局来去除北京的非首都功能，同时促进天津与河北的发展；长江经济带是通过利用长三角地区对沿线中西部地区的辐射带动作用，进一步增加沿线地区的经济增长动力，发挥增长潜力。

"丝绸之路经济带"和"21世纪海上丝绸之路"（"一带一路"）倡议的提出和实施，提供了一个包容性巨大的发展平台。推进"一带一路"建设，秉持共商、共建、共享等原则，开放包容，努力推进沿线国家发展道路的相互对接、耦合，发掘潜力，优势互补，解决本地区发展的现实问题和扩大共同利益。在此基础上，增进沿线各国人民的人文交流与文明互鉴，夯实互联互通的社会根基，让各国人民相逢相知、互信互敬，实现共同发展繁荣。因此，以"一带一路"为核心展开中国空间战略与开放战略全面对接，并通过互联互通打造新的国际合作格局，以经济走廊为依托，以交通基础设施为突破，以亚洲基础设施投资银行、丝路基金等国际融资平台为抓手，不仅扩张中国资源配置的空间，而且为西部地区提供前所未有的发展机遇，实现西部地区加速发展，必将使我国区域协调发展进入新阶段。

随着沿海经济区的快速发展和国际形势的变化，沿海地区的要素成本在不断提高，产业向内陆转移的趋势正在加快，京津冀地区作为北方经济版图的核心区域，推进京津冀协同发展，探索出一种人口经济密集地区优化开发的模式，其重要性不言而喻。因此，要通过城市规划与布局一体化，技术成果的开发、利用和管理体制一体化，以交通运输为主的基础设施建设一体化，产业结构与生产力配置、基地建设一体化等加以推动，形成新增长极。长江经济带资源富集、经济集聚、城市密集，人口规模和产业规模大，是我国经济发展和对外开放重要的市场腹地，具有非常强大的辐射能力和连锁推进能力。因此，大力推进长江沿江省市的黄金经济带建设，要利用产业转移形成区域接力、带动中部节点城市发展，利用劳动力回流带动人口红利回归以及推进江海航运一体化，通过自主创新带动产业升级，形成创新驱动带，坚持生态优先、绿色发展，建设我国生态文明先行示范带，进一步优化资源配置效率，建设协调发展带。

第二，大力实施乡村振兴战略，全面增强农村发展活力，为城镇化发展注入新动能，构建城乡协调发展的新格局。

实施乡村振兴战略和推进城镇化，是构建高质量区域协调发展新格局不可缺失之重要内容。一方面，要把城市群作为城镇化发展的主体形态，针对不同层级城市的特点和不足，提出明确发展的相应质量要求。除了发挥中心城市辐射带动力、提升次中心城市能级、增强一般类型城市吸引力和承载力，还要把特色小镇建设成为城乡融合发展的重要着力点。在增强城镇竞争力的基础上，由"点"到"面"，集"群"发展，提高城市群聚合度、优化发展态势。另一方面，全面增强城乡基础设施能力，全面增强农村发展活力，将注入新动能作为乡村振兴和城镇化的突破口。随着基本公共服务均等化逐步推进，城乡居民收入差距持续缩小，新型城乡关系开始逐步形成，因此，要推动农业供给侧结构性改革，建立健全城乡融合发展体制机制，开创农业农村发展的"新时代"。

第三，精准施策、补齐短板，在破解不平衡中进一步加强和优化区域间合作。

经过改革开放以来四十年的发展，我国逐渐形成东西南北纵横联动发展新格局。但是，区域差异仍然较大，转型升级存在不小压力。随着区域问题从板块尺度的大区域问题进一步转变为以类型区形式出现的区域问题，加之不同区域单元承载体制机制的不同，强化区域政策的精准性和实质性，帮扶支持注意由"输血式"向"造血式"转变，才能够保障空间重塑有一个正确的方向。[①] 例如，资源型城市的衰落和老工业基地的发展乏力，这些地区经济结构单一、市场集中程度过高、缺乏机制体制创新。因此，这类地区必须破解结构单一问题，推动经济多样化发展和提升创新水平，同时发挥比较优势和竞争优势，通过优势产业发展战略增强区域自我发展能力。总之，依靠聚集经济和内生增长带动区域发展，形成全方位开放、发

---

① 孙久文、张可云、安虎森、贺灿飞、潘文卿：《"建立更加有效的区域协调发展新机制"笔谈》，《中国工业经济》2017年第11期，第28页。

达地区与欠发达地区联动发展的生动格局。

不同的区域优势产业不同，发展壁垒也不同，推进高质量的区域协调发展，就是要加强区域间经济合作，进行优势互补，提升经济综合实力。因此，要完善区域发展政策，进一步缩小区域发展差距，把各地比较优势和潜力充分发挥出来。中西部地区需要更大的改革魄力，转变思想观念，破除体制机制障碍，打造有利于追赶超越发展的营商环境。既要在国家层面建立人才协调机制以吸引更多人才，也要重视教育和人力资本的积累，及时调整人才培养体系和机制，完善劳动力市场，尤其要使高技能劳动力与企业人才需求迅速进行对接。

（四）西部地区协调发展的成就与挑战

随着西部大开发战略的实施，近年来西部地区经济运行质量和效益稳步提高，城乡居民收入快速增长，贫困人口规模也逐年减少，西部地区协调发展取得巨大成就。

第一，西部整体经济综合发展能力和经济实力明显增强，更加注重发展质量。伴随着西部地区的经济实力逐年增强，西部地区协调发展的重要性也在不断增强，从2018年西部地区部分省份下调GDP增长目标能够看出，向高质量发展转变的理念在一步步深入西部发展的进程之中，而各地区产业升级、扶贫工作、社会福利事业以及教育事业等取得的进展，将推动西部地区协调发展迈上新台阶。

第二，市场流通性显著增强。过去西部地区一些较偏远地区由于其交通、通信等问题要素流动较慢、市场闭塞、开放程度低，从而经济发展速度缓慢。而随着基础设施的建设和现代网络体系的完善，这些地区加大了市场开放程度，促进了区域间市场交流。一系列网络交易平台的建立，便利的交通，信息的完善等促进了西部特色产业发展，扩大贸易市场，推动产业结构升级，尤其是促进生态旅游的发展，并带动和辐射各区域市场进一步扩大，区域间市场流通性显著增强。

第三，西部地区的区域一体化进程不断加快。受到全国若干经济区和产业带的影响，西部地区与其他三大板块的贸易联系不断加强，长江经济带联通了东中西，加强了西部与东部、中部的贸易往来，对于东中西部经济的协调发展起着重要作用，也给西部地区的经济发展注入新的活力。"一带一路"的建设更是加大了西北和西南地区的对外开放程度，促进了区域交流，推动西部地区成为新的开放前沿。西部城市群的快速发展也影响着西部区域内贸易往来，以及西部与其他三大板块的贸易联系，推动西部的区域一体化进程不断加快。

第四，各地区经济结构发生了很大变化。近年来，西部不少地区在进行经济转型，对部分高耗能以及产能过剩行业的投资下降，而服务业发展迅速，第三产业的比重不断上升。由于西部的旅游业资源丰富，文化底蕴深厚，将生态资源转化为经济优势是一条新时代绿色发展之路，将使西部地区通过经济结构转变、产业的升级转型实现区域协调发展。

由于西部地区受到诸多因素的影响，现阶段西部的协调发展仍旧存在以下问题。

第一，西部各省份存在较大贫富差距。西部区域经济发展具有差异性是一个客观事实，西部地区具有一定的区域发展差距有助于激发区域之间的竞争活力，但是，如果各区域的发展差距过大，则会影响整个西部地区的协调发展，落后的省份就成为西部协调发展的"短板"。

第二，西部的城乡发展具有明显差距。西部地区内尤其是在城市辐射的区域范围之外的一些边界乡镇地区，城乡发展严重失衡。虽然通过乡村振兴战略、对口扶贫等工作，城乡协调发展取得了一定进展，但是，实现城乡协调发展是一个巨大且耗时的艰巨工程，不是一朝一夕能完成的工作，西部地区必须完善乡村基础设施建设以及民生福利政策，促进城乡间的贸易联系，促进城乡经济合作，才能有效促进整个西部地区的城乡协调发展。

第三，西部地区产业发展不均衡。尽管西部地区第三产业对于经济增长的贡献显著增加，产业结构升级为经济带来新一轮增长动力。但是，产业发展还存在相关政策不完善、产业结构具有矛盾性、高新技术产业发展相对落后等问题。尤其是高新技术产业对于经济效益和社会效益具有强大促进作用，知识密集型和技术密集型产业的发展能加速产业升级的步伐，对西部经济发展具有巨大的辐射和带动作用。高新技术产业日益成为知识经济时代的主导产业，发展高新技术并进行产业化是西部经济结构调整和产业协调发展的一个重要战略。我国高新技术产业在各地域发展不平衡，高新技术产业主要集中在经济较发达的东部地区，主要由于西部地区经济发展总体落后于东部地区，加上地处内陆，对于技术型产业的投资缺乏较强的吸引力。西部地区的高新技术产业规模快速增长，高新技术开发区的数量虽然多，但是大而不强的局面未得到改善，企业的整体创新能力较弱，核心关键技术掌握不足，竞争力不强，并且高新技术人才流失，是西部地区实现产业协调发展所必须解决的问题。

第四，缺乏统一、协调的区域发展制度和法律法规。西部地区疆域辽阔，各地区发展情况不一，经济往来情况复杂，区域发展的相关政策及法律法规不够完善、效力不强等问题容易造成相关利益部门的寻租行为以及无效竞争等弊端。西部地区的知识产权领域存在立法空白，并且一些领域存在重复立法、立法可操作性低等问题，发展滞后的地区相关立法机制不灵活，加之相关法律法规缺乏，导致大量要素外流，难以吸引投资，从而导致经济增长速度缓慢。一个区域法律的规范化、透明化、制度化能够保障市场的安全，有利于吸引资本进入，保障预期利益，减少交易成本，有利于区域经济健康、快速、稳定发展。除了经济的发展相关政策及法律法规，环保、教育和社会保障等领域的制度也需要进一步完善，尤其是随着西部地区各省份的社会保障政策力度加大，养老及医疗保险的覆盖面不断扩大，更需要做好后续工作，全面完善社会保障机制，改善社会保障发展不均衡的局面。西部实现协调发展离不开相关配套的制度及法规，这是各相关领域实现有效、协调发展的保障，也是西部地区整体实现协调发展的保障。

三 新时代西部地区协调发展的影响因素

西部地区整体的协调发展进程受各地区自然资源、气候环境、人力资源、科技发展水平以及资本市场等因素影响，而影响省域协调、城乡协调和产业协调发展的因素又有所不同。资源配置的差异和利用率、各地区经济结构的发展差异以及政府投资和引导经济发展的能力差异影响着西部地区的省域协调发展；城乡产业发展尤其是农村产业发展、城乡基本公共服务设施以及城乡政策制度因素对于城乡协调发展有重要影响；科技进步和高新技术产业发展、人力资源流动以及货币市场和金融体系对于产业协调发展的影响较为显著。

（一）省域协调发展的影响因素

1. 资源配置效率

西部地区拥有丰富的矿产资源和旅游资源，但是这些自然资源的巨大潜力尚未得到充分挖掘，总体资源利用效率一直处于全国较低水平，不仅导致资源的浪费，也会给生态环境造成巨大压力。资源的开发程度不足，矿产、旅游业等资源得不到充分利用，会影响西部总体的产业结构发展。一直以来投资的大幅增长是西部地区经济发展的主要动力，投资效益和投资回报率较低阻碍了地区经济发展，西部地区外延式、粗放低效型的经济发展方式也影响了整体经济发展方式的转变。

根据表4所示，2017年西部地区第一产业、第二产业、第三产业分别占全国比重为30.9%、19.5%、18.6%，第一产业的比重在三大产业中是最大的，第二、第三产业与东中部相比占全国的比重最小，尤其是第三产业的比重最低，拉动经济增长的动力不足，同时各省份资源利用效率也参差不齐。第三产业的发展有利于西部地区优化生产结构，缓解就业压力，促进经济快速健康增长，是实现西部发展的重中之重。虽然西部多高原、山地、沙漠，独特的地理环境为西部带来了一系列旅游资源，但这些自然环境也造成了西部偏远地区交通不便，通信设施和信息交流落后，难以吸引人才等弊端，影响了西部各地区经济的均衡发展，不利于区域间经济交流。

西部地区要实现产业结构的进一步优化，就必须改善资源配置效率，转变经济发展方式，就是要由要素的大量投入推动经济增长转变为以要素的利用率大幅提升来推动经济增长。西部各省份普遍存在的问题就是资源配置及利用效率低下，为了实现经济发展方式快速转变，就要提高资源配置及利用效率和利用水平，提高投资回报率，减少不必要的资源浪费，使经济增长不再主要依靠增加物质资源消耗，而是向越来越依靠科技进步和管理创新转变。

表4　2017年东部、中部、西部地区三大产业产值占全国比重

单位:%

产业 ＼ 地区	东　部	中　部	西　部
第一产业	34	25.4	30.9
第二产业	52.3	22.5	19.5
第三产业	56	18.8	18.6

2. 地区经济结构差异

西部地区的经济发展水平无论是在经济总量还是人均量上，都处于全国较低水平。经济基础较为薄弱，资本积累不足，相比于东部发达地区，西部地区经济发展一直比较缓慢。西部许多地区经济结构严重失衡，产业结构不合理，城乡差距大，城市化水平低；需求结构严重失衡，投资增长快而外需严重不足。随着西部大开发战略的实施，西部经济落后地区逐渐成为国家投资的重点，投资力度加大，投资已经成为拉动经济增长的主要动力，经济增速加快。从2017年全国各省份GDP增速来看，西部地区表现抢眼，GDP增速排在前四位的贵州、西藏、云南、重庆均属于西部地区，而且西部地区投资增长8.5%，增速位居四大板块之首。在2018年全国各省份 GDP 增速排名中，西藏、贵州、云南仍位居前三，可见西部经济增速情况乐观。但是西部地区的经济起飞主要是由投资尤其是政府投资拉动的，各省份投资力度不一，导致各省份经济增速差距拉大，并且消费的驱动力不足，深入西部的地区相比于临近中部的地区，消费层次更低、消费总量不足，导致经济增长驱动力大小不一。西部各省份的创新驱动增长差距较大，虽然有个别增长较快的省份，但总体水平仍然较低，市场驱动发展缓慢，尤其是深入西部的西藏、青海等地，对外开放水平较低，对经济增长作用力严重不足，区域间发展差距加大，发展不平衡问题突出。对于西部地区而言，必须转变经济发展方式，实现产业结构的优化升级，大力发展现代服务业，促进农业现代化，提升工业制造的自主创新水平、技术含量和国际竞争力。调整城乡结构，加快推进城镇化，尽快消除城乡二元结构。同时加快调整需求结构，促进经济增长向依靠消费、投资、出口的协调来推动经济转型。[①]

3. 政府引导经济发展的能力差异

西部地区政府部门发展经济的能力和公共服务能力相对不足，一直处于全国下游水平。西部地区政府部门之所以对经济增长没有充分发挥作用，主要在于其本身缺乏经济实力，尤其是偏远地区，经济开放水平较低，经济基础薄弱，政府投资效率低，缺乏一个良好的经济环境促进民营经济的发展与繁荣，造成了西部地区经济发展的整体水平不高，各地区间经济发展水平差距较大。社会管理与公共服务的投入由于没有经济实力的支持，也一直在低水平徘徊，地处偏远的山区村民与城市居民之间的收入差距在逐渐扩大，与此同时，政府部门对低收入人群的社会保障还较为欠缺，居民总体生活水平较低，也不利于消费结构的优化和消费层次的提高，从而导致投资拉动经济增长的动力不足，经济发展失衡。

（二）城乡协调发展的影响因素

1. 城乡产业发展

城乡产业协调发展是城乡经济协调发展的重要条件，需要城市与农村两大经济主体通过城乡人力资本、资金、信息、技术等生产要素的流动与组合，推动城乡产业互动发展，从而促进城乡经济融合互补，最终实现城乡经济共同繁荣与协调发展。城乡经济协调必然要求产业结构优化，发展现代化优势产业，也有利于城乡生态协调，城乡经济发展有助于城乡基本

---

① 王威：《中国省域经济发展方式转变评价研究》，福建师范大学博士学位论文，2013。

公共服务协调，也为城乡产业发展提供良好的基础设施和体制环境。我国城镇就业人员数在逐年上升，但是乡村就业人员数在逐年下降，在2000年乡村就业人数为49025万人，到2016年减少到36175万人，这一结果与农村产业结构的单一和落后是密切相关的，从而导致农村劳动力大量流向城市。因此西部农村地区非农产业的发展是促进城乡经济一体化提高的重要路径，西部中心城市的产业发展对于过于偏远的农村地区辐射影响较小，要缩小城乡发展差距，推动城乡一体化发展，必须实现城乡产业结构优化，在偏远山区、高原地区可以通过发展特色旅游业，推广特色农产品，融入现代科技网络体系，扩大市场范围，同时增加就业和城乡之间贸易合作，从而推动城乡协调发展。

2. 基本公共服务设施

城乡基本公共服务协调作为城乡协调发展的关键，反映城市居民与农村居民在享受教育、医疗卫生、社会福利、文化生活、基础设施等基本公共服务方面的均等化程度，包括政府公共资源在城乡之间的配置情况，也反映了城乡要素流动所需载体的发展水平。城乡基本公共服务协调是城乡经济协调的前提，西部地区城乡社会保障、民生福利不均衡问题较为突出，城乡基本公共服务设施的差距影响了城乡产业发展，阻碍了城乡经济发展的要素流动和良好基础设施环境的形成，从而影响城乡一体化进程。西部地区城乡协调发展是要在缩小城乡收入差距和生活水平差距的同时，乡村居民生活质量也不断改善，是城乡共享高度的物质文明与精神文明的过程。[①] 近年来，随着西部经济发展水平不断上升，各地区不断加大社会保障政策力度，使社会保障发展不均衡这一问题得到明显改善，如2017年新疆电力基础设施建设已经开始，并实施新一轮农村电网升级改造工程；在社会保障方面，新疆启动全民免费体检工程，并且全面实施高中阶段免费教育，教育资金投入重点向农村倾斜。西部地区的惠民政策更多地向农村地区倾斜，有效地将城乡经济增长和区域空间协调结合起来，有利于西部地区全面协调发展。

3. 政策制度

城乡协调发展水平受到地区城镇体系的影响，同时城乡地区对于推进城乡一体化发展战略的响应和政策实施的不同力度，影响了各地区城乡一体化发展水平，导致地区间城乡发展呈现着不同水平和不同问题。在城乡二元体制机制约束下，城市和乡村的投资与财政支出差异是显著的，农村

---

① 李盼：《长江经济带城乡协调发展水平测度与影响因素分析》，江西财经大学硕士学位论文，2018。

地区的产业扶持和生活设施投资相比城镇明显不足，限制了其自我发展能力和资源配置效率。同时在中小城市和小城镇投融资体系发展较慢，对于农村地区辐射较弱，不利于城市和乡村的协调发展。推动城乡协调发展，要加大对农村地区的财政支持，引导社会资本向农村投资，着力推动城乡基础设施和公共服务均等化，推动落后地区的城镇化进程，加快偏远地区的交通、通信等基础设施建设，从而提高城乡劳动力、资本、技术等要素的自由流动性，逐步缩小城乡发展差距，实现城乡一体化。

（三）产业协调发展的影响因素

1. 科技创新

西部地区的科技发展具有其优势。西部地区高校数量众多，拥有众多科研机构，科技成果逐年递增，占全国的比例也在逐年上升，拥有较好的科技发展环境，在发明专利申请授权量和在国内期刊发表的科技论文数量上与中部相当。但是西部地区的科技发展也具有其劣势。2017年西部地区专利申请授权量为205680项，占全国的比例约为12%，科技成果偏少，科技成果市场化程度也较低，科技人才流失严重，科技投入不足，科技力量总体来说较为薄弱。由于科技转化能力弱，技术进步的贡献对于社会经济的发展促进作用偏低，远低于劳动和资本要素，从而加大了西部和东部之间的发展差距。由于产业的优化升级、要素的高效利用都需要科技水平的不断提高和生产工艺的不断改进，而这些都要以科技创新为基础，所以科技创新能力薄弱不利于西部的产业结构升级和综合发展实力的提升。

过去由于缺乏资本投入，基础设施、技术、管理、产品无法建设和实施创新，从而导致西部地区的高新技术产业发展缓慢。从科技资源的配置情况看，西部地区缺乏科技成果转化的系统能力，技术产出效率低。没有建立起有效的科技推广体系，对科技成果的应用和推广支持力度不够，由于企业和科研机构之间缺乏有效的沟通，各区域间科技成果传播与交流的力度不够，阻碍了具有竞争力和创新力的技术密集型产业群的形成，这是西部地区发展不容忽视的问题。因此，促进西部地区产业升级转型的首要对策应以促进科技进步为主，从而带动劳动生产率的提高，间接促进社会总需求提升，加速西部地区整体的产业转型升级。

2. 人力资源

人力资源是西部经济发展的关键因素，西部地区人力资源分布不均衡，劳动力整体素质不高，缺乏高技术人才，人才主要集中于西安、成都、重庆等中心城市，具有发展潜力的电子、生物、新材料等新兴专业人才和高层次人才流失严重。西部偏远地区贫困人口较多，整体文化教育水平偏低，且高等教育资源分布不均衡，大多数集中在较为发达的地区。受经济发展水平影响，东部和中部发达地区的丰厚物质条件吸引了大量人才，导致西部人才外流，人力资源结构失衡，人力资源开发利用程度较低。

人力资源在三大产业间分布不均衡会影响西部地区的产业转型升级步伐，第一产业人才缺乏不利于农业剩余劳动力转移，第二产业人才不足使西部第二产业失去活力，第三产业的人才缺乏会制约产业结构升级。[①] 因此，西部地区必须提升本地劳动力的综合素质，加快西部人力资源环境建设，提高核心城市对高新技术人才的吸引力，通过制定各种优惠政策、采取多种方式引进人才，实现劳动力资源在地区间的自由流动，使劳动力资源得到充分利用，从而提高西部地区产业生产效率，推动西部地区产业结构升级。

3. 金融体制

西部地区的金融市场发展较为滞后，企业投融资的灵活性较低。西部与东、中部地区相比，企业投资来源和规模具有明显劣势，2017 年东、中、西部地区全社会固定资产投资额占全国比重分别为41.9%、25.9%、26.5%，房地产开发投资额占全国比重分别为52.8%、21.8%、21.7%，西部地区的投资额占比均较低。由于西部地区资金密集型产业的发展较为缓慢，在企业融资、区域间资金流动方面缺乏竞争力，这影响了西部地区各个领域的综合发展。西部地区的协调发展需要进一步提升货币市场的统一性和灵活性，加快推进西部金融中心建设，提高金融创新和金融服务实体经济的能力，完善资本市场有关规章制度，同时，还需要改善投资环境、制定多样化的优惠政策，尤其加大对服务业和高新技术产业的投资份额，形成多样化的投资结构，这有利于推动西部地区实现更高水平的对外开放合作，提高西部协调发展能力。

四　新时代西部地区进一步协调发展的战略选择

（一）西部地区协调发展的战略路径和政策选择

第一，"丝绸之路经济带"和"21 世纪海上丝绸之路"发展战略是影

---

① 耿玲玲：《西部地区产业结构升级及其影响因素分析》，重庆工商大学硕士学位论文，2014。

响西部地区发展的重要战略。"一带一路"建设涉及西部地区的新疆、陕西、甘肃、宁夏、青海、内蒙古、西藏、广西、云南、重庆等地，有利于推动沿线地区的基础设施建设和经济发展，促进区域间要素自由流动和资源高效配置，开展更大范围、更高水平、更深层次的区域合作，共同打造开放、包容、均衡、普惠的区域经济合作架构。青海、甘肃、新疆等经济收入较低的省份，应该充分利用国家"一带一路"政策倾斜，发挥城市群联动效应，实现产业转型和优化升级，对于区位优势、产业基础和科技人才优势明显的成渝经济带和关中城市群则要加强与周边省域的资源整合，充分发挥城市增长极的作用，从而带动周边城市的经济发展。

第二，长江经济带是具有全球影响力的内河经济带、东中西互动合作的协调发展带、沿海沿江沿边全面推进的对内对外开放带，也是生态文明建设的先行示范带。长江经济带横跨我国东中西三大区域，具有独特优势和巨大发展潜力，覆盖了11个省市，其中包含西部地区的重庆、四川、云南、贵州等地区，长江经济带的建设有利于西部沿江地区经济发展质量和效益大幅提升，从而推进西部整体经济发展水平的提高。从城镇化而言，长江经济带建设有利于西部的成渝城市群和沿江的大中小城市形成区域联动、结构合理、集约高效、绿色低碳的新型城镇化格局，也促使经济发展空间从沿海向沿江内陆拓展，有利于东中西部优势互补和协调发展，缩小发展差距。

第三，在目前供给侧改革影响之下，传统制造产业向现代化不断发展，推动西部地区的技术创新和产业自主发展，观念上由中国制造逐渐转变为中国创造。在企业实际发展过程中，逐渐加强科技投资力度和科技创新力度，不断研发相关新项目，另外，还要通过对现代化技术及生产方式进行利用，促使第一产业实现稳定良好发展，同时也使信息化和自动化生产得以顺利进行，提高生产效率，也降低生产成本。在供给侧改革实施过程中，要素在区域间流通的政策性障碍减少了，促使供给侧改革目标的良好实现，为西部地区产业实现转型升级提供了保障。比如在农业供给侧结构性改革的探索中，陕西农产品质量安全体系的建设推动了陕西质量兴农的进程，有效推动了特色现代农业的发展，提升农村经济发展质量。2017年内蒙古去产能进度提速，推动内蒙古经济动力转换，为中高端产业的发展开辟道路，与北京、上海等科技资源富集区的科技合作交流也有利于其科技成果的进一步转化。为实现2020年建成创新型广西，广西壮族自治区在发展科技创新、产业升级转型方面加强力度，强化实施创新协调发展战略，推动了大众创业万众创新深入发展，推动产业协调和经济增长。

第四，西部地区也积极响应了我国政府所制定的优化产业资源的战略，如"互联网＋"战略以及"中国制造2015"战略，这些战略有利于解决实际发展过程中所出现的产能过剩及资源过剩问题，促使经济实现转型和跨越发展，并且有利于实现创新驱动发展。而在解决产能过剩问题方面，还必须注意与企业自身特点相结合，如近年来贵州通过引进大数据产业项目战略，推动大数据产业迅猛发展，大数据产业在实体经济中所占的比重也越来越大，服务实体经济并与实体经济相融合，推动产业结构转型升级。内蒙古大力培育地方特色产业，进行产业扶贫和金融扶贫，大力发展"互联网＋现代物流业"、金融业以及乡村生态旅游业，不断调整其产业结构。西部各省份积极实施优化产业资源战略，对于消除产能过剩、促进地区企业发展起到了较好的作用。

第五，西部地区决胜全面小康社会建设的关键在西部地区贫困人口走向小康，自党的十八大以来，西部地区全面实施精准扶贫战略，脱贫攻坚取得了显著成效，西部各省份的扶贫工作均取得了显著成效。比如近年来，西藏大力建设农牧业基础设施，并通过统筹整合农牧业特色产业生产基地，建成了一批规模化、标准化的现代高原特色农产品基地，促进农牧业稳定发展以及农牧民增收，并通过发展乡村旅游业带动乡村脱贫致富，2016年西藏减少贫困人口14.7万人、贫困村（居）退出1008个，10个贫困县（区）达到脱贫摘帽条件。在2017年末四川实施省内对口帮扶，推动藏区彝区脱贫，并推出"四项扶贫基金"培训辅导长效机制、稳定补充机制等新举措，不断完善脱贫攻坚工作，并在2018年全面实施全民参保计划，全面提高人民生活水平和社会保障水平。西部各省份围绕着脱贫攻坚目标制定了一系列相关政策，致力于改善贫困地区生产生活条件，全面提高人民生活水平和社会保障水平。

（二）西部地区协调发展政策建议

第一，构建有利于实现区域协调发展的体制和机制环境。东部与西部之间存在体制落差，包括要素市场尤其是资本市场制度，对外开放制度，财税制度和非正式制度存在较大差距。西部地区要实现加快发展和科学发展，必须在完善政府产业培育体制机制、人才和融资制度等关键领域取得突破。[1] 随着西部地区对外开放力度加大，合理的对外贸易结构和经济体制是西部地区经济发展的有力助推器，同样，完善西部地区发展中的教育

---

① 代云初：《西部地方政府产业培育制度研究》，西南财经大学博士学位论文，2011。

体制机制以及市场机制等对于推动西部整体协调发展具有重要意义。

第二，制定有利于区域协调发展战略实施的优惠政策。对于西部地区来说，有力的优惠政策能加快推进区域协调发展进程，要落实民间投资优惠政策、促进民营经济发展，并且完善投融资体系，加大在金融、货币政策方面优惠力度，解决西部地方政府发展的资金难题，开发市场潜能，还要在产业转型升级、推动新兴产业发展方面给予优惠政策的支持，吸引高新技术人才流入，从而培育壮大新动能，促进新旧动能转换升级。

第三，未来西部地区要坚定不移地推动供给侧结构性改革，抓重点、补短板、强弱项，地方政府在协调发展战略实施过程中要总结经验，努力改变经济发展对投资的过度依赖，积极扩大消费需求，尤其是要大力挖掘农村消费潜力。同时，进一步激发民间投资活力，促进民营经济发展；培育壮大新动能，促进新旧动能及时接续转换，从而维护西部地区经济持续健康发展和社会和谐稳定。

第四，完善区域协调发展过程中的相关法律法规。随着西部各区域间经济联系加强，在规范区域经济活动中法律手段尤为重要。西部地区在部分领域存在立法空白，知识产权领域等，并且存在重复立法、立法可操作性不强等问题。所以加快制定空白领域的法律法规，提高立法质量，完善相关法律法规体系，对于西部地区协调发展具有重大意义。

第五，注重协调发展政策的全面性，统筹西部地区各个领域的协调发展。西部地区的协调发展包含了城乡协调发展、产业协调发展、经济社会协调发展、人与自然和谐发展、统筹西部地区和其他地区的协调发展、教育及社会保障的协调发展等，要推进经济、政治、文化、科技等各个方面的协调，只有全面统筹各个领域的发展，才能在发展中实现西部整体的协调统一。

第六，经济发展政策的制定要注重发展质量与效率。高质量发展意味着要提高供给质量、需求质量、资源配置质量、投入产出质量、收入分配质量和经济循环质量。推动西部地区经济的高质量发展需要更加注重发展效率，不能一味追求速度，脚踏实地落实每一项措施，推动经济从规模扩张向质量提升转变。

参考文献

刘忠：《我国"西部大开发战略"研究综述及反思》，《经济学动态》2012 年第 6 期。

何泱泱、幸强国：《西部大开发的经济增长与就业增长关系研究——基于产业经济发展的视角》,《劳动经济》2016 年第 1 期。

祁苑玲:《西部地区统筹城乡发展研究》,《中共云南省委党校学报》2012 年第 6 期。

中共中央文献研究室编《习近平关于社会主义经济建设论述摘编》,中央文献出版社,2017。

王威:《中国省域经济发展方式转变评价研究》,福建师范大学博士学位论文,2013。

李盼:《长江经济带城乡协调发展水平测度与影响因素分析》,江西财经大学硕士学位论文,2018。

耿玲玲:《西部地区产业结构升级及其影响因素分析》,重庆工商大学硕士学位论文,2014。

代云初:《西部地方政府产业培育制度研究》,西南财经大学博士学位论文,2011。

第三部分

西部大开发20年

西部地区社会繁荣发展研究

西部大开发 20 年阶段性目标、政策评价及政策调整[*]

茹少峰 乔瀚民^{**}

摘　要： 西部大开发战略实施的政策效果评价及提出相应政策调整建议是本文研究目的，为此本文分别剖析了西部大开发战略实施的基础开发阶段（1999~2010）和深入开发阶段（2010~2035）的目标和主要政策，并构建了指标体系，对西部大开政策的实施效果进行评价。评价结果显示，西部大开发战略实施的政策基本实现了各阶段的预期目标，但伴随西部大开发向全面开发阶段的推进，政策需要动态调整以顺应新形势的变化。本文就财政政策、开放政策、产业政策、生态环保政策和公共服务提出了相应调整建议。

关键词： 西部大开发阶段性目标　政策评价　政策调整

西部地区在我国具有重要的经济社会地位，其范围包括陕西、四川、云南、贵州、广西、甘肃、青海、宁夏、西藏、新疆、内蒙古、重庆 12 个省、自治区和直辖市，面积为 686.7 万平方公里，占全国国土面积的71.5%；截至 2017 年底，西部地区人口数量为 3.77 亿，占全国总人口27%，其中乡村人口占全国乡村人口的 32%；2017 年，西部地区 GDP 为168561.6 亿元，占全国 GDP 的 21%；人均 GDP 为 45576.6 元，是全国人均水平的 77%；居民人均可支配收入 19795.3 元，是全国人均水平的76%；居民消费水平 17707.7 元，是全国水平的 77%。西部地区经济发展水平仍然较低，人均收入和全国相比有较大差距。西部地区的经济发展关

---

　*　本文为教育部人文社会科学重点研究基地重大项目"丝绸之路经济带战略背景下西部地区经济增长潜力开发推进全面建成小康社会研究"（16JJD790046），2018 年中国西部经济发展研究中心项目"西部地区全面建成小康社会历史、现实和未来"（XBZX18023）阶段性成果。

**　茹少峰，中国西部经济发展研究中心研究员，教授，博士生导师，研究方向为中国经济增长；乔瀚民，西北大学经济管理学院硕士研究生，研究方向为数量经济学。

乎小康社会的全面建成和两个百年大计的实现，因此早在 1999 年党中央就提出西部大开发战略。战略划分为三个主要阶段：1999～2010 年为基础开发阶段，2010～2035 年为深入开发阶段，2035～2050 年为全面提升阶段。西部大开发战略实施至今已经 20 年，其间党和国家制定并实施促进西部发展的财政政策、对内对外开放政策、产业政策、生态建设和环境保护政策、公共服务政策等一系列政策，这些政策的实施为西部地区经济社会持续健康发展、缩小与东部地区差距做出了积极贡献。本文依据西部大开发战略阶段性目标对实施的主要政策进行评价，根据评价结果提出相应政策调整建议，以期为实现东西部地区协调发展和全面建成小康社会提供理论支撑。

一 1999～2010 年基础开发阶段主要目标、政策和政策实施效果评价

（一）1999～2010 年基础开发阶段主要目标

党中央明确提出基础开发阶段西部大开发主要任务和目标：加快公路、铁路等基础设施建设，完善综合交通运输网，使基础设施建设取得突破性进展；加强生态建设和环境保护，实施生态保护重点工程和生态主体功能区建设，生态环境质量得到显著提升，生态环境恶化的趋势得到遏制，污染防治取得实质性成效，建设环境友好型社会；筑牢农业根基，调整工业结构，发展特色优势产业，优化产业结构，使产业结构调整取得明显进展，经济增长质量显著改善，经济效益持续提高；发展科教文卫等公共服务事业，使城乡居民享受均等公共服务，城乡居民生活水平显著提高。力促西部地区基础设施和生态环境建设跨越式发展，经济又好又快发展，产业结构得到优化调整，公共服务均等化取得新成效，人民生活水平持续稳定提高，西部大开发取得良好开端。

（二）1999～2010 年基础开发阶段主要政策

1. 财政政策

一是中央加大对西部地区财政转移支付力度。1999 年，中央对西部地区各省份财政转移支付额共 0.12 万亿元，2010 年达 1.29 万亿元，是 1999 年的 10.75 倍，年均增幅 24.21%。中央财政转移支付资金主要用于农业、社会保障、科教文卫等方面建设和民族地区的转移支付。

二是中央加大对西部地区建设资金投入力度。1999 年，西部地区基础

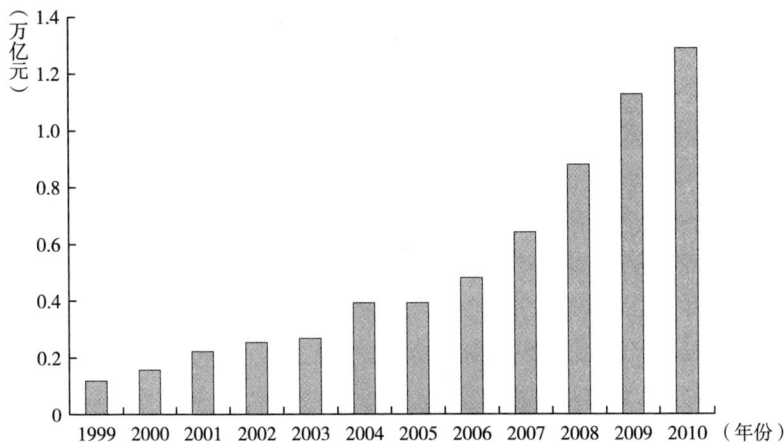

图1　1999～2010年中央对西部地区转移支付额

设施建设投资①为0.14万亿元，2010年达2.2万亿元，是1999年的16倍，年均增长31.94%。这些资金主要用于"西气东输"、"西电东送"、青藏铁路等基础设施重点工程项目建设。

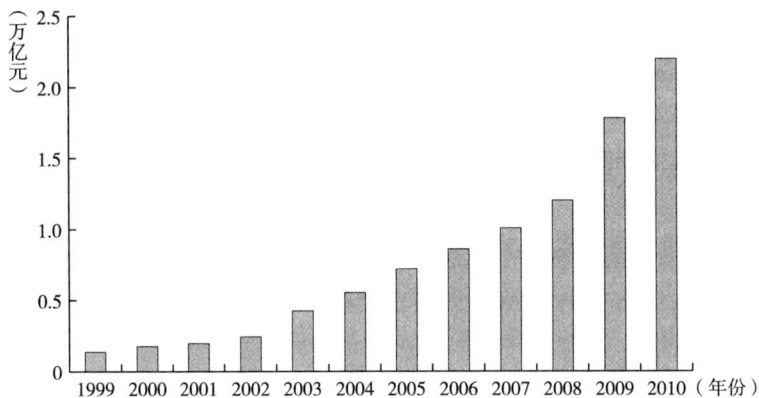

图2　1999～2010年西部地区基础设施建设投资额

三是西部地区实行税收优惠政策，免去按15%的税率征收企业所得税。另外，依据相关法规免征农业特产税、免征耕地占用税等税收项目。此外，通过自贸区实行免征关税和进口环节增值税政策。据国家税务总局

---

①　由于没有反映基础设施建设的直接统计数据，本文在参考其他关于基础设施研究的文献基础上，将基础设施建设中的主要部分——电力、煤气及水的生产和供应业，交通运输、仓储和邮电通信业，水利、环境和公共设施管理业，教育，卫生、社会保障和社会福利业，文化、体育和娱乐业的投资之和作为基础设施建设投资的近似值，数据根据2000～2011年《中国统计年鉴》计算得到。

统计，2001～2010年，纳税人共计70766人次享受税收优惠，累计减免企业所得税3075.74亿元，外加其他各类税种的优惠减免，西部地区共计享受配套税收政策减免超过4600亿元。

2. 开放政策

一是西部地区改善投资软环境。西部地区各级政府着力简化投资项目审批程序，整顿市场秩序，吸引其他地区企业或个人至西部地区投资。截至2010年，到西部地区投资的东部企业总计超过20万家，投资总额逾2.2万亿元。

二是西部地区通过放宽外商投资范围，扩展利用外资途径，放松利用外资条件，大力发展对外经济贸易，推进地区协作与对口支援，吸引国内外投资者到西部投资。1999年，西部地区进出口总额为137.02亿美元，2010年达1283.86亿美元，是1999年的9.37倍，年均增长22.56%；1999年，实际利用外商直接投资额为18.37亿美元，2010年达175.27亿美元，是1999年的9.54倍，年均增长22.76%。

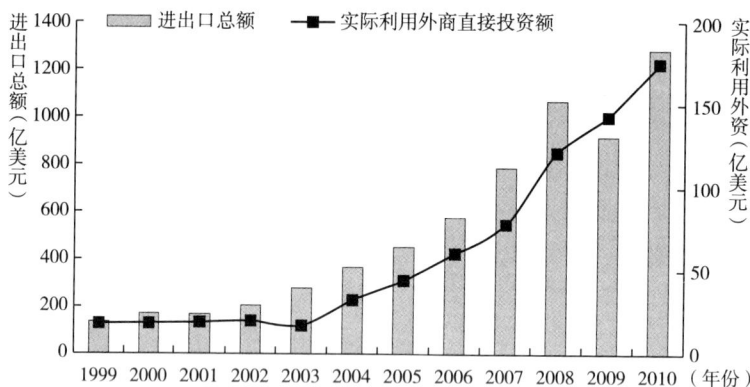

图3 1999～2010年西部地区进出口总额及实际利用外商直接投资额

3. 产业政策

一是西部地区实行土地使用优惠政策和能源矿产优惠政策。有计划、有步骤地实施退耕还林还草，实行谁退耕、谁造林、谁种草、谁经营，谁拥有土地使用权和林草所有权。矿业企业依据相关条件可以申请减缴或免缴探矿权使用费、采矿权使用费，依法获得采矿权。西部各地区、各部门推动建设如煤炭生产及煤电一体化、大型水电、大型石油、天然气开采及加工等6个重要能源及化工基地；建设有色金属、稀土、钾肥、磷复合肥等5个优势矿产开采及加工基地。

二是西部地区积极调整产业结构。根据西部地区特点，因地制宜，加快传统产业结构调整改造，合理开发利用优势资源，发展当地优势产业，大力发展高新技术产业、旅游业等服务业，优化调整产业结构，优先在西部布局相关重大项目。推进十大新农村建设重点工程，11 个特色农牧产品加工基地，6 个重大装备制造业基地和国家级研发生产基地，5 个高技术产业重点产品研发基地，10 个西部跨区域重点旅游区建设。

4. 生态建设和环境保护政策

一是西部地区开展生态建设与保护重点工程，并出台了相关政策。实施退耕还林还草、退牧还草、天然林保护、湿地保护与恢复等 11 项生态建设与保护重点工程。另外，在实施退耕还林等生态建设工程过程中，为保障当地粮食生产能力，在不影响生态建设的前提下，实行耕地占补平衡。截至 2009 年，西部各地区、各部门完成退耕还林 2.37 亿亩，资金补助1183 亿元。2000 年，西部地区林业投资额为 12.47 亿元，2010 年达 939 亿元，是 2000 年的 75 倍，年均增幅达 54%（见图 4）。

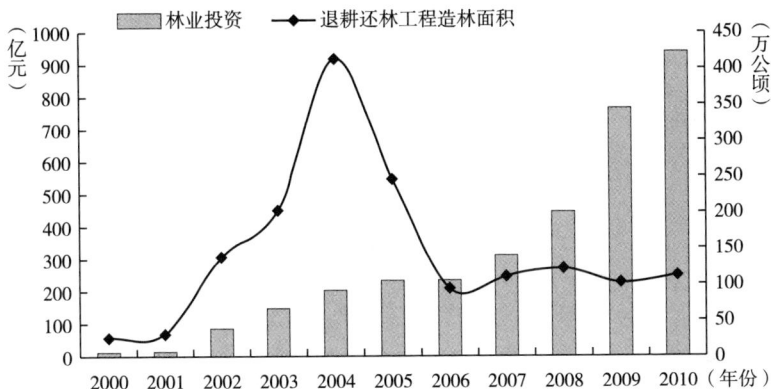

图 4　2000～2010 年西部地区退耕还林工程造林面积及林业投资额

二是实行绿色清洁生产，从源头防治污染。1999 年，西部地区工业污染治理完成投资 25.96 亿元，2010 年达 115 亿元，是 1999 年的 4.4 倍，年均增长 14.48%（见图 5）。

5. 公共服务政策

一是加大科技投入力度。实施西部科技能力建设工程，支持建设一批国家重大科技基础设施和产业技术试验设施，提高财政资金投入比重，建立企业自主创新的基础支撑平台，实施西部科普专项工程。1999 年，西部地区 R&D 经费内部支出 94.04 亿元，2010 年达 874.27 亿元，较1999 年增长 829.68%，年均增长 22.47%；1999 年，国内专利申请授权10968 项，2010 年达 72877 项，是 1999 年的 6.64 倍，年均增幅达18.79%（见图 6）。

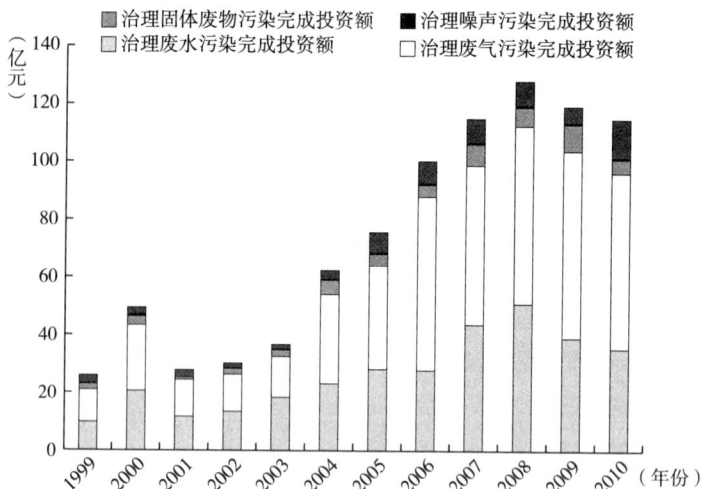

图5　1999～2010 年西部地区各项主要污染治理完成投资额

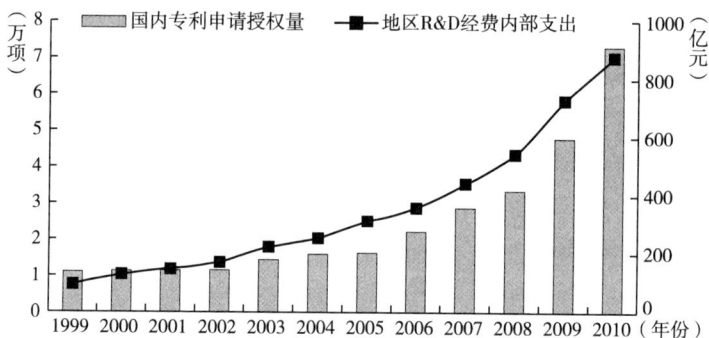

图6　1999～2010 年西部地区 R&D 经费内部支出额及国内专利申请授权量

二是优先发展教育。西部地区各级政府实行"两免一补"、"两基"攻坚等政策及任务，实施职业教育基础能力建设等教育重点工程。2010 年，西部地区"两基"覆盖率达到100%。1999 年，西部地区国家财政性教育经费支出 523.33 亿元，2010 年达 3704.81 亿元，是 1999 年的 7.08 倍，年均增幅达 19.47%；1999 年教育经费支出为 693.15 亿元，2010 年达 4574亿元，是 1999 年的 6.6 倍，年均增长 18.71%（见图7）。

三是提高人民生活保障水平。西部地区着力完善城镇居民低保制度和医保制度，建立农村居民低保制度和农村社会养老保险制度，建立劳动保障监察维权体系，实施重大事故隐患治理和安全生产及国家灾害应急救援重点建设工程。

四是发展文体事业。国家文化补助经费向西部地区倾斜，用于建设文

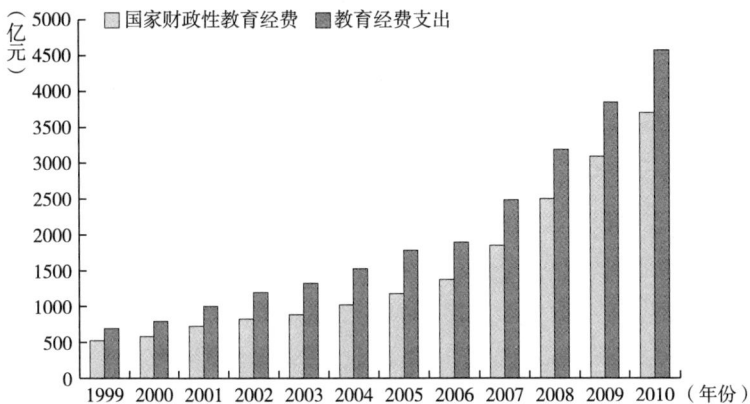

图7　1999～2010年西部地区国家财政性教育经费支出及教育经费支出额

化馆、博物馆等单位。1999年，西部地区艺术表演机构数和博物馆机构数分别为868个和325个，2010年分别达1642个和747个，较1999年增幅分别为89%和130%（见图8）。

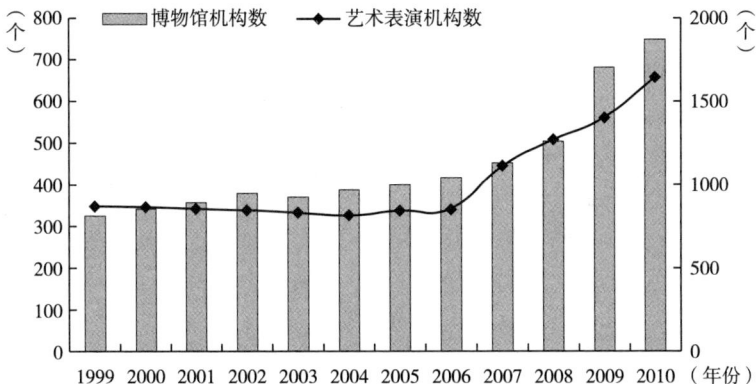

图8　1999～2010年西部地区艺术表演机构数及博物馆机构数

（三）政策实施效果评价

1. 指标体系构建

依据西部大开发基础开发阶段重点任务和目标，参照西部大开发"十一五""十五"规划的指标体系，本研究建立了政策实施效果评价指标体系，对基础开发阶段的政策实施效果进行评价，其中具体包括经济发展、基础设施建设、生态建设和环境保护、公共服务4个二级指标，共25个三级指标，指标体系如表1所示。

表1 西部大开发政策实施效果评价指标体系

二级指标	三级指标（单位）	属 性
经济发展	人均 GDP（元）	正向
	全社会固定资产投资总额（亿元）	正向
	社会消费品零售总额（亿元）	正向
	进出口总额（亿美元）	正向
	第一产业增加值占 GDP 比重（%）	逆向
	第二产业增加值占 GDP 比重（%）	正向
	第三产业增加值占 GDP 比重（%）	正向
基础设施建设	铁路营运里程（万公里）	正向
	公路里程（万公里）	正向
	民航运输机场数量（个）	正向
	累计水电装机容量（亿千瓦）	正向
	人均城市建设用地面积（平方米）	正向
生态建设和环境保护	人均造林面积（平方米）	正向
	森林覆盖率（%）	正向
	人均公共绿地面积（平方米）	正向
	工业化学需氧量排放（万吨）	逆向
	二氧化硫排放（万吨）	逆向
公共服务	每千人普通高等学校在校学生数（人）	正向
	"两基"覆盖率（%）	正向
	每万人国内专利申请授权量（项）	正向
	城镇居民人均可支配收入（元）	正向
	农村居民人均纯收入（元）	正向
	每千人卫生机构人员数（人）	正向
	每万人养老保险参保人数（人）	正向
	广播节目综合人口覆盖率（%）	正向

说明：各三级指标数据来源于1999～2017年《中国统计年鉴》、《中国城市建设统计年鉴》、《中国科技统计年鉴》、《中国财政统计年鉴》、《中国环境统计年鉴》以及西部地区12个省（自治区、直辖市）统计年鉴及各部门统计公报。所有人均指标均通过当年实际值除以西部地区各年末常住人口数计算；"中央补助收入"包括中央对西部地区各省份的专项转移支付收入和一般性转移支付收入。

2. 评价结果

（1）经济发展水平评价

西部地区经济增长速度显著，但经济发展总体水平仍然滞后：1999年西部地区人均 GDP 为 4683 元，2010 年达到 15863.34 元（按 1999 年不变价），增幅达 238.74%，翻一番以上，1999～2010 年人均 GDP 增长率平均为 11.73%，经济实现快速增长，但 2010 年西部地区人均 GDP 仅相当于全国人均 GDP 的 73.26%，仍落后于全国水平。

固定资产投资持续快速增长，但主要依靠中央财政资金和建设资金的倾斜。人民消费水平不断提升，对外开放水平显著提高。2010 年西部地区全社会固定资产投资总额为 61892.23 亿元，是 1999 年的 11.42 倍，增幅显著，1999～2010 年西部地区全社会固定资产投资总额年均增长率达 24.78%，增势迅猛，但主要依靠中央财政资金和中央建设资金。2010 年西部地区社会消费品零售总额为 27332.45 亿元，是 1999 年的 4.98 倍，年均增长 15.71%，人民消费水平明显提高。2010 年西部地区进出口总额为 1283.86 亿美元，是 1999 年的 9.37 倍，年均增幅 22.56%，对外开放水平持续提高（见表 2）。

表 2 1999 年、2010 年西部地区经济发展各项指标比较

指 标	1999 年	2010 年	年均增长率（%）	1999～2010 年增幅（%）
人均 GDP（元）	4683.00	15863.34	11.73	238.74
全社会固定资产投资总额（亿元）	5421.3	61892.23	24.78	1041.65
社会消费品零售总额（亿元）	5492.2	27332.45	15.71	397.66
进出口总额（亿美元）	137.02	1283.86	22.56	836.98

产业结构不断优化，但产业结构仍然需要不断转型升级：2010 年西部地区第一产业增加值占 GDP 比重为 13.15%，相比 1999 年降低 9.85 个百分点，年均下降率为 4.96%，降幅明显；2010 年西部地区第二产业增加值占 GDP 比重达 49.99%，较 1999 年提高 10.99 个百分点，年均增长率为 2.28%；2010 年西部地区第三产业增加值占 GDP 比重为 36.87%，相比 1999 年降低 1.36 个百分点。1999 年西部地区三次产业结构比为 23∶39∶38，2010 年变为 13∶50∶37，2010 年全国三次产业结构比为 9∶47∶44，可见在产业结构调整过程中西部地区主要注重第二产业发展提升，产业结构重心偏向第二产业，第三产业增加值占 GDP 比重 11 年间没有明显提高，同全国水平相比，西部地区第一产业占比依然较高，第三产业发展滞后，产业结构不合理。

（2）基础设施建设评价

西部地区路网和机场建设取得巨大成就：2010 年，西部地区铁路营运

■第一产业增加值占GDP比重 ■第二产业增加值占GDP比重
□第三产业增加值占GDP比重

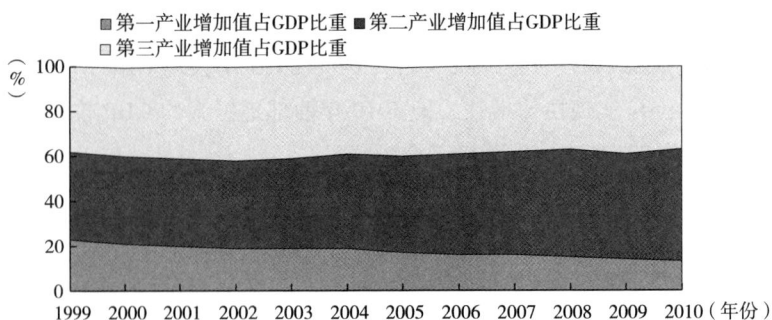

图9　1999~2010年西部地区三次产业结构变化

里程达到3.58万公里，相比1999年增加1.12万公里，占全国铁路营运总里程的39.25%，1999~2010年西部地区铁路营运里程年均增长率为3.47%；2010年，西部地区公路里程达156.8万公里，较1999年增加103.56万公里，占全国公路总里程的39.13%，1999~2010年西部地区公路里程年均增长率达10.31%；2010年，西部地区民航运输机场数量为85个，相比2000年增加27个，全国近半数机场位于西部地区，西部地区铁路、公路、机场等基础设施建设取得跨越式发展，综合交通运输网已初步成形。

水利和电力建设成绩显著：截至2009年底，西部地区累计水电装机容量近1亿千瓦，占全国一半以上，其中，西部地区累计新增农村水电装机700多万千瓦，2000~2010年，民生水利建设共解决西部农村9437万人的饮水困难和饮水不安全问题，占同期全国解决饮水问题农村人口的42%，西部地区水利水电基础设施建设得到实质性改善。

人均城市建设用地面积不断扩大：2010年，西部地区人均城市建设用地面积23.4平方米，是1999年的2.67倍，达到全国水平的78.92%，1999~2010年西部地区人均城市建设用地面积年均增长率达9.32%，城市建设用地保障能力持续提升，整体基础建设水平迈上新台阶。

表3　1999年、2010年西部地区基础建设方面各项指标比较

指　标	1999年	2010年	年均增长率（%）	1999~2010年增幅（%）
铁路营运里程（万公里）	2.46	3.58	3.47	45.53
公路里程（万公里）	53.27	156.83	10.31	194.41
民航运输机场数量（个）	—	85	3.54	46.55
人均城市建设用地面积（平方米）	8.78	23.40	9.32	166.51

（3）生态建设和环境保护评价

西部地区生态环境建设取得突破性进展：2010年，西部地区人均造林面积达95.03平方米，是全国人均造林面积的2.16倍，相比1999年增长32.44%，1999～2010年西部地区人均造林面积年均增长2.59%，退耕还林、天然林保护等重点生态保护工程进展顺利；森林覆盖率达到17.05%，相比1999年提高了6.73个百分点，1999～2010年森林覆盖率年均增长4.67%；人均公共绿地面积达到2.29平方米，达到全国水平的76.08%，较1999年增幅达275.41%。

表4　1999年、2010年西部地区人均造林面积、森林覆盖率及人均公共绿地面积比较

指　标	1999年	2010年	年均增长率（%）	1999～2010年增幅（%）
人均造林面积（平方米）	71.75	95.03	2.59	32.45
森林覆盖率（%）	10.32	17.05	4.67	65.21
人均公共绿地面积（平方米）	0.61	2.29	12.78	275.41

环境保护取得一定成效，环境质量得到改善，但污染问题仍然严峻：2010年西部地区工业化学需氧量排放227.36万吨，仅占全国排放量的18.36%，1999～2010年西部地区工业化学需氧量排放年均下降3.58%。自1999年以来，西部地区工业化进程快速推进，工业污染物排放量不断增加，主要工业废气排放物中二氧化硫排放量在1999～2006年持续上升，2006年上升到929.9万吨，达到峰值。"十五"时期（2000～2005年）西部地区工业化水平得到显著提升，但生态环境状况较差，亟待改善，因此国家要求西部地区"十一五"期间要注重节能减排和污染治理，紧抓生态环境保护和资源节约集约循环利用。"十一五"期间（2005～2010年）西部地区治污减排工作取得进展，2010年西部地区二氧化硫排放量为817.48万吨，相比2006年降低12.09%，年均下降率为3.17%。西部地区主要污染物排放量得到控制，环境质量得到改善，生态环境建设取得一定成效，但工业化进程的持续加快使得生产能耗提高，主要污染物排放量依然较大，2010年，西部地区二氧化硫排放量超过全国排放量的1/3。

（4）公共服务评价

西部地区公共服务水平持续提升，人民生活水平显著改善，但科研投入严重不足，科教文卫等服务基础设施建设仍然落后。2010年，西部地区

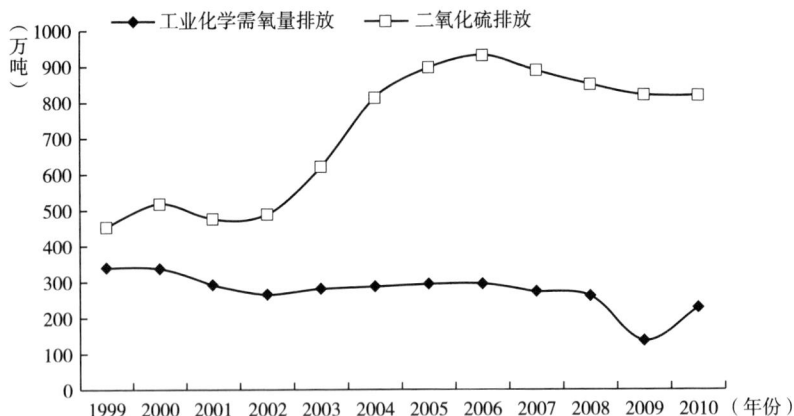

图10　1999～2010年西部地区工业化学需氧量排放及二氧化硫排放量

城镇居民人均可支配收入为15806.49元，较1999年增幅达199.13%，1999～2010年年均增长率达10.47%；2010年，西部地区农村居民人均纯收入为4417.94元，是1999年的2.75倍，1999～2010年年均增长率达9.65%，人民生活水平得到改善。并且，西部贫困发生率较2000年下降10.5个百分点，西部贫困人口从2.5亿下降到2009年的2300万人，在脱贫问题上取得巨大成就。西部地区城乡居民收入11年来虽然有所提高，但到2010年，西部地区城镇居民人均可支配收入仅为全国平均水平的84.17%，农村居民人均纯收入仅为全国平均水平的70.43%，西部人民生活水平与全国平均水平相比仍然不高。

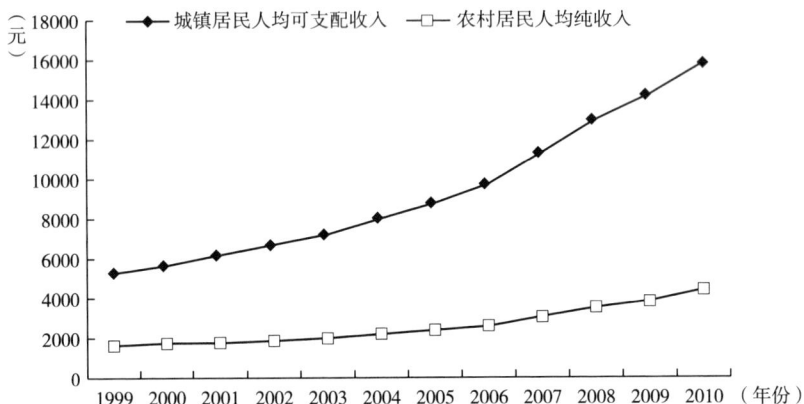

图11　1999～2010年西部地区城乡居民人均收入

2010年，西部地区"两基"覆盖率达到100%，"两基"攻坚任务如期完成；2010年，西部地区每千人普通高校在校学生数13.94人，较1999

年增加 11.51 人，1999～2010 年年均增长 17.21%，高等教育事业发展顺利；2010 年，西部地区每万人国内专利申请授权量为 2.02 项，是 1999 年的 6.52 倍，1999～2010 年年均增长率达 18.58%，科研创新能力有所提升。西部地区 R&D 经费内部支出 11 年来不断提高，但对科技投入经费的监管力度不足，导致其使用效率低，此外，有较多中央直属单位科研经费虽然纳入西部地区，但科技成果归属中央，其科研成果未对西部地区经济增长产生影响，很大程度上造成西部地区科研发展滞后。2010 年，西部地区每万人国内专利申请授权量仅占全国的 37.61%，科研创新能力依然较低。2010 年，西部地区每千人卫生机构人员数为 5.75 人，较 1999 年增长 46.31%，1999～2010 年年均增长 3.51%，医疗卫生条件得到改善，但西部地区医疗卫生机构人员仍然较少，卫生医疗条件较差。2010 年，西部地区每万人养老保险参保人数为 2337.61 人，较 1999 年增长 333.28%，1999～2010 年年均增长 14.26%；2010 年西部地区广播节目综合人口覆盖率达 93.69%，较 1999 年增加 13.05 个百分点，广播节目覆盖面持续扩大。

表5　1999 年、2010 年西部地区公共服务方面各单项指标比较

指　标	1999 年	2010 年	年均增长率（%）	1999～2010 年增幅（%）
每千人普通高等学校在校学生数（人）	2.43	13.94	17.21	473.54
"两基"覆盖率（%）	—	100.00	—	—
每万人国内专利申请授权量（项）	0.31	2.02	18.58	551.61
每千人卫生机构人员数（人）	3.93	5.75	3.51	46.31
每万人养老保险参保人数（人）	539.51	2337.61	14.26	333.28
广播节目综合人口覆盖率（%）	80.64	93.69	1.37	16.19

二　2010～2035 年深入开发阶段主要目标、政策和政策实施效果评价

（一）2010～2019 年深入开发阶段的主要目标

在深入开发阶段主要任务、目标就是实现党中央提出的全面建成小康社会，经过 30 多年的演变发展，建设目标具体、明确，建设时间截至 2020 年，建设任务内容全面，涉及经济、民主、科教、社会、人民生活等方面，特别是建设的区域要全面。习近平主席对小康社会的建成做过深入解读："全面建成小康社会指的是建设的目标要达到'小康'，实现的范围要'全面'。

'全面'意味着覆盖的领域要全面,覆盖的人口要全面,覆盖的区域要全面。其中,覆盖的区域要全面是指全国各个地区都要迈入小康社会,特别是广大的西部地区和农村。"

(二) 2010～2019 年深入开发阶段主要政策

1. 财政政策

(1) 中央进一步加大对西部地区财政转移支付

2010 年,中央对西部地区各省份的专项转移支付和一般性转移支付总计 1. 29 万亿元,2016 年达 2. 6 万亿元,相比 2010 年增长 101. 55%,年均增长 12. 09% (见图 12)。

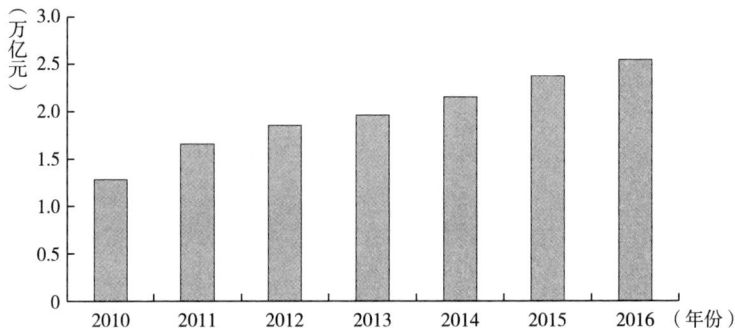

图 12 2010～2016 年中央对西部地区转移支付额

(2) 西部地区继续实施税收优惠政策

对西部地区鼓励类产业企业按 15% 的税率征收企业所得税,符合相关条件的企业可依法得到企业所得税 "三免三减半" 优惠。推进资源税改革,对煤炭、原油、天然气等的资源税由从量税改为从价税。依据相关规定,对西部地区一些鼓励类产业及优势产业的项目免征关税。

(3) 中央建设资金继续向西部地区倾斜

延续和新建一批铁路、公路、机场等基础设施重点工程。2010 年,西部地区全社会固定资产投资为 61892. 23 亿元,其中,基础设施建设投资为 21997. 8 亿元;2017 年为 169715. 03 亿元,其中,基础设施建设投资为 70350. 32 亿元,是 2010 年的 3. 2 倍,年均增长 18. 07%。到 2017 年底,党的十八大以来开工的 152 项西部大开发重点工程已经完工 52 项,还有 100 项在建,投资总规模 3. 75 万亿元。

2. 开放政策

大力发展内陆开放型经济,建立更加适应开放型经济发展的行政管理

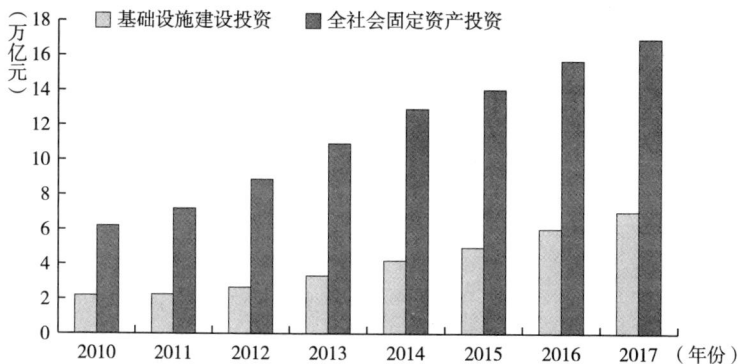

图13　2010～2017 年西部地区全社会固定资产投资及基础设施建设投资

和公共服务体制。加快推进沿边地区开发开放，大力推进兴边富民行动，深化西部大开发战略与"一带一路"建设相融合，推动内陆无水港体系和自由贸易试验区建设，建设丝绸之路经济带核心区及我国向西、向北开放的窗口和向东南亚、南亚开放的重要门户，将沿边地区建设成为沟通我国内陆地区与周边国家的合作交往平台。支持西部地区与东中部和东北地区、西部省（区、市）之间依托现有机制，建立完善合作平台，开展跨区域合作，提高区域互动合作层次，坚持"引进来""走出去"并举，构建多层级开放合作机制。

2017 年西部地区进出口总额达 3025.22 亿美元，较 1999 年增长137.13%，年均增长 13.13%；2017 年西部地区外商投资企业投资总额5329 亿美元，是 2010 年的 2.68 倍，年均增幅达 15.11%。2017 年，国务院批复成立重庆、四川和陕西 3 个地处西部的自由贸易试验区，截至 2018年底，重庆自贸区累计新增注册企业 2.26 万户，引进项目 1622 个，签订合同（协议）总额 5231 亿元；2017 年上半年，成都在自贸区的带动下，实现货物贸易进出口总额近 1813 亿元，蓉欧快铁开行 377 列，双流航空港国际航线突破 100 条；陕西自贸区自揭牌至 2019 年 1 月 31 日，新增市场主体 38027 家，新增注册资本 5767.9573 亿元。

3. 产业政策

推动传统产业转型升级，制定西部地区鼓励类产业目录，增强产业发展的要素支撑，促进战略性新兴产业和特色优势产业发展，引导现代服务业有序发展。严格控制新增产能，确保完成钢铁、煤炭去产能目标任务；建设油气生产、风电、清洁能源基地等综合示范区；建设新型制造业体系，实现西部地区制造业绿色改造升级；建设新能源、生物医药、新材料及高端装备战略性新兴产业基地；积极承接国内外产业转移，同时将环境保护

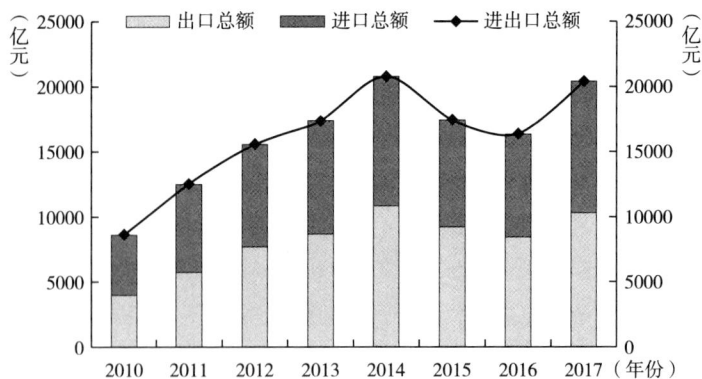

图14 2010～2017年西部地区进出口额

和资源节约作为硬约束，避免落后和过剩产能向西部地区转移；大力发展金融、物流、旅游等现代服务业；加快农业基础设施建设，落实安全农产品生产，支持特色优势农业发展。2010年，西部地区产业结构比为15∶50∶37，2017年变为12∶41∶47。

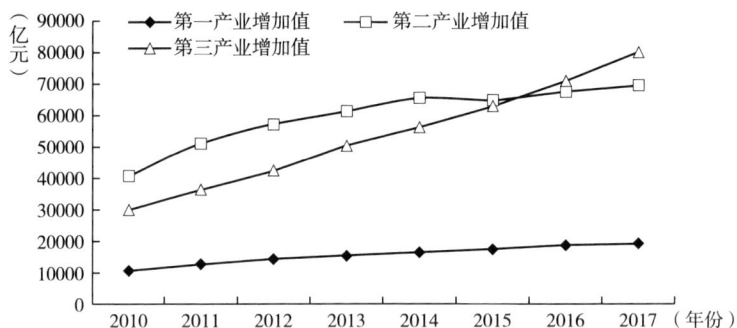

图15 2010～2017年西部地区三次产业增加值

4. 生态建设及环境保护政策

（1）加快生态环境建设

实施新一轮退耕还林还草工程、天然林保护工程等12个重点生态工程，完善森林、草原、湿地等领域生态保护补偿机制，保障生态产品产出能力和生态服务功能。2010年，西部地区造林总面积为342.77万公顷，2017年达411.07万公顷，是2010年的1.2倍，年均增长2.63%。

（2）加强生态治理和环境保护

实施各主要江河源头生态环境综合治理工程，对重要河流采取预防性保护措施，加强重要湖泊的综合治理，推进水土资源合理利用、水源地环境整治与生态保护综合治理，治理重点区域水土流失，开展水污染防治和

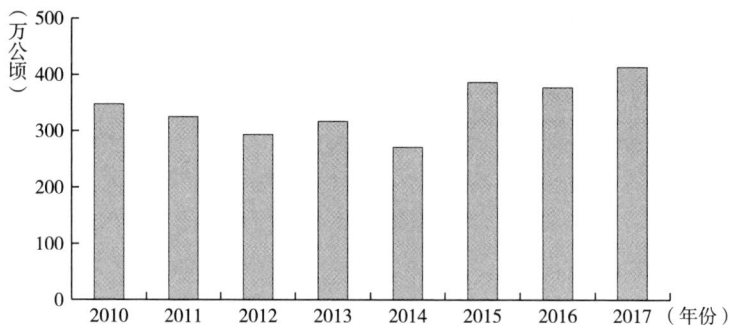

图 16　2010～2017 年西部地区造林总面积

水源地保护，实施重点地区地下水保护和超采漏斗区综合治理，实施重点区域大气污染防治工程，改善大气环境质量。2010 年，西部地区污染治理完成投资额为 114.92 亿元，2017 年为 128.12 亿元，年均增长 1.57%。

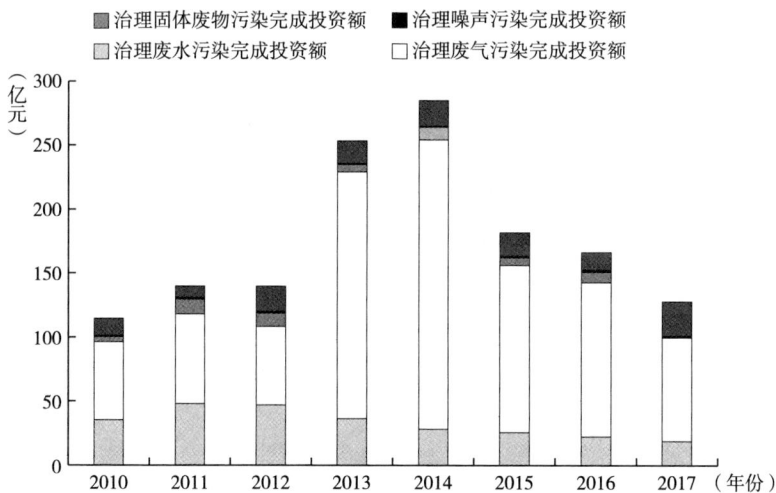

图 17　2010～2017 年西部地区各项主要污染治理完成投资额

（3）大力推行资源节约集约循环利用

节约集约利用能源、水、土地、矿产等资源，实行资源有偿使用制度，推进重点领域节能减排，完善绿色发展机制，严格控制高耗能、高排放行业低水平重复建设，落实最严格水资源管理制度，实施水资源消耗总量和强度双控行动。

5. 公共服务政策

一是大力推进脱贫攻坚。精准选择产业、对接项目，实施产业扶持脱贫；实施就业扶持脱贫，支持贫困人口转移就业；按照群众自愿原则，因地制宜选择搬迁安置方式，多渠道增加搬迁群众财产性收入，实施易地搬迁脱贫；实施教育扶持脱贫，增加教育经费投入，实施免除经济困难家庭高中学生的学杂费等各项教育扶贫工程及项目；实施社保兜底脱贫，指导贫困人口积极参保续保基本养老保险，财政资金对贫困人口基本医疗保险个人缴费部分给予补贴，实施健康扶贫工程，把符合条件的贫困家庭纳入低保覆盖范围。2012~2017年，西部地区贫困人口数量减少3452万人，年均减少25.5%，西部地区贫困发生率降至5.6%。

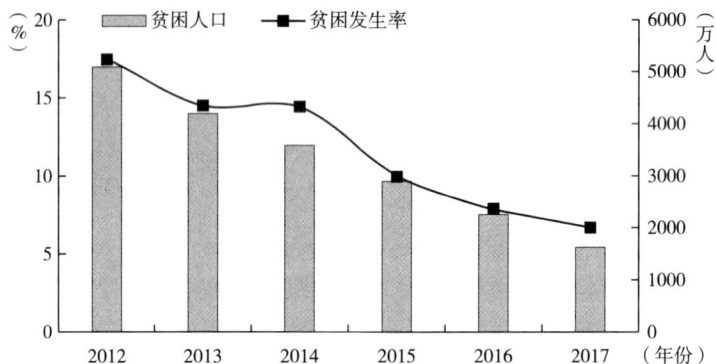

图18　2012~2017年西部地区贫困人口及贫困发生率

二是持续推进新型城镇化，加快农业转移人口市民化进程，推动中小城市和小城镇健康发展，培育发展旅游休闲型、健康疗养型、商贸物流型等百座特色小城镇，实施西部地区农村人居环境改善工程。

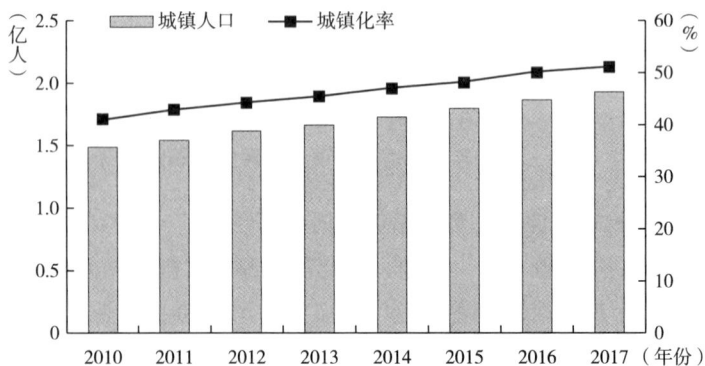

图19　2010~2017年西部地区城镇人口及城镇化率

三是加大教育经费投入力度，培养高素质教师队伍，提升国民教育质量。实施乡村教师支持计划、中西部中小学首席教师岗位计划和中西部高等教育振兴计划等教育重点工程。2010年，西部地区教育经费支出4573.68亿元，2016 年达 9791.74 亿元，较 2010 年增长 114.09%，年均增长 13.53%。

四是大力推进创新驱动发展，增大技术研发投入力度，实施创新人才引进政策，深入实施东部城市对口支援西部人才开发工程。

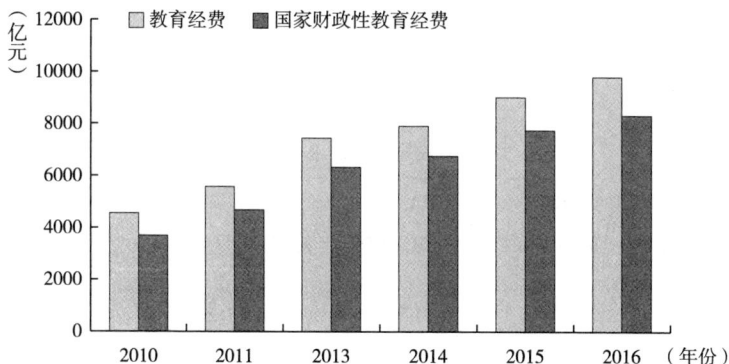

图 20　2010～2016 年西部地区教育经费支出情况

说明：2012 年教育经费数据未公布。

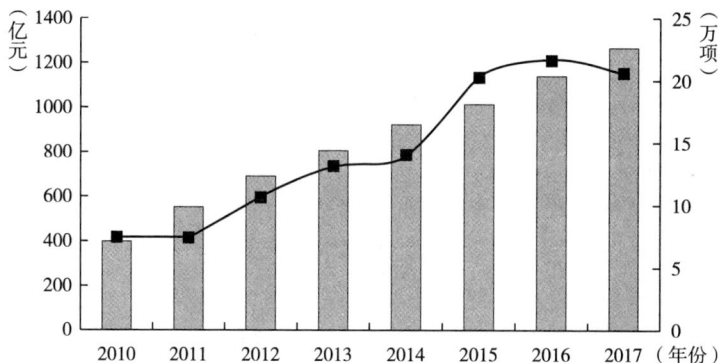

图 21　2010～2017 年西部地区规模以上工业企业 R&D
经费支出及国内专利申请授权量

五是积极发展文化事业，丰富群众文化体育生活。建立基层综合性文化服务中心，继续实施少数民族新闻出版"东风工程"。

六是增强医疗卫生服务能力，提高群众健康水平。加快实施异地就医住院费用直接结算，实施县级医院能力建设工程、人口健康信息化建设工程等 9 个卫生计生服务体系建设重大工程。2010 年，西部地区卫生人员数和卫生机构床位数分别为 207.22 万人和 130.62 万张，2017 年达 324.35 万人和 231.88 万张，分别是 2010 年的 1.57 倍和 1.78 倍，年均增长率分别为 6.61% 和 8.54%。

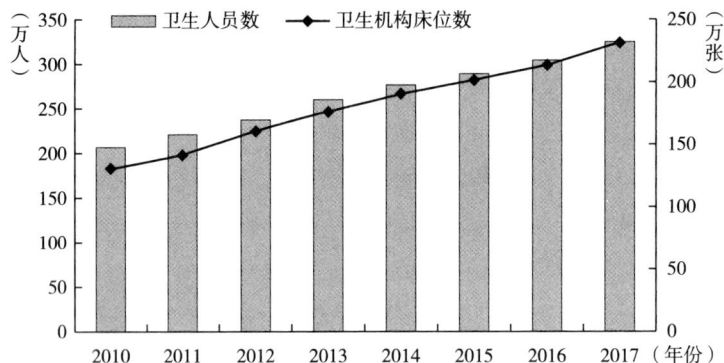

图 22　2010～2017 年西部地区卫生人员及卫生机构床位数

七是提高社会保障水平。完善城乡基本养老保险制度、失业保险制度和城乡居民大病保险制度，加强医疗保障体系建设，提高工伤保险统筹层次，建立跨区域养老服务协作机制，推进西部地区精神卫生社区康复试点。

八是加强和创新西部地区城乡社会治理法制、体制和机制建设，完善社会服务体系，推进西部地区社区服务体系和设施建设，完善社会治安防控体系，加强公共安全和城镇公共消防基础设施建设。

（三）政策实施效果评价

1. 指标体系

2013 年，党的十八大召开后不久，国家统计局进一步细化和完善先前的全面建成小康社会指标体系，构建了更科学、更合理的《全面建成小康社会统计监测指标体系》，包括经济发展、民主法制、文化建设、人民生活、资源环境 5 个二级指标，共 39 个三级指标。本文依据 2013 年国家统计局制定的指标体系和 2020 年各指标的实现目标值对西部大开发深入开发阶段的西部地区全面建成小康社会成效进行评估分析，指标体系如表 6 所示。

表 6　全面建成小康社会统计监测指标体系

指　标	权重（%）	单　位	目标值（2020 年）	指标属性
一、经济发展	22			
1. 人均 GDP（2010 年不变价）	4	元	≥57000	正向
2. 第三产业增加值占 GDP 比重	2	%	≥47	正向
3. 居民消费支出占 GDP 比重	2.5	%	≥36	正向
4. R&D 经费支出占 GDP 比重	1.5	%	≥2.5	正向

指　标	权重 （%）	单　位	目标值 （2020 年）	指标 属性
5. 每万人发明专利拥有量	1.5	件	≥3.5	正向
6. 工业劳动生产率	2.5	万元/人	≥12	正向
7. 互联网普及率	2.5	%	≥50	正向
8. 城镇人口比重	3	%	≥60	正向
9. 农业劳动生产率	2.5	万元/人	≥2	正向
二、民主法制	14			
1. 基层民主参选率	3.5	%	≥95	正向
2. 每万名公务人员检察机关立案人数	3.5	人/万人	≤8	逆向
3. 社会安全指数	4	—	100	正向
4. 每万人拥有律师数	3	人	≥2.3	正向
三、文化建设	14			
1. 文化产业增加值占 GDP 比重	3	%	≥5	正向
2. 人均公共文化财政支出	2.5	元	≥150	正向
3. 有线广播电视入户率	3	%	≥60	正向
4. 每万人拥有"三馆一站"公共文化设施 建筑面积	2.5	平方米	≥400	正向
5. 城乡居民文化娱乐服务支出占家庭消费 支出比重	3	%	≥5	正向
四、人民生活	28			
1. 城乡居民人均收入（2010 年不变价）	4	元	≥25000	正向
2. 地区人均基本公共服务支出差异系数	1.5	%	≤60	逆向
3. 失业率	2	%	≤6	逆向
4. 恩格尔系数	2	%	≤40	逆向
5. 基尼系数	1.5	—	0.3～0.4	区间
6. 城乡居民收入比	1.5	以农为1	≤2.8	逆向
7. 城乡居民家庭人均住房面积达标率	2	%	≥60	正向
8. 公共交通服务指数	2	—	=100	正向
9. 平均预期寿命	2	岁	≥76	正向
10. 平均受教育年限	2	年	≥10.5	正向
11. 每千人口拥有执业医师数	1.5	人	≥1.95	正向
12. 基本社会保险覆盖率	3	%	≥95	正向
13. 农村自来水普及率	1.5	%	≥80	正向

指　标	权重 （%）	单　位	目标值 （2020 年）	指标 属性
14. 农村卫生厕所普及率	1.5	%	≥75	正向
五、资源环境	22			
1. 单位 GDP 能耗（2010 年不变价）	3	吨标准煤 /万元	≤0.6	逆向
2. 单位 GDP 水耗（2010 年不变价）	3	立方米/万元	≤110	逆向
3. 单位 GDP 建设用地占用面积（2010 年 不变价）	3	公顷/万元	≤60	逆向
4. 单位 GDP 二氧化碳排放量（2010 年不 变价）	2	吨/万元	≤2.5	逆向
5. 环境质量指数	4	——	=100	正向
6. 主要污染物排放强度指数	4	——	=100	正向
7. 城市生活垃圾无害化处理率	3	%	≥85	正向

说明：各三级指标数据来源于 1999～2017 年各年份《中国统计年鉴》《中国城市建设统计年鉴》《中国科技统计年鉴》《中国金融年鉴》《中国环境统计年鉴》以及西部地区 12 个省（区、市）统计年鉴及各部门统计公报；各地区互联网普及率、单位 GDP 二氧化碳排放量、基尼系数、每万名公务人员检察机关立案人数、地区人均基本公共服务支出差异系数、文化产业增加值占 GDP 比重、城乡居民家庭人均住房面积达标率、互联网普及率数据尚未公布，所赋权重为 0。

2. 指标评价方法

（1）单指标评估方法

全面建成小康社会统计监测指标体系 39 个三级指标评估计算方法如下：

$$z_i = \begin{cases} \dfrac{x_i^*}{x_i} \times 100\% & （正指标） \\[2mm] \dfrac{x_i^*}{x_i} \times 100\% & （逆指标） \end{cases}$$

其中，z_i 为指标 x_i 的评估值，x_i 为实际值，x_i^* 为标准值。

（2）多指标综合评估方法

多指标综合评估方法采用对三级指标评估结果加权平均法，计算公式如下：

①二级指标完成水平计算公式：

$$F_j = \sum_{i=1}^{n_j} w_i z_i \Big/ \sum_{i=1}^{n_j} w_i \times 100\%$$

②一级指标完成水平计算公式：

$$F = \sum_{j=1}^{5} F_j W_j / \sum_{j=1}^{5} W_j \times 100\%$$

其中，$F_j (j = 1,2,3,4,5)$ 为第 j 个二级指标的完成水平，设第 j 个二级指标下有 n_j 个三级指标，每一个三级指标权重为 w_i。

F 表示全面建成小康社会的完成水平，W_j 为各二级指标权重，F 越接近100% 说明西部地区小康社会完成水平越高。

3. **评价结果**

（1）经济发展水平分析

西部地区经济实力不断提升，产业结构得到进一步优化调整，但科研投入仍然不足，科研水平较低，城镇人口比重增速缓慢，城镇化水平较低，城乡协调发展任务仍然艰巨：2017 年，经济发展 8 项指标中有 4 项完成水平达到100%。分别为：第三产业增加值占 GDP 比重、居民消费支出占GDP 比重、每万人发明专利拥有量和工业劳动生产率；完成水平在 90% ~ 100% 的指标有 1 项，为农业劳动生产率，2010 ~ 2017 年农业劳动生产率年均增长达 7.86%，2017 年完成水平为 98.48%，距目标值仅差 1.52 个百分点；完成水平在 80% ~ 90% 的指标有 1 项，为城镇人口比重，2010 ~ 2017年城镇人口比重年均增幅为 2.44%，2017 年完成水平为 85.16%，与目标值相差 14.84 个百分点；2010 ~ 2017 年人均 GDP 年均增长率达 8.79%，2017 年完成水平为76.07%，与目标值相差 23.93 个百分点。2010 ~ 2017年R&D 经费支出占 GDP 比重年均增长率为 1.72%，2017 年完成水平为42.36%，与目标值相差 57.64 个百分点。

表7　2010 年、2017 年西部地区经济发展单项指标完成水平比较

指标（单位）	2010 年完成水平（%）	2017 年完成水平（%）	年均增长率（%）
1. 人均 GDP（元）	42.19	76.07	8.79
2. 第三产业增加值占 GDP 比重（%）	79.85	100.00	3.51
3. 居民消费支出占 GDP 比重（%）	98.50	100.00	1.58
4. R&D 经费支出占 GDP 比重（%）	37.60	42.36	1.72
5. 每万人发明专利拥有量（件）	21.71	100.00	27.62
6. 工业劳动生产率（万元/人）	89.50	100.00	4.62
7. 城镇人口比重（%）	71.93	85.16	2.44
8. 农业劳动生产率（万元/人）	58.00	98.48	7.86

（2）民主法制建设分析

西部地区基层民主建设进程落后，基层治理机制不健全，各种不稳定因素依然存在，社会长治久安任重道远，此外，西部地区律师行业发展滞后，律师人才紧缺。2017年，民主法制3项指标中完成水平在80%～90%的指标有2项，为基层民主参选率和社会安全指数。2010～2017年基层民主参选率年均增长率为0.28%，2017年完成水平为89.85%，与目标值相差10.15个百分点。2010～2017年社会安全指数年均增长率为0.4%，2017年完成水平为88.87%，与目标值相差11.13个百分点；2010～2017年每万人拥有律师数年均增长率达7.96%，2017年完成水平为78.79%，与目标值相差21.21个百分点。

表8 2010年、2017年西部地区民主法制方面各指标完成水平比较

指标（单位）	2010年完成水平（%）	2017年完成水平（%）	年均增长率（%）
1. 基层民主参选率（%）	88.14	89.85	0.28
2. 社会安全指数	86.43	88.87	0.40
3. 每万人拥有律师数（人）	46.09	78.79	7.96

（3）文化建设分析

西部地区文化传播基础设备普及度极低，公共数字文化供给和服务能力较低，制约群众文化生活发展。2017年，文化建设4项指标中完成水平达到100%的指标有3项，分别为：人均公共文化财政支出、每万人拥有"三馆一站"公共文化设施建筑面积和城乡居民文化娱乐服务支出占家庭消费支出比重。2010～2017年有线广播电视入户率年均增长率自2016年来持续下滑，年均降幅为1.33%，2017年完成水平为55.18%，与目标值相差44.82个百分点。

表9 2010年、2017年西部地区文化建设方面各项指标完成水平比较

指标（单位）	2010年完成水平（%）	2017年完成水平（%）	年均增长率（%）
1. 人均公共文化财政支出（元）	100.00	100.00	6.59
2. 有线广播电视入户率（%）	60.58	55.18	−1.33
3. 每万人拥有"三馆一站"公共文化设施建筑面积（平方米）	100.00	100.00	7.54
4. 城乡居民文化娱乐服务支出占家庭消费支出比重（%）	100.00	100.00	0.02

（4）人民生活水平分析

西部地区公共服务事业发展水平显著提升，教育、医疗、社保等覆盖度不断增加，保障能力持续增强，新型城镇化进程推进顺利，人民生活水平得到有效提升。但城乡居民收入水平仍然较低，人口受教育年限短，教育资源不足，教育质量不高。2017年，人民生活11项指标中有4项完成水平达到100%。分别为：失业率、恩格尔系数、基本社会保险覆盖率和农村自来水普及率。完成水平在90%~100%的指标有4项，分别为：城乡居民收入比、平均预期寿命、每千人拥有执业医师数和农村卫生厕所普及率。2010~2017年城乡居民收入比年均降幅达2.72%，2017年完成水平为95.91%，与目标值相差4.09个百分点。2010~2017年平均预期寿命年均增长率为0.01%，2017年完成水平为96.14%，与目标值相差3.86个百分点。2010~2017年每千人拥有执业医师数年均增长率为1.73%，2017年完成水平为99.43%，与目标值仅差0.57个百分点。2010~2017年农村卫生厕所普及率年均增长4.65%，2017年完成水平为95.71%，与目标值相差4.29个百分点。2010~2017年人均受教育年限年均增长率为1.81%，2017年完成水平为83.05%，与目标值相差16.95个百分点。完成水平在70%~80%的指标有2项，分别为：城乡居民人均收入和公共交通服务指数。2010~2017年城乡居民人均收入年均增长率为11.59%，增幅显著，2017年完成水平为79.18%，与目标值相差20.82个百分点。2010~2017年公共交通服务指数年均增长率达4.04%，2017年完成水平为79.78%，与目标值相差20.22个百分点。

表10　2010年、2017年西部地区人民生活方面各项指标完成水平比较

指标（单位）	2010年完成水平（%）	2017年完成水平（%）	年均增长率（%）
1. 城乡居民人均收入（2010年不变价）（元）	36.76	79.18	11.59
2. 失业率（%）	100.00	100.00	−2.64
3. 恩格尔系数（%）	98.28	100.00	−3.59
4. 城乡居民收入比（以农为1）	79.10	95.91	−2.72
5. 公共交通服务指数	60.48	79.78	4.04
6. 平均预期寿命（岁）	96.08	96.14	0.01
7. 人均受教育年限（年）	73.24	83.05	1.81
8. 每千人拥有执业医师数（人）	88.21	99.43	1.73
9. 基本社会保险覆盖率（%）	74.77	100.00	6.63
10. 农村自来水普及率（%）	82.44	100.00	2.93
11. 农村卫生厕所普及率（%）	69.64	95.71	4.65

（5）资源环境分析

西部地区生态环境治理工作加速推进，新一轮退耕还林等重点生态工程顺利实施，生态安全屏障初步成形。但经济增长仍然呈现"高耗能"特点，阻碍西部地区推进绿色可持续生产。2017年，资源环境6项指标中完成水平达到100%的指标有2项，分别为：主要污染物排放强度指数和生活垃圾无害化处理率。2010～2017年环境质量指数年均增长率为0.3%，2017年完成水平达到98.02%，仅与目标值相差1.98个百分点。2010～2017年单位GDP水耗年均降幅达8.52%，2017年完成水平为71.48%，距目标值28.52个百分点。2010～2017年单位GDP能耗年均降低3.45%，2017年完成水平为56.4%，距目标值43.6个百分点。

表11　2010年、2017年西部地区资源环境方面各项指标完成水平比较

指标（单位）	2010年完成水平（%）	2017年完成水平（%）	年均增长率（%）
1. 单位GDP能耗（2010年不变价）	44.12	56.40	-3.45
2. 单位GDP水耗（立方米/万元）	38.33	71.48	-8.52
3. 单位GDP建设用地占用面积（公顷/万元）	53.48	69.68	-3.71
4. 环境质量指数	95.96	98.02	0.30
5. 主要污染物排放强度指数	47.10	100.00	17.30
6. 生活垃圾无害化处理率（%）	94.84	100.00	2.63

（6）西部地区小康社会建设目标总体完成水平综合分析

从各二级指标完成水平的变动走势看，经济发展目标完成水平自2010年的64.01%，经过7年的深入发展，于2017年达到88.18%，但完成水平不显著，2017年排名仅高于民主法制和文化建设目标完成水平（86.31%和87.78%），年均增长4.68%；2010年资源环境完成水平最低，只有63.23%，但在2017年达到93.01%，增幅明显，7年间年均增速最快，为5.67%；2010年民主法制建设完成水平较高，为75.47%，排名仅次于文化建设完成水平（89.25%），到2017年达到86.31%，但因其年均增速较低，为1.94%，只高于文化建设增速（-0.24%），到2017年其完成水平最低；2010年文化建设完成水平最高，为89.25%，2016年前有小幅上升，但2016年开始有所降低，2017年完成水平仅高于民主法制建设，为87.78%，年均降低0.24%；2010年人民生活指标完成水平较高，为74.5%，7年间保持稳定上升，年均增速3.13%，2017年完成水平达到92.45%。

表 12　2010～2017 年西部地区小康社会建设目标完成水平

单位:%

指标＼年份	2010	2011	2012	2013	2014	2015	2016	2017
经济发展	64.01	68.59	72.84	77.36	81.28	85.08	87.57	88.18
民主法制	75.47	77.05	78.37	80.40	82.28	83.37	84.49	86.31
文化建设	89.25	89.81	90.85	90.72	90.65	90.72	89.55	87.78
人民生活	74.50	78.02	82.33	84.62	87.06	88.48	89.72	92.45
资源环境	63.23	62.79	65.92	68.62	71.28	74.33	86.49	93.01
小康完成水平	71.49	73.71	76.94	79.49	81.93	84.05	87.81	90.25

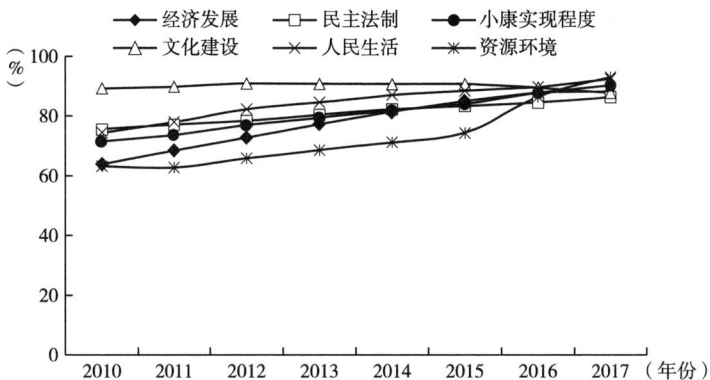

图 23　2010～2017 年西部地区小康完成水平

　　从总体完成水平看，西部地区全面建成小康社会完成水平从 2010 年的 71.49% 提升到 2017 年的 90.25%，7 年间上升了 18.76 个百分点，年均增长率达到 3.39%，经济社会各方面发展成效显著，小康社会发展水平明显提高。西部地区小康完成水平与 2020 年实现全面建成小康社会的总目标相差不到 10 个百分点，剩余 3 年时间年均需增长 3.48 个百分点。

三　政策调整建议

(一) 调整财政政策

1. 科学投放财政资金，合理布局投资方向

　　西部地区在基础开发阶段依靠中央政府资金扶持拉动经济发展的模式虽然短期有显著成效，但长期会产生财政依赖问题，造成资金供给不足、自我"造血"能力低下等问题。因此，在深入开发阶段和全面提升阶段国

家应调整对西部地区"广撒网，全覆盖"的资金投入方式，将资金精准投向科教文卫等公共服务基础设施，信息通信、网络技术等数字基础设施建设等发展落后环节，在物理基础设施得到较快发展的情况下迅速补齐服务基础设施及数字基础设施"短板"。

2. 加大税收优惠力度，明晰税收优惠重点，构建配套政策体系

西部地区企业税负仍然较高，税收优惠政策覆盖面狭窄，税收优惠方式单一，相关配套政策体系不健全。因此，首先应加大减税降费力度，合理设计优惠方式，提高税收返还和财政奖励比重，不仅降低名义税负水平，关键要降低企业实际税负，使企业真正享受到税收利好，营商环境得到实质改善，发挥税收的引导和杠杆作用，吸引国内外资本流向西部地区，让各类企业"来得快，做得好，留得住"。其次，依据《西部地区鼓励类产业目录》，根据西部各地区经济社会不同特点，依照有利于西部资源环境的开发利用、战略性新兴产业发展、对内对外开放、经济结构调整和产业升级等方面的原则进一步增强税收优惠政策的针对性，确定税收优惠的重点，设计符合西部地区特点的税制，拓宽优惠税种范围，降低享受税收优惠政策的"门槛"，有效提升企业经营积极性和市场活力。此外，西部大开发涉及财税、环保、社会保障等诸多公共政策，税收优惠政策的实施会涉及其他公共政策领域，因此，发挥各项政策间的协同作用对提升税收优惠政策成效至关重要。一方面要推动国地税合并，构建高效统一的税收征管体系，最大化提升办税便利度，降低征纳税成本，促进优化营商环境，提高税收征管效率；另一方面，在测算西部各地收入能力和努力程度后，中央依法赋予各地方适当税收管理权限，依据实际情况下放给地方某些税种征收调整权限，调整税收分配制度，提高地方政府税收分成比例，构建西部地区造血机制，增强西部地区财力。

3. 鼓励社会资金参与西部开发，有效弥补财政资金缺口

西部地区经济发展仍然滞后，开发资金缺口依然庞大，单靠政府财政资金扶持是不现实的，政府需要鼓励社会资本积极参与西部开发，政府财政资金在基础开发阶段起到引导作用，后续深入开发及全面提升阶段就需要社会资本逐步承担起资金供给的任务，推动西部开发资金运转的市场化进程，有效弥补资金缺口。

（二）调整开放政策

1. 完善西部对内对外开放通道建设，提升硬件基础设施支撑能力

交通运输基础设施建设情况直接影响西部开发开放进程，因此，首先，

需要依托经济走廊建设，打通西部地区交通运输大动脉，以西北和西南两条战略通道为主，加强推动跨省跨国基础设施对接，打通断头路，加快构建"五横四纵四出境"综合运输大通道，建设现代化基础设施体系，建成西部地区与国内其他地区及周边国家互联互通的海陆空综合立体交通走廊，多渠道、多方向、多口岸、多平台促进西部地区对内对外开放，推进同有关国家和地区多领域互利共赢务实合作，打造陆海内外联动、东西双向开放的全面开放新格局。另外，需要不断增加西部地区物流体系建设投入，搭建现代化高效物流服务网络。推广全国自贸区物流网络建设成功经验，结合各地区特点，规划建设物流通道路径和枢纽节点，推进"互联网＋"、"大数据＋"高效物流服务发展，以物流节点城市为中心，建设现代化国际贸易物流网络，最大化降低物流成本，提高物流效率，加快西部各地区与国内国外物流基础设施的互联互通，打造高效、便利、低成本的西部物流通道。

2. 加大减税降费力度，不断推进贸易投资便利化，提升对内对外开放软实力

西部地区硬件基础设施建设水平的不断提升，需要加快配套投资贸易的软件基础设施建设，对符合相关条件的内外资企业实行更大程度的减税降费政策，以短期税收减少换取长期产业发展，打造完备产业体系。进一步简化申办外商投资企业及外贸企业的审批手续，完善贸易相关法律法规，严惩不规范、不合理、不合法的贸易行为，创造国际化、法治化、便利化的良好营商环境，落实"放服管"改革，为内外资企业提供优质服务，吸引内外资到西部地区投资经商。另外，支持设立外资离岸金融机构，深入推进外汇管理改革和"证照分离"改革试点，拓宽自由贸易账户功能和主体范围，形成市场化程度高、融资能力强、风险可控的配套金融支持体系，助推西部对内对外开放。此外，促进西部沿边各级政府与相邻国家地方政府在海关通关、检验检疫、多式联运、电商物流、劳务流动等方面加强合作，提升经济要素跨区域流动效率，实现要素多元优化配置，提高经济效益。

（三）调整产业政策

1. 优先发展优势产业，打造产业集群，形成产业竞争优势

西部地区自然资源非常丰富，具有得天独厚的资源禀赋，但仅仅依靠资源比较优势和低端要素配置发展优势产业，容易形成资源依赖型经济发展模式，导致产业结构单一，资源配置效率低下，人力资本积累严重不足，制造业等其他一些产业被挤出，此外，生态环境还会遭到不同程度的破坏。

为避免西部地区陷入"资源诅咒""增长陷阱",需要在依托资源比较优势发展的基础上,增强优势产业创新能力,通过优化升级技术、管理、制度等高端要素配置,打造低成本、差异化、专业化的完整产业集群,形成西部优势产业竞争优势,提高核心竞争力。

2. 升级改造传统产业,推动战略性新兴产业发展

西部地区长期以来市场化程度较低,竞争机制不完善,政府对市场干预较大,市场功能被严重抑制,导致很多传统产业发展模式固化,市场竞争力低下,需要政府、银行不断给予补贴或贷款才能够存活下去,形成了一大批"僵尸企业"。因此,推动传统产业转型升级的首要任务就是,明确政府职能定位,减少政府对市场的干预,深入推进"放管服"改革,释放市场活力,加快传统产业中经营不善的企业兼并重组或退出市场,让市场决定此类企业的存活,发挥市场在资源配置中的决定性作用。另外,贯彻创新驱动发展战略,结合西部各地区特点,深入推进新一轮高新科技革命和产业变革,因地制宜引导新一代信息技术、高端装备制造、生物医药等战略性新兴产业发展,形成新产业、新技术、新业态、新模式下的产业格局,完成新旧动能转换,提升西部地区内生发展能力。

(四)调整生态环保政策

1. 推进生态主体功能区建设,立法保障生态环保工作顺利推进

生态环境建设是一项需要长期投资的系统性工程,因此,进行生态建设必须顺应自然、因地制宜,根据西部各地区不同特点,差别化推进生态主体功能区建设,避免图快、急功近利等短期行为,或是边开发边建设。确立生态环境法律法规,完善生态环保补偿机制,从法制层面保障生态环境建设持续进行,给予生态产品提供地区和提供者以经济补偿,通过设计、实行合理制度,协调经济发展和生态环境建设的关系,实现西部经济增长和生态环境状况改善。

2. 加大节能减排力度,大力推行新能源开发利用,转变经济发展方式,实现绿色发展

同西部地区经济社会发展相伴随的高耗能高排放问题仍然严峻,新能源开发利用水平低下。对此,首先应加大节能减排方面资金、技术和人力等资源的投入力度,依据西部地区生态环境承载能力,合理开发利用资源,通过各种途径提高能源加工水平和综合利用程度,推行资源节约集约循环利用,通过补贴等方式鼓励企业淘汰高耗能、高污染设备和生产方式,更换低功耗设备、清洁生产设备,推行清洁生产。其次,因地制宜,根据西部不同地区地理环境条件，制定税收优惠或税收返还等优惠政策，鼓励企业开发利用风能、水能和太阳能等新能源，进行绿色清洁生产活动，以新能源替代传统能源，增强西部地区能源消费可持续发展能力。此外，建立健全生态环保法律体系，明确各主体权责，依法严厉惩处破坏生态环境的行为，形成生态环保高压态势，保证经济绿色可持续发展。

（五）调整公共服务政策

1. 加大科研经费投入，提高人才待遇，推进创新驱动发展

西部地区 R&D 经费支出占 GDP 比重较低，科研经费不足。因此，在加大西部地区政府、企业、高校及科研院所 R&D 经费支出的同时，需要完善相关资金划拨使用的监管制度，健全激励约束机制，使科研人员按一定比例参与科技成果转化收益分配，促使高校与政企间的政产学研用深度融合，建设企业主动、市场引导、政产学研用相结合的科技创新体系，有效提升科研创新能力。另外，应重视如两院院士、"长江学者"和国家杰出青年等中高端人才引进，形成科研创新引领力量。另外，要持续实施东部城市对口支援西部人才开发工程，通过提高东西部人才资源流动性扩大西部科技创新人才储备，深化各项激励机制和奖评办法改革，充分调动科研人才创新积极性，为西部地区经济社会可持续发展提供强大内生增长动力。此外，西部地区各级政府应明确自身定位，持续推动简政放权，深入推进"放管服"改革，落实各项创新政策法规，为高新技术及创新性企业，高校、科研院所等创新主体营造良好创新环境，

2. 加大基础教育和高等教育建设投入，组建教育人才队伍，提升教育质量和居民受教育程度

西部地区人均受教育年限较短，受教育程度不高。因此，应着力提高与扩大西部地区中小学教育水平和覆盖面，在进一步普及和巩固九年制义务教育的基础上加快推行十二年义务教育，扩大中小学受教育人数。此外，更加重视发展西部地区高等教育，加大高等教育经费投入力度，提高高校教职工待遇，吸引更多优秀人才进入西部教育事业发展，提升西部地区高校办学水平和综合实力，提高西部地区人民群众受教育程度，使西部地区能吸引人才，能用好人才，能培育人才，能留住人才，最终从人力资本投资中受益，自我"造血"能力和自我可持续发展能力得到提升。

3. 增加文化基础设施建设投入，大力发展文化产业，提高文化服务能力

西部地区文化传播基础设施供给不足，服务能力不强。因此，首先应

加大财政资金向文化硬件基础设施建设的倾斜力度，加快建设或更新改造一批如文化馆、博物馆、图书馆等基本文化机构，通过网络、媒体等当下热门渠道宣传推广文化机构，鼓励居民参与。其次，各级政府要建立健全文化知识产权相关法律法规，保护知识产权不受侵害，严厉打击侵权行为，营造文化产业发展的良好环境和文化创新风气。再次，要加快组建文化人才队伍，增强文化产业核心竞争力，除从其他地区引进人才外，西部地区也要强化自身"造血"能力，大力支持文化机构培育当地人才。另外，应结合西部各地区不同特点及优势，加强文化产业和其他产业间合作，形成完整文化产业链，打造当地特色文化品牌，通过时下热门媒介宣传，提高在全国乃至全世界的知名度，带动当地经济发展。

4. 加大城镇基础设施及基本公共服务建设投入，加快推进新型城镇化

西部地区城镇人口增速缓慢，城乡居民人均收入仍然不高，城镇化进程亟待提速。为此，首先应加大西部地区农业技术、农业机械设备和生产方式等方面的科研创新资金和人才投入，推动农业部门技术进步，加快构建现代农业产业体系，提高农业劳动生产率，进一步释放农村生产力，深入推进产业转型升级，着力发展第三产业，吸纳农村劳动人口向城市转移，着力增强经济实力。其次，深入改革户籍制度，加快促进西部地区农业转移人口市民化，着力推动城乡公共服务均等化，使城乡居民享有同等权利，承担同等义务。再次，加大地方财政支出向城镇基础设施、公共设施、生活设施等基本设施建设工程和项目的倾斜力度，全面提升城镇基础设施建设水平。还有，西部地区应依托自身优势和特点，加速建设重点城市群，中小城市和小城镇，"以点带面"加强区域内地级市间协调合作，实现共同发展。另外，西部地区各级政府应加大向农村地区财政支出倾斜力度，主要用于发展特色优势农业和农村科教文卫等社会公共事业。此外，大力支持普惠金融发展，提高农村地区资金流动性，强化农村特别是贫困地区金融服务能力，加大西部地区特色优势农业的金融服务支持。

5. 以经济建设为前提，提高基层民主活动参与度

西部地区基层民主建设较落后，基层民主参与率需要提高。首先，应不断加大西部基层地区经济建设投入，改善居民生活水平，在基层居民物质生活水平得到保障的情况下，再增强西部地区，特别是西部民族地区民主法制和思想政治教育投入，加大基层民主制度宣传力度，落实各项基层民主政策，使居民注意力向政治民主参与方面转移，有效提高居民政治参与观念和政治觉悟。此外，保证人民依法有序参与各项民主活动，各级行政机关要将各项基层民主活动流程化繁为简，最大化疏通西部地区居民政

治参与通道，形成完整通畅的制度程序和参与实践，保证居民广泛持续深入参与日常政治生活的权利，提升基层民主参选率，使社会管理向民主化方向发展，让基层民主落到实处。

6. 深化社会法治建设，完善社会治安预警机制

西部地区社会不安定因素较多且较复杂，社会安全水平较低，社会稳定问题较突出。因此，应深入推进西部地区社会治理制度建设，将权责统一落到实处。健全公共安全体系，完善安全生产责任制，将问责追责、失责必问落实到位。另外，应持续改善西部地区社会稳定与安全预警机制，加快社会治安防控体系建设，做到预防在先，提升处理突发事件和防灾减灾救灾的能力。

7. 构建健康法治环境，鼓励支持律师行业发展，培养优质律师人才

西部地区律师行业发展滞后，律师人才缺乏。推动律师行业发展，首先，需要西部地区营造良好法治环境，建立健全律师行业相关法律法规，同其他地区知名律师事务所和律师合作共享法律案件资源，建立相关激励机制和优惠政策，吸引知名律师事务所或者律师到西部开展业务；其次，也是更重要的，西部地区需要增强自身培养专业律师人才的能力，政府及司法部门应大力支持高校法律人才培养，鼓励律师事务所在当地高校招聘法律专业毕业生，发挥律师协会在高素质律师队伍建设中的引导作用，形成西部地区司法部门、律师协会、律师事务所和高校四方面协同培养人才体系，打造优秀律师队伍。

参考文献

《邓小平文选》（第3卷），人民出版社，1993。

习近平：《决胜全面建成小康社会夺取新时代中国特色社会主义伟大胜利——在中国共产党第十九次全国代表大会上的报告》，人民出版社，2017。

陈栋生：《对西部大开发的几点思考》，《中国工业经济》2000年第1期。

岳利萍、白永秀：《从东西部地区差距评价西部大开发战略实施绩效——基于主成份分析法的视角》，《科研管理》2008年第5期。

林建华、任保平：《西部大开发战略10年绩效评价：1999～2008》，《开发研究》2009年第1期。

刘生龙、王亚华、胡鞍钢：《西部大开发成效与中国区域经济收敛》，《经济研究》2009年第9期。

王思薇、安树伟：《西部大开发科技政策绩效评价》，《科技管理研究》2010年第

2 期。

魏后凯：《未来十年中国西部大开发新战略》，《西部论坛》2010 年第 4 期。

白永秀、赵伟伟：《新一轮西部大开发的背景、特点及其措施》，《经济体制改革》2010 年第 5 期。

淦未宇、徐细雄、易娟：《我国西部大开发战略实施效果的阶段性评价与改进对策》，《经济地理》2011 年第 1 期。

李国平、彭思奇、曾先峰、杨洋：《中国西部大开发战略经济效应评价——基于经济增长质量的视角》，《当代经济科学》2011 年第 4 期。

周端明、朱芸羲、王春婷：《西部大开发、区域趋同与经济政策选择》，《当代经济研究》2014 年第 5 期。

宋海洋：《西部大开发政策演进分析与调整策略》，《开发研究》2015 年第 5 期。

彭曦、陈仲常：《西部大开发政策效应评价》，《中国人口·资源与环境》2016 年第 3 期。

任海平、李峰：《全面建成小康社会进程评估》，中国经济出版社，2017。

陈仁安：《西部地区全面建成小康社会面临的挑战与对策》，《经济研究导刊》2013 年第 18 期。

姜英华、王维平：《破解西部欠发达地区全面建成小康社会制约因素的现实路径分析》，《贵州社会科学》2014 年第 8 期。

西部大开发 20 年西部地区
文化对外开放研究[*]

王晨佳　王　凯^{**}

摘　要： 西部大开发 20 年来，西部地区社会、经济、文化发展水平得到大幅提高。本文聚焦于拥有丰厚文化资源的西部地区，在现代化升级和全球化挑战之下，其文化对外开放的发展变迁。首先从西部地区文化对外开放的历史回顾入手，从内容、地域、属性三个方面梳理了西部文化开放的现状。其次利用西部大开发 20 年的面板数据，全面分析了西部地区文化对外开放的基础条件、文化产业发展以及文化对外开放变迁的特征和趋势。最后提出了西部地区文化对外开放的策略。

关键词： 西部大开发 20 年　西部地区　文化对外开放

一　引言

西部地区幅员辽阔、文化资源丰富，西部大开发 20 年文化对外开放，是西部地区全球化和现代化进程中的一个重要课题。西部文化对外开放的历史可溯及古丝绸之路，西部大开发与其是一脉相承的。西部大开发，文化对外开放经历了什么样的变化，在这些变化下蕴藏着哪些规律，而未来西部文化全面开放升级的趋势又是怎样的，厘清这些问题有助于全面理解西部地区文化对外开放的来龙去脉，为进一步实现西部文化开放提供参考和依据。

---

* 本报告系陕西省社科基金项目（2017D034）"文化因素对于陕西'一带一路'战略的作用机理及策略选择研究"阶段性研究成果，教育部人文社科重大项目（16JJD790047）"丝绸之路经济带战略背景下西部地区开发开放新体制研究"阶段性研究成果。

** 王晨佳，西北大学中国文化研究中心副教授，经济学博士，研究方向为国际分工、跨文化管理与沟通等；王凯，西安电子科技大学马克思主义学院副教授，经济学博士，研究方向为货币政策和汇率政策等。

二 西部地区文化开放的历史变迁与现状分析

(一) 西部地区文化对外开放的历史梳理

西部地区的文化对外开放上可溯源至古丝绸之路，在经济发展基础之上产生对外贸易诉求（比如异域对于丝绸和茶叶的向往，及同时交易的香料、药物、食品，以及西域文化产品，如胡乐、胡舞、胡服等充满异域风情的早期文化产业）。当时经济基础、要素禀赋已经成为文化对外开放交流的最基本条件。

五四运动（距今年100周年）是近现代广泛传播民主和科学的新文化运动，旗帜鲜明地提出反封建思想解放运动，给当时和后来的文化发展带来了巨大的影响。

新中国成立初期（70周年）提出"两用"原则和"双百"方针："古为今用、洋为中用"的原则和"百家争鸣、百花齐放"的方针。可以说"两用"原则和"双百"方针开启了文化对外开放的大门。这个阶段明确提出要辨别封建文化落后的糟粕，将之与有旺盛生命力、与时俱进、代表人民群众的东西划清界限。[1] 第三阶段可谓进入文化开放的预热阶段

真正开启文化对外开放的标志就是1978年的改革开放。邓小平指出："我们建国以来长期处于同世界隔绝的状态。"[2] "我们把世界一切先进技术、先进成果作为我们发展的起点。"[3] "向资本主义发达国家学习先进的科学、技术、经营管理方法以及其他一切对我们有益的知识和文化。"[4]

西部大开发20年西部地区文化对外开放历程。此间的历程包括入世（2001）18年"引进来"和"走出去"，使文化开放得以完善。进行文化对外开放，就是要接受差异，引进全球其他国家、地区的先进文明和文化并进行自我发展和提升，封闭只能导致落后。十六届五中全会明确指出：要加快实施文化产品"走出去"战略，推动中华文化走向世界。这一阶段明确了文化"引进来"和"走出去"战略，在加入世贸前提出文化开放的思想，强调实行文化对外开放是改革和建设必不可少的，应当吸收和利用世界各国包括资本主义发达国家所创造的一切先进文明成果来发展社会主

---

① 《毛泽东选集》（第2卷），人民出版社，1991，第54页。
② 《邓小平文选》（第2卷），人民出版社，1994，第111页。
③ 《邓小平文选》（第2卷），人民出版社，1994，第232页。
④ 《邓小平文选》（第2卷），人民出版社，1994，第44页。

义，封闭只能导致落后。① 十六届五中全会明确指出：要加快实施文化产品"走出去"战略，推动中华文化走向世界。习近平总书记在中共十九大报告（2017）中指出，社会主要矛盾已经转化为人民日益增长的美好生活需要和不平衡不充分的发展之间的矛盾。文化已经成为国家和民族的灵魂。要通过深化文化体制改革，完善文化管理体制等措施，推动文化事业和文化产业发展。

（二）西部地区文化内容归类

西部地区文化，属于中华文化的有机组成部分，有独具魅力的特色。不同地区基于区位、历史、经济水平等形成了各具特色的生活方式、风土民情、意识观念，演化成了千差万别的区域文化，包括历史形成的文化文物遗存、红色革命文化及充满西部浓郁的异域风情的地方文化。

第一是历史形成的文化遗产和丰富文物遗存。比如陕西周秦汉唐为主线的传统文化——兵马俑、钟鼓楼、大小雁塔、城墙；四川三国巴蜀文化——都江堰、剑门关等历史文化古迹；敦煌莫高窟、布达拉宫、三星堆、大足石刻等为世界瞩目的历史文化遗产。

第二就是红色革命文化。西部地区是中国革命的重要发源地之一，留下了极其丰富的革命文物和纪念地，如遵义、延安、红岩村等。革命圣地孕育了深厚的红色文化。这些宝贵的财富，奠定了西部文化遵循先进文化前进方向的坚实基础。②

第三也是最重要的，多种因素形成的丰富的、充满浓郁异域风情的西部特有的文化。一方面西部各省份在国土边境分布，历史上就有抵御侵略的军事功能，正是在绵延而漫长的边境线上与异邦邻接，其民族文化就有着强烈的异域特色，比如新疆的伊犁、喀什边疆小城具有哈萨克斯坦、吉尔吉斯斯坦的"西域"风情，而滇南的西双版纳、瑞丽则由于与越南、老挝、缅甸等东南亚国家接壤，呈现出完全不同的"热带"风情。基于区位、历史、经济等因素，西部区域文化具有军事性、民族性兼经济性的基本特征，其主要功能是保卫边疆、互通有无。另一方面，西部地区的高海拔及自然环境，形成了山川森林、高山大漠，这样的地理条件很难诞生丰裕的农耕文化，而会滋养高原和游牧文化，加之少数民族聚居较多，各民族有着自己的信仰，传统的儒家思想难以产生影响，因此有着与中原农耕

① 《江泽民文选》（第 1 卷），人民出版社，2006。
② 孟鑫：《中国西部地区文化产业发展研究》，中央民族大学博士学位论文，2011。

文化风格迥异的草原文化、游牧文化。

（三）西部文化的地域划分

表1体现了西部文化区板块的大致划分以及相应的民族文化特征，由此可以看出西部地区不同地域的民俗风土、文化特征。

表1　西部地区文化板块基本情况及特征

文化区	自然环境、农业	民居、饮食	民族、服饰	文化代表	文化特征
黄土高原	高原；黄土农牧业	窑洞；面食、肉食	汉族	秦腔、信天游	华夏文化发祥地（底蕴深厚）
四川盆地	盆地；紫色土；农耕（水稻）	吊脚楼；麻辣风味（川菜、火锅）	汉族为主	川剧变脸	巴蜀文化（泼辣、休闲）
云贵高原	高原、喀斯特地貌	竹楼、鼓楼；酸、辣（米线、米粉、酸汤鱼）	少数民族最多	多姿多彩的民族歌舞	少数民族文化（多样性、地区性）
新疆荒漠—绿洲文化	荒漠、绿洲；畜牧、绿洲农业	阿以旺、毡房；羊肉奶茶	维吾尔族、哈萨克族	载歌载舞	西域文化（伊斯兰文化）
青藏高原	高原；青稞、畜牧（牦牛、绵羊）	碉房；糌粑、酥油茶、青稞酒	藏族；藏袍	高亢民歌、格萨尔王	世界屋脊（喇嘛教文化）
内蒙古草原	温带草原；畜牧业	蒙古包；肉、奶、面食	蒙古族；蒙古袍	马头琴、那达慕	草原文化（悠扬豪放）

继续深入探究，可将西部地区的文化板块延伸为秦陇儒、释、道文化圈，巴蜀儒、释、道文化圈，滇黔桂多神崇拜文化圈，新疆伊斯兰文化圈，青藏吐蕃文化圈，蒙宁西夏文化圈等六大文化圈。按照地理位置划分的充满地方特色的文化体现了各自典型的原著文化，游牧文化、农耕文化，这几种文化对西部产生重大影响。与此同时又折射出因历史上中西文明交流而引入的外来文化，如蒙古文化、地中海文化、波斯文化、印度文化和中原文化，在西部地区的同化异化、融汇交流①。

---

①　彭岚嘉：《西部文化生态保护与文化资源开发的关系》，《新华文摘》2012年第1期。

（四）西部地区文化特征属性

1. 民族宗教特色

由于西部地区，南临印度、巴基斯坦，西临阿拉伯世界，印度的佛教、阿拉伯的伊斯兰教很早就传播到这里。民族文化和宗教文化，一并在西部地区留下了无尽的宝藏。在西部地区世居的少数民族，有着多种多样的宗教信仰，包括伊斯兰教、藏传佛教、萨满教、佛教等等，其中以滇西的鸡足山佛教文化、新疆的伊斯兰教文化及藏区藏传佛教文化最为典型。鸡足山雄踞云贵高原滇西北宾川县境内西北隅，是佛教禅宗的发源地，两千多年前释迦牟尼大弟子饮光迦叶衣入定鸡足山华首门，奠定了它在佛教界的崇高地位。鸡足山历代高僧辈出，唐代的明智、护月，宋代的慈济，元代的源空、普通、本源，明代的周理、彻庸、释禅、担当、大错、中锋，清末民初的虚云等都是声闻九州的大德高僧。

新疆少数民族包括维吾尔族、哈萨克族、回族、柯尔克孜族、塔塔尔族、乌孜别克族、塔吉克族、东乡族、撒拉族和保安族。他们主要信仰伊斯兰教。伊斯兰教有各种教派，新疆的维吾尔族、哈萨克族、回族、乌孜别克族、塔塔尔族等民族的大多数人信仰逊尼派。维吾尔族、柯尔克孜族等民族基本上信仰什叶派中的伊斯玛伊勒派。新疆是伊斯兰教寺院最多的地区，比较著名的包括喀什的艾提朵尔清真寺、库卓大寺，莎车的加玛清真寺和阿孜那清真寺，乌鲁木齐的陕西大寺和南门寺，伊犁的拜士拉寺，和田的居曼寺等。

藏传佛教，也被称作喇嘛教。佛教传入藏区，也与当地的"苯教"结合进行了本土化融合。藏传佛教主要分为四大主流派别，分别为格鲁派、萨迦派、宁玛派及噶举派，也就是常提到的"黄派"、"花派"、"红派"及"白派"，这个命名依据各民族服饰及房屋特色而来。藏传佛教是以大乘佛教为主，其下又可分成密教与显教。西部地区藏族、土族、蒙古族中的大部分及部分汉族群众信奉藏传佛教，西藏、青海等地保留了大量藏传佛教相关的宗教场所，最著名的就是布达拉宫。此外，西部地区还拥有道教和萨满教的宗教活动场所。

总之，西部地区寺庙塔窟林立，宗教人士和信徒众多，构成了与其他地区宗教文化互为渊源、互为纽带又独具特色的宗教文化。

2. 不均衡分布特性

据国家旅游局的统计资料，2016 年我国西部 12 省（区、市）共有 5A 级景区 54 个，四川和新疆分别占 9 个和 8 个，内蒙古、青海和西藏分别为

2 个；4A 级景区 741 个，四川和广西排前两位，分别占 136 个和 112 个，西藏 11 个，青海和宁夏分别为 15 个；3A 级景区 781 个，陕西和新疆分别占 144 个和 106 个，而宁夏和西藏仅为 13 个和 15 个；2A 级景区共计 566 个，其中内蒙古和新疆分别为 107 个和 103 个，宁夏和西藏仅有 2 个和 3 个；A 级景区共计 52 个，新疆占 28 个。四川、陕西、新疆、西藏均为景区分布较为密集的地区。

表 2 显示，A 级景区数量呈现"东多西少"的分布特征，滇黔桂、甘陕宁、巴蜀等文化板块景区多，而西域、青藏文化板块景区较少。这与景区所在地人口稠密和经济发达程度有关。交通方便、人口稠密的地区，比如陕西、四川、重庆等地区，文化旅游产业较为发达，客流量大。西藏、青海、新疆等地区则相应流动性较差。除此之外，平原、盆地、丘陵等地形分布的景区多，如四川盆地，关中平原等。而青藏高原等空气稀薄、气候较为寒冷的地区景区较少。①

表 2　西部地区文化板块 A 级景区分布

文化板块	A 级景区数量
内蒙古文化板块	285
西域文化板块	303
陕甘宁文化板块	528
巴蜀文化块	461
青藏文化板块	104
滇黔桂文化板块	513

资料来源：国家旅游局。

3. 多元包容属性

中国西部文化包容开放，兼收并蓄，西部向东连接中原、向西连接西域及欧洲。历史上的丝绸之路贯通东西延伸至欧洲地中海沿岸；穿越西北西南地区青藏高原的唐蕃古道；继续向西通往尼泊尔、印度甚至更远方。贸易经济往来促进了汉文化进入西部，也带来了欧洲地中海、古阿拉伯、古印度和中亚文明的汇聚。世界四大文明体系在中国西部地区不断交融碰撞，西部文化作为中国文化的有机组成部分，不断接收外来文化，如波斯文化、印度文化、蒙古文化、地中海文化和中原文化，形成了兼容并蓄的

---

① 熊正贤：《文化势能的特征、消散与测算——西部文化旅游视角》，《湖南民族学院学报》2017 年第 3 期。

文化气度、多元并存的文化格局。① 西部地区自古以来是中国文化的中心，西部文化保存得要比内地好，地方偏僻，受现代文明冲击较少，传统文化资源多元完整性留存较佳。②

三 西部大开发以来西部地区文化对外开放历程

这一部分将通过文化发展的禀赋条件、财政投入、文化产业发展水平、对外文化交流活动、国际游客过境天数、文化产业出口等指标全面审视及分析西部大开发20年来文化发展及对外开放变迁的历程。

（一）西部大开发以来文化对外开放的基础条件

1. 西部大开发以来西部地区12省区市博物馆机构数

陕西、四川博物馆资源在西部大开发中呈现强劲的发展和增长势头，可以看出两省始终位于西部所有地区的前列，2014年后博物馆数量增加趋势均减缓，但是保持了平稳的增长。而其他省份尤其西北地区的青海、宁夏、西藏的博物馆数量少、增加慢。

表3 西部地区12省区市博物馆数量

地 区	2000 年	2005 年	2010 年	2014 年	2015 年	2016 年
内蒙古	25	33	54	75	84	87
广 西	39	49	64	106	124	125
重 庆	14	18	37	78	78	82
四 川	50	55	108	206	225	239
贵 州	8	11	59	74	73	73
云 南	30	32	120	86	86	90
西 藏	2	2	2	4	7	7
陕 西	67	82	106	238	249	274
甘 肃	65	69	102	147	150	152
青 海	14	15	18	22	23	23
宁 夏	4	6	6	12	12	13
新 疆	23	28	71	82	86	90

资料来源：《中国文化文物统计年鉴》（2000～2016 年）。

---

① 彭岚嘉：《中国西部文化的世界意义》，《西北师范大学学报（社会科学版）》2004 年第5 期。

② 费孝通：《有关保护、开发西部人文资源的思考》，《广西民族学院学报（哲学社会科学版）》2005 年第 3 期。

2. 西部大开发以来西部地区 12 省区市文物藏品数

从表 4 可以看出，四川、陕西、云南是文物藏品最多的省份，并且从 2010 年后稳步增长，其中四川省最为突出，陕西省位居第二，从 2015 年后有了降低的趋势，云南省也有了一些提高。文物藏品数量较少的有青海、新疆、宁夏、西藏，常年文物藏品数量较少，变动不大。

表 4　西部地区 12 省区市文物藏品数

单位：件（套）

地　区	1995 年	2000 年	2005 年	2010 年	2014 年	2015 年	2016 年
内蒙古	352021	367847	442177	461499	557494	572423	731444
广　西	232666	211091	301908	347472	481919	508649	342356
重　庆	—	237413	301849	754363	717462	689914	603577
四　川	675154	437941	752459	1147088	3579967	3679655	4155953
贵　州	36892	41579	54690	119594	152462	139048	149523
云　南	214693	244475	299465	453712	1344957	1301043	1345420
西　藏	127026	68650	212691	143071	235462	262984	278587
陕　西	502005	533192	883408	946083	1636437	2885836	2617470
甘　肃	249723	280812	429726	546332	611757	609895	573857
青　海	75233	97052	141121	186276	192902	179008	189988
宁　夏	37881	48620	77025	84093	105768	103783	75362
新　疆	72457	94477	107777	150646	222037	241046	228185

说明：重庆市 1995 年数据缺失。

资料来源：相关年份的《中国文化文物统计年鉴》。

3. 文化事业费投入

（1）东、中、西部文化事业费分布。西部缓慢增加、东部缓慢减少、中部较为稳定

从图 1 分地区文化事业投入可以看出，在西部大开发 20 年来，东部地区得到的文化事业投入最多，尤其在 2005 年达到了峰值，且常年远超中西部地区。在 2008 年，国家对西部地区文化事业投入首次超过中部地区。综观近 20 年的数据以及走向，国家对西部地区文化事业的投入逐年上升，但是与东部地区相比，增长率却是逐步下降。东部地区常年居于国家财政支持的重要地位，对西部地区的投入近年来稳步增长，目前从趋势上看逐步与中部地区接近。

从具体指标来看，2002 年西部大开发伊始，国家对于西部地区的文化发展投入 18.99 亿元，比两年前增长 38.5%，增幅较大，占全国财政总投

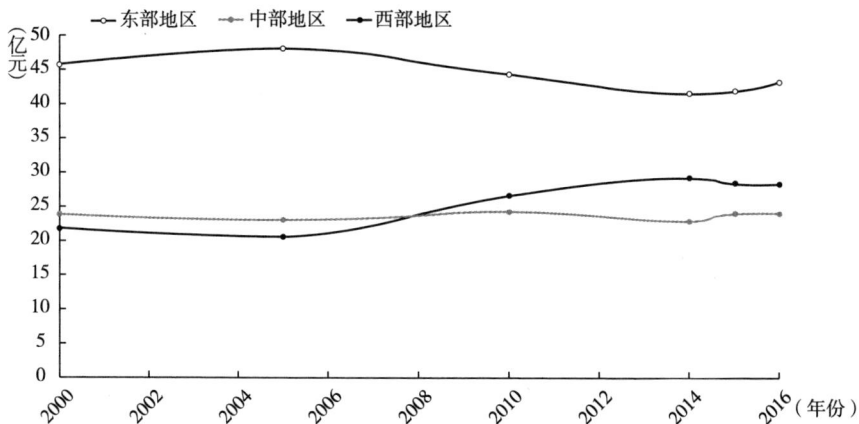

图 1　2000～2016 年东、中、西部文化事业费分布情况

资料来源:《2018 文化发展统计分析报告》。

入比重为 22.7%。从绝对金额数量上看,国家确实对西部地区投入增多,但是与东、中部地区比较,西部地区经费基数及增速都与之相去甚远。2004 年,国家投入西部地区文化事业费总额为 24.35 亿元,增长 77.6%。但是占全国文化事业财政投入比重却比 4 年前下降,仅占全国的 21.4%。同年国家对东、中部地区文化投入占总财政投入的比重高达 78.6%。2007 年中央加大了对西部地区的投入,但占全国文化财政投入比重仅为 21.5%,较中、东部地区逐年减少。① 在 2008 年,中央对西部地区的支持金额终于超过了中部地区。随后的 2014 年、2015 年和 2016 年,国家对西部地区文化事业投入虽然都超过了中部地区,却远低于东部地区。在 2014 年中央对于西部文化事业的支持投入达到最高,随后有所回落。可以看出近几年西部和中部地区逐渐趋于接近,而东部依然保持最高的水平。

(2)西部地区各省份文化事业费全面增长,其中四川、陕西、云南、内蒙古位居前列

从表 5 和图 2 可见,四川省明显投入较大,并且从 2014 年飞跃式上涨。值得注意的是,2014 年这个时间节点后,各个地区的文化事业的投入均有大幅提高。总的看来,西北的西藏、宁夏、青海整体增幅不大,较为平稳,西北地区除去陕西之外,对于文化事业的投入都居于整个西部地区较低水平。

---

① 文化部财务司:《全国农村和西部文化投入有所增加投入比重略有下降》,http://zwgk.mct.gov.cn/auto255/200807/t20080725_465769.html?keywords=,2008 年 7 月 25 日。

表5　2000～2016年西部地区各省份文化事业费

单位：万元

地 区	2000 年	2005 年	2010 年	2014 年	2015 年	2016 年
内蒙古	14515	30543	112982	189673	228905	259572
广　西	14608	28089	80097	144457	172230	199327
重　庆	9151	17505	77350	133289	169727	204828
四　川	20500	44523	143902	349146	395788	403685
贵　州	9131	18731	53676	105913	119936	151128
云　南	23945	42036	86881	174862	191211	218728
西　藏	4264	8003	21050	50826	57816	72824
陕　西	13976	23462	89457	193209	205168	216685
甘　肃	9130	20882	55563	110710	113802	143170
青　海	3696	7349	41114	63784	65393	78467
宁　夏	3625	9646	24483	46671	58611	67681
新　疆	10518	24877	71273	148975	160088	165558

资料来源：相关年份的《中国文化文物统计年鉴》。

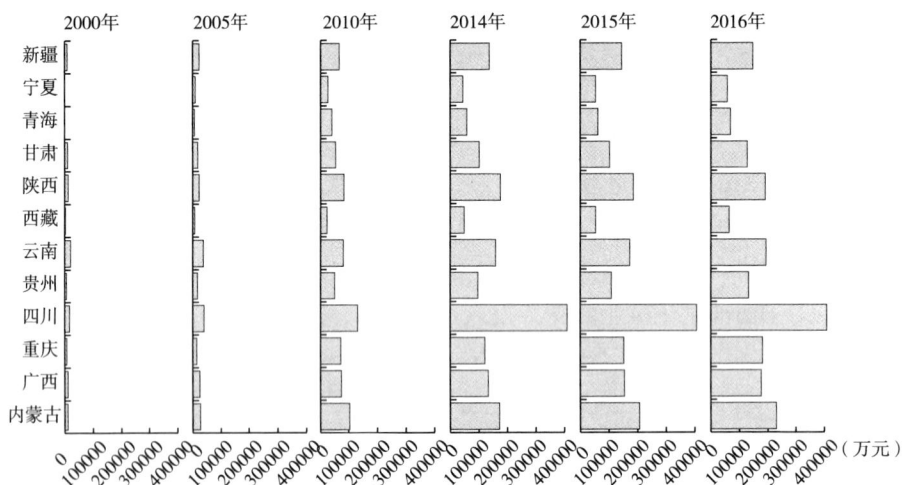

图2　2000～2016年西部地区各省份文化事业费

（3）全国东部、南部的较发达省份文化事业费占财政支出比重趋于平稳，其他各省份呈缓慢下降趋势

从图3分析，全国各地区文化事业费占财政支出比重都是逐渐降低的，总体较高的省份有浙江、上海、江苏、福建。比重变动不大的有北京、广东和广西。比重不断下滑的有许多西部地区的省份，尤其是西北地区的青海、甘肃、宁夏、新疆和陕西。而重庆、四川、贵州、云南则呈现出两侧高、中间低的走势，可见经济欠发达、地处越为偏远的地区，文化事业得

到财政支持的力度越小，而地方政府对于文化发展的重视程度也不够。从外部环境来看，缺乏文化发展和开放的基础土壤。

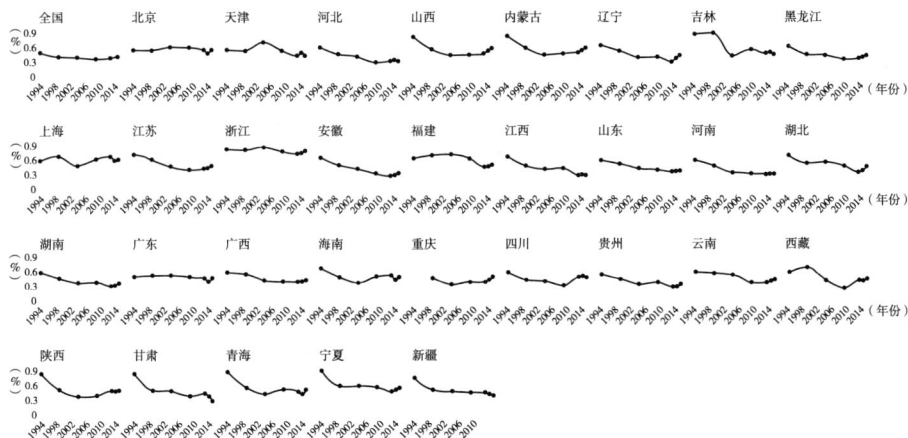

图3　全国各地区文化事业费占财政支出比重

但是从表6可以看到，重庆、四川文化事业费占财政支出比重的排名从2000年的第23名和第30名提升到了2016年的第8名和第11名。云南、西藏则从第9名、第3名下滑到了第19名和第15名。而相对偏远的宁夏、青海的排名则是第6名和第7名，近20年来排名变化不大，可见政府相对较为重视。内蒙古文化事业费占财政支出比重是西部地区排名最高的，并且一直在进步，从2000年的第8名攀升到了2016年的第4名。

表6　部分年份西部地区文化事业费占财政支出比重在全国的排名

地　区	2000 年	2005 年	2010 年	2014 年	2015 年	2016 年
内蒙古	8	15	11	6	3	4
广　西	10	13	16	18	17	17
重　庆	23	29	18	20	13	8
四　川	30	23	27	5	5	11
贵　州	28	30	22	27	29	26
云　南	9	8	23	21	20	19
西　藏	3	16	31	17	18	15
陕　西	18	28	24	8	11	12
甘　肃	22	10	25	15	23	31
青　海	11	17	9	10	14	7
宁　夏	7	5	5	11	6	6
新　疆	18	11	13	14	19	23

资料来源：相关年份的《中国文化文物统计年鉴》。

（二）西部大开发西部地区文化对外开放

1. 西部地区文化产业发展

由表 7 可知，文化产业对国民经济的贡献越来越大，所占比重越来越高。

表 7　2006～2017 年文化及相关产业增加值及占 GDP 比重

单位：亿元,%

年　份	增加值	占 GDP 比重
2006	5123	2.37
2007	6455	2.43
2008	7630	2.43
2009	8594	2.52
2010	11052	2.75
2011（旧口径）	13479	2.85
2011（新口径）	15516	3.28
2012	18071	3.48
2013	21870	3.67
2014	24538	3.81
2015	27235	3.95
2016	30785	4.14
2017	34722	4.20

资料来源：《中国文化及相关产业统计年鉴》（2006～2017 年）。

西部地区文化对外变迁与文化产业的发展密不可分。2017 年上半年东部地区文化产业收入最高，占全国比重最大。从规模实力上看，东部仍是"主力"，占 74% 以上。从发展速度上看，2017 年上半年西部继续"领跑"，增长速度最高，达到 16.3%，高于东部地区 11.6% 的增速和中部地区 11.1% 的增速。①

表 8 显示 2018 年规模以上文化及相关产业收入，西部占比仅高于东北地区但是增长最快，东部地区在量上仍然占有绝对优势，其 2018 年的文化产业收入是西部地区的 9 倍，差距依然巨大。2018 年全年文化产业增速只有西部超过了 10%，增势喜人，而东北地区却是负增长。

---

① 《如何看当前文化产业发展态势——2017 年上半年文化产业数据评析》，https：// www.mct.gov.cn/whzx/bnsj/whcys/201708/t20170817_760384.htm。

表8　2018 年全国分区域规模以上文化及相关产业企业收入、全国占比及增速

单位：亿元,%

	文化及相关产业营业收入	全国占比	增长速度
东　部	68688	77	7.7
中　部	12008	13.4	9.7
西　部	7618	8.5	12.2
东北地区	943	1.1	- 1.3

资料来源：国家统计局《2015 年全国规模以上文化及相关产业企业营业收入比上年增长 8.2%》https：//www. mct. gov. cn /whzx /whyw/ 201902 /t20190212_ 837250. htm, 2019. 2. 22.

从表 9 可知，四川、重庆、云南、陕西在西部省份中依然是文化及相关产业收入最高的省份，可以列为第一梯队。首先，如上文所述，陕西、四川博物馆资源在西部大开发中显现出强劲的发展和增长势头，可以看出两省文化产业发展水平与博物馆资源排名一致。其次，四川、内蒙古、云南、陕西、重庆是 2016 年对文化事业投入金额排名前五名的省份，与文化产业主营业务收入排名前五进行对比，除去内蒙古之外，四川、重庆、云南、陕西省排名是一致的。由此可推断政府对于文化事业的投入和重视程度，这与文化产业的收入也紧密相关。最后，四川、陕西、云南是文物藏品最多的省份，并且从 2010 年后稳步增长，其中四川省最为突出。这与文化产业的收入第一梯队排名也大致符合。

从图 4 可以看出，四川、重庆、陕西、广西文化及相关产业营业收入的上升趋势较为明显，剩余其他省份如内蒙古、云南、贵州较为平稳，变化不大。西藏、宁夏、青海的文化产业从收入来看处于较为弱势的地位，长期徘徊在较低的水平。

表9　2004~2016 年西部各省份文化及相关产业营业收入

单位：亿元

地区	2004 年	2008 年	2013 年	2014 年	2015 年	2016 年
内蒙古	85.7	275.4	346.3	143.4	101.11	159.49
广　西	163.0	266.5	733.3	452.35	502.35	740.38
重　庆	163.5	288.0	1830.4	415.82	508.53	1267.67
四　川	484.5	719.4	2021.3	1301.12	1558.54	2587.95
贵　州	58.7	77.8	259.8	106.91	127.15	373.098
云　南	157.3	224.6	521.7	140.88	179.68	856.28
西　藏	4.6	5.6	23.1	2.87	3.86	8.59

续表

地区	2004 年	2008 年	2013 年	2014 年	2015 年	2016 年
陕　西	151.6	235.5	751.1	194.77	246.93	676.90
甘　肃	50.5	57.2	169.5	16.83	17.26	115.56
青　海	11.2	12.8	144.5	55.56	75.59	176.70
宁　夏	33.7	35.6	53.0	14.48	30.32	51.07
新　疆	65.1	80.6	154.8	17.86	15.31	155.94

资料来源:《中国文化及相关产业统计年鉴》。

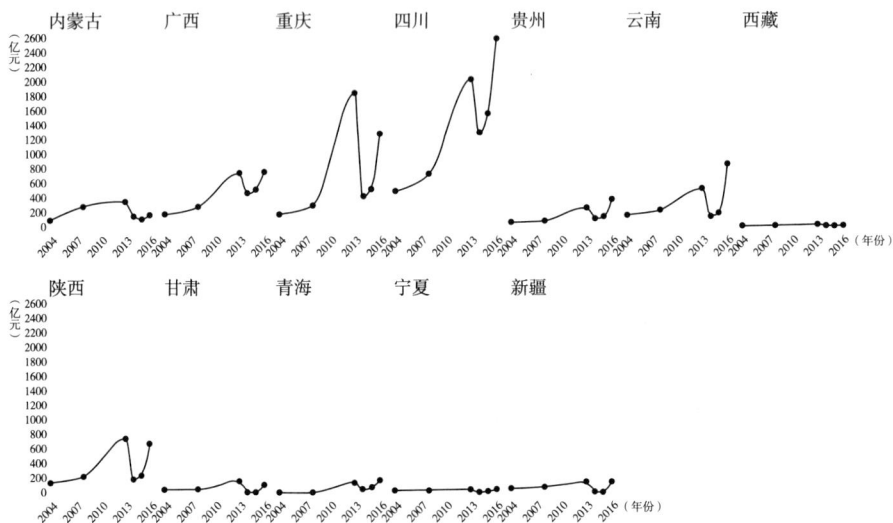

图 4　2004～2016 年西部各省区市文化及相关产业营业收入

　　文化产业园区是文化产业发展的重要载体和平台,从图 5 来看,上海国家级文化产业园区(示范)基地资产总额和营业收入在全国遥遥领先。陕西省资产总额在全国居第二位。四川、山东、湖南产业园区资产总额和营业收入均名列前茅。

2. 文化产业的出口是文化对外开放的重要指标

　　《中共中央关于制定国民经济和社会发展第十三个五年规划的建议》明确提出了文化产业发展成为国民经济的支柱产业。2017 年 11月公布了2017～2018年国家文化出口重点企业和重点项目名单。表 10和图 6 表明,四川、云南、广西、青海、重庆等省份获得较多重点项目和企业认定,这与资金支持、具备文化优势以及较高的文化产业发展水平都紧密相关。

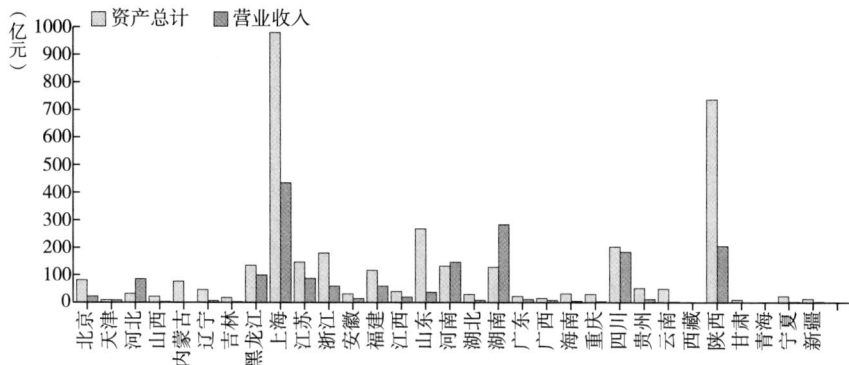

图5 2016年各地区国家级文化产业示范（试验）园区和示范基地资产总额与营业收入比较

资料来源：《中国文化发展统计分析报告》。

表10 2017～2018年国家文化产业出口重点企业和重点项目数量

单位：家，项

地　区	内蒙古	广西	重庆	四川	贵州	云南	西藏	陕西	甘肃	青海	宁夏	新疆
重点企业	0	1	2	15	1	7	0	0	0	2	1	0
重点项目	0	3	1	3	1	8	1	0	0	1	0	0

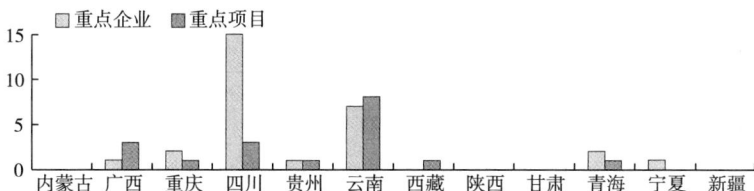

图6 2017～2018年国家文化产业出口重点企业和重点项目在西部各省份的分布

资料来源：中华人民共和国商务部。

2017年，我国文化产品和服务进出口总金额已经实现1265.1亿美元，同比增长11.1%。其中，文化产品进出口总额依然远远高于文化服务进出口总额，但是文化服务进出口增速却高于文化产品进出口增速3个百分点。具体看来，文化产品出口仍集中在东部地区，该地区具有压倒性优势，占据我国文化产品出口总额的93.4%；中西部地区增速令人瞩目，达43.5%，占比从1.3%提高至6.1%。广东、浙江、江苏位列文化产品出口前三。类似地，文化服务贸易也主要集中于东部，占比为95.9%；中西部地区出口增长幅度39.1%，占比也有相应提高（从1.1%到3.5%）。① 数

① 《商务部通报2017年我国对外文化贸易情况》，http：//www. sohu. com/a/223020931_179557。

据表明，西部地区的对外文化贸易基础较为薄弱，但是增速最快，具备势能转化为动能的巨大潜力。

从表11可以看出，新疆、西藏、内蒙古的非遗数量分别是3、2、2项，占西部各省份前三名，其他分布于陕西、青海、甘肃、四川、贵州等省份。新疆、西藏、内蒙古也是地处边疆、具有浓郁异域风情的民族地区，对于西部文化的国际知名度提升以及文化开放交流极有裨益。这些非遗项目也代表了西部文化的国际认可度。

表11　西部地区世界非遗名录

新疆维吾尔木卡姆艺术
麦西热甫（新疆）
新疆《玛纳斯》史诗
《格萨尔》史诗（西藏）
藏戏（西藏）
蒙古族长调民歌
蒙古族呼麦
青海热贡艺术
甘肃花儿
西安鼓乐
羌年（四川）
侗族大歌（贵州）

资料来源：中国文化及相关产业统计年鉴。

3. 西部地区对外交流活动

表12显示，西部地区国际出访与来访对外交流活动稳居第一的依然是四川，广西、云南、陕西、甘肃紧随其后，位居西部地区中上游。总体而言，四川、广西、云南相对于其他西部省份，产生更多的对外文化交流活动。

2012年是一个重要的时间节点，四川和重庆对外交流活动在此节点后有比较大的回落，随后趋于稳定。而广西在2015年微微回落后却逐步增加。西南地区的贵州变化幅度不大，云南趋于逐渐增长，而贵州趋于缓慢降低。西北地区的陕西、新疆的对外交流分别在2014年、2013年达到最高，后逐步降低。而西北地区的甘肃、青海、宁夏2014年后有了稳定提高。截至2016年，西部各省份对外文化交流活动排名前四位的是四川、广西、云南、陕西。这与文化产业发展的第一梯队——四川、内蒙古、云南、陕西排名比较一致。由此可见，文化产业发达、政府对于文化事业重视的地区，其文化对外交流活动也是较为频繁的。

表 12 2011～2016 年西部对外文化交流活动一览

地　区	2011 年	2012 年	2013 年	2014 年	2015 年	2016 年
内蒙古	6	246	335	182	225	226
广　西	14	667	578	797	672	959
重　庆	29	2119	250	296	563	338
四　川	90	3699	1998	2109	1538	1996
贵　州	34	419	435	468	253	304
云　南	38	523	656	563	457	775
西　藏						
陕　西	12	148	325	600	229	449
甘　肃	51	547	302	113	142	412
青　海	4	106	64	57	86	77
宁　夏	7	57	42	57	124	230
新　疆	19	548	1094	866	507	367

说明：西藏地区数据缺失。

资料来源：《中国文化发展统计分析报告》（2012～2017 年）。

通过分省份对比分析得知，四川、重庆、广西都是对外交流活动较多的省份，其后分别为内蒙古、云南、贵州、陕西、甘肃和新疆。活跃度最低的是青海和宁夏（见图 7）。西藏的对外交流活动极少，常年的对外交流活动为零。这与青藏高原属于高寒地区、海拔较高、交通不便利，以及当地财政对于文化事业支持较少，同时文化产业发展水平较低均有关联。由

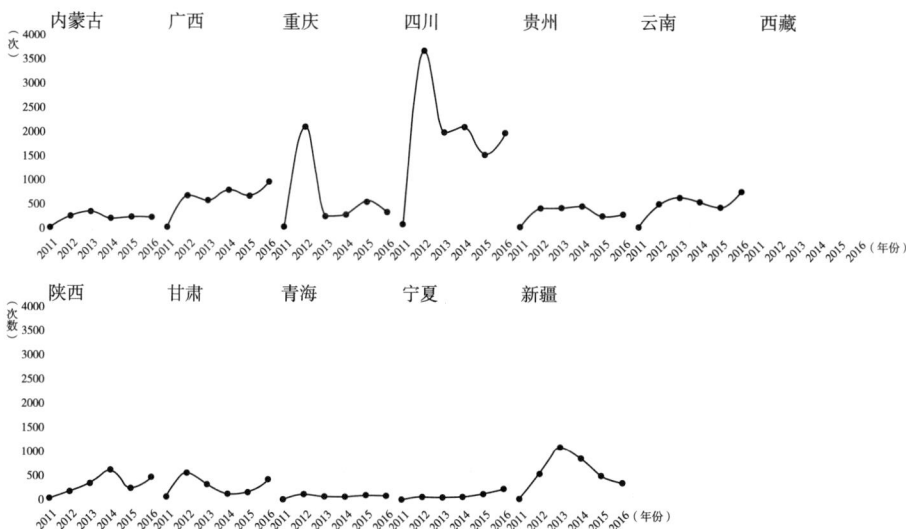

图 7 2011～2016 年西部各省份对外文化交流活动变化趋势

说明：未得到西藏数据。

此可见西部地区尤其是欠发达省份，文化对外开放，需要花费更多时间、精力与成本，其文化发展要依靠当地的文化资源，并且与脱贫和经济发展相结合，才能取得突破。

但是具体而言，在西部文化产业发展中，一些具有浓郁民族特色的文化旅游产品，有一定的市场，可以借以开创出自己的一片天地，比如藏羌彝文化产业走廊。这个区域涵盖西北地区高寒地区，人烟稀少、交通不便的几个省份。但也正是这种自然条件，客观上保护了原始的民族风情和神秘感。走廊区域覆盖的 7 省（区）在文化旅游、演艺娱乐、工艺美术、文化创意等四大新兴领域的产值平均增速超过 13.5%。在走廊建设业绩分析中有几个省份表现特别突出，2017 年四川对外文化贸易总额突破 10 亿美元（达到 10.65 亿元）。①

4. 西部地区过境游客数据也从另外一方面体现了西部文化对外开放的程度和进展

从表 13 可以看出这一组数据比较令人振奋，除新疆外，其他省份都在稳步提高，西北的陕西省以及西南的云南省表现尤为亮眼。从总趋势来看基本呈上升态势，陕西在旅游接待方面，增长最快，截至 2016 年每天接待人数也最多。根据国家旅游局 2006 年的数据，陕甘宁文化板块的 A 级景区是最多的，有 528 处。滇黔桂文化板块次之，拥有 513 处。尤其是陕西历史文化底蕴深厚，红色革命特色明显，以及西北民族风情浓郁，客观上形成了较大的旅游吸引力。总之拥有较多 A 级景区、文化特色突出、交通便利、气候温和的地方会吸引大量游客。

如图 8 所示，接待入境旅游者人数长期位于前列的都是陕西、云南、广西、重庆、内蒙古、四川。西北地区其他省份如新疆、西藏、甘肃、青海、宁夏，接待旅游人数常年居于落后地位。与此前的文化产业发展水平、文化事业投入、拥有文物博物馆数量、对外交流程度几项指标进行对比观察，笔者得出结论：第一，四川、内蒙古、云南、陕西的文化相关产业收入较高，这与旅游对外接待人天数排名前列的省份基本重合。第二，西部大开发以来占有博物馆资源优势的陕西、四川、甘肃、广西，基本也是较受境外游客欢迎的目的地（除甘肃省外）。第三，西部地区各省份文化事业费中四川、内蒙古、云南、陕西、重庆是排名前五的省份。这与国际旅游指标排名基本相符，政府对于文化事业的投入和重视程度，与文化产业

---

① 《四川 2017 年对外文化贸易总额突破 10 亿美元》，http：//www.sc.gov.cn/10462/10464/10797/2018/3/20/10447268.shtml。

的收入密切关联。第四，对外交流活跃的省份四川、广西、重庆也同为国际游客青睐的旅行目的地。

表13 2008～2016年西部各省份接待入境旅游者情况

单位：人/天

省　份	2008年	2009年	2010年	2011年	2012年	2013年	2014年	2015年	2016年
内蒙古	3254727	062105	3356685	3789387	4113649	4908565	4981154	4941928	5279582
广　西	3299946	507633	4350987	5400429	6511338	5516433	5909943	9329842	9956952
重　庆	2491119	973965	4182290	5631962	7195129	3512554	3411661	6072264	9586969
四　川	1279773	573739	1981900	3416877	4291598	3983254	4540666	5105503	5664873
贵　州	690917	653029	713897	812242	1010836	942920	989011	1037991	1335028
云　南	4527585	457749	6151998	7501258	8881348	5689511	5568061	6009608	11715852
西　藏	171864	448160	584503	693210	576678	687450	742979	858627	993664
陕　西	3392849	158402	5567957	7184946	8532422	7224636	7783541	8671591	12650305
甘　肃	107855	82280	101498	113274	134738	126039	64006	78090	106255
青　海	77377	100274	135816	169107	156296	122257	162844	216494	247713
宁　夏	21057	28453	38608	38893	34907	76071	100971	111945	199590
新　疆	824159	785386	1069605	2267389	2870288	3054546	2450309	2711493	2289772

资料来源：中国文化及相关产业统计年鉴（2009～2016）。

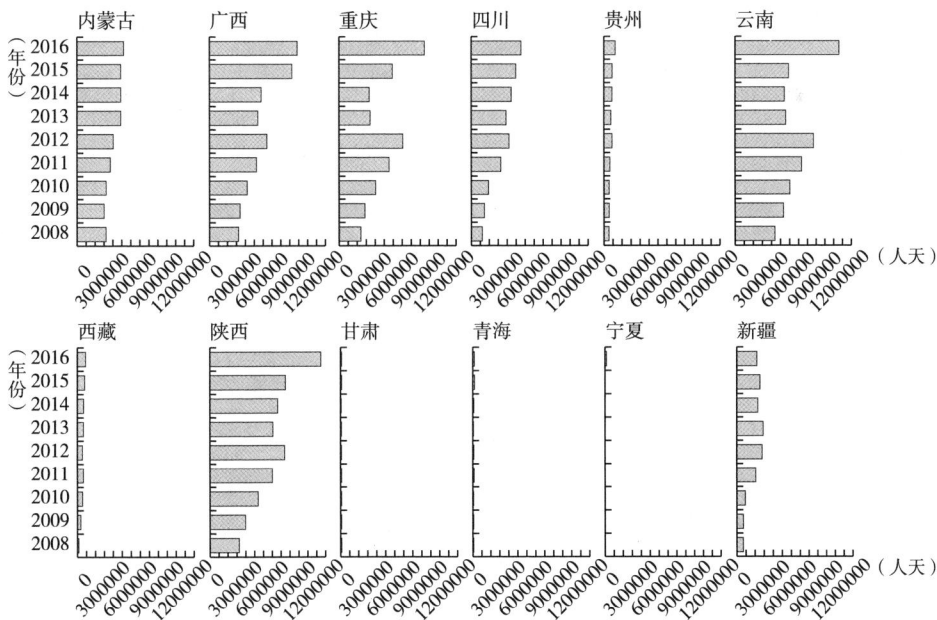

图8 2008～2016年各地区接待入境旅游者情况

2019年春节，陕西策划了"西安年，最中国"的一系列中国年活动，以民俗、风情、文化为核心，将不夜城、花灯、庙会、社火等丰富的节日活动，用网络传播、抖音、微博等媒介向外推介，俨然形成网红西安的大IP。据统计春节期间旅游表现十分突出的前五位城市包括成都、重庆、昆明这几座西南省份的省会城市。

5. 小结

首先，从文化对外开放的基础上看，国家对西部地区文化事业财政上的支持力度不断加大，但对西部地区文化事业的财政投入还远不及东部，并且有下滑趋势。全国各地区文化事业费占财政支出比重逐渐降低，然而总体较高的省份还是东部、南部经济较发达省份，如浙江、上海、江苏、福建。比重不断降低的省份以西北地区的青海、甘肃、宁夏、新疆和陕西为主。可见国家对于西部地区文化支持力度不够，从文化事业费占财政支出比重来看，政府对于西部尤其是西北地区的关注也较为欠缺。而博物馆、文物藏品、景区数量分布较为平均，并未见各区域明显的资源优势。加之有些地区自然环境及气候条件较差（如西藏、青海、甘肃），影响文化对外开放的程度。

其次，西部文化产业发展凸显不均衡性，西南的四川、重庆、广西、云南文化产业发展较快，收入较高，经济相对落后的青海、西藏、新疆，无论在数量和规模上都发展滞后。西部新闻出版、广播影视业方面的规模以上文化企业和集团，由于有国家的优惠政策和扶持，依托先天文化资源优势形成了众多文化板块，带动了文化产业的兴盛。四川、陕西等国家级文化产业园区初具规模，资产总计和营业收入都位居前列。地区文化产业发展水平越高，其文化对外开放就越有优势，越有吸引力。

最后，四川、重庆、内蒙古、云南、陕西这几个文化及相关产业收入较高的省份中，四川、重庆、陕西的文化对外开放交流都比较活跃。而陕西、广西、云南、重庆也是国际旅游最为热门的地区。2017~2018年国家重点文化出口企业及项目认定中四川、云南、广西、青海、重庆这几个西南主要省份获批较多。可以看出，收入高、发展快，对外交流活跃的省份，其文化出口也更易获得优惠政策。在世界非遗名录中，入选的西部省份前三名依次是新疆、西藏和内蒙古。其总体数量与东部地区相比依然较少，但西部地区文化旅游发展近年来取得了非常可喜的成绩。但总体来看，与东部地区相比，西部地区文化发展与开放之路还很长。

6. 延伸分析

文化兴起发展是从单一到丰富、循序渐进的。早期的统计年鉴将文化领域划分为文化事业、新闻出版、广电影视剧、文化艺术业几大类，包括文艺创作、表演、博物馆、图书馆，文物及非物质文化遗产，可以说当时的文化体系比较庞杂甚至是无序。我国文化产业的统计从 2006 年开始才有相关数据，但分类标准不一致，数据不完整。直到 2015 年商务部、中宣部、文化部、新闻出版广电总局、海关总署发布了《对外文化贸易统计体系》，首次规范统一数据统计口径。文化贸易分类基本与国际接轨，分为文化产品、文化服务两个类别，里面又分别设立核心层和相关层，具体规范细分。统计规范和形式国际化，也有利于不断与国际标准对接靠拢，可以促进文化贸易的发展。

西部地区文化发展及开放的过程中，文化产业产值占 GDP 比重不断升高，而国家对文化事业的投入和扶持力度也在不断加大。文化产业本身有其特殊性，作为被消费的产品，其被消费的过程就是交易与沟通成本不断降低的过程。这一点与非文化产业是不同的，在其他产业当中，交易和沟通成本不会随着产品或者服务被消费而降低。文化精神和文化内涵作为文化产业的核心，是随着文化产业不断发展而被丰富、被充实的，这个过程也是人民群众文化素养不断提升、精神需求不断满足的过程。因此，在2019 年 3 月 5 日召开的十三届全国人大二次会议上国务院总理李克强作政府工作报告，专门提出：要丰富人民群众的精神生活，繁荣文艺创作，发展新闻出版、广播影视和档案等事业。加强文物保护利用和非物质文化遗产传承。推动文化事业和文化产业改革发展，提升基层公共文化服务能力，进一步指明了文化事业的发展方向。总体来说，西部文化对外开放包括做强做大文化产业，也包括文化事业精神层面的引导、开放，在不断"走出去"和"引进来"的过程中树立文化自信，凝聚民族精神。

四　西部文化对外开放升级的政策建议

（一）加速文化理念的传承出新，树立开放包容、与时俱进的西部文化发展观

文化与人，相生相伴，彼此影响塑造。文化自古就有"化玉成国""以文化人"的说法和作用，德国文化人类学家兰德曼指出文化可以引导形成人的意识，规范思想行为，弱化人性中恶的因素，进一步将人的人文本质扩展延伸，丰富人的存在，体现文明的价值。[①] 正是基于这个特点，西部加大对外文化开放的步子，必须树立与时俱进的文化发展观。一方面，结合西部文化内在精神，解决好当代阐释和现代转化。西部地区许多较为

---

① 兰德曼：《哲学人类学》，上海译文出版社，1988。

偏远地域、古老的文化形式，更需要用现代人听得懂、看得懂、喜闻乐见的表达方式述说。另一方面，西部文化开放程度受到限制的深层次原因是思想观念保守陈旧，缺乏现代文化交流的经历和市场化洗礼，需要敞开心胸，拥抱变化，用开放包容的文化发展观来引导文化发展。

（二）发挥西部地区独特的文化魅力，打造各具特色、异质性强的文化旅游集群

自古人们对于充满异域风情的地方都有着强烈的好奇，比如边塞诗里对于辽阔豪放的"塞外""边关""热海"等风光的描述，即便是现在读来也令人心生向往。民族地区能歌善舞的生活娱乐特色、生产生活中浓厚的仪式感，以及浓郁的异族风情都能吸引游客的关注和兴趣。边疆塞外的雪山草地、万里沙洲的"大漠孤烟""长河落日"的自然景观与游牧文化、农耕文化、高原文化融合，可以开发出深度体验式旅游项目。除了自然风光，西部地区深厚的文化历史内涵，比如2018年火热的"网红"城市西安，其深厚的周、秦、汉、唐文化底蕴，十三朝古都的人文熏陶，就是文化集群的核心精神。这种独一无二的文化禀赋，正是西部地区最为宝贵的优势资源。将束之高阁的文物、陈列在广阔土地上的遗产搭载文化产业的平台通道，飞入寻常人家，让文物真正地"活"起来。

西部地区应充分认识六大文化板块之间的文化差异，有机调整，合理引导流动。一是交通方便，人口稠密，景区密集的秦陇、巴蜀儒释道板块，降低同质化项目，加大几个景区之间的交通便利，尤其对外宣传要突出深厚的文化内涵，二是西域、青藏文化板块景区少，在川西和藏东北加强藏、彝、羌文化走廊建设，结合当地丰富的民间文化，设计精品文化体验项目。三是内蒙古、甘南以北的地区布局开发草原风情、大漠风光主题的历史文化旅游。四是新疆的浓郁的西域民族风味，尤其边境与"一带一路"国家地区交流融合的异域风情；沙漠、草原、森林、湖泊多样结合的特色都是新疆文化魅力。总之，各大文化极块应从不同角度打造全面立体的文化旅游体验空间，实现我国西部地区文旅全面开发开放，融入西部开放国际化进程。

（三）文化的发展开放与扶贫脱贫紧密结合

根据前文分析，文化事业投入较大、文化事业支出占财政支出比重越高的地方，文化对外开放程度越高。西部地区生产总值和人均生产总值常年落后于东部地区和全国平均水平，此种情况下政府对于文化发展和交流

的动机和诉求不强烈。加之自然环境恶劣，还有许多地区（如西藏高寒无人区、陕北及内蒙古沙漠极度干旱地区）不适宜人类居住生存，某些偏远的地区不通电、不通邮、不通网络，基础设施极差。这种条件下政府的精力基本放在扶贫脱困、发展经济方面。针对这种情况需要将文化发展和扶贫脱贫有机结合。比如 2019 年的"三区三州"旅游大环线方案。"三区三州"是指西藏自治区、青川滇甘四省藏区、新疆南疆四地州，以及四川凉山州、云南怒江州、甘肃临夏州，其 80% 以上区域位于青藏高原区，自然条件差、经济基础弱、贫困程度深。但是同时也集结了大量丰富的自然景观、人文名胜。青藏高原是知名的世界第三极，既有穿越千年的壮美人文景观，也是我国深度贫困地区。这个兼具优势资源和弱势环境的大环线，全长约 1.1 万公里，以青藏高原区为核心，建议串联丝绸之路、茶马古道、唐蕃古道等历史文化和自然风光兼具的传统路线，以及新藏公路、珠穆朗玛、三江并流等高海拔极限体验和多元民族历史文化线路。综上情况可以判断，一方面要构建主题鲜明、口碑良好、公众认可的文旅品牌；另一方面可以帮助拉动地方旅游消费，创造就业机会，提高当地居民收入，助力地方脱贫。

（四）抓住"一带一路"建设机遇，加快西部文化对外开放进程

随着"一带一路"共建的日益深入，沿线国家成为中国对外文化贸易的新热点。随着经济合作不断深入，沿线国家的人民渴望了解中国文化的热情持续增强。而好奇心驱使他们从了解离自己地理位置较近的新疆、云南、广西开始，从而产生对中国图书、电影、电视节目、演艺、动漫、网络游戏、创意设计等文化产品和服务的强劲需求，中国对"一带一路"沿线国家的文化出口也将呈现爆发性增长态势。在加强与"一带一路"沿线国家和地区的文明互鉴与民心相通的同时，也切实推动文化交流、文化传播、文化贸易创新发展。随着"一带一路"沿线国家文化市场的需求扩大，原本后进的西部地区，转眼成为更为直接的文化产品和文化服务的供给者。在国家"一带一路"倡议背景下，西部地区应加强针对蒙古、俄罗斯、东南亚、中亚、西亚、北非、中东欧等国家和地区游客的文化旅游项目的设计，充分释放我国西部文化势能与魅力。

（五）政府扶持、企业主导、平台助力，优化文化开放的外部环境

政府有计划地组织、引导有规模有影响力的对外文化交流活动，比如

国际文化节、"一带一路"文化博览会，通过成立对外文化贸易职能部门推进工作。制定落实扶持文化产品和服务发展的优惠政策，优化有利于文化企业走出去和引进来的外部环境。打造国内外文化基地，比如2018年西安对外文化贸易基地成立，推出了利用文化贸易优势资源，广泛开展跨境电子商务试点的"丝路汇"跨境平台，有机盘活资源，降低交易成本，减少交通、气候等不利因素的影响。类似"丝路汇"这样的文化产品跨境电商综合试点，可以在西部地区广泛推广。

（六）出台一系列与文化产业发展配套的知识产权保护法、专利法、文物保护法等法律法规

文化产业有别于其他产业的另一个特点是其巨大的无形资产占比，知识产权保护在文化产业发展中发挥不可或缺的重要作用。在创意思路形成、成熟、产品化的不同阶段，如果没有全面整套的知识产权法律保驾护航，文化产品被模仿、复制，被侵权的风险非常大，不利于文化产业的长期成长。而网上文学作品版权交易，影视作品剧本改编权、专利许可权等其他文化创意产业的重要方面，同样需要法规保护。文物保护利用、文物藏品的国际拍卖都需要相关法律监管，保护权利人权益。

（七）利用网络时代的传播方式和手段，助力西部文化全面对外开放

信息时代高科技传播手段，人工智能的文物展陈、文化阐释手段，极大降低了文化开放交流的成本，也在重塑现代社会的文化消费模式。抖音、快手、bilibili这样的新兴媒体和共享平台，受到年轻一代，也就是文化消费主力军的青睐。让传统文化借助这种传媒方式走近年轻人，也包括国外年轻人的生活，实现文化产业整体升级开放。事实上，世界上很多国家都是抓住了信息时代的机遇。比如英国在1998年提出创意产业，日本以动漫产业为发端掀起席卷亚洲的文化热潮，美国硅谷的社交媒体大本营，等等。西部博物馆馆藏量巨大，历史文化底蕴深厚，生成地方文化分支产权品牌的概率较大。全球文化创意产业热潮已至，历史上西部一直敞开怀抱、胸怀天下，那么保持文化开放，融入、更新、共赢，是西部文化对外开放的最初的发端和最终的归宿。

西部大开发 20 年西部乡村振兴的历史、现实和未来*

刘　峰　郭　玄**

摘　要： 本文通过回顾西部大开发战略实施以来我国西部农村地区经济社会的发展历程，利用大量统计数据总结了西部地区的乡村发展在农村产权改革、农村综合生产能力提升、农村产业融合与发展、农业增收、农村基础设施及公共服务建设和农村生态环境保护与修复等方面取得的突出成绩，并进一步归纳总结在西部大开发 20 年间西部地区乡村振兴过程中所取得的实践经验以及面临的险峻挑战，在此基础上对新时代下西部地区实施乡村振兴战略提出合理的可行路径。

关键词： 西部大开发　乡村振兴　农村发展　农业现代化

一　引言

（一）研究背景与意义

新中国成立以来，我国西部地区城乡经济社会都取得了长足的发展，西部各省份的物质财富和精神财富都前所未有地提高了，这同时也改变了西部地区的社会结构和自然风貌。但是在社会发展的过程中我们也应该看到，西部地区的发展仍然存在着不平衡和不充分的问题，如城镇和乡村的发展之间不平衡，农业生产和农村经济社会发展不充分。尤其是在西部的农村地区，由于乡村的收入待遇与城镇的差距加大，农村地区的大多数青壮年劳动力开始纷纷向城市转移，致使在农村地区专职从事农业生产的劳动力数量越来越少，而且劳动力的质量也有所下降。因此，西部地区的农

---

*　本文为陕西省社会科学基金项目（2016D049）、陕西省软科学项目（2016KRM100）陕西省教育厅哲学社会科学重点研究基地项目（11JZ035，14JZ054）的阶段性研究成果。

**　刘峰，中央财经大学经济学院副教授，研究方向为制度经济学和法经济学；郭玄，西北大学人口资源与环境经济学专业硕士研究生，主要研究方向为资源环境约束下的经济转型。

业产业开始衰退，再加上其他地区乃至国外优质农产品对本地市场的冲击，致使西部地区的乡村经济停滞不前。由此出现了众多的空巢老人村、留守儿童村、深度贫困村等诸多问题村落。现如今的农村，不是传统农耕社会中的"田园牧歌式"的农村，也不是计划经济时期的发展停滞、封闭的农村，而是在不断推进的城镇化浪潮冲击下"变动不居"的农村。在农村地区，农产品的生产效率、农业的供给质量、农村产业升级优化、农村基础设施建设、农村环境治理和农村党组织建设等各个方面都有待改善和强化，乡村振兴与发展刻不容缓。为此，国家和政府采取了一系列措施来统筹城乡发展，不断深化和拓展农村改革，建设美丽乡村，积极推进创建具有中国特色的乡村治理体系。

在第十九次全国代表大会上党和国家做出了实施乡村振兴战略的伟大决定，要求将我国的广大乡村地区建设成为产业兴旺、生态宜居、乡风文明、治理有效、生活富裕的美丽乡村。随后，将乡村振兴战略与正在实施的科教兴国战略、人才强国战略、创新驱动发展战略、区域协调发展战略、可持续发展战略、军民融合发展战略并称为我们党和国家未来发展的"七大战略"，这一决定充分凸显了我们党和国家对农村发展的重视。在经过进一步的严密部署之后，中共中央政治局于 2018 年 5 月正式召开会议并审议通过了乡村振兴战略实施的准则，即《乡村振兴战略规划（2018～2022 年）》。这份《规划》不仅为进一步推动中国农村的改革指引了发展方向，而且为中国特色社会主义进入新时代以后的发展增添了亮色。解决好"三农"问题，尤其解决好西部农村问题，对于实现中华民族伟大复兴的中国梦至关重要。我们必须通过在西部乡村地区同样牢固树立创新、协调、绿色、开放、共享这五大发展理念，实现农村地区生产、生活、生态的全面协调，从而进一步促进一二三产业融合发展，真正实现西部地区的农业发展，最终建成"看得见山、望得见水、记得住乡愁、留得住人才"的美丽乡村。乡村振兴战略是西部地区乃至整个中国农村未来发展的总纲领和路线图，为广大农村地区的发展和建设制定了蓝图，完善了中国特色社会主义理论体系中关于乡村建设的内容，也为广大仍处于落后状态的发展中国家发展农业农村提供了宝贵的历史经验。

（二）研究综述

西部大开发以来的 20 年，我国西部地区的经济社会发展取得了长足的进步，西部地区乡村振兴不仅改变了农村的村落形态，还改变了乡村的经济形态、人口结构和生活方式，逐步推进西部地区农村从自然经济向商品经济转变。这段时间内，国内学者关于农村改革的研究大致可分为两个阶段：2000~2010年是起步期，关于西部地区农村改革的研究主要在于对比西部大开发战略实施前后地方经济面貌的变化；而2010年至今，研究进入探索期，在政府的大力支持下，农村改革的研究范围也大大拓宽，涉及西部地区人民生活的方方面面。总体来说，西部大开发的20年来关于农村改革的研究主要围绕以下几方面展开。

一是对农业现代化的内涵研究。陈锡文、党国英等人一致认为要建立具有中国特色的现代化农业，就必须认识到农业现代化、工业化和城镇化是一个有机的共同体，我们必须推动和促进农业现代化、工业化和城乡一体化的共同发展，建立一个适合本国国情、适合中国特色市场经济要求的乡村组织体系和管理制度体系。同时，在发展乡村经济的过程中必须时刻关注土地问题和人口问题，注重制度创新和组织创新。在乡村振兴的过程中，政策导向要以继续推进城市化为基准，减少农业人口，使农业成为具有国际竞争力的行业。[1][2]

二是对农村改革的路径研究。对乡村振兴的路径选择，国内学者有两种不同的意见。姚亮等人认为，乡村振兴的手段与目的实质上是对当前现有的乡村生活进行大刀阔斧的重建，因此要综合运用制度、产业、文化、公共社会服务等多个路径共同作用来塑造具有生活气息和生活品质的新型乡村。[3]而王晓毅则提出了不同意见，他认为新时代实施乡村振兴战略的最优路径选择是科学化、系统化与精准化多方配合、多方协作。[4]

三是对农村改革具体方面的研究，包括农村土地制度改革、农村金融体制创新改革、精准脱贫等各方面。顾钰民、严金明和迪力沙提、张云华等众多国内学者通过研究我国农村土地制度改革，得出我国实现农业现代化的制约因素不仅是科学技术问题，而且与我国农村地区的土地制度改革同样紧密联系。在"三权分置"改革的过程中必须明确集体内涵、赋予完整权能、分离部分产权和强化公共职能，放活土地的经营权，保障农民的主体地位。[5]~[7]冯兴元和孙同全等主张农村金融体制的改革与发展，他们认为农村金融体制改革是农村金融体系发展的动力来源。农村普惠金融不仅关系我国2020年全面消灭贫困战略的成功，而且关系全体农村人口参与乡村振兴的过程，共享乡村振兴的成果。党国英、于法稳、崔红志等结合精准扶贫研究得出城乡统筹发展是乡村扶贫的根本出路的结论。在精准扶贫的同时，我们也必须注重绿色发展的理念，关注生态环境，保护资源与环境。[9]~[11]吴理财和解胜利主张，应通过优化乡村的公共文化娱乐服务体系，完善我国传承了几千年的乡村农耕文化体系，并在此基础上建构具有现代化气息的乡村文化产业体系，创新乡村现代文化的治理体系，加快推进具有中国特色的乡村文化振兴，为我国乡村振兴战略的实施提供新时代的文化推力和民族精神助力。[12]

（三）研究述评

党的第十九次全国代表大会召开以来，国内的学术界对农村农业、乡村振兴战略展开了深入的研究和激烈的讨论，各界学者纷纷参与讨论，对乡村振兴战略的理论内涵、实施路径与机制、实施效果等诸多方面展开了全面、深入、立体化的研究，并取得了诸多理论成果和实践成果。通过对这些乡村振兴研究的梳理我们可以得知，乡村振兴战略符合在新时代农村地区宏观和微观环境发生变化后的乡村发展要求，乡村振兴战略可以推动目前农村地区发展现代农业，努力脱贫攻坚，打赢"蓝天保卫战"等最急迫最突出问题的解决。而完备有力的制度保障、经济保障、文化保障和人才保障等多方位的保障体系为全面有效地实施乡村振兴战略奠定了基础。从而为我国乡村振兴的宏观规划到微观落实提供了充足的理论依据和实践基础。

但是，在有关乡村振兴的诸多研究中，立足全国或立足某一具体省份的研究居多，而立足某一个区域尤其是西部地区的研究则微乎其微。相较于东部地区和中部地区产业集群带来的辐射扩张、交通便利且自然资源丰富等天然优势，地域辽阔的西部地区的农业型村庄所存在的经济机会、资源与环境机会则要少得多。[13]由于地处远离经济发达城市、交通通行不畅、自然资源及人文资源匮乏的地区，这些农业型村庄不能像其他地区一样享受产业集聚和基础设施投资所带来的土地增值。因此，在单独谈到西部地区乡村振兴战略实施的时代背景、战略关键定位、逻辑思维基础以及保障机制等的时候，我们很难结合西部地区的具体实际和现实情况来分析西部地区的乡村振兴。而这恰恰就是本文的突破点，本文吸收和借鉴其他学者对其他地区乡村振兴的研究的经验和方法，并将其运用于对西部大开发以来我国西部地区乡村振兴战略的研究，通过对西部大开发20年来西部地区乡村发展的历程做一个比较详细的回顾，了解这20年间，西部乡村地区在农业农村农民发展中取得的成就、积累的经验以及面临的挑战，并在此基础上展望一下未来，为西部地区在新时代背景下实施乡村振兴战略的目标和路径提供一些思路。本文的贡献在于：一是结合西部地区现实问题来分析乡村振兴战略的实施；二是在新时代背景下为乡村振兴的实现出谋划策；

三是在对比分析的基础上提出未来西部地区农业农村发展的可行路径。

二 西部大开发 20 年西部乡村发展取得的成就

从 1999 年西部大开发战略实施以来，已经过了 20 个年头。这 20 年也是中国全面深化改革的 20 年。西部大开发政策实行以来，西部地区已经从改革开放初期的高度集中的计划经济体制转变为以市场为导向的市场经济体制，粮食购销体制也发生了较大变化，粮食市场已经逐步地放开，有关粮食储备的调节制度也日趋完善，农产品的加工产业不断升级、做大做强，农业信息化的水平也在稳步提高，流通监管水平和治理能力显著提高，农村的各项改革都有了新的突破，农业农村发展迈上了更高的台阶。

(一) 农村产权制度改革取得巨大成就

一是农村土地承包经营制度进一步深化。农村土地产权制度改革的重要方式就是"三权分置"，我国目前实行的"三权分置"制度是在适应过去计划经济时期的"两权分离"的基础之上，针对新时代下城乡分离的二元格局逐步被打破、农村地区的人地一一对应关系不复存在的情况提出的适应性改革。我们国家农村土地制度创新的基本方向是使农村土地归集体所有、由家庭承包并鼓励多元化经营[14]。农村产权制度改革的根本目的是明确农村的集体产权与农民的个人产权之间的归属问题，保护农民利益，使农民利益最大化，进而促进农业经济的发展。农村产权制度改革的本质是体现农民当家做主的主人翁地位，产权改革可以促进我国农村市场经济的发展，放活生产要素，实现农民利益最大化。西部大开发 20 年来，西部地区农村土地的确权、颁证等工作持续快速推进，这促使农村土地的产权归属越来越明晰，更明确了在农村集体经济中市场的主体地位和决定性地位。与此同时也大大促进了农村土地的流转，农村地区的规模化经营已渐成趋势，规模经济也开始渐渐形成，这无疑大大激发了农民的生产积极性。

自 1999 年以来，西部地区农村居民的家庭经营耕地、家庭经营山地等面积都呈逐年缓慢上升趋势。1999～2012 年，西部地区农村居民家庭平均经营耕地面积在十多年间有所上升，从 1999 年时的 2.61 亩/人增加到 2012年的 2.87 亩/人，相比于全国农村居民家庭平均经营耕地面积的 2.34 亩/人要提高不少，西部地区农村居民家庭平均经营耕地面积在 14 年间的平均增长率为0.77%。① 在这期间，西部地区农村居民家庭经营耕地面积增长最快的是2005年，增长率高达4.69%，这与当年西部地区大力推进并依法完善农村地区土地的二轮延包工作有关。就全国数据来看也是如此，2005年我国农村居民家庭经营耕地面积增长率达4.0%，也是近十年来最高的。这说明，大力推进农村土地承包经营制度改革，有利于西部地区农村居民在承包和经营土地时的合法权益得到保障、有利于当前的农村土地承包关系稳定、有利于农村经济社会平稳向前发展，最终维护农村当前的稳定团结。

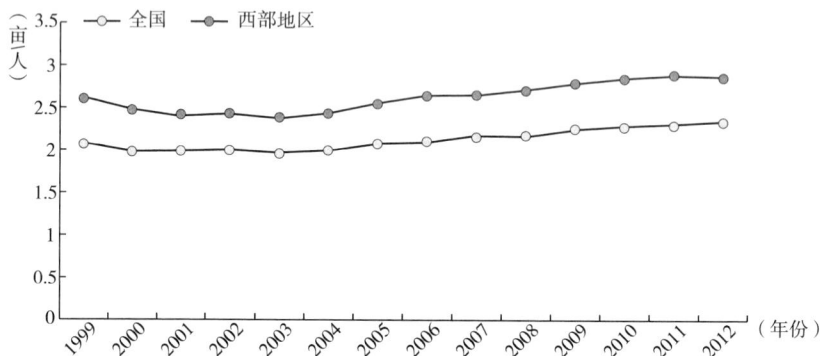

图1　全国与西部地区农村居民家庭人均经营耕地面积比较

二是农村的集体产权制度改革逐步开展。产权制度是我们这个社会主义市场经济体中不可或缺的重要制度基础。自1978年实行改革开放以来，我们国家开创性地建立起具有中国特色的社会主义市场经济体制，产权制度尤其是农村地区的集体产权制度不断完善。在经过几十年的实践后，农业部（现称农业农村部）根据实践经验于2007年制定并出台了《关于稳步推进农村集体经济组织产权制度改革试点的指导意见》，强调地方政府要积极鼓励并引导在本地区有条件的一些村镇中开展以股份合作为主要形式的农村集体经济组织产权制度改革，对农村的集体资产进行清理和核实，量化出集体资产的指标，据此来进行股权的设置和界定，并加以标准化管理。[15] 在上述《指导意见》出台之后，各地区积极响应，农村集体产权制度改革试点工作如火如荼地开展了。在西部地区各级地方政府的大力推进下，农村集体产权制度改革力度越来越大、覆盖范围越来越广。[16] 近年来，关于农村集体产权制度改革的试点正在快速稳步开展，越来越多的农村村

---

　① 数据来源：国家统计局。由于近年数据不足，只选取了1999～2012年的数据。

民小组开始实行农村集体产权制度改革,村民的身份由"农民"转变成了"股民"。随着农村集体产权制度改革的不断推进与深入,农民股金分红也越来越多。这些改革措施极大地激发了西部地区农村的资产潜能,大大加快了西部地区农村集体经济的发展和农村居民的增收。[17]

近年来,西部地区持续大力推动农村地区的集体产权制度改革,重点培育多元化的新型农业经营主体和服务主体,通过股份制合作、雇用专业化人才代耕代种、土地承包托管等多种方式,西部地区农业的规模化经营得以快速发展。截至 2016 年底,西部地区的规模农业经营户达 1104975户,仅次于东部地区的 1193341 户,西部地区的规模农业经营户占全国的27. 76%。同时,随着西部地区城乡一体化的快速推进和现代农业的发展,在家庭承包经营基础上,从事多样化农业生产与经营服务的新型农业主体蓬勃兴起,截止到 2016 年底,西部地区以农业生产经营或服务为主要收入来源的农民合作社数量达 219707 个,占全国农民合作社总数的 24. 27%。

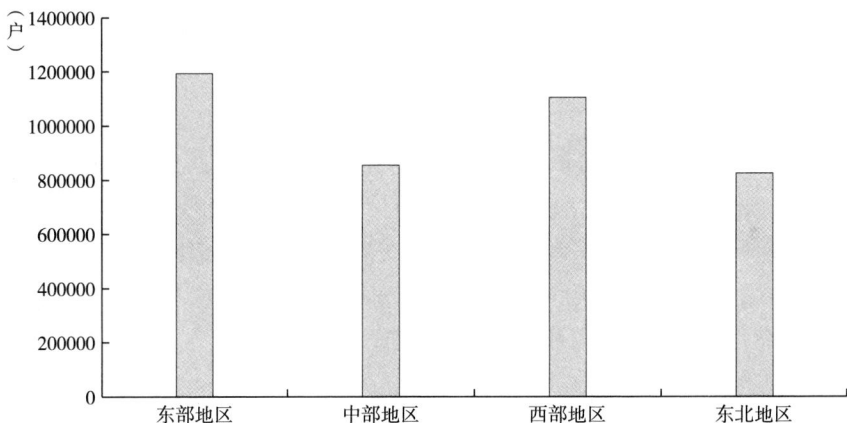

图 2　2017 年全国各地区规模农业经营户

资料来源:第三次农业普查数据。

三是农村金融改革逐步深化。西部大开发以来,我国西部地区的农村金融也进入快速发展时期,农村地区金融服务的综合性改革不断深化,农村地区金融服务水平在很大程度上得到了有效的改善。目前在西部地区的农村,以政策性金融为主,商业性金融和合作性金融相结合的多角度、多形式、多层次的农村金融服务体系已经初步形成。[18]同时,农村金融机构也在根据新时代下西部地区农业的适度规模经营、现代化发展和绿色生态等新变化不断创新,创造出新的衍生金融产品,积极探索针对农业生产过程中使用的大型农机设备、林权地权等的抵押贷款业务,进一步完善农村金融服务体系。

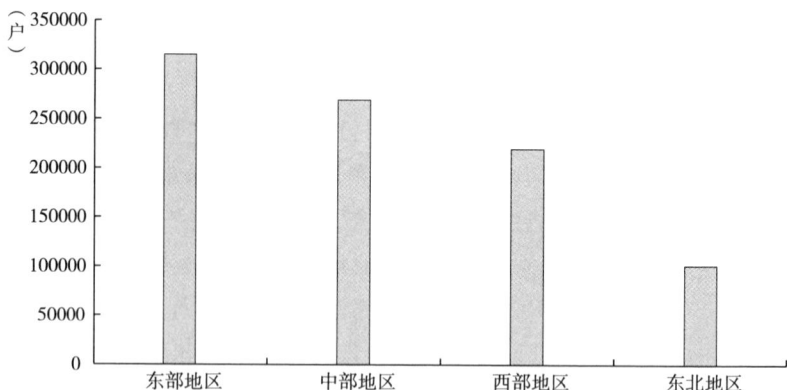

图3　2017 年全国各地区农民专业合作社数量

资料来源：第三次农业普查数据。

　　西部大开发 20 年来，西部地区农村农户固定资产投资额有了突飞猛进的增长，由 1999 年的 583.47 亿元增长到了 2017 年的 3143.77 亿元，将近20 年间的平均增长率达 10.46%，超过了东部地区的 5.20%、中部地区的7.71% 和东北地区的 9.01%。其中，2009 年西部地区的固定资产投资增长率高达 54.04%，这与当年大力发展农村金融投资，增加了农村地区农民的生产性投资和住房投资有关。从地区间的对比来看，1999～2016 年西部地区的农村农户固定资产投资额相比于东部地区和中部地区略低，但与其差距在逐渐缩小，在 2017 年时，西部地区超过了东部地区一跃成为农村农户固定资产投资额最高的地区，发展迅猛。

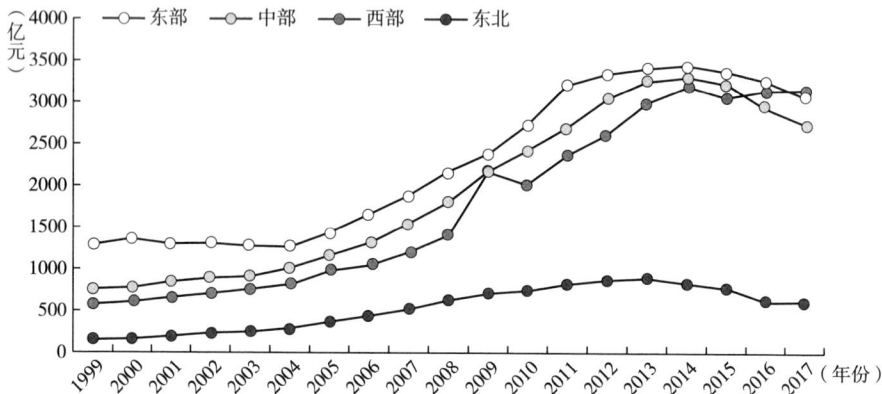

图4　四大地区农村农户固定资产投资额

资料来源：国家统计局。

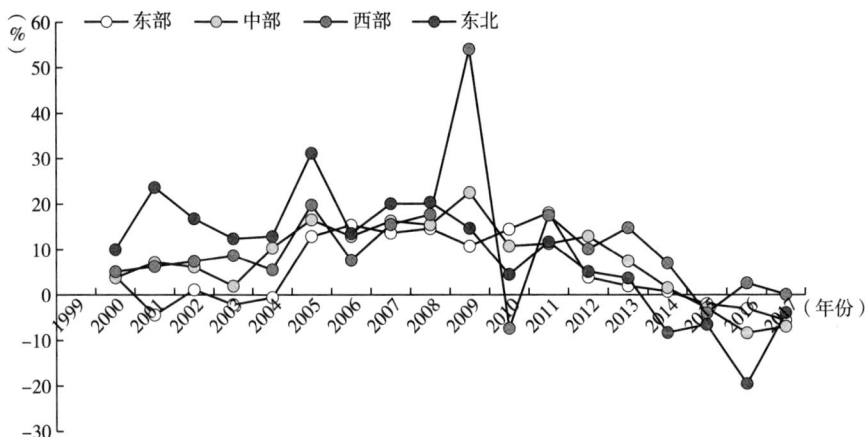

图5 四大地区农村农户固定资产投资增长率

资料来源：国家统计局。

（二）农业综合生产能力实现新跨越

改革开放40年来，在我国大范围的农业农村改革的推动下，我国农业综合生产能力实现巨大飞跃。乡村振兴发展的伟大实践，极大调动了亿万农民家庭的生产积极性，极大解放和发展了农村的社会生产力，极大改善了广大农民的物质和文化生活。西部大开发20年来，我国西部地区的主要农产品产量和种类也在稳步增长，农业总产值持续上升，由1999年的5639.91亿元增长到2017年的32680.59亿元，平均每年的增长率为10.45%，快于东部地区的7.67%、中部地区的8.77%和东北地区的9.67%。西部地区的农业生产得到了全面发展，农民收入持续较快增长，生活不断改善，社会主义新农村建设在西部得到了扎实稳步地推进。

表1 1999～2017年我国四大地区农林牧渔业总产值变化

单位：亿元

年 份	东 部	中 部	西 部	东 北
1999	10070.23	6496.07	5639.91	2312.88
2000	10329.5	6631.45	5752.95	2201.86
2001	10884.48	6908.55	5970.58	2416.04
2002	11261.75	7199.75	6341.53	2587.7
2003	12143.29	7538.72	7099.43	2910.39
2004	14242.4	9753.87	8654.89	3587.83

续表

年　份	东　部	中　部	西　　部	东　北
2005	15428.15	10434.5	9571.74	4016.47
2006	15846.61	10592.79	10130.71	4240.74
2007	18334.61	12804.37	12565.56	5188.41
2008	21269.21	15657.45	14860.33	6215.18
2009	22257.06	16276.6	15137.38	6689.94
2010	25245.9	18927.5	17653.1	7493.1
2011	29222.91	21854.24	21094.51	9132.29
2012	31592.8	23747.08	23596.41	10516.76
2013	34109.68	25436.82	25795.19	11653.58
2014	35673.71	26787.52	27608.73	12156.17
2015	37192.82	27773.12	29478.18	12612.26
2016	38612.98	29479.79	31654.09	12344.41
2017	37157.2	27991.41	32680.59	11502.54

资料来源：国家统计局。

从地区间的对比来看，西部大开发 20 年间，西部地区的粮食产量在我国四大地区中处于比较靠前的位置，由 1999 年的 13375.9 万吨增长到了 2017 年的 16643.64 万吨，仅次于中部地区的 20040.52 万吨。相比于 1999 年，2017 年西部地区的粮食产量增长率达 24.42%。这说明在西部大开发战略的推动下，西部地区的农业在近二十年间有了突飞猛进的发展，虽然西部地区农业发展的起点比其他地区低，但发展势头猛烈，西部地区正在以高速向农业现代化、集约化、规模化迈进。

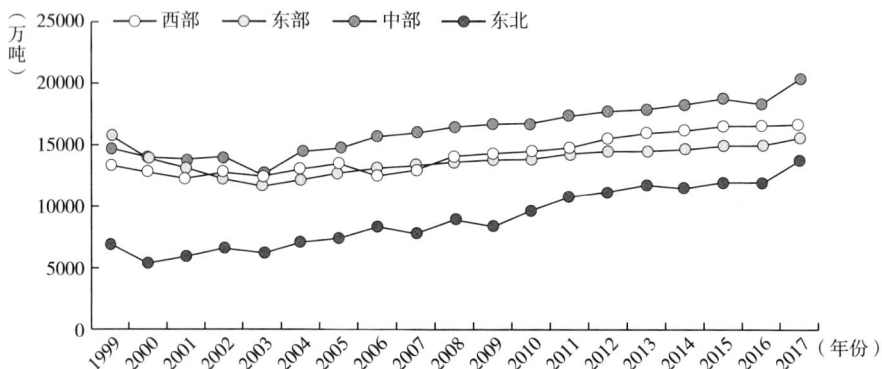

图 6　我国四大地区粮食产量

资料来源：国家统计局。

除了农作物产量和产值的增长以外，西部地区的农业现代化生产水平也有着明显的提高。近年来，西部地区的农业物资技术装备水平明显提高，机械化生产水平也有了显著的提升。根据国家统计局于2017年发布的第三次全国农业普查公报的主要数据，西部地区农业生产经营所需的拖拉机、耕整机、插秧机、联合收获机等主要农业机械数量相较2007年发布的第二次全国农业普查有了很大提升，其中，拖拉机数量由2006年底的426万台增长到了2016年底的582万台，增长了36.62%，联合收获机的数量由4万台增长到了240万台，增长了59倍。同时，农田水利设施也有了一定程度的改善，截止到2016年，西部地区调查村中能够正常使用的机电井数量152万眼，排灌站数量7万个，能够使用的灌溉用水塘和水库数量78万个。在设施农业方面，截止到2016年末，西部地区采用温室种植的占地面积达95千公顷，采用大棚种植的占地面积达215千公顷，渔业养殖的用房面积达1.0千公顷。另外，如果用农业机械总动力（在生产经营中主要用于农、林、牧、渔业生产的各种动力机械的动力总和）这一指标来衡量我国农业机械化水平，西部大开发以来，西部地区的农业机械总动力呈持续上升的趋势，由1999年的10106.9万千瓦增长到了2017年的27121.5万千瓦，增长了168.35%，显著高于东部地区的40.14%和中部地区的118.96%，略低于东北地区的206.31%。这说明西部大开发战略实施以来，我国西部地区的农业机械化和现代化水平有了一个明显的飞跃。

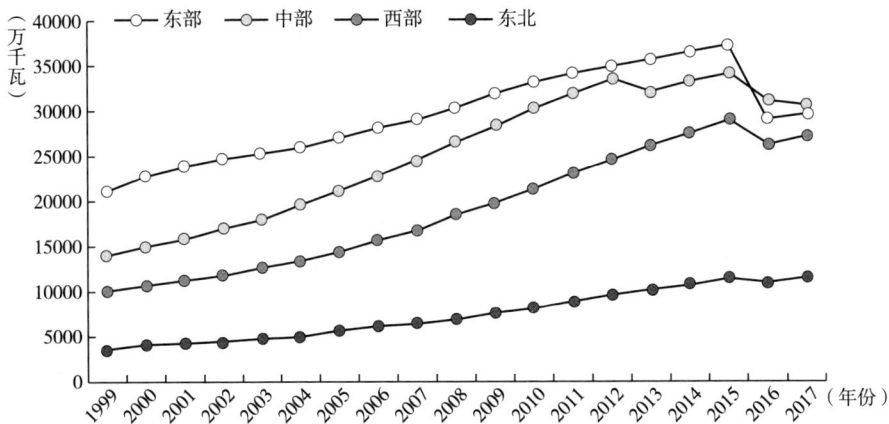

图7　农业机械总动力增长趋势

资料来源：2007年第二次农业普查数据及2017年第三次农业普查数据。

（三）农业产业发展取得新成效

在改革开放之初，我国的农业生产仍然是以传统的"面朝黄土背朝天"的人工劳作方式为主。改革开放以来，特别是西部大开发战略实行以来，经过几十年的深入改革和迅猛发展，西部地区的农业产业已经逐渐地突破传统意义上的人工耕作的模式，并且不断涌现出许多农业新产业、新业态。

西部大开发的20年以来，西部地区的农民眼界不断开阔，农村的农业生产工程技术不断进步，农业生产经营的产业链也不再单一化简单化，使西部地区的设施农业不断地发展壮大，尤其是大面积的温室种植和大棚种植，解决了以往自然条件恶劣，气温、降水等不利于农作物生长所导致的西部地区农业生产落后，城乡居民农产品供不应求的问题。近年来，西部地区的农产品加工业的产业体系已经逐步形成并完善。农村成规模的农产品加工收入逐年上升。以陕西省为例，截至2018年10月底，陕西省的主要农产品加工生产转化率已经高达62%，2018年陕西省的农产品加工与农业产值的比例达到1.8：1。① 以往依靠初级农产品的大量销售来获取收入的方式已经大大改变，农产品的精加工、深加工产品占农产品销售市场的比重大大增加。

另外，近年来由于互联网的发展和电商平台的兴起，"互联网＋农业"的销售推广模式也开始兴起，并逐渐打破了传统的本地购销模式。在西部地区，农业农村电子商务迅猛发展，逐渐形成"互联网＋农业"的销售推广模式，并逐渐成为拓展农产品的销售和流通渠道、引领农业加快供给侧结构性改革、促进一二三产业深入融合发展、带动农村居民脱贫增收的重要抓手。各地区的互联网农业小镇如雨后春笋般纷纷兴起，依靠互联网和电商平台，在当地建立农业电商分级中心和快递集散中心，从而实现农社对接、农超对接，解决农产品的滞销难题和损耗困境。同时，"互联网＋农业"模式也在很大程度上解决了农民在农业生产过程中的信息不对称问题，有利于农民及时准确地根据市场需求调整优化所生产的农产品品种和品质结构，使得农产品的供给和需求相匹配。同时，西部地区的各级人民政府也在积极开展支持农村合作社与城市中超市的直接对接，在城市中的社区直接开设门店，由农村合作社直接向城市中的社区供货，促进小农户生产的农产品直销。[19]

---

① 资料来源：农业农村部。

同时，西部地区的农业农村旅游也迈上了新台阶。西部地区在各级人民政府的带领下，通过整合乡村现有的资源，通过建设影视基地村落，发展农村产业和文化旅游相结合，发挥地域特色等，创建了休闲农业旅游区、生态农业引领区、特色农业体验区等一个个具有典型性的田园综合体，探索出了西部地区建设美丽乡村的独特的新路子，在农业生产之外又为农民创造了收入进项，有效地带动了西部地区农民就业和增收。

（四）农业增收实现新突破

西部大开发 20 年来，西部地区的农村居民人均纯收入也在逐年快速增长。以陕西省为例，2002～2012 年这十年，陕西省的农村居民家庭人均纯收入由 1596.3 元上涨到了 5762.5 元，收入水平翻了近 2 番，年平均增长率高达 13.82%，其中，2003 年增长率最低，仅为 4.97%，2011 年的增长率最高，达到 22.48%。与 2002 年相比，2012 年陕西省农村居民家庭人均纯收入的增长率为 260.99%。2002～2012 年西部地区其他省份农村居民家庭人均纯收入的平均增长率也基本维持在 13% 左右，并且在 2011 年农村居民家庭人均纯收入的增长率达到五年来的最大值，这说明西部大开发战略在西部地区各省份取得了巨大的成就。

表 2　2002～2012 年西部地区农村居民家庭人均纯收入

单位：元

地　　区	2002 年	2007 年	2012 年
内蒙古自治区	2086	3953.1	7611.3
广西壮族自治区	2012.6	3224.1	6007.5
重庆市	2097.6	3509.3	7383.3
四川省	2107.6	3546.7	7001.4
贵州省	1489.9	2374	4753
云南省	1608.6	2634.1	5416.5
西藏自治区	1462.3	2788.2	5719.4
陕西省	1596.3	2644.7	5762.5
甘肃省	1590.1	2328.9	4506.7
青海省	1668.9	2683.8	5364.4
宁夏回族自治区	1917.4	3180.8	6180.3
新疆维吾尔自治区	1863.3	3183	6393.7

说明：由于数据缺失，只统计了 2002～2012 年的数据。

资料来源：国家统计局。

　　除了家庭人均纯收入的逐年上涨，西部地区农村居民的收入来源结构也在日趋多元化。根据国家统计局提供的数据资料，西部大开发的 20 年间，西部地区的农民人均可支配收入当中，工资性收入、经营净收入、财产性收入和转移性收入都呈现明显的上升趋势。从 2002 年至 2012 年西部地区农村居民家庭人均经营纯收入的增长对西部地区农民可支配收入增长的贡献最大，成为农民增收的主要渠道和来源。从与同期西部地区的城镇居民的可支配收入的对比来看，西部地区的农村居民人均可支配收入还是要低一些，但是农村居民人均可支配收入的增长速度更快，2008～2012 年均高于城镇居民人均可支配收入的增速。这说明在西部地区的十二个省份间，城镇居民与农村居民的收入差距在不断缩小。

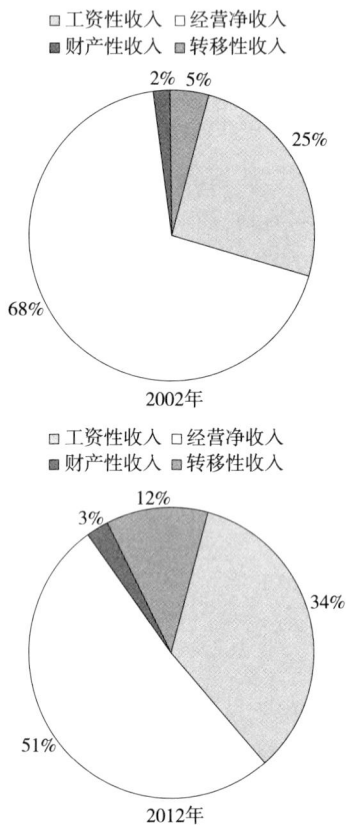

图 8　2002 年与 2012 年西部地区农村居民家庭收入来源对比

资料来源：国家统计局。

　　从消费角度看，西部大开发以来，随着农村居民家庭人均可支配收入逐年上涨，人均消费支出也在不断提高。2002～2012 年，西部地区农村居民家庭平均每人消费支出平均增长率基本维持在 13% 左右，其中，内蒙古自治区十年间的人均消费平均增长率最高，达到 14.59%，广西壮族自治区的人均消费支出平均增长率最低，仅为 11.52%。相较于 2002 年，2012 年西部地区农村居民家庭平均每人消费支出的增长率高达 246.9%，其中，增长率最高的省份也是内蒙古自治区，增长率高达 287.49%，相当于在这十年间农村居民家庭平均每人消费支出翻了近 2 番。而人均消费支出平均增长率最低的省份广西壮族自治区的增长率为 192.6%，由 2002 年的 1686.1 元上升到了 4933.6 元。以陕西省为例，农村居民家庭平均每人消费支出由 2002 年的 1490.8 元上升到了 2012 年的 5114.7 元，增长了 243.08%，平均每年增长 13.27%。与此同时，在农村居民家庭平均每人消费支出中，食品消费支出的占比也在逐年下降，也就是说，西部地区农村居民家庭恩格尔系数在逐年下降，农村居民家庭用于基本温饱的开支占比在下降，农村家庭的富裕程度正在逐年上升。另外，农村居民的衣着消费支出、居住消费支出、家庭设备及用品消费支出、交通通信消费支出、文教娱乐消费支出、医疗保健消费支出等其他消费支出的占比在逐年上升，这说明在满足基本的生活需求后，农村居民开始将更多的消费支出用于其他更高层次的物质和精神需求满足上，农村居民的生活质量和生活状态在大大改善，人们的物质和精神生活都开始大大丰富起来。

表 3　2002~2012 年西部地区农村居民家庭平均每人消费支出

单位：元

地　区	2002 年	2007 年	2012 年
内蒙古自治区	1647	3256.2	6382
广西壮族自治区	1686.1	2747.5	4933.6
重庆市	1497.7	2526.7	5018.6
四川省	1592	2747.3	5366.7
贵州省	1137.6	1913.7	3901.7
云南省	1381.5	2637.2	4561.3
西藏自治区	1000.3	2217.6	2967.6
陕西省	1490.8	2559.6	5114.7
甘肃省	1153.3	2017.2	4146.2
青海省	1386.1	2446.5	5338.9
宁夏回族自治区	1418.1	2528.8	5351.4
新疆维吾尔自治区	1411.7	2350.6	5301.3

说明：由于数据缺失，只统计了 2002~2012 年的数据。

资料来源：中国国家统计局。

（五）农村基础设施和公共服务实现巨大提升

改革开放以前，我国农村的基础设施比较缺乏，农业技术比较落后，农业生产仍然处于"面朝黄土背朝天"的"看天吃饭"的状态。在国家大力发展重工业的战略选择下，全国上下实行"工农业价格剪刀差"，使得当时农产品价格大大低于其供求关系决定的价格，农业剩余为工业的快速发展提供了原始积累和物质基础，但与此同时，也造成了农民的生活水平低下，生活状况差，农村的基本公共服务和基础设施缺失。随着改革开放进程加快，尤其是西部大开发战略的快速推进，农业在整个国家经济发展中的重要性越来越凸显，农村经济发展和农民生活水平提高成为国家重点关注的对象，"三农问题"得到了党和国家的高度重视，农村农民的生活状况也开始发生明显的改观。我国在 2017 年进行的第三次全国农业普查对全国 31925 个乡镇和 596450 个村的基础设施建设和基本社会服务进行了调查，笔者从中提取出了有关西部地区的数据。根据普查数据，我国西部地区农村的基础设施、基本公共服务和农民生活条件较西部大开发初期已经有了明显的改善。

从农村基础设施投资角度讲，在交通方面，截止到 2016 年末，西部地区十二个省份中，在本地区的地域范围内有火车站的乡镇占西部地区全部乡镇的 7.7%，有高速公路出入口的乡镇占 17.0%。通公路的村庄占全部村庄的 98.3%。村委会到最远自然村、居民定居点的距离以 5 公里以内为主。在能源通信方面，截止到 2016 年末，有 99.2% 的村庄能够通电，有 18.3% 的村庄通天然气，有 98.7% 的村庄通电话，有 77.3% 的村庄通宽带互联网，有 21.9% 的村庄有电子商务配送站点。

从农村公共服务方面讲，在环境卫生方面，截止到 2016 年末，有 87.1% 的乡镇不再使用地下水或河流水作为生活用水转而集中或部分集中供水，有 89% 的乡镇建立垃圾处理厂，开始进行生活垃圾集中处理或部分集中处理。有 60.3% 的村庄的生活垃圾能够做到集中处理或部分集中处理，有 11.6% 的村庄的生活污水能够做到集中处理或部分集中处理，有 49.1% 的村庄完成或部分完成改厕。在文化教育方面，截止到 2016 年末，有 94.0% 的乡镇有幼儿园、托儿所等幼儿教育场所，有 97.3% 的乡镇有小学，有 96.6% 的乡镇有图书馆、文化站等文化教育场所，有 7.9% 的乡镇有剧场、影剧院等休闲娱乐场所，有 13.5% 的乡镇有体育场馆，有 59.4% 的乡镇有公园及休闲健身广场。有 33.0% 的村庄有幼儿园、托儿所等幼儿教育场所，有 46.0% 的村庄有体育健身场所，有 36.7% 的村庄有农民业余文化组织。在医疗和社会福利方面，截止到 2016 年末，有 99.8% 的乡镇有医疗卫生机构，有 96.7% 的乡镇有执业（助理）医师等专业医疗服务人员，有 53.3% 的乡镇有社会福利收养性单位，有 86.9% 的乡镇有卫生室。在便民市场建设方面，截止到 2016 年末，有 62.0% 的乡镇有商品交易市场，有 36.2% 的乡镇有以粮油、蔬菜、水果为主的专业市场，有 34.0% 的村有 50 平方米以上的综合商店或超市，有 6.9% 的村开展旅游接待服务，有 26.6% 的村有有营业执照的餐馆。同时，农村教育、生活等基础设施进一步改善，农村医疗卫生服务体系进一步健全，农村医疗保险的覆盖面进一步扩大。新型农村社会养老保险与城镇居民养老保险逐步实现并轨，使得农村居民与城镇居民的社会保障水平差距进一步缩小，城乡之间的界限越来越模糊，农村居民的生活水平进一步提高，向城镇居民看齐。

（六）农村生态环境保护与修复成效显著

西部大开发以来，西部地区各省份在注重经济增长的同时，也开始关注环境质量的改善，纷纷推动美好环境的建设，积极推进本省份优势产业和能源结构的调整和优化，完成钢铁、煤炭等夕阳产业的去产能任务，加快淘汰落后的高污染高能耗产能，大力推动第三产业的发展，同时促进新型绿色产业、新型环保业态的发展和成熟，大力推进高效率、低能耗的绿色清洁能源的使用和推广。[20] 同时，积极响应党和国家的号召，综合整治扬尘及雾霾、机动车尾气、农作物秸秆焚烧等面源污染。建立环境空气质量监测与预报预警体系，加强对大气环境质量的监督力度。[21]

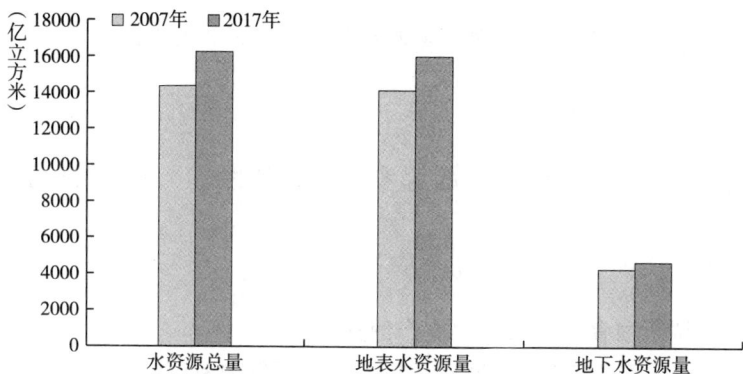

图 9　2007 年与 2017 年西部地区水资源对比

资料来源：国家统计局。

西部大开发以来，西部地区越来越重视资源节约型和环境友好型社会的发展，农村地区对资源和环境的管理监督也大大加强。以水资源为例，相比于2007年，2017年西部地区的水资源总量增加了1910.22亿立方米，其中地表水资源量增加了1904.33亿立方米，地下水资源量增加了387.94亿立方米。

与全国其他地区的废水排放量对比，西部地区的废水排放总量并不高，2017年西部地区的废水排放总量为1575422.56万吨，低于东部地区的3383009.49万吨，与中部地区的1540622.03万吨基本持平，高于东北地区的497555.89万吨。但是，就增长速度来看，相较于2007年，2017年西部地区的废水排放总量增长了33.61%，在全国四大地区中增长速度最快，远远超过了东部地区的23.23%、中部地区的26.66%和东北地区的16.30%。这些数据说明虽然西部地区的经济发展正处于粗放式的落后状态，污染物排放量不高，但增长速度较快。在近年来，西部地区的污染物排放控制成效显著，但仍需加强。

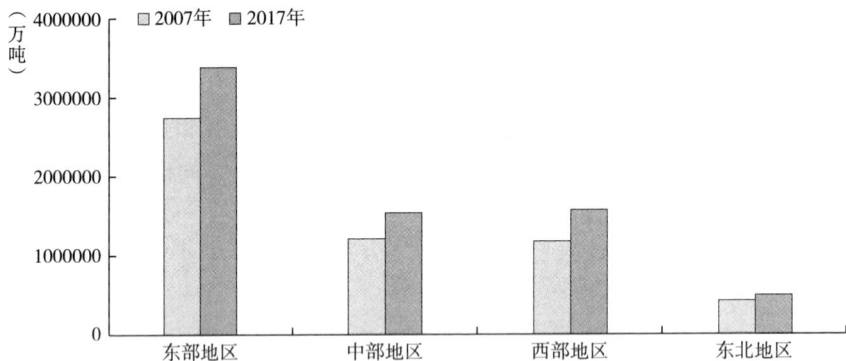

图10　2007～2017年四大地区废水排放总量对比
资料来源：国家统计局。

三　西部大开发20年西部乡村振兴的经验与面临的挑战

（一）西部乡村振兴的经验

1. 协调了粮食生产与其他生产的关系

粮食安全是国家安全的基础，粮食安全不仅关系国计民生，还关系社会的和谐和稳定，是国家安全的中心。党中央一直将粮食安全作为重中之重，自2004年以来，每年的中央一号文件始终都在强调"三农"问题，强调粮食安全的紧迫性和重要性，始终对保障粮食安全警钟长鸣。西部大开发战略实行以来，西部地区的粮食产量大大增加，已经基本可以满足西部地区人民正常的生产和生活需求，粮食生产发展和供需形势呈现出较好的局面，为西部地区的改革和进一步发展及稳定全局奠定了重要基础。[22] 2014年国家粮食安全战略在总结经验的基础上提出了"以我为主、立足国内、确保产能、适度进口、科技支撑"的口号，对西部地区保障粮食安全的措施又提出了新的要求。近年来，西部地区通过加快推动粮食生产与销售的供给侧结构性改革，努力推进粮食作物的流通现代化，完善粮食市场的宏观调控体系，强化利用市场经济进行市场化监管，推进依法管粮等一系列重大举措，促使西部地区农业生产的规模化、集约化程度不断提高，既保证了国家和本地区的粮食安全，又发展了其他生产活动，为西部地区乃至整个国家的繁荣稳定做出了突出的贡献。[23]

2. 协调了制度创新与农业技术创新的关系

土地是农业生产、农民生活不可或缺的基本要素，同时也是农业发展和农民生产过程中最大的制约因素。在我国，农村土地不仅包含农村的耕地，还包括农村的宅基地和由农民集体所有的经营性建设用地。改革开放以来，我国一直坚持农村土地制度的改革，西部大开发战略实行以来，有关西部地区农业农村农民的制度改革和创新更加深入，逐步释放了土地要素对农业生产和发展的束缚。[24]

首先，西部地区的农村耕地的产权制度改革使得农村耕地由改革开放初期的"两权分离"转变为现在的"三权分置"，同时保持农民的土地承包关系长期不变，在坚持农村土地集体所有的这个大前提下，农村地区的土地所有权、承包权、经营权三权分立，并开始允许经营权在农民手中自由地流转。在坚持集体土地所有权的基础上，"三权分置"制度充分地实现了农村集体土地的社会保障功能和经济效益职能，从而更好地维护农村集体经济、承包农户家庭和经营主体的权益，推动农业现代化发展。

其次，西部地区的农民土地承包期限也发生了巨大的变化。2017年党的第十九次全国代表大会报告指出，在新时代的背景下，我们要继续保持土地承包关系稳定并长久不变，土地承包期限的改变增强了农民进行农业生产的信心，有利于农业生产的稳定。

再次，西部地区各级人民政府在实践中不断探索并完善农村的宅基地制度，对农村宅基地的有偿使用和自愿有偿退出机制进行了有益的探索，并逐步开创了农民对自有住房财产权的转让、抵押和担保等有效途径。

最后，西部地区深入改革农村集体建设用地制度，允许农村集体建设用地的出让、租赁、入股等，以此来引入股份制企业的投资，在制度改革的同时也带来了农业生产的技术创新，通过制度激发要素活力，通过技术增产增效，既激发了土地生产要素的活力，又提高了农业的生产效能。

制度的创新大大激发了农业发展的活力，同时也促进了农业的技术创新，西部地区十二个省份在一些重大的农业生产技术研发方面都取得了一定的成就，从而大大提高了粮食的产量，降低了禽流感、病虫害等不利于农业生产的事件发生概率，推动了西部地区农村农业现代化的进程。

3. 协调了城市发展与农村发展的关系

早在2006年在《国民经济和社会发展第十一个五年规划纲要》中党和国家政府就已经明确提出"推进城镇化的根本是要建成具有辐射效应的城市群"，第十二个五年规划纲要更加具体地提出了大中小城市和小城镇共同协调发展的措施，在第十二个五年规划纲要的指导下，2011～2015年，我国已进入城镇化的快速增长时期，常住人口的城镇化率已经达到55%。在第十三个五年规划纲要中，中央政府在遵循"以人为本"的发展理念的同时又创新性地提出要推进以人为核心的新型城镇化，促进西部农村地区那些有能力在城镇进行稳定就业和生活的农业转移人口举家进城落户，进一步努力实现基本公共服务常住人口全覆盖。

在国家大力推进城镇化的大前提下，西部地区也在新型城镇化的道路上加速前进，不断提高西部地区的社会主义新农村建设水平，努力缩小乡村与城镇之间的发展差距，推进西部地区的城乡发展一体化。[25]

西部大开发战略实行以来，西部地区各省份不断在改革的实践中创新，逐渐形成了一系列适用于西部地区城乡融合与统筹发展的新理念。首先，正确认识农业与工业、乡村与城市之间的关系，确立起以工业发展促进农业进步、以城镇发展带动乡村繁荣的新型工农城乡关系，使得在西部地区的发展中，工业发展和农业发展互利互惠、城镇和乡村一体化发展。同时，通过在全地区范围内实行工业反哺农业、城市带动乡村的举措，进一步缩小西部地区城乡居民的收入差距，一视同仁地保障城乡居民基本权益，使得农村居民所能享受到的公共服务和医疗卫生条件与城镇居民均等化。其次，在城镇化的过程中一定要遵循以人为本的发展理念。在积极推进农业人口向城市转移并成为新市民的同时也要尊重西部地区农村居民的个人意愿，并在农村居民市民化的同时努力解决农民的落户、就业、居住等问题。进一步加强农村医疗体制改革，为广大农村居民提供覆盖面更广的新型农村合作医疗体系，缩小农村居民与城镇居民社会保障体系的差距。同时针对西部地区大量农民工的存在，进一步加强对农民工人群的关注力度，为农民工提供必要的教育场所进行技能培训，并在城市中建立健全相关政策以解决外来务工人员子女的上学问题。最后，始终坚持工业化、城乡一体化和农业现代化三者同步。不断加强社会主义新农村建设，进一步完善西部农村地区的道路交通、能源通信、服务休闲等基础设施建设和教育、卫生、医疗等公共服务建设，不断加强西部地区先进的农村文化和农业文化的宣传力度，改变农村的落后面貌，努力实现西部地区农村农民的全面小康。

（二）西部乡村振兴面临的挑战

我国不仅是世界上人口最多的国家，而且是世界上最大的发展中国家，这意味着我国虽然是一个农业大国却不是一个农业强国。目前，我国的工业化水平和城镇化进程与发达国家相比仍然存在着很大的差距，农业发展在很大程度上仍处于传统的"小农经济"水平，还未能实现根本性的农业现代化转型。而西部地区作为经济发展相对比较落后的地区，整个国家在农业农村发展中所面临的问题在西部地区表现得更加突出，因此，在当前国家面临的大环境下，西部地区农业农村发展面临的困难与挑战更为严峻。

1. 农业发展受资源与环境的双重约束

我国是一个人均资源占有量较少的国家，不同地区的水土资源、光温资源等自然资源禀赋条件差异也很大。而西部地区相比于我国的其他地区而言，资源条件比较匮乏，因此，保护与节约资源对实现西部地区农业可持续发展具有重大意义。在过去几十年的发展过程中，西部地区农村农业的发展主要是围绕不断提高农产品的生产能力和供给能力，以切实解决西部地区人民的温饱问题，在此过程中，也造成了比较严重的环境问题。随着改革开放及西部大开发进程的加快，西部地区人民的生活条件发生了翻天覆地的变化，人口寿命的延长、婴儿出生率的增加及死亡率的下降，使得西部地区人口数量有了很大程度的增长，此时西部地区落后的农业经济越来越无法满足人民的生产生活需要，再加上西部地区传统的粗放的经济发展方式，使得自然资源、人力资源的质量有所下降，土地污染与退化、水污染及大气污染等环境问题凸显，当前西部地区的农业发展面临着资源与环境的双重约束。

土地资源和水资源是西部地区农业生产最基本，也是最必要的物质条件，近年来，随着工业化的大力推进，西部地区的耕地保护形势日益严峻，耕地的滥用、占用等问题严峻，西部地区各级政府对一些地方的乱占耕地、违法批地、浪费土地等问题并没有从根本上进行解决。再加上改革开放初期粗放式、传统的工业化发展模式，造成西部地区土壤污染、水污染、大气污染等十分严重，水土流失，土壤酸化，土地沙化及荒漠化，地表水和地下水污染，酸雨现象频发，极大地消耗了西部地区的自然资源，削弱了西部地区农村农业的发展能力并开始严重威胁农作物的生长。另外，人力资本也是西部地区农业发展的重要资源，是比物质资源、资金更为重要的内在要素。西部大开发以来，随着国家城镇化的不断推进，西部地区城乡之间存在的经济剪刀差转变为人力资本的剪刀差，一大批农村地区有技术有知识的劳动力纷纷进入城市寻求更好的个人发展，这是城镇化过程中无法逆转的趋势，但同时也使得西部地区的农村出现了严重的人才流失，这对西部地区乡村振兴也产生了一定的阻碍作用。[26]

2. 农业生产成本进入上升通道

资源与环境的双重约束同时也导致了西部地区的农业生产成本迅速上升。西部地区劳动力的不断外流使得本地的劳动力数量锐减，劳动力的雇用成本势必上涨。另外，近年来人民工资的普遍增加使得农民对自身工资收入的要求也开始增加，这同样造成了劳动力成本的上升。西部地区优质土地资源的数量逐年下降，适宜耕种的土地面积逐年减少，清洁水资源数量逐年下降，这些同样使得土地资源、水资源等物质资源的价值升高。在西部地区农业生产成本上升的同时，其他地区的农产品在市场上更具有价格优势，从而对西部地区的农产品市场形成较大的冲击，更加不利于西部地区农业经济的发展壮大。

3. 农业综合竞争力亟待提高

传统小农经济的大量存在与农业生产力发展水平低下密切相关，目前在西部农村绝大多数地区仍采用传统的农耕方式进行农业生产，致使西部地区的农业生产效率较低，农业竞争力不高。同时，在全球经济一体化趋势越来越强的当今社会，跨国农产品在我国市场占有率逐年提升，对我国本地的农产品市场也造成了一定的冲击。西部地区作为我国相对比较落后的地区，人均农业基础性资源禀赋相对不足，从事农业活动的劳动力基数过大且在短期内无法改变，劳动力素质不高、基础竞争力不强。同时，西部地区的农业机械化、现代化水平较低。对于农业这种既依赖充沛资源又依赖发达技术的产业来说，西部地区处于劣势地位，在全国乃至全世界的农产品市场中不具备竞争力。

4. 农民持续增收渠道亟待拓宽

实现农民收入的持续增加、提高农民生活水平是彻底解决"三农"问题的最终目标。对西部地区而言，传统的小农经济和家庭式经营占西部地区农业经济相当大的比重，这种发展模式使得西部地区农业发展抵御自然风险和市场风险的能力较弱，农业生产无法实现规模经济和范围经济，从而造成农民的工资性收入和财产性收入都比较低。另外，对于西部地区外出务工的农民工而言，由于其自身的文化水平较低、专业技能掌握不足、劳动力素质低下，这些农民工一般会从事劳动力密集型行业比较简单的工作，这种工作以体力劳动为主，工资收入水平比较低，而且收入来源的渠道较为单一。同时，在没有技术含量的体力工作中，人员流动性也比较大，这些农民工的工作也不甚稳定，无法保证获得长期收入。

四　西部地区乡村振兴的目标与实现路径

我国之所以要实施乡村振兴战略，既不是为城镇居民构筑下乡休闲旅游、娱乐身心的场所或者用以满足城市中某些群体忆苦思甜的乡愁情结，也不是为了实现土地、林木、水土等农村自然资源的生产资本化过程，为城市地区的过剩资本寻找新的投资机会。乡村振兴战略是我国在新时代背景下助力解决农村农业工作的手段和重要抓手。实现乡村的全面振兴，是保证我国乡村振兴战略完满完成的方向和目标。对西部地区而言，西部乡村振兴的核心命题是让暂时无法进入城市工作和生活的西部广大农村居民与城镇居民一样，同等分享我国社会主义现代化的经济成果，促进城镇与乡村之间以及乡村内部的平衡，从而促进西部地区农业农村农民的充分发展。

（一）西部地区乡村振兴的目标

党的第十九次全国代表大会报告对乡村振兴战略做出了重要指示，提出要在发展经济社会的同时必须坚持农业农村的优先发展，实现乡村的产业兴旺、生态宜居、乡风文明、治理有效、生活富裕。要实现我国乡村地区的全面发展，必须抓乡村发展的重点、补农村地区的短板、强农业经济的弱项，以此来推动农业的全面升级、农村的全面进步、农民的全面发展。通过激活乡村发展的内生动力，让广大农村居民在乡村发展的进程中有更多的获得感、幸福感和安全感。从中央文件和领导人的讲话中我们不难发现，要实现西部地区的乡村振兴，必须紧跟着国家政策和国家发展方向。因此，西部地区实现乡村振兴的目标内涵非常的丰富，它不是仅指西部地区农村经济的振兴，而是包括经济振兴在内的社会振兴、文化振兴、生态振兴和政治振兴的全方位振兴，其中也同样包括乡村治理体系的创新和治理能力的进步。[27]

1. 经济振兴处于乡村振兴的首位

经济是乡村发展的根本性支柱，只有农村居民基本生活得到保障，乡村振兴战略才能得以实施。而产业发展是农村地区经济发展的动力源泉，只有产业兴旺，西部地区农民的收入来源才能稳定增长；只有做好乡村地区的产业发展，才能真正实现西部地区乡村振兴战略的科学发展、可持续发展和健康发展。从世界各国乡村振兴的先进经验中我们可以得出结论，实现西部地区农村的产业兴旺，就是要把产业发展落实到促进农民增收上来，政府各部门齐心协力、全力以赴消除西部地区的农村贫困问题，形成乡村地区一二三产业相互融合、互相促进的现代化特色农业产业体系，推动乡村的生活富裕。

要想推动乡村地区的产业振兴，就必须紧紧围绕发展现代化的具有中国特色的农业，加快西部地区农村的一二三产业融合发展，实现西部农村的第一产业强、第二产业优、第三产业活，促进各地区、各环节、各方面的农业生产升级。同时，以农业供给侧结构性改革为主线，着眼推进农村地区的产业链和价值链建设，加快形成从田间地头到城镇餐桌的现代化农业全产业链新格局，整体谋划农业产业体系，构建现代化农业的乡村产业体系、生产体系和经营体系，并使这三大体系彼此联结、相生相伴，共同构成现代农业的体系支撑。我们需知，西部地区乡村的农业产业体系越健全，农村居民的增收渠道就越宽广，增收来源就越广阔。[28]

2. 社会振兴是乡村振兴的关键

加强和创新西部地区社会治理，实现西部地区社会振兴，必须抓住广大人民最关心最现实的问题，那就是"人"的问题。发展教育是西部地区乃至整个中华民族实现伟大复兴的基础工程，人才是西部地区乡村振兴的基石，人的现代化是西部地区乡村发展的核心。提升人力资本素质，是推进西部地区农村农业农民现代化发展的关键环节。对西部地区而言，农村的经济社会发展，说到底，关键在人。习近平总书记曾经说过，乡村地区振兴继续向前发展，就必须把"人"的发展放在首要位置，即一定要注重人力资本开发和劳动力素质的提升，强化人才的支撑在乡村振兴过程中所起的关键作用，加快培育在新时代背景下新型的现代化的农业经营主体，从而激励全社会中各行各业的高素质劳动者回归乡村，支持乡村建设，在乡村的广阔天地大显身手，从而打造一支为西部地区乡村振兴出谋划策的强大的人才队伍，在西部地区乡村形成高素质的人才、土地、资金、产业的良性循环机制。

我们要时刻牢记，在西部地区乡村振兴的过程中，发展是第一要务，创新是第一动力，人才是第一生产力。在乡村振兴的产业兴旺、生态宜居、乡风文明、治理有效、生活富裕这五大总要求中，每一个方面都离不开高素质人才的重要作用。而这里所说的人才，主要是指农业经营管理人才、农业科技人才和农村电商人才。

农业经营管理人才是乡村地区产业兴旺最迫切需要的人才。西部地区当前发展现代农业的突出矛盾就是乡村地区小生产与大市场之间的矛盾。小生产是我国的基本国情所决定的，而大市场是人民日益增长的美好生活需要所要求的。为了解决西部地区农业经济发展面临的小生产与大市场的矛盾，就需要尝试各种方式的农业组织创新，例如新型农村合作社、农村专业技术协会、公司＋农户发展模式、公司＋农业基地发展模式等等。而所有这些新型组织方式需要有专业、高素质的经营管理人才从中起到启动、协调、推动作用。[29]

农业科技人才，就是在当前西部地区大范围的"传统"农业发展模式中，引进科技的支撑性人才。他们必须不断研发适合本地农业的高新技术、引进和钻研国内外最新的农业技术，为一线的技术应用把关，为源头性的新技术提供支撑。[30]

农村电商人才，也是在新时代互联网和电商发展的大背景下农村发展急需的特殊人才。农村电商，既是一种新业态，也是整个农村产业兴旺的新的支撑力量。农村电商人才，既要懂电商，又要懂农业和农产品，更要懂得农产品市场经营。农村电商人才的培养和引进势在必行。[31]

3. 文化振兴是乡村振兴的保障

西部地区的乡村振兴，在塑形的同时，也要铸魂。没有乡村文化的高度自信，就无法完成乡村文化的繁荣发展，就难以实现西部地区乡村振兴的伟大使命。西部大开发以来的实践经验表明，谋求西部地区乡村经济发展，实现乡村地区的产业兴旺，促进农业农村经济繁荣发展，就必须改变"就经济谈经济"的狭隘思路，片面强调经济发展不仅不能促进经济的长久增长，而且会对其他社会生活方面产生不利影响。因此，在新时代乡村振兴的过程中，我们必须变"输血"为"造血"，必须处理好"富口袋"与"富脑袋"的关系。而事实上，只有"富脑袋"，才能真正实现"富口袋"，也只有"脑袋"富起来，"口袋"才能源源不断地富起来。所以，新时代西部地区实施乡村振兴战略，必须物质文明和精神文明一起抓，既要发展产业、搞活经济，更要塑造文化、提振精神，使社会主义几千年来传承下来的农村文化繁荣兴盛。要把乡村的文化振兴事业贯穿于乡村振兴的各领域、全过程，为乡村振兴提供持续的精神动力。[32]

要推动乡村文化振兴，就必须加强农村的思想道德教育和建设，努力践行中国特色的社会主义核心价值观，深入挖掘我国几千年来传承下来的优秀的传统农耕文化中所蕴含的深刻思想、人文观念、道德标准，弘扬社会主义主旋律和社会正气，改善农村居民的精神风貌，提高农村地区的社会文明程度，焕发人民群众文明新气象。在新时代西部地区建设美丽乡村，并不是要摧毁原有的传统农耕文明转而用城市文明去代替农村文明，也不能像某些地区初期城镇化建设一样，对历史文化进行一概而论的破坏，而是要以农村文化的改造为主、以培育新型文化为辅，尽量不改变本地区农村地区原有的人文地貌，要尽量突出西部地区农村所特有的农味、土味、原生态味，把活态化的乡土文化继续传承下去，把农村建设得更像农村。西部地区实施乡村振兴战略，迫切需要深化对当地乡村价值的认识与理解，深入挖掘、努力继承本地独有文化，增强对传统的乡土文化的认同感和信心。再以社会主义核心价值观为指引，在传统的文化中加入新时代的元素，深化中国特色社会主义文化建设和中国梦的宣传教育，大力弘扬具有我国特色的民族精神和时代精神，强化农民的社会责任意识、规则意识、集体意识以及主人翁意识。

西部大开发以来，随着西部地区物质生活的日渐充足，农民对精神生活的需求愈加丰富，西部地区对公共文化服务体系建设也在不断加强。从古到今，西部地区广袤的农村大地上培育出了大量的民间艺术、戏曲曲艺和手工技艺等各种文化形式，这些都是我国所特有的特色文化遗产。在乡村改造的过程中，必须把保护传承和开发利用进行有机地结合，实现活态传承和经济发展双赢，让历史悠久的乡土文化在新时代焕发出新的魅力和风采。

4. 生态振兴是乡村振兴的基础

良好的生态环境是西部地区农村发展的环境基础和宝贵财富。建设生态宜居的美丽乡村，并不是简单地搞村庄建设，而是要从各方面缩小乡村与城镇之间的差距，坚持人与自然的和谐共生，走乡村绿色发展之路。既要发展农村经济，又要美化农村环境。

生态振兴的核心是在西部地区的农业发展观上进行一场深刻的革命，形成绿色可持续的生产方式和产业结构，减少资源与环境消耗的同时提高农产品的产出比，提高农业废弃物的再生利用率和农业资源养护。更重要的是，要在西部地区的农村形成绿色环保的生活方式，落实以节约资源优先、保护环境优先、自然恢复为主的资源环境保护方针，绝不跨越生态保护红线，把西部地区的农村建设成为生态宜居、富裕繁荣、和谐发展的美丽家园，让西部地区的农村居民也能生活在蓝天白云、青山绿水的舒适环境中。[33]习近平总书记曾经说过，要推动乡村地区的生态振兴，必须坚持绿色发展观，必须进一步加强对农村地区突出的环境问题的综合治理，扎扎实实地实施农村人居环境整治三年行动计划，完善农村生活设施，打造农民安居乐业的美丽家园，让良好生态成为乡村振兴支撑点。

5. 政治振兴是乡村振兴的前提

在中国特色的社会主义农村建设中，农村的基层党组织是实施乡村振兴战略的战斗堡垒，对西部地区而言，基层党组织就是实现政治振兴的重大突破口，而乡村的党组织振兴就是要以西部地区农村基层千千万万名勤恳优秀的农村基层党组织书记为抓手，充分发挥出社会主义民主政治的优势和特点，保障西部地区乡村振兴健康有序推进。

"农民富不富，关键看支部"，西部地区的乡村振兴关键要靠党的正确领导，而党的核心力量来自党组织。对农村地区而言，基层党组织是实施乡村振兴战略的"主心骨"。农村的基层党组织建设得强不强，基层党支部书记的能力行不行，直接关系西部地区乡村振兴战略的实施效果。要推动乡村地区的组织振兴，必须打造千千万万个坚强的农村基层党组织，在乡村振兴的过程中，必须培养出千千万万名有作为、敢作为的农村基层党组织书记，深化农村地区的基层自治实践，建立健全农村地区基层党委领导、政府负责、社会协同、公众参与、法治保障的现代乡村社会治理体制。因此，在推进西部地区的乡村振兴过程中，一定要加强村镇级别的党领导班子建设，选好党组织的带头人，让农民致富有奔头，以更强大的决心、更明确的目标、更有力的举措，推动农业全面升级、农村全面进步、农民全面发展，谱写新时代乡村全面振兴新篇章。

(二) 西部乡村振兴的实现路径

长期以来，由于我国西部地区的城乡一体化、共同富裕、环境治理和生产矛盾等诸多问题尚未得到妥善解决，农村的经济发展和农业建设等政策的落实进程较为缓慢。实现西部地区乡村振兴需要优化产权结构和效益份额配置，增加农村农业的经济占比，而目前改革并完善农村的各项制度、培养和引进新型人才、推进优秀文化建设、促进绿色可持续发展和坚持党的领导成为推进西部地区乡村振兴的重点任务。西部地区各级人民政府应该更加注重对农业农村农民的建设和发展，深化改革，推进乡村经济振兴，实现地方政府与农村居民的双赢。[34]

1. 制度创新为乡村振兴奠定基础，培育西部乡村发展的新动能

西部地区乡村振兴的首要任务就是振兴农业，改变传统的粗放的农业生产和经营模式，以农业供给侧结构性改革为依托，构建现代农业产业体系、生产体系和经营体系。同时要充分调动农民的生产积极性，发挥农村自有的资源优势，并以此来发展出各种业态的现代农业，使得西部地区的农业生产不再是单一化的低级生产。

土地承包制度是当前中国农村土地的基本经营制度，坚持这一基本制度对于提升西部地区农民生产经营创新的积极性具有重要意义。在此基础上，政府仍需深化土地制度改革，在全地区范围内大力开展试点工作，并及时总结试点地区的农村土地征收改革、集体经营性建设用地入市改革、宅基地制度改革等的经验和教训，对土地制度不断完善并推广。另外，地方人民政府还要完善农村土地的利用和管理政策体系，制定相应的农村土地管理制度和激励政策，盘活农村资产和资源，积极吸引外来资本在本地的投资开发。

加快农村集体产权制度改革与完善对农村制度创新而言也是必不可少的。党的第十九次全国代表大会报告指出，深化农村土地制度改革，完善农村承包地的"三权"分置制度。保持土地承包关系稳定并长久不变。深化农村集体产权制度改革，保障农民财产权益，壮大集体经济。对西部地区来说，农村集体产权制度改革与完善势在必行，地方政府要积极推动农村资源变资产、资金变股金、农民变股东，创新农村经济运行模式，开发出新的产业和新的业态，做强一产、做优二产、做活三产，加快第一二三产业的融合，推动西部地区的农业经济由平面扩张转向立体拓展，形成资源有效利用、功能充分发挥的现代农业产业体系。在实现农村发展的同时，保护农民利益，切实增加农民的收入，提升农民的获得感和幸福感。

2. 人才战略为乡村振兴提供支撑，培育西部乡村可持续发展的能力

人才是西部地区乡村振兴战略能够深入推进实施的关键，西部地区所有的改革和创新最终必须落实到"人"上来执行和实现。因此，要在西部地区推进乡村振兴战略，就必须破解西部地区人才瓶颈。把人力资本开发放在经济发展的首要位置，畅通西部地区的智力下乡、技术下乡、管理下乡等通道，造就更多的乡土人才。

人才的建设，首先要注重农村地区内部人才的培育。长期以来，由于传统的农业生产方式的影响，我国西部地区的农民兼业化程度高、职业化水平低、对农业专业知识的掌握程度不足。对许多农民来说，农业只是维

持自身农民身份的副业，农业生产并没有被用心经营。这种农村劳动力越来越不适应新时代下农业现代化需求。因此，培养出适应新时代农业现代化发展的新型职业农民成为西部地区人才振兴的关键。地方各级人民政府应该积极行动起来，在农村地区建立起农业知识和农业技能的培训机构，通过对农民的培训，培育出既懂农业，又掌握现代农业技术和互联网知识的新型农民。

同时，还要加强农业专业人才的队伍建设，既要培育地方县域专业人才，也要引进科技人才，鼓励外出能人返乡创业，鼓励大学生村官扎根基层，为乡村振兴提供人才保障。另外，地方政府还要鼓励当地的高校、科研院所等专业机构发挥其专业特长，助力本地区农业发展。西部地区的乡村人才振兴要综合运用政策、机制、机会等，让社会各类人才看到乡村希望、看好乡村未来、向往乡村生活，鼓励他们投身到西部地区农业建设中来，真正实现"吸引人才到农村"。要通过提高农民、扶持农民来实现富裕农民，让农业经营有效益，让农业成为有奔头的产业，让农民成为体面的职业[35]。

另外，在西部地区还要营造出良好的创业环境，为引进和留住人才制定相应的财税、金融等方面的优惠政策，为人才的就业创业搭建干实事的平台，从而吸引更多的各类人才返乡创业，激发西部农村的创新活力。

3. 文化兴盛为乡村振兴增添动力，重塑西部乡村发展的精神

乡村的文化振兴是实现西部地区乡村经济发展、产业兴旺、生活富裕的重要动力。实施乡村振兴战略，迫切需要深化人们对乡村价值的认识与理解，深入挖掘和继承千百年来农村地区从泥土里酝酿的独有文化，增强农民对传统乡土文化的认同感和信心。

综观乡村振兴战略全局，促进西部地区乡村文化振兴必须坚持优先发展、融合发展的思路，从思想理念和顶层设计入手，充分整合政府、社会组织、村庄和农民等各方面的力量，强化西部地区农村的意识形态特性，明晰本地区乡村文化发展的正确方向，为文化振兴奠定基础；总结西部地区历史和现实经验，构建乡村文化内质的传统的民族特色，打造独一无二的本地区文化；更新传统的思想理念，对过去乡村文化实行扬弃，正确认识在新时代乡村文化建设的重要性；强化顶层设计，深化乡村文化建设的国家基础发展战略；加大地方政府对文化建设的资金支持，建立农村文化休闲中心，搭建文化活动平台，营造乡村文化的生成发展空间，探索乡村文化建设资金投入管理模式；整合本地区的文化资源，构建乡村文化立体网络系统；拓展农村地区的媒介传播渠道，增强

乡村文化要素对农民的辐射力度；加强文化建设的考核力度，建立健全乡村文化建设考评体系。

文明新风成为乡风主流要经过一个过程，需要科学引导，在西部地区乡村文化振兴的推进过程中，地方政府要用农村百姓易于接受的形式进行宣传和教育，把老百姓身边的好故事、好榜样讲出来、演出来、唱出来，让新风尚在广阔乡村生根发芽。

4. 绿色发展为乡村振兴创造条件，打造西部和谐发展新格局

良好的生态环境是西部地区农村最大的发展优势和最宝贵的自然财富。乡村振兴，生态宜居是关键。在西部地区乡村振兴的过程中，必须牢固树立"尊重自然、顺应自然、保护自然"的理念，推动乡村自然资本快速增值，实现生活富裕和生态美丽的统一。

实行乡村生态振兴，必须加强对西部地区农村突出环境问题综合治理，实施重要生态系统保护和修复工程。在全地区范围内开展农业绿色发展行动，建立健全生态系统的休养生息制度，推进荒漠化、沙漠化及水土流失综合治理。同时，加强农业面源污染防治，实现生产清洁化、废弃物综合利用、产业生态化的绿色产业格局。加强农村水环境治理和农村饮用水水源保护，加快发展森林草原旅游、河湖湿地观光、农业休闲体验等农村生态产业，积极开发观光农业、游憩休闲、健康养生、生态教育等服务，实施农村生态清洁小流域建设。推进重金属污染耕地的防控和修复，开展土壤污染治理与修复技术应用试点。同时严禁工业和城镇污染向农业农村转移，加强农村环境监管能力和治理体系的建设，落实县乡两级农村环境保护主体责任。[36]

实行乡村生态振兴，必须增加西部地区的绿色生态服务供给。运用现代科技和新兴管理手段，将乡村本身的生态优势转化为乡村发展生态经济的优势，为农村居民乃至城镇居民提供更多更好的绿色生态产品和服务，促进生态和经济良性循环。创建一批特色生态旅游示范村镇和精品线路，打造绿色生态环保的乡村生态旅游产业链，把农村地区建设成为养生养老的地方，把田园变为乐园，农房变为客房，农产品变为旅游产品，有效提升农业溢价能力。

5. 党的领导为乡村振兴提供有力保障，夯实西部乡村发展的基础

党的力量来自组织，组织能使力量倍增。基层党组织能汇民心、聚民力，加强阵地建设，能切实发挥农村基层党组织的战斗堡垒作用。西部地区的村集体经济强不强，村民富不富，环境美不美，取决于基层党组织强不强。要使党员和群众积极参与西部地区的乡村振兴建设，党建内容应不

断丰富，形式也要不断创新。

实现西部地区乡村振兴，必须提高对农村基层党组织的重视程度，建立健全党委领导、支部负责、党员参与、群众监督的基层党组织制度，认真贯彻落实党和政府的各项要求，开展"两学一做"活动，深刻领会第十九次全国代表大会精神，发挥基层党组织的主心骨作用。引导农村地区广大党员同志树立"四个意识"、明确"四个自信"，做到"四个合格"，真正发挥农村基层党组织的重要作用。

在西部地区，农村党员的老龄化程度进一步加深，为基层党组织注入新鲜血液成为当前西部地区乡村组织振兴的重要问题。壮大基层党员队伍，要在本地区将优秀的年轻同志培养为党员，将优秀的年轻党员培养为干部。农村各支部在发展党员时应尽可能在符合规定的前提下将政策向年纪较轻、文化水平较高的积极分子倾斜，重点发挥大学生村官在农村党组织建设方面的积极作用，为组织振兴培养新生力量，打下良好基础。[37]

同时，要让基层的党员干部有艰苦奋斗的意识，就需要大量开展学习活动，将党员们凝聚起来，强化学习，更新知识。在西部地区各省份大力推广支部主题党日活动就是一个有效的途径，让全村的党员通过学习党章和中央领导人的系列讲话精神武装思想。同时通过开展一些组织建设生活和民主议事活动，落实民主监督，让党员在批评与自我批评中认清自我，通过社会实践提升自己的服务能力。

参考文献

［1］陈锡文：《中国特色农业现代化的几个主要问题》，《改革》2012年第10期。

［2］党国英：《关于乡村振兴的若干重大导向性问题》，《社会科学战线》2019年第2期。

［3］姚亮：《科学化＋系统化＋精准化：新时代实施乡村振兴战略的路径选择》，《行政与法》2019年第2期。

［4］王晓毅：《重建乡村生活实现乡村振兴》，《华中师范大学学报（人文社会科学版）》2019年第1期。

［5］顾钰民：《农业现代化与深化农村土地制度改革》，《经济纵横》2014年第3期。

［6］严金明、迪力沙提、夏方舟：《乡村振兴战略实施与宅基地"三权分置"改革的深化》，《改革》2019年第1期。

［7］张云华：《农业农村改革40年主要经验及其对乡村振兴的启示》，《改革》2018年第12期。

［8］冯兴元、孙同全、韦鸿：《乡村振兴战略背景下农村金融改革与发展的理论和实

践逻辑》,《社会科学战线》2019 年第 2 期。

[9] 党国英:《城乡统筹发展与农村精准脱贫》,《社科纵横》2017 年第 9 期。

[10] 于法稳:《基于绿色发展理念的精准扶贫策略研究》,《西部论坛》2018 年第 1 期。

[11] 崔红志:《乡村振兴与精准脱贫的进展、问题与实施路径——"乡村振兴战略与精准脱贫研讨会暨第十四届全国社科农经协作网络大会"会议综述》,《中国农村经济》2018 年第 9 期。

[12] 吴理财、解胜利:《文化治理视角下的乡村文化振兴:价值耦合与体系建构》,《华中农业大学学报(社会科学版)》2019 年第 1 期。

[13] 桂华:《东中西部乡村振兴的重点有何不同》,《人民论坛》2018 年第 12 期。

[14] 韩长赋:《中国农村土地制度改革的历史变迁与创新实践》,《农村·农业·农民(B版)》2019 年第 1 期。

[15] 《农业部关于稳步推进农村集体经济组织产权制度改革试点的意见》,《农村经营管理》2008 年第 2 期。

[16] 余葵:《农村集体产权制度改革任重道远》,《农村经营管理》2016 年第 9 期。

[17] 夏英:《农村产业融合发展的模式、路径和对策分析》,《农村经营管理》2018 年第 11 期。

[18] 张瑞:《我国农村金融市场结构现状及优化研究》,西南财经大学硕士学位论文,2009。

[19] 刘永超、郭宁、徐文俊:《"互联网+农业"视野下现代农业的发展探讨》,《商》2016 年第 21 期。

[20] 张蓓:《聚焦清洁能源开发助推乡村振兴战略——畜禽粪污资源化利用论坛(能源化利用专场)》,《中国畜牧业》2018 年第 12 期。

[21] 王丽琼、李子蓉、张云峰:《乡村振兴战略下农村环境协同治理关键因素识别研究》,《中国生态农业学报》2019 年 2 月 22 日,https://doi.org/10.13930/j.cnki.cjea.180822。

[22] 曾衍德:《确保粮食安全是乡村振兴的首要任务》,《粮食科技与经济》2018 年第 11 期。

[23] 蒋和平:《粮食安全与发展现代农业》,《农业经济与管理》2016 年第 1 期。

[24] 阙方平:《以制度创新优化乡村振兴战略》,《银行家》2018 年第 7 期。

[25] 刘歆立、黄真真:《乡村振兴战略背景下的我国城镇化发展路径探析》,《现代化农业》2019 年第 1 期。

[26] 龚立新:《乡村振兴战略视域下我国农业劳动力问题及其破解路径研究》,《信阳师范学院学报(哲学社会科学版)》2018 年第 5 期。

[27] 魏后凯:《实施乡村振兴战略的目标及难点》,《社会发展研究》2018 年第 1 期。

[28] 孙琳:《乡村振兴战略下农村电商发展的新契机》,《河北企业》2019 年第 2 期。

［29］林莉丽、钟晓辉：《浅谈农业经营管理人才与家庭农场发展》，《现代经济信息》
　　　2017 年第 12 期。

［30］猴建芳、卜晓冬、栾奕：《农业科技人才队伍建设研究》，《山西农经》2018 年
　　　第 23 期。

［31］宋冬梅：《农村电商集群发展与电商人才合作培养研究》，《农业经济》2018 年
　　　第 12 期。

［32］徐勇：《推动文化供给侧改革促进农村文化振兴》，《农村工作通讯》2019 年第
　　　2 期。

［33］杨为民：《在乡村振兴战略中推进农村人居环境整治和生态环境保护》，《中国
　　　环境报》2019 年 1 月 29 日。

［34］王俊：《乡村振兴战略视阈下新时代乡村建设路径与机制研究》，《当代经济管
　　　理》，http：//kns. cnki. net/kcms/detail/13. 1356.　F. 20190121. 1734. 002. html，
　　　2019 年 2 月 22 日。

［35］卞文忠：《别让"人才短板"制约乡村振兴》，《人民论坛》2019 年第 1 期。

［36］高红贵、赵路：《探索乡村生态振兴绿色发展路径》，《中国井冈山干部学院学
　　　报》2019 年第 1 期。

［37］马世强：《以"党建 + 经济实体"模式促进乡村组织振兴》，《新疆日报（汉）》
　　　2018 年 12 月 7 日。

西部地区社会转型发展的历史评价
与社会质量提升途径研究*

李 凯 李 普 张 瑜**

摘 要： 西部大开发以来，西部地区社会转型发展趋势明显，呈现出从乡土走向城市的结构转型、从封闭走向开放的文化转型、从传统走向现代的治理转型。基于此，课题组从社会经济保障、社会凝聚、社会包容和社会赋权四个维度对西部地区社会质量进行评价，与东部地区部分发达省份进行比较分析，并提出持续推进经济高质量发展，构建包容性社会政策体系，加强民众的社会参与度，创新社会治理四方面建议，进一步推动转型期的西部地区社会向高质量发展。

关键词： 社会转型 社会质量 社会治理 社会结构

西部地区经济与社会发展是我国综合国力稳步上升的重要体现，是国家凝聚力进一步增强的重要保障。西部大开发以来，在西部地区经济总量迅速提高、经济增速明显提升的带动下，西部地区社会转型发展趋势明显，社会活力进一步激发。西部大开发二十年之际，总结与归纳西部地区社会转型发展的效果及特征，并评价和分析转型进程中西部地区的社会质量，对于经济与社会的均衡发展、区域间的均衡发展具有重要意义，并有助于我们对高质量发展内涵的理解，从而更有效探索高质量发展路径。

---

* 本文为国家社会科学基金项目"以民生改善和民族和谐为主要内涵的丝路经济带社会发展质量评价研究（15XSH008）"的阶段性成果。

** 李凯，经济学博士，西北大学马克思主义学院副教授，西北大学中国西部经济发展研究中心研究员，硕士生导师，研究方向为发展社会学、发展经济学与社会政策评价；李普，西北大学哲学学院社会学专业硕士研究生；张瑜，西北大学哲学学院社会学专业硕士研究生；参加此项研究工作的研究生有张宇飞、王璐。

一　西部大开发以来社会转型发展的历史评价

社会转型涵盖宏观、中观、微观等多层面，传统社会向现代社会、农业社会向工业社会、封闭性社会向开放性社会的转变是宏观层面的社会发展变迁。改革开放以来，中国社会进入转型发展的崭新阶段，国门开放和经济体制深刻调整使中国社会面貌发生巨变。就西部地区而言，新中国成立以来西部地区社会发展与运行呈现出社会繁荣稳定、民族关系和谐、人民生活水平逐步提高的态势，社会建设各方面成就令人瞩目。但也存在着社会结构单一、缺乏活力、城市规模小且异质性不高、民众思想观念偏保守、对外开放水平较低等问题。尽管改革开放促进了西部地区传统社会特征的改变，但相较于东部地区而言，西部地区社会转型速度明显迟缓。

西部大开发是西部地区进入社会转型发展的重要里程碑，伴随经济规模的迅速扩大、改革开放程度的持续深化、"一带一路"建设崭新战略机遇期的到来，西部地区社会转型发展的特征越发明显，课题组主要从结构转型、文化转型、治理转型三方面对西部社会转型发展进行总结和评价，涵盖了人口结构、城乡结构、家庭结构、收入与就业结构、阶层结构、社会开放程度、民族关系、社会互动内涵、社会互动媒介、社会治理主体、社会治理方式、社会治理机制等具体内容。

（一）从乡土走向城市的结构转型

从广义上讲，社会结构主要包括人口结构、家庭结构、组织结构、城乡结构、就业结构、收入分配结构、社会阶层结构等[①]，狭义上的社会结构是指社会的阶层结构，有学者认为"社会结构的核心是社会阶层结构"[②]，其划分可以通过职业差异、受教育程度、收入分配等体现，本质上都是为了反映不同阶层对组织资源、经济资源、文化资源等社会资源的占有能力和占有量的差异。西部地区的社会结构转型突出表现在城乡结构转型、人口与家庭结构转型、就业与收入结构转型等方面。

1. 城乡结构转型

西部大开发是西部地区经济和社会加速发展的重大历史机遇，随着国

---

①　陆学艺：《当代中国社会结构》，社会科学文献出版社，2010。

②　张翼、葛道顺、吴莹：《改革开放40年社会发展与变迁》，中国社会科学出版社，2018。

家一系列支持政策的相继出台和重特大建设项目的稳步推进，西部地区的工业化、市场化加速发展，计划经济时期的城乡二元结构难以适应快速的工业化和市场化的新形势，新型城镇化建设成为西部地区城乡发展的重要内容，城乡关系随之发生历史性改变。

相对于东部地区，西部地区城镇化发展起步较晚，水平较低，但西部大开发以来城镇化发展呈现出稳中有进的大好趋势，人口城镇化率在2016年突破50%。除了城镇人口规模的增长，城镇化质量也有所提升，农业人口向市民转移的步伐加快，进城落户人口增加，城市吸引了更多高学历、高素质、年轻化、专业化的人口集聚，人口集聚效应更加明显，这也进一步要求城市规模和城市发展质量向更高水平发展。西南地区已设立重庆两江新区、贵州贵安新区、四川天府新区、云南滇中新区，西北地区也相继设立陕西西咸新区、甘肃兰州新区，同时成渝城市群、关中城市群相继成立，依托成都、重庆、西安三个国家中心城市带动西部地区城市群的发展，推动了城市间的紧密联系和协同互动，提高了区域整合资源的能力，为发挥区域潜在优势和竞争优势提供了重要支撑。

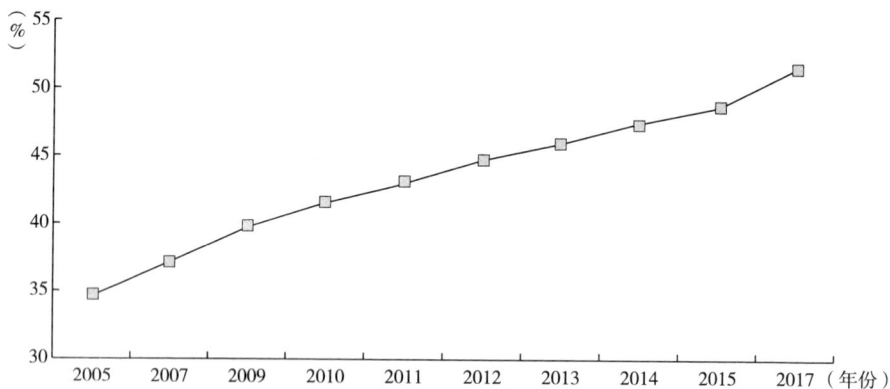

图1　2005～2017年西部地区人口城市化水平变化趋势

资料来源：国家统计局2005～2017年统计数据。

西部地区城乡结构的历史性转变以及新型城镇化发展的要求，促使区域城市公共服务和基础设施保障能力的全面增强。成都、重庆、西安、昆明等城市相继开通地铁，城市交通网络体系不断完善；兰渝铁路、西成高铁等重要交通干线缩短了区域间的交通距离，兰新铁路的建成则加强了西部边陲与内地的联系，同时通向中亚与欧洲的铁路运输设施不断完善，为加强丝路经济带沿线国家的交流联系奠定了坚实基础；民用运输机场数量达114个，在全国占比超过50%；互联网、信息工程等新一代信息技术基础设施建设顺利推进，移动互联网覆盖面不断扩大，都促进了西部地区从粗放的传统型向集约的现代型城市发展。

丝绸之路经济带建设的稳步推进，促使西部地区城乡结构转型进一步向纵深发展，重点城市规模不断扩大，城市现代化大幅提升，对于周边城镇地区的辐射带动作用愈发明显。在看到城乡结构转型发展取得重大成就的同时，也应该看到乡村人口规模在不断萎缩，乡村发展动能不断削弱，导致乡村发展活力难以有效提升，城乡分化进一步加剧，不利于城乡经济和社会的协调发展。因此，在西部大开发实施进程中，推进新型城镇化建设的同时也应贯彻落实乡村振兴战略，统筹城乡发展，在满足城市人口对于美好生活向往的同时，也使乡村人口能够共享改革发展成果，促进城乡各方面协调发展。

2. 人口与家庭结构转型

西部大开发促进了西部地区工业化与市场化水平的不断提升，传统的生产方式不断革新，生产分工更趋精细化，同时随着开放程度的提高，西部地区省份之间及与国内外其他地区的竞争日趋激烈，社会环境的改变促使西部地区人口结构与家庭结构不断转型。

从人口规模与结构来看，西部地区的人口增长率呈缓慢下降趋势，但人口规模与人口密度有所增长，为社会经济发展提供了充足的劳动力。而随着社会分工水平的提升，女性参加就业的机会增多，因此女性的经济水平有所增长，社会地位也相应提高，这也进一步动摇了传统的性别观念，促进西部地区性别结构进一步向平衡稳定发展。但是各省份间性别结构仍有差距，以民族自治地区为例，广西的男女性别比从 2002 年的 108.4 降至 2005 年的 107.6，在 2009 年升至 110.8，在 2015 年降至 106.2 后在 2017 年升为 109.2，性别比例变化频率较快且突破性别比的正常阈值，说明广西

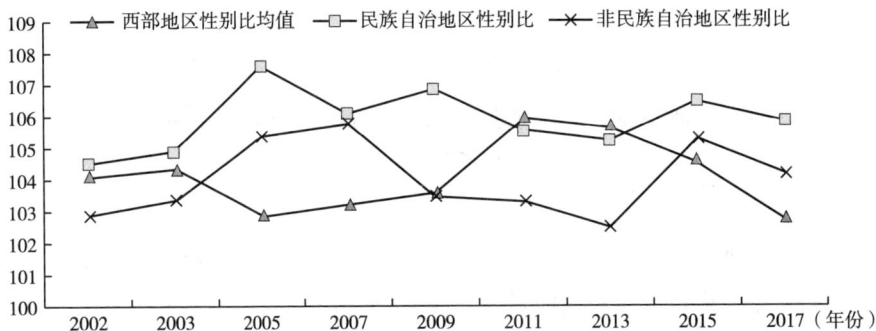

图2　2002~2017 年西部各省份人口男女性别比变化趋势

资料来源：国家统计局 2002~2017 年统计数据。

性结构有待进一步稳定与平衡；西藏的男女性别比由 2002 年的 92.8 增长为 2011 年的 104.4，在 2017 年降至 100.8，说明西藏地区性别结构不断向合理平衡的态势发展。

西部地区有的省份由于年轻人占比较高，因此仍处在人口红利期。西部地区人口总抚养比与老年抚养比缓慢上升，少年儿童抚养比略有下降，但整体而言少年儿童抚养比水平较高，表明西部地区老龄化速度相对较缓，劳动力比较充足，社会负担相对较轻，有利于西部地区长远发展。以各省份老年人口抚养比指数为例，重庆、四川上升幅度最大，由 2002 年的 12.8%、12.2% 上升至 2017 年的 20.6%、19.8%，在西部地区老龄化水平最高；而西藏、宁夏、新疆、青海四省份老年人口占比虽然波动增长，但仍处于较低水平，说明西部地区民族自治地区劳动力储备略高于非民族自治地区。人口结构的转型与西部地区经济发展密切相关，经济发展取得成就的同时还促进了当地对于人力资源观念的转变：一是人才争夺战成为城市提升竞争力的新热点，二是用人策略向"不求所有，但求所用"转变。为了吸引更多高质量人才落户，各地出台了相关的人才引进政策，对符合条件的高水平人才给予户口、住房、薪资待遇等方面的优惠，以期为西部地区长远发展吸引更多高素质、高学历、高技术的人才，人力资源规模和水平的提升为西部地区发展注入更多活力。

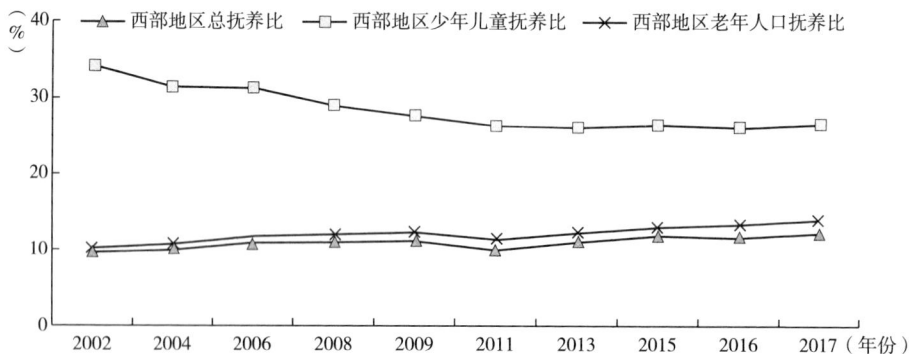

图 3　2002～2017 年西部地区人口总抚养比、少年儿童抚养比、老年人口抚养比变化趋势

资料来源：国家统计局 2002～2017 年统计数据。

随着对外开放水平与人口流动水平的不断提升，西部地区居民家庭规模不断缩小，成员关系趋向简单化，家庭结构简化趋势明显。子女数量的减少促使家庭改变了教育理念，父母合力为独生子女提供更高水平、更优质的教育资源，这也进一步促进了家庭层面的性别平等。自 2000 年以来，西部地区三人户家庭规模整体呈下降趋势，相对而言民族自治地区三人户家庭数量下降趋势较缓，说明非民族地区子女赡养父母的压力更大，因此完善社会保障体系，丰富老年人娱乐生活，满足老年人生活需求才能解决社会长远发展的后顾之忧。

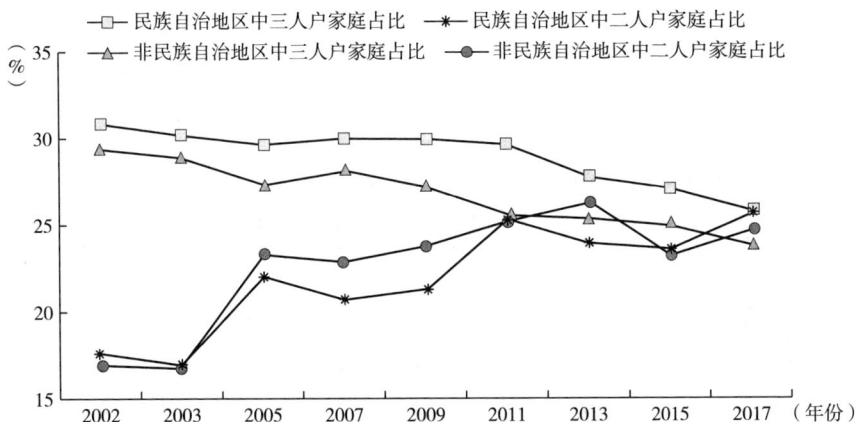

图4 2002~2017年西部民族自治地区与非民族自治地区三人户家庭、二人户家庭占家庭总户数比重的变化趋势

资料来源：国家统计局2002~2017年统计数据。

3. 就业与收入结构转型

就业与收入是民生改善最为重要和基本的内容。西部大开发以来就业机会显著增加、就业类型不断丰富、收入水平稳步提升，收入来源多样化，进一步改善了当地的民生水平，促进了当地居民获得感、幸福感、安全感的提升。

西部大开发在建设初期主要完善铁路、机场等基础设施建设，以新疆、西藏为首的西部边陲省份最先享受到西部大开发战略的红利，居民就业和生活有较大改善，西部地区就业情况有所好转，就业机会显著增加，历年城镇登记失业率有所下降，就业形势良好。以西藏地区为例，1998年城镇登记失业率为4.1%，2002年为4.9%，在2012年降至2.6%；新疆1998年城镇登记失业率为3.9%，在2004年降至3.5%，之后在失业率短暂提升后持续下降，在2016年降至2.5%。根据《中国城市全面建成小康社会监测报告2017》发布的数据，2017年在全国31个省区市中，西藏以88.91的全面小康指数排名第13位，位居西部地区第3位，在小康经济指数、小康生活指数、小康文化指数、小康生态指数各分项指数上评分都为A级，说明西藏地区在全国各省份中整体小康水平相对较高。

丝绸之路经济带建设为西部地区发展提供重要的战略机遇，促使市场

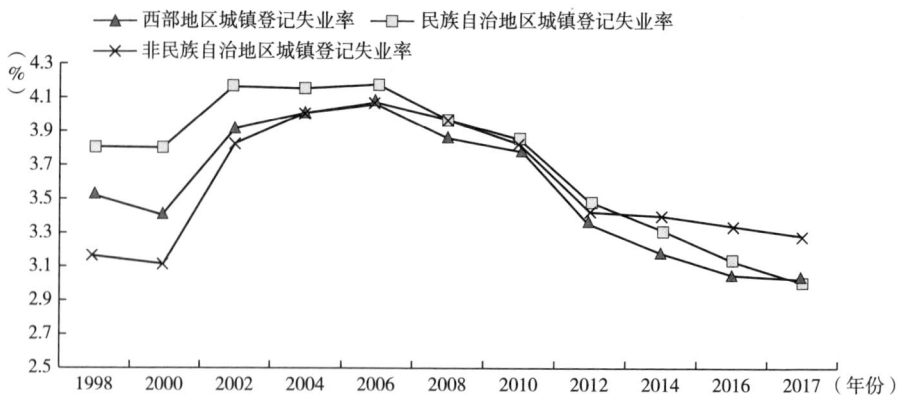

图5 1998～2017年西部地区城镇登记失业率变化趋势

资料来源：国家统计局1998～2017年统计数据。

开放向纵深发展，西部地区获得更紧密深入地参与区域、国内、国际市场分工的机会，丰富和完善了产业体系和市场体系，为西部地区人民提供了更丰富的就业选择，就业形式更加自主。就业岗位的增加也推动了社会分工，促进了职业分工的专业化、多元化和精细化，计划经济时期"干部、工人和农民"的单一身份划分被多元的职业划分所代替，社会成员在就业选择上的自主性更高，选择更灵活多样。

随着西部地区的社会主义市场经济走向成熟，居民收入水平大幅提升，收入渠道更加多元。专业化的社会分工催生了不同类型的职业群体，随着社会发展对于知识型、技能型、专业型人才的需求，高水平人才作为稀缺的人力资源与一般劳动力的差距越来越大，他们对于薪资待遇、工作环境、福利水平的要求更高，因此由职业分类带来的收入差异和社会阶层分化程度进一步加剧。而不同群体对于高品质生活的追求，也对社会福利水平和形式提出了更高要求。计划经济时期低水平、平等性、普惠型、广覆盖的社会福利制度已经难以满足现阶段人民对于美好生活的向往与追求，而多元化、弹性化、高水平的新型社会福利保障正在构筑当中。

（二）从封闭走向开放的文化转型

社会转型必然伴随着社会群体思想观念的转变，从而带来社会文化的转型。随着西部大开发战略的不断推进、对外开放水平亟待提升，西部地区社会文化呈现出由封闭向开放转变的趋势，居民在生活理念、文化互动模式及民族文化交流等方面更具多样化与包容性。

1. 居民生活理念多元化

思想观念转型是社会文化转型的重要内容。随着对外开放程度日益增

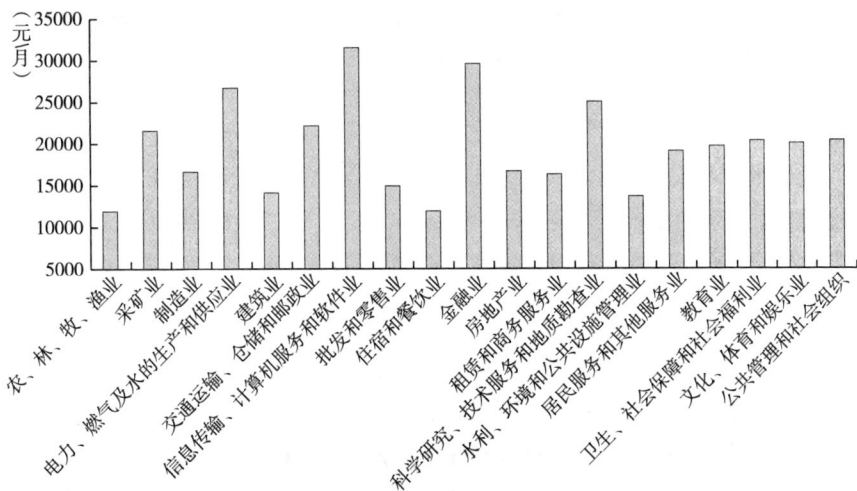

图 6　2006 年西部地区按行业分城镇单位就业人员平均工资

资料来源：国家统计局 2006 年统计数据。

强，西部地区参与国内、国际交往愈加频繁，多元文化之间的交流与碰撞促进了社会思想观念由单一同质向多元共存转变，同时在社会主义核心价值观的引领下，居民集体观念、婚恋观念及消费观念等方面向多元化转变。

社会主义市场经济体制的建立促使传统意义上的"集体"产生了深刻的变化，对社会利益的追求格局从单一化转向多元化，个人主体意识的觉醒、对主体地位的强调与对主体权利的追求等逐渐成为强势的社会思潮，建立在血缘关系上的传统家庭、宗法观念正逐渐转化为追求平等、民主、法制的现代观念。以转型期我国民众正义观的转变为例，有学者指出"社会转型在促进民众正义观从传统到现代的转变上具有一定影响力；绝大多数民众已经具备现代社会的权利观念，对机会平等原则表示接受，更在乎法理性而不是传统社会的亲缘性"[①]。

婚恋观念与模式的多元取向是居民生活理念多元化的表现之一。居民在婚恋选择上拥有越来越多的自主权，择偶观念变化、独身及丁克家庭增多、两性关系趋向平等等新的婚恋观念也逐渐被人们接受。此外，婚恋观念发生重要转变也表现为人们对离婚行为的包容性更强，将离婚看成一种重新选择的机会，而不是人生的重大挫折，对离婚人口的"污名化"和"标签化"印象逐渐改善。2010 ~ 2017 年西部地区粗离婚率[②]从 1.72‰上

① 杜平：《中国的社会转型与民众正义观念变迁》，吉林大学博士学位论文，2016。

② 粗离婚率是指年度离婚数与总人口之比，通常以千分率表示。而细离婚率是指年度离婚数与已婚妇女人口之比，这排除了不到婚龄的年轻女性人口。

升至 3.07‰，初婚年龄不断增大，这体现了人们不再把婚姻和组建家庭看成唯一选择，生活方式存在更多的选择。

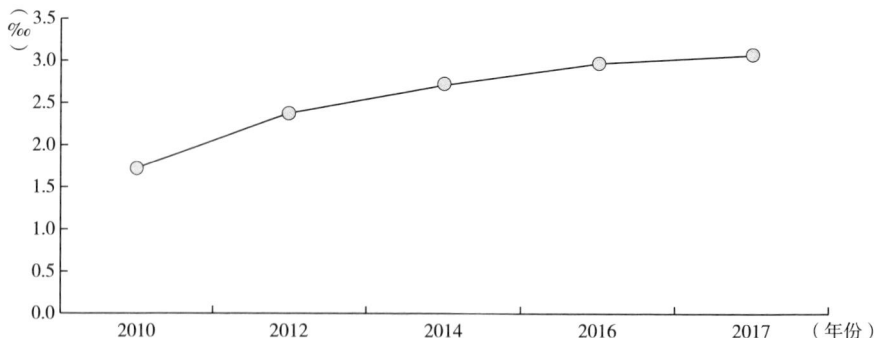

图7　2010～2017年西部地区历年粗离婚率变化趋势

资料来源：国家统计局 2010～2017 年统计数据。

居民生活理念的多元也体现在消费文化的转变上。随着人民生活条件不断改善，传统消费观念向现代消费观念不断转变，居民生活消费结构逐步由满足基本生存需求向追求更高层次的享受性需求转变。以甘肃省为例，1998－2016 年，城乡居民家庭恩格尔系数分别由 46.23%、59.27% 下降至 29.60% 和 31.29%，同时居民的生存资料消费占比降低，文教发展和享受支出占比逐年提升，文化娱乐消费的支出持续上涨，说明居民对于精神文化需求的满足越来越重视。2018 年中国西部文化产业发展指数与中国西部文化消费指数显示，重庆、四川、陕西、内蒙古、广西排名相对靠前。在文化消费意愿上，西部地区较上年有所增强，但其文化消费水平仍低于全国平均水平，具体表现在文化消费环境、文化消费能力和文化消费满意度方面，说明西部地区文化消费仍有进一步提升的空间。

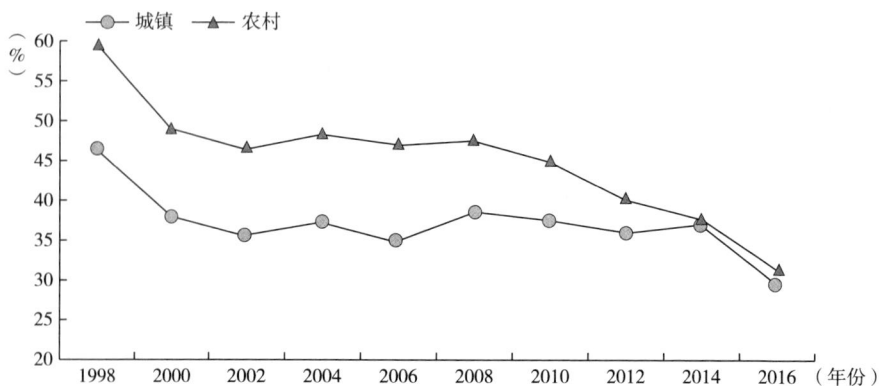

图8　1998～2016 年甘肃省城乡居民恩格尔系数发展趋势

资料来源：甘肃省统计局 1998～2016 年统计数据。

2. 文化交流与社会互动的内涵不断拓展

文化交流与社会互动是促进社会融合的重要途径。西部大开发以来，西部地区对外文化交流渠道多元，互动方式不断创新、互动内涵丰富、对外交往频率显著提升，互动程度不断深化，使区域互动及对外联系更加紧密，推动了西部地区的开放水平提升和现代化进程。

西部各省份在区域合作与国际文化交流互动中渠道更多元，博览会、旅游节、文化节等成为其对外开放的重要展示平台，对内体现其丰富多样的民族文化特色，对外体现其国际性与文化包容性。以博览会为例，自2000年开始于成都持续举办的中国西部国际博览会是由西部地区共办、共享、共赢的国家级国际性盛会，作为国家在西部地区的重要平台，承担着重要外交、贸易合作和促进投资的功能，是实现区域合作与对外合作的重要窗口。位于长江上游的重庆因其优越的地理位置，拥有"渝洽会""云计算博览会""西部农交会""休闲立业博览会"等一大批展会，被称为"会展之都"。自2016年起在甘肃省举办的丝绸之路（敦煌）国际文化博览会，是"一带一路"建设的重要载体，是丝绸之路沿线国家人文交流合作的重要平台。以旅游、贸易等为载体的文化交流方式促进了西部地区居民与外来人员的和谐相处，提高了西部地区对多元文化的纳新、创新水平，说明西部地区正在逐步走向开放包容。

西部地区现代化进程的不断加速，促进了当地的社会互动方式和互动内容丰富。新媒体技术和互联网技术的发展使面对面的交往模式逐渐被网络化交往所取代，基于血缘亲缘关系的熟人社交在网络社交中逐步被弱化，交往群体突破了地域、空间、民族、信仰限制，社交群体变得更加复杂、开放和多元，个人交际范围扩大成为可能。随着互联网与新兴社交媒体的覆盖面不断扩大，人们可以更为自主地选择不同的生活方式，人们开始逐步归属于某一"群体"，其行为价值也逐步向"群体"价值看齐。此外，新媒体技术的发展使西部地区传统的文化传播与交流方式发生改变，吸引了更多年轻的目光。以抖音App来说，西部不少城市将它作为在互联网上展示自身的第一平台，并打造出了自身的专属"新名片"。西安市特有的"摔碗酒""西安人的歌""大雁塔"等城市文化元素通过抖音App传播获得了巨大关注，传播技术的创新对于打造城市文化名片、提高城市吸引力、焕发城市活力的意义重大。

逐步完善的基础设施建设为西部地区对外发展提供物质基础和技术支撑，丝绸之路经济带的政策支持也进一步推进了区域间互动不断向广度和深度发展。发达的交通运输系统是社会经济发展的保障，同时也是社会互动的基础，西部综合交通枢纽的建设缩短了西部各省份与中东部地区的距离，有利于西部资源的输出，促使东西部人员、物资交流规模大幅提升。同时，西部地区凭借在电子、航空、机械等产业领域较完备的装备制造基础和研发能力，与丝绸之路沿线国家形成互补，区域经济合作前景可期。在2008～2017年的10年中，西部地区的贸易规模扩大了11倍，增长迅速，同时对外贸易规模正在稳步增长，在经济往来取得巨大成就的同时在文化、技术交流方面也更加频繁和深入。以宁夏为例，2012年9月12日在宁夏举办宁洽会暨第三届中国·阿拉伯国家博览会经贸论坛时，国务院宣布批准在宁夏回族自治区建立内陆开放试验区，并批准建立银川综合保税区，银川成为全国首个内陆开放型经济试验区的核心区，其在现代生态农业、沙漠治理、城市绿化、生态园林景观等方面具有技术优势，推动人居环境改善和城市园林绿化技术"走出去"是其与阿拉伯国家交流的重要内容。"一带一路"建设也推动中阿合作向纵深、全面发展，2015年的中阿博览会上就深入探讨了中阿在电子商务、新能源、高科技、旅游等领域的合作。随着2015年9月4日中国西北地区直飞中东的首条航线——银川至迪拜航线的正式开通，银川与中东地区的经贸人文互动有了更高效便捷的交流方式，进一步推动了宁夏及西部地区外向型经济发展。

3. 民族文化共融性增强

西部地区作为我国少数民族的主要聚居区，在长期的历史发展中形成了各具特色的风俗习惯，在民族文化上呈现出多层次、多元性、民族性的特征。西部大开发为民族间的文化交流创造了更多机遇，促使民族关系不断融合、民族交往日益密切、民族心理不断开放，进一步提升了对民族文化的尊重和包容，民族文化互融性不断增强。

西部地区各民族"大杂居、小聚居"的居住格局加强了少数民族间的文化交流，促进了民族多元文化的发展，各种民族文化友好共存有利于培养当地接纳、开放、包容的社会观念，对于加强民族认同、促进少数民族社会融合、维系社会和谐稳定至关重要。同时，西部地区面临着儒家文化、藏传佛教文化、伊斯兰文化等不同宗教信仰背景的多元文化并存的复杂现实，这意味着不同民族间的文化交流一方面表现为少数民族文化与汉族文化的交流；另一方面则表现为各少数民族在与他族文化交流中求同存异，依旧保持本民族独具特色的传统文化，这既是不同民族间风俗文化的交流，也是不同宗教信仰之间的交流。王永智等通过对藏族自治州青少年宗教信仰现状调查发现，拥有不同宗教信仰的群体之间能够平等友好交流，不仅说明了西部地区社会观念的多元性与包容性[①]，也从侧面反映了宗教信仰与构建社会主义核心价值观能够相互包容。西部地区民族众多，特色节日保留完整，如藏族的浴佛节及藏历新年、回族的开斋节、傣族的泼水节、蒙古族的那达慕大会等，民族节日作为民族交流的纽带，长期以来成为增进民族了解的重要平台，对于强化民族间的感情联系、促进民族融合具有重要意义。

族际通婚水平也是衡量民族关系和谐的重要标志，族际通婚率越高，说明民族间的关系越趋于融洽和谐。根据民族人口普查数据，2010 年藏汉通婚总人数为 10 万人，比 2000 年增加 31.6 万人。[②] 传统上藏族人口主要分布在西部地区的西藏、青海、四川、云南等省份，西部大开发拓展了人口流动的规模和区域，藏族人口的流动范围不断扩大。伴随着西部地区旅游资源的开发，大批汉族人口的涌入使藏汉双向的人口流动得以完善，一定程度上促进了藏汉婚姻关系的建立，也从侧面说明少数民族的婚姻排他性有所降低，对民族关系的维护起到了良好的促进作用。

（三）从传统走向现代的治理转型

社会治理的转型与创新不能看作是单一、孤立的活动，它是系统的活动过程，包含了多个政策相关因素转型与创新。西部地区的社会治理已经明显由传统模式向现代化模式转变，初步形成了适应西部地区社会发展的现代化社会治理体系，逐步推进社会治理向参与主体多元化、技术手段现代化、运行机制法治化的转变。

1. 社会治理主体多元化

社会治理主体多元化是顺应经济社会发展的必然选择，在参与社会治理的多元主体中，社会组织往往发挥着"润滑剂"的作用。发挥社会组织直接接触和紧密联系群众的优势，能够在政府和社会公众之间架起沟通联系的桥梁，是解决基层冲突问题的有效途径，有助于实现社会治理多元主体的"人人参与，人人治理"。西部地区在社会治理中重视社会组织培育，与东部发达地区相比，西部地区的社会组织无论从数量还是质量上还有不小的差距，但其社会组织规模发展迅速，整体增速已经超过东部地区，社

[①] 王永智、李娜、曹富艳、卢哲、王牡丹：《民族地区青少年宗教信仰与核心价值观认同践行研究——以甘肃 GN 藏族自治州的调查为例》，《世界宗教文化》2018 年第 4 期，第 60～68 页。

[②] 刘中一、张莉：《藏汉通婚十年间的变迁（2000～2010）》，《贵州民族研究》2015 年第 12 期，第 57～60 页。

会治理的多元主体参与成效显著。在最近二十年中，西部地区逐步加大了政府职能转移委托力度，向社会组织开放了更多的公共资源和领域，为社会组织的发展壮大和参与社会管理让渡了更多的空间，并有利于公众形成积极参与社会治理的意识，促进公众有序参与社会治理。以四川、云南等省份为代表，西部多地积极推动传统治理方式的改革，加快政府职能转变，培育扶持社会组织。以四川成都为例，2008年汶川地震发生后抗震救灾工作极大地促进了四川社会组织的发展，社会组织在灾后重建中起到了整合社会资源、募集资金、提供专业服务等重要作用，随后成都市出台的《政府购买服务暂行办法》，规定七大类事项可由社会力量和符合条件的事业单位逐步通过政府购买服务的形式承担；同时成都每年设立2000万元培育发展社会组织专项资金，重点支持城乡社区服务、公益慈善等四类社会组织，以提高社会组织参与公共服务和社会治理的能力。①

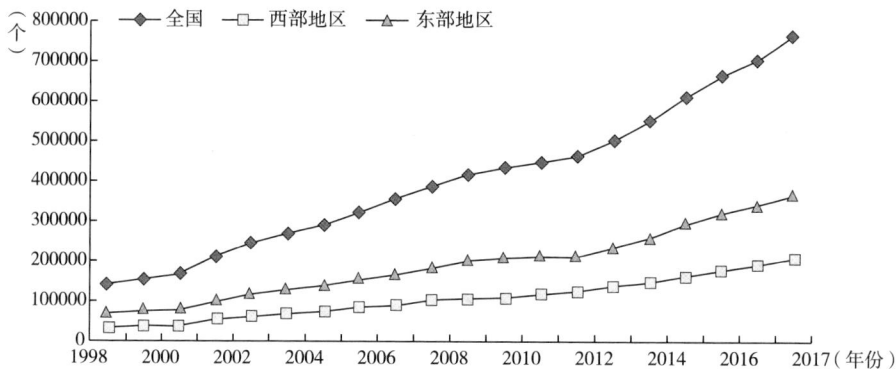

图9　1998~2017年中国社会组织数量发展趋势

资料来源：国家统计局2007~2017年统计数据。

在社会治理的体系中，政府的主要职能是领导全局并协调社会各界及城乡居民有序参与社会治理。以往西部地区政府的"全能型"色彩较浓，弱化了为社会提供公共服务和满足民众公共需求的能力。西部大开发促进了西部地区政府职能转变，政府职能定位从"管制型"逐渐过渡到"服务型"，从"全能型"发展为"有限型"，强化了政府的社会管理和公共服务职能。虽然传统的行政管理方式依然广泛存在，对于社会治理效率的提高和行政目标的实现有一定程度的影响，但是西部地区各级政府的服务能力与社会治理的能

---

① 文涛：《成都积极构建社会组织统筹体系　全面推进芦山地震灾后恢复重建工作》，《中国社会组织》2016年第11期，第31~33页。

力已经大幅提升。以新疆维吾尔自治区开展的"访惠聚"活动①、青海省实施的"三区战略"② 为代表的一系列西部地区的社会治理机制创新，实现了党委领导、政府负责，多元主体协同参与治理的结构，各地在社会治理实践中形成的"群防群治"、平安志愿者队伍、网格化社区管理等都是公众参与社会治理的成功经验。促进了西部民族地区政府职能向服务型的进一步转变。

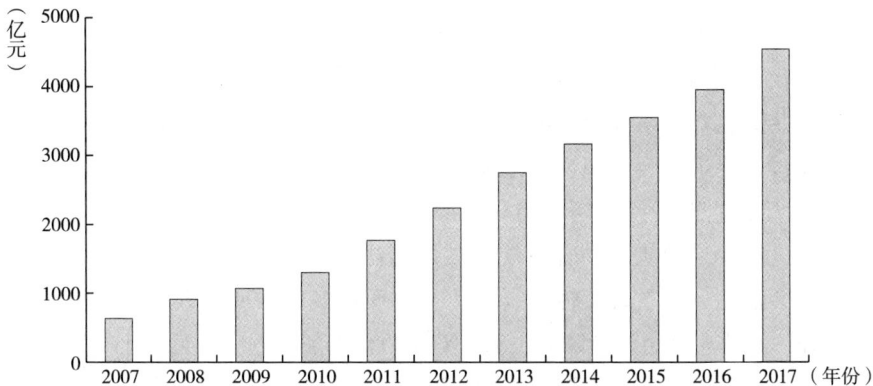

图10　2007～2017年西部地区地方财政城乡社区事务性支出
资料来源：国家统计局2007～2017年统计数据。

2. 社会治理技术手段现代化

互联网、新媒体等现代化技术的发展也在一定程度上促进了社会治理体系的完善，丰富了社会治理形式，促进了社会治理能力的现代化。"电视问政""网络问政"等形式有效地提升了社会治理过程中公民"在场"的机会，为西部地区的政府与公民之间的互动和沟通搭建了桥梁，既为公民参与社会治理提供了便捷的平台，也成为解决西部地区公共服务半径大的重要方式。2005年兰州电视台的中国首档电视问政节目《"一把手"上电视》自播出以来，迅速成为西部地区"电视问政"的品牌栏目，开启了中国电视问政的时代。随后西安市的《问政时刻》等节

---

① "访民情、惠民生、聚民心"活动是中共新疆维吾尔自治区党委在自治区直属机关、企事业单位，抽调20万名各级干部，于2014年起，开展为期3年的，活动范围覆盖天山南北所有村、社区、连队的群众路线活动。每个工作组，在责任村、镇驻守一年，协调、帮助当地居民在脱贫致富、完善基础设施建设、加强文化教育等各个方面开展基层社会治理相关工作。

② 2012年5月，在青海省第十二次党代会上，青海省提出了"三区"战略：在未来五年中，青海"全力建设国家循环经济发展先行区、生态文明先行区和民族团结进步示范区"。

目因其"电视问政""网络问政"的新形式,也不断成为西部地区街头巷尾的热议话题。

随着信息技术不断被引入社会治理的实践中,社会治理突破时空距离实现了融合治理。以贵州省为例,贵州在加快"天网工程""万物互联""人像识别"等建设基础上,启动了社会治理大数据云平台建设,率先在公共安全等社会治理领域掀起技术升级、理念变革浪潮①,内蒙古自治区则将党建工作与社会治理进行有机结合,既适应了基层社会治理民主、法治的现代化要求,又推进了社会治理的现代化进程。比如赤峰市把社会治理的现代化要素引入村务管理之中,形成了村级事务"契约化"管理模式,这些基层党建与社会治理的创新实践推动了西部地区社会治理体系的不断完善,促进社会治理现代化水平不断提高。

3. 社会治理运行机制法治化

推进社会治理从依靠管控规制向依靠法制保障的转变。② 西部地区以往的社会治理方式重政策轻法制,社会治理较多地体现地方管理者的意志与利益,易滋生社会治理背离法制、漠视公众利益的现象。近二十年来,西部地区各级政府不断强化法治思维和理念,积极使用"法治"方式实现社会治理,社会治理领域的立法工作不断完善,各项社会治理活动逐步纳入法治轨道,重视维护普通民众的合法权益,在全社会范围内形成了办事依法、遇事找法、解决问题用法、化解矛盾靠法的法治氛围,切实提高了社会治理运行机制法治化水平。以云南省为例,在 2006 年出台了《关于培育发展行业协会的指导意见》,以加强对行业协会的规范管理,其后制定了《关于促进社区社会组织建设与管理的指导意见》,规范社区社会组织参与社会治理活动,同时还启动了对于全省基金会的评估工作,建立了对全省社会组织的问责机制,有效地提升了多元主体参与社会治理的法治化水平。

此外,部分民族自治地区通过立法和制定相关政策,加强公众参与社会治理的体制机制建设,完善配套性政策体系,为公众参与社会治理提供保障和便利。一些自治州还制定了民族团结进步条例,为藏区经济发展、社会治理以及巩固民族团结提供了法制保障。宁夏回族自治区充分发挥地方性法律法规在社会治理事业中的作用,围绕《民族区域自治法》先后颁布了 162 条地方性法规,先后实行扶贫攻坚、生态移民、公路建设、危房

---

① 牟岚:《贵州贵阳"人像大数据"系统创建助力社会治理》,《法制生活报》2018 年 3 月 14 日。

② 《〈中共中央关于全面深化改革若干重大问题的决定〉辅导读本》,人民出版社,2013。

改造、安全饮水等重大工程。① 在法律的保障下实现了民族地区的社会治理的法制化和现代化，在全社会形成了维护民族团结的共同意识，实现了民族地区长治久安、和谐稳定。

西部地区的结构转型、文化转型、治理转型为西部地区的经济与社会发展开创了崭新的局面。随着中国特色社会主义建设进入新时代，社会主要矛盾发生了变化，西部地区经济与社会发展也迎来新的目标，即在经济发展增速稳定的前提下，进一步探索促进西部地区社会高质量发展、缩小区域差距、促进区域平衡发展的有效途径，以满足人民对于美好生活的需求和向往。

二 西部社会转型背景下社会质量评价

(一) 西部社会转型背景下社会质量评价的意义与设计

社会质量理论关注系统世界和生活世界、个人发展和社会发展之间的关系，它认为一个高质量的社会应当具备雄厚的经济实力、合理的产业结构、高度的开放水平和强大的创新动力；应当具备公正、平等、团结、互信等价值理念，社会信任、社会认同和社会安全均是社会凝聚力形成的重要保障；应当具备较高的社会包容度，促使不同社会群体，尤其是弱势群体在机会、社会地位、社会福利等方面享有无差别的对待；应当是居民收入不断提高、社会保障和公共服务相对完善、居住环境优美舒适、个人潜能充分发挥以及发展成果由人民共享的社会。

转型背景下的社会质量评价既是对转型发展成效的客观测度，也是审视和鉴别转型发展蕴涵的问题与风险的必要途径，但同时，由于"转型"的实时发生，影响社会质量的相关因素处于迅速的变化之中，也就为评价工作带来挑战，在确保评价维度基本稳定的前提下，还应充分回应"转型"中关键指标的选取和具体指标的可持续获得性，尤其是在"共享"的价值引领下，反映民众的幸福感、获得感、安全感的主观性指标也应纳入社会质量评价指标中。课题组基于西部大开发20年来社会转型发展的特征与趋势，以社会质量理论所提供的条件性因素为基本维度，以系统性、科学性和可操作性为原则，以社会经济保障、社会凝聚、社会包容和社会赋权为四个维度构建了包含52个具体指标的社会质量评价指标体系。

---

① 杨晓梅：《社会治理创新：宁夏的探索与经验》，《甘肃科技》2016年第2期，第4~7页。

表1 西部社会转型背景下社会质量评价指标体系

二级指标	三级指标	四级指标	指标属性
社会经济保障	经济实力	地区生产总值（亿元）	正向指标
		人均地区生产总值（元）	正向指标
		全社会固定资产投资总额（亿元）	正向指标
		社会消费品零售总额（亿元）	正向指标
	产业结构	第一产业增加值占地区国民生产总值比重（%）	正向指标
		第二产业增加值占地区国民生产总值比重（%）	正向指标
		第三产业增加值占地区国民生产总值比重（%）	正向指标
		金融业增加值（亿元）	正向指标
		规模以上工业企业利润总额（亿元）	正向指标
	开放水平	对外贸易依存度（%）	正向指标
		接待国际游客（百万人次）	正向指标
		外商及港澳台投资工业企业单位数（个）	正向指标
		外商投资企业投资总额（亿美元）	正向指标
		国际旅游外汇收入（百万美元）	正向指标
	创新动力	技术市场成交额（亿元）	正向指标
		地方财政科学技术支出（亿元）	正向指标
		国内发明专利申请授权量（项）	正向指标
		国内实用新型专利申请授权量（项）	正向指标
社会凝聚	社会信任	绝大多数人是可以信任的	正向指标
		对陌生人的信任程度	反向指标
		对邻居朋友的信任程度	反向指标
		对政法机构的信任程度	反向指标
	社会认同	个人的社会经济地位在本地的水平	正向指标
		对政府维护社会治安的评价	正向指标
		对目前党和政府反腐败工作效果的评价	正向指标
		财富及收入分配的公平程度	正向指标
		对社会公平的认知	正向指标
	社会安全	交通事故直接财产损失总计（万元）	正向指标
		医疗卫生机构数（个）	正向指标
		居民最低生活保障覆盖率（%）	正向指标
		疾病预防控制中心（个）	正向指标

二级指标	三级指标	四级指标	指标属性
社会包容	民族和谐	少数民族人口占总人口比重（%）	正向指标
		少数民族代表占各省份人大代表总数比例（%）	正向指标
		参加宗教活动的频繁程度	正向指标
		不同宗教信仰群体之间社会冲突严重程度	反向指标
		不同种族/民族群体间社会冲突严重程度	反向指标
	区域融合	城乡就业人口比重（%）	反向指标
		城乡居民消费价格指数对比（%）	反向指标
		城乡居民消费水平对比（%）	反向指标
		对户口歧视严重程度的认知	正向指标
		对城乡之间权利、待遇公平程度的认知	正向指标
		就目前个人生活状况对个人本地人身份的认知	正向指标
		本地人和外地人间社会冲突严重程度	反向指标
社会赋权	共享发展	居民人均可支配收入（元）	正向指标
		普通高等学校数（所）	正向指标
		公共图书馆总数（个）	正向指标
		卫生人员数（万人）	正向指标
		医疗卫生机构床位数（万张）	正向指标
		人均公园绿地面积（平方米）	正向指标
		每万人拥有公共交通车辆数（标台）	正向指标
		人均用水量（立方米）	正向指标
		地方财政环境保护支出（亿元）	正向指标

资料来源主要包括：1999～2018年《中国统计年鉴》、西部各省区市的统计年鉴、2006～2015年中国社会状况综合调查数据库（CSS）和2012～2015年中国综合社会调查数据库（CGSS），并以主成分分析为主要的综合评价方法。

（二）西部地区社会质量综合评价与结果分析

通过对西部各省区市社会质量数据的分析，课题组发现西部地区的整体得分处于相对稳定且缓慢上升的态势，在转型发展的背景下，西部社会稳定运行，发展水平逐步提升。

在转型发展的进程中，西部各省区市由于在地理区位、人口规模、城镇化水平、对外开放程度、公共服务和社会保障水平以及居民社会心态等方面均存在差异，因此其社会质量的整体得分也存在一定的差距。社会质量得分的提升是一个长期、缓慢的过程，西部大开发20年来，评价得分居于前列的西部各省区市包括四川、云南、广西和陕西，其中四川的社会质量得分稳居首位，优势突出，云南、广西和陕西的社会质量得分均处于波动上升趋势，而处于相对落后的省区市包括新疆、重庆、内蒙古、宁夏、贵州、甘肃、青海和西藏，其中重庆的社会质量得分处于平稳发展状态，新疆的社会质量得分呈现出先提升后降低的发展趋势，贵州、甘肃等省份的社会质量得分呈现出持续提升的趋势，而宁夏、青海和西藏的社会质量得分落后于西部其他省区市，但受到地势广阔、自然资源富足、民族关系和谐、国家政策扶持等因素的影响，其社会发展质量仍有较大的提升空间。

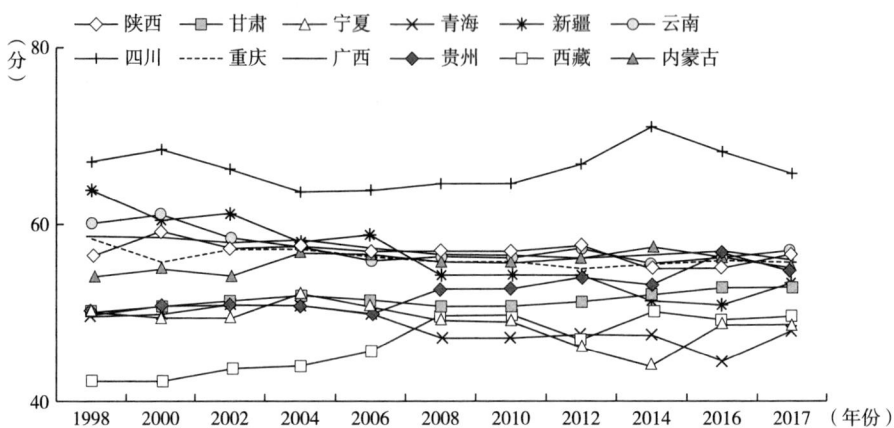

图11　1998～2017年西部各省区市整体社会质量的综合得分
资料来源：国家统计局1998～2017年统计数据。

从整体上考察，西部大开发以来，转型背景下的西部社会发展与运行相对平稳，其社会质量处于持续提升的发展态势，为进一步审视西部地区在转型过程中经济、文化和社会各方面状况，课题组从社会经济保障、社会凝聚、社会包容和社会赋权四个维度探讨西部社会发展的具体情况。

从社会经济保障维度来看，1998～2017年间四川、重庆、陕西的得分排名前列，云南、广西、新疆和内蒙古排名居中，贵州、甘肃、青海、宁夏和西藏则排名靠后。具体来看，作为西部地区经济强省的四川，持续保持着高速而稳定的经济增长趋势，并成立自贸区，以打造西部内陆开放的新高地。重庆作为西部大开发的重要战略支点，以金融、旅游、物流等产业为动力推动了对外贸易和经济发展。陕西因地制宜制定不同的区域发展战略，推动能源、机械、交通、电信、旅游等新兴产业的发展，且"一带一路"倡议在对外贸易、产业结构调整、旅游发展和城市群发展等各方面都深刻影响其经济发展质量。云南立足自身资源优势与产业基础，大力支持矿业、电力、旅游和中草药等产业的发展，成为连接东南亚等区域贸易的重要渠道。新疆提出优先开发和重点发展天山北坡经济带，并依托地理环境和生态资源优势建设大型的能源基地，推动经济的可持续发展。内蒙古也在西部大开发战略的扶持下实现资源优势向经济优势的转变，培育出蒙牛、伊利等行业龙头企业，并积极发展电力、食品加工等现代产业，以拉动经济增长；贵州、甘肃、青海、宁夏和西藏与西部其他省份相比，社会经济保障的得分相对较低，生态环境脆弱、市场发育不足、产业发展滞后等因素均是其经济发展水平提升的瓶颈。

从社会凝聚维度来看，处于转型期的西部地区从乡土型社会向城市型社会的结构转型带来了社会关系的变迁、社会阶层分化的加剧和社会群体异质性的强化，导致个体与群体、社会之间的互动质量持续降低，整个社会的凝聚力有所减弱。总体而言，1998～2017 年间四川、陕西、云南在社会凝聚维度上排名前列，重庆、甘肃、宁夏、青海和西藏排名靠后，而甘肃、广西、内蒙古排名居中。随着社会价值观缺失、社会信任危机加剧、社会凝聚力减弱等失范现象和社会问题的逐渐显现，重庆等经济发展水平较高的地区存在居民生活质量提升和幸福感、获得感、安全感下降的矛盾状况；四川和陕西在实现经济较快发展的同时，教育、医疗、养老等社会服务的改善以及互联网的推广使得社会的凝聚力有所提升，且其社会发展具有人口结构相对简单、城乡关系稳定、社会成员的同质性较高等特征，当地居民对亲戚、邻居和朋友较为信任，社会凝聚力较强；宁夏、青海和西藏等地理环境复杂，自然灾害频发，人口密度较低，社会成员之间的联系较为松散，影响了当地社会团结和社会凝聚力的提升；而云南、新疆、内蒙古和贵州作为少数民族聚居区，不同民族之间的互动关系较为和谐融洽，与西部其他省份相比社会凝聚程度稍高。

从社会包容维度来看，处于转型期的西部地区从封闭型社会向开放型社会的文化转型带来了西部居民在生活理念、社会心态、民族文化交流等方面的变迁，深刻影响着该地区的社会包容程度。由于西部各省区市在经济发展、城镇化水平、居民社会心态等方面的差异，其社会包容程度存在一定的差距。总体而言，1998～2017 年，四川、重庆和贵州在社会包容维度上排名前列，而新疆、青海、甘肃、陕西和内蒙古排名靠后，云南、广西、宁夏和西藏排名居中。具体来看，四川、重庆和贵州地势相对封闭、城乡关系相对稳定、社会成员之间的矛盾和冲突较为温和，且民族多元、文化多样，对不同群体的社会包容程度更高；陕西、内蒙古、青海和甘肃等省份仍存在一些传统守旧的社会文化和思想观念，在片面追求经济高速增长的同时易忽视社会弱势群体的基本权益，现有的制度设计和社会结构性壁垒在户籍、教育、就业、医疗、社会福利等方面对社会边缘群体进行了差别对待，导致社会歧视和排斥现象突出，社会包容水平偏低。此外，新疆、青海和西藏均为少数民族聚居区，形成了各具特色的风俗习惯和多元化的宗教文化，受民族区域自治制度和宗教信仰自由政策的影响，民族关系呈现出一种和谐共生的状态，社会矛盾和民族冲突较少，社会包容和整合力在某一时期有所强化。

从社会赋权维度来看，处于转型期的西部地区从传统型治理向现代化治理的治理转型带来了西部居民生活方式、互动方式和治理理念的变迁，集中体现在一个地区的社会组织数量、互联网使用率、社会群体的政治参与和社会参与等重要因素上。总体而言，1998~2017年，四川、陕西和云南在社会赋权维度上排名前列，贵州、甘肃、宁夏、青海和西藏排名靠后，内蒙古、广西、新疆和重庆排名居中。具体来看，四川、陕西等省份的高等院校和公共文化设施数量众多，居民的文化素质较高，为其积极参与政治和社会事务提供了重要保障，同时各类社会组织蓬勃发展，民间参与社会治理的积极性不断提高，开放、包容的社会参与环境正逐步形成；而贵州、甘肃、宁夏、青海和西藏地处偏远，居民的文盲率较高，互联网、大数据平台等高新技术的普及率低下，民众在获取各类信息和表达自身诉求的过程中易出现渠道匮乏、反馈滞后等问题，导致社会互动方式较为单一，对外交流频次和密度偏低，不同社会群体基本权益的保障力度仍有待加大。此外，西部大开发战略实施初期新疆、广西在社会赋权维度上排名靠前，表明其在国家政策的扶持下实现了经济的快速发展，为当地居民参与能力的提升和基本权益的保障奠定了重要的物质基础。

（三）东西部地区社会质量的比较分析

如前文所述，西部地区的转型发展取得了良好的效果和发展成就，其社会质量得分不断提高，社会发展水平稳步提升。但由于长期以来我国区域之间始终处于非均衡的发展态势，作为欠发达区域的西部地区与发展速度较快的东部地区相比仍有较大差距，具体表现在自然地理环境、人文历史条件、经济发展水平、对外开放程度、城市化水平、居民社会参与等方面。同时在社会转型背景下，通过将东部地区具有典型代表性的广东、山东、江苏和浙江与西部地区发展良好的四川、陕西、云南和广西进行横向

表 2　1998～2017 年西部各省（区、市）整体社会质量的得分与排名

省份	1998 年		2000 年		2002 年		2004 年		2006 年		2008 年		2010 年		2012 年		2014 年		2016 年		2017 年	
	得分	排名	得分	排名	得分	排名	得分	排名	得分	排名	得分	排名	得分	排名	得分	排名	得分	排名	得分	排名	得分	排名
四川	67.05	1	68.47	1	66.17	1	63.63	1	63.81	1	65.81	1	64.54	1	66.73	1	70.97	1	68.26	1	65.78	1
新疆	63.79	2	60.37	3	61.15	2	57.97	3	58.74	2	57.49	3	54.19	7	54.24	7	51.39	9	50.84	9	53.25	8
云南	60.11	3	60.99	2	58.43	3	57.40	5	55.99	7	54.58	6	56.21	4	57.42	3	55.53	4	56.18	5	56.98	2
广西	58.64	4	58.59	5	57.92	4	58.18	2	57.24	3	57.19	4	56.54	3	56.02	5	56.46	3	56.82	2	55.94	4
重庆	58.33	5	55.81	6	57.10	6	57.19	6	56.30	6	54.09	7	55.69	5	55.00	6	55.43	5	55.97	6	55.66	5
陕西	56.35	6	59.11	4	57.17	5	57.40	4	56.89	4	57.90	2	56.82	2	57.42	2	55.04	6	54.92	7	56.65	3
内蒙古	54.02	7	54.92	7	54.13	7	56.69	7	56.62	5	55.48	5	55.56	6	56.11	4	57.25	2	56.33	4	55.01	6
宁夏	50.03	8	49.38	11	49.43	11	52.16	8	50.65	9	47.77	11	49.03	11	46.11	12	43.96	12	48.56	11	48.71	11
贵州	49.81	9	50.83	8	50.89	9	50.82	10	49.82	11	53.22	8	52.65	8	53.89	8	53.13	7	56.71	3	54.75	7
甘肃	49.80	10	50.61	9	51.20	8	51.90	9	51.53	8	52.05	9	50.72	9	51.17	9	51.93	8	52.78	8	52.80	9
青海	49.59	11	49.81	10	50.87	10	50.74	11	49.87	10	49.24	10	47.12	12	47.48	10	47.42	11	44.53	12	47.95	12
西藏	42.28	12	42.20	12	43.64	12	43.99	12	45.70	12	44.40	12	49.67	10	47.01	11	50.07	10	49.13	10	49.55	10

486

表3 1998～2017年西部各省（区、市）社会质量各维度的得分与排名

年份	省份	四川 得分	四川 排名	新疆 得分	新疆 排名	云南 得分	云南 排名	广西 得分	广西 排名	重庆 得分	重庆 排名	陕西 得分	陕西 排名	内蒙古 得分	内蒙古 排名	宁夏 得分	宁夏 排名	贵州 得分	贵州 排名	甘肃 得分	甘肃 排名	青海 得分	青海 排名	西藏 得分	西藏 排名
1998	社会经济保障	60.42	1	54.40	6	57.74	2	55.26	5	55.42	4	55.63	3	54.13	7	51.22	11	52.58	8	52.57	9	50.84	12	51.29	10
	社会凝聚	67.93	2	61.11	7	66.55	4	66.84	3	58.20	8	70.07	1	65.42	6	65.87	5	50.90	10	48.06	11	53.72	9	30.07	12
	社会包容	62.76	3	59.46	9	60.15	7	61.96	4	85.88	1	45.88	12	53.94	11	59.79	8	73.07	2	56.92	10	60.22	5	60.20	6
	社会赋权	73.40	1	61.32	4	61.70	3	62.52	2	55.64	6	60.11	5	50.63	7	41.62	12	48.67	9	50.58	8	42.52	10	42.14	11
2000	社会经济保障	59.59	1	54.97	6	56.65	3	55.52	5	56.36	3	55.68	4	54.44	7	51.68	11	52.75	9	52.95	8	51.31	12	51.88	10
	社会凝聚	69.21	2	61.32	7	67.53	3	67.15	4	58.08	8	69.54	1	65.88	5	65.63	6	50.82	10	47.25	11	53.54	9	29.54	12
	社会包容	63.94	3	56.39	10	59.84	7	61.46	4	87.15	1	47.15	12	53.50	11	58.62	8	72.17	2	58.42	9	60.20	5	60.13	6
	社会赋权	72.08	1	60.44	3	61.08	2	59.10	4	56.35	6	58.69	5	53.46	7	41.91	11	50.09	9	51.87	8	46.65	10	40.87	12

续表

年份	省份	四川		新疆		云南		广西		重庆		陕西		内蒙古		宁夏		贵州		甘肃		青海		西藏	
		得分	排名	得分	排名	得分	排名	得分	排名	得分	排名	得分	排名	得分	排名	得分	排名	得分	排名	得分	排名	得分	排名	得分	排名
2002	社会经济保障	59.36	1	54.71	6	55.95	3	55.06	5	56.42	2	55.52	4	54.35	7	51.72	10	52.94	9	52.99	8	51.35	12	51.60	11
	社会凝聚	71.91	1	64.91	5	65.02	4	66.79	3	57.38	8	67.76	2	63.59	6	61.44	7	51.51	10	49.73	11	54.32	9	31.91	12
	社会包容	63.47	3	57.47	10	59.67	7	61.67	4	86.82	1	46.82	12	53.72	11	57.63	8	71.08	2	57.56	9	60.04	5	59.69	6
	社会赋权	70.90	1	57.88	5	60.13	2	58.31	3	54.88	7	58.18	4	55.19	6	43.08	11	51.24	9	53.02	8	48.36	10	39.98	12
2004	社会经济保障	58.52	1	54.39	7	55.06	4	54.53	6	55.97	2	55.27	3	54.68	5	51.35	10	52.34	9	52.43	8	51.10	11	50.80	12
	社会凝聚	61.16	5	55.76	9	60.41	6	64.68	3	58.51	7	64.52	4	76.83	1	68.73	2	56.43	8	51.95	10	51.11	11	36.83	12
	社会包容	63.89	3	58.60	9	59.48	7	62.10	4	85.94	1	45.94	12	53.48	11	59.11	8	72.32	2	58.59	10	61.54	5	59.91	6
	社会赋权	71.36	1	57.10	6	61.48	2	58.02	4	51.23	9	58.82	3	57.66	5	43.10	11	51.89	8	52.94	7	47.17	10	40.54	12

续表

年份	省份	四川 得分	四川 排名	新疆 得分	新疆 排名	云南 得分	云南 排名	广西 得分	广西 排名	重庆 得分	重庆 排名	陕西 得分	陕西 排名	内蒙古 得分	内蒙古 排名	宁夏 得分	宁夏 排名	贵州 得分	贵州 排名	甘肃 得分	甘肃 排名	青海 得分	青海 排名	西藏 得分	西藏 排名
2006	社会经济保障	58.49	1	54.50	7	54.88	5	54.87	6	55.63	2	55.46	3	55.20	4	51.54	10	52.36	9	52.93	8	51.29	12	51.31	11
	社会凝聚	71.20	1	64.11	4	62.33	6	66.19	2	58.19	8	64.90	3	63.06	5	60.76	7	49.42	11	50.95	10	54.58	9	31.20	12
	社会包容	65.53	5	77.49	1	65.89	4	68.75	3	76.69	2	50.97	12	53.41	11	64.41	6	63.22	7	59.16	9	60.65	8	58.74	10
	社会赋权	69.70	1	55.51	6	58.19	4	57.39	5	51.25	7	58.65	2	58.64	3	45.79	11	49.01	9	51.13	8	46.20	10	44.92	12
2008	社会经济保障	58.16	1	54.33	7	54.78	6	55.08	5	55.32	4	55.78	2	55.62	3	51.51	11	52.79	9	52.80	8	51.23	12	52.13	10
	社会凝聚	74.84	1	61.65	5	60.06	6	65.36	2	53.29	9	63.89	3	63.26	4	53.80	8	59.61	7	50.96	10	45.50	11	34.84	12
	社会包容	65.47	3	59.86	8	60.89	6	61.60	5	84.40	1	49.28	12	53.76	11	60.09	7	71.24	2	58.87	9	62.28	4	58.17	10
	社会赋权	68.70	1	54.83	6	58.56	4	56.92	5	54.20	7	60.52	2	59.49	3	47.72	10	49.78	9	50.92	8	46.80	11	41.02	12

续表

年份	省份	四川 得分	排名	新疆 得分	排名	云南 得分	排名	广西 得分	排名	重庆 得分	排名	陕西 得分	排名	内蒙古 得分	排名	宁夏 得分	排名	贵州 得分	排名	甘肃 得分	排名	青海 得分	排名	西藏 得分	排名
2010	社会经济保障	58.20	1	53.80	7	54.58	6	54.92	4	54.85	5	56.01	2	55.33	3	51.32	11	52.86	8	52.46	9	50.55	12	52.30	10
	社会凝聚	80.61	1	50.78	7	57.83	6	61.02	3	50.00	8	66.82	2	59.42	5	47.44	11	60.04	4	49.68	9	40.61	12	49.10	10
	社会包容	62.36	9	78.52	1	66.28	4	62.57	8	67.44	2	52.55	12	58.41	10	66.01	6	63.89	7	58.38	11	67.30	3	66.11	5
	社会赋权	68.35	1	54.69	7	58.21	4	58.05	5	55.00	6	59.91	2	58.30	3	49.77	10	50.32	8	50.30	9	45.29	11	42.60	12
2012	社会经济保障	58.86	1	53.27	7	54.53	6	54.62	5	55.41	3	56.65	2	55.01	4	49.45	12	52.38	8	51.76	9	50.32	11	51.67	10
	社会凝聚	77.53	1	44.51	10	61.07	6	63.11	5	54.19	9	65.25	3	63.74	4	41.12	11	71.21	2	56.41	8	57.98	7	38.78	12
	社会包容	64.41	5	60.11	8	62.93	6	61.72	7	84.68	1	44.68	12	54.26	11	64.69	4	72.91	2	58.06	9	55.25	10	66.06	3
	社会赋权	73.99	1	55.04	5	59.25	3	56.07	4	53.56	7	62.74	2	54.56	6	48.21	10	50.76	8	50.60	9	44.11	11	41.73	12

续表

年份	省份	四川 得分	排名	新疆 得分	排名	云南 得分	排名	广西 得分	排名	重庆 得分	排名	陕西 得分	排名	内蒙古 得分	排名	宁夏 得分	排名	贵州 得分	排名	甘肃 得分	排名	青海 得分	排名	西藏 得分	排名
2014	社会经济保障	60.28	1	53.02	7	53.59	6	55.37	5	56.03	3	59.54	2	55.82	4	50.67	10	51.39	8	50.98	9	50.11	11	47.75	12
	社会凝聚	83.66	1	59.88	6	66.51	3	59.77	7	47.18	11	70.96	2	56.71	8	50.14	10	65.44	4	60.11	5	51.01	9	43.66	12
	社会包容	77.00	1	40.94	11	51.81	9	65.64	5	74.32	2	40.71	12	65.73	4	43.29	10	56.13	7	60.41	6	54.70	8	69.54	3
	社会赋权	69.30	1	54.94	6	56.12	5	54.10	7	57.38	4	61.19	2	59.46	3	46.98	11	51.93	8	49.27	10	50.46	9	40.33	12
2016	社会经济保障	59.71	1	53.21	7	55.17	5	55.36	4	56.97	3	57.51	2	54.13	6	50.92	11	53.06	8	52.88	9	50.48	12	51.23	10
	社会凝聚	79.84	1	54.70	8	65.42	5	63.42	6	52.74	9	71.22	3	57.03	7	46.34	11	73.13	2	66.62	4	47.31	10	39.84	12
	社会包容	77.30	2	43.17	10	50.98	9	66.25	4	77.33	1	38.81	12	63.76	5	55.14	7	55.13	8	61.74	6	42.95	11	75.04	3
	社会赋权	68.10	1	55.16	6	58.47	3	54.59	8	55.98	5	61.05	2	58.34	4	49.49	10	54.97	7	49.96	9	48.05	11	38.95	12

续表

年份	省份	四川 得分	四川 排名	新疆 得分	新疆 排名	云南 得分	云南 排名	广西 得分	广西 排名	重庆 得分	重庆 排名	陕西 得分	陕西 排名	内蒙古 得分	内蒙古 排名	宁夏 得分	宁夏 排名	贵州 得分	贵州 排名	甘肃 得分	甘肃 排名	青海 得分	青海 排名	西藏 得分	西藏 排名
2017	社会经济保障	60.06	1	53.27	8	55.51	5	56.00	4	56.54	3	57.83	2	54.52	6	51.50	10	53.39	7	52.69	9	51.03	12	51.21	11
	社会凝聚	79.63	2	52.10	8	64.44	4	60.58	6	44.74	11	67.12	3	59.98	7	50.73	9	80.59	1	62.02	5	49.97	10	40.59	12
	社会包容	75.40	1	41.48	11	59.77	7	63.69	5	72.58	2	37.15	12	61.40	6	56.29	9	58.27	8	66.11	4	43.54	10	71.04	3
	社会赋权	69.25	1	54.32	6	58.85	3	54.10	7	55.17	5	61.06	2	55.99	4	50.83	9	53.48	8	49.75	10	47.30	11	40.97	12

对比，以深入了解东、西部地区的社会发展状况，对于进一步缩小东西部地区的发展差距以及探索西部地区的未来发展路径具有重要的参考价值。评价结果显示，东部四省社会质量的整体得分远高于西部地区，即东部四省均居于前列，而经济实力和发展潜力最为突出的四川省，其2014年和2016年的社会质量得分实现了逆转。广东、山东和四川的社会质量得分处于平稳发展状态，江苏、浙江和陕西的社会质量得分处于波动上升趋势，云南和广西的社会质量得分则处于波动下降趋势。通过对比发现，东、西部地区的发展差距明显，且在西部大开发等国家政策的扶持下西部地区的社会质量仍存在较大的提升空间。

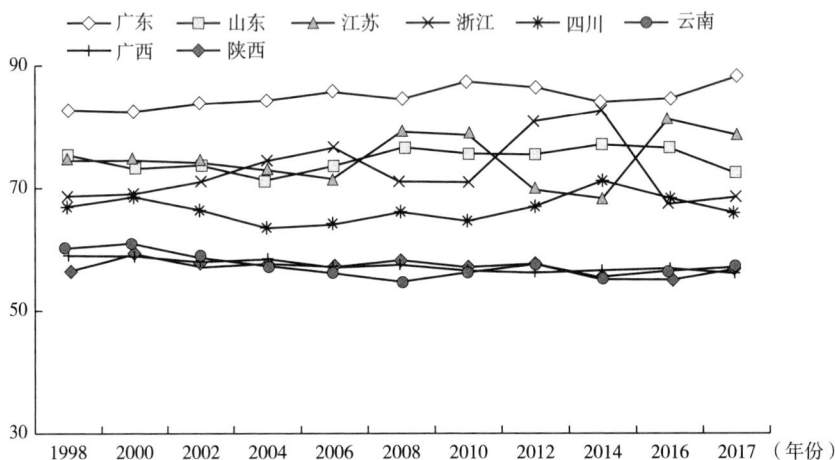

图12　1998～2017年东西部各四个省份整体社会质量的综合得分
资料来源：国家统计局1998～2017年统计数据。

从社会经济保障维度来看，1998～2017年，东部四省排名前列，广东、江苏得分较高，而西部四省份排名靠后，四川、陕西的得分相对较高。这表明受到地理区位优越、物质资源富足、经济基础雄厚以及居民社会心态较为开放等因素的影响，东部地区成为改革开放的前沿阵地和对外交流合作的平台，是全国经济最为发达、具有市场活力和投资吸引力的地区之一，其工业化和城镇化进程不断加快，人口流动速度不断提高，与其他地区相比，其区域经济综合竞争力最强；而在社会加速转型的过程中，西部地区面临生态环境脆弱、产业结构单一、内生动力不足、人口老龄化进程加快等一系列社会问题，致使其经济发展较为缓慢。

从社会凝聚维度来看，转型背景下的中国从乡土型社会向城市型社会的结构转型促进了社会结构、社会关系和互动方式的变迁，受到地理区位、

表 4 1998～2017 年东西部各四个省份整体社会质量的得分与排名

省份	1998 年		2000 年		2002 年		2004 年		2006 年		2008 年		2010 年		2012 年		2014 年		2016 年		2017 年	
	得分	排名	得分	排名	得分	排名	得分	排名	得分	排名	得分	排名	得分	排名	得分	排名	得分	排名	得分	排名	得分	排名
广 东	82.28	1	82.20	1	83.64	1	83.99	1	85.70	1	84.40	1	87.12	1	86.11	1	83.96	1	84.53	1	87.95	1
山 东	75.03	2	73.37	3	73.40	3	70.97	4	73.52	3	76.54	3	75.17	3	75.28	3	76.89	3	76.42	3	72.24	3
江 苏	74.41	3	74.47	2	74.09	2	72.78	3	71.29	4	78.91	2	78.33	2	69.58	4	68.04	5	80.81	2	78.38	2
浙 江	68.49	4	68.85	4	70.76	4	74.19	2	76.33	2	70.92	4	70.64	4	80.71	2	82.52	2	67.22	5	68.41	4
四 川	67.05	5	68.47	5	66.17	5	63.63	5	63.81	5	65.81	5	64.54	5	66.73	5	70.97	4	68.26	4	65.78	5
云 南	60.11	6	60.99	6	58.43	6	57.40	8	55.99	8	54.58	8	56.21	8	57.42	7	55.53	7	56.18	7	56.98	6
广 西	58.64	7	58.59	8	57.92	7	58.18	6	57.24	6	57.19	6	56.54	7	56.02	8	56.46	6	56.82	6	55.94	8
陕 西	56.35	8	59.11	7	57.17	8	57.40	7	56.89	7	57.90	7	56.82	6	57.42	6	55.04	8	54.92	8	56.65	7

表 5 1998～2017 年东西部各四个省份社会质量各维度的得分与排名

年份	省份	广东 得分	广东 排名	山东 得分	山东 排名	江苏 得分	江苏 排名	浙江 得分	浙江 排名	四川 得分	四川 排名	云南 得分	云南 排名	广西 得分	广西 排名	陕西 得分	陕西 排名
1998	社会经济保障	90.84	1	72.77	3	75.60	2	69.28	4	60.42	5	57.74	6	55.26	8	55.63	7
	社会凝聚	68.74	2	61.06	8	61.82	7	63.64	6	67.93	3	66.55	5	66.84	4	70.07	1
	社会包容	55.88	5	63.87	1	48.46	7	51.55	6	62.76	2	60.15	4	61.96	3	45.88	8
	社会赋权	81.62	1	78.11	3	78.65	2	70.79	5	73.40	4	61.70	7	62.52	6	60.11	8
2000	社会经济保障	91.31	1	71.70	3	74.18	2	69.04	4	59.59	5	56.65	6	55.52	8	55.68	7
	社会凝聚	67.67	3	62.04	7	61.72	8	63.08	6	69.21	2	67.53	4	67.15	5	69.54	1
	社会包容	54.20	5	63.29	2	49.68	7	53.85	6	63.94	1	59.84	4	61.46	3	47.15	8
	社会赋权	80.87	1	77.77	2	77.54	3	71.22	5	72.08	4	61.08	6	59.10	7	58.69	8
2002	社会经济保障	91.35	1	70.79	4	74.71	2	71.20	3	59.36	5	55.95	6	55.06	8	55.52	7
	社会凝聚	66.40	4	64.33	6	62.00	7	60.99	8	71.91	1	65.02	5	66.79	3	67.76	2
	社会包容	52.65	6	63.78	1	51.74	7	56.19	5	63.47	2	59.67	4	61.67	3	46.82	8
	社会赋权	79.98	1	78.59	2	76.73	3	73.56	4	70.90	5	60.13	6	58.31	7	58.18	8
2004	社会经济保障	90.80	1	71.65	4	73.31	3	77.80	2	58.52	5	55.06	6	54.53	8	55.27	6
	社会凝聚	67.71	1	59.19	8	65.43	2	60.75	6	61.16	5	60.41	7	64.68	3	64.52	4
	社会包容	54.06	6	62.75	2	54.14	5	48.15	7	63.89	1	59.48	4	62.10	3	45.94	8
	社会赋权	80.54	1	77.75	2	73.04	4	77.37	3	71.36	5	61.48	6	58.02	8	58.82	7

续表

年份	省份	广东 得分	广东 排名	山东 得分	山东 排名	江苏 得分	江苏 排名	浙江 得分	浙江 排名	四川 得分	四川 排名	云南 得分	云南 排名	广西 得分	广西 排名	陕西 得分	陕西 排名
2006	社会经济保障	91.29	1	70.11	4	72.69	3	77.44	2	58.49	5	54.88	7	54.87	8	55.46	6
	社会凝聚	69.08	2	65.43	4	63.49	7	65.11	5	71.20	1	62.33	8	66.19	3	64.90	6
	社会包容	45.46	7	65.18	4	37.49	8	46.96	6	65.53	3	65.89	2	68.75	1	50.97	5
	社会赋权	80.21	2	84.92	1	70.02	4	78.48	3	69.70	5	58.19	7	57.39	8	58.65	6
2008	社会经济保障	91.23	1	69.45	4	78.04	2	71.74	3	58.16	5	54.78	8	55.08	7	55.78	6
	社会凝聚	72.05	2	68.56	3	65.99	5	66.34	4	74.84	1	60.06	8	65.36	6	63.89	7
	社会包容	52.51	5	64.91	2	52.29	6	44.40	8	65.47	1	60.89	4	61.60	3	49.28	7
	社会赋权	77.77	3	80.67	2	81.02	1	71.06	4	68.70	5	58.56	7	56.92	8	60.52	6
2010	社会经济保障	90.55	1	69.76	4	80.59	2	71.91	3	58.20	5	54.58	8	54.92	7	56.01	6
	社会凝聚	76.75	2	75.34	3	63.12	6	71.45	4	80.61	1	57.83	8	61.02	7	66.82	5
	社会包容	43.78	7	54.91	4	52.96	5	38.52	8	62.36	3	66.28	1	62.57	2	52.55	6
	社会赋权	82.60	1	79.89	2	77.26	3	69.44	4	68.35	5	58.21	7	58.05	8	59.91	6
2012	社会经济保障	89.45	1	70.75	4	72.24	3	83.61	2	58.86	5	54.53	8	54.62	7	56.65	6
	社会凝聚	78.78	1	62.15	6	65.00	4	59.16	8	77.53	2	61.07	7	63.11	5	65.25	3
	社会包容	53.99	5	61.51	4	45.42	7	49.32	6	64.41	1	62.93	2	61.72	3	44.68	8
	社会赋权	81.73	1	80.78	2	67.00	5	79.84	3	73.99	4	59.25	7	56.07	8	62.74	6

年份	省份	广东		山东		江苏		浙江		四川		云南		广西		陕西	
		得分	排名	得分	排名	得分	排名	得分	排名	得分	排名	得分	排名	得分	排名	得分	排名
2014	社会经济保障	87.75	1	72.10	3	71.13	4	84.45	2	60.28	5	53.59	8	55.37	7	59.54	6
	社会凝聚	61.17	6	65.66	5	67.06	3	51.07	8	83.66	1	66.51	4	59.77	7	70.96	2
	社会包容	56.30	5	70.71	3	52.05	6	80.71	1	77.00	2	51.81	7	65.64	4	40.71	8
	社会赋权	80.33	1	77.54	3	70.98	4	79.70	2	69.30	5	56.12	7	54.10	8	61.19	6
2016	社会经济保障	90.48	1	68.87	4	80.30	2	69.71	3	59.71	5	55.17	8	55.36	7	57.51	6
	社会凝聚	57.57	7	70.96	3	48.30	8	65.56	4	79.84	1	65.42	5	63.42	6	71.22	2
	社会包容	55.66	5	69.53	3	78.81	1	48.40	7	77.30	2	50.98	6	66.25	4	38.81	8
	社会赋权	78.95	1	78.25	3	78.69	2	71.02	4	68.10	5	58.47	7	54.59	8	61.05	6
2017	社会经济保障	91.03	1	67.96	4	78.39	2	69.07	3	60.06	5	55.51	8	56.00	7	57.83	6
	社会凝聚	68.05	2	67.62	3	49.15	8	62.67	6	79.63	1	64.44	5	60.58	7	67.12	4
	社会包容	52.06	6	74.11	3	77.15	1	49.94	7	75.40	2	59.77	5	63.69	4	37.15	8
	社会赋权	80.97	1	77.50	3	78.56	2	71.90	4	69.25	5	58.85	7	54.10	8	61.06	6

人口密度、经济发展、居民社会心态等因素的影响，东、西部地区的社会凝聚水平存在一定的差距。总体而言，1998～2017年，西部四省份在社会凝聚维度上排名前列，四川、陕西得分较高，而东部四省排名靠后，广东、山东的得分相对较高。具体来看，西部地区地势相对封闭，人口结构相对简单，城乡关系较为稳定，社会分化程度较低，社会群体的同质性较强，"熟人社会"的运作模式深刻影响着个体与群体、社会之间的互动关系，社会团结和社会凝聚程度较高；而东部地区实现了经济的高速增长，社会成员的异质性较高，不同社会群体之间的互动关系趋于片面化、松散化。

从社会包容维度来看，转型背景下的中国从封闭型社会向开放型社会的文化转型促进了社会文化和民族关系的变迁，受到地理区位、社会观念、开放程度、城市化水平等因素的制约，东、西部地区的社会包容程度和水平存在着差异。总体而言，1998～2017年，西部四省份在社会包容维度上排名前列，四川、广西得分较高，而东部四省排名靠后，山东得分较高。具体来看，西部地区作为少数民族杂居、散居的地方，仍保留着各具特色的风俗习惯与多元化的宗教文化，民众的社会心态相对保守落后，本地居民与外来流动人口之间的排斥和冲突现象较少，社会的包容程度较高；而东部地区的城镇化水平较高，人口流动速度较快，社会成员的异质性较强，本地居民与外来流动人口之间的生存竞争较为激烈，为新时期的社会治理和包容性社会建设带来一定挑战。

从社会赋权维度来看，转型背景下的中国从传统型治理向现代化治理的治理转型促进了社会组织方式、互动关系和居民社会心态的变迁，由于东部沿海地区物质基础雄厚、社会文化开放和居民参与度高等，1998～2017年，东部四省在社会赋权维度上排名前列，广东、山东和江苏得分较高，而西部四省份排名靠后，四川、陕西的得分相对较高。具体来看，东部地区作为经济发展强省，社会组织化水平和对外开放程度较高，高等院校、公共图书馆、博物馆等文化设施建设完备，居民的文化素质较高、权益保障意识和参与合作能力较强，能够作为社会治理主体合理有序地参与到政治和社会事务管理中；而与东部发达地区相比，西部地区在经济增长、文化事业发展、社会组织培育和居民心态变化等方面处于相对落后的地位，社会活力相对不足，不同社会群体的自主意识和参与力度仍有待加强。

东西部地区社会质量比较分析的结果显示，在社会质量的分维度评价上，东部地区在社会经济保障和社会赋权维度上的得分较高，而西部地区在社会凝聚和社会包容维度上更具优势，表明东部地区的经济发展实现了快速转型，为居民权益保障意识和自主发展能力的增强提供了重要的物质基础，且东部地区对外开放程度较高，人口流动速度较快，居民的社会心态较为开放包容，并逐步形成多元主体共同参与的社会治理格局，反映出东部地区的社会转型持续推进。而西部地区作为少数民族杂居、散居的区域，受传统守旧的社会文化、生活方式、互动方式等因素的影响，其经济转型和社会转型带动了文化转型，促使社会的凝聚力提升和居民的包容心态凸显。且社会转型是涉及经济、政治、社会、文化、组织和观念转型的一种整体性的社会发展过程[①]，东、西部地区在发展理念和发展模式上的差异，促使其社会结构转型、经济转型和文化转型具有不同的效果和特征，因此社会质量的四个评价维度同西部地区经济、文化、社会转型与发展的各方面特征是相互对应的。此外，东、西部地区社会质量分维度的得分呈现出一种不均衡状态，说明社会质量各维度之间不一定是正相关关系，不能片面地从某一方面的得分与排名形成对一个地区社会质量的总体认知，强调在推动西部地区社会转型平稳发展的过程中要注重经济增长和社会进步的协调发展。

三　转型背景下提升西部地区社会质量的路径探索

社会转型是一个持续的分化、失范并不断重新整合的动态过程，在动态中保持社会运行的相对稳定，预防潜在的风险，是实现"新发展理念"的内在要求，是在新时期确保西部地区居民在经济与社会发展中的幸福感、获得感、安全感的基本保障。社会质量评价既是对"转型"的社会效果的客观测度，同时也在评价结果的分析中，尤其是东西部的比较分析中鉴别和诊断转型发展中影响质量提升与社会稳态运行的问题与症结。

结合对西部地区社会转型发展特征与效果的历史评价以及在转型背景下社会质量评价的具体结论，推进西部地区社会转型发展的稳态运行，巩固和提升转型发展中的社会质量可以从以下几方面考虑。

（一）持续推进经济高质量发展，夯实社会转型发展的经济基础

当代中国的转型包括体制转型、经济发展方式转型、社会转型和全球

---

① 刘祖云：《社会转型：一种特定的社会发展过程》，《华中师范大学学报》（哲学社会科学版）1997 年第 11 期。

化的转型四个层次。① 社会转型要滞后于经济转型,且社会转型与经济转型是相互关联、相互促进的②,因此经济转型进程的持续推进为整个社会的转型与发展提供了物质基础和重要保障。西部大开发 20 年来,在国家政策扶持和地方自主发展的共同努力下,西部地区的经济转型进程不断加快,但其经济发展水平滞后于东部沿海地区,导致西部地区在当前我国的整体发展中处于相对落后的地位。因此为推动西部社会转型的平稳发展和社会质量提升,地方政府应当高度重视经济发展质量的提升,加快实现由传统计划经济体制向现代市场经济体制的转型,推动经济结构从传统城乡二元结构向现代城乡一体化发展,建立规范化、透明化的经济管理体制。当前发展数字经济是新时代推动经济高质量发展的现实路径,其将云计算和互联网、物联网等相结合,极大地促进了信息技术与经济发展的深度融合,为推动经济高质量发展培育了新动能③,西北各省区市既要促进数字经济和实体经济融合发展,促进新产业、新业态、新模式充分涌现,又要将信息技术与传统产业深度融合,推动产业结构的转型升级,促进经济实现创新发展。同时"一带一路"倡议从对外贸易、产业结构、文化交流、人才吸引、旅游发展和城市群发展等方面深刻影响着西部地区的经济社会发展,各级政府和大型企业要以"一带一路"倡议为载体,在金融业、电子商务、现代物流等领域加强与世界各国的合作,为西部地区的高质量发展培育新的动力。此外,随着西部地区的人口结构步入老龄化阶段,人口红利正逐步消退,这间接影响西部经济的持续增长和经济增长质量的提高,需要加强教育投入和劳动力培训力度,完善创新人才的培养和管理体制,不断提高人力资本水平,以持续提升经济增长质量,夯实西部社会转型发展的经济基础。

(二) 构建包容性社会政策体系,促进社会凝聚

西部大开发 20 年来,在西部地区社会加速转型和工业化、城镇化加速推进的背景下,社会阶层分化加剧、社会资源分配不公、区域发展失衡、社会凝聚力减弱、生态环境恶化、社会矛盾不断积累等问题逐渐显现,不同社会群体之间的互动关系也趋于片面化、松散化,为西部地区社会稳定

---

① 任保平、刚翠翠:《社会转型促进经济增长质量提高的机理及路径》,《陕西师范大学学报》(哲学社会科学版) 2014 年第 1 期。

② 胡鞍钢:《中国社会转型与经济转型是关联性转型》,《求是》2011 年第 4 期。

③ 任保平、赵通:《发展数字经济 培育高质量发展新动能》,《光明日报》2019 年 3 月 1 日。

埋下一定的隐患。如何有效保障社会成员的基本权益、增进社会包容和降低社会排斥现象成为学术研究者和政策制定者高度关注的社会议题。而社会质量理论是对欧洲社会政策危机的一种回应，具有很强的社会政策的指导意义，倡导以政策的制定与调整重构经济与社会之间的平等关系，同时包容性增长理念也以实现经济和社会的协调发展为最终目标。因此基于西部地区社会转型发展的特征，课题组主张以社会质量理论为引导构建包容性的社会政策体系，尊重并承认个体差异，让全体社会成员共享改革开放和社会发展成果。① 社会政策的建构要追求公平正义、注重协调发展、强调权利保障、重视能力建设②，针对长期以来城乡二元分割体制造成的城乡差距、社会排斥及社会关系松散等问题，西部地区的社会政策应以促进社会凝聚、提升社会质量为目标，以社会团结和公正为价值导向，以大多数社会成员的基本权益为政策设计的切入点，摒弃具有排斥倾向的政策制度，确保不同社会群体在教育、医疗、养老、社会服务等方面享有平等的机会和待遇，同时建立健全畅通的诉求表达机制和良好的互动模式，加强社会成员之间的联系，以逐步提升西部社会的凝聚度和社会发展质量。

（三）充分提升对外开放水平，促进社会包容

近年来习近平主席在参与国际会议时多次倡导构建"人类命运共同体"，秉持相互尊重、平等协商的原则，以开放自由替代封闭保守，逐步形成一种开放包容的文化观，而西部偏远山区与少数民族聚居区仍保留着传统的生活方式和社会文化，公共文化服务设施落后，民众的社会心态相对保守封闭、自主意识和参与能力不足，致使西部地区的对外开放程度有限、经济社会发展缓慢。因此在西部大开发战略、"一带一路"倡议、自贸区建设等国家政策措施的扶持下，西部地区应当坚持解放思想，牢固树立以开放促发展的观念，积极引入国内外先进地区的开放性和包容性思维，逐步改变传统的思维方式和封闭意识，推动政府职能转变，促使社会观念逐步由依赖政府转变为自主发展，进一步增强政府、企业、社会组织和公众的开放包容意识和参与合作能力，不断增强社会成员之间的互动频率，并采用多元化途径减少社会歧视和社会矛盾，促使不同社会群体平等享有改革开放的发展成果。同时增强对外开放力度作为西部地区积极参与全球

---

① 向玉琼：《社会正义的实现：从"排斥"走向"包容性政策"》，《南京农业大学学报（社会科学版）》2012 年第 4 期。

② 向德平：《包容性发展理念对中国社会政策建构的启示》，《社会科学》2012 年第 1 期。

贸易的主要方式，是其社会转型平稳推进和社会质量提升的重要突破口，应当建立健全适应西部经济社会发展水平的开放型经济体制，赋予地方政府更多的自主权，保护和促进民营经济的健康发展，并推动东西部合作与联动发展，开展对外贸易、经济技术、文化交流等多元化合作，促使西部社会朝着更加开放、包容的方向发展。西部地区要持续以改革、开放和创新为动力，不断增强自主发展意识和提升对外开放水平，在合作共赢中获得高质量发展。

（四）加强民众的社会参与，创新社会治理

经济的快速转型与发展促使国家与社会的关系发生深刻变革，治国理念从以自上而下、强制控制为主的社会管理逐渐转变为以调控为辅的参与式的社会治理[①]，国家层面倡导构建多元主体共同参与的社会治理体系，为释放西部社会活力、加强民众社会参与提供了有利条件。而社会质量理论作为评价我国经济社会发展状况的工具，是与社会治理实践相辅相成的，提高社会经济保障是实现社会治理创新的基础，加强社会凝聚是社会治理方向正确的前提条件，提升社会包容水平是实现社会治理多方共同参与的保障，实现社会赋权是社会治理的本质和路径。[②] 因此在社会加速转型的进程中，西部地区应以社会质量理论为引导构建服务型政府，推动政府、企业、社会组织和公民参与社会治理的渠道多元化，建立健全反映不同阶层利益要求的渠道畅通、机构健全、结构完善的政治参与和利益表达机制以及社会协商机制，实现社会成员之间的对话、谈判和协商。[③] 有效化解政府和民众之间的张力，积极支持社会力量举办养老、教育、医疗等社会服务机构，加强社会组织培育和政府购买服务的力度，以实现社会治理模式的创新和社会质量水平的提升。

我国的社会转型与发展是在改革开放的背景下开启的，西部地区在西部大开发等国家政策的扶持下也逐渐步入社会转型阶段，并在结构转型、文化转型、治理转型方面形成了独有的特征。西部大开发战略的实施，首先带来了西部地区经济的快速转型与发展，为其社会发展提供了重要的基础条件和物质保障，同时也带动了社会转型的加速发展，集中体现了西部大开发以来西部经济的高速增长；其次从整体上审视，我国的社会发展滞

---

① 崔岩：《中国社会质量研究：理论、测量和政策》，社会科学文献出版社，2017。
② 崔岩：《中国社会质量研究：理论、测量和政策》，社会科学文献出版社，2017。
③ 高红、刘凯政：《社会质量理论视域下中国包容性社会建设的政策构建》，《学习与实践》2011 年第 2 期。

后于经济增长，经济转型带动了社会转型，而社会转型和经济转型相互促进，是一种关联性转型的关系①，社会转型对经济增长质量的提高具有促进作用②，因此西部社会转型为经济的持续转型与发展提供了新的空间、培育了新的动力；最后西部地区实现了经济社会的高速发展，但仍存在阻碍社会转型持续推进和社会质量提升的重大风险。以社会质量作为西部社会转型发展的评价尺度和标准，在一定程度上能够为新阶段促进西部社会转型的平稳发展提供新的思路，并丰富已有的社会质量本土化研究。

参考文献

陆学艺：《当代中国社会结构》，社会科学文献出版社，2010。

张翼、葛道顺、吴莹：《改革开放40年社会发展与变迁》，中国社会科学出版社，2018。

杜平：《中国的社会转型与民众正义观念变迁》，吉林大学博士学位论文，2016。

王永智、李娜、曹富艳、卢哲、王牡丹：《民族地区青少年宗教信仰与核心价值观认同践行研究——以甘肃GN藏族自治州的调查为例》，《世界宗教文化》2018年第4期。

刘中一、张莉：《藏汉通婚十年间的变迁（2000～2010）》，《贵州民族研究》2015年第12期。

文涛：《成都：积极构建社会组织统筹体系全面推进芦山地震灾后恢复重建工作》，《中国社会组织》2016年第11期。

牟岚：《贵州贵阳"人像大数据"系统创建助力社会治理》，《法制生活报》2018年3月14日。

《〈中共中央关于全面深化改革若干重大问题的决定〉辅导读本》，人民出版社，2013。

杨晓梅：《社会治理创新：宁夏的探索与经验》，《甘肃科技》2016年第2期。

刘祖云：《社会转型：一种特定的社会发展过程》，《华中师范大学学报（哲学社会科学版）》1997年第11期。

任保平、刚翠翠：《社会转型促进经济增长质量提高的机理及路径》，《陕西师范大学学报（哲学社会科学版）》2014年第1期。

胡鞍钢：《中国社会转型与经济转型是关联性转型》，《求是》2011年第4期。

任保平、赵通：《发展数字经济培育高质量发展新动能》，《光明日报》2019年3

---

① 胡鞍钢：《中国社会转型与经济转型是关联性转型》，《求是》2011年第4期。

② 任保平、刚翠翠：《社会转型促进经济增长质量提高的机理及路径》，《陕西师范大学学报》（哲学社会科学版）2014年第1期。

月 1 日。

向玉琼：《社会正义的实现：从"排斥"走向"包容性政策"》，《南京农业大学学报（社会科学版）》2012 年第 4 期。

向德平：《包容性发展理念对中国社会政策建构的启示》，《社会科学》2012 年第 1 期。

崔岩：《中国社会质量研究：理论、测量和政策》，社会科学文献出版社，2017。

高红、刘凯政：《社会质量理论视域下中国包容性社会建设的政策构建》，《学习与实践》2011 年第 2 期。

西部大开发 20 年来公共服务转型
发展的历史、现实与未来[*]

朱　楠　李凯悦　李　佳[**]

摘　要：西部大开发战略实施 20 年来，我国西部地区经济发展取得长足进步，公共服务体系日臻完善，尤其在基本公共服务均等化方面取得显著成就。本文总结西部地区公共服务转型发展的四大历史阶段，并详细阐述每个阶段的发展特征。在概述西部地区公共服务供给现状的基础上，本文对西部地区 12 个省份 20 年来公共服务供给质量进行评估。通过对比各省份在转型发展中的变化并进行变异系数分析，探究西部各省份之间公共服务质量差异影响因素，提出西部地区公共服务转型发展的路径选择和政策建议，为西部地区公共服务高质量发展提供理论参考。

关键词：西部大开发 20 年　公共服务　转型发展

一　引言

2019 年是西部大开发实施 20 周年，20 年来西部各省份经济增长迅速，公共服务在转型中求发展，实现了从基本建立到全面完善，尤其在基本公共服务领域，基本实现了幼有所育、学有所教、劳有所得、病有所医、老有所养的制度体系。党的十九大会议指出通过强化"一带一路"建设推进西部大开发形成新格局，同时强调运用"互联网＋"等新模式以提升基本公共服务均等化水平。2018 年 12 月国务院出台的《关于建立健全基本公

　*　本文为 2015 年教育部哲学社会科学项目"基于国家经济安全背景下社会保障机制创新研究"（15YJC790162），2016 年陕西省社科基金年度项目"中国社会保障服务质量评价机制构建与应用研究"（2016D046），2019 年国社科一般项目"基本公共服务供给提高低收入群体幸福感的路径研究"（19BJL101）的阶段性成果。

　**　朱楠，西北大学公共管理学院副教授，硕士生导师，美国西北拿撒乐大学社会工作系访问学者，西北大学"优秀青年学术骨干支持计划"入选者，主要研究方向：公共服务、社会保障；李凯悦，西北大学公共管理学院硕士研究生；李佳，西北大学公共管理学院硕士研究生。

共服务标准体系指导意见》，具体明确公共服务领域的标准及质量要求，其中对西部地区给予了最大比例的财政支持。由此可见，在新时代背景下西部地区公共服务进一步转型和发展既推动了西部大开发的发展，又不断满足人民日益增长的对美好生活的需要。

同时，我们还应看到西部地区是我国革命老区、少数民族聚居区、边疆地区，其生存环境相对恶劣，经济不发达，相对东部地区西部公共服务的发展还比较滞后，存在着一些发展问题亟须解决，譬如公共服务供给总量不足，质量不高且水平参差不齐的问题。本文回顾和总结西部地区 20 年来公共服务转型发展的四个历史阶段，并在分析西部公共服务供给现状的基础上，对西部大开发 20 年的公共服务质量进行评估，探寻西部地区不同省份之间公共服务质量存在差距的原因，为西部地区未来的经济社会发展寻求理论依据。

二 国内外文献综述

（一）公共服务概念界定

亚当·斯密指出，国家有义务提供公平的公共服务，这里就蕴涵了均等化的含义。[①] 而萨缪尔森指出，政府提供公共服务要兼顾效率与公平，即强调注重均等化。[②] 此后，国外学者 Riccardo fiorito 等人认为公共服务包括公共安全、公共社会服务、公共经济服务等内容，并且公共服务是具有"公共属性"的，是由政府提供的"公共产品"和"价值产品"。[③] Broadbent J. 重新阐述理想中的公共服务，条理性地阐述了公共服务普及的意义和重要性，提出了公共服务的具体内涵，详细指出了一些理想中的公共服务应该是什么样的，怎么去做。[④]

（二）基本公共服务均等化

1. 地区间非均等化

现有文献中，学者们分析了不同地区间的基本公共服务均等化问题，

① 亚当·斯密：《国富论》，商务印书馆，1974，第 214～221 页。
② Samuelson. The Pure Theory of Public Expenditure. Review of Economic and Statistics. 1954.
③ Riccardo Fiorito, Tryphon Kollintzas. Public Goods, Merit Goods, and the Relation between Private and Government Consumption. *European Economic Review*, 2004, 48（6）.
④ Broadbent J. Reclaiming the Ideal of Public Service. Public Money & Management, 2013, 33（6）：391－394.

总的来说，地区间的基本公共服务非均等化差异明显，且西部地区差异巨大。比如卢小君等对 2008～2012 年 160 个中小城市在教育、社会保障、医疗和科学技术四个方面公共服务支出的省际差异进行了分析，虽然总体上人均支出逐年上升，且西部高于东部，但西部省际差异依旧明显。① 李文军等具体分析了西部 12 省区市 5 项基本公共服务支出数据，并用泰尔系数指出西部地区总体基本公共服务均等化提高了，但各省份之间的差距较大。② 胡俊生等分析了西部地区各省份间基本公共服务非均等化的原因，并指出存在供给的碎片化、渠道单一、软件与硬件服务资源配置不均、公共服务水平的提高缺乏内生动力等问题。尤其在少数民族地区，对民生类基本公共服务的需求非常大，但碍于经济发展水平、自然以及文化等多重条件的制约，提高基本公共服务水平困难重重。③

2. 城乡间非均等化

基本公共服务的差别化在城乡间表现得比较明显，如从全国范围看，翟秋阳等以东部上海市、中部湖北省、西部贵州省为代表，就基础教育、基本医疗及基本社会保障方面的均等化进行研究，结果表明经济发达地区的城乡间差距明显较小。④ 从西部地区视角，章育等认为西部地区公共服务在数量以及质量上取得了较大的成就，城市的基础设施建设成效明显，而农村地区的资金投入严重不足。⑤ 陈凤菊指出城乡间的不均等反映在农民生活条件落后，在基础教育、基本医疗服务水平、就业机会以及社会保障体系方面的差距。⑥ 在实施路径方面，李旭章等以成都市和驻马店城镇化实践为例，提出以城镇化发展带动基本公共服务均等化发展的战略构想，其中关键在于处理好政府与市场、市民与农民、城市与农村间的关系。⑦

---

① 卢小君、段霏：《中国中小城市公共服务支出的省际差异及其成因》，《城市问题》2015 年第 7 期。
② 李文军、张新文：《西部地区基本公共服务的省际差异研究——基于泰尔指数的考察》，《内蒙古社会科学》（汉文版）2011 年第 2 期，第 122～127 页。
③ 胡俊生、冯海芬：《西部大开发公共服务供给路径重塑》，《天水行政学院学报》2014 年第 1 期。
④ 翟秋阳、崔光胜：《我国城乡基本公共服务均等化研究——基于东、中、西部若干省市的比较分析》，《求实》2015 年第 7 期，第 49～56 页。
⑤ 章育、南新民：《浅析实现西部地区公共服务均等化的制约因素》，《今传媒》2011 年第 10 期，第 149～151 页。
⑥ 陈凤菊：《我国城乡基本公共服务均等化研究》，《商业时代》2012 年第 24 期，第 112～114 页。
⑦ 李旭章、龙小燕：《以新型城镇化促进基本公共服务均等化——以成都、驻马店城镇化实践为例》，《经济研究参考》2014 年第 23 期，第 46～50 页。

3. 项目间非均等化

杨光从公共卫生、基础设施、基础教育、公共就业、社会保障五个方面，运用泰尔系数分析我国各省份 2000～2012 年基本公共服务项目供给情况，表明省际及项目间非均等化趋势显著。[①] 在基础教育方面，黄少安等人从城乡基本教育财政支出与教育质量角度出发，指出尽管城乡间在基础教育支出方面呈现均等化发展趋势，但以教师学历结构度量下的教学质量差距很大。[②] 孙涛认为我国公共教育支出不足，各省区市投入力度不同，结构不均衡，并且部分地区社会收益低。[③] 在社会保障方面，谢冰以最低生活保障制度为例，指出作为一项保障公民最基本生存权的制度，城乡间保障水平差距显著，区域农村之间也呈现出保障水平的参差不齐。在老龄化背景下，家庭抵御风险能力不断降低，迫使政府在社会保障和养老服务方面投入更多，以满足老年人对养老的需求，维护社会稳定。[④] 在医疗卫生服务方面，高萍选取了 2005～2013 年全国 31 省份的相关数据和指标，构建了各省份基本医疗服务评价指标体系，评价结果显示我国总体医疗卫生服务水平有所提高，区域间的非均等化程度有所缓解，但差距依旧存在。[⑤]

4. 非均等化因素分析

学术界普遍认为基本公共服务在地区间、城乡间以及项目间均出现非均等化现象，一方面经济发展水平，决定着基本公共服务供给的全面性。Bert Hofman 发现中国、印度尼西亚、菲律宾和越南地区间财力的巨大差异导致了地方政府提供公共服务的巨大差异。[⑥] 武力超等人指出东、中、西部地区人均 GDP 的提高有利于改善基本公共服务水平均等化状况，特别是金融生态环境的优化。另一方面制度层面的缺陷，包括财政制度、城乡二

① 杨光：《省际间基本公共服务供给均等化绩效评价》，《财经问题研究》2015 年第 1 期，第 111～116 页。

② 黄少安、姜树广：《城乡公共基础教育均等化了吗？——对城乡基础教育财政支出和教育质量历史趋势的实证考察》，《社会科学战线》2013 年第 7 期，第 80～85 页。

③ 孙涛：《政府责任、财政投入与基本公共教育均等》，《财政研究》2015 年第 10 期，第 26～32 页。

④ 谢冰：《西部民族地区农村最低生活保障问题研究——基于基本公共服务均等化的视角》，《中南民族大学学报（人文社会科学版）》2011 年第 2 期，第 128～131 页。

⑤ 高萍：《区域基本医疗卫生服务均等化现状、成因及对策——基于全国各省面板数据的分析》，《宏观经济研究》2015 年第 4 期，第 90～97 页、第 152 页。

⑥ Bert Hofman：《2006 年：中国经济及其对世界经济的影响》，《国际经济评论》2006 年第 1 期，第 23～25 页。

元制、自然环境等因素导致公共服务水平的差异。[①] 田侃等人从地方公共服务供给和成本两个角度，探究中央财政在转移支付与财政分权上对不同项目产生的影响。[②] 宋小宁等人以教育、医疗、社会保障作为基本公共服务供给的度量指标，基于 2000 多个县级政府样本和 592 个国家级贫困县数据，表明一般性转移支付对于地方政府提供基本公共服务能力的提高作用非常弱，加强专项转移支付成为改变基本公共服务非均等化现状的最优办法。[③] 石光则认为只有加大一般性转移支付比重才能缩小地方政府间财政能力差距。[④] 杨帆等人认为基本公共服务差异的产生同时受经济发展不平衡、流动人口多、受教育程度低、自上而下的政绩考核机制以及财权事权界定不清、财政资金滥用等因素影响。[⑤]

（三）公共服务质量研究

1. 公共服务标准化

在公共服务标准化与均等化间的内在逻辑关系方面，郁建兴、秦上人指出公共服务标准化是推进国家治理体系完善的重要途径，它不仅仅是静态的一系列评价指标，更是一种动态的治理模型。[⑥] 张启春、山雪艳认为均等化是标准化建设的目标与结果，而标准化是促使基本公共服务均等化的手段和必要途径。[⑦] 在公共服务标准的制定方面，卓越等人提出公共服务标准化要在理念上处理好公共性原则，既要注重公平正义，也要保证制定标准指标的过程中广泛征求主体意见。[⑧] 唯有公民表达有渠道，政府供给针对性强，才能有效解决供需矛盾。卢文超认为政府公共服务标准化理

---

① 武力超、林子辰、关悦：《我国地区公共服务均等化的测度及影响因素研究》，《数量经济技术经济研究》2014 年第 8 期，第 72～86 页。

② 田侃、亓寿伟：《转移支付、财政分权对公共服务供给的影响——基于公共服务分布和区域差异的视角》，《财贸经济》2013 年第 4 期，第 29～38 页。

③ 宋小宁、陈斌、梁若冰：《一般性转移支付：能否促进基本公共服务供给?》，《数量经济技术经济研究》2012 年第 7 期，第 33～43 页。

④ 石光：《促进基本公共服务均等化的财政转移支付制度研究》，《特区经济》2011 年第 5 期，第 150～152 页。

⑤ 杨帆、杨德刚：《基本公共服务水平的测度及差异分析——以新疆为例》，《干旱区资源与环境》2014 年第 5 期，第 37～42 页。

⑥ 郁建兴、秦上人：《论基本公共服务的标准化》，《中国行政管理》2015 年第 4 期，第 47～51 页。

⑦ 张启春、山雪艳：《基本公共服务标准化、均等化的内在逻辑及其实现——以基本公共文化服务为例》，《求索》2018 年第 1 期，第 115～123 页。

⑧ 卓越、张世阳、兰丽娟：《公共服务标准化顶层设计的战略思考》，《中国行政管理》2014 年第 2 期，第 34～38 页。

念正在由效率导向向公民导向过渡，打破了以往传统的自上而下、控制式的服务方式。以满足公民的需求为基本出发点，与公民之间打造一种合作平等的互动式关系，而这种关系随着经济发展以及生产实践的逐步推进发生变化，公民需求既是决定政府提供何种公共服务的内在动力，又是促使公共服务标准发生变化的直接性因素。[①]

2. 公共服务质量

（1）公共服务质量评价技术和方法

公共服务质量评价技术和方法来源于对产品的质量测评，其方法主要包括因子分析法、层次分析法、KANO 模型、SERVQUAL 模型和 SE-RVPERF 模型等。刘蕾运用 KANO 模型分析留守务农农民与外出务工农民对公共服务的需求，并分别测度其满意度。[②] 睢党臣等人在五维度基础上增加了透明性维度，来评价农村公共服务质量。[③] SERVPERF 模型则更多针对某一类公共服务质量的测评，成为学者在实证研究中更为倾向的非差距模型代表。徐彬如就以江苏省某院校为调查对象，选取了 52 个指标构成 6 个公共因子，测度在校生对高等教育服务质量的评价。[④]

（2）公共服务质量评价指标

公共服务质量评价指标体系的构建主要从基本公民价值取向、经济与效率、公众满意度三个维度入手。比如陈昌盛、蔡跃洲从公共服务的公平价值取向，即主张"优先公平，兼顾效率，以最有效率的方式带动公平"出发，构建了蕴含 8 个子系统、165 个指标的指标体系，以我国 31 个省份作为测评重点。[⑤] 唐天伟、朱琳从政府公共服务、政府规模、居民经济福利、政务公开等方面设计了 37 个指标并组成指标体系，分析 2016 年我国 292 个地级市政府效率测度的标准值与排名。[⑥] 梁昌勇、代蟠等以美国顾客满意度模型为理论基础，结合我国政府公共服务特点与现实需要，建立公

---

① 卢文超：《公民导向：中国政府公共服务标准化的新理念》，《陕西行政学院学报》2015年第 1 期，第 27～32 页。

② 刘蕾：《基于 KANO 模型的农村公共服务需求分类与供给优先序研究》，《财贸研究》2015 年第 6 期，第 39～46 页。

③ 睢党臣、张朔婷、刘玮：《农村公共服务质量评价与提升策略研究——基于改进的 Se-rvqual 模型》，《统计与信息论坛》2015 年第 4 期，第 83～89 页。

④ 徐彬如：《高等教育服务质量的评价体系研究——基于 SERVPERF 模型》，《南京工程学院学报（社会科学版）》2017 年第 2 期，第 65～72 页。

⑤ 陈昌盛、蔡跃洲：《中国政府公共服务：基本价值取向与综合绩效评估》，《财政研究》2007 年第 6 期，第 20～24 页。

⑥ 唐天伟、朱琳：《2016 我国地级市政府效率及特征的定量分析》，《江西师范大学学报（哲学社会科学版）》2017 年第 2 期，第 43～50 页。

共服务质量满意度评价模型。[①] 李冬通过专家评价法及居民的主观偏好的问卷调查，构建公共服务质量指标体系，指出居民教育背景、工作状态、年龄的差异会影响公共服务质量。从现有的公共服务质量评价体系整体分析，评价指标的差别不大，仅在分析视角上略有不同。[②]

（四）国内外文献述评

国内外学者在基本公共服务均等化以及公共服务质量研究方面都取得了较为丰硕的成果，建立起较为完整的框架，并通过不同的研究方法衡量均等化水平以及质量高低，但仍然存在一些有待深入研究的问题。一是针对西部地区的公共服务质量评价的研究不足。现有文献中较多是评价全国、不同区域或者代表城市的公共服务质量，而缺少对西部地区整体公共服务质量的全面评估，这样无法为西部地区未来发展提供理论依据。二是西部地区公共服务质量的发展是一个转型发展的过程。现有文献缺少从转型发展的视角研究西部地区的公共服务由"量"向"质"的转变。三是缺少依托宏观的时代背景探究西部地区公共服务发展阶段性演变与宏观性的发展概述，无法清晰地判断出政策效应的强弱。基于此，本文依托西部大开发20周年的时代背景，从历史的角度分阶段回顾西部地区公共服务发展演进及阶段性发展特征，概述现阶段西部地区公共服务供给现状及问题，构建公共服务指标体系并对西部大开发20年基本公共服务质量进行评价以探寻内在原因，进而提出完善公共服务供给的路径和政策建议，为新时代下公共服务高质量发展提供理论参考。

三　西部地区公共服务转型发展的历史演进

西部大开发战略不是一蹴而就的战略决策，而是经过一个充分构思和完善的过程。自新中国成立以来，中央政府一直重视并致力于促进西部地区的繁荣发展。早在1956年，毛泽东在《论十大关系》中就提出关于沿海工业与内地工业关系的论述，可以说是党对西部开发和建设、东西部协调发展问题的系统思考。1988年在改革开放新形势下，邓小平同志提出了"两个大局"和"先富共富"的战略构想，强调东西部地区要服从两个大

---

① 梁昌勇、代翚、朱龙：《基于SEM的公共服务公众满意度测评模型研究》，《华东经济管理》2015年第2期，第123~129页。

② 李冬：《京津冀地区公共服务质量评价》，《地域研究与开发》2018年第2期，第52~57页。

局，实现区域协调发展，实现人民共同富裕。1999 年江泽民同志提出加快中西部地区发展步伐的条件已经具备，时机已经成熟。到 2000 年 1 月，国务院成立西部地区开发领导小组，研究了加快西部地区发展的基本思路和战略任务，以此正式启动西部大开发战略。胡锦涛同志以科学发展观统领西部大开发战略实施，新时代在习近平总书记指引下打赢脱贫攻坚战，以兼顾整体经济效益和社会效益。由此可见，新中国成立后，西部地区的开发与崛起，始终是一个关乎全局的战略问题。本文在西部大开发的背景下，依据西部地区公共服务转型发展的不同节点进行梳理，归纳出四个转型发展阶段，即基本公共服务建立阶段、基本公共服务均等化阶段、建立覆盖城乡居民的公共服务体系阶段和完善公共服务体系阶段。

（一）第一阶段（1999~2005 年）：基本公共服务建立阶段

这一时期社会主义市场经济从初步建立向日臻完善发展，实现现代化建设、共同富裕以及区域均衡发展的迫切要求需要国家着眼于加快西部地区的建设和发展。1999 年国务院正式提出实施西部大开发，2001 年《"十五"西部开发总体规划》提出西部大开发的战略目标之一：公共服务水平明显提高，各族人民都能享受基本的公共服务。这一时期是西部地区经济增长最快、综合实力提升最快的关键阶段，也标志着公共服务开始全方位建立，为西部大开发未来的发展奠定了坚实的物质基础和良好的发展环境。搞好基础设施建设、恢复生态环境和提高科技教育水平，使西部地区投资环境得到初步改善，生态和环境恶化得到初步遏制，人民生活水平得到不断提高成为该阶段的显著特点。此时期公共服务还是以基本公共服务项目为主，各个项目处于初期设计和建设中，其效果无法显示出来，尚不能满足人民的基本生活需求。

基础设施方面，在这个阶段重大标志性工程都相继开工，2000 年新开工了"十大工程"，即宁西铁路、渝怀铁路、西部公路建设、西部机场建设、重庆轻轨、涩北—西宁—兰州输气管线、青海 30 万吨钾肥工程、西部高校基础设施建设、四川紫坪铺水利枢纽等，相关配套项目也在顺利建设中。2001 年青藏铁路正式开工，成为沟通西藏、青海与内地联系的具有战略意义的大通道，同时也成为西部腹地交通网络的重要组成部分。此外，西电东送和西气东输工程相继全面启动，电力到乡、电视电话到村、饮水灌溉工程等基础设施建设取得显著效果。

生态环境方面，我国西部地区生态环境比较脆弱，25°以上陡坡耕地面积占全国的 70% 以上，水土流失面积占全国的 80% 以上，每年新增荒漠化面积占全国的90%以上。在这种情况下，西部地区相继启动实施了退耕还林、天然林保护、退牧还草、京津风沙源治理等一批重点生态建设工程。截至2005年底，西部地区累计退耕还林8467万亩，配套荒山荒地造林和封山育林11579万亩，退牧还草工程安排治理严重退化草原2.9亿亩。取得了明显的生态效益、社会效益和较好的经济效益。

公共教育方面，为提高西部地区的国民素质，进一步缩小东西部差距，政府积极发展教育事业，为各行业培养急需人才。自2004年起，国务院开始实施"两基"攻坚计划（基本普及九年义务教育、基本扫除青壮年文盲），为西部的崛起储备了大量人才。此外，农村中小学现代远程教育工程覆盖西部地区80%的农村中小学。西部地区重点科研院所、高等院校、国家工程实验室和企业技术中心等建设步伐加快。

社会保障和医疗卫生事业方面，在这一阶段中央下拨给西部地区国有企业下岗职工基本生活保障补助金达186.7亿元，实现了国企下岗职工基本生活保障向失业保险的并轨。此外，西部地区疾病预防控制体系、医疗救治体系和农村卫生服务体系建设进展顺利。2003年在中西部农村地区率先推行新型农村合作医疗制度（以下简称"新农合"），初期中央财政的补贴标准为每人每年10元，总筹资每人每年30元，各级政府补贴力度逐渐加大。

（二）第二阶段（2006～2011年）：基本公共服务均等化阶段

这一阶段以2006年《西部大开发"十一五"规划》为开端，首次提出推进基本公共服务均等化，以解决好关系人民群众切身利益的实际问题为主要目标。公共服务均等化的提出，体现了该时期公共服务的供给更加注重以人为本、人的全面发展以及社会的公平公正。这一阶段基本公共服务的特点：一是均等化，切合广大人民群众的直接利益；二是保障人民基本生活需求的社会政策接连颁布，满足人民需求的保障线建立起来。因此，国家将公共财政配置重点转移到为西部地区人民提供均等化的基本公共服务上来，提高西部地区基本公共服务水平，主要体现在重视教育、扩大就业、健全社会保障制度等方面。

基础教育方面，充分考虑到西部地区财力的现实情况，中央针对西部农村义务教育实施"两免一补"政策，2005年，中央和地方财政安排"两免一补"资金七十多亿，共资助中西部贫困家庭学生3400万人，2006年从西部地区开始全部免除农村义务教育阶段学生的学杂费，享受免学杂费政策的学生达到 4880 万人。2006~2008 年中央财政划拨 493 亿元的保障性经费，实现了免费义务教育，两基攻坚任务如期完成，健全了农村义务教育经费保障机制。

医疗卫生方面，从 2003 年起我国实施新型合作医疗制度试点，中央财政对西部地区参加新型合作医疗的农村每年按人均 10 元安排合作医疗补助资金，地方财政对于参加新农合每年补助标准不低于人均 10 元。新农合制度是政府解决农民基本医疗卫生问题的一次大规模投入，尤其对西部地区给予大规模的倾斜。到 2010 年，西部大开发区域内新农合参合率达到 91.5%，公共卫生服务体系得到发展完善。实现了整合医疗卫生资源，适度向西部农村地区和基层倾斜公共卫生资源，加快完善新型农村合作医疗制度、贫困家庭医疗救助制度，完善疾病预防控制体系和医疗救治体系。

社会保障制度方面，为提高人民生活保障水平，社会保险制度逐步由城镇向农村、由职工向居民扩展，且保障水平逐步提高，城乡社会救助体系和社会福利体系基本建成。从 2006 年起，西部 8 省份率先做实基本养老保险个人账户，连续多次提高企业退休人员养老金水平。2007 年底西部 12 省份全面建立农村最低生活保障制度，成为解决农村贫困的长效机制。2009 年建立新型农村社会养老保险制度，改变了西部地区农民养老靠土地、家庭保障为主、传统的"养儿防老"模式。此外，截至 2009 年企业职工基本养老保险中央财政向西部地区贴补资金达 1994 亿元。在这一阶段社会保障制度完成了各项制度的建立，满足了人民群众的基本生活需求。

基础设施领域方面，重点完善综合交通网络，构建联通东西、纵贯南北、对接城乡的大通道、大网络。建成"五纵七横"国道主干线西部地区路段和西部大开发 8 条干线公路，实现"油路到乡"和"公路到村"建设工程。另外组织实施一批通达珠三角和环渤海地区通道、西北与西南地区通道和沿边境对外国际运输通道以及大型铁路枢纽建设等重大工程，以完善路网结构。

（三）第三阶段（2012~2016 年）：建立覆盖城乡居民的公共服务体系阶段

这一阶段以 2012 年《西部大开发"十二五"规划》为开端，建立覆盖城乡居民的公共服务体系。党的十八大提出全面建成小康社会目标，推动城乡发展一体化，并提出促进城乡要素平等交换和公共资源均衡配置，大力推进生态文明建设，扭转生态环境恶化趋势。2013 年习近平总书记提出"一带一路"的合作倡议,对推动西部地区全面建成小康社会,完善基础设施建设,改善生态环境,加强与沿线国家公共服务领域的合作具有重要的意义。为配合全面建成小康社会目标实现"精准扶贫"政策实施,解决长期以来的贫困问题,国家已将西部大开发纳入全国统一战略中,为全面实现小康社会、为城乡经济社会一体化建设进行战略部署,公共服务领域以建立覆盖城乡居民的公共服务体系为本阶段的实现目标。

基础教育方面,重点巩固提高了九年义务教育,基本普及了高中教育和学前一年教育。截至2015年,义务教育巩固率高达93%。在此基础上,我国还完善了以政府为主导、多种方式并存的学生资助政策。全方位的扶持政策使我国基本公共教育服务体系得以健全,体现出政府对于西部地区教育的高度重视。

医疗卫生领域,为深化医药卫生体制改革,西部地区也建立起健全的基本公共卫生服务网络,将国家基本公共卫生服务项目扩至12类,实施重大公共卫生服务专项。加强妇幼保健能力建设,做好出生缺陷干预和农村孕产妇住院分娩工作。积极预防重大传染疾病、慢性病、职业病、地方病和精神疾病。

社会保障方面,为加快推进覆盖城乡居民的社会保障体系建设,2014年开始实行城乡居民养老保险制度的整合。城镇居民医保和新农合人均筹资标准及保障水平也逐步提高,补贴标准提高到每人每年380元,基本参保率超过了95%。社会福利和保障水平大大提高,使得民众的生活得到进一步保障。

基础设施方面,综合交通运输网络初步形成,重点城市群内基本建成2小时交通圈,基本实现乡乡通油路,村村通公路,群众出行更加便捷。实现新增铁路营业里程1.5万公里,道路交通、通信设施基本完善。水利基础设施明显加强,供水、防洪减灾能力明显增强。

(四)第四阶段(2017年至今):完善公共服务体系阶段

十九大报告指出我国社会主要矛盾已经转变为人民日益增长的美好生活需要和不平衡不充分的发展之间的矛盾。因此,解决满足人民美好生活需要和不平衡不充分发展的矛盾是公共服务领域未来发展的目标,一方面继续提高公共服务水平,提升人民对公共服务的满意度;另一方面进一步落实基本公共服务均等化。这一阶段西部地区按照普惠性、保基本、均等化、可持续等原则,努力提升公共服务共建能力和共享水平。与之前三个阶段相比较，该阶段公共服务从以往的广覆盖、低水平提高到了现在的深层次、高水平和高质量。

优先发展教育事业，高度重视西部地区农村义务教育、普及高中阶段教育，推动城乡义务教育一体化发展。通过免费义务教育、农村义务教育阶段学生营养改善、寄宿生生活补助、普惠性学前教育资助、中等职业教育国家助学金、中等职业教育免除学杂费、普通高中国家助学金以及免除普通高中建档立卡等家庭经济困难学生学杂费八种措施保证教育的质量和公平。

医疗卫生领域，为给人民群众提供全方位全周期的健康服务，我国实施健康中国战略。根据国民健康政策，西部地区也逐渐取消以药养医，健全了药品供应保障制度，基层医疗卫生机构达标率高达 95% 以上。此外，深化医药卫生体制改革，全面建立中国特色基本医疗卫生制度、医疗保障制度和优质高效的医疗卫生服务体系，健全现代医院管理制度也成为公共服务体系改革攻坚的一大难点。

在社会保障体系建设方面，西部地区逐渐建成了覆盖全民、城乡统筹、权责清晰、保障适度、可持续的多层次社会保障体系。未来努力的目标：一是西部地区要全面实施全民参保计划，尤其是关注农村、边疆、民族聚集区、贫困地区的参保问题；二是统筹城乡社会救助体系，完善最低生活保障制度，为解决绝对贫困问题奠定制度基础；三是关注西部地区的农村留守儿童和老人问题，健全关爱服务体系。

基础设施方面，加快构建适度超前、功能配套、安全高效的现代化基础设施体系。完善综合交通运输网络，强化西部地区全国性综合交通枢纽建设，全面加强水利、能源通道和通信等基础设施建设。有序推进重点城市群城际轨道交通建设。加快形成西部地区铁路路网主骨架，路网规模达到 5 万公里左右。

公共文化方面，坚持中国特色社会主义文化发展道路，大力推进社会主义核心价值体系建设，促进民族文化交流，建设中华民族共有的精神家园。进一步加强公共文化基础设施建设，西部地区要以农村和基层为重点，实施广播影视和文化惠民工程，如西新工程、地市级公共文化场馆建设、广播电视村村通、农村数字电影放映等重点文化工程，同时推动开展全民阅读活动，基本建成公共文化服务体系。

公共环境领域的重点是筑牢国家生态安全屏障。在西部地区生态环境脆弱和不断恶化的情况下，要加快建立绿色生产和消费的法律制度和政策导向，同时加大生态环境保护力度，做好荒漠化、石漠化、水土流失、退耕还林还草的相关工作，并促进能源资源节约集约循环利用，完善防灾减灾救灾体系。

四 西部地区公共服务供给现状分析

经过 20 年的发展建设，西部地区公共服务转型发展已逐渐步入健全完善的发展阶段并取得辉煌成就。随着公共财政的大力推进，西部地区公共服务体系已经全面建成，基本公共服务投入不足和覆盖面狭窄等问题得到了明显改善。本文将从公共服务供给数量和质量的角度，对西部地区与东部地区公共服务供给做比较分析。

（一）西部地区公共服务供给总量不足

本文通过对西部和东部地区公共财政在教育、医疗卫生、社会保障和就业以及基础设施建设等方面的支出进行比较，以及西部地区公共财政支出在全国的占比情况，分析西部地区公共服务在经历转型发展的前三个阶段后，与东部地区的差异，以期为西部地区在第四个阶段更好地发展提供参考。

1. 教育支出

表1 2017 年东西部地区及全国公共财政支出相对规模

单位：亿元

指　　标	一般预算支出	公共服务支出	公共教育支出	医疗卫生支出	社保和就业支出
西　部	50155.04	4588.55	8101.39	4295.45	7076.16
东　部	77748.64	6546.04	13136.24	6022.21	9611.52
全　国	173228.34	15238.90	28604.79	14343.03	23610.57

资料来源：国家统计局。

如表 1 所示，西部地区公共教育支出总量比东部地区少 5034.85 亿元，西部和东部地区公共教育支出占一般预算支出的比重分别为 16.2% 和 16.8%。从数量分析，东西部在公共教育支出方面还存在不小的差距，但从占比分析，东西部差距正逐渐缩小，可见西部地区对公共教育方面是非常重视的。另外，从东西部地区内部差异分析，东部地区各省份平均公共教育支出占一般预算支出的比重为 16.5%，西部地区为 15.8%，主要体现在西部地区各省份之间公共教育支出并不均衡，比如西藏公共教育支出占比仅为 10.68%。

2. 医疗卫生支出

表2 2017年东西部地区及全国医疗卫生支出相对规模

指 标	每万人卫生技术人员数（人）	医疗卫生机构数（个）	医院数（个）	卫生机构床位数（万张）	执业医师数（万人）	医疗支出（亿元）
西 部	65.08	312021	10018	231.88	70.86	4295.45
东 部	71.27	362675	12219	310.12	131.32	6022.21
全 国	65	986649	31056	794.03	282.90	14343.03

资料来源：国家统计局。

如表1所示，西部和东部地区医疗卫生支出占一般预算支出比重分别为8.6%和7.7%，但西部和东部地区医疗卫生支出占全国医疗卫生支出的比重分别为29.9%和41.99%，所以从供给数量上看，西部与东部地区在财政投入方面还存在巨大的差距。其实，中央财政一直对西部地区进行倾斜，比如2017年，各级财政对新型农村合作医疗人均补助标准达到450元，在上一年的基础上上调了30元，其中，中央对新增部分按照西部地区80%、中部地区60%进行补助，东部按一定比例进行补助。另外，东西部的差距还体现在医疗卫生的具体指标方面，如表2所示。与2011年相比，2017年西部地区的医院数和卫生机构床位数与东部地区的差距正在不断缩小，而执业医师的数量东西部地区的差额由42.01万人上升到了60.46万人，差距扩大。从资源分布上看，东部地区的医疗资源（人均医疗机构数量）是西部地区的1.16倍。可见，在医疗卫生领域西部地区医疗卫生供给虽有提升，但仍与东部地区存在巨大差距。

3. 社会保障和就业支出

表3 2011年与2017年东西部地区及全国城乡最低生活保障人数比较

单位：万人

地区	2011年		2017年	
	城市地区	农村地区	城市地区	农村地区
西 部	853	2680.8	513	2084.1
东 部	454.3	1045.8	225.9	792.2
全 国	2276.7	5305.7	1261.1	4045.1

资料来源：国家统计局。

如表1所示，2017年东部地区社会保障和就业支出总量比西部地区高2535.36亿元，东西地区分别占全国社保与就业支出的40.70%和

29.97%。相比 2010 年 2659.13 亿元的社保与就业财政经费支出,西部地区已增加近 2 倍的投入。但东西部地区横向比较仍存在差异,西部有 8391.92 万城镇职工参加养老保险,占据全国总数的 20.8%,而东部为 55.23%。西部地区平均每千人口享有 2.51 张社会服务床位数,而东部地区为 3.68 张/千人,并且西部地区还低于全国 3.07 张/千人的平均水平。

最低生活保障作为一项保障公民最基本生存权的制度,对西部贫困地区改善生存条件、解决温饱问题起着至关重要的作用。截至 2017 年,西部地区分别有 513 万城市居民及 2084.1 万农村居民享有最低生活保障,分别占全国城市与农村享有最低生活保障人数的 40.67% 和 51.5%,二者合计比 2011 年减少 936.7 万人。一方面说明西部地区贫困人口仍在全国占重要比例,精准扶贫工作任重道远;另一方面通过数据也确实看到,在扶贫方面西部地区所做出的努力,东西部区域间贫困人数差距也由 2033.7 万人缩小至 1579 万人,如表 3 所示。

4. 基础设施支出

表4　2017 年东西部地区及全国基础设施支出相对规模

单位:公里,辆

指　　标	每万人公路 里程数	每万人铁路 里程数	每万人拥有公共 交通车辆
西　　部	76.93	1.90	6.16
东　　部	20.76	0.68	9.06
全　　国	46.72	1.25	7.09

资料来源:国家统计局。

《西部大开发"十三五"规划》提出加快重大项目投资进程,包括建立重点项目审批绿色通道、增补重大项目申报、谋划储备一批新项目等。截至 2017 年,中央对中西部地区实施新一轮重大技术改造升级工程,预算投资达 5376 亿元,比上年增加 300 亿元。其中川藏铁路建设项目是继青藏铁路之后第二条进藏的"天路",也是西部地区一系列重点基础设施建设的典型代表,全线运营长度约 1900 公里,总投资高达 2700 亿元。由于西部地区地广人稀、城市空间距离大等自然因素的影响,西部地区每万人公路里程数和每万人铁路里程数都要高于东部地区和全国平均水平。但在城市公共交通方面,东部每万人拥有公共交通车辆数为 9.06 台,而西部省份仅为 6.16 台/万人,并低于全国 7.09 台/万人的平均水平,可见东西部地区在城市内基础设施建设中仍存在较大差异(见表 4)。除此之外,在信息基础设施建设方面，2017 年西部地区实施"宽带乡村"配套支撑工程，缩小东西部网络设施水平差距，并为提升农村地区宽带用户接入速率和普及水平提供支撑。

西部地区公共服务供给总量在不断增加，并且中央政府通过财政转移支付向西部地区进行倾斜，支持西部地区基础设施、公共教育、社会保障、生态环境、消除贫困等方面的建设。但通过比较发现东西部地区还存在不小的差距，体现在：一方面，总量供给不足，受制于西部地区经济发展水平和财政实力；另一方面西部地区公共服务一些项目的硬件供给总量不低于甚至超过东部地区，比如公路、铁路、机场基础设施的建设，但体现软实力的供给不高，比如教育、信息、专业技术人才等方面。因此，中央和地方财政在继续加大投入力度的同时还要关注体现公共服务软实力的项目建设。

（二）西部地区公共服务供给质量不高

公共服务供给质量直接关系人民的生活水平与社会的生产发展，而基本公共服务供给质量的提高有助于提升西部地区低收入群体的幸福感。西部地区公共服务供给除了总量不足，还存在着质量不高的情况。具体体现在民族地区基础教育的师资力量薄弱、校园设施不健全、教学环境较差，医疗卫生的医护人员缺乏、医院医疗设备落后、药物及治疗措施不完善，城镇基础设施不健全、交通不便利、通信设施落后，社会保障水平低、贫困人口数量占比高等。西部地区公共服务供给质量不高不仅不利于人民生活，同时也制约了西部地区的发展，使其陷入恶性循环。综合看来，西部地区公共服务转型发展进入第四个阶段，公共服务供给数量得到了全面提升。但是西部和东部的差距仍在拉大，这些差距使得中国公共服务供给呈现现代化与贫困落后并存的状况。如何提高西部地区公共服务质量，首先要对西部大开发 20 年来西部地区公共服务质量进行评估。

五　西部大开发 20 年西部地区公共服务效果评估

（一）指标维度及说明

评价西部地区公共服务质量的关键在于使用科学的评价指标体系。为此，本文基于 2012 年《国家基本公共服务体系"十二五"规划》、2017 年《"十三五"推进基本公共服务均等化规划》、"十三五"时期基本公共服务领域主要发展指标，将公共服务分为 8 个维度，分别是基础教育、医疗卫生、社会保障与就业、公共安全、基础设施、公共环境、科技信息、文化传媒，在 8 个维度下面选取 37 个具体指标反映西部地区 12 个省（自治区、直辖市）公共服务情况，如表 5 所示。

表 5　西部地区公共服务质量评价指标体系

目标层	准则层	指　标	各指标计算方法	属性
西部地区公共服务质量评价指标体系	基础教育 a	公共教育支出占财政支出比重（%）a1	公共教育支出/财政支出	正向
		每十万人口小学平均在校生数（人）a2	—	正向
		每十万人口初中平均在校生数（人）a3	—	正向
		普通小学师生比（%）a4	—	正向
		普通初中师生比（%）a5	—	正向
		义务教育机构分布密度 a6	（小学 + 初中数量）/各省份土地面积	正向
		文盲率（%）a7	15 岁以上的文盲人数/15 岁以上总人口数×100%	逆向
	医疗卫生 b	医疗与计划生育支出占 GDP 比重（%）b1	医疗与计划生育支出/GDP	正向
		每千人医疗卫生机构床位数（张）b2	—	正向
		每千人拥有卫生技术人员数（人）b3	—	正向
		甲乙类法定报告传染病发病率（%）b4	—	逆向
	社会保障与就业 c	社会保障和就业支出占财政支出比重（%）c1	社会保障和就业支出/财政支出	正向
		每千人口社会服务床位数（张）c2	—	正向
		住房保障支出占财政支出比重（%）c3	住房保障支出/财政支出	正向
		城镇登记失业率（%）c4	—	逆向
		城镇医疗保险覆盖率（%）c5	城镇职工和居民基本医疗保险参与人数/城镇人口	正向

目标层	准则层	指标	各指标计算方法	属性
西部地区公共服务质量评价指标体系	公共安全 d	公共安全支出占财政支出比重（%）d1	公共安全支出/财政支出	正向
		城乡居民收入水平差距 d2	城镇居民人均可支配收入与农村居民人均可支配收入之比	逆向
		万车死亡率（人/万车）d3	交通事故死亡人数/机动车拥有量*10000	逆向
	基础设施 e	城市天然气普及率（%）e1	城市天然气通气人口/城市人口总数*100%	正向
		每万人拥有公共交通车辆（台）e2	公共交通运营车台数/城市人口数	正向
		每万人公路里程数（公里）e3	公路里程/人口数	正向
		每万人铁路里程数（公里）e4	铁路里程/人口数	正向
	公共环境 f	节能环保支出占财政支出比重（%）f1	环境保护支出/财政支出	正向
		城市人均绿地面积（平方米）f2	—	正向
		一般工业固体废弃物利用率（%）f3	一般工业固体废物利用量/产生量	正向
		森林覆盖率（%）f4	—	正向
		城市生活垃圾无害化处理率（%）f5	—	正向
	科技信息 g	科技信息支出占财政支出比重（%）g1	科技信息支出/财政支出	正向
		R&D经费/GDP（%）g2	—	正向
		移动电话普及率（%）g3	—	正向
		互联网普及率（%）g4	—	正向
	文化传媒 h	文化体育传媒支出占财政支出比重（%）h1	文化传媒支出/财政支出	正向
		广播节目综合人口覆盖率（%）h2	—	正向

续表

目标层	准则层	指　标	各指标计算方法	属性
西部地区公共服务质量评价指标体系	文化传媒 h	广播电视用户数占家庭总户数的比重（%）h3	—	正向
		人均拥有公共图书馆藏书量（册）h4	—	正向
		每万人拥有公共图书馆建筑面积（平方米）h5	—	正向

（1）基础教育是一项极为重要的基础性事业，它是国民个人素质的保证，也关系着国家的前途和命运。它有利于提高劳动者素质和人力资本积累，缩小收入分配差距，对社会经济发展产生重大影响。本文主要衡量了西部地区政府对基础教育的投入和支持，并从义务教育机构分布密度、每个教师学生数、普通小学及初中师生比、文盲率等方面描述基础教育领域公共服务质量。

（2）医疗卫生服务关系人民群众的身体健康和生老病死，与人民群众切身利益密切相关，是社会高度关注的热点。医疗卫生服务主要包括医疗服务和公共卫生服务两个方面，因此从财政对公共卫生保健的支出、公众对卫生机构及技术人员的拥有量、传染病发病情况来考察。

（3）社会保障与就业关系着人民幸福安康，事关改革开放和社会主义现代化事业全局。它作为一项基本公共服务，不但有效地规避各类风险，而且保证着收入再分配的有序进行。由于社会保障制度还处于不断的改革和完善阶段，在相关数据不可获得的情况下本文使用社会保障和就业支出占财政支出比重、公众对社会服务床位数的拥有量、失业率、城镇医疗保险覆盖率等指标来考察社会保障和就业。

（4）公共安全服务主要是为保证国家机器正常运转、维护国家安全、建设巩固各级政府政权所提供的服务，其主要作用是维护社会稳定，促进社会和谐发展。因此，本应使用西部各省份刑事、民事、行政案件立案数量，生产事故死亡人数，信访人数等指标，但由于数据的不可获得性，最终本文选用公共安全支出占财政支出比重、城乡居民收入水平差异、万车死亡率等指标从侧面来反映公共安全情况。

（5）基础设施是指为社会生产和居民生活提供公共服务的物质工程设施，是用于保证国家或地区社会经济活动正常进行的公共服务系统，同时它对西部地区空间分布形态演变起着巨大的推动作用。基础设施在基本公共服务中占据重要地位，基础设施的建设水平和发展程度能直接反映出一个地区人民生活的基本状况。基础设施包括生活性基础设施及生产性基础设施，生活性基础设施主要包括能源供给情况和公共交通系统，生产性基础设施主要包括交通运输路线密度和通达率，本研究使用这几项指标来说明基础设施发展和公共服务质量情况。

（6）公共环境是人和生物的生存环境，一是自然型环境，包括山川、湖泊、田地、植被等；二是人类对环境的利用和改造。因此本研究使用节能环保支出占财政支出比重、城市人均绿地面积、森林覆盖率、城市生活垃圾无害化处理率等指标描述公共环境的公共服务质量。

（7）科技信息是人类认识自然和利用自然的重要工具，成为推动人类社会发展的驱动力，既有利于实现经济增长方式的转变，又有利于产业结构的升级换代。正值西部大开发 20 年之际，西部各省份也面临着科技、信息、人工智能的冲击，因此本文选用科技支出占财政支出比重、R&D 经费/GDP 反映该地区在科研方面的情况，以移动电话普及率和互联网普及率衡量其信息方面的发展情况。

（8）文化传媒指的是发展文学艺术、新闻出版、广播电视、图书馆、博物馆等各项文化事业的活动。它既是建设物质文明的重要条件，也是提高人民思想觉悟和道德水平的重要条件。文化建设的基本任务就是用当代最新科学技术成就提高人民群众的知识水平，陶冶情操，丰富精神生活。在文化传媒这一维度本文选取了文化体育传媒支出占财政支出比重、人均拥有公共图书馆藏书量、广播节目综合人口覆盖率等指标来描述。

（二）数据来源

本文数据来源于《中国统计年鉴》、《中国卫生和计划生育统计年鉴》、《全国年度统计公报》、《西藏自治区环境状况公报》以及西部地区 12 个省（自治区、直辖市）统计年鉴。由于 1999~2009 年部分数据缺失较多，数据的统计口径也存在较大偏差，故本文主要选用 2010~2017 年数据评价西部各省份 7 年间的公共服务质量，8 个维度的具体指标和计算方法见表5。

（三）数据的无量纲化处理

原始数据的无量纲化处理是进行相关分析的前提，将不同单位表示的指标统一成可比较的单位。指标分为正指标和逆指标，不同性质的指标处理方法不同，其中 max (x_i)、min (x_i) 分别为指标 x_i 的最大值和最小值。具体计算公式如下：

$$\text{正指标：} \bar{x}_i = \frac{x_i - \min(x_i)}{\max(x_i) - \min(x_i)}$$

$$逆指标：\bar{x}_i = \frac{\max(x_i) - x_i}{\max(x_i) - \min(x_i)}$$

（四）指标筛选与重构

各个评价指标在设计时存在一定的相关性，会造成该维度评价信息的重复，从而降低指标的有效性。因此，在指标筛选中本研究采用 SPSS 22.0 统计软件对西部 12 个省份各维度指标 2010～2017 年的数据进行相关性分析，剔除指标之间相关程度较大的评价指标，并将各指标与该维度总分之间进行相关性分析。其中，各指标与总分之间相关性越高，说明评价性越好，反之越差，并予以删除。经过评价指标的筛选，最终选取 8 项一级指标、29 项二级指标，构建评价我国西部地区基本公共服务质量的评估体系（见表6）。

表6　西部地区公共服务质量各级指标权重

准则层		指标层	
指　标	权　重	指　标	权　重
基础教育 a	0.2004	公共教育支出占财政支出比重 a1	0.0688
		义务教育机构分布密度 a2	0.0623
		每十万人口初中平均在校生数 a3	0.0399
		文盲率 a4	0.0293
医疗卫生 b	0.1882	医疗与计划生育支出占 GDP 比重 b5	0.0787
		每千人医疗卫生机构床位数 b6	0.0419
		每千人拥有卫生技术人员数 b7	0.0470
		甲乙类法定报告传染病发病率 b8	0.0206
社会保障与就业 c	0.1794	社会保障和就业支出占财政支出比重 c9	0.0728
		每千人社会服务床位数 c10	0.0161
		城镇登记失业率 c11	0.0256
		城镇医疗保险覆盖率 c12	0.0649
公共安全 d	0.1058	公共安全支出占财政支出比重 d13	0.0603
		城乡收入水平差异 d14	0.0352
		万车死亡率 d15	0.0103
基础设施 e	0.1399	城市天然气普及率 e16	0.0582
		每万人拥有公共交通车辆 e17	0.0332
		每万人公路里程数 e18	0.0276
		每万人铁路里程数 e19	0.0209

准则层		指标层	
指　标	权　重	指　标	权　重
公共环境 f	0.0509	节能环保支出占财政支出比重 f20	0.0127
		城市人均绿地面积 f21	0.0036
		森林覆盖率 f22	0.0036
		城市生活垃圾无害化处理率 f23	0.0310
科技信息 g	0.1068	科技支出占财政支出比重 g24	0.0678
		移动电话普及率 g25	0.0083
		互联网普及率 g26	0.0307
文化传媒 h	0.0287	文化体育传媒占财政支出比重 h27	0.0208
		人均拥有公共图书馆藏书量 h28	0.0049
		有线广播电视用户数占家庭总户数的比重 h29	0.0029

（五）评价方法的确定

目前测度基本公共服务质量的评价方法较多，主要有因子分析法、层次分析法、KANO 模型、SERVQUAL 模型以及 SERVPERF 模型等。在众多方法中，层次分析法综合了定性和定量研究方法，既带有一定的主观性，让人们参与到公共服务质量评价中，体现了公民意识，又可以按照设计的指标体系与权重对公共服务质量进行定量评价。此外，它还是一种系统性的结构分析法，经过将总体目标层层解析及进行重要性判断以获取每一指标的权重。层次分析法在运用中兼顾了分析结构和机理运算，在系统分析的基础上既维持了分析框架又显示出指标对总体目标的影响。故而，本研究采用层次分析法分别测评各省份的公共服务质量。

（六）评价步骤及测算结果

根据层次分析法的操作程序，西部地区公共服务质量评价的计算步骤如下。

1. 构建西部地区公共服务质量评价的层次结构模型

根据公共服务质量评价指标体系，确定系统评价的因素集合 A，$A = (a_1, a_2, \cdots a_n)$。

2. 构建判断矩阵

计算公共服务质量的指标权重，通过德尔菲法的定性分析，得出各指标的重要程度，构建层次结构模型的分层判断矩阵。a_{ij} 为要素 i 与要素 j 重要性进行比较结果。按两两比较结果构成的矩阵为判断矩阵：$A = (a_{ij})_{n \times n}$。

3. 层次单排序及其一致性检验

将判断矩阵每一列进行归一化处理，$\bar{a}_{ij} = a_{ij} / \sum_{ij=1}^{n} a_{ij}$，并将每一列归一化处理后的判断矩阵按行相加得出 $\bar{w}_i = \sum_{j=1}^{n} a_{ij}$，然后将向量 $\overline{W} = (\bar{w}_1, \bar{w}_2 \cdots \bar{w}_n)^T$ 归一化处理，即：$w_i = \dfrac{\bar{w}_i}{\sum_{i=1}^{n} \bar{w}_i}$，最后得到特征向量 $W = (w_1, w_2 \cdots w_n)^T$ 计算最大特征根：$\lambda_{max} = \sum_{v=1}^{n} \dfrac{Aw_i}{nw_i} = 8.7464$，$CR = \dfrac{CI}{RI} = 0.0756 < 0.1$，其中 CI 为一致性指标，CR 为一致性比率，RI 为随机一致性指标，判断矩阵满足一致性检验，则系统识别为有效。

4. 得出各级指标的权重

公共服务质量评价指数和各分项指数计算公式为：$I_i = \sum_{i=1}^{29} u_i \bar{x}_{ti}$，其中 u_i 为指标权重，$\bar{x}_{ti}$ 为第 t 省份第 i 指标的无量纲化指标值。

（七）评价结果分析

根据上述的分析，最终计算出我国 31 个省份（不包括香港特别行政区、澳门特别行政区以及台湾地区）公共服务质量得分均值及排名和西部 12 个省份从 2010 年至 2017 年的西部排名（见表 7）。

表 7　2010～2017 年我国公共服务质量评价结果

省份	2010 年	2011 年	2012 年	2013 年	2014 年	2015 年	2016 年	2017 年	得分均值	排名
北 京	0.6360	0.6525	0.6559	0.5971	0.6025	0.8524	0.5619	0.5575	0.6395	1
上 海	0.5401	0.5585	0.5458	0.4923	0.4696	0.7130	0.4955	0.4731	0.5387	2
浙 江	0.4301	0.4252	0.4565	0.4427	0.4769	0.7131	0.4944	0.4517	0.4863	3
广 东	0.4744	0.4605	0.4742	0.4560	0.4122	0.6820	0.4707	0.4401	0.4838	4
新 疆	0.4513	0.4246	0.4437	0.4129	0.4255	0.6620	0.4199	0.4106	0.4563	5
天 津	0.4431	0.4870	0.4628	0.4204	0.4025	0.6794	0.3875	0.3552	0.4547	6
山 东	0.3859	0.4028	0.4264	0.4201	0.4262	0.6430	0.4704	0.4446	0.4524	7
辽 宁	0.3878	0.4246	0.4415	0.3919	0.3988	0.6890	0.4375	0.4046	0.4470	8
重 庆	0.3385	0.3337	0.4126	0.4382	0.4487	0.6853	0.4549	0.4366	0.4436	9

省　份	2010年	2011年	2012年	2013年	2014年	2015年	2016年	2017年	得分均值	排名
江　苏	0.3925	0.3935	0.4216	0.4055	0.4096	0.6555	0.4370	0.4030	0.4398	10
河　南	0.3843	0.3886	0.4158	0.4199	0.4086	0.6377	0.3931	0.3676	0.4269	11
海　南	0.3896	0.4258	0.4182	0.3897	0.3949	0.6304	0.3744	0.3163	0.4174	12
山　西	0.3743	0.3814	0.3962	0.3956	0.3970	0.6353	0.3806	0.3441	0.4130	13
陕　西	0.3429	0.3522	0.3948	0.3789	0.3725	0.6182	0.3936	0.4018	0.4069	14
吉　林	0.3693	0.3934	0.4183	0.3728	0.3659	0.6381	0.3713	0.3005	0.4037	15
宁　夏	0.3493	0.3351	0.3513	0.3985	0.4012	0.6138	0.4138	0.3347	0.3997	16
湖　北	0.3419	0.3460	0.3812	0.3654	0.3808	0.6067	0.3991	0.3698	0.3989	17
四　川	0.2856	0.3428	0.3883	0.3830	0.3747	0.5884	0.3812	0.4140	0.3948	18
河　北	0.3325	0.3344	0.3566	0.3714	0.3651	0.6030	0.3600	0.4032	0.3908	19
黑龙江	0.3361	0.3460	0.3915	0.3551	0.3392	0.5880	0.3202	0.2847	0.3701	20
安　徽	0.3177	0.3470	0.3466	0.3522	0.3451	0.5634	0.3523	0.3316	0.3695	21
湖　南	0.3212	0.3180	0.3482	0.3381	0.3401	0.5920	0.3537	0.3339	0.3682	22
福　建	0.3562	0.3375	0.3484	0.3352	0.3434	0.5762	0.3340	0.3046	0.3669	23
江　西	0.3303	0.3405	0.3568	0.3429	0.3263	0.5665	0.3331	0.3296	0.3658	24
青　海	0.3084	0.3536	0.3783	0.3375	0.3429	0.4905	0.3485	0.3418	0.3627	25
内蒙古	0.3114	0.3178	0.3457	0.3229	0.3419	0.5629	0.3266	0.3308	0.3575	26
贵　州	0.2952	0.2777	0.3123	0.3379	0.3504	0.5364	0.3641	0.3812	0.3569	27
广　西	0.2919	0.2842	0.3038	0.3292	0.3509	0.5830	0.3379	0.3190	0.3500	28
甘　肃	0.2861	0.3202	0.3484	0.3329	0.3186	0.4968	0.3123	0.3339	0.3436	29
云　南	0.2956	0.2921	0.3114	0.3052	0.2941	0.4976	0.3136	0.2943	0.3255	30
西　藏	0.3142	0.2954	0.3035	0.3229	0.2907	0.3618	0.3199	0.3209	0.3162	31

　　数据显示，我国公共服务质量在区域间和省份间存在较大差异，公共服务质量与经济发展水平呈现一定关系，经济因素影响公共服务质量的提高，但并不是唯一因素。

　　第一，全国公共服务质量均值排名前10中，主要为东部省份和西部的新疆与重庆。新疆在2017年公共服务质量综合平均分值排名第5，超过了天津市，其公共服务质量得分非常高主要得益于"公共安全"和"基础设施"两项指标优势明显，一方面新疆作为边疆地区，打击恐怖主义、维护领土完整、安定百姓生活成为其发展的重点，导致其公共安全指标得分较高；另一方面从西部大开发的"十一五"规划到"十三五"规划以及"一带一路"建设，国家都非常重视对西部省份基础设施的投入，新疆地域辽阔，地广人稀，人均公路里程数和人均铁路里程数比较大，导致其基础设施得分较高。

重庆市的公共服务质量综合平均值位于第9位,其排名提升得非常快,从2010年第18位上升到2017年的第9位,曾经一度超越天津市和广东省,重庆市取得如此成绩,主要归因于"基础设施""社会保障与就业""公共环境"等指标优势明显:一是在基础设施方面,重庆市和新疆一样得益于西部大开发和"一带一路"建设。此外,重庆市经济增长依靠固定资产投资拉动,这些因素都导致其基础设施得分较高。二是重庆市人口老龄化全国最严重,2017年老年人口抚养比为20.6%,重庆非常重视养老事业,对社会养老保险加大投入,因此其社会保障与就业对总得分的贡献明显,在2013年重庆社会保障与就业得分列全国第3位,2014~2016年均列全国第1位。三是重庆市公共环境得分在西部地区仅次于宁夏回族自治区,尤其是节能环保占财政支出比重在全国排名比较靠前,说明重庆市政府对环境保护方面的重视程度。

第二,陕西省、宁夏回族自治区和四川省公共服务质量均值位于中间梯队,这三个省份的排名比较稳定,一直处于中间位置。其中宁夏基础设施得分全国第3,公共环境得分全国第1,宁夏基础设施的优势与新疆情况一样,而公共环境得分高主要在于其财政投入多,城市人均绿地面积居全国第1位。陕西省科技信息得分位于西部地区第1,公共文化得分位于西部地区第1,这主要得益于陕西省是西部地区高校和科研机构聚集区,集聚效应导致科研支出、科技成果转化、文化创意方面相对于西部其他省份具有优势。四川省社会保障和就业位于全国第4位,医疗卫生位于西部第1位,主要原因在于四川省和重庆市一样,作为劳务输出大省其人口老龄化程度不断加深,在社会保障和医疗方面的支出非常大。四川省其他指标得分不是很突出,城镇登记失业率排在全国第2位。

第三,在综合排名后10位省份中,以西部省份为主,青海省、内蒙古自治区、贵州省、广西壮族自治区、甘肃省、云南省和西藏自治区位于后7位,且5省份间公共服务质量均值差异不显著,而云南和西藏与上述五省份的差距较大,多项指标得分全国倒数第1。根据2017年数据,西部7省份,各项指标中除了基础设施外排名都比较靠后,基础设施得分高得益于每万人公路里程数和每万人铁路里程数两项指标的拉动,而天然气普及率普遍偏低,其中云南省全国倒数第1,上海市最高。每万人拥有公共交通车辆,北京市、天津和上海居于前列,西部各省份得分均比较低。此外,西藏、内蒙古的基础教育指标排名全国倒数两名,万车死亡率贵州最高,城乡收入差距甘肃省最大,每万人拥有卫生技术人员数西藏最低,科技与信息指标西部各省份除陕西、重庆外,得分都较低。在社会保障与就业方面，西部地区表现的差异性非常大，得分高的有重庆市和四川省，得分低的有贵州省和宁夏回族自治区。

总之，西部大开发20年西部省份在公共服务各项目上的财政投入在不断增加，和东部省份的差距有所减小，在基础设施、社会保障等方面得分较高，但西部各省份短板也非常显著，主要体现在公共服务软实力方面，比如基础教育、专业技术人员数量、天然气的普及率、文化传媒、科技研发、信息化程度、就业等方面。其原因归结为：西部地区地处边疆，高原辽阔，少数民族聚集，贫困人口多，公共安全问题突出，造成地方经济发展滞后，产业结构单一，人民收入增长缓慢，劳动力素质低等，加之经济"造血"机制未建立完善，地方财政实力弱成为公共服务水平低下的最主要原因。其中基本公共服务供给质量低，又造成西北各省份供需矛盾严重。

（八）变异系数计算

变异系数又称"标准差率"，是标准差与其均值的比值，作为反映总体分布数列中变量值差异程度的相对指标，通常来说，仅用标准差来描述差异程度是不够全面的，还需要消除单位或平均数不同对多个指标变异程度的影响。因此本文首先计算各省份数据指标标准差：$\sigma_x = \sqrt{\dfrac{1}{n}\sum_{i=1}^{n}(X_i - \overline{X})^2}$，然后令 $\overline{X} = \dfrac{1}{n}\sum_{i=1}^{n}x_i$，即变异系数 $v = \sigma x/\overline{x}$。其中选用 2010～2017 年的得分均值数据，并以 2017 年数据为基准，计算指标评价体系下 8 项指标的变异系数，如表 8 所示。

表 8　西部地区公共服务分类变异系数

指标	基础教育	医疗卫生	社会保障与就业	公共安全	基础设施	公共环境	科技信息	文化传媒
变异系数	0.0094	0.0394	0.0144	0.0136	0.0059	0.0040	0.0090	0.0017

从计算结果来看，变异系数值比较高的公共服务分别是医疗卫生、社会保障与就业及公共安全类公共服务，分别是 0.0394、0.0144、0.0136。这说明，2017 年西部地区 12 个省份在医疗卫生、社会保障与就业、公共安全方面供给差距相对明显，其他公共服务项目供给水平相差不大。总体上西部地区公共服务质量整体呈现出低层次公共服务非均等化显著，高层次公共服务差异较小的格局。究其原因：一方面是不同项目间公共服务的权重存在差别，如科技信息及文化传媒类权重最小，造成省份间偏差值较

小；另一方面西部各省份整体经济发展能力薄弱，公共服务的有效供给严重受制于财政支出、社会经济发展的自然禀赋和人口结构。

具体来看，变异系数最大的医疗卫生，以每万人口拥有的卫生技术人员数和医疗机构床位数为例，陕西省分别为81人和6.29张，而新疆维吾尔自治区为71人和6.85张，西藏仅为49人和4.78张，均未超过西部省份均值。社会保障与就业方面，西部各省份间的差距也比较大。重庆市和四川省的人口老龄化程度严重，表现出社会保障各指标，如财政支出、公众对社会服务机构床位的拥有量、城镇基本医疗保险覆盖率都是非常高的，相比较而言，西藏、贵州、新疆、宁夏、青海等地，该项支出占财政支出比重不及全国平均水平。公共安全方面，新疆在公共安全上得分最高，新疆的公共安全是国家安全的重要前提，其公共安全财政支出比其他西部省份高出1倍以上。另外，甘肃城乡收入差异最大，贵州的万车死亡率最高。基础教育方面变异系数排名第4，主要体现在西藏与其他省份的差距，可见西藏在提高教育质量、提升人口基本素质方面取得的成效不够显著，存在较大发展空间。

六 西部地区公共服务转型发展路径选择与政策建议

（一）路径选择

1. 公共服务由"基本"向"体系"转型

自西部大开发政策及"十五"规划实施后，西部地区初步建立起基本公共服务。这一时期重大标志性工程开始建设，生态环境开始恢复，退耕还林和退牧还草工程启动，公共教育领域"两基"攻坚计划启动，同时保障人民基本生活水平的社会保障制度不断建立。随着各项公共服务项目的建立，基本公共服务均等化要求提出，公共服务向着切实解决人民切身利益的方向进行转变。新农保、新农合和最低生活保障线的建立，标志着保障人民基本需求的保障线全部建立起来。到"十二五"规划期间，西部大开发战略已经纳入全国统一战略中，"一带一路"倡议和"精准扶贫"政策实施，西部地区对全面建成小康社会和城乡经济社会一体化建设进行全面部署，公共服务配合这一全面部署将建立覆盖城乡居民的公共服务体系并以解决西部地区绝对贫困问题作为实现目标。时至2017年，十九大指出我国社会主要矛盾的转变，公共服务为配合社会主要矛盾的转变，将进一步向健全完善的公共服务体系发展。整体来看，西部地区公共服务各项目已经从基本建立，向全覆盖、均等化、重体系实现重大转变。

2. 公共服务由重"数量"向重"质量"转型

西部大开发政策实施20年，前后经历了4个转型发展阶段，西部地区公共服务由财政支出为主的数量型增长，到如今转变为更注重标准化、公众对政府公共服务满意度等方面。1999年后为缩小区域间经济与社会发展差距，政府提出一系列促进区域协调发展的政策。教育、医疗卫生、社会保障与就业、基础设施等基本公共服务逐渐受到重视，中央和地方政府不断增加资金的投入力度。公共财政的倾斜使得西部地区公共服务从缺失和不健全的状态到全面建立和不断完善，但关注财政支持力度的同时忽视了公共服务的供给是否有效。

十九大报告提出"完善公共服务体系，保障群众基本生活，不断满足人民日益增长的美好生活需要"。政府有职责向公众提供高质量的公共服务，以公众满意度为目标。此外，基本公共服务均等化在2006年提出之后，标准化作为公共部门管理与质量管理相结合的产物，既是改革的方向，又被视为公共服务质量改进的重要方法和技术。2018年国务院颁布《关于建立健全基本公共服务标准体系的指导建议》，目的在于推动政府职能转变、流程再造，保证公共服务的效率与质量，满足人民日益增长的美好生活需要。

3. 公共服务由"低层次"向"高层次"转型

本文将公共服务界定为8个维度，其中满足人民基本生活需求的基本公共服务项目，有公共教育、社会保障与就业、医疗卫生、基础设施、公共安全，保证人民群众在幼有所育、学有所教、劳有所得、病有所医、老有所养、住有所居方面获得最为直接的福利。公共服务转型发展的前三个阶段以此目标为主，低层次民生类公共服务，随着经济社会的发展会逐渐得到满足。人民群众开始追求便捷、宜居和丰富多彩的生活，因此文化传媒、科技信息、公共环境作为高层次公共服务不断受到重视。数字经济、人工智能、互联网、大数据、青山绿水、新型文化业态成为公共服务向高层次转型发展的方向。西部大开发政策实施20年来，西部地区在高层次公共服务领域的投入和重视程度和东部地区比还存在较大的提升空间，未来在基本公共服务均等化和标准化后，提高人民生活质量和幸福感的高层次公共服务项目是下一个西部大开发20年发展的目标。

（二）政策建议

1. 发展地区经济，加大财政投入力度

从全国和西部各省份排名来看，经济发展是影响西部地区公共服务质

量的关键因素。公共服务作为一种特殊的公共产品，决定了政府在公共服务的供给和管理过程中的责任。2018年国务院出台关于基本公共服务标准化体系建设的文件，规范了中央与地方间的支出事项划分方案，其中中央对西部地区的财政分担比例高达80%。除了中央财政向西部地区进行大规模输血之外，西部各省份也要提升经济实力，以奠定公共服务质量发展的基础，才能有效地满足公共服务的基本需要。因此，西部地区各省份应借助第四次工业革命，我国正进行深化改革和产业结构调整的契机，主动利用互联网、人工智能、大数据、绿色经济发展自身资源禀赋优势和当地特色。另外，西部地区应借助"一带一路"倡议大力发展，西部城市作为"一带一路"的起点和节点，应抓住有利时机，利用国家优惠政策，大力发展基础设施建设，积极与"一带一路"沿线国家实现对接，展开合作，大力发展经济，让"一带一路"倡议成为西部地区第二次改革开放的契机。

2. 补齐公共服务短板，实现基本公共服务均等化

通过数据分析，读者可清晰地看到西部地区公共服务的短板，一是基本公共服务未能实现均等化，各项目之间，各省份之间差距显著。二是高层次的公共服务质量普遍不高。虽然新疆和重庆的综合排名进入前十名，但应清楚地认识到新疆和重庆依靠财政投入在个别指标上的发力，掩盖了其整体的不足和未来的不可持续性。基于此，一是继续弥补西部各省份基本公共服务的不足，尽快实现基本公共服务均等化，让西部人民共享经济社会发展成果；二是逐步提高高层次公共服务质量，缩小与东部省份的差距，青山绿水、科技信息、文化传媒等方面将是未来发展的趋势；三是鼓励东部发达城市与西部城市实现"一对一"帮扶机制，传递先进经验和经济、技术优势，带动西部地区公共服务质量的发展。

3. 以政府为主导，实现多元化供给机制

梯布（Tiebout）公共品提供模型指出，地方政府是公共服务供给主体，因为地方政府在资源的数量和性质方面配置效率更高。由于西部地区基本公共服务存在不均衡现象，在分权财政体制下，公众可以通过搬迁"用脚投票"的形式，促进公共品资源利用的组织效率提高。这样会出现群分现象，而对于西部地区而言，很多省份成为劳务输出大省，人口老龄化程度加深，留守儿童和老人成为社会问题。因此，西部地区公共服务在以政府为主导的前提下，要引入社会和市场力量提高公平和配置效率。

首先在公共服务购买对象上，要强化政府和社会资本合作，广泛吸引

社会资本参与其中，推动实现民办非营利机构和公办机构同等待遇，在这过程中政府要提供相关的优惠政策，积极引导社会对公共服务的关注；其次在购买程序上，要贯穿公正、公平原则，以公开竞争和招标的方式，严格执行"政府制定计划—识别服务类型—确定供给主体—选择供给方式"的程序路径；最后在购买规模上，要打造多地区、多组织以及多领域购买服务的新格局，努力将购买服务延伸到边远农村和经济相对落后地区，将购买领域从养老服务等传统领域逐步拓展到外来务工人员服务、志愿服务等新兴领域。

4. 建立公共服务电子化智能化体系，发展"互联网＋"服务

十九大报告提出"善于运用互联网技术和信息化手段开展工作"，互联网信息技术成为政府政务工作新载体，用来解决不同部门、省份间公共服务质量不均衡问题，该技术一定程度上有利于政府职能转变，建立服务型政府，简政放权，透明公开，净化官场风气。作为经济欠发达的西部省份，建设人民满意的服务型政府，关乎着西部各省份经济发展和社会稳定，关乎着西部人民幸福感的提升。建立公共服务电子化智能化体系要注意两方面，一是重视跨业务、跨部门、跨区域业务协同和整合，做到数据共享、公共服务标准统一，以实现公共服务间的无缝对接；二是根据西部各省份实情，如地处边疆、山区多、少数民族聚集、贫困地区互联网普及率偏低，逐步推进西部地区"互联网＋"建设，在这些地区还要以线下公共服务为主要形式，在此过程中积极推进网络基础设施建设和网络教育工作。

第四部分
西部大开发20年西部地区开放繁荣发展研究

西部大开发 20 年西部地区开放发展的历史、现实与未来

李 楠 康 蓉 骆 晓*

摘 要：本文通过对西部地区 20 年对外发展状况的描述性统计分析，梳理出西部大开发 20 年发展特点，探讨对外开放广度和对外开放深度对地区对外发展产生的影响，并就西部地区 20 年对外贸易结构和发展方向进行总结，对其未来可能的发展态势进行初步预测。通过研究发现，西部地区 20 年来外贸增长趋势明显，对外开放广度和深度均对地区外向发展有着正向影响，而后者影响更为显著，但同时也应注意到，西部地区各省份间对外发展水平和地区吸引力差距较大，结合研究结果，本文最后提出了相关的政策建议。

关键词：西部大开发 对外开放 开放广度 开放深度

一 引言

西部大开发战略作为国家现代化战略的重要组成部分，对于促进中西部地区经济社会可持续发展、缩小与东部地区的发展差距具有十分重要的意义。西部大开发战略起源于世纪之交：1999 年《中共中央关于国有企业改革和发展若干重大问题的决议》首次明确提出要实行西部大开发战略，目的是将东部沿海地区的剩余经济发展能力转移到西部，"腾笼换鸟"，实现东部地区产业结构转型升级和提高西部地区经济社会发展水平，统筹区域经济协调发展；2000 年《国务院关于实施西部大开发若干政策措施的通知》进一步完善了西部大开发战略的实施区域，地理范围覆盖西部地区 12 个省、自治区和直辖市（内蒙古自治区、广西壮族自治区、重庆市、四川

---

* 李楠，西北大学经济管理学院博士在读，研究方向为世界经济；康蓉，博士，西北大学经济管理学院副教授、中国西部经济发展研究中心兼职研究员，研究方向为国际贸易、国际商务谈判；骆晓，西北大学经济管理学院硕士在读，研究方向为世界经济。

省、贵州省、云南省、西藏自治区、陕西省、甘肃省、青海省、宁夏回族自治区和新疆维吾尔自治区），标志着西部大开发战略开始正式实施。经过二十年的发展，西部地区在经济实力、基础设施保障能力、特色优势产业、生态文明建设、人民生活和开放型经济等方面都取得了巨大成就。从经济总量来看，2013～2017年西部地区GDP从12.7万亿元增加到17.1万亿元，占全国的比重由19.8%提高到20.0%。从经济增速来看，2007年西部地区经济增速首次超过东部地区，并一直保持至今；2013～2017年西部地区GDP保持了年均8.8%的增速；2018年西部地区12个省份中，有7个省份的GDP增速超过全国平均水平，其中贵州、西藏和云南分列前三位，前两者则以9.1%的增速并列第一。

西部地区开放型经济水平不断提高，对外开放的广度和深度也在进一步加强。在开放的广度上，2013～2017年西部地区的进出口总额保持6.4%的年均增速，占全国比重由23.8%提高到26.4%；2017年西部地区的FDI在全国范围内的表现尤其亮眼，特别是在地区整体投资同比下降42.7%的背景下，西部地区FDI同比增长14.5%，达到124.7亿美元，占地方投资总量的14.7%，比上年增长6.8%。① 在开放深度上，因为"向东"和"向西"双向开放的要求，西部地区凭借独特的区位优势已成为当前中国的开放前沿和向西开放的窗口。"一带一路"倡议的提出和落实推进为西部地区带来了新的发展机遇，使得"向西开放"的进程进一步加快。2017年西部地区与"一带一路"沿线国家及地区的贸易额扭转前两年下降的趋势，达到1434.2亿美元，较上年增长15.16%，占全国的10.0%。② 同时，西部地区和"一带一路"国家及地区的双向投资也增长迅速，西部地区成为"一带一路"沿线国家及地区对华投资的重要区域。西部地区强化开放的广度和深度、提高开放水平分别从硬环境和软环境两个方面入手。硬环境建设表现最突出的是基础设施的互联互通，连接西部地区的"渝新欧"、"蓉欧"和"长安号"等中欧、中亚班列是"一带一路"建设的重要载体和平台，其凭借高效率（相对海运来说）和低成本（相对空运来说）的优势，越来越成为货物贸易运输的最佳选择。截至2018年上半年，西部地区中欧班列已累计开行4579列，占全国比重为47%。软环境建设方面，在自贸区等平台的基础上"先行先试"，进一步推进各项改革：深化行政制度改革，减少行政审批，提高政府行政效率；

---

① 数据来源：《中国对外投资发展报告2018》。
② 数据来源：《"一带一路"贸易合作大数据报告2018》。

改善营商环境，促进贸易与投资便利化程度的提高等。2017 年第三批自贸试验区（总共 7 个）设立，其中 3 个在西部地区（陕西、重庆和四川）。此外，宁夏、贵州内陆开放型经济试验区和广西东兴、广西凭祥、云南瑞丽及内蒙古满洲里沿边四大重点开发开放试验区的建设也在稳步推进。

然而，西部地区在开放型经济的发展上还存在诸多不足。本文对西部大开发 20 年来西部地区开放发展的历史和现状进行梳理，以期找出西部地区目前在开放发展上的不足之处，并提出针对性的政策建议。

二 文献综述

（一）关于西部地区的经济增长（发展）和开放发展的关系

1999 年西部大开发战略提出后，西部地区的开放发展问题就一直是社会关注的热点问题。田秋生等人认为开放不足是导致西部地区落后的根本原因，并指出西部地区对外开放的核心是建立开放型经济，在向海外地区开放的同时还要注重向国内其他地区开放。[①] 宗建亮等人也同样用对外开放差距来解释我国区域发展存在差距。[②] 在对西部地区对外开放与经济发展相关因素研究中，他得出了西部地区经济发展在很大程度上同时受到对外贸易和 FDI 的制约。张宽等人在探讨贸易开放、政府规模和经济增长的关系时发现，总体上贸易开放能够促进经济增长，但不同区域之间有显著的差异：贸易开放对东部地区经济增长具有显著的促进作用，但对中西部影响不显著。[③] 这和宗建亮（2011）得出的结论并不完全一致。

（二）关于西部地区对外开放度的测算

对西部地区对外开放度进行测算是西部地区开放水平研究的一个重要组成部分。兰宜生用外贸依存度和外资依存度之和作为衡量对外开放度的指标，其中外贸依存度等于进出口额/GDP、外资依存度等于实际外商投资

① 田秋生、刘力：《略论西部大开发中的对外开放问题》，《管理世界》2001 年第 1 期，第 111 ~ 116 页。

② 宗建亮、李小婧：《我国西部欠发达地区对外开放与经济发展相关因素研究——基于欠发达地区对外贸易与 FDI 面板数据的实证分析》，《贵州财经学院学报》2011 年第 6 期，第 91 ~ 96 页。

③ 张宽、刘玹泽、石健烽：《贸易开放、政府规模与经济增长》，《宏观质量研究》2018 年第 1 期，第 55 ~ 72 页。

额/GDP。① 赵娟等人从经济、文化、社会和政策四个方面建立对外开放度测算指标体系，包括 4 个一级指标（经济、社会、文化和政策开放度），11 个二级指标（对外贸易、国际旅游等）和 19 个三级指标（进出口额/GDP，国际旅游外汇收入/GDP 等），在此基础上利用主成分分析法和加权平均法，从时间和地域尺度上对西部地区对外开放度进行测算和比较。② 赖普清首先从对外贸易开放度、外资开放度和对外交流开放度三个维度分别评估西部地区对外开放水平，然后对这 3 个指标赋予 4∶4∶2 的权重，以加权平均值作为衡量对外开放度的总指标。③ 其对外贸易开放度和外资开放度和兰宜生（2002）外贸依存度、外资依存度两个指标的含义和计算方法一致，而用国际旅游外汇收入/GDP 作为测量对外交流开放度的代替指标。杨朝均等人在评价经济开放水平时除了用到上述提到的贸易开放度、外资开放度和旅游开放度 3 个指标外，还新增加了劳务开放度（外资生产总值占工业生产总值比重，对外承包工程合同金额/地区生产总值）和技术开放度（技术引进和合同金额/地区生产总值）2 个指标，在这五个指标的基础上，利用熵权－G1 法综合评价省级层面的对外开放水平。④

（三）关于"一带一路"倡议和西部开放发展的关系

"一带一路"倡议提出后，学界对"一带一路"倡议和西部地区开放发展之间关系的研究不断增加，普遍观点也都认为"一带一路"倡议对西部地区的开放发展具有促进作用。在二者关系方面：李承明提出"一带一路"倡议是西部大开发战略的升级版⑤；任保平等人认为在打造西部大开发升级版时必须坚持共建"丝绸之路经济带"和推进"西部大开发"并举的战略；⑥ 全毅则认为"一带一路"倡议和西部大开发战略必须协同推进和发展。在"一带一路"倡议促进西部地区对外开放方面：崔欣欣指出

① 兰宜生：《对外开放度与地区经济增长的实证分析》，《统计研究》2002 年第 2 期，第 19～22 页。
② 赵娟、石培基、朱国锋：《西部地区对外开放度的测算与比较研究》，《世界地理研究》2016 年第 4 期，第 93～101 页。
③ 赖普清：《西部地区对外开放度比较与实证分析：1995—2014》，《西部经济管理论坛》2016 年第 4 期，第 29～42 页。
④ 杨朝均、杨文珂、李宁：《中国区域对外开放度的差异分解及空间收敛性研究》，《研究与发展管理》2018 年第 1 期，第 115～125 页。
⑤ 李承明：《"一带一路"是西部大开发升级版》，《西部大开发》2015 年第 Z2 期，第 76～77 页。
⑥ 任保平、周志龙：《丝绸之路经济带建设中打造西部大开发升级版的战略选择》，《兰州大学学报（社会科学版）》2015 年第 6 期，第 79～85 页。

"一带一路"倡议使得西部地区对外开放获得了新的发展机遇，具体包括获得对外开放新动力、成为对外开放新前沿、由对外开放政策洼地转变为政策高地和由沿海开放带动转变为自身开放驱动四个方面；[①] 陈凯麟利用OR值t检验的方法得出在2014年第三季度到2017年第三季度全国经济整体对外开放度下降的大背景下，"一带一路"倡议成为减缓西部地区经济开放水平下滑的关键因素。同时，"一带一路"倡议的持续和有效推进将有助于西部地区经济开放水平的提升。[②]

　　安树伟、郭楠、郭锐和甄晓英等人研究的重点为"一带一路"倡议对区域发展格局的影响，特别是在重塑区域对外开放新格局方面的重要作用。安树伟指出"一带一路"倡议使东中西部地区的对外开放功能得到重新定位：东部地区侧重于构建更加开放的体制机制；中部地区致力于建设全方位开放战略枢纽；西部地区则进行沿边开放新高地的建设。[③] 郭楠从"一带一路"倡议具体构想中进一步对东中西部三个区域的功能定位进行了细化：西部地区，特别是新疆将成为向西开发的重要窗口；中部成为增强外贸合作的纽带；东部地区则建设成为辐射东亚的商贸集散中心。[④] 郭锐提出"一带一路"倡议对西部陆域边境地区的影响程度较大，之前的沿边区域及其后方基地被推到了对外开放前沿的位置。[⑤] 甄晓英侧重于对西部地区对外开放格局的研究，指出"一带一路"倡议在西部开放地位、开放理念、制度创新和各省份新的战略定位等方面重构了西部地区对外开放的新格局。[⑥]

　　综上所述，可以看出，关于西部地区对外开放相关文献的梳理主要集中在与经济增长的关系上及对外开放度的测算上，受到"一带一路"倡议提出的影响，随后有诸多研究也转向了"一带一路"倡议与西部地区发展的关系。基于上述的研究总结，关于对外发展水平的测度有着诸多指标，但同时从对外开放广度和对外开放深度切入研究对外发展影响的学者较少，

① 崔欣欣：《把握"一带一路"建设机遇打造我国西部地区对外开放新引擎》，《对外经贸》2016年第4期，第59~61页。

② 陈凯麟、蒋伏心：《共建"一带一路"使西部经济更开放吗？——基于OR值t检验方法》，《云南财经大学学报》2018年第4期，第46~55页。

③ 安树伟：《"一带一路"对我国区域经济发展的影响及格局重塑》，《经济问题》2015年第4期，第1~4页。

④ 郭楠：《"一带一路"战略对区域经济新格局的影响》，《改革与战略》2016年第11期，第78~81页。

⑤ 郭锐、王亚飞、陈东：《"双向开放"战略实施对我国区域发展格局的影响》，《中国科学院院刊》2016年第1期，第51~58页。

⑥ 甄晓英、马继民：《"一带一路"战略下西部地区的对外开放与机制创新》，《贵州社会科学》2017年第1期，第130~135页。

因此本文借鉴前人的指标分类，进一步提出对外开放深度的衡量，试图找出在这二者视角下的西部地区对外发展路径。

三 西部大开发20年西部地区开放发展：数据与事实

在西部大开发20年大背景下，对西部地区对外发展概况的掌握需要通过对其历史发展进行回顾和总结，从中提炼出其发展特点和状态，这也是之后进行进一步研究和分析的基础。本文在西部大开发20年背景下，对西部地区对外发展概况的历史梳理主要分为三个方面，包括对西部大开发20年对外发展广度的历史梳理，对外发展深度的历史梳理，以及将西部地区对外发展与东部地区对外发展进行对比，通过这种横向的对比来反映同期西部地区发展的水平及状态。

（一）西部大开发背景下西部地区对外开放广度的历史分析

在西部大开发背景下，本文对西部地区对外开放广度进行了描述性的统计分析，对其开放广度衡量，目的在于对其外贸开放基本面的对外拓展程度进行分析，因此这里从"引进来"和"走出去"角度分别选取进口额和出口额来进行度量。从图1中可以看出，四川省、重庆市及广西壮族自治区的进出口总额较大，说明这三个地区外贸交流较为活跃，其对外开放

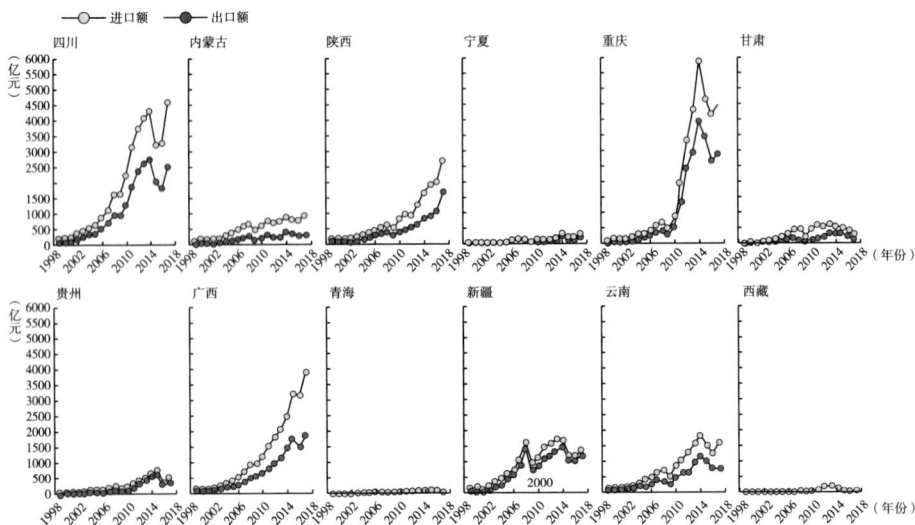

图1　1998~2018年西部大开发背景下西部各省份进口额和出口额变化情况
资料来源：西部各省份统计年鉴。

较其他省份而言拓展得更广。其中四川省进口额和出口额相差不大，可以认为四川省进口贸易与出口贸易基本处于平衡发展的状态。重庆市进出口总额最高，其出口贸易量大于其进口贸易量，但是二者差距有缩小的趋势。广西壮族自治区出口额一直大于进口额，从2016年开始进口额反超出口额，但是二者的差距并不大。综上可以看出，这三个省份进出口总额在西部大开发20年里一直居于前三位，且其对应的进口额与出口额差距不大或有减小趋势。具体来看，四川省近些年进口的主要商品类别集中在初级产品和以杂项制品为主的工业制成品上，而出口商品类别集中在以机械和运输设备为重点的工业制品上。广西壮族自治区机电产品成为进出口的主力。同时，对比来看，青海省、西藏自治区和宁夏回族自治区进出口额较小，这三个地区可能受到环境脆弱性保护以及地理位置的影响，对外进出口发展相对缓慢。

（二）西部大开发背景下西部地区对外开放深度的历史分析

西部大开发政策实施了20年，西部地区对外开放除了要关注其对外开放的广度外，也要关注其对外开放的深度。对外开放深度主要衡量地区对外贸易的产品技术含量，一个地区对外贸易产品技术复杂度越高，其蕴含的附加值就越大，所贡献的外贸交易额就越多，对一个地区对外发展的带动力就越强，因此本文同样从"引进来"和"走出去"角度分别选取规模以上工业企业技术引进经费和规模以上工业企业出口交货值来进行衡量。数据显示，2001年四川省、内蒙古自治区云南省以及陕西省是技术引进的积极倡导者，2016年西部地区技术引进经费处于前列的省份为重庆市、内蒙古自治区、四川省和陕西省。而纵观1999～2016年，四川省、重庆市和陕西省一直是技术引进的积极省份，内蒙古自治区、云南省和甘肃省在2009年之后也成为技术引进的积极者，尤其是云南省其引进量仅低于四川等省份，这可能受到了2009年胡锦涛总书记在云南考察时提出的"使云南成为我国向西南开放的重要桥头堡"影响，并且国务院在2011年出台了《关于支持云南省加快建设面向西南开放重要桥头堡的意见》，云南省对外开放站在新的起点上。而对于工业企业出口交货值而言，2001年四川省、广西壮族自治区和重庆市的对外工业出口交货值居于西部靠前位置，2016年工业企业出口交货值排名靠前的省份包括重庆市、四川省、广西壮族自治区及陕西省，对比不难发现四川省、重庆市和陕西省均在技术引进方面和工业出口方面是积极的推进者，说明这三个省份在对外开放深度的拓展上有着积极效果。

（三）西部地区与东部地区对外开放情况对比

前文分析了西部大开发20年对外开放的广度和深度的基本情况，可以看出西部地区在 20 年时间里发展成果喜人，其对外开放广度和深度均有着显著拓展，本文进一步将西部地区的对外发展情况同东部地区进行横向对比，试图反映同时期西部地区发展的特点和状态。从图 2 中可以看出，西部地区在西部大开发 20 年里，进口总额与出口总额占全国比重呈现明显上升态势，出现这种现象的原因，一方面是受到中国加入世界贸易组织的影响，西部地区对外开放市场的拓展呈现加剧趋势；另一方面受到西部大开发政策影响，东部地区产业转移加快，西部地区承接了来自东部地区的诸多产业，为其对外发展提供了一定的产业基础。同时也可以看到西部地区 2010～2014 年进、出口额占全国比重的差距呈现拉大趋势，但随后又趋于缩小，主要由于西部地区出口额所占比重发生了下降（见图 2）。这一时期出口额的下降受到国际经济发展环境的影响，世界经济复苏疲软，油价下跌且国际金融市场剧烈震荡，新兴经济体经济增速放缓等因素使得西部地区出口环境欠佳。与此相对应的是，东部地区进口额和出口额占全国比重在 2008 年时间点上出现了明显分化趋势，从图 3 可以看出，在此之前二者均呈现上升趋势，而在 2008 年之后东部地区进、出口额占全国比重呈现波动式下降趋势。究其原因，一方面是东部地区出口导向型企业较为集聚，受到 2008 年金融危机的影响，其出口环境趋紧；另一方面 2010 年国务院出台了《关于中西部地区承接产业转移的指导意见》，明确了中西部地区承接东部产业转移的任务，至此东部地区产业向西部地区加快转移。同时对比西部地区进出口额占全国比重来看，2010 年开始西部地区外贸进出口

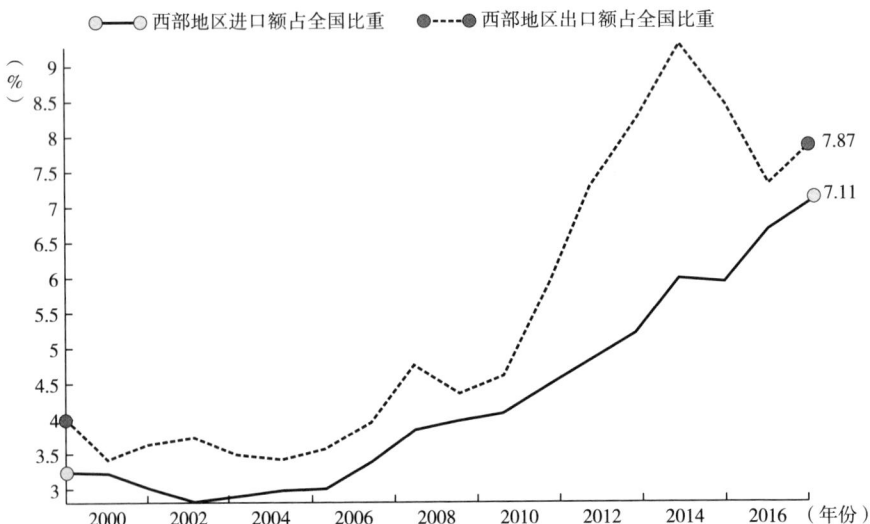

图 2　2000～2016 年西部地区进口额与出口额占全国比重

资料来源：各省份统计年鉴和国家统计局。

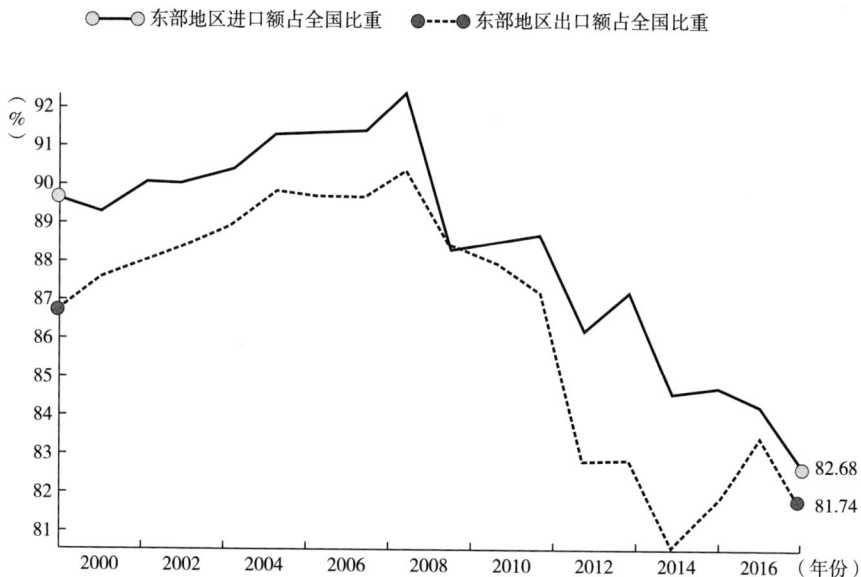

图3 2000~2016年东部地区进口额与出口额占全国比重

资料来源：各省份统计年鉴和国家统计局。

额占全国比重陡然上升，这与国家产业转移和支持政策分不开。

通过对西部地区与东部地区外贸进、出口额占比情况的对比，读者可以看出西部地区对外发展的特点，而除了外贸发展，通过人口流量的变化也可以间接地了解西部地区对外开放的情况，一个地区人口流量的变动可以直接反映出这个地区对外界的吸引力，从而反映出该地区对外发展活力，本文采用年末常住人口数进行度量。数据显示，在1999~2017年近20年间，东部省份普遍较西部省份常住人口总数增加量大，以1999年为基期东西部省份人口总数几乎相同，而经过20年发展，东部省份常住人口数发生了明显的增长，而对比西部地区常住人口的增长速度，可以看出东部地区的增长速度较西部地区快，说明东部地区对人口的吸引力强，截至2017年，其吸引力对比西部地区依然强劲。对西部地区内部而言，重庆市、四川省和广西壮族自治区人口吸引力较其他省份更为强劲，从西部大开发20年的发展来看，这三个地区的常住人口增长速度较快。与此相对照的是西藏自治区、甘肃省、宁夏回族自治区以及内蒙古自治区流入的人口较少，说明这些地区对外发展相比其他省份而言活跃度较低，因此其对人口的吸引力较低。本文进一步分析得出，东部地区不论是城市人口还是年末常住总人口增长速度均快于西部地区，而其中东部地区城市人口的增长速度最快，城市人口数量的快速增长一方面反映了城市化的快速推进，另一方面也反映出东部城市外向发展的活力和吸引力较强。

四 理论机理

我国实施对外开放政策，积极发展对外贸易活动，其主要的理论基础是亚当·斯密绝对分工理论和李嘉图的比较优势理论，对于西部地区而言，基于这些理论的指导，在过去的几十年中西部地区依托自身的产业优势，发展对外贸易。进入 20 世纪 90 年代，李嘉图的比较优势论以及后来的赫克歇尔－俄林的生产要素自然禀赋论，对西部地区对外贸易发展起到了理论基础作用，俄林的生产要素自然禀赋论主张各国可以利用其本地区相对富裕的生产要素生产商品并进行国际贸易，这一理论为西部地区利用本地区优势资源发展特色产业起到了积极的推动作用。起源于 20 世纪 80 年代的波特的竞争优势战略管理理论，其所提出的竞争优势在诸多领域有着积极的借鉴意义。当下，各国（地区）对外发展依靠的不仅仅是比较优势或者要素禀赋，而更多的是竞争优势的崛起，一个地区对外竞争力的提高和竞争优势的发挥对其对外发展有积极的作用。

本文主要从对外开放广度和深度分别对西部地区开放发展的影响进行分析讨论。开放广度从地区对外贸易总量进行分析，笔者认为一个地区对外贸易总量的增长，对这个地区对外开放广度是有着正向作用的，对外贸易总量就是一个地区进出口总额，其数值越大，意味着该地区对外交流越多，对外开放就越广；而关于对外开放深度，笔者认为，一个地区对外开放深度的拓展，意味着该地区对外交流质量的提升，涉及产品质量以及服务质量，因此关注对外开放深度对开放发展的影响很有必要，且笔者认为对外开放深度的拓展对地区对外开放具有更积极的影响。进一步对比对外开放广度和深度，对外开放深度对地区对外发展的影响更为深刻，这取决于其涉及的产品或服务质量的变化，而这种变化是更为关键的，其决定着产品的附加值和服务的附加值，因此对外开放深度的拓展对地区对外开放的影响更为深刻。

五 模型构建与实证分析

（一）模型构建、数据来源与指标选取

1. 模型构建

本文基于西部大开发 20 年，探讨西部地区开放广度和深度对西部地区

开放发展的影响。基于数据特点，本文采取普通长面板模型进行估计，并采用面板矫正标准误对可能存在的异方差和同期相关性问题进行矫正，以保证回归的科学性。因此，本文将对外开放广度和深度对开放发展影响的长面板模型设定如下：

$$Open_{it} = \alpha_0 + \alpha_1 totaltrade_{it} + \sum Control_{it} + \mu_i + \sigma_t + \varepsilon_{it} \tag{1}$$

$$Open_{it} = \gamma_0 + \gamma_1 travel_{it} + \sum Control_{it} + \mu_i + \sigma_t + \varepsilon_{it} \tag{2}$$

其中，$Open_{it}$ 表示各省份对外开放程度，以各省份出口额/GDP 来衡量；$Control_{it}$ 表示影响对外开放度的控制变量；μ_i、σ_t 分别表示省份和年份固定效应，ε_{it} 为随机扰动项。模型（1）中 $totaltrade_{it}$ 表示进出口总额，代表对外开放的广度，模型（2）中 $travel_{it}$ 表示旅游国际外汇收入，代表对外开放的深度。

模型（1）和（2）仅仅评估西部各省份开放广度、深度对对外开放程度的平均作用。然而，事实上，各省份对外开放状态具有一定的持续性，当期对外开放水平会受到之前开放水平的影响，这是因为之前对外开放状态会直接影响当期开放的广度和深度，进而影响当期对外开放程度。因此，可以认为对外开放程度会受到历史开放程度的影响，为了验证这解影响的动态效应，本文将在模型（1）和（2）的基础上进行完善，采用系统 GMM 模型进行建模，具体模型设定如下：

$$Open_{it} = \beta_0 + \beta_1 Open_{i,t-1} + \beta_2 Open_{i,t-2} + \beta_3 totaltrade_{it} + \sum Control_{it} + \mu_i + \varepsilon_{it} \tag{3}$$

$$Open_{it} = \rho_0 + \rho_1 Open_{i,t-1} + \rho_2 Open_{i,t-2} + \rho_3 travel_{it} + \sum Control_{it} + \mu_i + \varepsilon_{it} \tag{4}$$

其中，模型（3）、（4）中 $Open_{i,t-1}$ 和 $Open_{i,t-2}$ 分别表示各省份对外开放程度的一阶滞后值和二阶滞后值，β_1 和 ρ_1 衡量的是前一期对外开放程度对当期开放度的影响作用，β_2 和 ρ_2 衡量的是前两期对外开放程度对当期开放度的影响作用。

2. 数据来源

本文以西部地区 11 个省份为研究对象，其中西藏自治区由于数据缺失较多，因而剔除在样本研究对象外，同时，基于西部大开发 20 年背景以及数据的可获得性，本文数据选取时间为 1999～2016 年。数据主要来自《中国旅游统计年鉴》以及各省份统计年鉴，其中旅游国际外汇收入在年鉴里以美元结算，这里通过各年份人民币兑美元平均汇率进行相应的换算调整。

3. 指标选取

被解释变量：对外开放度，本文选取出口额占 GDP 的比重作为对外开放程度的度量方法，认为一个地区对外依存度越高，其对外开放水平越高。核心解释变量：本文从对外开放广度和深度两个角度出发，选取进出口总额来衡量一个地区对外开放的广度，选取旅游国际外汇收入作为衡量对外开放深度的指标。第三产业的发展已经成为衡量一国或地区生产力发展水平的重要指标，而旅游业作为第三产业的重要组成部分，其发展程度可以体现一个地区产业结构优化度，且旅游业发挥着带动其他产业一起发展的核心作用，因此这里将旅游业国际外汇收入作为对外开放深度的衡量指标，一方面可以体现一个地区对外部世界的吸引力，另一方面也间接地衡量了一个地区内部发展的层次水平。控制变量：本文主要从直接或间接影响对外开放程度的变量入手，设定相关的控制变量，其中在对对外开放广度建模时，笔者考虑到专利授权和固定资产投资对进出口总额存在间接影响，因此，在研究过程中予以添加控制。

（二）计量检验与实证分析

1. 描述性统计

本文首先对包括被解释变量、核心解释变量以及控制变量在内的所有变量进行描述性统计分析，具体结果见表1。

表1 变量的描述性统计分析

变	量		样本数	极大值	极小值	平均值	标准差
被解释变量	对外开放度	Open	198	64.491	1.484	8.579	11.273
核心解释变量	对外开放广度	totaltrade	198	5862.171	8.928	745.176	1001.144
	对外开放深度	travel	198	204.235	0.069	31.308	38.221
控制变量	国内专利申请授权量	lnpatent	198	11.081	4.248	7.628	1.448
	外商投资企业数	lnfirm	198	9.397	4.418	7.336	1.074
	全社会固定资产投资	lnfixedinvest	198	10.269	4.763	7.745	1.311
	城市化水平	urban	198	74.623	17.275	39.795	10.755
	铁路营运里程	railway	198	9.401	6.396	7.807	0.609
	产业结构	industrial	198	58.379	34.491	45.567	5.531

2. 实证研究与结果分析

本文首先对影响对外开放度的广度和深度分别进行长面板静态回归，随后使用面板矫正标准误（PCSE）对可能存在的异方差和相关性问题予以矫正，并采取双向固定效应模型予以识别。从表2中可见，第二列和第四列是没有加入控制变量的普通面板回归结果，第三列和第五列是加入控制变量后的回归结果。同样，在面板矫正标准误回归中，表中第六列和第八列是没有加入控制变量的回归结果，第七列和第九列是放入控制变量后的回归结果。可以看出，普通面板回归和使用面板矫正标准误回归在对外开放广度的影响上都是正向且显著的，说明在西部大开发政策下，西部地区开放的广度对其开放发展有着积极作用。从开放深度来看，普通面板回归结果显示其对开放发展呈现正向影响，但并不显著，而进行面板矫正之后，其结果的显著性明显提高，可以认为开放的深度对开放发展同样有着积极影响。进一步对比系数值来看，开放的深度较广度而言，其对开放发展的影响较大，即对外开放的高质量、深化发展对西部地区对外开放有着更为积极的作用。

之所以呈现这样的结果，与各省份积极采取对外开放措施、加大开放步伐有关。具体来看，四川省为了落实并更好实施西部大开发战略，从1999年开始发布关于进一步鼓励扩大外贸出口的指导意见，并在2000年出台了《四川省鼓励外商投资的若干政策规定》，到2018年《四川省人民政府办公厅关于印发〈四川外贸促进三年行动方案（2018～2020年）〉的通知》，可以看出四川省为了鼓励企业"走出去"，并提高全省的对外开放水平，与时俱进，不断提出能够适应各个阶段发展特征的相关政策，为全省对外开放实施更有方向性的指导。内蒙古自治区2000年开始实施《关于进一步加强对外贸易经济合作工作的意见》，确定了开展具有地区特色商品出口的方向，并充分利用地缘优势和口岸优势大力开展边境贸易，随后，又加快了国际营销服务体系建设，推进境外营销网络和仓储物流建设，并大力推动跨境电子商务发展，为内蒙古对外发展搭建更为便捷的平台。陕西省为了进一步扩大对内对外开放，改善投资环境，从2001年开始实施了《关于改善投资环境进一步扩大开放的决定》，坚持"引进来"与"走出去"并举，旨在优化投资环境，提升对外开放水平。宁夏回族自治区在西部大开发战略实施背景下，颁布了《2000年实施西部大开发战略工作部署》的通知，立足我国加入世贸组织和西部大开发战略实施的大背景，提高开放水平，并确立旅游发展为实施新突破的方向。青海省为了更好贯彻《国务院办公厅关于做好2003年西部开发工作的通知》，对其外贸发展确立了积极发展特色产业的方向，发展特色工业及高新技术产业，并加大特色旅游资源的开发力度，坚持"走出去"和"引进来"相结合，简化进出口通关手续，进一步提高对外开放水平。新疆维吾尔自治区为了扩大招商

表2 对外开放广度和深度影响对外发展的概况：静态面板估计

类别	OLS				PCSE			
	对外开放度	对外开放度	对外开放度	对外开放度	对外开放度	对外开放度	对外开放度	对外开放度
对外开放广度	0.003 (1.41)	0.004* (1.86)			0.003*** (5.46)	0.004*** (5.8)		
对外开放深度			0.063 (0.93)	0.083 (1.2)			0.063*** (3.44)	0.083*** (4.34)
外商投资企业数		-3.597 (-1.12)		-3.046 (-1.07)		-3.598*** (-3.14)		-3.046*** (-2.97)
城市化水平		-0.211 (-1.41)		-0.134 (-1.23)		-0.211 (-1.55)		-0.134 (-1.21)
铁路营运里程		-2.332 (-0.52)		-2.246 (-0.55)		-2.333 (-0.74)		-2.246 (-0.67)
产业结构		0.455 (1.35)		0.655 (1.3)		0.455*** (4.89)		0.655*** (6.18)
国内专利申请授权量		-2.495 (-0.81)				-2.496*** (-1.97)		
全社会固定资产投资		5.187 (0.46)				5.187** (2.3)		
省份固定效应	YES	YES	YES	YES	YES	YES	YES	YES
年份固定效应	YES	YES	YES	YES	YES	YES	YES	YES

续表

类别	OLS				PCSE			
	对外开放度	对外开放度	对外开放度	对外开放度	对外开放度	对外开放度	对外开放度	对外开放度
常数项	-88.591	533.72	-276.62	-660.93	-88.591	533.72	-276.63	-660.92
	(-0.20)	(0.16)	(-0.72)	(-1.37)	(-0.68)	(0.56)	(-1.77)	(-1.86)
N	198	198	198	198	198	198	198	198
R^2	0.63	0.69	0.61	0.67	0.63	0.69	0.61	0.67

注：*、**、***分别表示在10%、5%和1%水平上显著；括号中为 t 统计值。

引资，推进西部大开发战略和自治区对外开放，定期举办乌鲁木齐对外经济贸易洽谈会，为自治区外引内联搭建广阔平台。可以看出，西部各省份立足于西部大开发战略实施，结合自身地域特点，发展具有区域特色的产品和产业，并在政策上鼓励企业"走出去"，紧紧抓住每一阶段新的发展特点，将地区特色与之融合，为地区对外发展搭建更为广阔、便捷的平台。

通过对开放发展所受广度和深度影响的静态分析后，笔者进一步加入对外开放滞后项，进行动态分析。从表3中可见，第二列和第四列是没有加入控制变量的回归结果，第三列和第五列是加入控制变量后的回归结果，可以看出，在系统 GMM 的估计下，在控制变量后，对外开放的广度和深度对开放发展均有着正向作用，且作用显著。同时，也可以看出，对外开放发展也会受到之前对外开放水平的显著影响，这也证实了政策影响的持续性。此外，系统 GMM 也同时通过了序列相关性检验和 Sargan 检验，证明了回归结果的可信性。具体回归结果见表3。

表3 对外开放广度和深度影响对外发展的概况：系统 GMM 估计

类别	对外开放广度		对外开放深度	
	对外开放度	对外开放度	对外开放度	对外开放度
对外开放度一阶滞后	1.005***	0.973***	0.999***	1.007***
	(19.85)	(15.79)	(20.07)	(18.52)
对外开放度二阶滞后	-0.083***	-0.087***	-0.103***	-0.119***
	(-7.93)	(-4.43)	(-11.14)	(-7.04)
常数项	0.823**	-1.374	0.907***	-12.819
	(2.37)	(-0.17)	(2.76)	(-1.61)
对外开放广度	0.0001	0.002**		
	(0.5)	(2.25)		
对外开放深度			0.006	0.014*
			(0.95)	(1.94)
外商投资企业数		-1.137*		-0.503
		(-1, 76)		(-1.58)
城市化水平		-0.193**		-0.073**
		(-2.51)		(-2.39)
铁路营运里程		1.327		1.527
		(1.55)		(1.55)
产业结构		0.104		0.179**
		(1.51)		(2.32)

类别	对外开放广度		对外开放深度	
	对外开放度	对外开放度	对外开放度	对外开放度
国内专利申请授权量		-2.169		
		(-1.49)		
全社会固定资产投资		2.39		
		(1.37)		
N	198	198	198	198
AR (2)	0.473	0.952	0.786	0.902
Sargan	0.213	0.361	0.548	0.641

注：*、＊＊、＊＊＊分别表示在10%、5%和1%水平上显著；括号中为t统计值。

六　进一步讨论

前文已就对外开放广度和深度对西部地区对外发展的影响进行了静态和动态的计量分析，通过实证部分证实了开放广度和深度均对西部地区对外开放发展有着积极的影响，其中对外开放深度的影响相对更为显著。同时，通过动态分析可以认为，西部地区开放程度会受到前期开放程度的显著影响，因此开放政策和开放水平是具有持续性影响的。基于上述的分析，笔者在其外贸结构变动趋势、对外开放方向以及对其未来的预测这三方面进行了进一步的拓展研究，以期尽可能科学和全面地把握在西部大开发背景下西部地区对外发展的基本特点，为之后的西部发展提供更为科学的政策建议。

（一）西部大开发背景下西部地区外贸结构变动趋势

本文试图进一步探讨在西部大开发背景下西部地区外贸结构的发展情况，以期掌握西部地区外贸结构变动趋势，从而进一步为西部地区对外开放和经济发展提供更为全面的预测和建议。1999年中央开始实施西部大开发战略，这对于西部地区来说是一次较为深刻的变革，这意味着从中央层面开始重视西部地区的发展，因此本文对西部地区外贸结构发展变动的分析选取时间为1999～2016年，西藏自治区由于数据缺失较多，故在这里没有予以展现。外贸结构采用不同贸易分类额占总额比重进行划分，本文基于联合国的标准国际贸易分类（SITC）原则，进一步对SITC细分类别最终划分为三大类，分别为初级产品、劳动密集型产品和资本技术密集型产品，其对应的测算方法分别为初级产品出口额占总类出口额（prir1）比重、劳动密集型产品出口额占总类出口额（Labor1）比重和资本技术密集型产品出口额占总类出口额（Capital1）比重。数据显示，可以看1999～2016年西部地区11个省份三大贸易类别发展变动趋势中，内蒙古、陕西、宁夏、重庆和广西资本技术密集型产品比重较高，说明这几个地区技术资本吸引力较其他地区强劲；青海和新疆劳动密集型产品比重较大，反映出这两地劳动密集型产品比较有优势。总的可以看出，11个地区除云南外资源密集型产品占比均较低，而劳动密集型产业和资本技术密集型产业较为活跃，由此可以判断出，西部地区贸易结构比较合理，但是从长远看，劳动力成本在不断提高，西部地区最终会丧失劳动力廉价这一优势，而资本技术密集型产品附加值高，污染较小，因此各省份应该大力发展资本技术密集型产业，提高其产品质量和服务水平，扩大市场份额，使西部地区附加值高的资本技术密集型产品和产业"走出去"，得到更多的市场认可。

（二）西部大开发背景下西部地区对外开放方向研究

西部大开发政策实施以来，西部地区对外开放对本地区产生了诸多积极的影响，而对其开放发展的全面剖析是了解其现实情况的重要途径，因此在西部大开发战略实施的背景下，本文对西部地区对外开放的主要方向进行了进一步的汇总和整理，以期发现西部地区近20年对外发展的特点及可能的趋势。这里选取西部大开发20年中四个时间节点进行分析，由此来对比部分省份对外开放的变化情况。其中由于四川省、青海省和西藏自治区数据缺失，故这里没有予以展现。可以看出，西部地区各省份对外开放方向均集中在亚洲，对其进出口总额在不同时间点上都较其他大洲领先。内蒙古自治区、宁夏回族自治区和新疆维吾尔自治区除将亚洲作为重点开放对象外，均将欧洲作为开放的次重点，而其他各省份的出口集中点排在亚洲之后的是北美洲。除去亚洲外，具体来看，陕西省对外开放重点经历了由欧洲到北美洲的转变，但陕西省对这两大洲的外贸差异并不大。宁夏回族自治区、新疆维吾尔自治区和云南省一直将欧洲作为其发展的重点对象，可以看出这三个省份对外开放方向主要是向西。陕西省、重庆市、甘肃省、广西壮族自治区和贵州省开放发展的方向都经历了由欧洲向北美的转变，可以看出，前四个省份在2012年之前发展重点还是放在欧洲，而在此之后均转向了北美洲，而贵州的转变稍早一些，在2008年的时候就已经发生转变，其中陕西省对这两大洲的进出口外贸差异并不大，而重庆市对这两个大洲的进、出口贸易额也逐渐趋同，说明这两个省市对外发展方向是向西和向东同步推进，其他省份开放重点开始向东转移。在西部大开发背景下，西部地区近20年对外发展的最集中方向是在亚洲，受到地缘优势的影响，西部地区对外发展一直以亚洲为优先，从最初的集中于东亚、东南亚，到后来扩展开来的中亚和西亚地区，其开放方向从向东变成了向东和向西并进。一方面是受到中国加入世界贸易组织的影响，西部地区对外交流增多，为本地区进一步向西发展提供了良好环境；另一方面"一带一路"倡议的提出，中欧班列的开通等，使西部对外开放享受到政策上的大力支持和对外交通运输的便利，这些因素都有助于西部地区向西的交流。从涉外国家数量来看，同样西部地区各省份外贸对象均集中在亚洲，继亚洲之后，欧洲基本上是西部地区外贸国家数量次多的大洲，除了陕西省在2008年以前涉及亚洲和欧洲国家数量差别较大外，其他各省份及陕西省在2008年之后，涉及国家数量在亚洲和欧洲相差不大，说明西部地区在对外拓展市场方向上是立足本地、积极向西拓展的。此外，西部地区在北美洲和大洋洲的贸易对象数量虽少，但是市场拓展率较高，西部地区向东发展时，均涉及了北美洲和大洋洲的主要国家。再结合进出口总额来看，北美洲和大洋洲在西部地区对外开放过程中有着重要地位。因此结合上述分析，可以看出西部地区在西部大开发近20年来立足亚洲市场，向东发展势头迅猛，随着发展的深入，其向西开放步伐加快。具体情况见表4。

（三）西部地区开放发展预测

本文受到时间和数据搜集的限制，对西部大开发背景下西部地区对外开放发展的分析只能截止到2017年，而对未来西部地区对外发展势头需要有一个科学的把握，因此，笔者基于西部地区各省份对外发展相关指标在过去19年里的平均增长速度，预测其在未来三年的数值变化情况。首先计算出西部地区各省份过去19年各指标的平均增长速度，其中对外开放度平均增长速度为3.7%，西部地区进出口总额平均增长速度为16%，国际旅游外汇收入平均增长速度为12%，基于相应的增长速度，本文在此对2018～2020年西部地区对外开放度进行估计（见表5）。

表 4 西部大开发背景下西部地区部分省份区对外开放方向概览

单位：亿元、个

省份	所涉及的洲	进出口总额				涉及国家/地区数			
		1999 年	2008 年	2012 年	2016 年	1999 年	2008 年	2012 年	2016 年
内蒙古自治区	欧洲	—	—	—	238.03	—	—	—	9
	亚洲	—	—	—	356.48	—	—	—	13
	北美洲	—	—	—	39.15	—	—	—	2
	拉丁美洲	—	—	—	32.69	—	—	—	3
	大洋洲	—	—	—	28.4	—	—	—	2
	非洲	—	—	—	5.19	—	—	—	1
陕西省	欧洲	55.5	186.64	203.17	222.6	10	36	42	42
	亚洲	67.96	202.07	325.87	664.19	14	12	44	44
	北美洲	21.83	114.12	221.88	279.87	2	2	2	3
	拉丁美洲	1.29	34.12	37.51	57.15	1	28	33	40
	大洋洲	3.39	16.71	28.27	40.27	1	6	7	13
	非洲	1.76	47.72	45.46	51.21	2	43	52	51
宁夏回族自治区	欧洲	—	33.11	35.4	51.95	—	6	6	6
	亚洲	—	61.57	60.5	104.81	—	6	6	6
	北美洲	—	15.81	19.92	25.61	—	2	2	2
	拉丁美洲	—	3.15	6.36	13.17	—	1	1	1
	大洋洲	—	21.05	9.43	2.75	—	1	1	1
	非洲	—	2.7	8.04	18.12	—	1	2	2

续表

省份	所涉及的洲	进出口总额				涉及国家/地区数			
		1999年	2008年	2012年	2016年	1999年	2008年	2012年	2016年
重庆市	欧洲	—	186.66	806.9	775.13	—	30	36	36
	亚洲	—	258.73	1271.76	2301.4	—	34	35	40
	北美洲	—	98.04	632.94	782.07	—	2	2	2
	拉丁美洲	—	98.16	272.28	249.05	—	20	24	22
	大洋洲	—	9.41	73.77	74.29	—	3	6	4
	非洲	—	41.06	185.93	110.72	—	24	36	34
甘肃省	欧洲	6.25	34.99	63.76	158.86	8	8	8	8
	亚洲	16.91	57.82	65.32	1437.71	9	8	8	11
	北美洲	4.95	29.65	55.65	303.26	2	2	2	2
	拉丁美洲	0.026	35.31	44.82	64.96	2	2	2	2
	大洋洲	1.64	90.13	61.43	131.65	2	2	2	2
	非洲	—	—	—	—	—	—	—	—
贵州省	欧洲	5.84	26.6	41.48	82.8	—	—	—	5
	亚洲	30.34	132.28	222.8	488.35	—	—	—	14
	北美洲	4.31	47.22	54.72	112.67	—	—	—	2
	拉丁美洲	1.55	10.04	30	34.28	—	—	—	2
	大洋洲	1.79	19.89	37.44	37.36	—	—	—	2
	非洲	1.5	9.98	31.35	56.31	—	—	—	1

省份	所涉及的洲	进出口总额				涉及国家/地区数			
		1999年	2008年	2012年	2016年	1999年	2008年	2012年	2016年
广西壮族自治区	欧洲	36.62	123.01	165.33	120.81	10	10	10	10
	亚洲	79.68	531.48	1062.36	2393.53	11	11	11	11
	北美洲	17.39	73.9	217.26	240.45	3	2	2	2
	拉丁美洲	2.59	130.08	234.8	254.95	—	—	—	—
	大洋洲	2.69	52.03	83.1	105.58	1	1	1	1
	非洲	6.18	56.09	94.02	55.07	2	2	2	2
新疆维吾尔自治区	欧洲	85.68	100.02	147.45	165.08	36	40	45	41
	亚洲	20.54	1457.74	1274.13	898.3	36	42	46	46
	北美洲	18.26	18.2	70.5	75.17	2	3	2	2
	拉丁美洲	1.12	2.52	26.79	10.36	17	28	37	32
	大洋洲	0.39	2	9.79	6.54	3	6	13	9
	非洲	0.3	7.74	57.12	16.11	17	40	52	48
云南省	欧洲	22.18	86.21	78.25	78.31	28	28	28	28
	亚洲	91.58	409.81	898.08	—	32	32	32	—
	北美洲	13.26	60.05	47.57	45.63	2	2	2	2
	拉丁美洲	3.24	87.21	124.18	74	17	18	17	23
	大洋洲	5.59	34.51	43.97	23.45	4	4	4	4
	非洲	1.56	22.92	118.12	15.74	11	11	10	11

说明：由于部分省份没有公布相关数据，故存在数据缺失。

资料来源：各省份统计年鉴，部分省份数据由笔者整理计算。

表5　西部地区对外开放发展情况预测

单位:%，亿元

年份 开放指标	2018	2019	2020
对外开放度	9.7552	10.1063	10.4702
进出口总额均值	2202.7124	2555.1464	2963.9698
国际旅游外汇收入均值	99.5498	111.4958	124.8753

七　政策建议

在西部大开发 20 年背景下，本文对西部地区对外开放的广度和深度对开放发展的影响进行了定量和定性的分析，可以看出，西部地区开放广度和深度对其对外开放均有着积极影响，而其中对外开放深度有着更为显著的正向影响。西部不论是对外开放广度还是深度，在 20 年的发展时间里，都得到了快速的拓展，特别是开放广度，受到东部产业转移政策影响，其产业、经济发展得到了一定保障，进而为其对外发展奠定了坚实基础。通过地区竞争力的比较，笔者发现西部地区相较于东部地区发展缓慢，其人口流入速度增长较东部地区慢，西部地区除了个别省份人口吸引力显著增强外，其余省份吸引力较弱。进一步细分，西部地区城市人口的吸引力明显弱于东部地区。而通过外贸结构的比较来看，西部地区 20 年间资本技术密集型产业发展势头良好，劳动密集型产业也是西部地区发展的重点，而初级产品的占比较低，可以看出西部地区外贸结构发展方向呈现优化态势。在对外发展方向上，西部地区主要市场集中于亚洲，受到地缘优势和"一带一路"倡议提出的影响，西部地区对外开放范围愈加广泛，向东和向西同时推进。基于以上的现实研究分析，本文在此提出相关政策建议，以期进一步提高西部地区对外开放水平和对外发展速度。

西部地区进一步拓展对外开放的广度和深度，积极有序承接东部产业的转移。拓展对外开放的广度，进一步打开对外交流的大门，保持进出口平衡稳定发展，是科学发展西部地区对外开放的必然要求，积极拓展外部市场，避免故步自封，推动本地区的特色产业"走出去"。深化对外开放，加大对资本、技术的引进和消化，提高产品质量和附加值，同时大力发展清洁环保型产业，结合地区特色，积极推动以旅游业为主导的第三产业发展。在承接来自东部的产业转移方面，充分利用东部产业转移机会，做好经济发展与保护本地区环境相结合，提高本地区发展能力，为对外发展奠定坚实基础。

增强地区吸引力，提高地区竞争力。地区的发展立足于人，增强地区竞争力是吸引人才的重要手段，而人才的引入又是推动地区科学发展的关键，二者相辅相成。在过去的 20 年中，四川省和重庆市对外开放的广度和深度得到了快速发展，同时其常住人口的增长速度也十分亮眼，二者形成了良性循环的交互影响。因此，对于西部地区而言，增强地区吸引力，引进各类高素质人才，扩大地区对外交流活动的范围，使西部地区同外部紧密联系。另外，要完善相关配套政策，大力实施吸引人才进入的安置政策，对新兴产业的引入予以积极的政策支持，大力提高地区生产活力和竞争力，使地区发展与人才支撑相辅相成。

进一步拓展对外开放的方向，提高风险评估能力和风险防范意识。随着"一带一路"倡议的推进，西部地区也应紧紧抓住这次机会，加深对"一带一路"沿线地区的开放程度，扩大对沿线地区的交流活动。同时，西部地区也应做好对外发展的防风险准备，增强风险意识，建立健全对外风险评估的预警机制，对企业"走出去"提供更为有利的环境。

西部大开发 20 年西部地区融入国家发展战略的历史、现实与未来*

马莉莉 黄光灿**

摘 要：西部地区依托丰富的自然资源和雄厚的工业基础，肩负起西部大开发的国家使命。随着中国加入 WTO 并成为全球分工网络的加工制造中心，西部地区融入国家发展战略，并在国家产业分工中成为供给初级产品的外围地区。十八大以后，国家驱动发展方式转变的思路越趋清晰，并汇总为"十三五"规划，西部地区面对建设内陆型改革开放新高地的重大使命。任务的全面性、系统性使西部地区转向基于模块网络化的新兴生产方式，建构"四化同步"自主转型机制，并系统性地融入国家发展战略。

关键词：西部地区 模块网络化 国家发展战略 "十三五"规划

全面建成小康社会要求统筹五项建设，坚定实施七大发展战略，分别是：科教兴国战略、人才强国战略、创新驱动发展战略、乡村振兴战略、区域协调发展战略、可持续发展战略、军民融合发展战略。持续实施并落实这七大国家发展战略对于 2020 年中国全面建成小康社会、建设成为社会主义现代化强国都尤为重要。而西部地区作为中国转型发展的"大后方"，做好国家发展战略的融入工作一直是其前行的方向。在新时代、新机遇的关键节点上，持续大开发的西部地区如何继续深度融入国家发展战略，关乎整个西部地区的协同发展乃至整个国家的改革转型进程。

---

* 本文为国家社会科学基金重点项目"'一带一路'沿线价值链变革与区域产业转型"（16AZD010）、教育部人文社会科学重点研究基地重大项目"丝绸之路经济带战略背景下西部地区开发开放新体制研究"（16JJD790047）、陕西省社科基金重点项目"陕西省构建全方位对外开放新格局研究"（2016D001）阶段性成果。

** 马莉莉，西北大学经济管理学院副院长、教授、博士生导师，研究方向为世界经济、世界城市、经济转型；黄光灿，西北大学经济管理学院博士生，研究方向为世界经济。

一 西部地区融入国家发展战略的历史机遇

国家战略是为维护和增进国家利益、实现国家目标而综合发展、合理配置和有效运用国家力量的总体方略，具有本质性、通用性、全面性、长远性、和平性和实践性等特征。[1] 国家战略的内涵广泛，而国家发展战略是国家战略的重要组成部分，是指筹划、指导发展国家的实力和潜力以实现国家发展目标的方略。目前提出的七大国家发展战略囊括经济、社会、科教、文化、国防等各个领域。在国家发展的历程中，国家战略的范畴也随特定的历史国情变化而发生变化。自新中国成立至西部大开发战略实施以前，西部地区也曾面临三线建设、改革开放等融入国家重大发展战略的历史机遇。

（一）计划经济时期的三线建设

新中国成立后的计划经济时期，西部地区就在三线建设中成为重工业、科研资源汇聚的地区，由此承担国家安全腹地的角色，西部三线建设对国家工业化和战略安全提供了重要的建设支撑。

新中国成立初期，国家的重点任务是建立计划经济体系和率先发展核心的重工业部门，奋力建设体系较为完整的基本工业经济。中国的工业发展起步于"一五"计划时期，其核心战略主要是依靠国内对基础设施建设投资的积累，把大量资本用于发展重工业，工业体系的建设直接推动了国民经济的快速发展，"进口替代"政策的实施推动了国内社会生产的再扩大和社会总产出的良性循环。随着国内重工业基本体系的建设，农业、轻工业和其他国民经济部门也受惠于重工业推进的支撑红利与外溢效应并逐步发展起来。从20世纪60年代中期开始，当时的国际环境危机四伏、局势紧张，国家基于主权安全和军事战略调整的考虑，做出了三线建设决策，并进行了现代产业体系布局最大的一次调整。三线建设持续到改革开放前期，国家在此期间累计投入基础建设资金超过两千亿元，很多战略性工业企业从东部沿海地区按计划、分步骤、有序地迁往西南地区或在西部地区新建，而西部在较短的时间里逐渐成为一个以重工业为主体、行业基本齐全的战略后方工业生产基地。三线建设时期，中国内地主要进行低技术、资源密集型制造行业的开发，以及国防军事工业和大型、重型机床制造等

---

[1] 薄贵利：《论国家战略的科学内涵》，《中国行政管理》2015年第7期。

研发及生产，这种非市场化自发的产业聚集也使得西部地区的工业经济增长速度快于沿海地区，东、中、西部区域产业结构进一步发展。三线建设所带来的工业布局调整是新中国成立后西部地区第一次历史性发展机遇，也为全国经济发展提供了安全保障和后方建设。

（二）改革开放初期的西部支撑

改革开放初期的二十年，西部地区作为中国经济体制改革、发展速度和开放水平相对落后的后方区域，其承载着维护国家基本稳定的历史任务，对于保障国家由计划经济向市场经济转轨，起到了关键的改革支撑作用。

1978 年改革开放的历史选择标志着我国的发展战略发生了根本性的转变。对"四个现代化"的重新思考形成了"三步走"的战略思想。为了快速发展经济社会，提升人民生活水平至小康，我国在改革开放初期实行了部门和区域的非均衡发展路径：把农业、能源和交通、教育科学三个基础领域五个重点部门作为战略重点；大力优先发展沿海地区；鼓励先富带动后富以实现共同富裕。西部地区农业发展对东部工业开放提升起到了支撑作用。西安作为当时的科教重镇，拥有六所全国重点大学，为全国发展输送优质人才。通过"六五""七五"两个五年计划的努力，我国基本提前实现第一步目标，三个基础领域的发展得到明显加强。

其后的"八五"和"九五"计划逐步明确并把第二步目标提上日程，向第三步目标迈进。直到"八五"计划的完成，国内的工业化进程仍主要是通过外延式发展，依赖体量巨大的固定资产投资需求来拉动，尤其是西部地区的投资拉动特征明显。当时，从计划经济体制向社会主义市场经济体制转变，从粗放型经济增长方式向集约型经济增长方式转变是两个具有全局性意义的发展转变。20 世纪 90 年代中期，我国把科教兴国战略作为一项基本国策，并纳入国家发展战略的范畴，该战略不仅对科教事业本身具有巨大促进作用，更是我国经济社会更好发展的关键举措，西安作为西部地区科教中心的地位更加巩固。与此同时，国家发展战略逐步由之前的非均衡发展调整到协调发展。世纪之交，可持续发展与区域协调发展的理念在时间和空间的两个维度上得以体现。

（三）新世纪的西部大开发战略

1999 年国家开始实施西部大开发战略，至今 20 年的时间，是西部地区融入国家区域协调发展战略的重要机遇期。西部大开发的战略范围包括重庆、四川、陕西等 12 个省、自治区、直辖市，面积为 685 万平方公里，占全国的 71.4%。

21 世纪以来，西部大开发实施过程中，西部地区与国家经济快速发展之间的关系状况变得错综复杂。新世纪之交，中国刚刚进行了以国有企业破产重组为重点的供给端改革，并开始深入探索新型工业化道路，提出可持续发展的思想理念，要求经济发展方式从粗放外延型向集约内涵型转变。加入 WTO 之后，由于中国国内的基础设施依旧需要大力建设，此时的固定资产投资量继续扩大，快速的经济发展带来了产业结构发展不平衡的加剧，表现出工业产业重资产化的特点，体量不断扩大，竞争力不足，东、中、西部地区发展更加不均衡。大量的资本疯狂地进入矿产开采、能源化工行业，上游产业发展膨胀，社会生产能耗急剧加大，低效率、高污染的工业发展特征凸显。由于改革开放遗留的区域产业发展差距和发展不平衡问题，东北老工业基地以及西部地区的工业发展均陷入困境。西部大开发战略推进的前五年，基础设施建设率先初具规模，1999~2003 年西部 12 省份的基本建设投资平均增幅达到 216.21%，但加快西部地区经济体制改革及相关软环境的改善是战略发展重点。① 自 2000 年以来，交通基础设施建设投资对西部地区经济增长效果显著，虽然货运的吞吐量对经济增长有正向影响，但客运量和货运周转量却对其有负向影响。② 西部地区的发展真正受惠于交通基础设施的完善。2000~2007 年，西部大开发战略的实施促使西部地区的年均经济增长率增加了约 1.5 个百分点，但增长机制主要是通过实物资本和基础设施投资实现的，对人力资本培育和法制政策软环境的建设应加强③。有研究者同意以上结论并认为这种增长机制是"政策陷阱"，会导致人力资本挤出和产业结构调整滞后，西部大开发的政策效应不能很好地发挥，直接表现为其并未有效推动区域 GDP 和人均 GDP 的快速增长。④

二 西部大开发以来国家发展战略的变迁

20 世纪 70 年代末到 90 年代初期，中国的经济理论探索和改革实践都

---

① 白永秀：《西部大开发五年来的历史回顾与前瞻》，《西北大学学报（哲学社会科学版）》2005 年第 1 期。
② 刘学华、张学良、彭明明：《交通基础设施投资与区域经济增长的互动关系——基于西部大开发的实证分析》，《地域研究与开发》2009 年第 4 期。
③ 刘生龙、王亚华、胡鞍钢：《西部大开发成效与中国区域经济收敛》，《经济研究》2009 年第 9 期。
④ 刘瑞明、赵仁杰：《西部大开发：增长驱动还是政策陷阱——基于 PSM - DID 方法的研究》，《中国工业经济》2015 年第 6 期。

是首先围绕着"经济发展效率",再到"经济结构调整"。1995 年,党的第十四届五中全会正式提出具有结构调整重大意义的"经济增长方式转变"命题:"正确处理速度和效益的关系,必须更新发展思路,实现经济增长方式从粗放型向集约型的转变",就是"从主要依靠增加投入、铺新摊子、追求数量,转到主要依靠科技进步和提高劳动者素质上来,转到以经济效益为中心的轨道上来"[①]。同一年,科教兴国战略被正式提出。然而,1997 年亚洲金融危机爆发,内外经济形势大幅下滑,西部大开发战略的实施,也表明中国力求转向由内而外驱动经济发展的思路与布局。2001 年 11 月,中国正式加入 WTO,这标志着中国开放性质由政策性、局部性转向制度性、全面性,改革领域的对外开放进入全新的历史阶段。这一扩大开放战略实质性改变了中国经济增长的模式与路径,也加剧了粗放发展的矛盾,中国国家发展战略就在此背景下不断推进。

(一) 中国成为全球加工制造中心

20 世纪 80 年代初期,中国改革开放刚刚开始,市场机制在国民经济体系中的局部性很明显,很多生产与消费要素以及行业部门间的经济关系依然是基于计划经济体制建立的。直至 90 年代,大建资本金融市场,市场化改革开始逐步全面推行,计划经济体制开始向市场经济体制发生实质性转变,市场开始在经济体系中发挥基础性的作用,引导生产与消费要素在国民产业体系中进行资源配置。20 世纪末,中国虽然对很多领域进行了大幅改革,但开放仍具很大局限性,驱动经济发展的主导因素还在于国内市场的流通。

2001 年中国加入世界贸易组织后,为了履行入世承诺,中国在短短数年内大幅降低关税水平和壁垒,提升对外开放层次,至 2018 年关税总水平已下降到 7.5%。其中 2000~2010 年,农产品平均关税由 23.2% 下降到 15.2%,约为世界平均水平的 1/4,工业品平均关税由 14.7% 下降到 9%。在非关税领域,中国采取大幅度削减国际货物进口配额、取消众多贸易许可证等非关税措施。中国为了履行在服务贸易领域的入世承诺,相继颁布三十多个促进服务贸易开放的规章制度,涵盖跨境旅游、跨境金融、货物分销、物流运输等多个具体行业,为形成高质量、多层次的服务贸易开放改革方案先行先试。而随着国内自由贸易试验区的推广,中国大陆已初步

---

①　江泽民:《正确处理社会主义现代化建设中的若干重大关系》,党的十四届五中全会报告,1995 年 9 月 28 日。

形成继沿海开放之后，沿江、沿边、内陆多层次的东、中、西部全方位梯度开放格局。加之市场化改革的进展，中国的要素禀赋优势和改革开放红利开始逐渐在国际经济舞台上充分展现，深刻影响着全球经济发展。

就在20世纪末，分工细化到生产流程内部的模块网络化机制发展迅猛，这一新兴生产方式既可以利用模块分解后专业化模块的规模生产优势，又可以利用不同模块组合的范围经济优势，还能使各模块并行运作以缩短整体市场响应时间。中国庞大的廉价劳动力资源流入国际市场，使中国不仅承接劳动密集型产业，更是大规模承接各类产业的劳动密集型环节，由此驱动工业化、城市化发展，进而带来经济快速增长。由于大规模聚集全球产业链的加工制造环节，中国正式成为全球分工体系中的加工制造枢纽。

（二）陷入粗放式发展困境

由于缺乏精良的技术和健全的制度，中国在快速融入国际分工驱动国内经济增长过程中，陷入粗放的经济发展方式，并为此付出渐趋高昂的代价。

20世纪90年代中期，东亚欠发达国家和地区主要凭借各自资源或劳动力优势，与美国和日本展开产业间分工，彼此有较强竞争性。就在中国提供丰富廉价劳动力的形势下，东亚地区低技能的劳动密集型生产环节渐趋转移至中国，生产过程在国际层面被打开，模块网络化机制进入国际实践。

就在中国实行非均衡政策、市场体系尚未健全的形势下，模块网络化的兴起使廉价劳动力和经济资源不断流向对外经济部门，继而吸引劳动密集型加工制造环节的聚集。与附加值高的生产和服务环节不同，加工制造环节对生产技术要求低，产品相对标准化，市场进入成本低，且竞争激烈，由此导致产品利润空间小，处于价值链低端。在这样的分配格局下，模块网络化机制的作用使中国存在被锁定于低端加工制造环节的趋势。第一，加工制造环节的利润极低，劳动工资报酬水平不高，造成国内消费需求力量不足，难以在消费端拉动国内经济发展。第二，在同一模块网络化机制作用形成的价值链体系中，价值链高端环节因要素报酬相对较高而具有较大消费能力，并形成强劲需求，使处于价值链低端环节的中国对外部需求产生高度依赖。第三，从事加工制造环节难以积累资金、技术和高素质劳动力资源，来为产业升级服务，反而源源不断再生产出低技能的廉价劳动力，从而掉入"比较优势陷阱"。因此，在内部难以形成增长动力、外部模块网络化发展迅猛的形势下，中国日益聚集全球加工制造环节。更为重要的是，在美国通过内外政策巩固自身竞争地位、加强对发展中国家的市场渗透、扩大网络化机制作用范围的过程中，模块网络化机制更趋于单向化发展，高低端生产环节的空间分化不仅成为现实，而且被凝固化，中国亦被锁定在增长快速、效益低下、对外依赖的加工制造环节，形成粗放的对外经济发展方式。

特定的国际分工参与方式，最终使中国的发展代价攀升。中国人口基数庞大，农业人口占比大，国民经济基础薄弱、发展空间巨大，在日本企图主导的东亚雁行分工格局中承接加工制造产业的国际转移。加入WTO后，中国积极参与国际分工体系，不断深化开放，努力建设东亚加工制造全球性枢纽。丰富的低层次劳动力在中国承接和发展加工组装制造业的过程中发挥了巨大作用，内地促进农民工城乡流动、政府提供廉价的基础设施和公共服务、政策倾斜极大地吸引外资和技术流入，这些因素都在21世纪之初加快推进中国制造业的发展聚集，以及扩大了对西部经济增长的影响。大量农业人口流入城镇，加快了城乡基础设施的建设速度、推动了中国城市化和工业化的发展历程。在承接和吸引大量低端制造业产业的过程中，中国在全球分工体系中的节点位置也相应被锁定在低层次，国内人均收入分化严重。而且大力发展工业化的同时，由于技术创新和监管规制的缺失，环境污染、产业能耗问题日益突出，由此带来的环境代价巨大，这个现象在西部地区尤为凸显。21世纪头十年，国家综合实力虽有显著提升，但补偿诸多发展代价的能力却略显短板。

随着金融泡沫破灭导致外部需求下滑，对外经济粗放发展的系统性风险凸显，社会与环境形势也更趋恶化，中国转变对外经济发展方式势在必行。

（三）推动发展方式转变与布局国家发展战略

面对越趋严峻的粗放发展矛盾，2008年次贷危机前后，中国积极正视并大力推进转变经济发展方式的战略布局，顶层设计也由局部战略推动逐步转向系统性战略的实施。

1. 推动发展方式转变的政策变迁

随着对社会主义建设和发展认识的深化，中共中央于21世纪之初首次正式提出科学发展观和促进国民经济又好又快发展的战略思想。十七大报告指出，实现国民经济又好又快发展，"关键要在加快转变经济发展方式、完善社会主义市场经济体制方面取得重大进展"，转变经济发展方式的核心内容，就是"要坚持走中国特色新型工业化道路，坚持扩大国内需求，特别是消费需求，促进经济增长由主要依靠投资出口拉动向依靠消费、投资、出口协调拉动转变；由主要依靠第二产业带动，向依靠第一、第二、第三产业协同带动转变；由主要依靠增加物质资源消耗，向主要依靠科技进步、劳动者素质提高、管理创新转变"。2011 年 3 月，"十二五"规划纲要颁布，该规划纲要以科学发展为主题，提出加快转变经济发展方式，较为具体地对基本思路、工作措施和政策设计做出了指导。

中共十八大以后，国家逐步提出适应"经济新常态"、建设"国家治理体系"、发挥"市场在资源配置中的决定性作用"、推进"供给侧结构性改革"等一系列重要的改革与发展理念，并系统融入《"十三五"规划》及十九大报告提出的新时代中国特色社会主义建设的基本方略。推动经济发展方式转变的顶层设计更趋全面化、系统化。

2. 从局部到系统性战略设计

为了积极应对经济增长与发展过程中出现的问题，中国逐步提出重大的国家发展战略，从早期的局部切入，到随着对国家产业转型升级的方向和路径越趋清晰，国家发展战略表现出不断优化与系统性的特点。

在探索中国特色社会主义市场经济建设的过程中，中国制定国家发展战略主要源自发展中存在的现实挑战与问题。20 世纪 90 年代初，在联合国环境与发展大会通过《21 世纪议程》后，中国相应发布《中国 21 世纪议程》，提出中国实施可持续发展战略的必要性、战略目标、战略重点和重大行动等。基于对转变经济增长方式主要依靠科技进步和提高劳动者素质的认识，1995 年中国实施科教兴国战略；2000 年中央经济工作会议首次提出实施人才战略的科学内涵，2007 年人才强国战略作为发展中国特色社会主义的三大基本战略之一，被写进了中国共产党党章和党的十七大报告。为了应对区域发展不平衡，1999 年西部大开发战略启动实施，2006 年开始实施中部崛起战略。总体来说，这个阶段政府对转变经济发展方式的整体认识尚未清晰，国家发展战略主要为应对所遇到的现实挑战而逐步推出，彼此之间的统筹协调性不够，也影响各地区对其的全面贯彻落实。

十八大的召开，是国家发展战略优化的重要转折点。十八大报告提出，中国要在 2020 年全面建成小康社会，指出"以科学发展为主题，以加快转变经济发展方式为主线，是关系我国发展全局的战略抉择"，强调要"坚持走中国特色自主创新道路、实施创新驱动发展战略。这是我们党放眼世界、立足全局、面向未来做出的重大决策"，要"坚持走中国特色新型工业化、信息化、城镇化、农业现代化道路，推动信息化和工业化深度融合、工业化和城镇化良性互动、城镇化和农业现代化相互协调，促进工业化、信息化、城镇化、农业现代化同步发展"①。

近年来，国家主席习近平在多个场合中发表了关于"中国梦"的发展愿景、"两个一百年"奋斗目标、"四个全面"战略布局、"创新、协调、绿色、开放、共享"发展理念、"五位一体"发展思路、强军、国际关系及思想与工作方法等内容的重要讲话；提出一系列相关的新思想和新战略。"四个全面"新战略，其核心围绕"处理好政府与市场关系，使市场在资源配置中起决定性作用和更好发挥政府作用"，并不断"推进国家治理体系和治理能力现代化"建设，重点推进依法治国、从严治党的改革工作，重构国际交往形象和中国地位，致力于驱动"创新"机制等，系统、全面地勾勒出中国推进新的改革和发展的理念、思想和路径。

在此背景下，2012 年，中国启动实施创新驱动发展战略；2015 年，军民融合发展战略开始实施；2017 年，乡村振兴战略和区域协调发展战略实施。此外，2013 年，共建"一带一路"倡议正式提出；2015 年，创新驱动发展战略实施进程加速，中国又相继颁布《关于发展众创空间推进大众创新创业的指导意见》《中国制造 2025》《关于积极推进"互联网＋"行动的指导意见》等重要的配套政策。

与前一阶段国家发展战略制定与实施的差异在于，十八大以来，国家对创新驱动经济发展，既依赖人才、科教的投入，又依赖"四化同步"，以及内在发展与扩大开放相协调的认识越趋系统化、全面化、与时俱进，以上所有方面相互协调与配合，才有可能顺利建成小康社会，以及实现中华民族伟大复兴。

三　西部大开发初期西部地区融入国家发展战略的方式

西部大开发战略的实施与国家的五年计划推进相辅相成，在国家五年计划中不断审议和调整战略任务。其实施的总目标简单概括就是，到 21 世纪中期全国基本实现社会主义现代化，西部地区可以从根本上改变落后、贫困面貌，建成一个新西部。由于中国深刻融入东亚及全球分工网络，在市场经济及全面开放体制的作用下，西部地区正在以独特的方式融入国家发展战略。

---

① 胡锦涛：《坚定不移沿着中国特色社会主义道路前进为全面建成小康社会而奋斗》，新华网，2012 年 11 月 8 日。

（一）对外经贸往来有限

由于中国的渐进式改革一直采取非平衡的发展战略，东部沿海地区在市场体制的引入、开发开放程度、基础设施建设等各方面都走在全国前列；再加上这些地区毗邻东南亚国家，便于国际贸易的开展，因此，东部成为外向化程度最高的地区。而西部地区不管是改革还是开放，都相对滞后，在"一带一路"倡议实施以前，西部地区成为全国开放程度最低的区域。

首先，西部地区吸引外资量较少。2000年，东部地区吸引外资规模为349亿美元，中部地区为40亿美元，西部地区12省份仅为19亿美元。到2012年，东部地区吸引外资量达到1625亿美元，西部地区虽增长较快，达到247亿美元，但与东部地区的差距仍然相当显著。从吸引外资占全国的比重来看，2000年，东部地区吸引外资占到全国的86.5%，2012年降至70%；西部地区吸引外资占到全国的比重由2000年的4.6%升至2012年的10.6%，上升6个百分点，小于中部吸引外资占比10.6个百分点的升幅（见图1）。

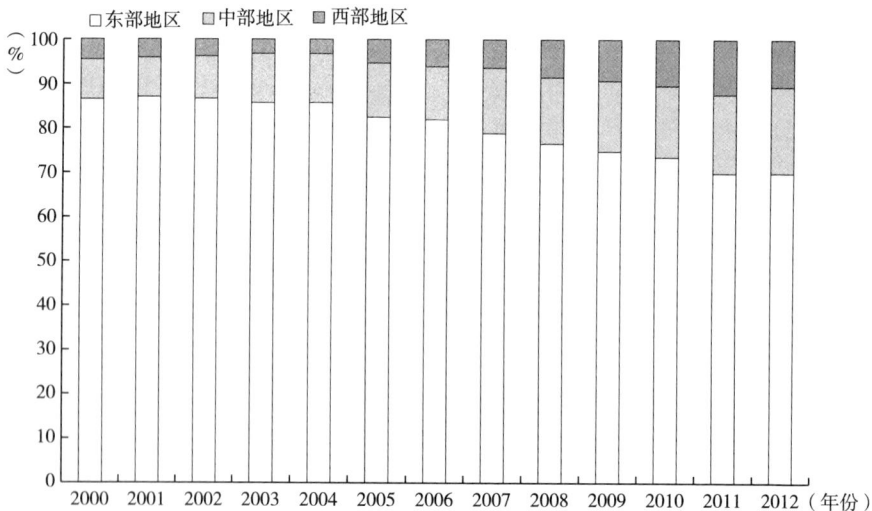

图1 2000～2012年东中西部吸引外资占全国的比重

资料来源：《中国统计年鉴》（2000～2013年），国家统计局网站。

其次，西部地区外贸发展乏力。东部地区外向型经济的发展使其成为中国外贸活动的主要聚集地，改革开放以来，全国90%左右的外贸额由东部地区完成，2005年，这一比重达到93.1%的历史最高水平，2008年金融危机后有所下滑，但2012年仍为89.2%。西部省份自2000年后，外贸总额由 1540 亿元增至 2005 年的 4040 亿元；但占全国比重由 3.9% 持续下滑至 3.5%，2005 年后逐步上升，2012 年西部地区外贸总额 1.45 万亿元，占全国比重为 5.9%（见图 2）。

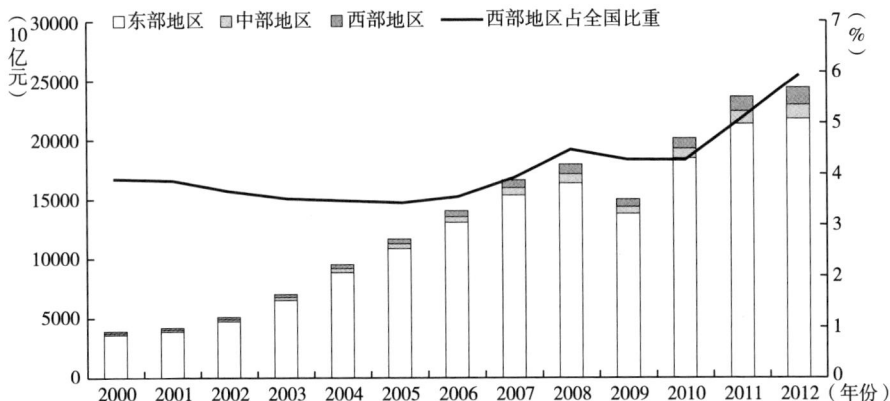

图 2　2000～2012 年中国东中西部地区外贸额及西部地区外贸额占全国比重
资料来源：《中国统计年鉴》（2000～2013 年），国家统计局网站。

再次，西部地区外贸依存度较低。2012 年，广东的外贸依存度为 133.1%，其后依次是长三角的上海（115.2%）、江苏（63.1%）和浙江（54.6%）；东部沿海的天津（48.1%）、福建（44.6%）、北京（39.8%）、山东（33.3%）和海南（32.2%）的外向化程度亦相对较高。而西部地区外贸依存度最高的为重庆（28.8%），其后依次为新疆（27.9%）、广西（16.7%）、西藏（16.2%）和四川（13%），其余省份均低于 10%。从西部平均的外贸依存度看，2000 年为 9.6%，2012 年升至 12%。

最后，西部地区代表性城市群外向型经济引领作用有限。西部地区主要兴起五个城市群，即以重庆、成都为中心的成渝城市群，以西安为中心的关中—天水城市群，以乌鲁木齐为中心的天山北坡城市群，兰州西宁城市群和包括银川、吴忠等城市的宁夏沿黄城市群。从实际利用外资金额看，成渝城市群相对引领作用最为显著，2013 年实际利用外资 230.4 亿美元，关中—天水城市群为 34.2 亿美元，天山北坡、兰州西宁和宁夏沿黄城市群实际利用外资规模都不足 1 亿美元。从货物贸易额来看，成渝城市群仍然表现最为突出，达到 1324.9 亿美元，天山北坡和关中—天水城市群也有 200 亿美元以上的贸易量；但兰州西宁和宁夏沿黄城市群的贸易量极小（见图 3）。

总体而言，西部地区在中国加入世贸组织以后，虽然外资外贸量都有一定程度的增长，但从其在全国的地位来看，并未跻身开放前列，外向型活动并未成为驱动西部地区经济增长与发展的有效力量。

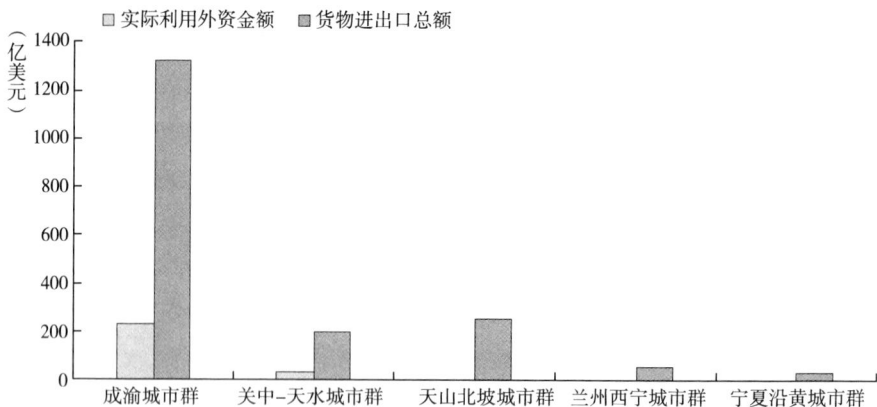

图3　2013年西部主要城市群对外经贸发展情况

资料来源：《2014年城市统计年鉴》以及西部各省份统计年鉴。

（二）投资驱动增长

基础设施建设是西部地区大开发初期的工作重点，1999～2004年，西部地区固定资产投资明显高于全国平均水平，其平均增长率达到20%以上，总计开工60个重大建设工程，投资总规模约8500亿元。截至2009年西部大开发战略实施十年，西部地区开工重点工程102个，新增公路里程85万公里，新增铁路运营里程超过8500公里，投资总规模超过1.74万亿元。① 其中，西部大开发的十大重点工程均是聚焦基础设施建设和生态保护。党的"十七大"报告把科学发展观写入党章，作为国家发展的战略思想，而西部大开发的建设始终坚持这一战略思想，但基建开发与生态保护难以保持平衡。

在推进西部大开发过程中，西部地区城市开发建设以做大做强重点开发区为中心，大量投资主要围绕重庆、西安、成都三大国家中心城市展开。② 2010年5月7日，国务院批准设立重庆两江新区为国家副省级新区，该新区能够在城乡一体化方面进行试点改革，培育先进制造业和现代服务业的协同发展，为国家发展战略提供长江上游的金融服务和创新支撑，并加强西南内陆与国际市场对接的能力。西安咸阳一体化建设起源于2002年，随后国务院批准的《关中—天水经济区发展规划》明确了西咸新区的建设方向与核心地位。2014年1月6日，国务院正式批复陕西设立西咸新

---

① 陈栋生：《以科学发展观统领西部大开发——西部大开发十年回顾与前瞻》，《开发研究》2009年第4期。

② 杨晓波：《新一轮西部大开发背景下城市新区建设研究》，《软科学》2012年第11期。

区作为第七个国家级新区，该新区是国家深入实施西部大开发战略的重点载体，其任务是创新城市发展方式。西咸新区不仅是西安建设国际化大都市的关键所在，也必然带动西北地区建成西部大开发的战略中枢，承担着"建设大西安、带动大关中、引领大西北"的重大历史使命。成都天府新区最早可追溯至2002年的成都平原经济区，2010年9月，四川省在继续推进西部大开发战略时提出建设天府新区的区域发展规划，致力于制造业、服务业和宜商宜居城市综合建设，天府新区于2014年10月2日正式获批第十一个国家级新区。

在大规模的城市建设过程中，西部地区呈现投资驱动的显著特征。在西部地区GDP增长构成中，资本形成占GDP的比重由2000年的44.26%升至2012年的75.55%，上升31.29个百分点；同时最终消费比重则由64.41%降至52.76%。从西部地区资本形成占全国的比重来看，2000年西部地区占比为20.52%，2012年升至31.19%，而最终消费占全国的比重则由17.56%升至21.01%。在固定资产投资的有力拉动下，西部地区大兴基础设施建设，其GDP占全国的比重由2000年的17.18%升至2012年的21.05%（见表1）。

表1 2000～2012年西部GDP支出法构成及占全国的比重

单位:%，个百分点

年份	西部GDP支出法构成		
	最终消费	资本形成	净出口
2000	64.41	44.26	-8.67
2004	62.88	57.21	-20.09
2008	54.80	60.74	-15.54
2012	52.76	75.55	-28.31
2000～2012年比重变化	-11.65	31.29	-19.64
年份	西部占全国的比重		
	最终消费	资本形成	GDP
2000	17.56	20.52	17.18
2004	19.33	21.19	17.79
2008	19.87	25.23	18.89
2012	21.01	31.19	21.05
2000～2012年比重变化	3.45	10.67	3.87

资料来源:《中国统计年鉴》（2000～2013年），国家统计局网站。

（三）处于相对外围地区

西部地区是中国主要矿产资源的分布地（见表2），在外向型经济驱动国家工业化和城市化过程中，从全国经济活动分布来看，西部地区更明显地表现为供应初级产品的外围地区。

表2　2012年主要矿产资源基础储量在东中西部地区的分布

类别	东部地区	中部地区	西部地区
石　油	25.4	25.1	35.1
天然气	2.6	24.3	65.7
煤　炭	7.7	68.5	23.8
铁　矿	49.9	26.2	23.9
锰　矿	48.7	15.6	35.7
铬　矿	1.1	13.9	85.0
钒　矿	21.7	4.7	73.6
原生态铁矿	4.5	5.0	90.6
铜　矿	6.0	59.5	34.5
铅　矿	17.3	40.2	42.5
锌　矿	17.2	29.3	53.5
铝土矿	46.0	32.2	21.8
菱镁矿	99.8	0.0	0.2
硫铁矿	16.4	44.0	39.5
磷　石	9.5	33.2	57.4
高岭土	79.9	18.6	1.5

资料来源：《中国统计年鉴2013》，国家统计局网站。

首先，东部地区一直在第一产业的价值创造中占有重要地位，但农业生产表现出由东部地区向中西部地区转移的明显趋势。21世纪以来，全国近四成的农业生产增加值由东部地区完成，但这一比重由2000年的39.26%降至2012年的35.02%；中部地区也贡献了很大比例的农业增加值，所占比重由2000年的35.75%升至2012年的37.62%；西部地区的农业生产增加值占全国的比重上升幅度最大（提升了2.38个百分点），2000年以后保持持续攀升的态势，2012年占全国的比重为27.37%（见表3）。

其次，东部地区是中国工业聚集地，但金融危机后，中部地区成为工业发展的首要选择。2000年，全国56.76%的工业增加值集中在东部地区，2012年为49.52%。金融危机对东部外向型工业造成冲击，加之土地供应紧张、劳动力成本攀升等因素，迫使东部地区中低端加工制造业开始向区域外转移，中西部成为最主要的承接地区，2000年，中部地区工业增加值占全国的比重为

28.09%，2012 年攀升到 30.49%。西部地区第二产业增加值在全国仍然占较小比重，西部大开发启动之初，第二产业增加值占全国比重还有所下降，由 2000 年的 15.15% 降至 2004 年的 15.01%；但随后开始攀升，2012 年占全国比重为 19.99%。

最后，东部沿海地区发展程度较深，不断吸纳和创造第三产业，成为全国先进产业演进的中心区域。21 世纪以来，全国 55% 以上的服务业增加值都集中在东部地区，并且，该比重由 2000 年的 55.04% 持续攀升到 2008 年的 57.90%，以及 2012 年仍维持在 57% 的水平上；相反中部地区和西部地区在全国服务业增加值中所占比重较小，并且中部地区还呈现下降趋势。2000 年，西部地区第三产业增加值占全国比重为 17.35%，2008 年降为 17.15%，2012 年小幅上升至 17.80%。

表3　2000～2012 年东中西部地区三次产业增加值占全国的比重

单位:%，个百分点

类别	年份	东部地区	中部地区	西部地区
第一产业增加值占全国比重	2000	39.26	35.75	24.99
	2004	37.95	36.20	25.86
	2008	36.28	37.13	26.60
	2012	35.02	37.62	27.37
	2000～2012 年比重变化	−4.24	1.87	2.38
第二产业增加值占全国比重	2000	56.76	28.09	15.15
	2004	58.89	26.10	15.01
	2008	54.71	28.07	17.22
	2012	49.52	30.49	19.99
	2000～2012 年比重变化	−7.24	2.40	4.84
第三产业增加值占全国比重	2000	55.04	27.61	17.35
	2004	56.35	26.43	17.21
	2008	57.90	24.95	17.15
	2012	57.06	25.14	17.80
	2000～2012 年比重变化	2.02	−2.47	0.45

资料来源:《中国统计年鉴》(2000～2013 年)，国家统计局网站。

总而言之，在中国各区域对外开发开放的过程中，东部地区形成的是先进的主导型制造业和现代服务业，而中部地区承接了大量农业和基础工业，西部对全国产业和就业的贡献主要体现在第一产业领域，而第二和第三产业贡献在三大区域中最小。但西部三次产业增加值在全国的比重正在表现出大幅提升的态势，产业结构优化的空间巨大。

（四） 西部地区对国家发展战略的支撑

很多研究者都认为，西部大开发战略的实施不同程度上都推动了西部地区的经济增长，但发展的可持续机制、人民生活水平、生态保护、投资环境、人力资本培育等仍是战略推进过程中的突出问题。邓健、王新宇从能源效率视角出发探讨了西部大开发地区的工业以资源型为主，发展方式粗放、产业结构不合理。[①] 西部大开发战略虽然使得新型工业化取得显著进展，但区域内省际分异较明显；新型工业化总水平以及工业化进程、科技创新、资源环境、社会协调发展水平均落后于其他区域。[②] 早期的战略实施并没有刺激民间和外商投资的增长，出现了"政府热、民间冷"的现象，市场对此持观望态度，这种现象相较于东部发达地区依然很明显。其中非公有制和中小工业企业的经济效益较差，地区分工地位低，投资环境相对恶劣。[③]

关于西部大开发战略的政策效应评价研究，学者认为，西部大开发战略的实施并未显著促进 GDP 增长率提升，综合发展水平的提升幅度也很有限，但基础设施投入和转移支付都能够有效提升区域综合发展，而税收优惠等政策措施的提升力度较弱[④]，如何进行客观、科学的转移支付来推进西部大开发战略又是一个重大难题。[⑤] 何春、刘来会基于区域协调发展的视角，认为西部大开发战略促进了区域经济发展，缩小了区域间差距，但扩大了西部地区内部差距，由实物投资推动的经济增长具有短期效应，产业结构和人力资本培育并未得到实质性改善。[⑥] 谭周令、程豹研究结果表明，西部大开发对西部地区经济发展的净政策效应整体上来说不显著。[⑦]

西部大开发以大推动理论为指导进行建设，大幅增加西部地区投资，促使西部地区追赶超越，但战略实施的效应仍需重新评估。从国家参与全球分工的方式继而对西部地区的影响来看，西部大开发战略的实施，正处

---

① 邓健、王新宇：《区域发展战略对我国地区能源效率的影响——以东北振兴和西部大开发战略为例》，《中国软科学》2015 年第 10 期。

② 罗永乐：《西部地区新型工业化水平动态分析——基于西部大开发的视角》，《经济地理》2012 年第 2 期。

③ 李国平、彭思奇、曾先峰、杨洋：《中国西部大开发战略经济效应评价——基于经济增长质量的视角》，《当代经济科学》2011 年第 4 期。

④ 彭曦、陈仲常：《西部大开发政策效应评价》，《中国人口·资源与环境》2016 年第 3 期。

⑤ 马拴友、于红霞：《转移支付与地区经济收敛》，《经济研究》2003 年第 3 期。

⑥ 何春、刘来会：《区域协调发展视角下西部大开发政策效应的审视》，《经济问题探索》2016 年第 7 期。

⑦ 谭周令、程豹：《西部大开发的净政策效应分析》，《中国人口·资源与环境》2018 年第 3 期。

在国家快速发展阶段，由于模块网络化生产方式的兴起，中国以加工制造基地的角色迅速承接全球产业转移；由于对初级产品需求的攀升，西部大开发政策实施，引导投资主要流向能源及初级产品产业，这一方面使西部地区自身实现快速发展，各领域取得显著进展；另一方面西部地区也因发展方式粗放，累积下较为严峻的不平衡、不充分发展问题，西部地区必须转型升级。但从西部地区对全局的作用而言，其对全国经济快速增长起到了重要的支撑作用。我们既要肯定西部大开发战略对国家发展的作用，也要发掘其实施存在的问题。

四　西部大开发初期西部地区融入国家发展战略的现实问题

西部大开发作为国家战略的重要组成部分，也是西部地区积极融入七大国家发展战略的重要途径。从 20 世纪科教兴国和 21 世纪人才强国战略实施以来，西部地区的科研院所为国家建设输送了大批优秀人才，但自身发展却在一定程度上受制于人才的缺乏。大力发展经济建设虽然使西部地区发展潜力得到快速、有效开发，但同时，严重地破坏了西部地区原本脆弱的生态环境，西部地区内部差距也逐渐扩大，开发建设的不可持续方式也受到诸多质疑。西部大开发初期，陷入粗放式发展路径的西部地区在融入国家发展战略的过程中，凸显以下四个现实问题：区域中心与外围地区的非平衡发展、经济建设与生态保护的非协调、人才资源与产业升级的非匹配以及国有重工业与民营市场的非融合问题。

（一）区域中心与外围地区非平衡问题

自改革开放以来，区域非平衡发展一直伴随着国内地区经济社会发展，并表现出东部沿海与中西部内陆地区发展差距逐步扩大的态势，因此在改革开放的形势下提出并落实区域协调发展战略是极为必要的。区域非平衡困境不仅表现在东中西部地区的经济社会发展差距，而且表现在每个区域内部的城乡结构、中心—外围结构中。造成区域非平衡发展的原因是多方面的，且错综复杂，有其历史禀赋问题，如地理区位、产业结构，也有其政策和机遇效应问题，如国家战略、税收政策等。

为解决区域协调发展问题，国家在"九五"计划时期开始着手解决区域之间发展差距过大的问题，按照市场经济规律和自然地理条件，以区域性中心城市和交通干道为依托划分国家经济区域。西部大开发初期的目标，即力争十年内，西部地区能够在基础设施建设和生态环境保护方面做出突出成绩。2010 年的《关于深入实施西部大开发战略的若干意见》也指出，西部地区的基本公共服务能力与东部地区差距明显缩小。但目前，西部地区仍在营商环境、民营经济活跃度、经贸往来方面与东部沿海地区存在不小差距。

尽管西部大开发战略实施近 20 年，西部地区在基础设施建设、经济发展水平、人民生活质量方面有了较大的提高，[1] 但西部地区内部仍存在很大的不协调因素。西部地区城市群的规划与发展落后，关中平原城市群和成渝城市群是西部地区两大城市群，由于区位和交通条件限制，城市群空间分割严重，协同效应不明显，规模和结构发展也会受限。而在各城市群内部，区域中心的城市拥有"虹吸效应"，集聚规模越来越大，其外围的城市很难吸引优质要素发展起来，区域内部的空间分布不均衡，不利于城市群内部的合作与持续互动，也不利于多个区域间的城市群协同发展。区域内部发展的不均衡很大程度是由于该区域的城乡发展差距，因此，西部应把城乡一体化作为深入持续实施区域发展战略的基础，大力发展乡村振兴战略，为西部地区融入国家发展战略奠定区域协调的内部根基。

（二）经济建设与生态保护非协调问题

自西部大开发战略实施以来，西部地区的工业废水和固体废弃物的排放量是呈下降趋势的，而工业废气的排放量则逐年上升，西部地区对于生态环境保护的治理力度在不断加大。[2] 且西部地区经济较为发达的省份对工业污染的生态治理力度最大、投资水平最高，如四川、内蒙古、陕西，青海则相反。

针对西部地区经济建设与生态保护的现状来看，在西部大开发早期，西部地区的经济建设是以牺牲生态环境，消耗能源、矿产资源为代价的，开发建设模式不可持续，是一种典型的粗放型经济发展方式。但近年来，随着科学发展观的深入贯彻与可持续发展战略的落实推进，西部地区的环境污染状况相对比较稳定，环境规制政策的陆续出台，使得经济建设与生态保护开始趋于协调。但目前的西部地区人民依然能够感受到冬季的空气污染，众多的城市化基础设施建设项目依然夜以继日地施工，生态环境还有很大的改善空间。经济建设与生态保护的非协调困境仍然影响着西部地

---

① 肖金成、安树伟：《从区域非均衡发展到区域协调发展——中国区域发展 40 年》，《区域经济评论》2019 年第 1 期。

② 张瑞萍：《西部生态环境与经济增长协调发展研究》，兰州大学博士学位论文，2015。

区的经济社会和谐发展。

西部地区在西部大开发的同时，既要加快经济建设步伐，缩短与东、中、地区间的发展差距，又要在大力推进工业化的同时积极采取治理和保护生态环境的有力措施，这将是每个区域协调发展的双重任务。而在西部地区，经济基础薄弱、产业结构不合理、生态环境脆弱以及贫困人口庞大导致生态持续恶化等，诸多因素会使得完成双重重任难度更加大。若可持续发展更大程度上是一种发展理念，那么西部地区在西部大开发的持续深入中，必须找寻到一种内生驱动的发展方式来匹配可持续发展战略，以减轻经济建设与生态保护之间的矛盾。

（三）人才资源与产业升级非匹配问题

人才强国战略是实现国家繁荣复兴的第一战略，其中人才资源是第一资源。在众多国家战略中，人才要素是最为活跃的，在推进文化强国、制造强国、海洋强国等国家战略中起着重要的基础性作用，也是决定国家发展战略成败和国家兴衰的根本性因素。

目前，从东、中、西部地区来看，东部地区的高等教育规模最大，中部地区和全国平均水平接近，而西部地区最低；东部地区的高校人均教育经费支出远远高于中、西部地区，并且这种差距有不断扩大的趋势。[①] 虽然西安是中国科教创新重镇，但依然无法和东部地区更高质量的高等院校相比。西部地区作为中国产业转型升级的"大后方"，也需要进行产业的演进，西部地区的中心城市均定位发展先进制造业和现代生产性服务业，实施创新驱动发展，但这需要大量的人才要素、资本要素和技术要素。由于区位条件和基础设施配套能力较弱以及产业体系无法精准吸纳高素质人才的双重困境，西部地区的人才政策效果很难匹敌东部沿海地区。在产业升级中，西部地区是很需要高素质专业人才的，专业人才的培养和吸纳也就成为优化承接产业结构的一种重要途径和最高的层面。[②] 西部地区的产业升级需要大批优秀的人才予以支撑，但西部地区凭借现有的产业结构又无法供养起规模足够大、层次足够高的人才资源。因此，近期全国的人才争夺战中，西部地区看似通过多项政策吸纳了很多人才，但人才的层次与产业升级需求的人才类别都无法保证。西部地区的人才资源建设与产业升

---

① 赵冉：《我国区域高等教育协调发展研究——基于东、中、西部的分析》，《当代教育科学》2017 年第 9 期。

② 田爱国：《"一带一路"建设下产业转移与西部区域协调发展研究》，《改革与战略》2016 年第 7 期。

（四）国有重工业与民营市场非融合问题

西部地区的国有经济结构与东部发达地区相比有着很大的不同。西部地区国有企业的数量和产值都有着较高的比重，且经济效益低下，行业分布较为集中，西部区域的整体产业结构缺少多元化，不合理。西部地区自然资源丰富，在终端商品生产环节不具备优势，国有企业多集中于矿产开采、有色金属冶炼和其他重型制造工业。现代生产性服务业和民营经济发展滞后。

西部地区的非公有制经济发展缓慢，这和国有经济占比过大有着重要关系，也是制约西部国企混合所有制改革的一个重要原因。[①] 由于新中国成立初期的三线建设，西部地区的产业结构和所有制结构带有历史遗留的痕迹，国有重工业企业数量较多，其中很多都涉及军工领域。而这些经济成分有一个重要特征：国有重工及军工产业对当地经济社会的外溢带动作用很小，产业链条封闭，研发和生产的价值不能顺利地惠及当地民生。全国军工上市企业的净利润基本处于所有国民行业的末端，把"军转民"和"民参军"的融合模式发展起来，对于国家整体层面都是一个有益探索，尤其是军工占比较高的西部地区。

2015年，国家首次提出把军民融合发展上升为国家发展战略。美国在军民融合方面堪称典范，其国防工业科技体系融合军事和民用范畴。有研究报告表明，美国军民融合每年会给国防部带来采办费用20%以上的节约，数额超过300亿美元。

西部地区的军工企业基本是典型的重型工业企业，主要集中在西安、成都、重庆、贵州等地，在漫长的发展历程中投入大量的科研经费，积累了丰富的产业资源，但市场转化无渠道，而民营企业则具有机制灵活、勇于创新、联结市场等优势，若国有军工与民营市场深度融合则可以达到共赢目的，既减轻政府投入压力，又让军工硬科技在一定领域惠及当地经济社会发展。目前，军民融合才刚刚起步，西安"民参军"已经拉开序幕，但"军转民"仍需考虑项目的市场需求和市场化产出。

五 西部地区加快融入国家发展战略及未来选择

在"十三五"规划勾勒出系统化的国家顶层设计背景下，面对内陆型

---

① 高瑜、孔晓玉：《西部国企改革的现实基础以及改革思路探析》，《陕西师范大学学报（哲学社会科学版）》2007年第S1期。

改革开放新高地的建设需求，西部从既往局部性实施国家战略，转向以自主转型升级为主导的发展方式创新，由此促进国家发展战略体系和西部大开发协同并进。

（一）"十三五"规划勾勒出系统性推进国家战略的蓝图

十八大以后，中国提出适应"经济新常态"、共建"一带一路"、实施"供给侧结构性改革"等重要的开放发展理念，这些理念最终被系统纳入"十三五"规划及十九大报告，其中"十三五"规划勾勒出系统性推进国家战略的总体思路。

第一，"十三五"规划表现出利用新兴生产组织方式推进经济转型的思路。20世纪末兴起的模块网络化发展机制具有促进分工深化的循环累积效应。中国提出实现制造业强国的第一个十年行动纲领——《中国制造2025》，基本思路就是利用数字智能技术促进工业化与信息化的深度融合，重新构建适应新科技发展的生产网络。在现代先进制造业体系中，不仅生产工序和制造环节面临重构，生产性服务与公共性服务作为支撑模块也不断融入。在民间科创实力薄弱的形势下，驱动军民融合发展战略，形成创新合力。为了快速响应产品需求，碎片化分布的生产厂商作为独立但又相互联结的网络原子需要共享信息和协同运作，因此必然会产生对产业互联网的赋能需求。在生产工序不断细化、深化的过程中，产业融合不断推进，专业化、差异化的细分行业也持续不断裂变并衍生独立出来，反过来又积极作用于母体。最终，产业不断发展和组织形式的更迭融合在于每个衔接环节的持续创新；由此也构成国家转型升级的内在发展机制。

第二，内外部多种因素协调匹配以驱动新兴发展机制运用。首先，促进长江经济带、京津冀协同发展、粤港澳大湾区、新型城镇化等空间公共产品建设协同推进，以充分利用优越的经济基础，依托市场的自组织效应，驱动新兴发展机制运作。其次，建设"一带一路"，打开国内经济转型所需国际市场空间。国内生产体系的分工深化，取决于更为强大的消费能力，除了挖掘内部的需求潜力之外，拓展国际市场也成为不可或缺的战略诉求。中国的"一带一路"抓住了21世纪以来亚太融合程度较深、欧亚联系较为薄弱的特征，以促进欧亚两大市场融合为主轴，通过软硬件互联互通，发挥大市场效应，拉动两个区域战略转型。再次，利用内外部自由贸易区建构与全球化深度对接的新模式。与国内分工深化的需求相对接，中国与国际市场的联系将从商品贸易逐步演进到服务贸易、国际投资、国际经济与金融治理等更高更深的层次。然而，国内社会经济发展不平衡、体制转型任务艰巨等问题，决定中国将继续采用局部试验而后推广的模式，既利用开放的有利因素，又尽量规避开放的不利影响。因此国内设立自由贸易试验区以引进先进资金、技术，国外设立国际经贸合作园区以带动中国企业"走出去"，实现内外发展机制的有效对接与良性互动。

第三，国家治理体系创新成为政策重心。在生产力发展及市场化推进到迫切需要政府转变职能的当前阶段，实现政府治理机制和体系的创新，使之由企业和行业规管者，进一步转变为适应市场之需提供公共服务、维护国家与社会稳定的组织结构，成为"十三五"规划尤其要推进的政策重心。从"十五"计划以来的四个国家规划建议的差异来看，"十五"计划、"十一五"规划和"十二五"规划仍然体现行业规划的理念，而"'十三五'规划建议"核心突出"创新、协调、绿色、开放、共享"等发展原则，而不再拘泥于具体的行业规划，已表现出规划治理理念的一大变革。

（二）西部地区加快融入国家发展战略

在国家发展战略越趋系统化、全面化形势下，西部地区在"一带一路"倡议提出初期，仍然表现为局部战略推进的特征，如为推进"一带一路"倡议，新疆提出定位为丝绸之路经济带的"核心区""桥头堡"；陕西西安作为古丝绸之路的起点，在面对新的机遇时，发布《关于加快建设丝绸之路经济带新起点的实施方案》，致力于建设"一高地"和"六中心"；甘肃省兰州市则定位为丝绸之路经济带黄金段上的钻石节点；重庆则提出《关于充分发挥重庆在丝绸之路经济带和长江经济带建设中重要作用的建议》，谋求丝绸之路与长江经济带枢纽地位，致力于成为新丝绸之路的起点。随着"十三五"规划整体思路越趋清晰，重庆、四川、陕西、新疆等地区率先开启内陆型改革开放新高地建设探索，这使西部地区致力于驱动自主转型升级。从西部地区的初步实践来看，内陆型改革开放新高地建设的进展主要包括以下方面。

第一，以发挥集聚效应为关键。开放型经济高地首先建立在人才、资本、技术、信息等要素集聚的基础上，通过构筑一系列集聚平台与机制，吸引国内外先进产业转移和集聚，带动生产要素流向经济高地，强化产业集聚与辐射作用的同时，反过来又发挥向其他区域辐射的功能，如此循环累积，内陆型城市的综合竞争力不断提升，城市和区域经济实现持续快速增长。

第二，以扩大对外开放为核心。西部地区需要强化向西开放的平台和机制建设，整合、利用、优化、配置国际和国内两个市场、两种资源，积极承接新一轮国际和沿海地区产业转移，使内陆型城市成为新一轮改革开放的前沿阵地。

第三，以构建创新体系为抓手。西部地区深化重要领域和关键环节改革，充分发挥市场在资源配置中的决定性作用，加快培育和激发企业创新动力与活力。通过解放思想、创新思维，构筑包括体制机制创新、发展理念创新、发展模式创新等宏观层面创新，市场创新、产业融合创新等中观层面创新，以及产品创新、技术创新等微观层面创新在内的创新体系，助推内陆地区成长为改革开放创新高地。

第四，以多元协调为宗旨。为了保障生态脆弱的西部地区具有可持续发展条件，西部地区开始主动促进经济发展与生态环境的协调、城乡协调、内外协调、市场与政府协调等。

第五，以引领示范效应为目标。内陆改革开放新高地的建设，不仅成为西部地区重要的经济增长极，还能积累借鉴落后地区转型升级的经验教训，进而为内陆型地区改革开放、转型升级发挥重大的引领示范作用。

在转型升级发展目标的指引下，可持续发展战略、科教兴国战略、人才强国战略、创新驱动战略、军民融合发展战略、乡村振兴战略、区域协调发展战略、"一带一路"共建倡议等国家层面的战略与规划，成为西部地区展开各方面建设的内在要求。西部地区由以往依赖投资大搞基建、扮演初级产品供应地角色，开始转向系统性推进国家发展战略。

（三）西部地区融入国家发展战略的未来选择

面对新科技革命浪潮兴起、国家深化改革与扩大开放的形势，西部地区有必要驱动系统性的自主转型升级机制，通过创新与协作，引领自身并助推国家发展大局。

1. 基于新兴生产方式驱动"四化同步"发展机制

模块网络化新兴生产方式提供了不局限于比较优势、挖掘竞争优势，实现后发地区转型升级的发展机制，也使"四化同步"有可能建构；西部地区人口和资源相对有限，提供了驱动"四化同步"的潜在试验场，充分利用模块网络化的发展原理、大胆创新，成为面临严峻挑战和重大机遇的西部地区现实而必要的选择。

首先，工业化与信息化深度融合，需要信息化提供支撑。信息化多以生产性服务业的形式表现，先进工业发展要与生产性服务业深度融合，而生产性服务业则对工业发展提供支撑。在差异化、模块化、定制化的生产大趋势下，实现规模经济与范围经济的高效结合对于快速响应市场的需求并做出生产行为至关重要。信息化作为工业化发展的生产性支撑,一是要运用数字技术进行市场大数据的搜集、分析工作;二是运用信息化技术赋能生产工序和流程;三是需要整合分散的信息化应用技术,打造产业互联网,共享市场信息,协同生产作业;四是基于信息化技术高效快速联结市场各端要素并产生互动机制。因此,更加碎片化分布、专业化生产的环节构建,使工业化对信息化具有了巨大的服务性需求;信息化的布局和建设,也使得生产效率和技术水平能够得到大幅提升,工业化发展赋能强劲。

其次,工业化、信息化要为农业现代化发展提供支撑。工业化与信息化的深度融合和互动,要求系统性的大量创新活动,这些创新工作由人才转化,并通过人才产生对农业成果更高的要求,其本质是工业化进程产生了更多对农业现代化的需求。农业发展在整个人类社会的历史中至关重要,但要素有限的约束要求农业新发展必须有新的现代化创新,才能满足工业化、信息化发展所产生的重大历史需求并与之协同演进。农业和其他产业一样,需要融合工业化、信息化发展的成果,为农业现代化发展赋能。

最后,工业化、信息化、农业现代化与城镇化协同发展。城镇化发展为中国国民经济体系的变迁提供了空间基础,并为工业化、信息化和农业现代化发展提供更为关键的公共服务支撑与围绕人口聚集的多种配套。大量道路、房屋、园区的基础设施建设又反向刺激工业供给,并要求其工业化水平提升。产业和人口的聚集也带来层次更高的衍生服务业,以及高级别行政事务产生的公共属性服务,支撑信息化、农业现代化不断推进。因此,城镇化所带来的城市空间扩张,不但为工业、农业、信息服务等经济活动提供物理设施,还为区域产业转型升级提供公共品,整个城市系统网络形成。

总之,通过网络模块化协同演进实现"四化同步",使西部即使深处内陆,也有可能凭借体制机制的创新,成为中国下一轮改革开放的新高地。

2. 系统性融入国家发展战略

"四化同步"的推进,使全面系统融入国家发展战略成为西部地区转型升级的内在要求。

第一,西部地区人力资源系统性建设需要公共服务支撑。西部地区在推动"四化同步"的同时,积极融入国家发展战略,会产生巨大的人力资源开发需求。碎片化、专业化、小微化的企业主体在参与西部开发的过程中无法承担人才培育的大量支出。且人才的流动性较强,公共品的特征较为明显，企业个体在培育人力资源时所花费的整体成本较大，且培育层次有限。西部地区的政府作为当地公共物品和服务的主要供给方，需要对人力资源培育进行顶层设计，在区域之间的人才流动可控范围内，协同社会市场其他参与主体，共同建立西部人力资源系统池，重构多层次、专业化、重实践的教育产业，为西部经济社会转型升级和更好地融入科教兴国、人才强国战略强化自身建设。

第二，西部地区制造业再升级需要创新驱动引领。"四化同步"的核心在于信息化与工业化相结合、农业与科技相结合，以促进分工深化、提高生产效率。创新驱动成为重中之重。"中国制造 2025""互联网＋""智能＋""大数据战略""军民融合发展战略""智慧城市"等驱动新一轮科技产业革命的规划与战略，成为西部地区有必要强力推动的领域。

第三，西部地区产业体系需要基础设施、产业平台等公共服务支撑。模块网络化的发展使现代产业体系在分工不断深化的过程中，也对智慧园区、智能管网、智能物流等产生巨大的需求，高科技含量的基础设施持续建设和产业互联平台的搭建，能够富有成效地提升产业体系发展水平和促进产业分工演化，为其加倍赋能。推进治理体系现代化，实施可持续发展战略、乡村振兴战略等，为西部地区建设必要公共服务设施与平台提供有力支撑。

第四，西部地区开放型生产网络的扩张需要国际化公共服务支撑。西部地区在"一带一路"倡议下积极参与全球价值链分工体系，随着生产能力的提升和生产网络的扩张，西部地区承载了更大的产业规模和更多的市场份额，必然要在全球空间获得发展，因此，实现生产各要素、产品的全球性流动流通是西部地区未来发展的必然选择。这就涉及国际贸易投资的硬环境和软环境建设、国际贸易投资规则的治理性参与、国际事务争端解决机制、国际仲裁和国际关系协调等公共服务，以推动西部全球区域性生产网络的持续扩张。国际化公共服务供给同样是"四化同步"的重要支撑，积极参与"一带一路"建设，助推国际治理体系变革与创新，是西部可以积极作为的领域。

3. 差异化支点建构与走向协同发展

西部地区要更多地承载国家发展战略，协同差异化的战略设计，找到一种综合统筹的顶层发展思路。随着《西部大开发"十三五"规划》的颁布，国家发展和改革委员会明确部署西部区域发展新格局，坚持创新驱动发展、开放引领发展，在基础设施网络、现代产业体系、城市发展和政策支持等多个领域重点发力。① 丝绸之路经济带通过产业和人口的"点—轴"集聚凝聚驱动力，产业聚集形成规模效应，人口聚集形成巨大市场需求，而城市正是产业和人口聚集的空间载体，也是区域发展的支点。② 西部地区的发展需要统筹区域内的中心城市建设，发挥区域联动效应③，构建现代产业体系和创新驱动的人才培育机制，融入其他国家发展大战略，持续推进西部大开发战略。由于西部省份基础差异大、地区分化严重、软硬件联通条件各异，因此需要根据腹地规模来确定战略支点的角色和功能。从整体而言，西部地区分化为制造群聚集区域、物流走廊区域、生态涵养区域等地带，需要以定制化的理念设计开发开放体制，以支撑产业集聚、经济转型，由此建构国内的战略支点。西部差异化战略支点之间也存在巨大的协同效应，由此扩大规模效应，助推国家战略转型；而要实现协同效应，有必要加强西部地区之间的战略协作，并进行制度设计。

---

① 国家发展和改革委员会：《关于印发西部大开发"十三五"规划的通知》，http：//www.ndrc.gov.cn/zcfb/zcfbghwb/201701/t20170123_836135.html，2017 年 1 月 11 日。
② 卫玲、戴江伟：《丝绸之路经济带：超越地理空间的内涵识别及其当代解读》，《兰州大学学报（社会科学版）》2014 年第 1 期。
③ 淦未宇、徐细雄、易娟：《我国西部大开发战略实施效果的阶段性评价与改进对策》，《经济地理》2011 年第 1 期。

西部大开发20年西部地区反贫困发展的历史、现实与未来研究[*]

韩锦绵　白　雄　宋　真　陈玫羽　王　茹[**]

摘　要：西部地区是我国反贫困的主战场，本研究对西部大开发20年来西部地区反贫困的历程进行梳理，并基于当前西部反贫困的进展，评估了西部大开发20年来西部地区反贫困的绩效，以定性研究和定量研究相结合的方式分析西部地区20年来贫困状况的改善和变化。然后根据西部地区贫困的现实，从多角度总结西部地区贫困的特征。最后结合国际反贫困实践经验，本研究为未来西部地区反贫困发展提出针对性的政策建议。

关键词：西部大开发20年　反贫困历程　绩效展望

一　导论

1999年，江泽民指出："必须不失时机地加快中西部地区发展，特别是要抓紧研究西部大开发的问题。""实施西部地区大开发，是全国发展的一个大战略、大思路。"[①] 同年"十五"计划指出："扶贫开发是一项长期而艰巨的任务。要重点做好中西部的少数民族地区、革命老区、边疆地区和特困地区的扶贫工作。"[②] 西部大开发战略的实施，不仅为21世纪我国经济开拓了广阔空间，更强有力地拉动了西部地区经济的增长[③]，也极大促进了西部地区的扶贫进程。反贫困是在不断革新、完善中前进，在不断解决问题中成长的一个过程。对此问题的研究，陈标平、胡传明以《中国

---

* 本文为陕西省社科基金项目（批准号2018D09）、陕西省教育厅人文社会科学项目（18JK0762）的阶段性成果。

** 韩锦绵，经济学博士，金融学博士后，西北大学中国西部经济研究中心兼职研究员，西北大学经济管理学院副教授，硕士生导师；白雄、宋真、陈玫羽、王茹均为西北大学经济管理学院硕士研究生。

① 《江泽民文选（第二卷）》，人民出版社，2006。
② 朱镕基：《中共中央关于制定国民经济和社会发展第十个五年计划的建议》，2001。
③ 《江泽民文选（第三卷）》，人民出版社，2006。

农村扶贫开发纲要（2001~2010 年）》为主线，认为从 2001 年开始至 2009 年为止，我国步入多元化、可持续发展的扶贫道路。扶贫对象实现了由扶持贫困地区向扶持贫困人口的转变，贫困村的困难户开始成为国家扶贫工作的直接受益者。[①] 王洪涛以国家对西部地区扶贫的政策为主线，认为 2000 年之后国家对西部地区的扶贫政策是一个整体，坚持了农村扶贫开发十年计划的扶贫方针，严格地执行各项扶贫措施并取得了成果。[②] 黄国勤从扶贫工作的成就和显现的问题进行研究，认为 2000~2010 年是我国参与式扶贫的开展阶段，2011 年至今进入精准扶贫阶段。[③] 李雨辰将 21 世纪以来西部地区反贫困历程依据我国领导人的反贫困思想进行划分，着重研究了习近平主席的精准扶贫思想的形成、内涵与实践价值，认为 2000 年以来我国历届领导人的扶贫思想是一脉相承的。[④] 李小云、唐丽霞、许汉泽则从扶贫瞄准机制演变的角度，分析了我国农村地区扶贫瞄准机制逐步变迁的过程、不同时期存在的瞄准机制失灵问题及成因。他们指出 2001 年瞄准机制下移到村，开始实施整村推进为主要手段的扶贫工作机制；2005 年开始对贫困户"建档立卡"，识别贫困户，改善瞄准机制；2014 年实施精准扶贫后将瞄准机制精确到农户层面。[⑤] 吴振磊、张可欣研究了改革开放 40 年中国特色的扶贫道路，认为 2001~2011 年这一阶段我国贫困性质与贫困人口分布发生了变化，扶贫工作致力于提高人口综合素质，实现贫困人口的长远发展；2012 年以后我国进入精准扶贫为主的阶段。[⑥]

上述研究从不同的角度对我国不同时间段的反贫困工作进行了有益的探究，为本文研究提供了借鉴。但是对 1999~2019 年西部大开发 20 年来西部地区反贫困的历程以及在乡村振兴战略背景下扶贫工作如何推进研究较少。很显然，西部大开发 20 年以来西部地区的扶贫进程持续推进的基础是我国扶贫工作机制的渐进式发展。在此过程中，西部地区的扶贫工作从实践中总结经验，创新扶贫工作机制，制定扶贫措施，修正扶贫方案，最

---

① 陈标平、胡传明：《建国 60 年中国农村反贫困模式演进与基本经验》，《求实》2009 年第 7 期。
② 王洪涛：《中国西部地区农村反贫困问题研究》，中央民族大学博士学位论文，2013。
③ 黄国勤：《中国扶贫开发的历程、成就、问题及对策》，《井冈山干部学院学报》2018 年第 3 期。
④ 李雨辰：《我国西部地区精准扶贫：理论追溯、时间现状与成效评价》，南京大学硕士学位论文，2018。
⑤ 李小云、唐丽霞、许汉泽：《论我国的扶贫治理：基于扶贫资源瞄准和传递的分析》，《吉林大学社会科学学报》2015 年第 7 期。
⑥ 吴振磊、张可欣：《改革开放 40 年中国特色扶贫道路的演进、特征与展望》，《西北大学学报（哲学社会科学版）》2018 年第 5 期。

终取得一定成效。笔者认为，西部大开发 20 年以来，西部地区反贫困历程的阶段性成效主要表现在扶贫模式的变化以及在模式锁定下的扶贫举措，也就是说，只要西部地区的扶贫模式发生变化，就会有新举措与新方法跟进。因此，西部地区渐进式的扶贫具有显著的阶段性特征。基于此，笔者研究了西部大开发 20 年来不同阶段西部贫困地区扶贫针对性的重要措施和阶段性成果，并对西部大开发 20 年来的反贫困绩效进行评估，从多角度总结了西部地区贫困的特征，最后为西部地区反贫困的进一步发展提出切实可行的政策建议。

二　西部大开发 20 年西部地区反贫困的历程

1999 年 6 月，我国领导人强调要对西部地区进行开发。11 月，中央经济工作会议敲定对西部地区进行大开发的战略决策，标志着西部地区扶贫工作开始加快推进。2001 年，国务院发布的《农村扶贫开发纲要（2001～2010 年）》制定了我国扶贫工作的总方针，西部地区扶贫工作也进入一个崭新的阶段。随着扶贫工作持续推进，扶贫成效逐步递减。直至 2013 年西部地区提出精准扶贫并创新扶贫工作机制，扶贫工作再次焕发活力。据此，将西部地区扶贫发展历程分为以下两个阶段：开发式扶贫的推进与参与式扶贫的落实（1999～2012 年），精准扶贫工作的起步与新时期扶贫机制的深化改革（2013 年至今）。

（一）1999～2012 年：开发式扶贫的推进与参与式扶贫的落实

1. 时代背景

20 世纪 80 年代，中国进入大规模开发的扶贫阶段。1994 年制定的《国家八七扶贫攻坚计划》，通过具体的、有针对性的项目开发来带动扶贫。进入 21 世纪，党和政府进一步完善扶贫思路，不断寻求新的着力点。2000 年 10 月，中共十五届五中全会通过的《中共中央关于制定国民经济和社会发展第十个五年计划的建议》，将实施西部大开发、促进地区协调发展作为一项战略任务，强调实施西部大开发战略是我国当前的重大举措。2001 年 5 月，第三次中央扶贫开发工作会议召开，决定并开始颁布实施《中国农村扶贫开发纲要（2001～2010）》，就 21 世纪初中国扶贫开发进行了全面部署，并把扶贫工作的重点转向了西部特困地区，指出"按照集中连片的原则，国家把贫困人口集中的中西部少数民族地区、革命老区、边疆地区和特困地区作为扶贫开发的重点，并在上述四类地区确定扶贫开发工作重点县"①。伴随西部大开发的浪潮，西部贫困地区的扶贫开发工作也被推向了一个新的阶段。在《中国农村扶贫开发纲要（2001～2010）》指导下，西部扶贫政策坚持开发式扶贫和社会保障相结合，坚持专项扶贫和行业扶贫、社会扶贫相结合，坚持外部支持与自力更生相结合的方针。此时西部地区区域经济已经有了显著发展，由过去全力解决大量贫困人口脱贫转向解决少数绝对贫困人口温饱问题，扶贫基本单位由贫困县转变为贫困村。因此，西部贫困地区力求重点村水、田、林、路综合治理，教育、文化、卫生和社区文明共同发展，以村为单位进行综合开发，寻求整村推进的扶贫新路子。

2. 主要举措

贫困地区长期难以脱贫，首先是资金匮乏，各项扶贫工作难以开展，贫困户的脱贫项目难以实施；其次是贫困地区劳动力素质偏低，青少年受教育程度低，"输血式"扶贫治标不治本，难以从根本上拔除穷根。因此党和政府加大对贫困地区"输血"力度，同时着眼于增强其自身"造血"能力，不再单靠短期的救济扶贫，而是从根源上解决西部地区的贫困问题，大力开发人力资本，旨在通过几代人的努力，使得西部地区人民从根本上摆脱贫困。

（1）财政扶贫资金支持

贫困地区长期处于欠发达状态，发展地区经济一直离不开政府的资金支持。西部大开发战略实施后，国家向西部地区农村投入的财政扶贫专项资金从2001年的62.6亿元增加到2006年的85亿元，用于西部贫困地区基础设施建设等。自2001年以来，西部地区获得的财政扶贫资金占全国的比重一直维持在60%左右。雄厚的财政扶贫资金成为西部地区扶贫工作向前推进的强有力的保障。

（2）因地制宜差异化扶贫

西部不少贫困地区有着种植地方特色作物的天然优势，所以持续发展种养业依然是该阶段西部地区扶贫开发的重点，因地制宜发展种养业是贫困地区增收脱贫最有效最可靠的途径。对于极少数地区而言，由于生存条件恶劣，自然资源匮乏，依靠种养业脱贫基本是不可能的，针对这样的特殊地区，政府实行居民自愿搬迁政策。在政府统筹计划安排下，结合退耕还林还草实行搬迁扶贫，让特殊贫困地区的人们搬出来，稳下来，再富起

---

① 国务院：《中国农村扶贫开发纲要（2001～2010年）》，2001。

来。我国于 2006 年 1 月 1 日起废止《农业税条例》，减少了农民的经济负担。[1] 此举极大地调动了农民的生产积极性。

（3）义务教育提高人口素质

2000 年底党中央决定实施第二期"国家贫困地区义务教育工程"，此时中央专款的分配向西部地区倾斜，为西部地区安排的资金占到了中央专款的 90% 以上。[2] 自 2001 年起，政府对农村义务教育阶段贫困家庭学生就学实施了"两免一补"政策，对农村义务教育阶段贫困学生免除学杂费、书本费并逐步补助寄宿生生活费。为进一步推进西部大开发，实现西部地区基本普及九年义务教育，基本扫除青壮年文盲的目标，国家还制定了《西部地区"两基"攻坚计划（2004~2007 年)》。从 2006 年起西部地区开始全部免除农村义务教育阶段学生的学杂费，享受免学杂费政策的学生达到了 4880 万人。

（4）新农合助力脱贫

贫困地区医疗卫生长期落后，为改变农民因病致贫和因病返贫这一境况，2002 年 10 月，《中共中央、国务院关于进一步加强农村卫生工作的决定》明确指出：要"逐步建立以大病统筹为主的新型农村合作医疗制度。""到 2010 年，新型农村合作医疗制度要基本覆盖农村居民。""从 2003 年起，中央财政对中西部地区除市区以外的参加新型合作医疗的农民每年按人均 10 元安排合作医疗补助资金，地方财政对参加新型合作医疗的农民补助每年不低于人均 10 元。""农民为参加合作医疗、抵御疾病风险而履行缴费义务不能视为增加农民负担。"[3] 这是我国政府历史上第一次为解决农民的基本医疗卫生问题进行大规模的投入。从 2003 年开始，本着多方筹资、农民自愿参加的原则，新型农村合作医疗的试点地区正在不断地增加，西部地区借鉴试点地区经验，大力推行新型农村合作医疗制度，以陕西省为例，新型农村合作医疗于 2004 年正式在洛川等试点启动，随后逐步扩大，于 2007 年在全省 104 个县全面开展。2013 年陕西提高了新农合制度筹资标准，从而掀起了参加新农合的又一波高潮。

（5）干部素质提升与劳动力技能培训"双升级"

西部地区贫困地区的发展离不开高素质、有远见的干部，需要有能够

---

① 李瑞林、陈新：《取消农业税后西部地区农民增收问题研究》,《农村经济》2009 年第 8 期。

② 国务院办公厅：《国家贫困地区义务教育工程资金向西部地区倾斜》,中国政府网, http://www.gov.cn/ztzl/ywjy/content_ 470014. htm, 2006 年 12 月 15 日。

③ 《中共中央、国务院关于进一步加强农村卫生工作的决定》,新华网, 2002 年 10 月 29 日。

带动贫困户脱贫的领导班子。为提高西部地区干部素质，加强西部地区干部培训，国务院扶贫办和中组部与财政部联合制定了"十五"期间全国贫困地区扶贫开发干部培训计划，力争使各地确定的扶贫重点县参与扶贫的各类干部得到培训。2007年，东部为西部培训干部4148人次，派出专业技术人员738人次，极大地提高了西部地区干部素质，为西部地区扶贫领导班子的建设打下了坚实的基础。对于青壮年农村劳动力，在尊重农民意愿和强调农民直接受益的基础上，县委、县政府统一领导，整合培训资源，扩大培训规模，降低培训成本，提高培训质量，提高贫困地区劳动力竞争与就业能力，将富余的农村劳动力转移到非农产业，促进农民增收。

3. 阶段性成果

在西部地区2000年之前的扶贫开发中，工作的开展以行政推动为主，该阶段，西部地区开始将参与式理念和工作方法贯穿在扶贫开发工作中，顺应人民期盼，满足人民意愿，赋权予民，激发人民的积极性、主动性和参与性。政府和人民的关系开始从领导与被领导的关系转变为合作关系。随着开发式扶贫方式的完善与参与式扶贫策略的制定，开发式扶贫和参与式脱贫同步推进。西部地区实施的整村推进扶贫促进了贫困地区新农村建设，一个崭新的"大扶贫"格局已形成：转移培训提高了劳动力素质，产业化扶贫带动了贫困农户增收，连片开发调整了产业结构，贫困村互助资金解决了贫困农户贷款难问题。根据国家统计局的相关数据，截至2008年，西部地区低收入以下贫困人口从2001年的5535.3万减少到2008年2648.8万，贫困发生率从19.8%下降到9.3%，下降10.5个百分点，比全国同期快了4.5个百分点，农村的贫困人口大幅度减少。扶贫开发工作重点县农民人均纯收入从2001年的1197.6元增加到2008年2482.4元，增长107.3%，比全国重点县的增长速度高2.9个百分点。基础设施建设明显改善，社会事业发展迅速，通公路、通电、通电话、通广播电视的自然村比重分别为82.5%、95.6%、83.9%和91.2%。有幼儿园或学前班、卫生室、合格乡村医生或卫生员、合格接生员的村比重分别为50%、75.5%、75.6%和72.8%。此外，重点县城县域经济快速发展，一些重点县城通过开发能源、旅游和调整产业结构，实现了超常规发展，"十一五"后，以温饱为主要任务的扶贫开发阶段目标基本实现。该时期一系列的扶贫措施直接促进了西部贫困地区经济的发展，改善和提高了贫困地区人民的生活水平和生活质量，更重要的是，对贫困地区民族团结、社会和谐有着十分积极的促进作用。

（二）2013 年至今：新时期精准扶贫工作的起步与扶贫机制的深化改革

1. 时代背景

西部地区扶贫工作持续推进，在取得巨大成绩的同时还面临着一系列挑战。一是致贫原因更加复杂，贫困、地理、气候、民族、宗教、边境等诸多问题交织在一起，既敏感又复杂，解决起来难度大，成本高。二是各贫困县域发展差距拉大，各县域主要依靠自身自然条件发展，自然资源的差异使得各县域发展极度不平衡。三是返贫现象严重，自然灾害是致贫返贫的主要因素。这些因素导致扶贫难度进一步加大，单靠以往治贫的手段已经不能解决当前扶贫的棘手问题。因此，应对当前阶段的贫困问题，成为扶贫工作的重心。

2. 革新扶贫机制，推动精准扶贫

2013 年 11 月，习近平总书记到湖南湘西考察时首次做出了"实事求是、因地制宜、分类指导、精准扶贫"的重要指示，习近平指出精准扶贫就是找到"贫根"，对症下药，靶向治疗。精准扶贫工作要抓住六个精准，达到对象精准、项目安排精准、资金使用精准、措施到户精准、因村派人精准、脱贫成效精准，将以往"漫灌式"的扶贫转变为"滴灌式"扶贫，确保扶贫政策的好处能够真正落到扶贫对象身上。[①] 2013 年底，中共中央办公厅、国务院办公厅印发了《关于创新机制扎实推进农村扶贫开发工作的意见》，明确提出改进贫困县考核机制、建立精准扶贫工作机制、改革财政专项扶贫资金管理机制。[②] 革新机制推进扶贫开发成为新时期西部地区扶贫工作的主抓手，主要有以下举措。

（1）改进贫困县扶贫考核机制

以前对贫困县的考核制度没有考虑其发展水平和功能方面的特点，贫困县党政领导班子和领导干部绩效考核以 GDP 为中心，减少贫困人口和扶贫开发被视为扶贫业务部门的主要任务。虽然地方经济增长也能够对当地的扶贫开发产生一定的作用，但是主要领导将精力专注于经济增长，很大程度上弱化和虚化了扶贫成效。为落实精准扶贫工作，西部地区改进贫困县考核机制，下调了对各市 GDP 考核分值权重，部分地区则取消了贫困县的 GDP 考核，将提高贫困人口的生活水平和减少贫困人口数量作为主要的

---

① 习近平：《十八大以来重要文献选编（中）》，中央文献出版社，2016。
② 中共中央、国务院：《关于创新机制扎实推进农村扶贫开发工作的意见》，中国政府网，2013 年 12 月 18 日。

考核指标。①

（2）建立精准扶贫工作新机制

西部地区将驻村帮扶作为扶贫工作的重点，实行单位包村，干部联户，工作队驻村，确保每个贫困村都有一个帮扶单位，帮扶单位要固定，每个贫困户都有一个帮扶责任人，每名干部需连续驻村1年以上，确保干部长期驻村，切实实现帮扶力量到村到户。② 一直以来，西部地区的贫困户识别只到村户一级，具体是谁、贫困原因、自身条件、脱贫意愿等信息都无从得知，因此很难制定相应脱贫策略。确定贫困人口的实际做法，多是政府机构根据扶贫资金规模和县域统计数据测算，确定具体村庄贫困农户的数量，再由该村遴选出贫困户，这种方法不能做到应扶尽扶，一些真正的贫困户没被选出来。针对这种对贫困人口底数不清、情况不明等问题，西部地区开始将每个贫困村和贫困户进行建档立卡。建档立卡作为扶贫开发的"第一战役"，档案信息是否完善、真实对贫困地区后续的扶贫工作至关重要。为达到该目的，领导班子开展试点调研工作，摸清贫困底子，了解不同贫困户的收入情况，剖析贫困原因，细化贫困户的信息。区别不同情况分类实施扶贫，在完善档案资料的基础上，实行动态管理，做到户有卡、村有册、乡镇有簿、县里有电子档案，一户一档，资料齐全。

（3）改革财政扶贫资金管理机制

习近平总书记在中央扶贫开发工作会议上明确指出"扶贫资金是贫困群众的'救命钱'，一分一厘都不能乱花，更容不得动手脚、玩猫腻！要加强扶贫资金阳光化管理，加强审计监管，集中整治和查处扶贫领域的职务犯罪，对挤占挪用、层层截留、虚报冒领、挥霍浪费扶贫资金的，要从严惩处！"③ 2013年4~5月，审计署对广西、贵州、云南、陕西、甘肃、宁夏6省区19个国家扶贫开发工作重点县2010~2012年财政扶贫资金分配管理和使用情况进行了审计，查出违法违规问题金额2.34亿元。④ 但是我们不能认为所有的违规扶贫资金被贪污挪用，因为部分县乡领导班子

---

① 石长毅：《陕西建立精准扶贫机制，预计今年全年实现减贫100万人》，http：//www. cpad. gov. cn/art/2014/12/25/art_ 5_ 34901. html，2014年12月25日。

② 石长毅：《陕西省精准扶贫将着力"五个到村到户"》，http：//www. cpad. gov. cn/art/2014/12/25/art_ 5_ 34898. html，2014年12月25日。

③ 习近平：《在中央扶贫开发工作会议上的讲话》，永和党建网，http：//www. yonghedj. gov. cn/info/1053/1819. htm，2015年11月27日。

④ 《精准扶贫要过几道坎》，光明日报，http：//news. gmw. cn/2014 – 08/07/content_ 12400141. htm，2014年8月7日。

将扶贫资金重点用于"人情扶贫"和"关系扶贫",干部为了不落下话柄,就实行轮换制,今年帮这家,明年帮那家,同样也造成了扶贫资金的浪费。此外,众多扶贫县中,一边享受贫困县支持政策,一边过着富裕日子的县也屡见不鲜。通过此次扶贫资金的审计,相关部门发现了扶贫资金管理和使用中存在的问题,也再次表明建立完善扶贫工作的考核约束退出机制的必要性和重要性。为此,西部各贫困县依照《关于改革财政专项扶贫资金管理机制的意见》,确定了专项扶贫资金的使用范围,也规定了专项资金所禁止的用途,并建立监督机制,使扶贫在阳光下运行,做到真扶贫。

3. 深入推进精准扶贫,打赢脱贫攻坚战

经过 2014 年扶贫工作各项机制的调整与革新,西部地区以持续推进区域发展为基础,以精准扶贫思想为导向的扶贫工作机制基本确立,各地区结合自身特点,走出了脱贫致富新路子。产业、教育、科技、生态、金融全方位的科学、绿色、可持续发展格局基本形成。

(1)精准扶贫进程持续推进

2015 年是深化扶贫机制改革、推进精准扶贫的关键一年,也是全面完成"十二五"规划、继续打好扶贫攻坚战的关键一年。《国务院扶贫办2015 年工作要点》确定了当前扶贫工作的指导思想和主要任务,强调要坚持整体推进与精准到村到户相结合、加快发展和保护生态相结合、各方支持与贫困地区自身奋斗相结合,锲而不舍地抓好扶贫机制改革和重点工作的落实,提出启动实施精准扶贫的十项工程,要求完善驻村帮扶、职业培训、小额信贷等工程;开展电商扶贫,促进贫困地区农产品销售和农民增收;发展旅游扶贫,启动龙头企业带动工程。[①]

(2)确定扶贫重点难点

2017 年是西部地区精准扶贫深化改革之年,对脱贫攻坚中的"硬骨头"——三区三州(西藏、四川藏区、南疆四地州、四川凉山州、云南怒江州和甘肃临夏州)以及贫困发生率超过 18% 的贫困县和贫困发生率超过20% 的贫困村提出了脱贫要求。中共中央办公厅、国务院办公厅印发的《关于支持深度贫困地区脱贫攻坚的实施意见》提出采取各种措施重点支持"三州三区",坚持精准扶贫和精准脱贫的基本方略,该《意见》成为指导当前和今后一个时期贫困重灾区脱贫攻坚的纲要性文件。

---

① 《国务院扶贫办 2015 年工作要点》,http://www.cpad.gov.cn/art/2015/1/29/art_ 343_421.html,2015 年 1 月 28 日。

（3）提出脱贫新方略

党的十九大提出乡村振兴战略，将"三农"问题作为全党工作重中之重。2018年，中共中央、国务院印发了《乡村振兴战略规划（2018～2022年）》，并发出通知，要求各地区各部门结合实际认真贯彻落实，提出要"把打好精准脱贫攻坚战作为实施乡村振兴战略的优先任务，推动脱贫攻坚与乡村振兴有机结合相互促进，确保到2020年我国现行标准下农村贫困人口实现脱贫，贫困县全部摘帽，解决区域性整体贫困"[①]。

4. 阶段性成果

西部地区作为脱贫攻坚的"主战场"，2016年精准扶贫、精准脱贫取得显著成效，经济增速继续高于全国平均水平，并且国内经济增速"第一梯队"均来自西部地区。据经济日报报道，重庆、贵州、西藏的经济高速增长，实际增速分别为10.7%、10.5%、10%。国家新开工西部大开发重点工程30项，投资总规模为7438亿元，重点投向西部地区铁路、公路、大型水利枢纽和能源等重大基础设施建设领域。经济规模的扩大、基础设施的改善、内生动力的增强使得西部地区扶贫工作的推进有了更好的条件。甘肃地区推进联村联户为民富民、"1236"扶贫攻坚、"1＋17"精准脱贫"三大行动"，2016年减少贫困人口101.9万。宁夏实施"13项脱贫行动计划"，2016年新建移民住房1.1万套，搬迁移民1.5万人，脱贫销号249个村，减贫19.3万人，贫困发生率下降到9.7%。广西稳步推进412个易地扶贫搬迁项目，搬迁入住12.2万人，解决41万贫困人口安全饮水问题，155万建档立卡贫困人口被纳入低保，120万贫困人口脱贫。陕西省民生支出3595亿元，新增财力和财政总支出80%用于民生的两项政策全面落实，全年脱贫130万人。

此后，西部地区扶贫继续推进。根据发改委披露的数据，至2017年，西部地区生产总值增加到17.1万亿元，占全国20.0%，农村居民人均可支配收入达到1.1万元，是2013年的1.46倍，农村贫困人口大幅减少，5年来超过3500万贫困人口实现脱贫，西部地区贫困发生率全部下降到10%以下。"两基"攻坚计划如期完成，"两基"人口覆盖率达100%。农村三级卫生机构建设稳步推进，新型农村合作医疗制度参合率明显提高。社会保障覆盖面不断扩大，覆盖城乡的社会保障体系初步建立。

---

① 中共中央、国务院：《乡村振兴战略规划（2018～2022年）》，2018。

三　西部大开发 20 年西部地区反贫困的绩效评估

(一) 西部大开发 20 年西部地区反贫困绩效评估体系的构建

如今已有的反贫困绩效评估体系中，漆宇、向玲凛从经济发展、人文发展和生产生活水平三个方面，分析西南少数民族地区的反贫困绩效;[①] 庄天慧等[②]、游新彩等[③]、李兴江等[④]学者从社会发展水平、经济发展水平、生产力水平、温饱水平和生态环境等方面进行评估; 田茂海等人选择贫困基础、社会经济、人文发展以及生存环境发展四个维度作为云南省反贫困绩效评估标准。[⑤]

基于反贫困绩效评估的目的，结合指标选取的 SMART (Specific, Measurable, Attainable, Relevant, Time – based) 原则，再考虑到数据的可得性与可比性，并综合对贫困的多维测度 (张全红、周强[⑥]; 方迎风、张芬[⑦]; 邹薇、方迎风[⑧]; Bourguignon, et al.[⑨]; Alkire, et al.[⑩]; Alkire[⑪]; Alkire et al.[⑫]) 和联合国[⑬]以及中国政府[⑭]的反贫困目标，笔者在前人研究

---

① 漆宇、向玲凛:《西南少数民族地区反贫困绩效分析——以四川省为例》,《农村经济与科技》2016 年第 18 期。

② 庄天慧、张海霞、余崇媛:《西南少数民族贫困县反贫困综合绩效模糊评价——以 10 个国家扶贫重点县为例》,《西北人口》2012 年第 3 期。

③ 游新彩、田晋:《民族地区综合扶贫绩效评价方法及实证研究》,《科学经济社会》2009 年第 3 期。

④ 李兴江、陈怀叶:《参与式整村推进扶贫模式扶贫绩效的实证分析——以甘肃省徽县麻安村为例》,《甘肃社会科学》2008 年第 6 期。

⑤ 田茂海、王荣党:《农村反贫困政策的综合绩效评估及实证研究——以云南省为例》,《经济研究导刊》2012 年第 12 期。

⑥ 张全红、周强:《中国贫困测度的多维方法和实证应用》,《中国软科学》2015 年第 7 期。

⑦ 方迎风、张芬:《多维贫困测度的稳定性分析》,《统计与决策》2017 年第 24 期。

⑧ 邹薇、方迎风:《关于中国贫困的动态多维度研究》,《中国人口科学》2011 年第 6 期。

⑨ Bourguignon F, Chakravarty S R, "The Measurement of Multidimensional Poverty", *The Journal of Economic Inequality*, 2003 (1).

⑩ Alkire S, Foster J "Counting and Multidimensional Poverty Measurement", *Journal of Public Economics*, 2011 (95).

⑪ Alkire S, "The Missing Dimensions of Poverty Data: Introduction to the Special Issue", *Oxford Development Studies*, 2010 (35).

⑫ Alkire S, Santos M E "Measuring Acute Poverty in the Developing World: Robustness and Scope of the Multidimensional Poverty Index", *World Development*, 2014 (59).

⑬ 联合国开发计划署:《2003 年人类发展报告》。

⑭ 中共中央、国务院:《中国农村扶贫开发纲要 (2011～2020 年)》。

工作的基础上，建立了西部反贫困绩效评估的指标体系，特别将环境设施水平加入指标体系，并从人均实有铺装道路面积和人均公共绿地面积两个方面对环境设施水平进行衡量，使得对贫困的测度更加全面具体。具体来讲，本文从经济发展、就业情况、健康水平、科教文化及环境设施5个一级指标出发，再将其具体拓展成18个二级指标，具体指标体系见表1。

表1　西部大开发20年西部地区反贫困绩效评估指标体系

目　　标	一级指标	二级指标	单　　位
西部地区反贫困绩效评估指标体系	经济发展	地区生产总值增长率	%
		人均地区生产总值	元
		城镇居民人均可支配收入	元
		农村居民人均可支配收入	元
		地方财政收入	亿元
		社会消费品零售总额	亿元
	就业情况	城镇登记失业率	%
	健康水平	医疗卫生机构数	个
		每万人卫生技术人员数	人
		城镇人均医疗保健支出	元
		农村人均医疗保健支出	元
	科教文化	每万人高等学校在校学生数	人
		每万人高中在校学生数	人
		每万人小学在校学生数	人
		城镇居民人均科教文化娱乐服务支出	元
		农村居民人均科教文化娱乐服务支出	元
	环境设施	人均实有铺装道路面积	平方米
		人均公共绿地面积	平方米

（二）西部大开发20年西部地区反贫困绩效评估

绩效评估的关键在于根据已有的数据及指标体系计算出反贫困绩效的综合指数，其中问题的重点在于权重的设定。指标权重的确定主要采用主观赋权法和客观赋权法两种。其中主观赋权法的代表性方法有德尔菲法（也称专家调查法），主要通过咨询专家学者的意见来得出各指标对应的权重。而客观赋权法则是根据对统计数据的分析结果得出各自的权重，反映了客观性，排除了个人意见的主观性且省去了对专家进行咨询的环节。

本文选择客观赋权法来确定相应权重，采取因子分析法将变量进行降维，得出少数几个因子，对指标体系中的二级指标进行描述。本文的数据来源为：城镇登记失业率、私营和个体从业人员数来自中国劳动统计年鉴（1999～2018）及各地区人社厅历年人力资源和社会保障事业发展统计公报；财政收支数据来自中国财政年鉴（1999～2018）；森林覆盖率及人均公共绿地面积来自各地区林业厅网站；卫生机构数量及卫生技术人员数来自各省份卫生健康委员会网站；其余数据来自中国统计年鉴（1999～2018）。

本研究应用 SPSS 20.0 分析软件对历年全国各地区的数据进行因子分析，结果如表 2 所示。以 2016 年为例，且考虑到数据完整性的限制，本研究删除数据残缺度较大的西藏地区。

表 2 KMO 和 Bartlett 球形检验

取样足够的 Kaiser – Meyer – Olkin 度量		0.704
Bartlett 球形检验	近似卡方	493.542
	df	153
	Sig.	0.000

从表 2 中可以看出，KMO 统计量为 0.704，大于最低标准值，说明数据适合做因子分析，Bartlett 球形检验值 p < 0.001，进一步证明数据确实适合做因子分析。

表 3 解释的总方差

单位:%

成 分	初始特征值			提取平方和载入			旋转平方和载入		
	合 计	方差	累计值	合 计	方差	累计值	合 计	方差	累计值
1	7.449	41.384	41.384	7.449	41.384	41.384	5.314	29.523	29.523
2	2.760	15.336	56.720	2.760	15.336	56.720	3.137	17.428	46.951
3	1.799	9.993	66.714	1.799	9.993	66.714	3.017	16.762	63.712
4	1.530	8.501	75.214	1.530	8.501	75.214	2.070	11.502	75.214
5	0.950	5.280	80.494						
6	0.789	4.381	84.875						
7	0.673	3.738	88.613						
8	0.616	3.425	92.038						

续表

成分	初始特征值			提取平方和载入			旋转平方和载入		
	合 计	方差	累计值	合 计	方差	累计值	合 计	方差	累计值
9	0.489	2.717	94.755						
10	0.328	1.822	96.577						
11	0.215	1.196	97.772						
12	0.127	0.708	98.480						
13	0.100	0.557	99.037						
14	0.075	0.419	99.456						
15	0.052	0.289	99.745						
16	0.025	0.137	99.882						
17	0.016	0.090	99.972						
18	0.005	0.028	100.000						

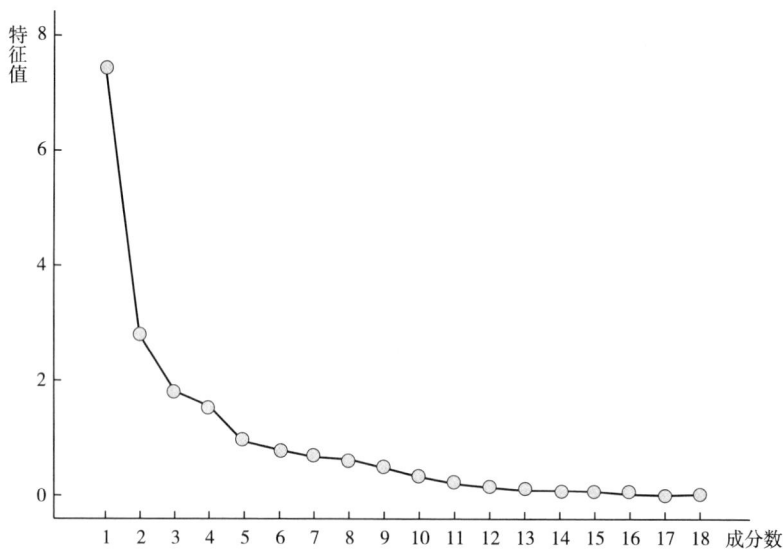

图1 碎石图

笔者由表3提取出了前四个因子，这四个因子解释了所有指标的75.214%，再结合碎石图（见图1），从第五个因子开始，因子之间特征值的差异很小。综合以上分析，提取前四个因子作为公因子。

表 4　旋转成分矩阵

类　别	成　分			
	1	2	3	4
13 每万人小学在校学生数	− 0.904	0.019	0.000	0.243
10 农村人均医疗保健支出	0.845	0.115	0.126	− 0.122
12 每万人高中在校学生数	− 0.775	− 0.380	− 0.227	0.266
9 城镇人均医疗保健支出	0.740	− 0.179	0.351	− 0.315
1 地区生产总值指数	− 0.700	0.230	0.154	− 0.240
18 人均地区生产总值	0.621	0.412	0.569	− 0.083
15 农村居民人均科教文化娱乐服务支出	0.586	0.254	0.055	0.144
11 每万人高等学校在校学生数	0.583	− 0.014	0.184	0.029
3 农村居民人均可支配收入	0.576	0.480	0.489	− 0.236
6 社会消费品零售总额	0.067	0.939	− 0.003	0.164
5 地方财政收入	0.102	0.908	0.293	− 0.006
7 医疗卫生机构数	− 0.274	0.597	− 0.478	0.087
8 每万人卫生技术人员数	0.407	0.001	0.748	− 0.104
4 城镇登记失业率	0.207	− 0.032	− 0.713	− 0.178
2 城镇居民人均可支配收入	0.471	0.446	0.662	− 0.262
14 城镇居民人均科教文化娱乐服务支出	0.468	0.392	0.494	− 0.419
17 人均实有铺装道路面积	− 0.042	0.061	− 0.265	0.831
16 人均公共绿地面积	− 0.036	0.092	0.260	0.820

说明：a. 提取方法：主成分。旋转法：具有 Kaiser 标准化的正交旋转法。

　　b. 旋转在 8 次迭代后收敛。

　　根据旋转成分矩阵（见表 4），经旋转后因子更便于解释与命名。第一个因子主要解释了人均地区生产总值、每万人各级学校在校学生数、居民人均医疗支出和科教文化娱乐服务支出，衡量了人民生活的关键方面的支出，将其称为关键领域因子，记作 F_1；第二个因子主要解释了社会消费品零售总额以及财政收入的变化，可将其称为消费因子，记作 F_2；第三个因子主要解释了失业率的变化，将其称为就业因子，记作 F_3；第四个因子主要解释了人均公共绿地面积和人均实有铺装道路面积的差异，将其称为环境设施因子，记作 F_4。

　　将四个公因子对应的解释方差作为权重，将综合得分记作 F，可得如下评分计算公式：

$$F = 0.41384 \times F_1 + 0.15336 \times F_2 + 0.09993 \times F_3 + 0.08501 \times F_4$$

全国各地区及贫困绩效计算结果见表5。

表5　2017年全国各地区反贫困绩效得分及排名

地　区	关键领域因子	消费因子	就业因子	环境设施因子	总分	排　名
	F_1	F_2	F_3	F_4	F	
北　京	1.301	-0.132	3.704	-0.398	0.854	2
天　津	2.345	-0.734	0.048	0.570	0.911	1
河　北	-0.280	0.706	-1.243	0.287	-0.108	17
辽　宁	-0.163	-0.428	-0.666	-0.365	-0.231	8
上　海	1.428	-0.625	-0.302	2.284	0.659	5
江　苏	1.285	-0.268	-1.002	-0.473	0.350	3
浙　江	1.170	-0.850	-0.999	-0.333	0.226	6
福　建	1.210	-0.617	-1.631	-0.604	0.192	16
山　东	1.343	0.870	0.901	-3.199	0.507	5
广　东	0.721	1.892	0.313	1.283	0.729	7
海　南	0.447	1.345	1.060	0.001	0.497	23
山　西	-0.594	0.268	-0.228	0.599	-0.177	20
吉　林	-0.314	0.410	-0.219	0.020	-0.087	9
黑龙江	-1.110	-0.023	-0.249	0.236	-0.468	10
安　徽	0.114	1.789	-0.458	1.585	0.410	19
江　西	-1.170	0.622	-0.260	-0.293	-0.440	26
河　南	0.452	0.088	-0.156	-0.268	0.162	25
湖　北	0.154	1.072	-1.243	-1.193	0.002	11
湖　南	-0.926	2.404	0.879	0.620	0.126	13
内蒙古	-1.035	-0.452	0.340	0.338	-0.435	4
广　西	-0.787	-1.078	0.796	0.324	-0.384	24
重　庆	-0.348	-0.458	0.406	0.136	-0.162	18
四　川	-0.478	0.796	-1.341	-0.885	-0.285	22
贵　州	-1.902	-0.533	0.611	-0.240	-0.828	30
云　南	-1.210	-0.446	-0.066	-1.159	-0.674	29
陕　西	0.177	-0.709	0.170	-0.096	-0.027	14
甘　肃	-0.158	-1.271	-0.335	0.731	-0.232	21
青　海	-0.646	-1.379	0.242	-0.818	-0.524	28
宁　夏	-0.070	-1.237	0.480	1.403	-0.051	15
新　疆	-0.954	-1.021	0.446	-0.094	-0.515	27

对西部大开发战略实施二十年间的数据进行类似分析操作（过程省略），可得1998～2017年西部各地区反贫困绩效综合评价结果（见表6）。

表6　1998～2017年西部地区各省份反贫困绩效评价得分及全国排名

年份\地区	1998	1999	2000	2001	2002	2003	2004	2005	2006	2007
内蒙古	15	15	13	15	19	10	9	8	8	8
广　西	18	19	24	20	25	29	25	25	26	26
重　庆	25	24	22	18	15	26	22	21	23	21
四　川	19	20	21	17	16	20	17	18	19	22
贵　州	30	30	30	30	30	30	30	30	30	30
云　南	20	21	23	25	20	27	29	29	29	29
陕　西	23	17	18	19	14	11	16	15	15	13
甘　肃	29	29	27	26	28	24	28	24	27	27
青　海	28	28	26	22	27	23	26	27	28	28
宁　夏	22	22	20	24	26	25	27	26	22	20
新　疆	12	18	17	21	21	16	20	22	24	24

年份\地区	2008	2009	2010	2011	2012	2013	2014	2015	2016	2017
内蒙古	7	8	8	9	8	8	7	7	7	4
广　西	24	25	25	25	25	27	24	24	23	23
重　庆	17	17	18	12	13	13	14	11	9	18
四　川	21	23	22	22	22	20	24	22	22	22
贵　州	30	30	30	30	30	30	29	27	28	30
云　南	28	29	29	28	28	28	28	26	26	29
陕　西	12	14	12	11	11	11	11	12	14	14
甘　肃	29	27	27	27	27	25	26	30	29	21
青　海	26	28	28	29	29	29	30	29	30	28
宁　夏	18	16	16	18	18	17	18	16	15	15
新　疆	25	26	26	26	26	26	25	25	27	27

根据表6绘得西部地区反贫困绩效排名变化图，如图2所示。从表6及图2可以得知，西部地区大部分省份自西部大开发以来反贫困绩效排名有所提升。虽然就全国范围内的反贫困绩效比较来看，西部地区仍整体排名较靠后，整体反贫困效果弱于东部和中部地区，且西部地区省际反贫困绩效差距较为明显，但是自西部大开发战略实施以来，西部地区各省份的排名整体有所提升。其中内蒙古、重庆、甘肃、宁夏等地的提升较为显著；四川、贵州和青海的变化不太显著；新疆和云南的排名则有所下降。

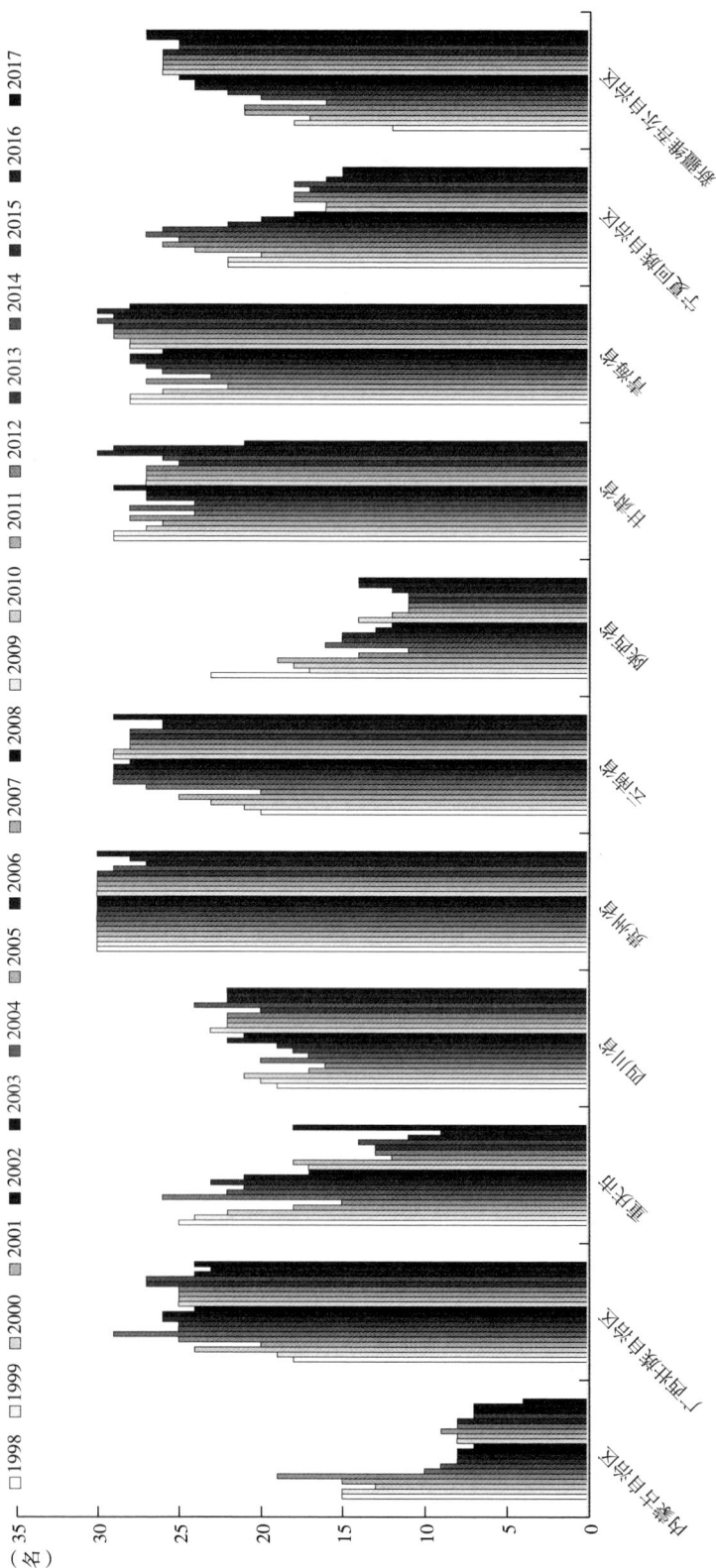

图2 1998~2017年西部地区各省份反贫困绩效评价排名变化情况

　　结合历年得分具体情况进行分析，可知：①内蒙古和甘肃、宁夏地区排名显著上升的原因主要是第四个因子，即环境设施因子 F_4 得分较高，说明环境设施建设水平提升较快；②重庆排名上升的原因主要是第三个因子 F_3 得分较高，即就业率的降低幅度较大，说明重庆的反贫困成果主要来源于良好的就业环境；③新疆等地排名有所下降是因为第一个因子 F_1 得分相对减少，即关键领域因子得分较少，这可能是因为在西部大开发政策实施过程中其较多关注经济硬实力等方面的发展，而忽略了社会福利等方面的发展。

　　西部地区第一个因子和第二个因子得分普遍较低，表示西部地区过去发展的主要关注点在于经济整体实力的提升，不太重视医疗教育以及基础设施建设等软实力层面的发展；西部地区整体排名变动不是很大，这可能是因为在西部大开发战略实施的同时，国家开始实施"振兴东北"和"中部崛起"等区域战略，各个区域内的贫困状况都有所改善，导致西部大开发战略实施的整体效果不如预期的那么显著。

四　当前西部地区贫困现状及其特征

　　进入21世纪以来，我国经济飞速发展，GDP总量跃居世界第二位，人民生活水平有了显著提高。但是，我国幅员辽阔，经济发展水平存在着明显的区域差异。长久以来，我国西部地区的经济发展水平明显落后于中东部地区，过大的经济发展差距已成为我国整体经济发展的障碍。在决胜全面建成小康社会的伟大进程中，有效推进西部地区贫困治理是实现共同富裕的重点和难点。我国于2000年开始实施西部大开发，近二十年的扶贫开发工作伴随着我国四十年来的改革开放和高速发展，西部地区的经济结构发生了深刻变化，贫困标准的不断上调标志着西部地区的贫困治理进入新的阶段。[①] 我国实施反贫困工作以来虽然取得了一些进展，但是，西部地区贫困问题在我国由来已久，距离完全脱贫还有很长的路要走。在新的历史阶段，应当牢牢把握西部地区贫困的特点，重点关注近二十年的扶贫工作中西部地区贫困所体现的新特征，推动实现西部地区完全脱贫的伟大目标。

　　综观我国西部大开发实施近二十年来的扶贫工作，在取得一定进展的同时应当重点关注西部地区贫困所呈现出的"特殊性""顽固性"特征。

这种"特殊性""顽固性"的贫困源于西部地区复杂的自然地理环境、人口历史因素等,本文将从以下四个方面分别阐述西部地区贫困的特征。

(一) 贫困地区集中连片而又相对分散

贫困地区集中连片而又相对分散是西部地区贫困的首要特征。西部地区特殊的地理空间特征是导致西部地区贫困的重要因素之一,其地理空间特征可以从行政区域划分和地理位置两个方面来分析。

从行政区域划分来看,西部地区由四川省、云南省、贵州省、西藏自治区、重庆市、陕西省、甘肃省、青海省、新疆维吾尔自治区、宁夏回族自治区、内蒙古自治区、广西壮族自治区12个省、自治区、直辖市组成,约占我国国土面积71.86%,西部地区人口总数3.8亿,占全国总人口约29%,人口密度较低客观上导致西部贫困人口分布较为分散。截止到2018年9月,我国共有贫困县585个,其中西部12个省区市共有国家级贫困县450个,占比达到76.92%。[1] 政府统计数据显示,2017年,我国贫困发生率约为3.1%,而西部地区的贫困发生率为5.6%[2],大约是全国平均水平的1.8倍。西部扶贫工作实施以来,西部贫困发生率逐年降低,但是仍高于我国平均水平,加之西部地区过高的贫困人口基数,导致西部地区扶贫工作难以取得成效。

从地理位置来看,西部贫困地区的分布呈现出集中连片的特征。2011年国务院颁布《中国农村扶贫开发纲要 (2011~2020年)》,其中第十条明确指出了我国十四个扶贫攻坚主战场,其中西部地区占有十二个,这十二个主要扶贫攻坚区域在地理位置上呈现出集中连片的特点:六盘山区跨陕西、甘肃、青海、宁夏四省区;秦巴山区跨重庆、四川、陕西、甘肃等六省份;武陵山区跨重庆、贵州等四省份;滇桂黔石漠化区地跨广西、贵州、云南三省区;滇西边境山区;乌蒙山区跨云南、贵州、四川三省区;大兴安岭南麓山区覆盖了内蒙古等三省区;燕山 - 太行山区地跨内蒙古等三省区;罗霄山区跨江西等两省;以及已明确实施特殊政策的西藏、四省藏区、新疆南疆三地州。这些扶贫攻坚区地跨多个省份,部分相互交错,彼此重叠,在地理位置上呈现出集中连片的特点。由于地理位置的特殊性,这些集中连片特困区又与西部生态环境破坏严重区、少数民族聚居区、西部生

---

[1] 国务院扶贫开发领导小组办公室:《国家级贫困县名单》,2018。
[2] 国家统计局:《中国统计年鉴》,2017。

态主体功能区、革命老区以及边境地区高度重合①,为西部地区的扶贫开发工作又带来了新的挑战。

西部地区位于我国内陆与中亚、东南亚、东北亚贫困地区的核心位置,西南部与发展中国家缅甸、老挝、越南、印度、阿富汗等国家接壤,地处偏远,地理位置的天然劣势导致其社会环境相对闭塞,作为其经济支柱型产业的农牧业较为原始和单一,生产效率低下,难以达到规模化、产业化的链条式发展。西部地区的集中连片贫困区位置更为偏远,与周边区域经济相对发达的中心城市的通达程度很低,中心城市的辐射带动能力没有得到有效发挥,使得西部地区的经济发展极不平衡,集中连片贫困区与中心城市之间的"塌陷效应"十分明显,造成西部地区区域性贫困与个别性贫困的双重叠加②,贫困程度加深,扶贫开发工作难度增加。

(二) 生态贫困仍然严重

西部地区位于我国内陆,地处亚欧大陆中部,其生态环境类型多样,地区差异巨大,特殊的气候环境和复杂的地势条件导致西部地区生态系统极为脆弱,对西部经济的发展产生极为不利的影响。

从气候环境来看,西部地区内部的气候环境差异巨大。西南地区是亚热带季风气候,降水充沛,水资源丰富,约占西部地区水资源总量的84%,而西北地区是温带大陆性气候和高原气候,干旱少雨,年平均降雨量200毫米以下,远低于我国平均降雨量,西部地区的水资源分布极不均衡。世界上一般将年平均降雨量500毫米以下的地区划分为干旱半干旱地区,西北干旱半干旱区,东以贺兰山为界,南至昆仑山塔里木盆地南缘,包含了极端干旱区、干旱区及半干旱区三种干旱类型,③ 约占我国陆地面积的30%。这些地区位于亚欧大陆中部,距东部海洋较远,夏季受季风的影响较小,湿润的海洋气候被山岭阻隔,导致其降雨极为稀少。干旱缺水的自然环境导致西部地区水土流失、土地荒漠化严重,加之西部地区贫困人口数量多,为了生存,人们不得不对有限的土地资源开垦放牧,超出土地的承载力,使得水土流失、土地荒漠化更为严重。

从地势条件来看,西部地区的地形以高原、山地和盆地为主,主要包括喜马拉雅山脉、天山山脉、祁连山脉、塔里木盆地、塔克拉玛干沙漠、

---

① 王亚玲:《中国西部农村贫困问题及反贫困对策调整》,《青海社会科学》2009 年第 4 期。

② 郭世优:《中国西部连片特困地区扶贫问题研究》,《决策咨询》2015 年第 6 期。

③ 张晓芹:《西北旱区典型生态经济树种地理分布与气候适宜性研究》,中国科学院大学博士学位论文,2018。

吐鲁番盆地等。西部地区虽然占我国国土面积的71.86%，但是，超过80%的地区是沙漠、高原、山地、戈壁、冰川积雪等特殊的地形地貌，这些地区生态系统脆弱，气候环境恶劣，极易发生自然灾害，土地开发难度大，能够用来生产和生活的空间非常有限。西部地区客观上可利用的土地资源短缺，使得其农业、工业的发展受限，加之西部连片贫困区农牧业生产粗放，土地资源过度开垦，农业广种薄收，造成西部地区土地荒漠化严重，加剧了土地资源短缺、生态环境破坏，经济发展落后与生态环境恶化，二者互为因果，循环往复，使得西部地区的经济与生态环境陷入恶性循环。

西部地区作为我国重要的生态功能主体区，具有防风固沙、涵养水源等生态功能，是维护我国生态环境稳定的重要区域。但是，西部地区恶劣的气候条件和复杂的地势地貌导致其生态系统十分脆弱，自然灾害频发。西部人民长期以来的不合理生产实践活动又进一步加重了生态系统的风险，生态系统破坏后恢复难度极大。脆弱的生态环境对西部地区经济发展带来极大制约，而西部地区扶贫开发工作与生态保护工作的脱节又加剧了西部地区生态环境的恶化，使得西部地区的经济发展陷入恶性循环。西部地区由于其复杂的地理环境和恶劣的气候条件，无论是发展农业还是工业都面临着巨大的挑战。所以在长期以来的扶贫开发工作中，绝大部分的减贫工作是以发展经济为主，而忽视了生态环境的承受限度，导致原本脆弱的生态环境进一步恶化。在新的历史时期，西部地区扶贫工作要同时兼顾生态保护与经济发展，跳出西部地区经济发展的恶性循环，实现"绿水青山"与"金山银山"共存。

（三）少数民族地区贫困突出

民族问题是西部地区深度贫困的重要原因。少数民族地区具体是指宁夏、广西、新疆、西藏、内蒙古五个自治区以及少数民族分布较多的贵州、云南、青海三省，这八个省（区）共有52个少数民族，约占我国少数民族人口总数的80%，是我国少数民族分布最为集中的地区。《中国少数民族地区扶贫进展报告（2017）》显示，截至2016年，我国民族八省（区）共有农村贫困人口1411万，占全国农村贫困总人口的32.5%；2016年民族八省（区）有402万人脱贫，脱贫人口占全国脱贫人口的33%；贫困发生率从2015年的12.1%下降到9.4%，这说明民族八省（区）扶贫开发取得了一定成效。但值得注意的是，少数民族地区的贫困发生率（9.4%）远高于西部地区的贫困发生率，更是全国平均水平的3倍，民族八省（区）剩下的1411万农村贫困人口大部分处于深度贫困状态，尚有113个少数民族县属于深度贫困县。西部少数民族地区是我国深度贫困的集中地带。

我国少数民族分布具有"大杂居，小聚居"的特点，大部分少数民族分布于边境线上，与汉族杂居在一起。由于其民族文化、传统习俗、基础建设等因素的差异，不同民族产业结构及经济发展速度也不尽相同，一些少数民族甚至还处于较为原始的生产力和生产关系中，社会发展相对迟滞，导致不同民族之间的经济发展差异巨大。其中，与汉族地区接壤的回族、维吾尔族、满族、壮族、傣族、蒙古族等少数民族聚居区，由于与汉族长期交往密切，经济文化比较发达，社会发育程度较高。居住在偏远地域尤其是边境线上的蒙古族、藏族、哈萨克族、阿昌族等，由于交通闭塞，且受传统的奴隶、封建社会影响较深，仍然属于自然经济形态，商品经济发展相对落后，社会发展水平不高。居住在边远山区的瑶族、苗族、回族和土家族，经济文化更加落后，极少数地区甚至连简单的再生产都难以维持，居民长期依靠国家救济生存，这些地区基本属于绝对贫困地区。西部各民族经济发展多层次和多形态的特点，决定了西部民族地区反贫困任务的艰巨性。[①]

（四）社会脆弱性显著

在生态系统脆弱、自然灾害频发的恶劣环境中，西部人民生产生活的成本十分高昂，贫困程度不断加深，西部地区陷入"经济发展落后—开发—生态环境恶化—贫困—过度开发—生态系统脆弱—贫困加剧"的恶性循环。由于西部地区生态系统脆弱，农业生产活动受制于生态环境承受力，加之抵御频发的自然灾害的能力极为低下，西部人民在生产生活上面临极大的风险，社会脆弱性十分显著。

人力资本是贫困地区人民最重要的生计资本，是促进经济发展最重要的因素。就全国范围而言，西部地区人民整体受教育水平较低，导致劳动力素质低下，专业技能不足，人力贫困和知识贫困导致西部地区的经济发展迟滞。西部地区环境闭塞，教育水平低下，即使是义务教育，其教育质量也远低于中东部地区，加之西部地区教育资源分布极不均衡，农村、偏远地区远远落后于城市、中心地区。第六次全国人口普查数据显示，我国人口中初中以上学历者占比61.75%，西部地区除陕西省以外皆处于平均水平以下，其中西藏地区占比仅为22.72%，远低于全国平均水平。另外，

[①]　王洪涛：《中国西部地区农村反贫困问题研究》，中央民族大学博士学位论文，2013。

高额的教育成本也是导致西部地区贫困的一个因素。教育投资不仅包含经济成本，还包含机会成本和时间成本。教育虽能改变命运，但是，教育对于脱离贫困并不会产生立竿见影的效果，教育回报具有明显的滞后性，居民对教育投资高却不能及时获得预期的回报，由此陷入贫困。教育投资具有示范效应，在因学致贫、因学返贫的负激励下，大部分家庭为了规避"高投入，低回报"的风险，减少甚至中断教育投资，就短期来看，这种"理性选择"会减少因学致贫现象的发生，然而，家庭教育投资的不足势必会严重制约子女的人力资本积累，降低其未来综合竞争力，进一步加重代际贫困。[①]

长久以来，西部地区地理位置偏远，交通不便，社会环境十分封闭。在传统的自然经济、封建思想以及长期贫困的影响下，西部地区大部分人的思想观念较为保守，例如听天由命的人生观、恪守传统的价值观、安土重迁的乡土观、疏于合作的社群观、重男轻女的婚育观等等。[②] 这些传统的思想观念根深蒂固，潜移默化，一部分人安于现状，丧失了生产生活的积极性，严重缺乏改变现有状态的斗志，将贫困归结于"命"，造成贫困的内生性较为严重。受家庭环境的影响，加之对外交流、接受异质文化的缺失，其子女也易产生这种消极思想，重蹈祖辈覆辙，周而复始，造成代际贫困加重。

综上所述，西部大开发战略实施二十年来，西部地区脱贫成效显著，但是西部地区仍然存在着贫困程度深、生态贫困严重、社会脆弱性显著等问题，严重制约了西部地区经济的发展和脱贫攻坚的进程。在新的历史时期，在全面建成小康社会的决胜阶段，西部地区应全面总结扶贫开发工作中的经验教训，牢牢把握西部贫困的特征，有效推进西部地区反贫困的各项工作，推动实现全面小康社会。

五 未来西部地区反贫困的对策建议

基于以上研究我们发现在进行反贫困的斗争中，应该逐步转换思维。首先，由补救型反贫困对策向防范型反贫困对策转变，西部地区政府应该具有足够的前瞻眼光，逐步改变"亡羊补牢"式的补救型反贫困对策，找到根源性问题并主动出击，遏制贫困范围的扩散及程度的加深。其次，由

---

① 王国敏、张宁、杨永清：《贫困脆弱性解构与精准脱贫制度重构——基于西部农村地区》，《社会科学研究》2017 年第 5 期。

② 王国敏、张宁、杨永清：《贫困脆弱性解构与精准脱贫制度重构——基于西部农村地区》，《社会科学研究》2017 年第 5 期。

静态反贫困向动态反贫困发展转变，增强政策的针对性和灵活性，根据不同情况制定不同的对策建议，如针对西部地区的反贫困对策自然与东部地区的有所不同，同时进行动态监测，防止出现贫困—脱贫—返贫—持续贫困—代际遗传的现象。最后，由强调外生助力的反贫困对策向大力培育内生反贫困机制转变，一方面仍需要国家对西部地区发展的帮扶，尤其是积极提升西部地区的社会保障水平与政府参与质量；另一方面西部地区要努力寻求自身发展的路径，尤其是推进产业转型，打造生态经济，加强人才建设等，两个方面共同配合才能发挥出最大作用。① 在此背景和观念下，本文结合西部地区的特点和国家战略，提出了以下几方面的对策建议。

（一）打造生态扶贫，鼓励政府购买

我国西部地区具有生态脆弱的特点，这也是造成西部地区长久贫困的根源之一，因此在反贫困的过程中，西部地区要将生态环境的保护与治理紧紧地相结合，在反贫困政策中强调西部地区的生态环境建设，需要以政府为支撑，以市场为导向，以资源为根本，走生态扶贫这一可持续发展的反贫困道路，抑制返贫现象发生。

第一，大力引导农牧民走生态建设之路。对于生态区的农牧民，积极引导其充当生态工人，结合当地的生态工程，在为其提供更多就业岗位的同时，使其参与到退耕还林、退牧还草、三北防护林体系建设、天然林资源保护工程等生态保护与建设项目之中，充分调动当地农牧民积极性。他们通过参与生态工程建设获取劳务报酬、从事生态公益性岗位得到稳定的工资收入、发展生态产业增加经营性收入和财产性收入、享受生态保护补偿等政策增加转移性收入等摆脱贫困，生态保护区的农牧民在参与生态保护与建设的同时，获得更为有保障的工作岗位，平均收入水平得到提升。

第二，拓宽并加强生态移民的范围与力度。在生态移民的过程中，拓宽移民范围至省域间的跨区域移民，这样一方面可以减轻地区较大范围内的生态压力，有利于恢复地区生态活力；另一方面可以改善生态移民生存条件和生活水平。生态移民要以选点为基础，以建房为前提，以工作为根本，以文化融合为目标，切实保证生态移民人口在新安置区的长住久安，杜绝"迁后返贫"和"重返原籍"现象。②

---

① 王洪涛：《中国西部地区农村反贫困问题研究》，中央民族大学博士学位论文，2013。

② 刘慧、叶尔肯·吾扎提：《中国西部地区生态扶贫策略研究》，《中国人口·资源与环境》2013年第10期。

第三，鼓励通过政府购买的方式进行生态扶贫。将生态环境作为一种公共产品由政府提供，体现了政府对于民生与环境建设的责任感，将其与反贫困政策相结合，一方面可以促使贫困地区尽快恢复生态环境，推动当地的生态建设；另一方面可以通过政府财政支持，对贫困人口建立相当于生态补偿的财政补贴，且通过政府出资购买良好的生态环境这一公共产品的方式来实现，达到改善生态环境和提高农户收入的双重目的。

（二）推进产业转型，构建内生机制

解决绝对贫困可以通过精准扶贫等措施来完成，那么西部地区相对贫困的有效控制将主要依赖于西部各省份利用自身的比较优势，辅以外部政策等助力，通过由内而外的积极探索找到适宜的发展道路，构建地区自我升级发展的内生反贫困机制，提升反贫困事业的长效性及质量，这是从根本上解决贫困问题的出路。

第一，布局资源型产业转型优化。西部地区能源丰富，具有煤矿、石油、电力、有色冶金、生物资源等，应该改变以往的粗放式开发，在原有的传统优势产业的基础上，对其进行优化升级，包括产业链的上下游延伸、深度加工制造、通过技术和管理升级提升生产效率、降低生产成本等。对资源禀赋进行合理利用，将潜藏的资源以效用最大化进行开发，形成可以带动一方经济发展的产业。与此同时，对于低效能的传统企业进行兼收合并，并通过与高技术企业合作，增加产品的附加值，从低端产业向高端产业逐步转型，提高经济效益，在带动本地区整体经济提升的同时增加就业机会，并主动照顾贫困人群，从产业布局优化方面解决贫困问题。

第二，支持西部地区加快发展先进高新技术产业和第三产业。通过区域产业政策的完善，西部地区在充分利用优惠政策的同时，对产业进行升级，加强高新技术产业的聚集和开发。高新技术产业是知识密集型和技术密集型的产业，能汇聚大量人才，西部地区可以着重于生物技术和新材料技术两大领域，同时加强服务行业的服务意识，在改善传统服务业的基础上发展现代服务业。

第三，突出民族特色，带动民族贫困地区产业发展。少数民族众多是西部地区的一大特点，也是其贫困问题较为严重的原因之一，由于历史文化的影响，少数民族地区的经济发展一般较为滞后，然而少数民族又保留了较为淳朴的民风以及特色鲜明的文化习俗，这些秀丽景色、人文景观和历史古迹是西部地区发展特色旅游产业得天独厚的条件，西部地区宜开发高层次的精品旅游。大力鼓励发展民族特色工业和手工业，大力挖掘具有民族特色的传统产品，培育具有带动能力、科技创新和市场拓展能力的龙头企业，逐步带动当地上下游企业，形成产业化经营链条，并通过大力扶持龙头企业带动当地民众就业，增加贫困人口收入。[①]

（三）深化普惠金融，创新金融支持

西部地区的金融较为落后，资本流动性和利用率较差，难以通过资本聚集和扩张效应来引导产业发展和经济增长，因此应该通过积极创新西部金融体制，并深化西部地区的普惠金融体系建设，纠正过去资金投放过程中的城市偏向，鼓励引导信贷资金合理流向贫困地区，以促进当地贫困人口的就业和收入提升。

第一，扩大普惠金融的覆盖范围。首先，通过对各类农村金融机构和农村小额信贷组织的政策引导，在抑制民间非法借贷的基础上，为西部贫困地区的小微企业及个体工商户有效解决其融资难问题。其次，建立和完善对于金融机构的补偿机制，对于积极开展普惠金融服务的金融机构，例如对扶贫贴息贷款发放及贷款回收达到一定规模的金融机构，加大政策支持力度，促进贫困保险制度和农户贴息贷款，调动金融机构支持贫困地区发展的积极性。[②]

第二，拓展普惠金融的服务深度。通过创新金融产品和服务方式，依托"互联网＋"等技术形态发展互联网金融，延伸普惠金融的服务半径，降低西部地区金融交易与服务的成本和门槛，促使更多优秀的金融产品与服务惠及西部低收入人群和欠发达区域。[③]

第三，创新金融支持渠道。首先，培养中小企业进行债券类直接融资的意识，在市场上发行中期票据、短期融资券、区域集优债券等融资工具，为西部地区企业投融资创造更多机会。[④] 其次，加大西部地区企业挂牌上市的培育力度，政府应积极引导和鼓励更多符合条件的优质企业在中小板、创业板和新三板等市场上融资，通过股权融资的方式解决自身发展问题。

---

① 刘慧、叶尔肯·吾扎提：《中国西部地区生态扶贫策略研究》，《中国人口·资源与环境》2013 年第 10 期。

② 徐鲲、李琳：《新阶段西部农村扶贫开发的困境与对策》，《新疆农垦经济》2014 年第 1 期。

③ 魏丽莉、李佩佩：《普惠金融的反贫困效应研究——基于西部地区的面板数据分析》，《工业技术经济》2017 年第 10 期。

④ 李立：《生态脆弱区农村生态式扶贫模式与财政金融政策支持》，《农村经济与科技》2017 年第 5 期。

最后，积极吸引实力雄厚的民间资本和外资投资特色产业项目，为西部地区反贫困提供强有力的金融支持。

（四）助力教育事业，防止贫困代际传递

古语说"授之以鱼，不如授之以渔"，培育和留住各行各业的人才是地区脱贫致富、实现可持续发展的根本，"输血"式的扶贫无法彻底根除贫困，只有加强地区的人才队伍建设才能提高西部地区劳动者与人才队伍的综合素质和专业技能，增强其自身的"造血"功能，从根源上防止贫困的代际传递。

第一，要大力发展基础教育，重点发展高等教育。西部地区的教育资源分布极其不均衡，其中的优质资源更是集中于发展较好的省会城市，其他市县难以企及，更何况农村地区，这便形成教育与发展之间的恶性循环。要根治贫困，一定要从教育突破。首先要加大对基础教育的资金投入力度，在全国逐渐推行十二年义务教育的基础上，西部地区要积极利用国家政策并发挥社会民间的力量，筹集教育发展资金，在充分保障教育资金投入落实的基础上高效利用教育资金，对于因贫困问题无法上学的孩子建档立卡进行资助。其次要帮助边远贫困地区加大人力资源的引进，通过社会力量有组织有规划的长期支教充实贫困地区的中小学师资队伍。最后要加强西部地区高等教育的质量，培养高级专业人才。

第二，对于不同类型的人才选择不同的侧重点进行培养。首先，党政人才是地区建设的组织者和协调者，是整个人才队伍的中坚力量，对于各级党政领导干部需要注重理论方面的强化和实践锻炼，以提升其领导水平和思想政治水平。其次，对于专业技术型人才需要注重创新能力的培养，创新能力是一个地区持续发展的驱动力，因此除了对其进行基础技能的优化培训之外，还应提升其创新能力。最后，对于企业经营管理人才，需要注重其市场化思维的培养，有利于提高其对企业的管理能力、在市场中的竞争能力以及不断开拓新市场的能力，将西部地区的优秀企业发展壮大，走出西部，走向全国，走入世界。

第三，建立创新人力资源选拔任用机制。在加强西部地区人才队伍建设的过程中，除了对西部地区现有人才进行培养使其发挥主力作用之外，还应积极引入外部地区的各类人才，从"内养"和"外引"两个方面建立人才选拔任用机制。大力借助西部高校的优质教育资源，通过优惠政策吸引人才，同时增强青年才俊建设家乡的愿景，让有才之人看到家乡发展的前景和希望，从而成为建设更为美好的家乡的有志之士。坚持人尽其才、

各尽其用的原则，将不同类型的人才放到最适合的岗位上，最大限度地发挥每个人的主观能动性。为有才能的人提供足够的发展机会，并增加政府对人才的政策和财政支持，使人才得以在西部地区实现自身价值。

（五）构建监测系统，实施动态反馈

为了保证反贫困策略的长期持续实施，防止不可控因素及偏离目标的行为举措造成实施效果的削弱，在整个策略实施的前中后期，需要建立严格的监测机制，对反贫困策略进行约束监控与动态反馈。[①] 这一系统包括事前的跟进调查监控、整个反贫困过程中的调控纠偏以及事后的效果评估反馈。监测系统的有效建立需要结合实时状况和各类环境的变化，明晰策略实施的细则要求，并保持监测指标的弹性。

第一，对西部地区尤其是其中欠发达地区的贫困现状进行动态跟踪监测。在确定反贫困方案并着手实施前，各级政府以及其他社会组织需要借助现代的测度与统计方法，通过实证验证指标体系的有效性和组织系统的标准性，对方案覆盖及辐射的贫困主体的现状进行跟踪监测及指标分析，提高贫困识别的精准度，为其后反贫困政策的制定与实施提供客观依据。

第二，对西部地区实施反贫困策略的过程进行动态监督调控。为确保实现反贫困的目标，以及反贫困的质量提升，在整个过程中进行持续实时的监测与控制是十分必要的。贫困是一个不断变化的动态过程，因此反贫困政策也要根据贫困的动态变化做出调整，通过对一系列指标的综合监测，对实践中出现的偏离价值目标的行为措施进行调整，使其得以沿着政策目标的方向进行而不偏离，从而达到预期的效果，并对政策制定的正确可行性进行反馈。最后，笔者提出三条建议：其一，针对贫困主体状态的变化进行监测；其二，针对反贫困政策执行人员进行考评；其三，针对各项对策协调推进进行监督。

第三，对西部地区实施反贫困策略的结果进行评价与反馈，使策略的制定与实施得到巩固。在反贫困任务完成并取得阶段性的成果时，应及时对所取得的成果进行评价与反馈，形成动态监测反馈机制，可以有效防止这些地区和人口返贫，乃至导致长期或恶性贫困，有助于建立稳定脱贫的长效机制。另外，也可以明确政策制定方向和总结实施过程中的经验与不

---

① 姜英华：《中国经济新常态与西部欠发达地区反贫困对策的适应性变革》，《当代经济管理》2016 年第 2 期。

足，对下一阶段或在其他地区制定反贫困策略提供帮助。反贫困阶段性成果的评价指标应该是多重的，既要包括家庭收入、人均可支配收入等反映基本经济状况的指标，以及基础设施、医疗环境、保险体系、居住状况、生态环境、就业市场等反映基本生产生活条件的指标，也包括教育投入、受教育情况、技能培训等反映个人能力的指标，还包括民主参与、幸福程度等方面的指标。

西部大开发 20 年西部地区绿色发展的历史、现实及未来[*]

林建华　李　琳[**]

摘　要： 1999 年我国提出并开始实施西部大开发战略。由于西部地区经济发展水平落后、自然条件恶劣、生态环境脆弱，经济社会发展和生态环境保护之间的矛盾异常尖锐，因此，协调二者之间的关系是西部大开发面临的重要挑战。为此，我国明确提出加强生态环境保护和建设，是实施西部大开发的根本。基于此，本文聚焦于生态环境保护和建设，对西部大开发 20 年西部地区绿色发展的历程进行梳理。鉴于西部地区粗放的经济发展方式主要造成生态破坏、环境污染、资源短缺等问题，本文也从生态环境建设、污染治理以及资源利用三个方面对西部地区的绿色发展状况进行统计描述，分析其存在的问题和不足，并立足新发展理念，结合主体功能区建设提出西部地区绿色发展的未来路径和政策选择。

关键词： 西部大开发　西部地区　绿色发展

从 1999 年至今，西部大开发战略已经实施 20 年，西部地区经济发展取得了显著成就，经济总量和人均生产总值迅速增加，从 1999 年到 2017 年，国内生产总值由 12433.56 亿元增加到 168561.6 亿元，增长了约 12.56 倍；人均国内生产总值由 4545 元增加到 49892 元，增加了 45347 元，增长了约 9.98 倍。在经济高速增长的同时，居民收入也大幅增加，城镇居民人均可支配收入由 1999 年的 5284.23 元增加到 2017 年的 30986.9 元，增长了约 4.86 倍，农村居民人均可支配收入由 1999 年的 1661 元增加到 2017 年的

---

　　*　本文为国家社会科学基金项目"西部地区资源型经济绿色发展转型研究"（17BJL047）的阶段性成果。

　　**　林建华，西北大学中国西部经济发展研究中心兼职研究员，西北大学经济管理学院副教授，经济学博士，研究方向为西方经济学和区域经济学；李琳，西北大学经济管理学院西方经济学专业硕士研究生。

10828.6 元，增长了约 5.52 倍。同时，与东部地区的发展差距明显缩小，东、西部地区国内生产总值之比由 3.23：1 降至 2.8：1。

在经济社会发展取得显著成就的同时，西部地区的生态环境也承受了巨大压力。由于特殊的地理位置和资源环境条件，西部地区作为我国重要的生态屏障和自然资源储备区，既要为全国提供生态环境这一公共产品，又要为中东部地区的经济发展提供能源和原材料，同时在西部大开发中还要承接东部地区的产业转移，经济发展和生态环境保护之间存在尖锐矛盾，不可持续问题尤为突出，迫切需要实现经济发展的绿色转型。本文将对 20 年来西部大开发过程中西部地区绿色发展的历史、现状进行分析，进而指出西部地区绿色发展的未来路径和政策选择。

一　西部地区资源型经济的形成及对生态的影响

西部地区位于我国内陆，特殊的地理位置、气候条件和地质构造，形成了西部地区独特的自然生态系统和资源禀赋条件。

（一）西部地区是我国的生态屏障

由于独特的地形、地貌和气候条件，西部地区生态系统多样，承担着重要的生态屏障功能。在水土保持、防风固沙以及供给水资源和农牧产品方面发挥着重要的作用。比如我国三江流域生态环境的稳定以及经济社会的可持续发展，依赖青藏高原中东部的草地和湿地生态系统的完善；以内蒙古草原为主体的中国北方草原是我国北方重要的生态保护屏障，起着防止戈壁沙漠前移的重要作用。由于生态环境具有外部性，西部地区的生态环境状况不仅影响西部地区的经济发展，而且会对中东部地区的生态环境和经济发展产生直接影响，因此，西部地区是决定我国生态环境状况的要害地区。西部地区以高原、山地和荒漠为主，总面积的 48% 左右都是沙漠、石山、戈壁以及高寒地区，气候干旱，降水量稀少，年平均气温低。恶劣的自然条件使西部地区生态环境十分脆弱，一旦遭到破坏，就难以恢复。

（二）西部地区是我国的自然资源储备区

西部地区是我国的资源富集区，蕴藏丰富的自然资源，不仅种类十分齐全而且储量非常巨大。西部地区的矿产资源总共有 138 种，占全部矿产资源种类的 88.5%。45 种主要矿产资源中，西部地区有 24 种占全国的

53.3%，其余矿产资源占比在 33%～50% 之间。[1] 尤其是煤炭、石油、天然气三大主要能源储量西部地区在全国总储量中占比很高，根据 2017 年和 2018 年《中国统计年鉴》数据整理，截至 2016 年西部地区上述三大能源储量分别为 1155.44 亿吨、146336.1 万吨和 45240.31 亿立方米，分别占全国的 46.3%、41.8% 和 83.22%。正是依托丰富的自然资源，西部地区成为我国的能源、化工和原材料供应基地，形成了以资源开发和加工为主的资源型经济。目前，西部地区原煤、原油、天然气的工业产品产量在全国占比分别达到 58.17%、32.24% 和 81.92%，西部地区已成为我国的能源、化工和原材料供应基地。

（三）西部地区资源型经济对生态的影响

西部地区承担着我国重要的生态屏障和自然资源储备区功能，也是我国的生态脆弱区，我国北方半干旱农牧交错带、西北干旱绿洲边缘带、西南干热河谷地区和石灰岩山地地区、青藏高原等五个典型的脆弱生态区全部集中在西部地区。由于西部地区经济、教育、技术水平落后，长期以来贫穷成为西部地区的标签，西部地区只能通过对矿产资源和能源的大规模开采来获取经济利益，形成了高度依赖资源的经济体系。由于经济结构单一、低级且技术水平落后，西部地区的经济发展呈现出典型的"三高一低"特征，即高投入、高排放、高污染和低效率，经济发展和生态环境之间的矛盾异常尖锐，不可持续问题非常突出。

长期对资源的过度开发，使西部地区的生态环境遭到严重破坏，影响了西部地区经济社会的可持续发展，而且使国家生态安全受到严重威胁。西部地区的资源环境问题主要体现在以下方面：一是生态环境持续恶化。江河、湖泊水生态严重失调；植被大量减少，水土流失严重；土地荒漠化、草原沙化进程加速；自然灾害频繁发生，如西部地区 20 世纪 90 年代旱灾的发生频率比 80 年代增长了 7.5%；洪涝灾害的发生频率增长了 49%。[2] 二是环境污染严重。西部地区主要以能源矿产资源的开发与粗加工作为经济发展的重点，所以，西部地区的能源及化学工业所占比重较大，其中能源消费又以煤炭为主，再加上技术和自然条件的限制以及长期未能注意生产发展和环境保护同时进行，致使工业"三废"污染严重，面临的环境问题日益突出。三是资源稀缺性增强。长期高强度的资源开发，快速消耗了

---

① 薛贻德：《西部投资环境优化研究》，广西师范大学硕士研究生学位论文，2004。

② 国家环境保护总局：《西部地区生态环境现状调查报告》，2001。

西部地区的资源，使西部很多地区面临资源枯竭的问题。同时，由于技术水平落后，资源开发和利用的效率低下，存在大量浪费。

可见，西部地区在自然条件及经济社会发展水平等诸多条件约束下，基于资源优势形成的以资源开采和初级加工为主的资源型经济，在推动经济发展的同时，也严重破坏了生态环境。生态环境的持续恶化以及由生态环境恶化所衍生的自然灾害频发成为实施西部大开发战略需要面对和解决的问题。因此，生态环境保护是实施西部大开发战略的重要内容之一，我国明确提出加强生态环境保护和建设，是实施西部大开发的根本。

二 西部大开发 20 年西部地区绿色发展的历程及事实考察

由于我国明确提出加强生态环境保护和建设，是实施西部大开发的根本，因此，本文聚焦于生态环境保护和建设，对西部大开发 20 年西部地区绿色发展的历程进行梳理，以绿色发展理念的提出为节点，将这一历程分成两阶段，第一阶段从 1999 年到 2010 年，即西部大开发战略开始实施到绿色发展理念的提出。第二阶段从 2011 年到 2017 年，即绿色发展理念提出至今。通过对两个阶段生态环境保护和建设的政策、措施及效果的事实考察，本文揭示西部地区绿色发展存在的问题，并为未来的绿色发展提供借鉴。

针对西部地区经济发展所导致的生态破坏、环境污染、资源短缺等问题，本文也从生态环境建设、污染治理以及资源利用等三个方面对西部地区的绿色发展状况进行统计描述。

（一）西部大开发 20 年西部地区生态环境建设的历程

1. 西部地区生态环境建设的主要工程

西部地区先后实施了退耕还林、造林、天然林保护、京津风沙源治理、防护林体系、湿地保护与恢复、退牧退耕还草、三江源自然保护区建设、青海湖周边生态治理、三峡库区国土整治、水土保持、野生动植物保护及自然保护区建设、石漠化地区综合治理等一批重点生态保护和建设工程，保护修复自然生态。1999 年，陕西、甘肃、四川被确定为退耕还林工程试点，2002 年《退耕还林工程规划》发布，退耕还林工程在包括西部地区在内的全国 25 个省区市全面展开；继续推进始建于 1979 年的"三北"防护林工程，2000～2009 年该工程第四期已完成，2010～2019 年为该工程第五期，已近尾声；2000 年 10 月，为加快荒地绿化造林，控制林木资源的消耗，开始实施天然林保护工程；2003 年开始，为遏制西部地区天然草原加速退化的趋势，促进草原生态修复，在西部 8 省区启动了退牧还草工程，截至 2010 年，中央累计投入基本建设资金 136 亿元，安排草原围栏建设任务 7.78 亿亩。[①] 2000～2007 年，西部地区总共完成了 3.85 亿亩退耕还林工程，累计保护严重退化草原 5.19 亿亩。2000～2007 年，退耕还林工程累计安排建设任务 3.85 亿亩，退牧还草工程累计安排严重退化草原保护面积 5.19 亿亩。为巩固第一阶段生态环境建设的成果，我国继续推进退耕还林、退牧还草工程，2011～2015 年，安排退牧还草围栏建设任务 5 亿亩，配套实施退化草原补播改良任务 1.5 亿亩[②]，生态环境得到持续改善。

2. 西部地区生态环境建设取得的成果

（1）第一阶段：1999～2010 年西部地区生态环境建设取得的主要成果

通过实施一系列生态建设工程，西部地区生态环境的恶化得到了有效控制，生态环境有所改善。

表 1 反映了 1999～2010 年西部地区主要生态资源总量及其占全国比重。1999～2010 年西部地区的森林覆盖率、林木蓄积量、自然保护区面积、水土流失治理面积都有了明显的提升。造林面积由 257.31 万公顷增加到 299.85 万公顷，林木蓄积量由 6.27 亿立方米增加到 8.27 亿立方米，自然保护区面积由 7401.4 万公顷增加到 12624.78 万公顷，森林覆盖率由 17.76% 增加到 24.92%，水土流失治理面积由 3220.49 万公顷增加到 4999.66 万公顷，耕地面积由 3452.95 万公顷增加到 3619.81 万公顷。

表 1　1999 年、2005 年、2010 年西部地区主要生态资源总量以及占全国的比重

类别	1999 年		2005 年		2010 年	
	西部地区	占比（%）	西部地区	占比（%）	西部地区	占比（%）
耕地面积（万公顷）	3452.95	26	3546.89	29	3619.81	27
森林覆盖率（%）	17.76	16.55	20.01	18.21	24.92	20.36
林木蓄积量（亿立方米）	6.27	56	7.61	61	8.27	60
自然保护区面积（万公顷）	7401.4	84	12516.04	83	12624.78	84
水土流失治理面积（万公顷）	3220.49	41	4402.46	47	4999.66	47
造林面积（万公顷）	257.31	53	197.55	54	299.85	51

资料来源：2000～2011 年中国及西部各省份统计年鉴。

---

① 农业部：《中国西部地区实施退牧还草工程成效显著》，中国政府网，2011 年 8 月 4 日。

② 国家发改委、农业部、财政部：《关于完善退牧还草政策的意见》，2011 年 8 月 22 日。

（2）第二阶段：2011～2017 年西部地区生态环境建设取得的主要成果

2011～2017 年西部地区主要生态资源总量及占全国比重如表 2 所示。2011～2017 年耕地面积显著提升，由 3785.43 万公顷增加到 5040.89 万公顷，林木蓄积量由 8.27 亿立方米增加到 8.93 亿立方米，水土流失治理面积由 5166.25 万公顷增加到 6727.71 万公顷，造林面积由 307.81 万公顷增加到 417.96 万公顷，森林覆盖率由 24.92% 增加到 27.06%。绿色发展理念提出之后，西部地区加大了生态环境保护和建设的力度，不仅取得了较为显著的成效，而且建立了较为科学完善的生态系统保护体系。

表 2 2011 年、2014 年、2017 年西部地区主要生态资源总量以及占全国的比重

类别	2011 年		2014 年		2017 年	
	西部地区	占比（%）	西部地区	占比（%）	西部地区	占比（%）
耕地面积（万公顷）	3785.43	28	4719.22	35	5040.89	37
森林覆盖率（%）	24.92	20.36	27.06	21.36	27.06	21.36
林木蓄积量（亿立方米）	8.27	60	8.93	59	8.93	59
自然保护区面积（万公顷）	12277.09	82	12047.2	82	12019.5	82
水土流失治理面积（万公顷）	5166.25	47	5803.88	52	6727.71	53
造林面积（万公顷）	307.81	51	266.62	48	417.96	54

资料来源：2012～2018 年中国及西部各省份统计年鉴。

（二）西部大开发 20 年西部地区污染治理的历程

1. 西部地区污染治理的主要措施

西部地区拥有丰富的矿产资源，是我国的资源储备区。依托资源优势，西部地区成为我国的能源和化工基地。由于以往片面追求经济增长而忽视生态环境保护的重要意义，西部地区资源型经济的发展呈现出"三高一低"的特征，即高投入、高排放、高污染和低效率，污染物排放量逐年增加，到 2000 年，西部地区的工业废水、废气、固体废弃物排放量分别达到 447281 万吨、31883 亿标立方米和 2109 万吨。西部大开发实施以来，国家出台了一系列污染预防及治理的措施，加大三峡库区及其上游、丹江口库区及其上游、黄河中上游等重点流域和滇池水污染综合防治力度；支持西部地区重点城市的污水处理、垃圾处理设施建设；加强矿山环境恢复治理，重点解决好地质灾害、地下水平衡、"三废"污染治理等问题；加强农村环境保护，积极防治农村面源污染；加快建立健全三峡库区等重点区域灾

害性天气和地质、地震灾害监测、预报、应急和防治体系;① 严格控制污染物的排放总量，走可持续发展道路。政府在环境污染治理上的投资也逐年增加，2005 年西部地区环境污染治理投资总额为 335.26 亿元，到 2016 年已经增加到 2278.40 亿元，增加了 5.8 倍，由此可见政府对环境污染治理的重视程度。

2. 西部地区污染治理的现状及成果

本文主要通过西部地区环境污染治理投资总额占 GDP 比重，工业废气排放量及占全国比重、工业废水排放量及占全国比重、固体废物产生量及占全国比重反映西部地区污染治理的现状及成果。

（1）第一阶段：1999～2010 年西部地区污染治理取得的主要成果

图 1 展示了西部地区和全国环境污染治理投资占 GDP 的比重。2005～2010 年，除 2008 年较 2007 年略有下降外，西部地区该比重整体呈平缓上升趋势（1999～2004 年统计数据缺失）。但相对于全国平均水平而言，西部地区仍处于较低水平，由此可见，2005～2010 年，西部地区对环境污染治理的投资额虽然有所增加，但增长的幅度非常有限，始终低于全国平均水平，有待进一步地加强。

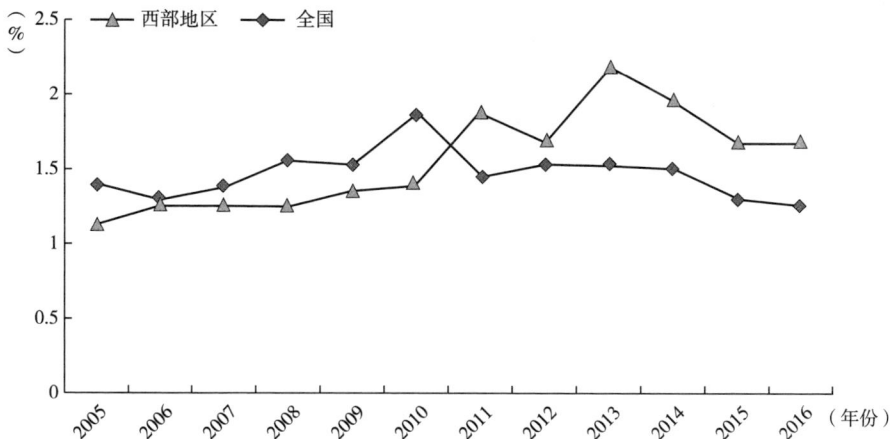

图 1　2005～2016 年西部地区和全国环境污染治理投资占 GDP 比重
资料来源：2006～2018 年全国及西部各省份统计年鉴。

图 2 体现了西部地区工业废气排放量及其占全国比重。1999～2010 年，西部地区工业废气排放量呈现快速上升趋势。1999 年西部地区工业废气排放量为 30602.36 亿标立方米，到 2010 年已经增加到 143592.74 亿标立方

---

① 《西部大开发"十一五"规划》，2007。

米，增加了大约3.7倍。1999年西部地区工业废气排放量占全国工业废气排放量的比重为24.1%，到2010年增长为27.7%，增加了3.6个百分点。由此可见，西部地区的工业废气排放无论是绝对量还是相对量都没有减少，污染治理措施的实施效果并不理想。

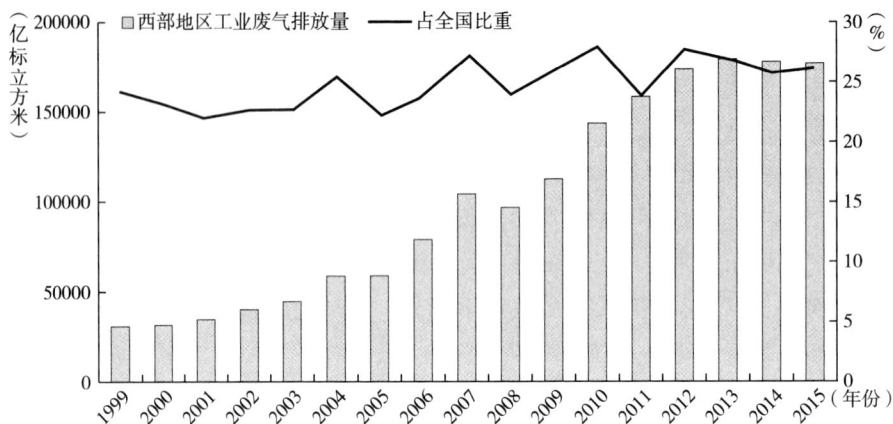

图2　1999～2015年西部地区工业废气排放量及占全国比重

资料来源：《中国环境统计年鉴》（2000～2017年）。

图3显示了西部地区工业废水排放量及占全国比重。1999～2010年，西部地区工业废水排放量整体呈现先上升后下降的趋势，在2008年达到最高值，为571587万吨，在2010年减少为508986万吨。西部地区工业废水排放量占全国工业废水排放的比重在此期间虽有波动，但整体变化幅度不大，1999年为22.91%，2006年降到21.3%，2008年又升至23.6%，

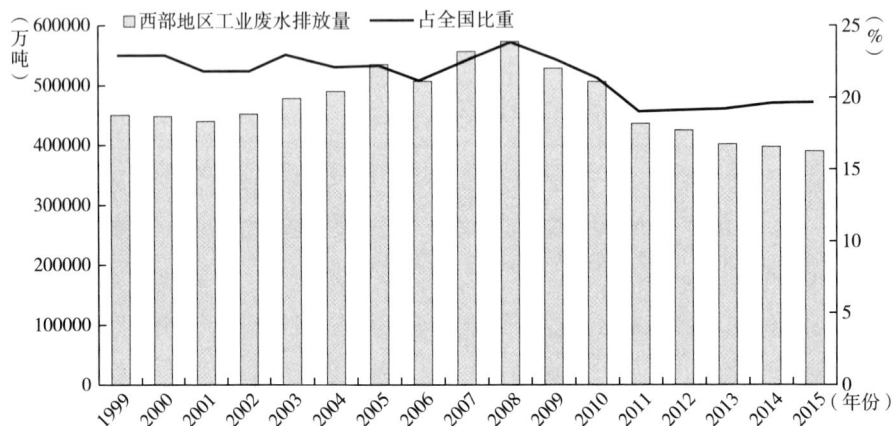

图3　1999～2015年西部地区工业废水排放量及占全国比重

资料来源：《中国环境统计年鉴》（2000～2017年）。

2010 年下降到 21.4% 。可见，在这一阶段西部地区工业废水的排放量在一定程度上得到了控制，没有过度地增长。但废水排放导致的污染问题没有解决。

图 4 显示了西部地区固体废物产生量及占全国比重。1999～2010 年，西部地区固体废物产生量逐年上升，占全国比重虽有波动，但总体也呈逐步上升趋势。1999 年西部地区固体废物产生量为 22217.48 万吨，到 2010 年已经增加到 73821.79 万吨，增加了约 2.32 倍，占全国比重也从 1999 年的 28.32% 增加到 2010 年的 30.64% 。由此可见，西部地区固体废物的产生总量以及相对量都有不同程度增加。

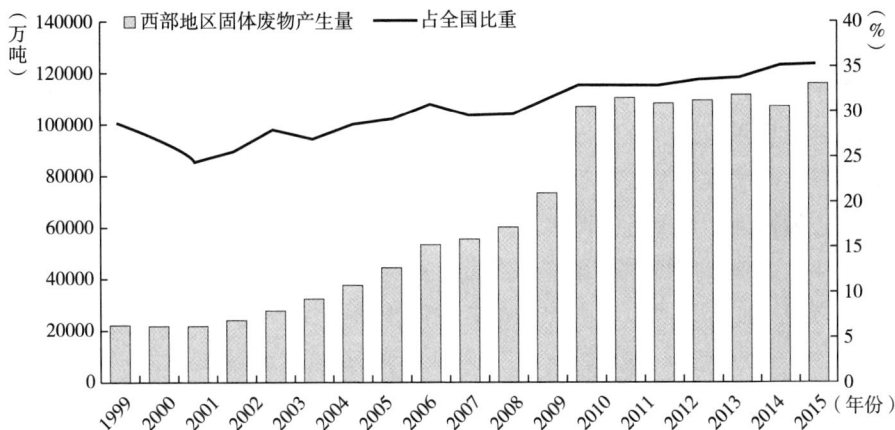

图 4　1999～2015 年西部地区固体废物产生量及占全国比重
资料来源：2000～2018 年中国及西部各省份统计年鉴。

（2）第二阶段：2011～2017 年西部地区污染治理取得的主要成果

2011 年以来，西部地区污染治理力度明显加大。由图 1 可以看出，2011～2016 年，西部地区环境污染治理投资总额占 GDP 比重持续增长，明显超过前一阶段；从与全国平均水平的比较来看，形势发生了逆转，在这一阶段，西部地区环境污染治理投资总额占 GDP 的比重高于全国平均水平。正是基于绿色发展理念，西部地区更加重视生态环境保护和治理，加大了污染治理的力度，增加了对环境污染治理的投资，使环境污染问题有了明显改善。

图 2 显示，2011～2015 年西部地区工业废气排放量除了 2012 年相较于 2011 年有明显的增长之外，其余年份都保持在较稳定的水平，占全国工业废气排放量的比重也开始有下降的趋势。

图 3 显示，工业废水排放量也出现持续减少的趋势，2011 年西部地区

工业废水排放量为 439447.91 万吨，2015 年下降到 391646.39 万吨，同时，工业废水排放量在全国所占比重也明显下降。

图 4 显示，2011~2015 年，西部地区固体废物的产生量比较平稳，无太大变化。但是占全国的比重从 2011 年之后开始逐年上升，从 2011 年的 32.6% 已经上升到 2015 年的 33.56%，固体废物治理有待进一步加强。

总体而言，与第一阶段的污染治理相比，在绿色发展理念的引领下，西部地区加大污染治理力度，污染治理成效较为显著。

（三）西部大开发 20 年西部地区资源利用效率提升的历程

1. 西部地区提升资源利用效率的措施

西部大开发战略特别强调资源的节约利用。西部大开发"十一五"规划提出强化资源节约和综合利用，坚持开发节约并重、节约优先，强化能源、矿产资源节约和高效利用，重点抓好开采节能、产业结构优化节能和先进技术开发推广节能，努力完成节能降耗目标。[①] 西部大开发战略实施以来，西部地区采取各种政策措施促进资源节约和高效利用：组织开展重点城市、行业和园区循环经济试点，鼓励发展三峡库区等区域高效生态经济；规范矿山开采秩序，大力提高资源回采率，综合利用废渣及尾矿等工业废物；重点推进高耗水行业节水改造，不断扩大城市污水再生利用领域，缺水城市再生水利用率达到 20% 以上；[②] 逐渐促进资源利用效率，将能源消耗总量控制在合理范围内，对主要污染物的排放做到切实监管，大力发展可持续经济。

2. 西部地区提升资源利用效率取得的成果

能源利用效率也称能源效率，就是每一单位 GDP 所消耗的能源，即单位 GDP 能耗。能耗越高能源使用效率越低，反之，能耗越低则能源使用效率越高。因此，笔者用单位 GDP 能耗来衡量西部地区的资源利用效率。

（1）第一阶段：1999~2010 年西部地区提升资源利用效率取得的主要成果

图 5 反映了西部地区及全国平均单位 GDP 能耗。总体来看，西部地区的单位 GDP 能耗一直高于全国平均水平，但二者绝对差距在逐渐缩小。第一阶段 1999~2010 年，虽然西部地区单位 GDP 能耗有增有减，但其总体呈下降趋势，单位 GDP 能耗由 1999 年的 2.05 吨标准煤/万元下降到 2010

---

① 《西部大开发"十一五"规划》，2007。
② 《西部大开发"十一五"规划》，2007。

年的 1.19 吨标准煤/万元，单位 GDP 能耗减少了 41.95%，节能效果显著。从与全国平均水平比较来看，1999 年西部地区单位 GDP 能耗比全国平均水平高约 0.5 吨标准煤/万元，2010 年比全国平均水平高约 0.32 吨标准煤/万元，与全国平均水平差距缩小。

（2）第二阶段：2011～2017 年西部地区提升资源利用效率取得的主要成果

在 2011～2017 年，全国及西部地区的单位 GDP 能耗持续降低，能源利用效率进一步提高。2011 年西部地区单位 GDP 能耗为 1.06 吨标准煤/万元，2017 年下降为 0.76 吨标准煤/万元，减少了 28.30%，减少幅度较为显著。从与全国平均水平比较来看，2011 年西部地区单位 GDP 能耗比全国平均水平高约 0.27 吨标准煤/万元，2017 年比全国平均水平高约 0.22 吨标准煤/万元，差距进一步缩小。由此可见，在节能减排，提高资源综合利用效率方面，西部地区的政策措施取得了明显成效，能源利用效率持续提高。

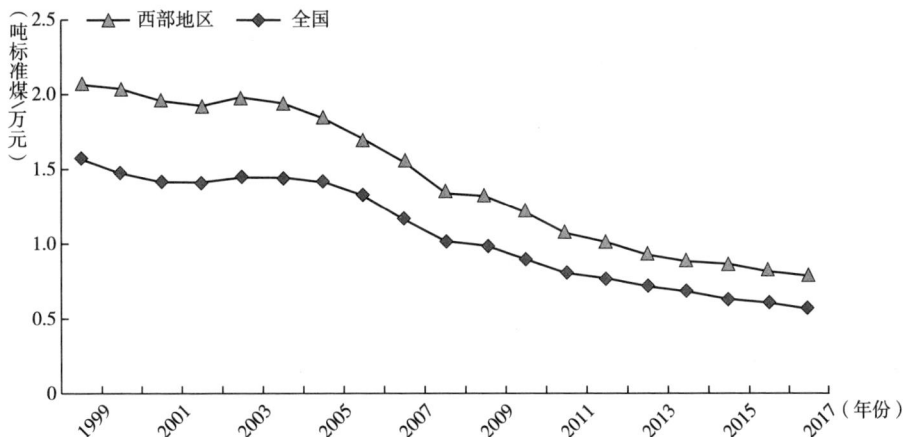

图 5　1999～2017 年西部地区及全国平均单位 GDP 能耗
资料来源：2000～2018 年中国及西部各省份统计年鉴。

三　西部大开发 20 年西部地区绿色发展存在的问题

本文系统梳理西部大开发 20 年来西部地区在生态环境保护、污染治理以及资源利用效率提升等方面的实践，以绿色发展的提出为节点，通过前后两个阶段的数据对比可以发现，虽然我国在 2011 年《国民经济和社会发展第十二个五年规划纲要》中明确提出要坚持绿色、低碳发展，2012 年党的十八大报告也提出我国要着力推进绿色发展、循环发展、低碳发展，包括西部地区在内的全国各区域更加重视生态环境保护和建设，污染治理力度持续加大，使西部地区生态环境恶化的状况得到有效控制，但经济发展和资源环境之间的矛盾依然突出，生态环境问题依然严峻，生态环境保护任重道远。

（一）生态环境保护力度有待进一步加大

西部地区生态环境十分脆弱，一经破坏则很难恢复。西部地区25°以上陡坡耕地面积占全国的70%以上，[①] 水土流失面积占全国的80%以上，[②] 水土流失治理率仅为17.5%，[③] 治理的速度赶不上水土流失的速度；从2011年到2017年，西部地区林木蓄积量虽然有所增加，但其在全国的占比却相对下降；此外，从2011年到2017年，西部地区自然保护区面积不增反降，由12277.09万公顷降至12019.5万公顷。上述现象说明西部大开发以来虽然实施了一系列生态环境保护和建设的措施并取得了阶段性成果，在一定程度上缓解了西部地区生态环境的恶化，但由于西部地区经济发展仍主要依赖资源型产业，加之技术水平较低，粗放发展方式的路径依赖严重，生态环境保护形势依然严峻。比如2016年西部地区六大高耗能行业工业产值占规模以上工业企业比重为35.9%，高于30.3%的全国水平。能源生产总量和消费总量持续增加，加剧了生态环境压力。

（二）环境污染依然严重

西部地区三废排放对环境污染一直较为严重，污染问题逐年累积，已经触及环境承载力的底线。以大气污染为例，2000年西部地区SO_2排放量为1734.88万吨，2016年增加到3539.27万吨，年均增长4.6%。2000年西部地区CO_2排放量为76557.05万吨，2016年增加到304457.6万吨，年均增长9%。随着经济发展，污染物排放量逐年增加，近年来持续发生的雾霾天气实际上是污染累积爆发的结果。除污染物排放总量随着经济体量增大不断增加之外，西部地区对污染物的综合利用水平不高且呈下降趋势，也加剧了环境污染状况。比如西部地区固体废物的综合利用率从2011年的55.1%降低到2017年的43.8%，而且始终低于全国平均水平。除了大气污染，西部地区的水污染和土壤污染也十分严重，环境问题已严重威胁人们

---

① 国务院：《关于土地利用现状调查主要成果的公报》，2001年。
② 国家环境保护总局：《西部地区生态环境现状调查报告》，2001年。
③ 水利部水土保持司：《全国水土监测公报》，2001年。

的正常生活与身体健康。上述问题的存在说明西部大开发 20 年来，虽然我国采取了更严厉的环境管控措施，加大了污染治理的力度，但环境污染问题依然严重，并没有实现根本性扭转。

（三）资源利用效率有待进一步提高

西部大开发战略实施以来，西部地区单位 GDP 能耗持续下降，资源使用效率有明显提升，但从图 5 可以看出，从 1999 年到 2017 年，全国单位 GDP 能耗也在持续下降，西部地区单位 GDP 能耗始终高于全国平均水平，横向比较可知，西部地区整体资源利用效率仍然不高。资源利用效率低，说明西部大开发 20 年，西部地区的经济虽然迅速增长，但经济结构不合理，仍以高度依赖自然资源的资源型经济为主，符合绿色发展的新兴产业发展不足。同时，由于东部发达地区对人才和资本的"虹吸效应"，西部地区人才和资金外流，抑制了研发投入，创新能力不足，一方面使传统的资源型经济无法通过技术进步实现升级改造；另一方面也制约了新兴产业的产生，使经济发展无法摆脱对资源的高度依赖。

四　西部地区未来绿色发展的路径选择

鉴于我国经济社会发展和自然环境之间的矛盾依然突出，生态环境尚未实现根本好转，十八届五中全会将"生态环境建设总体改善"列为我国全面建成小康社会新的目标要求之一，并提出了创新、协调、绿色、开放、共享的新发展理念，强调坚持绿色发展，走生产发展、生活富裕、生态良好的文明发展道路。当前，中国特色社会主义进入新时代，社会主要矛盾已经转化为人民日益增长的美好生活需要和不平衡不充分的发展之间的矛盾，人民对美好生活的需要就包括对优美生态环境的需要。党的十九大报告指出，新时代我国要坚持"五大发展理念"，统筹推进"五位一体"总体布局，推进绿色发展，形成人与自然和谐发展的现代化建设新格局。为此，西部地区需要总结西部大开发 20 年来的发展实践，在新发展理念指导下，确定未来实现绿色发展的路径。

（一）转变发展方式走绿色发展道路

如前文所述，西部地区自然资源丰富、生态环境脆弱、经济发展落后、教育水平低下，基于资源优势和自身发展能力不足的现状形成了以资源开发和初级加工为主的经济发展模式。改革开放以来很长时间我国都将经济发展放在首位，并形成了以经济增长为核心的政绩考核评价体系，进一步强化了西部地区拼资源、拼环境的粗放发展模式。至今，这种以牺牲生态环境获取经济发展的发展模式不仅导致了生态灾难，而且使西部地区自身发展陷入困境，不可持续问题越来越突出，因此，必须转变经济发展方式，走绿色发展的道路。

绿色发展不同于传统的粗放发展模式，是实现经济、社会、资源、环境协调发展的发展模式，绿色发展将资源环境作为社会经济发展的内在要素，通过经济活动过程和结果的绿色化，实现经济、社会和资源环境的可持续发展。未来西部地区应秉持绿色发展理念，由数量、速度型发展向质量、效益型发展转变；由资源耗费型、环境污染型发展向资源节约型、环境友好型发展转变；由经济主导型发展向经济社会资源环境协调发展转变。转换经济发展动能，通过技术进步和产业升级实现绿色发展。

（二）依据主体功能区规划确定不同功能区绿色发展路径

为形成区域人口、经济和资源环境相协调的国土空间开发格局，我国于2011年颁布了《全国主体功能区规划》，开始推进主体功能区建设。主体功能区规划根据资源环境承载力、现有开发密度、发展潜力及适宜性，统筹人口分布、经济布局、国土利用和城镇化格局，确定区域开发强度和主体功能，以是否适宜大规模、高强度的工业化城镇化开发为判断依据，将国土空间划分为优化开发、重点开发、限制开发和禁止开发四类主体功能区。主体功能区建设的目的在于规范空间开发秩序，形成合理的空间开发结构，从源头上扭转生态环境恶化的趋势，促进资源节约和环境保护。主体功能区建设是将经济发展、国土资源开发和生态环境保护结合起来的符合绿色发展要求的新举措，西部地区应依据主体功能区规划对不同地区的主体功能定位确定其绿色发展的路径。

1. 优化开发区域绿色发展路径

优化开发区域是指经济比较发达、人口比较密集、开发强度较高、资源环境问题更加突出，从而应该优化进行工业化城镇化开发的城市化地区。西部地区的中心城市属于这一区域。由于这些区域经济发展水平较高，吸引大量人口聚集，给资源和环境造成极大压力。因此，对于优化开发区域，要实行更严格的产业准入环境标准、污染物排放标准和总量控制指标，大幅度减少污染物排放。实行严格的建设用地增量控制，通过产业政策引导其转移占地多、消耗高的加工业和劳动密集型产业，鼓励其通过创新提高增长质量和效益，提升产业结构层次。比如西安、重庆、成都等西部地区中心城市应依托科研院所密集的优势，调整经济结构，发展高新技术产业和现代服务业，完善城市综合服务功能，提升创新能力，发挥中心城市的带动作用，引领西部地区实现绿色发展转型。

2. 重点开发区域绿色发展路径

重点开发区域是指有一定经济基础、资源环境承载能力较强、发展潜力较大、集聚人口和经济的条件较好，从而应该重点进行工业化城镇化开发的城市化地区。西部的关中—天水地区、成渝地区和北部湾地区、太原城市群、兰州—西宁地区、天山北坡地区等就属于这一类型。由于重点开发区域开发潜力大，环境承载能力较强，这些区域既要承接国际及国内优化开发区域的产业转移，又要承接限制开发区域和禁止开发区域的人口转移，资源环境的潜在压力较大，因此，重点开发区域一方面要加快推进城镇化，完善城市基础设施和公共服务，改善人居环境，提高人口承载能力，推动形成分工协作、优势互补、集约高效的城市群；另一方面要加快推进新型工业化，建立现代产业体系，发展新兴产业，运用高新技术改造传统产业，全面加快发展服务业，增强产业配套能力，促进产业集群发展。要结合环境容量，实行严格的污染物排放总量控制指标，较大幅度减少污染物排放量，引导和支持这些区域建立循环经济和节约型经济社会发展体系。

3. 限制开发区域绿色发展路径

限制开发区域是指限制进行大规模高强度工业化城镇化开发的地区，具体包括两类：一类是农产品主产区，即耕地较多、农业发展条件较好，尽管也适宜工业化城镇化开发，但为保障农产品供给安全必须把增强农业综合生产能力作为首要发展任务的区域，如汾渭平原、河套灌区、甘肃、新疆为我国的优质专用小麦主产区；另一类是重点生态功能区，即生态系统脆弱或生态功能重要，资源环境承载能力较低，必须把增强生态产品生产能力作为首要发展任务的区域，如三江源草原草甸湿地生态功能区、阿尔泰山地森林草原生态功能区、黄土高原丘陵沟壑水土保持生态功能区、桂黔滇喀斯特石漠化防治生态功能区、秦巴生物多样性生态功能区等。对于农产品主产区，应加强土地整治、水利设施建设等农业基础设施建设，改善农业生产条件，增强农业综合生产能力；优化农业生产力布局，形成优势突出、特色鲜明的产业带；着力保护耕地，发展循环农业，促进农业资源的永续利用。对于重点生态功能区，要坚持点状开发、面上保护的原则，因地制宜发展资源环境可承载的特色产业，限制不符合主体功能定位的产业扩张，形成环境友好型的产业结构。加强生态修复和环境保护，引导超载人口逐步有序转移。

4. 禁止开发区域绿色发展路径

禁止开发区域就是禁止进行工业化城镇化开发的区域，主要指依法设立的各级各类自然文化资源保护区以及重点生态功能区。国家级禁止开发区域包括国家级自然保护区、世界文化自然遗产、国家级风景名胜区、国家森林公园、国家地质公园等。禁止开发区在西部地区国土面积上占有较大比重，许多较少人口民族区域自治地区也分布在这一类区域，统筹人与自然和谐发展的难度很大。[①] 对于禁止开发区域，应依据法律法规和相关规划实施强制性保护，控制人为因素对自然生态的干扰，严禁不符合主体功能定位的各类开发活动，实现污染物"零排放"，提高环境质量。对于其中生态环境极其敏感和生态功能十分重要的区域，应引导超负荷人口平稳有序转移。

（三）推进传统资源型产业绿色发展

虽然资源型经济加剧了西部地区经济社会发展和生态环境之间的冲突，导致一系列生态环境问题，但这并不意味着西部地区要完全抛弃资源型产业才能谋求绿色发展。相反，西部地区不能脱离自身的比较优势去实现绿色发展。西部地区绿色发展的实现在很大程度上依赖于传统资源型产业的绿色发展。因此，应采取措施推进西部地区传统资源型产业的绿色发展。一是整合资源，淘汰落后产能。由于对资源的开采和初级加工技术含量低，西部地区资源型产业内部企业参差不齐，许多中小企业技术水平低、生产设备原始、工艺落后，能源和原材料消耗大，废弃物排放多，对环境的污染破坏严重。因此，西部地区应加大资源整合的力度，淘汰落后产能，提高资源利用效率，降低对生态环境的破坏，推进绿色发展。二是对资源型产业生产技术进行升级改造，降低消耗，提高资源效益。通过技术改造，提升生产设备的技术水平，改进生产工艺，提高资源的利用率、回收率，实现生产过程中废弃物最小化、资源化、无害化，建立绿色生产方式。三是大力发展、推广清洁能源，改善能源结构，降低环境危害。我国西部地区能源结构不合理，煤炭、原油在能源生产和消费中占比很高，环境破坏和污染严重。因此，要实现绿色发展，必须改善能源结构，降低对化石能源的需求和依赖，大力发展、推广清洁能源，如太阳能、风能、水能、地热能、生物能等，从源头上减少污染。四是拓展产业链，推进产业向高端、

---

① 林建华、任保平：《主体功能区建设：西部生态环境重建的新模式选择》，《生态经济》2009年第2期。

产品向终端发展。西部地区资源型产业以资源开采和初级加工为主，产品低级、技术含量不高、附加值低，这种拼资源、拼环境的资源型经济并没有给西部地区带来同等的经济收益，资源优势没有转化为经济优势。因此，西部地区应加大对创新的支持力度，拓展产业链，提高资源深加工能力，增加产品附加值，推进产业向高端、产品向终端发展。

（四）培育符合绿色发展的新兴产业

除推进传统资源型产业的绿色发展外，西部地区还要降低对资源环境的依赖，必须积极培育符合绿色发展的新兴产业，促进产业结构调整和升级。一是发展特色旅游产业。西部地区天然地貌奇特、历史悠久、人文气息浓厚，可以凭借丰富、多元、独特的旅游资源发展特色旅游，并通过旅游拉动相关产业发展，形成西部地区新的支柱产业。二是西部不同区域应结合自身优势大力发展符合绿色发展的工业和现代服务业体系。比如成都加快构建现代产业体系，大力发展先进制造业、高新技术服务业、现代金融服务业、文化创意产业及现代物流业。西安在保持航空航天、装备制造业优势的基础上，提出大力发展枢纽经济、门户经济、流动经济"三个经济"；重庆提出发展电子核心基础部件、新能源汽车与智能汽车、高端交通装备等三大战略性新兴产业集群。三是大力发展生态农业，推进农业绿色发展。农业在西部地区占有重要地位，传统的农业发展依赖于土地、劳动等生产要素投入，为了增产，不适宜耕种的土地也被广泛开发、利用，造成生态环境破坏。要实现绿色发展，西部地区必须转变农业发展方式，大力发展生态农业，建立以节地、节水、节能、高效为特征的综合农业生产体系。

五 西部地区未来绿色发展的政策建议

（一）建立和完善促进绿色发展的制度体系

制度为人们确定了在社会经济活动中的行为准则。西部地区绿色发展目标的实现，需要基于绿色发展理念，建立和完善促进绿色生产和消费的制度体系。一是完善促进绿色发展的法律法规，加大执法力度。西部地区应结合主体功能区建设，建立和完善促进绿色生产方式、绿色生活方式、绿色产业结构、绿色技术创新等绿色发展的法律法规，同时要加大执法力度，坚决制止和惩处破坏生态环境的行为。二是理顺生态环境管理体制。

我国的生态环境管理和保护，涉及中央与地方各层次、各部门，涉及发改委、自然资源、生态环境、农业、水利、林业、工商、税务、财政、民政等政府职能部门，形成了庞杂的制度体系，导致部门分割、多头管理、政出多门、相互推诿扯皮、效率低下等问题，因此，应加强促进绿色发展的总体设计，理顺生态环境管理体制，强化统一管理。三是建立和完善生态环境保护的市场制度。促进水权交易市场、排污权交易市场等产权市场的建立和发展，完善交易制度，激励企业为追求自身利益而节约资源、减少污染物排放，推动企业生产方式向绿色化转型。四是完善制度实施机制。制度是否有效取决于能否被执行。只有得到有效实施的制度才能约束和规范人的行为，否则，制度就是"一纸空文"。西部地区绿色发展的实现，需要完善的法律法规、管理体系，更需要强有力的制度实施机制。因此，应加强环境监管，强化排污者责任，建立严惩重罚等制度，确保法律法规得以落实。

（二）建立促进绿色发展的考核评价体系

地方政府在我国区域发展中起主导作用。改革开放以来，促进经济发展成为各地政府第一要务，为了调动地方政府发展经济的积极性，我国建立了官员晋升与 GDP 挂钩的考核和评价体系，形成"唯 GDP"论的政绩观。鉴于西部地区经济发展和生态环境之间的尖锐矛盾，地方政府官员往往选择以牺牲环境和资源为代价来提升西部地区经济增长速度，提升其竞争优势，以便能更快地实现晋升，导致各区域"为增长而竞争"。绿色发展强调人与自然和谐共生，要求协调经济社会发展和生态环境之间的关系，因此，必须摒弃传统的以牺牲生态环境为代价的粗放的经济发展模式，建立资源节约、环境友好的绿色发展模式。为此，必须转变"唯 GDP"论的政绩观，建立包括经济增长、社会发展及环境保护等内容的符合绿色发展的综合考核评价体系，使地方政府有追求绿色发展的积极性和主动性。具体而言，应结合我国主体功能区规划对不同区域的主体功能定位，确定考核目标和考核标准。对优化开发区域应强化转变经济发展方式方面的目标要求，主要从经济结构、资源消耗、环境保护、自主创新等方面进行评价。对重点开发区域应强化工业化城镇化方面的目标要求，同时结合经济增长、质量效益、资源消耗、环境保护等指标进行综合评价。对限制开发区域，如果是农产品主产区，则应强化农业发展的评价；如果是重点生态功能区则应强化生态环境保护的评价，弱化经济增长、工业化和城镇化水平的评价。对禁止开发区域，应主要从资源环境保护方面进行评价。

（三）提高西部地区民众的环境意识

人的意识决定人的行为，同样，人的环境意识决定其环境行为。环境意识是人们对环境和环境保护的认识水平和认识程度，包含两方面内容：一是环境价值观，即人们对环境的需要、目的和态度；二是人们保护环境的自觉程度。环境意识实质反映了人们对自身与环境关系的认识。作为一种非正式制度，环境意识是调节、引导和控制人们行为的内在因素。长期以来，人们都将自身置于自然生态系统之上，将资源环境视为满足自身需求的工具和手段，而没有认识到人是整个自然生态系统的一部分，自然生态系统的状况关乎人类自身的命运。由于受教育水平低、知识匮乏，加之自然条件恶劣、生存艰难，西部地区民众普遍缺乏环境意识，为满足自身需要而破坏生态环境的行为十分普遍。只有使西部地区的民众深刻理解和认识生态环境与自身生存的关系，认识到生态环境破坏对自身生存和发展的危害，才能使其自觉地维护和保护生态环境。不同于将经济社会与生态环境相对立的传统的发展理念，绿色发展以人与自然和谐为价值取向，强调经济、社会和生态环境的协调可持续发展。为此，应强化环境教育，通过宣传教育、公共参与等多种渠道提高民众的环境意识，培育保护生态环境的文化和社会氛围，促进民众节约资源、保护环境行为的养成，为西部地区推进绿色发展奠定基础。

（四）营造有利于创新的制度环境

无论是传统资源型产业的绿色升级，还是符合绿色发展的新兴产业的培育，都离不开技术进步。技术进步作为促进经济增长的因素，不仅能够促进经济增长，更重要的是能够提升经济增长效率，推动经济实现绿色发展转型。因此，政府应着力打造鼓励创新和技术进步的制度环境，为创新营造良好的氛围。一是要完善知识产权保护的法律法规，加大知识产权保护力度，激发和保护市场主体的创新热情和积极性。二是加大对教育和培训的投入，加强西部地区各类人才的培养培训，提升人力资本水平，为创新和技术进步提供人才保障。创新和技术进步首先依赖于人的素质的全面提升，西部地区由于经济发展落后，教育资源严重不足，居民受教育水平较低，人力资本匮乏制约创新和技术进步，因此，应加大对教育和培训的投入，提高西部地区人口的素质和提升人力资本水平。三是加大对优秀人才的吸引力度。西部地区由于经济发展落后，收入水平相对较低，缺乏对人才的吸引力。虽然西安、成都、重庆等西部中心城市高校集中，培养了大量人才，但由于西部地区缺乏吸引力，大量优秀人才外流，不利于西部地区创新和技术进步，因此，西部地区要加大优秀人才引进的力度，以创新能力的提升推动绿色发展。

（五）加大生态环境保护和建设的投入

一是加大对限制开发区域和禁止开发区域的财政支持力度，为当地居民提供均等化的基本公共服务。由于限制开发区域和禁止开发区域承担全国或区域性的生态功能，对于这些区域财政政策应加强对生态修复和环境保护的支持力度，引导超载人口逐步有序转移，同时加大基础设施建设，为移民提供均等化的公共服务。二是加大扶贫力度，通过精准扶贫，消除贫困。贫困既是生态环境脆弱的表现，又是生态环境恶化的推动力。因为贫困，基本的生存需要无法得到满足，人们对自然环境进行掠夺式开发和利用，从而加剧了资源枯竭和生态环境退化，而生态环境的恶化又会使人们更深地陷入贫困，形成恶性循环。① 因此，西部地区要走绿色发展道路，实现可持续发展，必须通过精准扶贫，消除贫困。三是加大对生态补偿的支持力度。西部地区作为我国的能源、原材料基地，为全国其他地区的发展提供物质支持，给生态环境造成很大压力；同时，作为生态功能区，又要为全国其他地区提供生态公共产品，为此，要牺牲一定的发展权使生态环境得到保护，因此从公平的角度而言，应加大西部地区生态补偿的支持力度，推动西部地区绿色发展。

---

① 何爱平：《区域经济可持续发展导论》，经济科学出版社，2005。

西部大开发20年西部地区统筹城乡发展的历史、现实与未来

吴丰华　李宇瑛[*]

摘　要： 西部大开发在2019年已经迎来第20个年头，缩小城乡发展差距、促进城乡发展一体化是西部大开发战略提出的初衷和目标之一。站在20年的历史节点上，有必要对西部大开发促进城乡发展的政策效应进行评估，并回答以下问题：西部大开发实施以来，西部城乡建设获得了怎样的发展和进步，西部城乡差距是否缩小、是否更加趋向城乡融合发展，在这20年间，我们对于促进西部城乡关系发展做对了什么，未来西部城乡发展又应该注意哪些问题？本文将在系统梳理西部大开发20年城乡发展历程、研判西部地区城乡发展态势、分析西部地区城乡关系发展未来重大关切的研究中，回答这些问题。

关键词： 西部大开发20年　西部地区　城乡关系　城乡融合

一　问题提出

城乡发展不协调从来都不是局部存在的区域性问题，也不是专属于哪个发展阶段的问题。无论是发达国家还是发展中国家，都多少会被城乡发展问题所困扰。我国城乡关系有着其特殊性，一方面它并不像传统二元经济结构理论中表述的，只存在一维的城乡二元经济结构，而是在城乡社会、城乡政治、城乡文化、城乡生态环境多个维度都表现出二元性；另一方面它还在不同区域表现为发展不平衡，西部地区城乡发展水平远远低于东部地区。2000年开始实施的西部大开发作为进入21世纪后我国第一项中央政府大区域开发战略，旨在"把东部沿海地区的剩余经济发展能力用于提

---

[*]　吴丰华，西北大学经济管理学院副教授，研究方向为城乡关系、中国特色社会主义政治经济学；李宇瑛，西北大学经济管理学院硕士研究生，研究方向为中国特色社会主义政治经济学。

高西部地区的经济和社会发展水平",减少区域发展差异,促进我国现代化发展进程。其目标之一就是促进西部统筹城乡发展、缩小西部城乡发展与东部的差距。可以说,统筹城乡发展是西部大开发题中应有之义,其对于西部大开发具有重要意义。罗超平等就明确指出:城乡关系的协调是西部大开发中极为重要的部分,西部大开发的成功关键取决于新型城镇化的辐射带动作用,取决于城乡一体化的推进程度。① 2019 年恰逢西部大开发20 周年,我们有必要深入研究 20 年西部地区城乡关系发展的历史,探讨西部大开发战略实施之后西部城乡关系的进展,评估西部大开发促进西部城乡关系进步的效果,并分析未来西部城乡关系发展应关注的重点问题。

二 文献综述

马克思根据资本主义生产充分发展后市场发展、分工深化的事实,并结合他对人类社会发展的考察,提出了人类城乡关系发展要经过城乡依存——城乡分离——城乡融合三个阶段,其中第三阶段不可能在资本主义制度下实现,只有在完成资本主义向社会主义的变革之后,才会出现。② 根据马克思的分析,并结合中国实际,我国大约在进入 21 世纪后,具备了城乡融合发展的基础。一方面,我国市场经济充分发展、分工不断深化、综合国力不断增强,具备了从城乡分离走向城乡融合发展的经济基础;另一方面,我国作为社会主义国家,具备实现城乡统筹、促进城乡融合的天然制度基础。依循这条研究思路,学者们围绕着我国统筹城乡发展、促进城乡融合发展进行了多方面理论研究,代表性文献还给出了统筹城乡发展的政策指向和路径。

城乡资源配置差距是造成我国城乡差距的重要原因,改善城乡资源配置是实现城乡统筹发展的主要措施。韩俊提出"统筹城乡发展、城市带动农村"的实质就是要处理好对农民的"取"与"予"的关系,改变农业和农村经济在资源配置与国民收入分配中的不利地位。③ 袁志刚、解栋栋从资源配置的角度提出统筹城乡发展就要消除阻碍要素流动的各种制度障碍,

---

① 罗超平、黄俊、张卫国:《西部大开发、城乡一体化与新型城镇化——"中国西部开发研究联合体第 10 届学术年会(2015)"综述》,《管理世界》2015 年第 8 期,第 166 ~ 169 页。

② 吴丰华:《中国近代以来城乡关系变迁轨迹与变迁机理(1840~2012)》,西北大学博士学位论文,2013。

③ 韩俊:《工业反哺农业城市支持农村》,《人民日报》2005 年 11 月 18 日。

改变当前扭曲的要素配置状态，建立统一协调的就业和社会保障制度和城乡土地制度。① 城乡制度和改革差异是造成我国城乡差距的又一重要原因。学者们分析了不同维度的制度因素。陈钊认为户籍制度是导致中国城乡发展中出现城市化滞后于工业化、城市内部二元分割以及城乡差距不断扩大的根源，反映出城乡政策制定中城市倾向的特征。这种扭曲的城市化过程在导致不良后果日益积累的同时，也使得从城乡分割到城乡融合的制度变迁成为可能。② 吴丰华、韩文龙在梳理改革开放以来中国城乡关系发展史的过程中，提出了"农村改革参与缺失"理论，以补充性解释改革开放后很长一段时间内城乡差距不断扩大的趋势。③

工业反哺农业、城市反哺农村是我国促进城乡统筹发展的重要措施。范毅从制度变迁的角度分析了"农业支持工业"与"工业反哺农业"的内在逻辑，认为要实现统筹城乡发展就必须坚持制度改革及大力推动制度创新。④ 马晓河等总结了典型国家和地区的反哺经验，提出了"工业反哺农业"随着工业化的进程可以划分为转折期和大规模反哺期。⑤ 洪银兴认为在农业哺育出非农产业后，才会提出反哺农业问题。反哺包括反哺收入和反哺要素两方面内容。政府实施反哺的主要途径是扩大公共财政在农村的覆盖面和增加农村公共产品的供给。⑥ 安同良在区分强制性反哺与自然反哺两种方式的基础上，从行为主体视角，构建了微观经济主体政府与工业企业之间互动的行为模型，对统筹城乡发展、工农业协调发展的机制与模式进行了考察。⑦

还有学者从系统视角出发，提出我国城乡二元结构是多维的，推进城乡统筹也要采取系统措施。任保平则注意到了目前推进"统筹城乡发展"战略的制约因素，提出在政策取向上需要调整国民经济关系格局、促进农

---

① 袁志刚、解栋栋：《统筹城乡发展：人力资本与土地资本的协调再配置》，《经济学家》2010年第8期。

② 陈钊：《中国城乡发展的政治经济学》，《南方经济》2011年第8期。

③ 吴丰华、韩文龙：《改革开放四十年的城乡关系：历史脉络、阶段特征和未来展望》，《学术月刊》2018年第4期。

④ 范毅：《"农业支持工业"到"统筹城乡发展"》，《中州学刊》2006年第3期。

⑤ 马晓河：《工业反哺农业的国际经验及我国的政策调整思路》，《管理世界》2005年第5期。

⑥ 洪银兴：《工业和城市反哺农业、农村的路径研究》，《经济研究》2007年第8期。

⑦ 安同良：《工业反哺农业的机制与模式：微观行为主体的视角》，《经济研究》2007年第7期。

业由辅助型农业向现代型农业转变、推进农业产业化经营和农业组织化。[①] 白永秀、王颂吉认为城乡二元结构源于自然经济与市场经济这两种经济形式的差别和对立，指出中国在经济、社会、政治、文化等四个方面都存在城乡二元结构。中国实现城乡发展一体化的根本路径是大力发展市场经济，具体路径是集中农村生产要素、发展农村现代产业和推进农村城镇化。[②] 进入新时代，习近平总书记在党的十九大上提出要实现城乡融合发展，我国政策话语最终转向了马克思所提出的"城乡融合"，学界也跟进开展了研究。高帆认为城乡融合发展不只服务于经济高速增长，其内涵和指向被拓展至更为广泛的领域。城乡融合发展意味着城乡要素流动性和再配置功能的增强，城乡产业多样化、空间交错性以及居民社会福利均等化程度的提高。[③]

当我国统筹城乡发展的问题与西部结合，学者们关注到了西部的特殊性和西部地区统筹城乡发展的模式。任保平、韩炜在西部地区工农关系和城乡关系评价的基础上，研究西部经济不发达地区统筹城乡发展的模式选择和路径选择。[④] 许鲜苗、宋福忠根据西部各省份的不同情况，分析提出了适合各省份不同情况的城乡发展模式。[⑤] 张晓雯、陈伯君关注到了统筹城乡发展的成都经验和模式。[⑥] 郭俊华、陈彼德以甘肃省为例研究了西部欠发达地区统筹城乡经济社会一体化的模式。[⑦] 周江燕等根据指标体系发现基于西部省域城乡发展一体化水平可以划分为四类地区，应从西部各省份的自然禀赋、经济实力、社会发展、生态承载力等实际出发，分类指导推进西部城乡发展一体化。[⑧]

---

① 任保平：《工业反哺农业：我国工业化中期阶段的发展战略转型及其政策取向》，《西北大学学报》2005年第4期。

② 白永秀、王颂吉：《城乡发展一体化的实质及其实现路径》，《复旦学报（社会科学版）》2013年第4期。

③ 高帆：《中国新阶段城乡融合发展的内涵及其政策含义》，《广西财经学院学报》2019年第1期。

④ 任保平、韩炜：《西部地区统筹城乡发展：态势、模式和路径选择》，《财经科学》2008年第10期。

⑤ 许鲜苗、宋福忠：《西部地区统筹城乡发展的模式选择》，《中央民族大学学报（哲学社会科学版）》2010年第1期。

⑥ 张晓雯、陈伯君：《统筹城乡发展：国外经验借鉴及启示——以成都试验区建设为例》，《财经科学》2010年第3期。

⑦ 郭俊华、陈彼德：《西部欠发达地区统筹城乡经济社会一体化的经验模式分析——以甘肃省为例》，《兰州大学学报（社会科学版）》2014年第5期。

⑧ 周江燕、白永秀、王舒傲：《西部地区城乡发展一体化水平：状态判断与类型划分》，《人文杂志》2014年第12期，第43~50页。

当问题聚焦到西部大开发视域下的西部城乡发展，近几年的重点文献主要考察了西部大开发在促进城乡发展方面的政策效果。温涛等关注到了西部地区金融发展和人力资本投入对缩小城乡收入差距的作用。来自西部 40 个区县 2001~2011 年的面板数据显示，金融发展水平的提升和人力资本投入的增加均有利于缩小城乡收入差距，但同时也存在明显的区域性差异。① 胡晶晶、黄浩发现快速的城市化进程和推进城市化的政策并不利于缩小西部地区的城乡差距，但财政政策城市偏向程度的弱化对平抑西部地区的城乡差距起到了积极作用，而在东、中部地区则相反。② 但是也有文献给出了反面证据。邵传林评估了西部大开发战略实施迄今对西部地区城乡收入差距的影响。结果表明，与东部及中部各省市相比，西部大开发战略使西部各省份城乡收入差距的水平值相对于样本均值增加了 5.7 个~8.5 个百分点。③ 张煌强、刘结玲发现西部地区城乡一体化水平与商业融合发展程度普遍相对较低，不仅缺少两者优质融合的省份，还出现了部分省份两者不融合的情况。④ 出现这种情况可能是因为西部地区发展起步晚，城乡问题存在独特性，有些问题可能需要西部大开发深入推进才能解决。

三 西部大开发 20 年来西部城乡关系发展的历程

改革开放以后，虽然伴随着我国经济社会的整体进步，西部地区也有了很大发展，但是由于交通、地理、经济基础等各方面制约，西部地区发展相对滞后，城乡发展问题尤为突出，严重制约着我国现代化进程。针对这种不平衡的发展，国家在 1999 年 9 月正式提出"西部大开发战略"，并于 2000 年成立西部地区开发领导小组，将陕西省、四川省、重庆市等西部十二个省份列入"西部大开发"战略范畴，旨在提高西部地区的综合发展水平，缩小地区间差异。当聚焦于本文所关注的城乡发展问题时，我们首先想知道，西部大开发在城乡关系的协调方面究竟起了什么作用？为了回答这个问题，我们将回顾西部大开发 20 年西部城乡关系发展的历程。西部

---

① 温涛、王小华、董文杰：《金融发展、人力资本投入与缩小城乡收入差距——基于中国西部地区 40 个区县的经验研究》，《吉林大学社会科学学报》2014 年第 2 期。

② 胡晶晶、黄浩：《二元经济结构、政府政策与城乡居民收入差距——基于中国东、中、西部地区省级面板数据的经验分析》，《财贸经济》2013 年第 4 期。

③ 邵传林：《西部大开发战略对城乡收入差距的影响评估——基于双重差分模型的实证研究》，《现代财经》2014 年第 8 期。

④ 张煌强、刘结玲：《西部地区城乡一体化水平与商业融合发展程度评价研究》，《广西社会科学》2016 年第 5 期，第 79~83 页。

大开发之后西部地区的城乡关系发展大致分为三个阶段：第一阶段，2000~2007 年，从西部大开发战略实施到党的十七大提出"城乡经济社会一体化"，是实施西部大开发战略以来西部城乡关系的初步探索阶段；第二阶段，2007~2012 年，从党的十七大到党的十八大的五年，是西部城乡关系全面建设阶段；第三阶段，2012 年至今，是新时代下西部地区城乡融合发展的新阶段。

（一）第一阶段（2000~2007 年）：西部城乡关系初步发展阶段

2000 年西部大开发战略实施后，就提出多项促进城乡发展的建议。2002 年党的十六大首次提出了"统筹城乡经济社会发展"。同年，酝酿已久的《"十五"西部开发总体规划》正式发布，除了明确"十五"期间西部开发的主要任务以外，还明确指出在城乡协调发展方面，要选择现有经济基础条件较好、区位优势明显、人口较为密集、沿交通干线和城市枢纽的一些地区，作为开发重点区域。依托交通干线，尽力发挥中心城市的集聚和辐射作用，利用中心经济区带动周边地区和乡村发展，提高城镇化水平。① 虽然彼时"以工促农以城带乡"的说法还未正式提出，但是利用城镇发展带动乡村进步的思路已经逐渐形成。2003 年，党的十六届三中全会提出了"以人为本，全面、协调、可持续"的科学发展观，为城乡关系的发展进一步指明了前进方向。会议同时提出将"五个统筹"② 确定为落实科学发展观的主要措施，其中统筹城乡发展更是被列于"五个统筹"之首，其重要性可见一斑。我国此时正式步入统筹城乡发展的阶段，西部也进入"统筹城乡发展"的新阶段。

处理好工业与农业的关系是统筹城乡发展的关键问题，胡锦涛在 2004 年党的十六届四中全会上提出了"两个趋向"的重要论断——"纵观一些工业化国家发展的历程，在工业化初始阶段，农业支持工业、为工业提供积累是带有普遍性的趋向；但在工业化达到相当程度以后，工业反哺农业、城市支持乡村，实现工业与农村协调发展，也是带有普遍性的趋向。"③ 同年召开的中央经济工作会议正式指出"我国总体上已进入以工促农、以城带乡的发展阶段"。两个趋向的重要论断为我国和西部发展城乡关系提供了新思路。2006 年农业税的全面废止正是我国践行"两个趋向"、落实

---

① 《"十五"西部开发总体规划》，2002 年 2 月 25 日。
② "五个统筹"，即"统筹城乡发展、统筹区域发展、统筹经济社会发展、统筹人与自然和谐发展、统筹国内发展和对外开放"。
③ 《十六大以来重要文献选编（中册）》，中央文献出版社，2006，第 311 页。

"工业反哺农业、城市支持乡村"的具体措施。

然而只依靠工业和城市的反哺农业和农村是无法获得足够的发展动力的，农业和乡村也得提升综合能力，使工业和城市的带动效用最大化。因此，聚焦农村发展的"社会主义新农村"建设应运而生。不同于"两个反哺"对于工业及城市扶持带动作用的强调，社会主义新农村建设要求农村从内部激发自身潜力，更好地与"两个反哺"结合，实现整体更好更快发展。《西部大开发"十一五"规划》也强调了西部地区建设社会主义新农村的重要性，并指出了实施过程中应该注意的方面：第一，提高西部农业综合生产能力，积极调整农业结构，加快推进农产品市场建设；第二，改善西部农村生产生活条件，在饮水安全、道路建设、通信及网络等方面进行完善；第三，千方百计增加西部农民收入，完善惠农政策，推动用于"三农"的财政资金逐年增长，拓展农业增收渠道，通过推进农村二、三产业的发展以及劳动力的流动，增加非农产业收入，统筹城乡社会养老保险制度的建设；第四，加大西部扶贫开发力度，缩小贫富差距。①

在"两个反哺"及"建设社会主义新农村"方针的指导下，西部实施了促进城乡发展的大量具体措施。在国家层面，2007 年 6 月，国家发展改革委批复将重庆市和成都市设立为国家级城乡综合配套改革试验区。这两个城市开始在重点领域和关键环节率先突破，抓紧形成适应统筹城乡发展的新机制，发挥更重要的示范和带动作用。同时，国家实施了主要面向西部地区的"国家贫困地区义务教育工程"。在地方层面，各省份也在加大对城乡统筹和新农村建设的力度。陕西投资 7.5 亿元，打造农村基层人才七大工程②；西藏 27.48 万户农牧民受益于新高原安居工程，住上了安全舒适的房屋③；贵州投资近 100 亿元对乡村建设进行提升改造，建油路 1 万公里，建通村公路 3 万多公里。④

（二）第二阶段（2007~2012 年）：西部城乡关系全面建设阶段

"两个趋向"的重要论断不仅助力"两个反哺"发展方针的确立，也促进了城乡关系发展的"城乡经济社会一体化"新目标的形成。2007 年 10

---

① 《西部大开发"十一五"规划》，《西部大开发》2007 年第 4 期，第 13~27 页。
② 《陕西省"十一五"投资 7.5 亿打造农村人才七大工程》，《陕西统计与社会》2006 年第 3 期，第 11 页。
③ 杨念黎：《西藏实施安居工程 230 万农牧民圆了"新房梦"》，《西藏日报》2014 年 12 月 16 日。
④ http：//www.chinahighway.com/news/2006/129467.php.

月，党的十七大在强调"建立以工促农、以城带乡的长效机制"的同时，进一步提出了"形成城乡经济社会发展一体化新格局"的目标，这是党和国家针对统筹城乡发展提出的新方针。党的十七届三中全会进一步指出："中国总体上已经进入加快改造传统农业，走中国特色社会主义现代化道路的关键时刻，进入了着力破除城乡二元结构、形成城乡经济社会发展一体化新格局的重要时期"。① 城乡经济社会一体化新格局体现在对六个方面一体化的要求：城乡发展规划一体化，为了更好地促进双方衔接，应该将城市和农村视为一个整体进行规划，从规划安排上消除分割；城乡产业发展一体化，重点是减少城乡间要素流动的障碍，为三大产业的均衡发展提供基础；城乡基础设施建设一体化，要求将城乡融合纳入基础设施建设的各个环节，努力实现"城乡共建、城乡联网、城乡共享"②；城乡公共服务一体化，主要是通过完善城乡支出的公共财政体制，加大农村建设投入力度，缩小城乡公共服务差距；城乡就业市场一体化，重点构建自由流动的城乡劳动力要素市场，从根本上为乡村发展注入人力资源动力；城乡社会管理一体化，重点是统筹政府的城乡事务管理体系，从社会治理层面推进城乡融合。城乡经济社会一体化指明了我国城乡关系发展的新目标。

2012年2月，国务院批复的《西部大开发"十二五"规划》又对西部地区城乡发展提出了更高更具体的要求，其中着重强调了加强城镇化与城乡统筹的重要性。③ 虽然从十七大的"城乡经济社会一体化"到十八大召开只有短短五年的时间，但是西部地区的城乡发展在这个阶段找到了新的突破口，通过"新农村建设""以工促农、以城带乡""建设西部地区城乡经济社会一体化新格局"等一系列举措，释放了西部地区农村发展潜力，西部城乡发展一体化新格局初步形成。

（三）第三阶段（2012年至今）：新时代西部城乡融合发展新阶段

2012年11月党的十八大召开之后，我国进入社会主义新时代。十八届三中全会进一步提出要在2020年全面建成小康社会，在进入新时代和全面建成小康社会的背景下，促进西部城乡融合发展成为更加迫切的议题。

① 《中共中央关于推进农村改革发展若干重大问题的决定》，新华网，2008年10月19日。
② 《城乡统筹 和谐一体》，中国共产党新闻网，2008年10月1日。
③ 国家发展和改革委员会：《西部大开发"十二五"规划》，《经济日报》2012年2月21日。

十八大报告提出：要"加快完善城乡发展一体化体制机制，促进城乡要素平等交换和公共资源均衡配置，形成以工促农、以城带乡、工农互惠、城乡一体的新型工农、城乡关系"①。西部大开发"十二五"规划配合十八大的战略部署，采取了一系列城乡融合发展新战略。这期间，国家大力支持成渝、关中—天水、北部湾等重点经济区、城市群发展，先后批复了甘肃兰州、陕西西咸、贵州贵安、四川天府等一批国家级新区以及宁夏、贵州内陆开放型经济试验区，为西部进一步"以工促农以城带乡"构筑了基础。

2016 年，国务院审议通过的《西部大开发"十三五"规划》顺应新时代新要求，其所提出的五大发展理念成为城乡全面健康发展的可行路径：创新是引领城乡发展的第一动力；协调是统筹推进城乡协调发展；绿色是促进城乡环境保护和资源循环永续利用；开放是促进城乡市场互相开放、要素双向流动，让农村也有机会更多地参与国际分工、融入国际市场；共享是使城乡贫困群体在城乡融合发展中持续受益。② 2017 年 10 月，习近平总书记在十九大报告中提出要"按照产业兴旺、生态宜居、乡风文明、治理有效、生活富裕的总要求，建立健全城乡融合发展体制机制和政策体系，加快推进农业农村现代化"③，并提出了全新的"乡村振兴战略"作为推进城乡融合发展的新战略。

2018 年 9 月，《国家乡村振兴战略规划（2018～2022）》正式发布。由此，我国统筹城乡发展进入实施"乡村振兴战略"、促进城乡融合发展的"新时代"。该《规划》要求，2018～2022 年这 5 年，既要在农村实现全面小康，又要为基本实现农业农村现代化开好局、起好步、打好基础。联系具体时点和阶段任务，该《规划》提出，到 2020 年，乡村振兴的制度框架和政策体系基本形成，各地区各部门乡村振兴的思路举措得以确立，全面建成小康社会的目标如期实现；到 2022 年，乡村振兴的制度框架和政策体系初步健全；探索形成一批各具特色的乡村振兴模式和经验，乡村振兴取得阶段性成果；到 2035 年，乡村振兴取得决定性进展，农业农村现代化基

① 胡锦涛：《坚定不移沿着中国特色社会主义道路前进 为全面建成小社会而奋斗——在中国共产党第十八次全国代表大会上的报告》，《人民日报》2012 年 11 月 9 日。
② 吴丰华、韩文龙：《改革开放四十年的城乡关系：历史脉络、阶段特征和未来展望》，《学术月刊》2018 年第 4 期。
③ 习近平：《决胜全面建成小康社会 夺取新时代中国特色社会主义伟大胜利》，新华网，2017 年 10 月 18 日。

本实现；到 2050 年，乡村全面振兴，农业强、农村美、农民富全面实现。①

在新时代一系列促进城乡融合发展的政策措施下，西部地区城乡经济社会快速发展，城乡关系改善迅速。西部地区的城镇和农村居民收入年均增速分别为 10.5% 和 11.2%，高于全国 0.2 个和 1.0 个百分点。基础建设投资增速较快，占全国基础建设投资的比重在 2018 年达到新高，为 34.8%。各省份的城镇化率与西部大开发实施前相比，平均上升了 20 个百分点。2017 年，西部地区新疆、青海、陕西、重庆等地的互联网普及率达到 53%，超过了全国平均水平。②

四 分离还是融合？
——西部大开发 20 年西部城乡统筹发展的经验证据

在系统梳理西部大开发 20 年西部城乡关系发展的历程后，我们需要进一步考察西部城乡关系发展的效果。西部地区城乡分离的态势是否得到抑制？城乡关系是否如愿向逐渐融合发展？为了回答这些问题，笔者收集了 2000～2017 年西部地区 12 个省份的城乡发展相关数据进行统计性描述，用以刻画实施西部大开发战略以后西部地区城乡关系发展的趋势。

对于应该从哪些方面考察西部地区城乡关系发展的状况，本文综合考虑了以下因素：城乡发展情况与总体经济增长是息息相关的，只有总体经济向好，城镇和农村才有进一步发展的基础，因此城乡经济增长是本文首要考察的。在此基础上，人民的收入和消费等生活水平指标最能体现出城乡生活的差异，因此将人民生活水平纳入考察是必不可少的。此外，基础设施为发展提供了最基础的条件，基础设施建设也一直是西部大开发的重要任务，因此城乡基础设施也要纳入考察。另外，城乡公共服务支出是考察政府对城乡发展关注度的重要指标。综上所述，本节将从城乡经济增长、人民生活水平、城乡基础设施、城乡公共服务等四个方面对西部大开发以来西部各省份的城乡发展情况进行分析。

（一）数据来源及指标说明

本节所用数据均来源于国家统计局《中国统计年鉴》（2001～2018），

---

① 《习近平总书记系列重要讲话读本》，学习出版社、人民出版社，2014，第 68 页。
② 数据来自中国经济与社会发展统计数据库。

以及西部各个省份2001~2018年的统计年鉴。基于上文所给出的四个方面，在此对下文分析所采用的指标进行具体说明。

第一，城乡经济增长方面。这部分包含了五项指标，主要从各省份的综合实力入手，考察其城乡发展基础状况，以评估西部大开发以后各省份城乡协调发展的成果。一是各省份GDP占全国的比重，据此得到西部大开发以后各省份的经济发展的走向及实力。二是人均GDP，通过观察西部大开发以后各省份人均生产总值的变化，考察城乡人民的综合生活水平。三是GDP增速，这一指标可以体现各省份在西部大开发战略推动下总体生产力的变化。四是城市化率，该指标由各省份年末常住城镇人口与全省常住人口之比计算，这个指标部分反映了劳动力从农村向城市流动的情况，体现了城乡空间一体化水平。五是非农与农业产业产值比，由非农产业产值/农业产值（农林牧渔总产值）得到，衡量了西部各省份的产业转型和城乡产业一体化情况。

第二，城乡人民生活水平变化方面。本文选取了城乡居民人均收入比及人均消费比进行考察。其中人均收入采用人均可支配收入，人均消费为人均消费性支出。这两项指标的比值越大，说明城乡人均收入或消费差距越大，反之则说明城乡人均收入或消费差距较小。

第三，城乡基础设施方面，本文选取了城乡人均固定资产投资比以及交通网密度两个指标，观察西部各省份在为城乡发展提供硬件条件的基础设施方面是否取得进步。交通网密度由省份道路总长度（公里）/省份总面积（百平方公里）得到。城乡人均固定资产投资比考察了城乡居民在固定资产投资方面人均拥有量的差距，笔者的关注点在于这个差距是否随着西部大开发战略的推进而逐步缩小。

第四，城乡公共服务方面采纳的指标是城乡公共财政支出规模，根据各省份一般公共预算财政支出中用于城乡社区事务财政支出的比例计算得到。值得注意的是，我国的财政收支科目在2007年实施了较大改革，一般公共预算财政支出的分类中多出了用于城乡社区事务的财政支出专项，包括城乡社区事务、规划与管理、公共设施、住宅、环境卫生等方面的支出。因此笔者依据这项指标，从2007年开始衡量各省份的城乡公共服务水平。

（二）统计性描述

综合上文分析，本文接下来从以上四个方面对西部地区的城乡发展情况进行分析。

1. 西部城乡经济增长

首先考察 2000 年以来西部地区各省份的 GDP 增速。数据显示在 2000～2017年，西部 12 个省份的 GDP 都处在不断上升的态势。其中，内蒙古的 GDP 增速波动幅度较大，在 2004～2007 年增幅达到 20% 左右的水平，随后又大幅下降，其余各省份都呈现小幅逐步变动，具体表现为先稳步上升后又稳步下降，发展趋势较为统一。经计算，西部各省份在 2000～2017 年的平均 GDP 增速稳定在 11% 左右，这说明在西部大开发的支持下，西部地区各省份表现出了不错的发展潜力，呈现出向好的发展态势。具体数据如表 1 所示。

表 1　2000～2017 年西部各省份 GDP 增长率

单位:%

年份	陕西	四川	云南	贵州	广西	甘肃	青海	宁夏	新疆	西藏	内蒙古	重庆
2000	9.00	9.30	7.50	8.70	7.90	9.70	8.94	9.80	8.70	10.40	10.80	8.70
2001	9.10	9.20	6.80	8.80	8.30	9.76	11.71	10.10	8.60	12.70	10.60	9.20
2002	9.70	10.60	9.00	9.10	10.60	9.86	12.08	10.20	8.20	12.90	13.20	10.50
2003	10.90	11.80	8.80	10.10	10.20	10.74	11.86	12.20	11.20	12.00	17.60	11.70
2004	12.90	12.70	11.30	11.40	11.80	11.51	12.27	11.00	11.40	12.20	20.90	12.40
2005	12.60	12.61	9.01	11.60	13.20	11.84	12.20	10.30	10.90	12.25	23.80	11.70
2006	12.70	13.50	11.90	11.60	13.60	11.51	13.26	12.70	11.00	13.40	19.10	12.40
2007	14.60	14.20	12.20	13.70	15.10	12.30	13.47	12.40	12.20	14.00	19.20	15.90
2008	15.60	9.50	10.60	10.20	12.80	10.14	13.53	12.20	11.00	10.10	17.80	14.50
2009	13.60	14.50	12.10	11.40	13.90	10.30	10.14	11.60	8.10	12.40	16.90	14.90
2010	14.50	15.10	12.30	12.80	14.20	11.78	15.33	13.40	10.60	12.30	15.00	17.10
2011	13.90	15.00	13.70	15.00	12.30	12.52	13.45	12.00	12.00	12.70	14.30	16.40
2012	12.90	12.60	13.00	13.60	11.30	12.56	12.25	11.50	12.00	11.80	11.50	13.60
2013	11.00	10.00	12.10	12.50	10.20	10.76	10.84	9.90	11.00	12.10	9.00	12.30
2014	9.70	8.50	8.10	10.80	8.50	8.89	9.20	8.00	10.00	10.80	7.80	10.90
2015	8.00	7.90	8.70	10.70	8.08	8.20	8.20	8.00	8.80	11.00	7.70	11.00
2016	7.60	7.70	8.70	10.50	7.30	7.60	8.00	8.10	7.60	10.00	7.20	10.70
2017	8.00	8.10	9.50	10.20	7.30	3.60	7.30	7.80	7.60	10.00	4.00	9.30

资料来源：中国经济与社会发展统计数据库。

进一步考察西部各省份 GDP 在全国 GDP 中占比的变化（见图1），可以发现西部各省份 GDP 占全国 GDP 的比重没有太大的起伏，基本表现出稳步并小幅上升的态势。四川 GDP 占全国 GDP 的比重始终最为突出，在

2017 年达到接近 4.5% 的水平，在西部省份中始终位列第一。其次，陕西、
贵州以及重庆的 GDP 占全国 GDP 的比重上升相对显著，从 2000 年至 2017
年上升的绝对幅度分别为 0.85 个、0.61 个和 0.57 个百分点。但是，云南、
甘肃以及新疆的 GDP 对全国的贡献率反而出现了负向增长的趋势。以西部
为整体来观察，西部地区的 GDP 总量占全国比重呈现缓慢上升的趋势，由
2000 年的 17.23% 上升为 2017 年的 20.67%，近些年基本稳定在 20% 的水
平。西部虽然与东部及中部的贡献水平相差较大，但从历史进程来看，已
经达到其自身发展较高的水平并表现出向好的趋势。

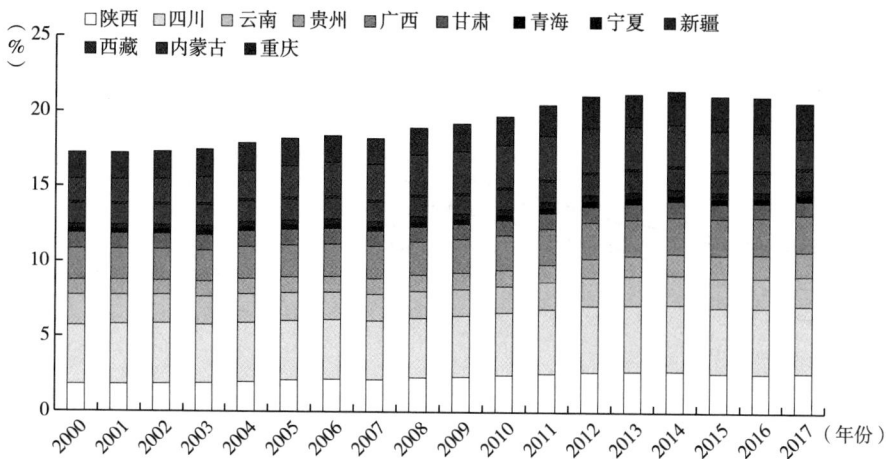

图 1　2000～2017 年西部各省份 GDP 占全国 GDP 比重
资料来源：国家统计局数据。

　　结合各省份的人均 GDP 指标可以看出，西部地区各省的人均 GDP
与其 2000 年的水平相比，得到了大幅提升，西部人均 GDP 由 2000 年的
5100 元上升至 2017 年的 46054 元，名义增长近 8 倍。在 2017 年，西部人
均 GDP 最高的省份为内蒙古，达到了人均 6 万元以上，其后依次为重庆、
陕西及宁夏，人均 GDP 都在 5 万元以上。但也要看到不足，相比于全国人
均 GDP 59000 多元，西部省份只有内蒙古达到了全国平均水平。可见西部
大开发以来，西部地区的经济呈现出较好的发展趋势，城乡百姓生活水平
也在不断提升。本文将进一步对能够体现城乡差距的指标进行分析。

　　考察 12 个省份在西部大开发战略实施以后城市化的发展进程。从总体
趋势来观察，不难看出 12 个省份的城镇化率呈现持续上升的明显趋势，说
明城乡之间的人口流动较为顺畅，更多西部农村百姓进入城市，也有可能
享受到更好的城市生活。从分省份情况来观察，2017 年，重庆和内蒙古的
城镇化率都达到了 60% 以上，分别为 64% 和 62%，超过了同期 58.52% 的

全国平均水平。陕西、宁夏、青海、四川的城镇化率都在 2017 年达到了
50% 以上，城镇化水平较高。相比之下，西藏、贵州的城镇化水平较低。
其余省份的城镇化率在 2017 年达到了 45% ~ 50%。从城镇化率的演进来
看，西部各省份的城镇化水平都在西部大开发以后得到了大幅提升，从
2000 年至 2017 年，城镇化率平均提高了 20 个百分点左右。其中，重庆的
进步最大，由 2000 年的 35.6% 上升至 2017 年的 64.1%，提升幅度为 28.5
个百分点；西藏上升幅度较小，上升了 11.6 个百分点（见图 2）。

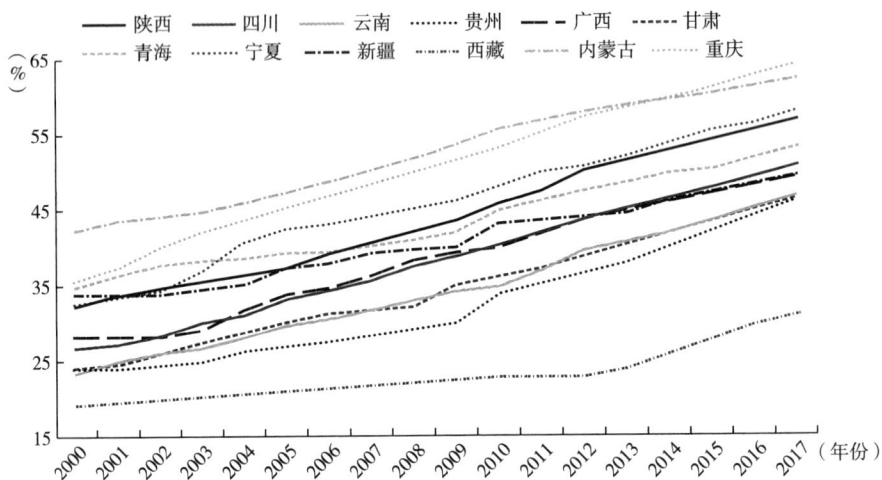

图 2　2000 ~ 2017 年西部各省份城镇化率

资料来源：国家统计局及各省份统计年鉴。

　　为了更加确切地刻画西部地区城乡关系的走向，笔者进一步对各省份
非农产业及农业产值进行分析（见图 3）。总体上看，在 2000 ~ 2017 年，
西部各省份的非农产业与农业产值比都呈现不断上升的趋势。相对来看，
重庆的表现最为突出，历年基本保持领先地位，2017 年，重庆非农业产值
达到了农产业产值的 8 倍以上，这与重庆被列为国家统筹城乡发展试验区
不无关系。变化最大的是西藏，其 2017 年的非农产业与农业产值比是 2000
年的 4.9 倍，而其他省份这一变化幅度基本为 2 倍左右。可见在西部大开
发战略实施以后，原本闭塞落后的西藏开始加速发展，产业结构发生了很
大变化。这项指标的不断上升不仅说明西部非农产业产值的比例在不断上
升，也从侧面反映了很多内容。一方面，这符合城镇化水平不断提高的走
向，随着城镇人口越来越多，非农产业产值比例上升是必然的；另一方面，
也说明西部各省份的非农产业越来越重要，西部地区逐渐走上了新型工业
化道路，产业结构不断升级。这些特征都符合我们对西部城乡发展的期待。

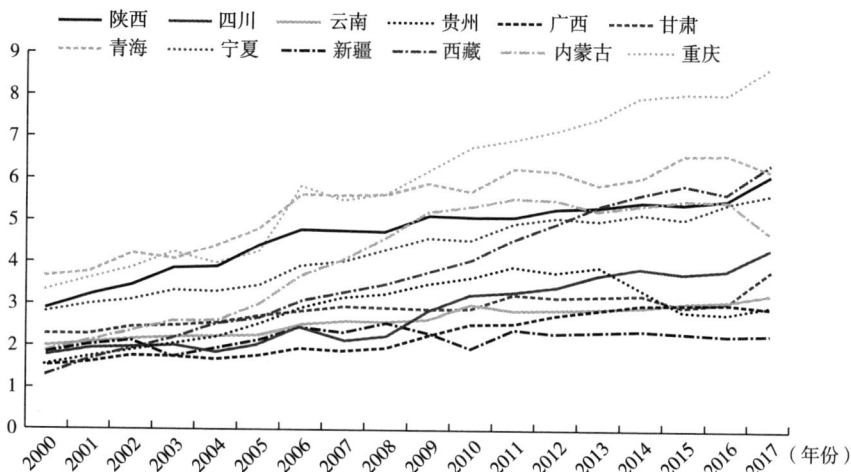

图3　2000～2017年西部各省份非农产业与农业产值比

资料来源：国家统计局、中国经济与社会发展统计数据库。

说明：从2011年起，城镇固定资产投资数据发布口径改为固定资产投资（不含农户），固定资产投资（不含农户）等于原口径的城镇固定资产投资加上农村企事业组织的项目投资。

2. 西部城乡人民生活

首先分析西部地区城乡居民收入比。如图4所示，西部大开发实施后，西部各省份的城乡人均收入比呈现总体下降的趋势。其中变化最突出的是西藏，城乡人均收入比由2000年接近6倍缩小至2017年的低于3倍。需要注意的是，不论是城镇还是乡村，人均可支配收入和人均消费支出的绝对额都逐年上升，这更凸显了西部大开发对缩小城乡收入差距的巨大作用。从演变过程来看，大部分西部省份城乡人均收入比都呈现先上升，2007年之后又缓慢下降的趋势。除甘肃最终水平与2000年相差不大外，其他省份2017年的城乡收入比都低于2000年的水平。这一指标在西部大部分省份呈现先上升后下降的趋势，恰好体现了西部地区城乡关系的特殊性，因为发展起点低、起步晚，随着西部大开发之后分工的深化和工业化的快速发展，西部城乡居民收入比开始增大；得益于2007年党的十七大强调全面贯彻落实"以工业反哺农业，以城市带动乡村"，这一比值开始下降，且下降趋势得到了保持。

进一步分析西部各省份城乡人均消费比的情况。通过图5可以看出，西部大开发以后，西部各省份的城乡人均消费比波动较大，与城乡人均收入比相比并不稳定。该趋势在2007年以后得到扭转，这一比值在各省份都开始出现明显下降，与城乡人均收入比具有相同的特征。虽然经过了波动，但考察2017年的数据，可以发现各省份的城乡消费比整体趋势是下降的，

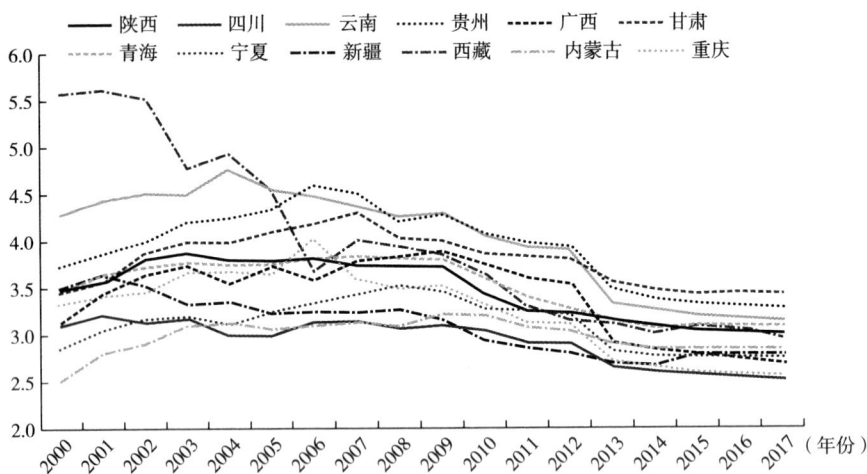

图4 2000～2017年西部地区城乡居民人均收入比

资料来源：国家统计局、各省份统计年鉴。

但城镇居民的人均消费依然是农村居民消费的两倍左右，说明西部大开发以来，西部地区城乡消费差距确实在缩小，但仍存在进一步缩小的空间。

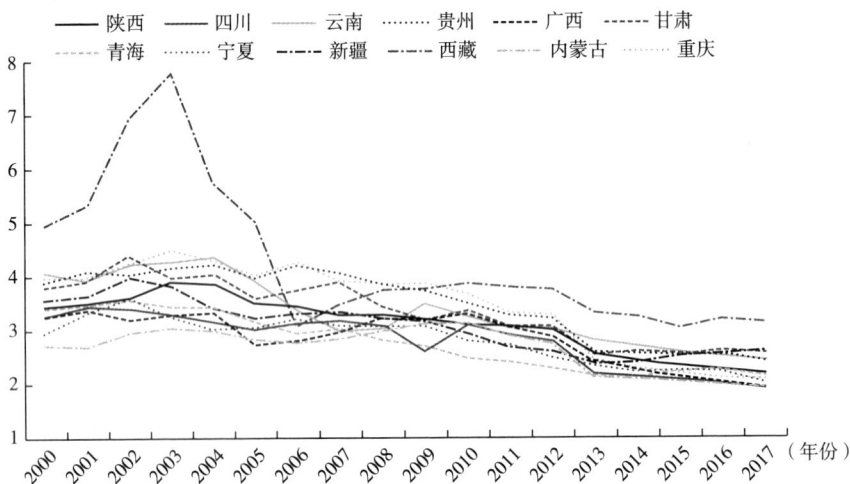

图5 2000～2017年西部地区城乡居民人均消费比

资料来源：中国经济与社会发展统计数据库、各省份统计年鉴。

综合城乡居民的收入和消费变化来看，西部大开发后，城乡居民的收入及消费差距虽然有过变化，但最终呈现出逐步缩小的趋向。这一过程验证了马克思关于城乡理论的分析，即先分离后融合，也体现了我国西部大开发战略的成功实施，有效推进了西部地区城乡融合。

3. 西部城乡基础设施

本文对城乡基础设施均等化的分析主要依据城乡人均固定资产投资比和交通网密度两个指标。由于西藏数据缺失严重，本部分将舍去对西藏数据的分析。西部 11 个省份的城乡人均固定资产投资比见图 6。

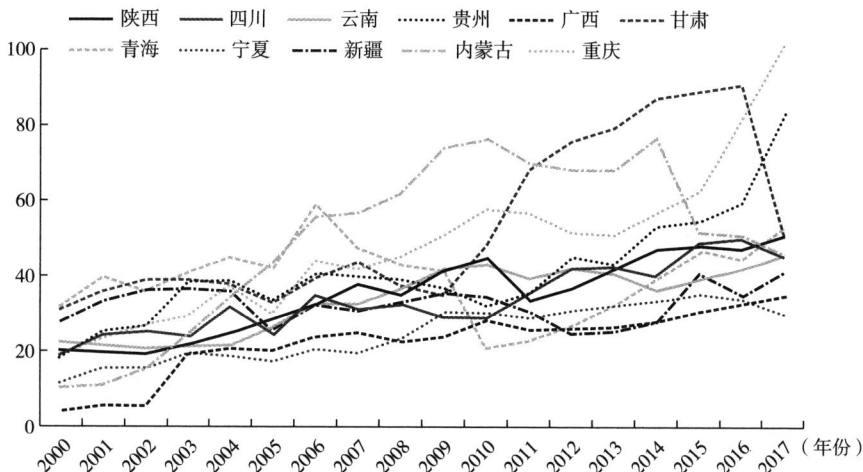

图 6　2000～2017 年西部地区城乡居民人均固定资产投资比
资料来源：国家统计局、中国经济与社会发展统计数据库、各省份统计年鉴。

2000～2017 年，西部各省份的城乡人均固定资产投资比的变化波动较大，但是综观整体变化，各省份的这一比值均在波动中上升，说明在西部大开发的过程中，西部各省份城镇人均固定资产投资与农村人均固定资产投资之间的差距在逐步扩大。观察 2017 年的数据，重庆和贵州的这一比值分别为100∶1 和 83∶1。另外，甘肃、内蒙古、重庆、青海以及贵州几个地区的比值波动非常大。结合数据来看，虽然西部各省份城乡人均固定资产投资都在上升，但是城镇的人均固定资产投资上升幅度更大。这种不协调的发展并非无理可循。随着西部农村人口的不断流出、城镇人口的不断扩张以及城镇化水平的不断提高，城镇人均固定资产投资的增速自然会高于农村。

当然很多学者都提出并证实的中国"城市投资偏向"，也确实在一定程度上拉大了城乡基础设施投资的差距。这一差距的过度拉大会限制城乡最终实现融合，应当引起重视。

衡量城乡基础设施的另一个重要指标为交通网密度。交通道路的建设一直都是促进西部地区发展的重要力量，其能发挥促进城乡要素流动的重要作用。通过区域内道路总里程数除以区域总面积，本研究得到了西部各省份的平均交通网密度，如图 7 所示。

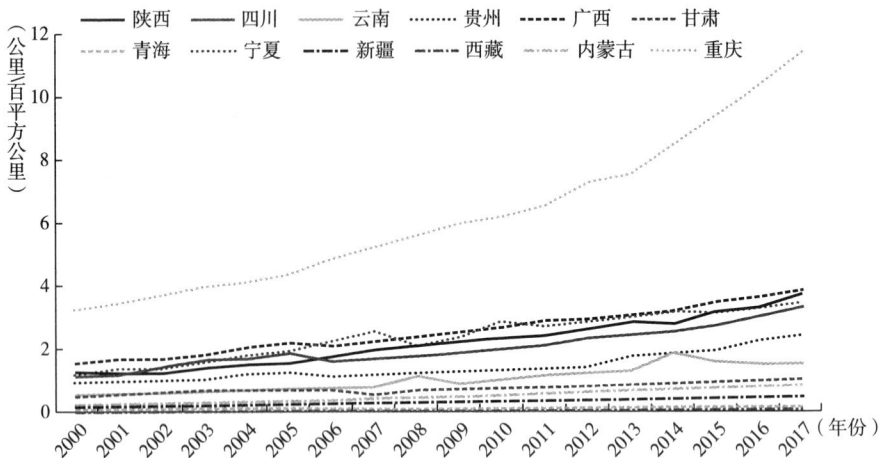

图7 2000~2017年西部地区各省份道路网密度

资料来源：西部各省份统计年鉴。

可以看出，西部大开发以来，西部各省份交通网的密度都在逐年上升，说明西部各省份对在基础设施建设方面给予了足够的重视，为城乡发展提供了良好的基础。其中重庆市无论是各年交通网密度的绝对值还是上升幅度都远远高于和大于其他地区，从2000年的3.3公里/百平方公里上升至2017年的11.4公里/百平方公里，密度提高了近三倍。相比之下，西藏、青海、新疆以及内蒙古的交通网密度相对较低。当然，这些省份面积相对更大，也客观导致其交通网密度较低。

4. 西部城乡公共服务

本研究采用一般公共预算财政支出中用于城乡社区事务的支出比例，来评估西部各省份在城乡公共服务方面所做的努力。城乡社区事务的财政支出包括城乡方面的社区事务、规划与管理、公共设施、住宅、环境卫生、市场管理与监督等方面的支出。由于从2007年开始，统计财政支出的"一般公共预算财政支出"下才有了"用于城乡社区事务服务支出"这一细分项，本文将只对2007年以后的西部各省份城乡公共服务水平进行评估（见图8）。

可以看出，西部大部分省份用于城乡社区事务的财政支出占一般公共预算财政支出的比例不稳定，存在不小的波动，各省份变化趋势不太一致。但是对比2017年与2007年的数据，并结合总体走势可以看出，除个别省份以外，大部省份在城乡社区事务上的支出都呈现上升趋势。其中重庆、宁夏对于城乡社区事务的财政支出规模相对更大，而且始终处于领跑位置。2017年，重庆用于城乡社区事务的财政支出占一般公共

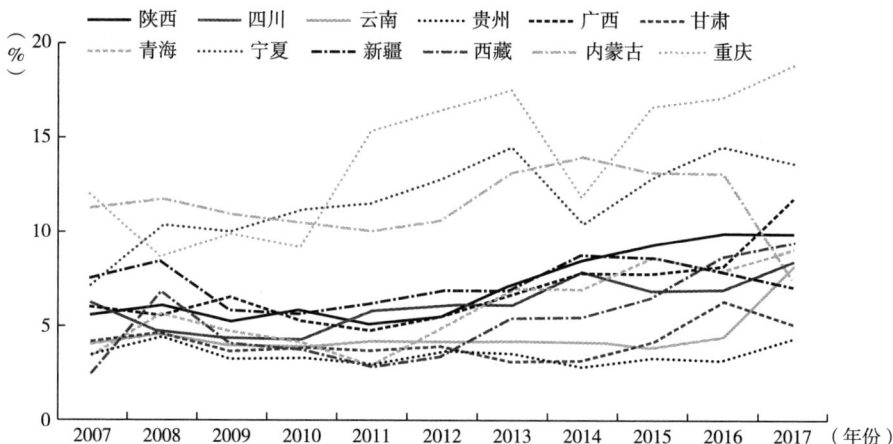

图 8 2007～2017 年西部地区城乡社区事务财政支出占一般公共预算财政支出比例

资料来源：国家统计局、西部各省份统计年鉴。

预算财政支出的 18% 以上，宁夏这一比例也相对较高。其余各省份变化并不明显，或小幅上升或维持原水平。结合西部各省份对于城乡社区事务财政支出的绝对值，同时考虑到城乡发展之差异，未来应该继续加大对农村公共服务的支出，促进西部城乡公共服务一体化。

（三）分离还是融合

结合上文统计性描述，可以得出以下简要结论：自西部大开发战略2000 年正式实施以来，我国西部地区城乡发展水平不断提高，城乡统筹工作得到有力推进，城乡融合发展初见成效。西部各省份在总体经济上行的同时，城镇化率也在不断上升；同时，产业结构逐渐升级，非农产业产值比重持续上升，西部地区大部分省份已经在新型工业化道路上稳步前进；西部百姓整体生活水平得到大幅提升，城乡居民生活水平差距逐渐缩小；西部城乡基础设施建设进步明显，形成了对西部城乡发展的有力支撑；西部城乡公共服务支出的规模也在持续上升，体现了西部大开发后国家对西部发展城乡公共服务的支持。总体来说，在西部大开发之初，西部地区城乡关系出现了一定程度上的分离或是波动，但是随着国家对城乡发展的深层部署以及西部大开发的持续推进，西部城乡关系很快就展现出加速融合的趋势。

当然，回顾西部大开发 20 年的西部城乡关系发展，我们不应回避存在的问题。从统计性描述可以看出，虽然西部城乡差距在不断缩小，但西部城乡二元结构依然存在。而且，西部城乡发展表现出高度的不平衡性，一方面，在不同省份之间，城乡一体化工作推进并不同步，省际城乡融合发展水平并不一致，差异较大；另一方面，城乡发展表现为多个维度，在西部一个省份内部，各个维度的城乡一体化水平也存在较大差异。此外，还有描述性统计不能完全反映和涵盖的内容，如西部城镇化水平偏低，低于东部发达地区；西部城镇化和工业化水平不一致；户籍制度、农地制度改革步伐较慢，阻碍了西部城乡间要素充分流动；城乡规划与管理依然存在"城市偏好"问题；西部"三农"群体依然面临"改革参与缺失"的问题。破解这些发展中的问题，需要我们在新时代下，推进西部乡村振兴战略、继续发力于西部城乡融合发展。

五 走向全面融合——新时代西部城乡融合发展的展望

站在西部大开发20年的历史节点上，面对"新时代"西部追赶超越、加快促进城乡融合发展的时代任务，面对西部城乡发展中尚未解决的问题，笔者对西部地区未来进一步促进城乡融合发展提出以下政策建议。

第一，要坚持习近平新时代中国特色社会主义经济思想和新发展理念为指导，为未来西部城乡发展注入时代精神。坚持"五位一体"的总体布局，从经济、政治、文化、社会以及生态环境等五个维度促进西部城乡全面发展，按照创新、协调、绿色、开放、共享的五大发展理念指导西部城乡融合发展。同时，注重城乡内部均衡发展。

第二，结合西部实际，深入推进"乡村振兴战略"。新时代实施乡村振兴战略的重点在于产业兴旺。对于西部来说，一要拓宽思路，西部乡村产业的发展以农业为根基，又不局限于农业。乡村产业不仅包括物质产品的生产，也包括非物质产品的生产，乡村旅游、互联网＋农业等新产业新业态，都是西部乡村要大力开拓的新领域。二要突出重点，产业兴旺的主体一定是在乡村中与农业农村农民问题相关的产业，要提高资源在西部乡村产业的利用效率，打破资源由农村单向流向城市的局面，让更多资源流向农村。

第三，促进西部三次产业融合发展。首先，通过深化农业供给侧结构性改革，大力发展西部农村新经济、新业态，创新农业经营方式，延长农业生产的产业链，提高农业产品的附加值，培育农村发展新动能，实现三次产业、上下游产业的融合发展。其次，培育西部新型农业经营主体，激发包括企业、合作社、家庭等在内的多种生产主体的活力和创造力，实现多种生产主体融合。大力开发西部农村人才资源，加大农村人力资本投入，培育新型职业农民，建设农业人才队伍。创新人才向西部农村流动的激励机制，鼓励更多优秀人才到西部农村就业创业。最后，利用电商平台整合西部线上线下生产、流通和销售的资源，拓宽产业发展的渠道。同时创新农村金融供给，对西部农村产业发展做好金融政策、金融知识和金融产品的扶持。

第四，完善要素流动机制，继续释放西部城乡发展活力。要素市场建设是西部统筹城乡发展的短板。新时代背景下中国的城乡融合发展首先应基于市场逻辑，即依靠深化经济体制改革更为充分地发挥市场的资源配置功能，在提高要素配置效率的基础上为城乡深度融合提供条件。① 具体到西部，要打破城乡资源流动的壁垒，通过产业结构的优化升级促进生产要素报酬的提高，实现要素的双向流动；通过城乡需求结构的升级实现商品的双向销售。要处理好政府与市场的关系，完善城乡一体化的制度供给，提供公平竞争的制度环境，同时加强乡村产业发展的市场建设，促进乡村产业的品牌形成。要进一步促进户籍制度和农地制度改革，培育平等竞争、城乡一体的劳动力市场；更加科学严格地规划西部城乡土地利用，进一步探索"三权分置"的有效实现形式。

六 结语

纵观西部大开发 20 年来的城乡发展历史与现状，虽然过程曲折但西部城乡发展受到了越来越多的重视，也在朝着期望的方向发展。西部城乡关系的融合，是我国在新时代全面建成小康社会的关键，是我国建设社会主义现代化国家的重要内容。我们不应止步于西部城乡差距的缩小，满足于阶段性的成就，而应该放远眼光，乘胜追击，加大统筹西部城乡发展、促进城乡融合，为早日全面建成小康社会做出贡献。

---

① 高帆：《中国新阶段城乡融合发展的内涵及其政策含义》，《广西财经学院学报》2019 年第 1 期。

西部大开发 20 年西部地区高等教育
发展的历史、现实与未来*

姚聪莉　蒙　恬　丁　硕　马　琼**

摘　要：改革开放以来，在我国社会经济取得进步与发展的同时，高等教育也经历了深刻的变革。在国家实施西部大开发的战略背景下，西部地区高等教育也经历了改革与发展，并取得了显著成效，但西部地区高等教育发展仍旧存在着特殊的问题和挑战。本文详细描述了过去 20 年来西部地区高等教育发展中存在的问题和不足，并总结了西部各省份在发展高等教育过程中的有益实践，对西部地区高等教育未来的发展趋势进行了展望，同时提出了相关政策建议。

关键词：西部大开发 20 年　高等教育　发展现状及趋势

一　序言

随着经济社会的快速发展，我国高等教育规模和质量迅速提升，已成为世界上最大规模的教育体系，为社会主义现代化建设和祖国的繁荣做出了重要的贡献。截至 2018 年，我国高等教育毛入学率已提升至 48.1%，较 1999 年的 9.8% 提高了 38.3 个百分点①，我国成为名副其实的高等教育大众化国家。西部地区作为我国经济发展战略的重要组成部分，其高等教育在全国具有举足轻重的地位。伴随着中国高等教育不断发展，西部地区高

* 本文为 2015 年陕西省社会科学基金一般项目"陕西'高教强省'建设的理性审视与政策选择"（2015N003）、国家发展改革委西部开发司 2016 年研究课题"高等教育支撑西部地区创新发展研究"（XBS16 - A11）的成果之一。

** 姚聪莉，西北大学高等教育研究中心主任，教授，博士生导师，研究方向为高等教育政策、教育经济与管理；蒙恬，西北大学公共管理学院 2018 级公共经济与管理专业博士研究生；丁硕、马琼，西北大学公共管理学院教育经济与管理专业硕士研究生。参与调研的课题组成员有：陶亚丽、陈志军、李晓娇，均为西北大学公共管理学院硕士研究生。

　① 根据教育部教育事业发展公告中的数据计算得出。

等教育也取得了巨大的成就，尤其是西部大开发，是西部地区高等教育迅速发展的一大历史性机遇。在"中西部高等教育振兴计划"、"对口支援西部高校"以及"西部人才培养特别计划"等政策支持下，西部地区高等教育实现了跨越式发展。至 2017 年，西部地区高等教育平均毛入学率达到了 37.76%，较 2010 年增长了 13.61 个百分点[①]，西部地区已经成为全国高等教育发展的重要基地之一，为西部大开发以及建设"一带一路"培养了大量的人才，提供了有力的智力支撑。但是由于生态条件和地理位置的特殊性，西部地区经济发展水平远不及东部地区，相比东部地区高等教育，西部地区高等教育发展仍存在不平衡不充分等问题[②]，这对推动区域均衡协调发展极为不利。近 20 年来，西部地区高等教育在西部大开发政策的影响下，取得了长足发展，对区域经济社会发展发挥了有效的支撑作用。但是，就目前已有的研究文献看，系统分析西部大开发 20 年来西部地区高等教育发展变化的文献较少，如关于西部大开发政策实施 20 年来，其政策效应是否显现，西部地区与东部发达地区高等教育发展差距是否在缩小，西部地区高等教育服务区域经济社会发展能力是否有所增强，是否能满足区域经济社会发展的需要等问题尚待进一步探索。基于此，本文采用定量与定性分析、比较研究和聚类分析等方法，对西部大开发 20 年来西部地区高等教育发展现状和存在的问题进行分析，进而探寻其可持续发展的路径。

二 西部地区高等教育发展的现状分析

西部大开发战略实施 20 年以来，西部地区高等教育获得了快速的发展，并取得了显著的成效，主要体现在以下几方面。

(一) 西部大开发以来西部地区高等教育发展取得的成就

西部大开发以来，西部地区高等教育规模快速扩张，其毛入学率、普通高校数量、在校学生数以及专任教师数等总体呈现出快速上升的趋势。

1. 高等教育规模快速扩张

（1）2017 年西部地区高等教育毛入学率是 2010 年的 1.7 倍

高等教育毛入学率是指高等教育在学人数与适龄人口之比，该数值能

---

① 根据国家统计局公布的数据计算得出。

② 韩索民：《西部高等教育的不充分发展及对策思考》，《青海师范大学学报（哲学社会科学版）》2018 年第 6 期，第 138～141 页。

反映高等教育的相对规模和教育机会,是衡量一个国家或区域高等教育发展水平和能力的重要指标之一。美国学者马丁·特罗(Martin Trow)在20世纪70年代提出了以高等教育毛入学率为重要指标来划分高等教育发展历程的"三阶段论",其中高等教育毛入学率在15%以下的属于精英教育阶段,介于15%~50%之间的为高等教育大众化阶段,达到50%以上的为高等教育普及化阶段。1978年,中国的高等教育毛入学率只有1.55%,1999年达到9.8%。之后伴随着高等教育全面扩招政策的实施,招生规模持续扩大,我国高等教育毛入学率快速上升,2002年达到15%,这标志着我国高等教育从精英教育阶段进入大众化阶段。截至2018年,中国高等教育毛入学率已达到48.1%[①],接近50%,中国高等教育即将迈入普及化阶段。

在中国高等教育整体快速发展的过程中,西部地区高等教育也得到了快速发展,最显著的标志即是其毛入学率呈现出快速上升趋势。2005年,西部地区中甘肃、贵州、陕西、四川以及云南的高等教育毛入学率分别为15%、11%、23.5%、21%和12.65%,甘肃、陕西和四川的高等教育进入大众化阶段。[②] 2010~2017年,西部地区高等教育平均毛入学率从24.15%增长至37.76%,呈现出较大幅度的增长,2017年陕西和宁夏的高等教育毛入学率分别为47.15%和45.95%,均高于全国平均水平(全国高等教育毛入学率平均水平为45.7%)。

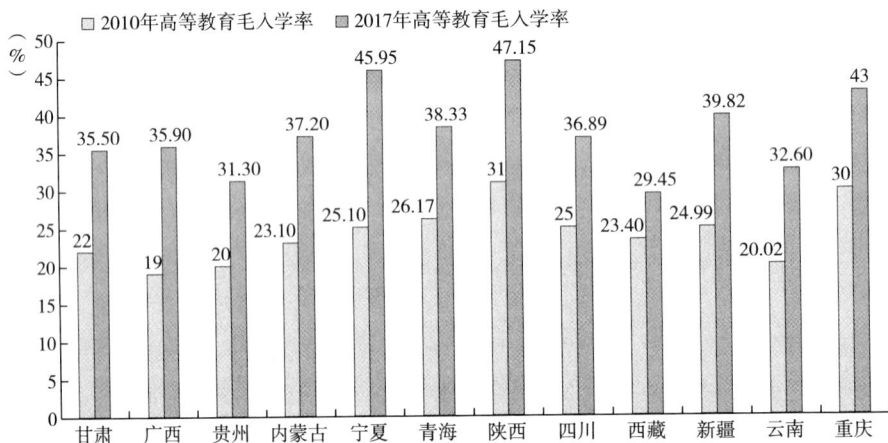

图1 2010年、2017年西部地区各省份高等教育毛入学率变化

资料来源:国家统计局,http://www.stats.gov.cn/。

---

① 教育事业统计公报。
② 各省份教育事业"十一五"发展规划。

（2）2017 年西部地区高校数为西部大开发前的近 3 倍

1999 年，全国普通高等学校为 1071 所，自实现扩招以来，高等教育得到了快速发展，截至 2017 年，全国普通高校数量增长至 2631 所，是 1999 年的 2.46 倍。西部大开发战略实施以来，西部地区高等教育也进入较快的发展时期，2017 年西部地区高等学校数量增加到 668 所，是 1999 年 251 所的 2.7 倍，其中贵州、宁夏和云南增幅达到两倍甚至更多。1999 年西部高校在全国占比为 23.44%，2017 年占比增长为 25.39%，西部高校数量增长的速度高于全国平均水平，为西部生源地适龄人口进入高校就学提供了更多的机会。

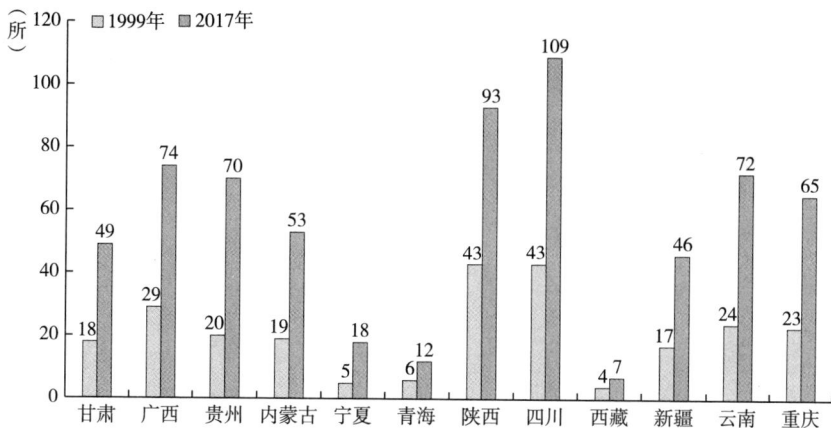

图 2　1999 年、2017 年西部地区各省份高校数量变化

资料来源：国家统计局，http：//www. stats. gov. cn/。

（3）西部地区每十万人口高等学校在校生数增长率高于全国平均水平

每十万人口高等学校平均在校生数量可以显著表明一个地区或国家国民接受高等教育的水平。西部大开发战略实施以来，西部地区每十万人口高等学校平均在校生数量呈现出快速增长的趋势。1999 年，全国平均每十万人口高等学校在校大学生数为 594 人，而 2017 达 2576 人，西部每十万人口高等学校平均在校生数 2457 人，比全国平均数少了 119 人。但从年均增长率来看，2008～2017 年，西部地区每十万人口高等学校在校生数的年均增长率高于全国平均水平（全国为 2.61%），其中贵州的年均增长率为 9.14%，增速居于西部榜首。陕西和重庆两省市 2017 年每十万人口高等学校平均在校生数量突破 3000 人，分别比全国平均水平高出 1006 人和 508 人。由此可见，西部大开发战略实施以来，西部地区高等教育在不断发展的同时，国民素质也得到明显提升。

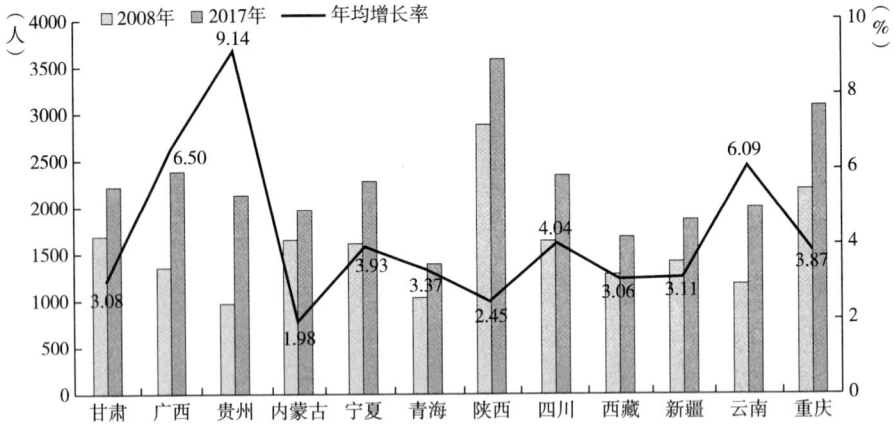

图3　2008 年、2017 年西部地区各省份每十万人口高等学校平均在校生数

资料来源：国家统计局，http://www.stats.gov.cn/。

（4）普通高等学校招生数、在校生数、毕业生数大幅提升，校均规模呈上升趋势

1999 年，西部地区普通高等学校本专科招生数、在校学生数与毕业生数分别为 32.3 万人、87 万人和 18.1 万人。自实施西部大开发政策以来，西部地区高等教育尤其是本专科教育得到了较大发展。截止到 2017 年，西部普通高等学校本专科招生数、在校学生数与毕业生数分别为 201.72 万人、700.03 万人和 180.09 万人，分别约为 1999 年的 6.24 倍、8.05 倍和 9.95 倍。从学校平均规模看，1999 年西部高校平均规模为 3466 人/所，2017 年则达到了 10371 人/所，是 1999 年的近 3 倍，校均规模不断扩大，规模优势逐渐显现，办学效益逐年提升。

表1　1999~2017 年西部高等教育发展基本情况

年　份	学校数（所）	增长（%）	本专科招生数（万人）	在校学生数		毕业生数（万人）	学校平均规模（人/所）
				人数（万人）	增长（%）		
1999	251	—	32.3	87	—	18.1	3466
2000	249	-0.80	48.1	118.8	26.77	20.2	4771
2001	298	16.44	58.6	153.7	22.71	22.2	5158
2002	331	9.97	69.1	193.3	20.49	27.1	5840
2003	378	12.43	81.9	235.4	17.88	38.5	6228
2004	409	7.58	96.3	283.1	16.85	49.5	6922

年　份	学校数（所）	增长（%）	本专科招生数（万人）	在校学生数		毕业生数（万人）	学校平均规模（人/所）
				人数（万人）	增长（%）		
2005	428	4.44	109	331.8	14.68	63.7	7752
2006	460	6.96	116	368.7	10.01	79.2	8015
2007	467	1.50	124.8	401.9	8.26	95.6	8606
2008	542	13.84	136.96	440.19	8.70	106.4	8122
2009	554	2.17	143.55	473.95	7.12	111.28	8555
2010	564	1.77	153.36	502.69	5.72	124.23	8913
2011	581	2.93	162.72	531.81	5.48	132.7	9153
2012	595	2.35	169.22	566.86	6.18	137.72	9527
2013	610	2.46	169.72	594.09	4.58	144.84	9739
2014	627	2.71	178.41	620.57	4.27	154.84	9897
2015	642	2.34	186.19	645.36	3.84	163.88	10052
2016	661	2.87	192	672.4	4.02	169.78	10172
2017	675	2.07	201.72	700.03	3.95	180.09	10371

说明：学校平均规模系在校学生数除以学校数所得。

资料来源：历年《中国统计年鉴》。

（5）专任教师队伍规模是西部大开发前的 4 倍多

时代越发展，对知识和人才的需求越旺盛，教育和教师的地位就越发凸显。而教育要发展，教师是关键，一般而言，专任教师队伍的数量和质量是高校乃至地区竞争力的重要体现。从实施西部大开发以来，西部地区专任教师规模整体呈现出大幅度增长的发展趋势。1999 年，西部地区专任教师数量为 9.72 万人，截至 2017 年，专任教师数量为 40.41 万人，2017年西部地区专任教师数量是 1999 年的 4.16 倍。其中四川、陕西、广西、重庆和云南的增长较为明显，与 1999 年相比分别增长了 6.6 万人、4.71 万人、3.45 万人、3.17 万人和 3.1 万人。

（6）连续十五年，西部高校研发经费平均增长率为 15.85%

西部大开发以来，西部各省份高校研发经费明显增加，2017 年较 2002年研发经费总数增长了 213 亿元，年均增长率为 15.85%。其中，2002 年西部地区研发经费拨入总量占全国 15.13%，2017 年占比为 40.57%，较2002 年增长了 25.44 个百分点。这为西部地区高等院校进行人才培养和科学研究提供了坚实的经济和物质基础，极大地助推了西部地区高等院校科学研究活动的开展。

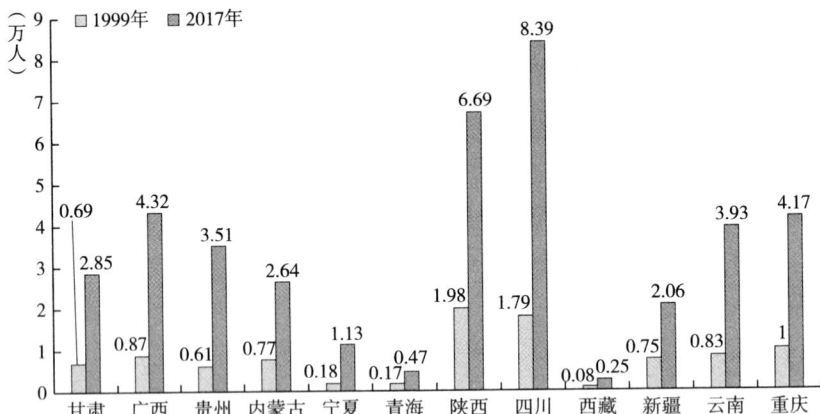

图4　1999年、2017年西部地区专任教师数变化

资料来源：国家统计局，http：//www.stats.gov.cn/。

表2　2002年、2017年西部各省份高等学校研发经费情况

单位：千元

年份 省份	2002	2017
甘　肃	125482	940584
广　西	106903	1579773
贵　州	42322	629540
内蒙古	43063	498018
宁　夏	15445	241243
青　海	15676	313968
陕　西	1193699	8339687
四　川	657290	6254188
西　藏	—	96450
新　疆	42098	486315
云　南	134649	1271044
重　庆	267786	3373179
西部平均	240401.18	2001999.08

资料来源：http：//data.stats.gov.cn/easyquery.htm？cn=C01。

2. 高等教育结构不断优化

（1）层次结构趋于合理

我国高等教育学历结构主要有专科（高等职业教育）、本科和研究生教育三个层次。2002～2016年15年内，我国普通高校本专科毕业人数与硕士研究生毕业人数的差距在逐渐拉大，普通高校本专科毕业人数呈逐年上升趋势，平均每年增长38.03万人，而硕士研究生招生人数则处于"控制

发展"状态，平均每年仅增长2.84万人①，2003～2017年西部地区研究生招生人数平均每年增长8310人，远低于全国平均值。而从西部普通高校本专科和研究生三项数据（招生数、在校生数、毕业生数）比较来看，2003～2017年15年内，研究生与本专科招生比例由1：16.16优化为1：11.48，在校生比例由1：19.56变化为1：12.73，毕业生比例由1：19.78变为1：15.21，研究生教育的三项指标逐年提升，普通高校本专科三项指标与研究生三项指标的差值在逐渐减少，研究生占比逐步扩大，学历教育结构逐年改善，西部高等教育结构不断适应西部经济结构调整、社会现代化进程和西部社会的繁荣发展。

表3　2003年、2017年西部地区普通高校办学层次结构情况

单位：人

项　目＼年份	2003			2017		
	招生数	在校生数	毕业生数	招生数	在校生数	毕业生数
本专科生	819119	2354426	385364	1918234	7000179	1799154
研究生	50681	120365	19485	167022	549961	118283
研究生与本专科生之比	1：16.16	1：19.56	1：19.78	1：11.48	1：12.73	1：15.21

资料来源：历年《中国统计年鉴》。

（2）经费来源结构逐年改善

西部大开发的前十年，即1999～2009年，西部高等教育的经费来源结构较为单一，主要由国家财政性经费和学费构成"二元化"结构模式，其他经费来源较少，如1999年捐赠收入仅有0.83亿元；第二轮西部大开发以来，在国家财政性经费增长幅度加大的同时，高等教育的捐赠收入、事业收入和其他收入均有较大增长，西部高等教育的经费来源结构趋于合理。一方面，西部地区公共财政预算安排的教育经费年均增长率为25.11%，高于全国（21.43%）② 3.68个百分点，1999～2015年其在全国占比上升了9.21个百分点，其中，第一轮西部大开发之后上升了0.08个百分点，第二轮西部大开发截至2015年上升9.13个百分点。这不仅显示出了西部大开发以来国家通过加大财政性教育经费投入，支持西部地区高等教育发展，更体现出了国家在第二轮西部大开发中促进西部地区高等教育发展的

---

① 王晓燕：《研究生规模扩张对我国大众化的贡献》，《高等理科教育》2018年第3期，第28～35页。

② 根据《中国教育统计年鉴》计算得出。

强劲动力。另一方面，捐赠收入和事业收入也呈现出了稳步增长趋势，2015 年西部地区高等教育经费捐赠收入在全国占比达到 21.30%，高于 1999 年 5.49 个百分点，事业收入全国占比 23.23%，高于 1999 年 4.7 个百分点。各项教育经费收入占全国比重在逐年增加，说明其与东、中部及东北地区的财政性教育经费投入差距在逐渐缩小，也说明全国高等教育经费拨款数量和结构趋于协调，这不仅促进了西部地区高等教育的发展，同时更有利于促进区域间教育公平和全国高等教育发展水平的均衡。

表 4　1999~2015 年西部地区高等教育经费收入情况

单位：亿元,%

年份＼项目	公共财政预算安排的教育经费	全国占比	民办学校中举办者投入	捐赠收入	全国占比	事业收入（包括学费）	全国占比	其他收入
1999	25.54	15.04	—	0.83	15.81	20.29	18.53	2.48
2009	440.14	15.12	—	1.84	14.40	317.98	20.57	42.08
2015	920.27	24.25	—	4.42	21.30	531.42	23.23	62.96

说明：由于民办学校中举办者投入部分年鉴不齐全，所以此处不予计算。

资料来源：相关年份的《中国教育统计年鉴》。

（3）西部高等教育学科资源不断丰富，学科门类结构不断优化

截至 2016 年，从国家重点学科数量看，西部高校拥有 217 个国家重点学科，集中分布在工学（75 个）、医学（46 个）、理学（30 个）、人文社科（30 个）和农学（30 个）、管理学（6 个）等领域。其中，属于国家重点培育的有 51 个，占西部高校所有国家重点学科的 23.5%。参照里瑟琦智库 2019 年 3 月 17 日发布的中国内地 2019 年 3 月最新 ESI 排行榜[①]，中国内地上榜高校有 259 所，共有 1062 个学科进入。其中，西部有 45 所高校 141 个学科上榜，学科优质资源覆盖面逐年扩大，西部高校的学术水平及影响力不断提升。但是 ESI 排名位于全国前 60 名的 8 所西部院校均为部属院校，说明西部地区内部高校资源配置不均是仍待破解的难题。

（4）高校布局结构与经济发展水平契合度不断改善，形成了与区域经济社会发展相呼应的格局

高等教育空间布局结构是静态与动态的有机结合，也是衡量高等教育

---

① 科睿唯安 2019 年 3 月 14 日发布的最新 ESI 数据，数据更新节点为 2019 年 3 月 13 日，覆盖时间为 2008 年 1 月 1 日至 12 月 31 日。

改革与发展的水平、判断教育资源配置是否契合社会发展的一个重要指标。1999年，西部地区各省份产值聚类分析结果显示，四川遥遥领先；第二类包括广西、云南、陕西和重庆；第三类有内蒙古、新疆、甘肃和贵州；第四类是青海和宁夏；第五类是西藏。而根据各省份高校数量聚类分析结果，第一类是四川和陕西；第二类是广西、云南、重庆和贵州；第三类是内蒙古、甘肃和新疆；第四类有青海和宁夏；第五类是西藏。高等教育空间分布与经济发展水平基本契合。其中，陕西高等教育发展水平超前于经济发展水平，高等教育与经济发展契合度偏低，存在所谓的"陕西现象"。贵州的高等教育发展水平也略微超前于其经济。2017年产值与高校数量聚类分析结果显示，四川依然位于第一类，高等教育与区域经济发展水平高度契合；陕西、重庆、广西、云南和内蒙古属于第二类，陕西省高等教育发展与区域经济更加协调，内蒙古高等教育发展相对滞后于经济；贵州、新疆和甘肃属于第三类，其中，甘肃和新疆的高等教育发展水平与经济发展的契合度有所改善；第四类、第五类依然分别是青海和宁夏、西藏。从聚类分析结果看，西部大开发20年来西部各省份高等教育空间布局不断优化，高等教育与区域经济社会发展水平契合度不断得到改善。

表5　1999年西部地区各省份产值聚类分析结果

单位：亿元

产值区间	聚类分析结果
第五类（0～106）	西藏
第四类（240～260）	青海，宁夏
第三类（900～1400）	内蒙古，新疆，甘肃，贵州
第二类（1500～2000）	广西，云南，陕西，重庆
第一类（3649）	四川

资料来源：国家统计局官网。

表6　2017年西部地区各省份产值聚类分析结果

单位：亿元

产值区间	聚类分析结果
第五类（0～1310）	西藏
第四类（2600～3500）	青海，宁夏
第三类（7500～13500）	贵州，甘肃，新疆
第二类（16096～21900）	陕西，重庆，广西，云南，内蒙古
第一类（36980）	四川

资料来源：国家统计局官网。

表7 1999～2017年西部地区各省份高校数量聚类分析结果

单位：所

高校数量		聚类分析结果
1999年	2017年	
4	7	西藏
5～6	12～18	青海，宁夏
17～19	46～53	内蒙古，甘肃，新疆
20～29	65～74	广西，云南，重庆，贵州
43	93～109	四川，陕西

资料来源：国家统计局官网。

3. 高等教育质量显著提高

高等教育质量是多层面的概念，很难用统一的标准来进行衡量，一般通过社会需求的适应度、培养目标的达成度、办学资源的支撑度、质量保障的有效度以及学生和用户的满意度来进行多维评判和考量①。由于受数据可获得性的限制，本文从高校师资队伍的教学能力、科研水平以及教师队伍结构三个方面来衡量区域高等教育质量水平。

（1）师资队伍教学水平与科研实力不断提升与增强

高校科技创新实力逐年增强。自1998年起，教育部科学技术委员会开展了"中国高等学校十大科技进展"的评选活动②，每年评选一次。活动开展21年来，西部地区共有西安交通大学、西北大学、兰州大学、西南交通大学、西川大学、西南大学、西北工业大学、西安建筑科技大学、西安电子科技大学、云南大学、重庆邮电大学、重庆大学、西南农业大学、云南农业大学和电子科技大学等15所高校共计22个项目入选，在全国产生了积极的影响，获得了较高的声誉，这充分显示了西部地区高等学校科学技术的整体水平在逐年提高。

西部地区高校科技成果大幅增长。从2002年和2017年西部地区高等学校科技成果来看，除专利授权数和专利出售合同数以外，科技专著、学术论文以及专利申请数的年均增长率均高于全国平均水平，其中出版科技专著的年均增长率高于全国3.92个百分点，发表学术论文的年均增长率高于全国的2.16个百分点，其中发表在国外学术期刊的学术论文年均增长率高于全国2.27个百分点。专利申请数增长率高于全国5.46个百分点，这

---

① HYPERLINK，https：//mr. baidu. com/b3plfzw？f＝.

② https：//baike. baidu. com/item/中国高等学校十大科技进展/532060？fr＝aladdin。

些都反映出西部大开发以来西部地区整体科技实力和科研竞争力在不断增强。

表8　2002年和2017年西部地区高等学校科技成果与全国比较

项目 年份	出版科技 专著（部）	发表学术论文（篇）		专利申请 数（项）	专利授权 数（项）	专利出售 合同 数（项）
		合　计	国　外			
2002	762	49352	3585	420	256	59
2017	3331	201382	56088	42586	28706	633
西部年均增 长率（%）	10.33	9.83	20.12	36.06	36.98	17.14
全国年均增 长率（%）	6.41	7.67	17.85	30.60	38.59	17.83

资料来源：2017年高等学校科技统计资料汇编。

西部地区国家重点实验室数量在全国占比较高。国家级重点实验室是一所高校科研实力的重要体现，是国家创新体系的重要组成部分，是聚集优秀科学家开展基础研究和高层次学术交流的重要基地。科学技术部发布的《国家重点实验室2018年度报告》显示，截至2018年，西部地区共有13所高校拥有29个国家重点实验室，其中，省部共建国家重点实验室全国共计16个，西部地区7个，占总数43.75%。[1] 西部地区高等教育已经在国家创新体系中扮演着重要的角色。

教学成果奖数量稳定增长。教学成果奖是我国在高等教育领域所设立的唯一的国家级教学最高奖励，是一个区域或者一所大学教学竞争力的体现。2001～2018年"高等教育国家级教学成果奖"公示名单显示[2]，西部大开发以来，西部地区高等院校获得高等教育国家教学成果奖总量不断攀升。2001年西部地区高校入选奖项共计69项，占奖项总数（495项）的13.94%，2018年西部地区高校入选奖项共计80项，占奖项总数（452项）的17.70%，较2001年上升了3.76个百分点，且西部地区连获四次"国家教学成果特等奖"，其二等奖占比也从2001年的12.90%逐步上升为2018年的17.75%，西部大开发以来西部地区整体获奖数量稳步增长，表明西部地区优质高等教育资源聚集效应逐渐显现，教学竞争力不断提高。

---

① https：//baike.baidu.com/item/国家重点实验室/8638970？fr = aladdin.

② https：//wenku.baidu.com/view/bb79847602768e9951e7387c.html.

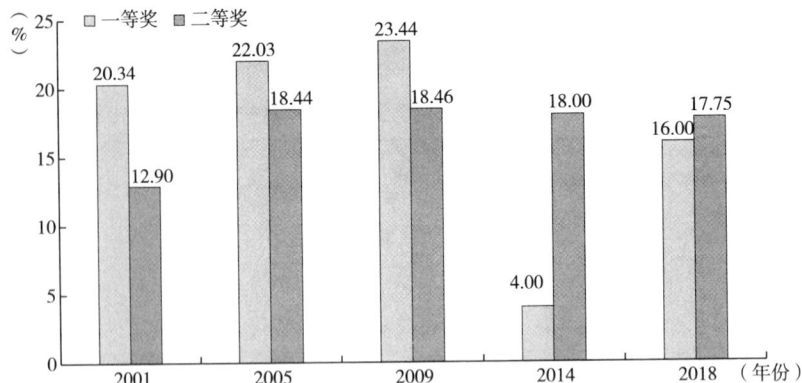

图5 2001～2018年西部地区获"国家教学成果奖"数量占奖项总数比例
资料来源：历年"国家教学成果奖"名单。

（2）教师队伍结构更加合理、质量逐年提升

西部地区高校专任教师职称结构不断改善。与2006年相比，2017年西部地区普通高校专任教师职称结构趋于优化和合理，在专任教师总数增加的同时，高级职称教师所占比例也从36.12%增加到了38.86%。西部地区高校专任教师数量提升以及结构的优化不仅显示出高校师资队伍质量的提升，而且对西部地区高等教育发展水平的提高提供了有效的支持。

表9 2006年、2017年西部普通高校专任教师职称结构比较

单位：人，%

年份	专任教师数	正高级职称	副高级职称	中级职称	初级职称	未定职级	高级职称者占比	中级职称者占比	初级职称者占比	其他比例
2006	239043	20615	65735	82946	53866	15881	36.12	34.70	22.53	6.64
2017	407764	45228	113234	155830	54316	34156	38.86	38.22	13.32	8.38

资料来源：国家统计局官网，http：//data. stats. gov. cn/easyquery. htm？cn＝E0103。

高校专任教师学历层次持续提高。2014～2017年，西部地区高校专任教师中具有博士和硕士学历的比重逐年增大，博士学历教师占比从2014年的14.81%增长到2017年的18.21%，硕士学历教师占比从37.57%增长至39.08%。本科、专科及以下专任教师所占比例逐渐减小，其中本科学历者占比从45.78%下降至41.36%，专科及以下学历教师占比从1.83%下降至1.34%。就西部地区整体而言，高等院校专任教师中学历为硕士研究生及本科的人数占比仍然较大，这意味着西部地区高等教育专任教师队伍结构的瓶颈性问题，仍需要依赖国家出台特殊的政策方可破解。截至 2017 年，西部地区高校专任教师中本科学历人数为 16.6 万人，硕士学历人数为 15.7 万人，分别为博士学历总数的 2.27 倍和 2.15 倍，加强西部地区高校专任教师学历教育层次的提升，仍是我国扶持西部地区高等教育的政策重点。

表 10　2014～2017 年西部地区专任教师学历结构情况

单位：人，%

年　份 \ 项　目	西部总计	博　士		硕　士		本　科		专科及以下	
		数量	比例	数量	比例	数量	比例	数量	比例
2014	378986	56137	14.81	142402	37.57	173500	45.78	6947	1.83
2015	391396	61251	15.65	148290	37.89	175140	44.75	6715	1.72
2016	392507	65854	16.78	152050	38.74	168770	43.00	5833	1.49
2017	401010	73023	18.21	156726	39.08	165868	41.36	5393	1.34

资料来源：国家统计局官网，http：//data. stats. gov. cn/easyquery. htm？cn = E0103。

国家"长江学者"和两院院士数量逐年增加。根据全国 1999～2017 年高校入选国家"长江学者"人数统计，历年全国共有 3950 名"长江学者"入选，其中西部地区高校共计 455 名学者入选"长江学者"①，占全国总入选人数的 11.52%。其中西安交通大学共有 94 名学者入选"长江学者"，占西部入选学者总数的 20.66%，成为西部地区高校"长江学者"数量最多的高校。西部地区除西藏、广西、青海三个省份无高校和教师入选之外，其他九省份均有学校和教师入选，且部属院校中入选"长江学者"的数量居多。但总体来看，西部地区各高校入选"长江学者"的数量分布不均，各省份及高校间入选数量差距较大，反映出西部地区内部高等教育优质资源分布的不均衡现象依然较为突出。

表 11　1999～2017 年西部各高校入选长江学者人数

单位：人

学校名称	入选"长江学者"数量	学校名称	入选"长江学者"数量
西安交通大学	94	长安大学	2
四川大学	72	贵州师范大学	2
电子科技大学	45	昆明理工大学	2
西北工业大学	35	宁夏大学	1

① 根据历年入选国家"长江学者"名单统计得出。

第四部分　西部大开发 20 年西部地区开放繁荣发展研究

续表

学校名称	入选"长江学者"数量	学校名称	入选"长江学者"数量
第四军医大学	33	内蒙古大学	1
兰州大学	30	西华大学	1
西安电子科技大学	28	西安建筑科技大学	1
西南交通大学	22	陕西师范大学	1
西北大学	21	西南石油大学	1
西南大学	20	云南大学	1
西南财经大学	18	贵州大学	1
西北农林科技大学	14	云南师范大学	1
重庆大学	5	新疆医科大学	1
西安理工大学	2		

资料来源：https：//baijiahao.baidu.com/。

两院院士是高校的核心科研力量，其数量可反映高校的学术综合实力。在 2017 年 39 所重点大学全职院士数量排行榜中①，西部有西安交通大学、四川大学、西北工业大学、兰州大学、电子科技大学、重庆大学、西北农林科技大学等 7 所高校上榜，具有一定的影响力。截至 2016 年 3 月西部高校中共有两院院士 58 人，广泛分布在机械、信息、化工、能源、土木工程、环境、农业、医药和工程管理等 9 个学科领域。在西部 12 个省份当中，陕西和四川分别有两院院士 24 人和 15 人，成为西部地区高端领军人才聚集地。从学科领域看，机械、能源和信息 3 大领域具有高端人才聚集优势，每个学科的两院院士人数都超过 10 人。西部地区优质人力资源聚集效应逐步形成。

表 12 2016 年西部高校两院院士分布情况

单位：人

学科\省份	总人数	机械	信息	化工	能源	土木工程	环境	农业	医药	工程管理
内蒙古	1	—	—	1	—	—	—	—	—	—
广西	1	—	—	—	—	1	—	—	—	—
重庆	2	—	1	—	—	—	—	1	—	—
四川	15	—	3	3	7	—	1	—	—	1
贵州	1	—	—	—	—	—	—	1	—	—
云南	3	—	1	—	—	1	—	1	—	—
西藏	1	—	—	—	1	—	—	—	—	—

---

① http：//baijiahao.baidu.com/s？id=1585206497971520638&wfr=spider&for=pc.

省份 ＼ 学科	总人数	机械	信息	化 工	能 源	土木工程	环 境	农 业	医 药	工程管理
陕 西	24	11	4	3	2	2	—	—	2	—
甘 肃	6	1	—	1	1	2	—	1	—	—
青 海	—	—	—	—	—	—	—	—	—	—
宁 夏	1	—	—	1	—	—	—	—	—	—
新 疆	3	—	1	—	—	1	—	1	—	—
合 计	58	12	10	9	11	7	1	5	2	1

说明：数据统计时间截止到 2016 年 3 月。

资料来源：中国科学院网站。

4. 西部地区高等教育对经济增长的贡献度呈现出增长趋势

西部大开发以来，西部各地区高等教育对经济增长贡献率总体呈现出增长趋势，广西、内蒙古、宁夏、陕西、四川、新疆和重庆等 7 省（区、市）高等教育经济贡献水平稳步提升，其中广西 2015 年高等教育对经济增长的贡献率居西部地区之首，达到了 2.05%[①]，表明这些地区高等教育与区域经济社会发展契合度不断提高，高等教育在区域发展中扮演着重要的角色，逐渐成为社会发展的轴心，成为区域经济社会发展的动力源和创新主体。另外 5 个省（区）如甘肃、贵州、青海、西藏以及云南的高等教育对经济贡献水平呈现出下降态势，表明这些省份高等教育与经济社会发展不相协调，其高等教育服务区域经济社会发展的能力尚待提高。

表 13 2006 年、2015 年西部地区高等教育对经济增长贡献率

单位：%

年份	甘肃	广西	贵州	内蒙古	宁夏	青海	陕西	四川	西藏	新疆	云南	重庆	全国平均
2006	1.9	0.53	1.21	1.08	0.61	1.07	1.25	1.05	1.68	0.78	1.27	1.07	1.31
2015	1.34	2.05	0.62	1.69	0.88	0.75	2.05	1.95	0.15	2.16	1.14	1.93	2.91

资料来源：刘深、黄毅菲，《基于省际面板数据的广西与全国高等教育经济贡献的比较分析》，《经济与社会发展》2017 年第 5 期，第 86~92 页。

5. 高等教育国际交流与合作日益广泛深入

（1）来华留学生数量逐年增加

来华留学生数量的增加有利于中国高等教育的国际交流和合作。西部

---

① 刘深、黄毅菲：《基于省际面板数据的广西与全国高等教育经济贡献的比较分析》，《经济与社会发展》2017 年第 5 期，第 86~92 页。

大开发以来，西部地区接纳留学生人数总体上显现出了强劲的上升势头。2016年，云南省来华留学生总数达14925人，为西部最高，青海和甘肃的年均增长率突破40%。西部地区近年来华留学生数量的大幅增长，表明西部地区高等教育质量不断提高，逐渐得到了世界各国的广泛认可。与此同时，也提升了西部高等教育生源的多样化，增进了师生的跨文化交流与合作，对于进一步扩大开放、解放思想、扩大视野，培养国际化人才大有裨益。

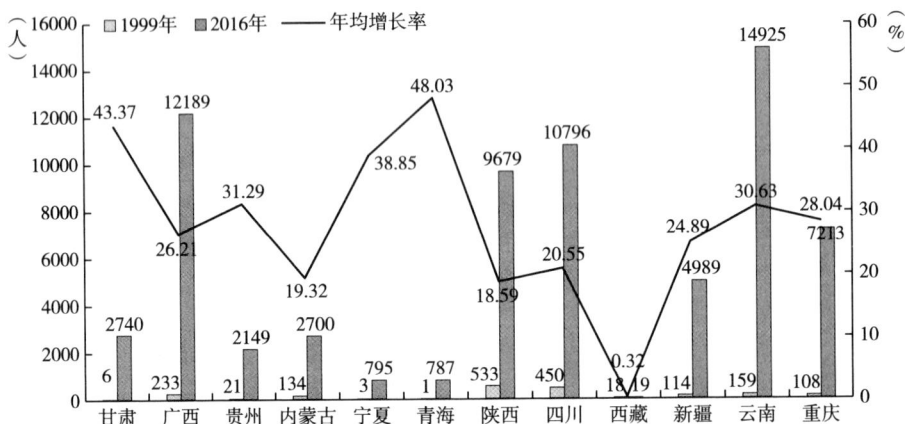

图6　1999年、2016年西部地区来华留学生人数及平均增长率

资料来源：国家统计局，http：//www.stats.gov.cn/。

（2）国际交流人数有大幅提升

从2002年和2017年西部地区各高校进修访问学者来看，2002年西部地区进修访问学者总数为1634人，占全国总数的23.16%，其中派遣人数占21.07%，接收人数占25.07%；2017年西部地区进修访问学者总数8172人，占全国总数的20.69%，其中派遣人数占21.19%，接收人数占19.88%。可以看出，15年来西部地区高校进修访问学者增加了6538人，极大地推动了西部地区对外交流与合作的进程，其中，派遣人数占比增加了0.12个百分点，均显示出西部地区高等教育国际化程度在不断提升。

表14　2002年、2017年西部地区进修访问学者数量

单位：人

年份	2002		2017		年份	2002		2017	
省份	派遣人数	接收人数	派遣人数	接收人数	省份	派遣人数	接收人数	派遣人数	接收人数
甘　肃	58	226	182	127	四川	76	312	984	648
广　西	118	85	675	440	西藏	—	—	—	—

续表

年份	2002		2017		年份	2002		2017	
省份	派遣人数	接收人数	派遣人数	接收人数	省份	派遣人数	接收人数	派遣人数	接收人数
贵 州	44	2	256	99	新 疆	89	48	296	171
内蒙古	66	9	25	12	云 南	109	34	872	680
宁 夏	13	2	883	240	重 庆	50	193	511	293
青 海	9	2	147	94	西 部	711	923	5187	2985
陕 西	79	10	356	181	全 国	3374	3681	24474	15017

资料来源：2017 年高等学校科技统计资料汇编。

（3）国际会议交流科技论文数量持续增加

国际会议交流科技论文数量是衡量和评估某国或地区国际化交流和竞争力的关键指标，根据 2002 ~ 2017 年西部地区国际会议交流科技论文数基本情况，西部地区国际会议交流科技论文数年均增长率为 18.31%，同期全国平均增长率为 21.03%。其中广西、宁夏、陕西和四川 4 省区国际会议交流科技论文数年均增长率分别为 18.74%、21.92%、19.31% 和 34.88%，均高于西部的平均水平，四川、宁夏的年均增长率分别高出全国平均水平 13.85 个和 0.89 个百分点，但西部地区国际会议交流科技论文数平均增长率仍低于全国平均水平 2.72 个百分点。

表 15　2002 年、2017 年西部地区国际会议交流科技论文数量

单位：篇,%

年份 省份	2002	2017	年均增长率	年份 省份	2002	2017	年均增长率
甘 肃	87	692	14.83	四 川	60	5338	34.88
广 西	63	828	18.74	西 藏	—	—	—
贵 州	51	336	13.39	新 疆	30	247	15.09
内蒙古	67	733	17.29	云 南	312	718	5.71
宁 夏	29	567	21.92	重 庆	227	1580	13.81
青 海	0	36	—	西 部	1196	14888	18.31
陕 西	270	3813	19.31	全 国	5657	99032	21.03

资料来源：2017 年高等学校科技统计资料汇编。

6. 在世界大学排行榜中表现逐年向好

以上海软科世界大学学术排名（ARWU）为例，2003年前500强中，无一所西部地区高校上榜；截至2017年，已有5所上榜；① 上海软科2018"中国最好大学排名"中，排前100（共600所）的高校中，西部地区有12所高校上榜。② 从学科建设水平看，2017年QS世界一流学科评价结果中，西部地区多个省份榜上有名，如陕西有19个，四川有12个，重庆有4个，甘肃有3个。③ 根据广州日报数据和数字化研究院（GDI）发布的"2017学科榜"，西部高校跻身世界一流（全国前5%）的学科有22个，分布于10所高校；国内一流学科（全国前25%）有131个，分布于14所高校。④ 2018年，THE亚洲高校排名中，西安交通大学排第90名，四川大学排第118名，西北工业大学排第132名，西北大学排在第201~250名之间，西南交通大学排在第251~300名之间，广西大学是在第350名之前。⑤ 2018年ESI数据公布，进入全球前1%学科数四川大学15个，西安交通大学14个，兰州大学12个，西北农林科技大学6个，西安电子科技大学2个。以上数据表明，西部地区高等院校世界大学排名情况整体向好。

表16　2018年我国各地区高校世界排名情况

单位：所

地　区 项　目	东　部	中　部	西　部	总　数
QS世界大学排名（前1000名）	27	8	5	40
ARWU世界大学学术排名（前500名）	28	12	5	45
THE世界大学排名（前1000名）	38	13	9	60
U. S. News世界大学排名（前1250名）	88	22	20	130

资料来源：QS World University Rankings，Academic Ranking of World Universities，THE World University Rankings & U. S. News 官网。

---

① Academic Ranking of World Universities 2017，http：//www. shanghairanking. com/AR-WU2017. html，2018年4月8日。

② 《软科中国最好大学排名2018》，http：//www. zuihaodaxue. com/zuihaodaxuepaiming2018. html，2018年3月30日。

③ 《一张中国地图告诉你世界一流学科分布在哪里，看你们省有多少个！》，http：//www. sohu. com/a/192518426_ 403263，2018年3月30日。

④ 《重磅！"2017广州日报大学一流学科排行榜"发布》，http：//www. gzgddi. com/in-dex. php? m = content&c = index&a = show&catid =3&id =132，2018年3月30日。

⑤ http：//rankings. betteredu. net/THE/Asia/2018. html。

（二）高等教育发展现状的区际比较分析

1. 西部地区高等教育规模优势尚未显现

（1）西部地区高校总数约占全国总数的1/4

从高校总数看，西部地区处于全国四大区域的中等水平，约占全国高校总数的25%，分别比东部和中部地区低13.11个、0.68个百分点，高于东北地区的高校数占比，但如果与西部自然资源拥有量占全国71.5%的比重比较，这个比例显然偏低。从学生数量看，招生数体现了高等教育的未来规模，在校生数体现了高等教育的现有规模，毕业生数体现了高等教育已经为社会经济发展培养的人才数量。2017年研究结果显示，西部地区招生数、在校生数和毕业生数在全国的占比分别为20.72%、20.84%和20.46%，远低于东部地区；西部地区该三项数值略高于中部地区，是东北地区的2倍。西部大开发政策的实施，对于西部地区高等教育扩大规模、赶超东中部地区发挥了积极的影响作用，但是从分析结果看，西部地区虽然赶超了中部地区，但是与东部发达地区高等教育差距显著，如果没有持续的特殊政策支持，这种阶段性的成果将很难持续显现，因此，国家还应出台更深入更精准的西部大开发政策，助推西部高等教育持续发展，以逐步缩小与东部的差距。

表17　2017年区际高等教育发展水平比较

指　标	全国总计	东部地区		中部地区		东北地区		西部地区	
		绝对值	占全国比重（%）	绝对值	占全国比重（%）	绝对值	占全国比重（%）	绝对值	占全国比重（%）
学校数（所）	2624	1012	38.57	686	26.14	258	9.83	668	25.46
招生数（人）	806103	406343	50.41	145128	18.00	87610	10.87	167022	20.72
在校生数（人）	2639561	1331155	50.43	482344	18.27	276101	10.46	549961	20.84
毕业生数（人）	578045	290152	50.20	101798	17.61	67812	11.73	118283	20.46

资料来源：《中国统计年鉴2018》。

（2）西部地区高校数量与其他地区相比差距不断拉大

1999～2017 年，西部地区与东中部、东北地区高校数量相比差距不断加大。从西部与东部、中部和东北的高校规模之差来看，西部大开发伊始，西部地区高校数量与东部、中部分别相差170 所、9 所，高于东北106 所，截至2017 年西部地区高校数量与东部、中部相比分别相差344所、18 所，高于东北410 所，西部大开发20 年以来，西部地区高校数量虽有了大规模提升，但与东部地区相比差距仍在不断拉大，进一步表明西部地区高等教育发展速度依然缓慢，我国区域间高等教育发展的不均衡现象更加严重，这对西部地区高等教育质量的提高以及全国高等教育的均衡发展极为不利。

表18　1999 年和2017 年我国各地区高校规模

单位：所

年　份＼地　区	东　部	中　部	西　部	东北
1999	419	258	249	143
2017	1012	686	668	258

2. 西部地区高等教育结构有待优化

专任教师队伍职称结构不合理，高级职称占比偏低。从西部整体来看，专任教师的职称结构中具有高级职称者的比例为38.86%，低于全国平均水平3.85 个百分点；中级职称者比例为38.22%，低于全国平均水平1.26个百分点；初级职称者和其他比例分别为13.32% 和8.38%，高于全国平均水平2.11 个和1.78 个百分点，由此看来，西部地区的高等教育专任教师队伍的职称结构仍需优化。

表19　2017 年西部普通高校专任教师职称结构与全国平均水平的比较

单位：人，%

地　区	专任教师数	正高级职称	副高级职称	中级职称	初级职称	未定职级	高级职称者占比	中级职称者占比	初级职称者占比	其他占比
西　部	407764	45228	113234	155830	54316	34156	38.86	38.22	13.32	8.38
全　国	1657238	210204	497670	654307	85760	109297	42.71	39.48	11.21	6.60

资料来源：国家统计局官网，http://data.stats.gov.cn/easyquery.htm? cn = E0103。

教师学历结构呈现出"金字塔"形，高学历师资数量不足。从2017年专任教师队伍总数看，西部地区处于全国四大区域的中等水平，约占全国专任教师总数的1/4，东部、中部、东北和西部地区专任教师数量在全国的占比分别为40.57%、25.72%、9.16%和24.55%，可以看出，西部地区专任教师数量远低于东部，与中部接近，但远高于东北地区。从四个地区师资队伍学历结构看，西部地区专任教师中博士和硕士在全国的占比分别为18.35%和26.28%，远低于东部在全国的占比（52.53%和37.79%），值得注意的是，西部地区专任教师学历构成中专科及以下学历占比高达30.24%，虽低于中部，但高于东部和东北地区，这说明西部地区高等教育专任教师学历结构短板明显，优秀高端人才严重缺乏。

表20 2017年专任教师学历结构区际比较

单位：人，%

地 区	专任教师总数	占全国比重	博士		硕士		本科		专科及以下	
			数量	占全国比重	数量	占全国比重	数量	占全国比重	数量	占全国比重
东 部	662582	40.57	209072	52.53	225321	37.79	222945	35.89	5244	29.40
中 部	420124	25.72	77603	19.50	157796	26.46	178936	28.81	5789	32.46
东 北	149532	9.16	38276	9.62	56459	9.47	53388	8.60	1409	7.90
西 部	401010	24.55	73023	18.35	156726	26.28	165868	26.70	5393	30.24

资料来源：http：//www.moe.gov.cn。

西部地区高等教育资源空间分布不均衡。高等教育资源空间分布是一个国家或地区高等教育事业发展规划的关键，对我国高等教育区际均衡发展、促进教育公平具有重要意义，高等教育空间结构与区域经济社会发展水平密切关联，对于促进区域经济发展、文化繁荣、社会现代化进程均有重要的影响作用。高等教育的空间结构包括高校的空间分布、地理位置，以及高等教育资源的配置状况等因素。从2017年全国高校空间分布情况来看，我国多数高等院校主要集中在东部、中部及沿海地区，西部及内陆地区的高校规模水平整体偏低，且西部地区高校总量与东部地区存在较大差距；从西部地区内部高校空间分布情况来看，高等院校多分布在陕西和四川，西藏、青海、宁夏等省份高校数量严重缺乏，这不仅影响了全国高等教育的均衡发展，而且影响了人民群众的公平感、获得感，影响了办好人民满意的高等教育战略目标的实现。

表21　2017年高校数量分布

单位：所

北京	上海	天津	江苏	浙江	广东	福建	山东	河北	海南
92	64	57	167	107	151	89	145	121	121
山西	河南	安徽	江西	湖南	湖北	黑龙江	辽宁	吉林	甘肃
80	134	119	100	124	129	81	115	62	49
广西	贵州	内蒙古	宁夏	青海	陕西	四川	西藏	新疆	云南	重庆
74	70	53	18	12	93	109	7	46	72	65

资料来源：国家统计局。

3. 高等教育综合实力远低于东部，略高于中部

（1）"三大奖"获得总数超过东北部地区，远低于东部

在2018年评选的国家"三大奖"详细名单中，全国共有113所高校作为主要完成单位获得了2018年度国家科学技术奖三大奖通用项目185项，其中76所高校为第一完成单位，获奖项目共计147项，占通用项目授奖总数的79.5%。根据2018年度国家科学技术奖（通用项目）获奖单位统计，西部地区以高校为第一完成单位的获奖总数为21项，且均为二等奖。与全国水平相比，西部地区获奖总数高于东北地区，但与东部、中部地区存在较大差异，东部地区继续领跑全国"三大奖"。

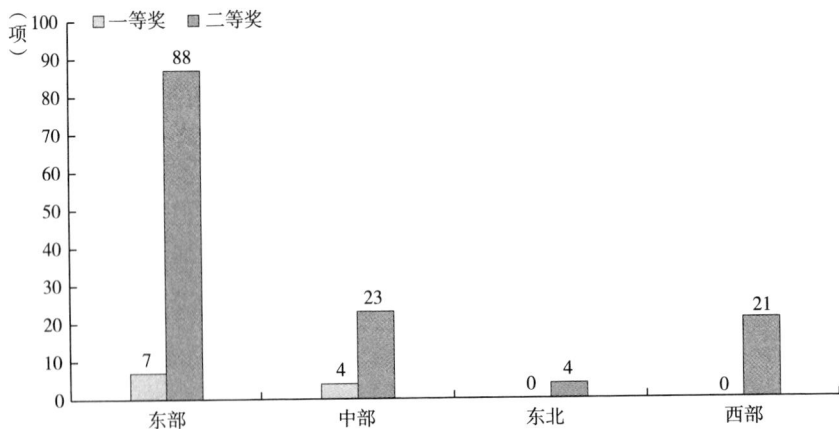

图7　2018年以高校为第一完成单位的国家"三大奖"获得情况区际比较

资料来源：http://baijiahao.baidu.com/s? id = 1604625058614251791&wfr = spider&for = pc。

（2）主要科研指标数据远低于东部，部分指标略高于中部、东北地区

从出版科技专著占比来看，西部地区出版科技专著占全国的23.71%，比东部地区（40.15%）和中部地区（24.78%）分别低

16.44 个和 1.07 个百分点，高于东北地区（11.35%）12.36 个百分点，整体占比居于全国四大区域中等水平；从发表科技论文情况来看，西部地区发表科技论文数量占据全国 13.64%，虽比中部地区（12.15%）和东北地区（6.68%）分别高出 1.49 个和 6.96 个百分点，但与东部地区（67.53%）相比差距较大；从专利申请数、专利授权数和专利出售合同数来看，西部地区在全国占比虽部分指标高于中部和东北地区，但与东部地区相比仍处于高度不均等状态。总体来看，西部地区科研实力在全国居于中等水平，但与东部发达地区相比还存在较大差距，这从一定程度上反映出西部高等教育学术创新力、竞争力和服务区域经济社会发展能力有待提高。

表 22　2017 年高等教育科研水平区际比较

指　标	全国总计	东部地区		中部地区		东北地区		西部地区	
		绝对值	占全国比重（%）	绝对值	占全国比重（%）	绝对值	占全国比重（%）	绝对值	占全国比重（%）
出版科技专著（部）	14049	5641	40.15	3482	24.78	1595	11.35	3331	23.71
发表科技论文（篇）	1476260	996862	67.53	179438	12.15	98578	6.68	201382	13.64
专利申请数（项）	229460	121954	53.15	45524	19.84	19396	8.45	42586	18.56
专利授权数（项）	126132	68530	54.33	16312	12.93	12584	9.98	28706	22.76
专利出售合同数（项）	4803	3397	70.73	461	9.60	312	6.50	633	13.18

资料来源：《中国科技统计年鉴 2018》。

（3）西部地区第四轮学科水平评估结果与东中部差距较大

学科评估是教育部学位与研究生教育发展中心按照国务院学位委员会和教育部颁布的《学位授予和人才培养学科目录》，对具有博士、硕士学位授予权的一级学科进行整体水平的评估，学科评估工作于 2002 年首次开展，截至 2017 年共进行了四轮。① 学科评估结果能够从一定程度上反映出一个地区或国家学科发展水平。从 2017 年全国第四轮学科评估结果（按照 A 类总数，即 A＋、A、A－）来看，全国共有 513 个单位的 7449 个学科参评②，其中 A 类学科共计 710 个。第四轮学科评估中西部地区的 A 类学科总数为 66 个，占全国获评学科总数的 9.29％，相比东部和中部地区分别少 421 个和 35 个学科，但较东北地区多出 10 个学科。显然，西部地区与东中部地区相比学科发展水平存在较大差异。

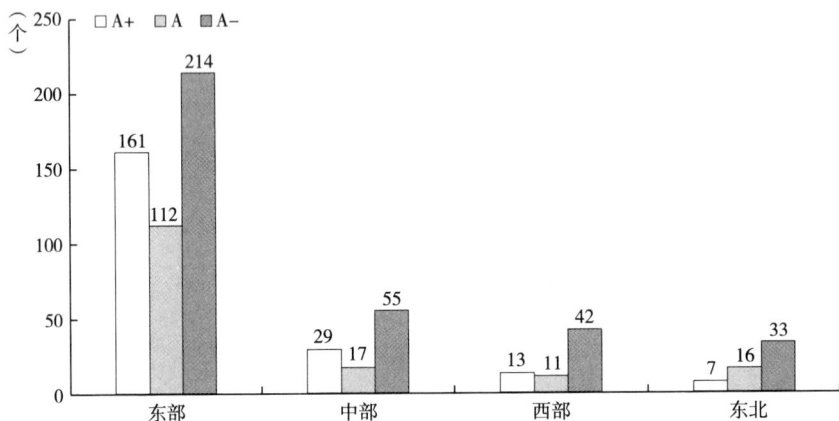

图 8　第四轮学科评估 A 类学科数量区际分布情况
资料来源：中国教育在线，https：//souky. eol. cn/api/newapi/assess_ result。

（4）国家自然、社会科学基金立项数量与支持经费均低于东、中部

从 2018 年国家自然、社会科学基金的立项数量和获得经费分析，东西部高校的差距一目了然。从立项总体情况来看，西部地区立项总数占全国的 18.5％，分别比东部、中部低 42.53 个和 2.3 个百分点；从一般项目和重要项目总数来看，西部地区立项数量分别占全国的 18.9％ 和 9.6％；从立项获得经费总数来看，西部地区仅占全国总数的 16.31％，比东部和中部地区分别少 47.69 个和 3.37 个百分点。西部地区在立项数量与经费总量上与东部、中部地区仍存在较大差距，尽管设置了地区基金以促进西部科学研究的发展，但仍然未能有效改变西部科学研究的不利处境。

① https：//baike. baidu. com/item/全国第四轮学科评估/22302979？fr ＝ aladdin.
② http：//kaoyan. eol. cn/nnews/201712/t20171229_ 1577397. shtml.

表 23 2018 年国家自然（社会）科学基金立项数量与经费情况

单位：项，亿元

地 区	总体情况		一般项目		重要项目		立项经费	
	立项数	各省份平均立项	立项数	各省份平均立项	立项数	各省份平均立项	总经费	各省份平均经费
东 部	25655	2332.27	23876	2170.55	997	90.6	133.52	12.138
中 部	8624	1078	8226	1028.25	214	26.75	41.06	5.125
西 部	7771	647.58	7480	623.33	128	10.7	34.03	2.8358

资料来源：国家自然（社会）科学基金立项名单。

（5）"双一流"高校及学科数量处于全国中等水平

世界一流大学和一流学科（简称"双一流"）建设，是国家做出的重大战略决策，亦是中国高等教育领域继"211 工程""985 工程"之后的又一国家战略，有利于提升中国高等教育综合实力和国际竞争力，为实现"两个一百年"奋斗目标和中华民族伟大复兴的中国梦提供有力支撑。[1]"双一流"建设已深刻影响不同区域、不同类别的高等学校在未来中国高等教育系统中的地位。

第一，西部地区"双一流"高校数仅占全国 1/5。西部地区"双一流"高校数量共计 28 所，占西部地区高等学校总数（668 所）的 4.19%，仅比中部地区多出 1.86 个百分点，与东北地区基本持平，低于东部 3.17 个百分点。"双一流"高校数量可以代表一个地区或国家高等教育的优质资源储量，是区域内高校质量的重要显性指标。显然，西部地区高等教育质量与东部相比还存在较大差距。

表 24 "双一流"大学建设区际比较

单位：所，%

类别	东部	占东部高校比重	中部	占中部高校比重	西部	占西部高校比重	东北地区	占东北地区高校比重
"双一流"大学数	82	7.36	16	2.33	28	4.19	11	4.26

资料来源：全国 137 所高校入选"双一流"高校建设名单。

第二，西部地区"双一流"学科数与其他地区相比仍存在差距。根据 2017 年全国入选"双一流"学科的名单，西部地区共有 51 个学科入选，

---

[1] 《国务院关于印发统筹推进世界一流大学和一流学科建设总体方案的通知》，中国政府网，2015 年 11 月 25 日。

占本次"双一流"学科总数（465 个）的 10.97%，比东部地区和中部地区分别少 58.93 个和 2.15 个百分点。

表 25　"双一流"高校学科建设情况区际比较

单位：个，%

类别	东　部	占比	中　部	占比	西　部	占比	东北地区	占比
"双一流"高校学科数	325	69.90	61	13.12	51	10.97	28	6.02

资料来源：全国 137 所高校中 465 个"双一流"学科建设名单。

（6）西部地区高校及学科 ESI 排名与东部相比差距较大，处于全国中等水平

ESI（基本科学指标数据库）是目前世界范围内普遍用以评价高校、学术机构、国家或地区国际学术水平及影响力的重要评价指标工具之一。[①]参照里瑟琦智库 2019 年 3 月 17 日发布的中国内地 2019 年 3 月最新 ESI 排行榜提供的数据，[②] 中国内地上榜高校有 259 所，共有 1062 个学科进入。虽然西部地区高等教育影响力也逐年攀升，但是与东部地区相比，西部地区 ESI 排名远低于东部，西部有 45 所高校 141 个学科上榜，而东部地区比西部地区分别高出 93 所高校和 562 个学科。

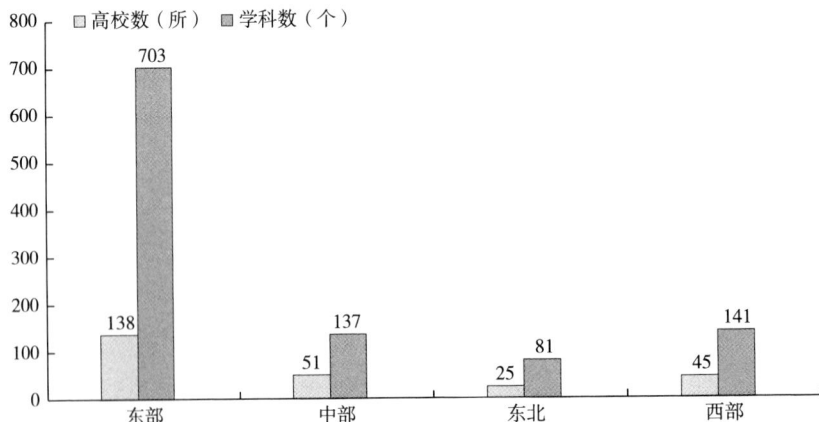

图 9　2019 年区际 ESI 高校及学科排名情况

资料来源：ESI 高校及学科排名名单。

---

①　http://dy.163.com/v2/article/detail/E62KV8U80516BMGH.html.
②　科睿唯安 2019 年 3 月 14 日发布的最新 ESI 数据，数据更新节点为 2019 年 3 月 13 日，覆盖时间为 2008 年 1 月 1 日至 12 月 31 日。

4. 国际化程度较低

从2018年区域中外合作办学机构数和项目数量看，西部地区高等教育中外合作办学程度明显低于中部和东部地区。西部地区中外合作办学机构平均数为0.92所/省（区、市），低于东部的5.31所/省（市）和中部的1.17所/省，其中甘肃、广西、内蒙古、宁夏、青海、西藏、新疆和云南等省（区）尚无中外合作办学机构。西部中外合作办学项目平均数为9个/省份，远低于东部48.38个/省份、中部25.83个/省，其中宁夏、青海和西藏尚无中外合作办学项目。这进一步表明了西部地区高等教育国际化在全国仍处于落后水平。

表26 2018年中外合作办学区际比较（包含内地与港澳台地区合作办学）

类别	全国总计	东部地区		中部地区		西部地区	
		绝对数	占全国比重（%）	绝对数	占全国比重（%）	绝对数	占全国比重（%）
机构（所）	87	69	79.31	7	8.05	11	12.64
项目（个）	892	629	70.52	155	17.38	108	12.11

资料来源：教育部中外合作办学监管工作信息平台网站，http://www.crs.jsj.edu.cn/index/sort/1006，截止时间为2018年12月31日。

（三）西部地区内部高等教育发展状况的比较

为了更加宏观地了解西部地区高等教育的综合实力，本文对西部地区2017年各类内涵型和外延型指标进行比较分析。高校科研成果及师资力量是高等教育质量最主要的表现形式；派遣学者、接收学者以及国际论文交流数量是衡量高等教育国际化水平的重要指标，对促进教育公平、教育均衡发展有重要意义。因此，本研究遵循可比性原则，从高等教育的三个方面选取二级评价指标：高等教育规模——高校数、专任教师数和在校生数；高等教育质量——出版科技专著、专利申请数、"双一流"大学数量、专利授权数以及专任教师中的博士学历人数比例；高等教育国际化——派遣学者数量、接收学者数量以及国际论文交流数量，以此来研究西部高等教育的综合实力。

1. 四川和陕西的高等教育综合实力领先于西部其他地区

从综合实力分析结果来看，四川省和陕西省的综合排名处于前两位，说明其高等教育在规模、质量以及国际化方面遥遥领先于西部其他地区。从高校数量来看，陕西和四川两省的高校数量分别为93所和109所，分别占西部地区高校总量的13.92%和16.32%，两省高校数共西部地区高校总数的1/3；从专利申请数来看，陕西省和四川省分别有13500项和9925项，两省专利申请数量共占西部地区总数（42586项）的55.01%，占据了西部地区专利申请的大半壁江山；从国际论文交流数来看，陕西省和四川省分别有14587篇和17058篇，两省国际论文交流总数占据西部地区（56088篇）的1/2多，说明四川省和陕西省是西部地区高等教育发展的中流砥柱，为西部地区高等教育规模和质量的发展奠定了坚实的基础。

2. 重庆、云南和广西的高等教育综合实力较强

广西、重庆和云南三省（区、市）高等教育综合实力在整个西部地区处于中等偏上水平（第二类地区）。从整体上来看，广西壮族自治区和重庆市在高等教育规模和质量两方面仅次于四川和陕西，位于西部地区高等教育综合实力排行榜的第三和第四位；云南省的综合实力虽排在第五位，但该省的高等教育国际化水平明显高于除陕西、四川以外的西部其他地区，其2017年接收国际学者数量位于西部第一，且在派遣学者和国际论文交流数量方面排名靠前，体现了云南省高等教育在"引进来"和"走出去"方面表现优异。综上所述，广西、重庆和云南高等教育在西部地区综合实力较强，其高等教育发展趋势整体向好。

3. 甘肃、贵州、新疆和内蒙古的高等教育综合实力较弱

甘肃、贵州、新疆和内蒙古四省（区）的高等教育综合实力在西部地区处于靠后位置，其中甘肃、贵州和内蒙古三省（区）的高等教育国际化水平较低，其国际派遣学者和接收学者数量过少，尤其是内蒙古自治区的国际派遣人数仅有25人，接收人数仅有12人，远低于西部地区其他省（区、市）；新疆的高等教育规模及质量在第三类地区中排名较为靠前，其中派遣人数和接收人数均高于甘肃、贵州、内蒙古三省（区），分别为296人和171人，这得益于它独特的地理位置和政策环境，但其国际论文交流数量少于其他三省份，这成为影响其高等教育综合实力提升的重大掣肘，因此这些地区的高等教育尚有很大的发展潜力，其未来的进步会对西部地区经济社会发展产生重要影响。

4. 宁夏、青海和西藏三省区高等教育综合实力处于落后地位

在西部十二省（区、市）中，宁夏、青海和西藏的高等教育综合实力排名靠后，说明这三省区在高等教育规模、质量以及国际化方面的发展存在欠缺。在高校数量方面，2017年西藏高校总数仅有7所，青海12所，专任教师数和在校生数相比其他地区更是少之又少，高等教育规模严重限制了其高等教育质量和国际化水平的提高，宁夏、西藏和青海三省区高等教育综合实力较弱不仅有自然因素的影响，也与政策、资金的投入有较大关联。政策、资金投入是未来西部地区高等教育发展需率先解决的关键问题，在未来西部地区高等教育发展中具有重要作用。

表27　2017年西部地区高等教育综合实力排名

省份	规　　模			质　　量					国际化		
	高校数（所）	在校生数（人）	专任教师数（人）	出版科技专著（部）	专利申请数（项）	"双一流"大学数量（所）	专利授权数（项）	专任教师中博士学历人数（人）	派遣人数（人）	接收人数（人）	国际论文交流数（篇）
甘　肃	8	7	7	5	7	3	6	6	9	8	5
广　西	3	3	3	8	3	7	4	4	4	3	6
贵　州	5	6	6	7	6	7	7	7	8	9	8
内蒙古	7	8	8	4	9	7	9	8	11	11	7
宁　夏	10	10	10	10	10	7	10	10	2	5	10
青　海	12	11	11	11	11	7	11	11	10	10	12
陕　西	2	2	2	1	1	1	1	1	6	6	2
四　川	1	1	1	2	2	2	2	2	1	2	1
西　藏	7	12	12	12	12	7	12	12	12	12	11
新　疆	9	9	9	9	8	3	8	9	7	7	9
云　南	4	5	5	6	5	3	5	5	3	1	4
重　庆	6	4	4	3	4	3	3	3	5	4	3

资料来源：国家统计局公布数据。

三　西部地区高等教育发展存在的问题

西部地区由于特殊的地理位置和生存环境，发展呈现出了与东部、中部地区差异显著的特征，且在高等教育方面也存在着较大差距。

（一）西部地区高等教育经费投入不足

西部地区高等教育经费投入不足，严重地制约了西部高等教育的可持续发展。西部大开发政策实施以来，国家和地方政府都尽力改善西部高等教育的资金投入，大力增加财政对高等教育的投入，但由于西部地区地理位置偏远、自然环境恶劣以及经济基础薄弱等因素的影响，加之其高等教育发展缓慢、生源较少等原因，针对西部地区高等教育的投入远不能满足其发展的需要。西部地区高等教育经费总投入与全国其他区域相比差距较大，在国家财政性教育经费拨款方面，东部、中部和西部地区占全国经费比重分别为44.68%、31.54%和23.77%①，西部地区高校在经费拨款方面处于明显的劣势。西部地区大多数高等学校尤其是省属高等学校的办学经费严重不足，直接影响了学校的发展和人才的培养质量，使其与其他地区的差距不断加大，这不仅对西部地区高等教育的可持续发展产生严重影响，也使得西部大开发的政策效应难以显现。

（二）西部地区高等教育结构不尽合理

1. 高等教育布局结构不够合理

西部地区高校占全国高校的比例不仅偏低，而且表现在各省份之间和各省份内部空间分布的不均衡。这种高等教育发展的不平衡性，重点表现在区域教育的布局上。从西部地区高等教育宏观分布来看，现有高等院校主要集中在陕西、四川等少数省份，其他省份的高校数量非常有限。从省份内部分布来看，西部高校在省份内部布局也主要集中在省会城市及周边经济发达地区，经济落后地区的高等教育力量仍较为薄弱。西部地区高等教育布局结构的不合理是导致其高等教育质量不高、资源配置不均衡以及综合实力非均衡的重要原因，更是补齐西部地区高等教育短板的难点所在。

2. 高等教育师资队伍结构有待优化

西部地区高等教育师资结构的不合理主要体现在其高校专任教师与全国水平相比仍有较大差距。一方面，西部地区高校专任教师占全国总数的24.61%②，其中高级职称教师占比比全国平均水平（42.71%）低3.85个百分点，这与西部地区的高等教育发展需求极为不符；另一方面，西部地区高校专任教师学历结构呈现"金字塔"形，高学历师资数量严重不足。高素质教师人才的缺少直接影响了西部地区高等教育的质量，不利于西部地区高等教育的快速发展。

3. 高等教育层次结构不尽合理

西部大开发政策实施以来，尤其是1999年高等教育扩招至今，西部地区高等教育进入一个蓬勃发展的新阶段，高校数量和规模都得到了大幅提高，但是高等教育的层次结构却不尽合理③，主要表现在本专科和研究生在招生

---

① 根据《中国教育年鉴》计算得出。
② 根据《中国教育年鉴》计算得出。
③ 姚聪莉、于欣荣、赵小白：《教育与经济视角：对"陕西现象"的分析》，《西北大学学报（哲学社会科学版）》2009年第2期，第129～133页。

规模、在校生规模以及毕业生规模方面存在结构比例失调的问题，西部大开发以来，虽然西部地区研究生招生数量不断增加，但是西部地区本专科在校生数一直是研究生总数的3倍以上，研究生层次的教育发展严重不足。

（三）西部地区高等教育国际化水平偏低

由前文论述可知，对外合作方面，2018年西部地区中外合作办学机构仅有11所，占全国的12.64%，中外合作项目共计108项，占全国的12.11%；学术交流方面，目前西部地区国际会议论文交流总数均低于全国的平均水平。西部地区高等教育在"引进来"和"走出去"方面发展不力，严重影响了其高等教育的对外开放与交流。在知识经济和全球化的背景下，各国高等教育间的合作更加密切，人员往来更加频繁，在这个互动的过程中，西部地区高等教育的国际参与程度还有待进一步提高。

（四）西部地区区域内高等教育综合实力发展不均衡

西部地区区域内高等教育综合实力的发展不均是影响西部地区高等教育质量的重要原因。西部大开发以来，西部地区高等教育规模、质量虽呈现出了较大幅度的提升，但其各省（区、市）、各高校之间的综合实力尤为不均。一方面，陕西、四川的高等教育综合实力领先于西部其他地区，且高等教育资源占有量多于西部其他地区；另一方面西部地区部属院校的办学规模、办学质量、师资结构、生源结构以及教学质量普遍优于省属普通高校，且综合实力在整个西部地区高校中处于领先地位，也就是说，西部地区有部分院校和学科具有优势，也只是因为西部地区的部属院校竞争力强，并不是西部省属的高校竞争力强所致。这种差距，会进一步加深西部地区高校之间资源配置的不均和发展的不合理，影响西部地区整体高等教育综合实力的提升。

（五）西部地区高等教育发展水平与全国差距持续拉大

虽然西部大开发政策已经实施近20年，但从西部地区高等教育与东、中部地区的规模和质量的比较来看，西部地区与东中部地区在高等教育规模、质量方面的差距仍在逐年加大，预期的政策效应并不显著。这种差距的持续加大，不仅不利于促进全国高等教育均衡发展和公平性，同时对西部地区乃至全国高等教育综合实力的提高也产生了不利影响。优质高等教育资源持续聚集在东部地区，将导致西部地区高校人才流失现象更为严重，西部地区高校的优秀生源也将更多地选择在东部地区深造，西部高等教育发展将长期陷入"马太效应"的怪圈，即西部地区高等教育发展面临的形势将更为艰难。另外，高等教育一直以来都是区域经济社会发展的助推器，在区域发展中发挥着重要的支撑作用。西部已经成为我国继长三角、珠三角和环渤海之后，打造经济增长第四极的重要区域，高等教育在其经济社会发展中扮演着重要的角色，对区域创新驱动发展、产业结构升级、社会现代化进程推进等均是重要动力。如果西部地区高等教育发展水平持续下滑，其对区域的贡献将日益微弱，区域发展失去强劲的动力支持，那么西部地区与中东部的差距也会逐年拉大，我国的地区非均衡发展将会更为严重，这对地区稳定、民族团结、边疆安全等将会造成不利影响。

四　对西部地区高等教育发展的政策建议

（一）发展思路

1. 资源互补，建设高等教育"丝路联盟"

与全国其他地区相比，西部地区整体地理位置较为偏远，经济社会发展落后，高等教育综合实力薄弱，且区域间高等教育发展水平差距较为显著。为了提高西部地区高等教育的综合实力，除了国家继续实施西部大开发战略，通过国家规划指导、政策扶持、资金投入和项目安排等方面不断加大对西部地区的开发力度外，还应通过国家引导，在西部地区建立高等教育"丝路联盟"，逐渐形成优质资源聚集效应，促使东部发达地区支援西部地区，也带动西部各省（区、市）间高等教育的相互合作与交流，打造高等教育发展共同体，通过共建共享高等教育优质资源平台，补齐各省（区、市）高等教育发展中存在的短板，缓解高层次人才不足、办学经费偏少、服务区域经济社会发展贡献度偏低等矛盾。高校之间可借助"丝路联盟"这个平台，联合开展项目研究和科技攻关，也可联合申报项目，争取更多的国家资源和国际资源，为整个西部地区高等教育的发展注入不竭动力，实现优质高教资源的共享和高等教育跨越式发展。紧紧抓住国家建设"一带一路"的重大机遇，以省域高等教育为基础，围绕国家战略需求和西部地区的重大需求，开展联合攻关，为区域经济社会发展提供强大的人才支撑和智力支持。

2. 支强扶弱，实现区域内高教资源共享

西部地区内部高等教育综合实力相差较大，高等教育资源分布极为不均衡。在西部地区十二省（区、市）中，四川和陕西的高等教育综合实力

具有绝对优势，领先于其他地区。为提高西部地区的高等教育资源利用率，各省份、各高校应努力实现高等教育资源的最优化配置，确保各省份、各高校间的联合与交流，共享优质高教资源。在西部大开发中，加强"对口支援西部地区高等学校计划"的实施，东部地区高校对口支援西部地区高校的这一做法成效显著。而对于西部地区各省（区、市）内部来说，同样需要高等教育综合实力较强的省份，如四川、陕西等为西部地区高等教育综合实力薄弱地区提供技术、资源的援助，从而促进整个西部地区高等教育综合实力的提升。

3. 聚焦区域，积极发展优势特色学科

由于高等教育发展的历史积淀和地域、文化、资源等差异，西部每个省份高等教育的学科发展侧重点均有所不同。如果一味盲目模仿东部或国外高校的模式，不考虑自身的实际情况和独有的特色，既会约束自身已有优势特色学科的发展，也不利于形成西部高校特色化和个性化的学科发展格局。西部地区高校应依托其悠久的历史文化、独特的地理位置和丰富的自然资源等优势，基于自身发展的现实，结合区域经济社会发展需求，大力支持区域特色的学科发展。比如西北大学的考古学、兰州大学的敦煌学以及民族学等，建设具有鲜明特色的学科，在多元化发展中坚守自身的特色，形成独特而不可替代的学科优势。

4. 扩大开放，提高西部地区高等教育国际化水平

进一步扩大开放，引进和吸收更多国际优质高等教育资源，扩大国际交流与合作，是提升西部地区高等教育国际地位和认可度的必由之路。在"引进来"方面，各省（区、市）要制定高素质人才引进的优惠政策，吸引大量的来华留学生和高层次人力资源，一方面打造具有国际竞争力的留学生教育体系，另一方面为国内学生创设良好的国际化科研和教学氛围，拓展学生的国际化视野，为学生未来走向世界、与世界接轨做好准备；在"走出去"方面，西部地区高校需打破思想禁锢，加大国际交流人才的派遣、合作办学以及联合完成教育项目等力度，以此推进与国外高水平高校之间的深度合作交流。

（二）政策建议

1. 加大财政投入，补齐经费短板

西部地区经济发展水平偏低，经济对高等教育发展的支撑作用有限，办学经费不足严重制约了高等教育的快速发展。虽然我国政府一直通过各种举措支持西部高等教育发展，特别是实施西部大开发战略，给西部高等

教育的发展带来了前所未有的机遇。但是目前的政策并未促使西部高等教育赶上全国平均水平，也没有逐步缩小与东部发达地区的差距，而且从我们的分析结果看，西部与东部发达地区的差距还在继续加大。《国家中长期教育改革和发展规划纲要（2010—2020年）》指出，教育投入是教育事业的物质基础，是公共财政的重要职能，是国家发展的战略性投资。该《纲要》明确指出要逐步形成以政府投入为主，多渠道筹措教育经费的教育投入体制，大幅度增加教育投入。建议继续实施西部大开发战略，持续加大对西部地区高等教育的投入。一是以政府投入为主，并持续提高财政性教育经费在 GDP 中的占比。提高各级政府对优先发展教育的重要意义的认识，切实落实教育优先发展战略。各国现代教育体系中，教育经费的主要投入者都是政府，与一些发达国家相比，我国政府公共教育投入相对偏低。落实教育优先发展战略，应明确各级政府的教育经费投入责任，大幅度增加公共经费，使教育投入与教育规模的增长相协调；构建国家财政转移支付制度，为西部经济落后省份提供充足的财政资源，促使地区间高等教育的均衡发展；完善成本分担制度，制定合理收费政策；制定高等教育专项支持计划，提高对西部高水平大学的投入水平[①]。二是多渠道筹资融资。教育经费的大幅度增加，不能只依赖政府增加公共教育经费，西部高校还要积极开拓社会和市场资源，多渠道筹集经费，提升自我生存能力。除实施高校科研成果转让和销售服务之外，可以尝试高校与金融资本市场、证券资本市场结合，健全高校信贷机制；也可以尝试政府发行高等教育债券；同样可尝试与民间资本结合，以高科技项目研发为主导引入风险投资等等。同时，积极鼓励社会力量捐资助学。

2. 优化西部地区高等教育结构

（1）大力调整高校布局结构

在高等教育布局结构调整中，努力实现国家区域性布局与西部经济和社会发展需要的有机结合。应进一步加强内蒙古、新疆、贵州、青海、西藏、宁夏、甘肃等省份的高等教育综合实力，继续扩大高校规模，增加人才基数，从根本上解决人才引进、生源质量提升、国际化水平提高等问题；同时，稳定四川、陕西、重庆等省（区、市）的高等教育规模，积极促进高校内涵式发展，不断优化学科结构。在各省域的高校布局中，应在中心城市以外的边远地区建立具有当地经济社会发展特色的高校，充分发挥地缘优势，办出特色；在学科和层次结构中，要按照西部经济社会发展需求，设置支柱产业急

---

① 姚聪莉：《西部高教发展新思考》，《光明日报》2012年3月21日。

需的学科专业，继续增加理工农医类人才培养的数量。大力发展适应当地经济建设的特色学科，如水利、林业、高原冻土、民族艺术学科。加快培养急需的金融、贸易、法律、外语及人文社会科学等学科专业人才。①

（2）优化西部地区师资队伍结构

办好教育，师资是关键，高校师资队伍建设水平直接影响着高等教育的质量。目前西部地区高校专任教师队伍无论在数量还是质量方面，与全国平均水平相比仍有较大差距。西部高等教育的发展迫切需要优化师资队伍结构。一方面，中央和西部各级政府应该对教师队伍的建设给予政策性的扶持，加大师资队伍培养力度，多措并举，为西部培养一支专业化、高素质、高水平的师资队伍；创造优厚的条件，吸引高学历高级职称教师，保持相对稳定的队伍结构。另一方面，相关部门应支持西部地区积极引进国内的优质师资，努力谋求区域人才共享。在不改变人才归属的前提下，西部地区高校可以通过有偿聘请、网络公开授课、定期联合培养学生、项目合作等形式，充分利用其他地区的优质师资力量，缓解西部地区师资队伍结构失衡等矛盾。

（3）优化高等教育层次结构

自西部大开发战略实施至今，西部地区高等教育规模大幅提高，尤其是本专科在校生数量有较大增长。目前西部地区本专科在校生数是研究生数量的12倍之多，由此可见，西部地区应在稳定本专科层次教育规模的基础上，适度扩大研究生层次教育的规模，建立合理的高等教育体系，以更好地适应西部地区经济社会发展的实际需要。

3. 持续扩大对外开放，提高西部地区高等教育国际化水平

国际化是高等教育发展的趋势和潮流，是高等教育综合实力的重要构成。"一带一路"倡议构想的提出，为西部高等教育发展提供了广阔的空间，使之与中亚西亚乃至欧洲的联系逐渐紧密。西部高等教育应紧紧抓住此次发展机遇，既要对外输出教育服务，向世界介绍中国，又要根据自身发展的具体需要和目标，有针对性地与国外高质量院校进行深层次、多领域的交流与合作，如通过教师互访、学生交流、合作科研、信息共享等方式来补充高校发展所需的优质国际资源，使得西部高等教育国际化水平进一步提升。

4. 加大对非部属和非"双一流"院校的扶持力度

西部高等教育水平的提升不能仅仅关注部属院校与"双一流"院校，

---

① 姚聪莉：《西部高教发展新思考》，《光明日报》2012年3月21日。

还应该关注非部属院校与非"双一流"院校。加大对非名校的支持力度，增加对非名校经费拨款，扩大非名校办学的自主权，在工资待遇方面增强这类院校对名师的吸引力，提升这类高校的综合实力，逐步缩小与全国以及发达地区高等教育发展水平的差距，以实现西部高等教育均衡可持续发展，进而推动西部地区经济社会更好更快地发展。

参考文献

蔡文伯、王邦权：《高等教育对经济增长贡献率的估算及分析——以西部大开发十二省、自治区和直辖市为例》，《黑龙江高教研究》2014年第2期。

软科《中国最好大学排名2018》，http：//www. zuihaodaxue. com/zuihaodaxuepaiming2018。html，2018年3月30日。

《一张中国地图告诉你世界一流学科分布在哪里，看你们省有多少个！》，http：//www. sohu. com/a/192518426_ 403263，2018年3月30日。

《重磅！"2017广州日报大学一流学科排行榜"发布》，http：//www. gzgddi. com/index. php? m = content&c = index&a = show&catid = 3&id = 132。

姚聪莉、于欣荣、赵小白：《教育与经济视角：对"陕西现象"的分析》，《教育科学文摘》，2009年第2期。

吴孟桃、刘方成：《西部高等教育资源的分布研究——以四川省为聚类分析模型》，《教育与教学研究》2016年第5期。

蔡文伯、李梦瑶：《西部十二省区高等教育实力评价分析》，《教育评论》2016年第1期。

郑惠强：《促进教育公平加快西部地区高等教育发展》，《教育与职业》2016年第17期。

陈鹏、李威：《"双一流"建设背景下西部高等教育的挑战与政策供给》，《教育研究》2018年第11期。

李阳：《西部地区高等教育中外合作办学质量现状研究》，《黑龙江高教研究》2017年第5期。

李化树、何雨桑、叶冲：《论西部高等教育区域合作发展模式的构建——基于"政府主导、科技支撑、多元驱动"的视角》，《西南交通大学学报（社会科学版）》2017年第4期。

〔美〕克拉克·克尔：《大学的功用》，高铦译，北京大学出版社，2008。

图书在版编目（CIP）数据

西部大开发 20 年：中国西部地区繁荣发展道路 / 任
保平等著. -- 北京：社会科学文献出版社，2019.10
ISBN 978 - 7 - 5201 - 5007 - 1

Ⅰ. ①西⋯ Ⅱ. ①任⋯ Ⅲ. ①西部经济 - 区域经济发
展 - 研究 - 中国 Ⅳ. ①F127

中国版本图书馆 CIP 数据核字（2019）第 115696 号

西部大开发 20 年
—— 中国西部地区繁荣发展道路

著　　者 / 任保平　岳利萍　郭　晗　等

出 版 人 / 谢寿光
责任编辑 / 丁　凡
文稿编辑 / 赵智艳

出　　版 / 社会科学文献出版社·城市和绿色发展分社（010）59367143
　　　　　　地址：北京市北三环中路甲 29 号院华龙大厦　邮编：100029
　　　　　　网址：www. ssap. com. cn
发　　行 / 市场营销中心（010）59367081　59367083
印　　装 / 三河市东方印刷有限公司

规　　格 / 开　本：787mm × 1092mm　1/16
　　　　　　印　张：43.75　字　数：776 千字
版　　次 / 2019 年 10 月第 1 版　2019 年 10 月第 1 次印刷
书　　号 / ISBN 978 - 7 - 5201 - 5007 - 1
定　　价 / 198.00 元